한국소설묘사사전 4

무대 장소 · 가옥

4 무대 창소·가옥

한국 소설 묘사 사전

조병무 편

책머리에

　작품에서 그리고 있는 묘사는 바로 그 작품의 문학성과 예술성에 접근하려는 주제와 더불어 작가정신의 핵심이기도 하다. 이 사전 묘사(描寫; description)란 언어에 의한 사물의 전달, 물체의 독특한 행위를 기술적이고 의도적으로 나타내는 데 있다. 그러므로 작가가 표현하고자 한 가장 구체적이면서 중심직 항목을 분류, 설정한 것이다. 소설은 주인공의 행동이 벌어지는 마당이다. 그러므로 표현의 구체성을 주축으로 이를 분류하여 그 해당 항목의 묘사부분을 찾아보도록 하였다.
　'무대 장소' 묘사는 소설에서 배경에 속한다. 배경은 소설의 이야기의 무대 영역이 되기 때문에 본 사전에서는 이를 이야기의 '무대 장소'로 세분화하였다. 작품의 구체적인 무대가 되고 장소가 되는 부분을 말한다. '가옥' 역시 무대나 장소 보다 가옥의 구조 모습을 세밀하게 묘사한 부분을 별도로 항목으로 분류하였다.
　이 사전에서 「묘사의 분류」를 시도한 의의는 바로 작가 지망생에게 여러 분야의 소설 속의 표현이 어떠한 방법으로 그려지고 있는가에 대한 문학수업을 목적으로 하고 있다. 작품은 사전식 분류의 특수성으로 일부분만 발췌하게 됨은 편제상으로 어쩔 수 없음을 밝혀둔다.

이 사전을 엮는 십여 년 동안 독회, 카드작성, 분류, 검토, 워드작업과 검색을 동덕여대 국문과, 문창과, 한국소설묘사연구회 여러분과 나의 외손녀 유정원, 정진의 아름다운 손길, 푸른사상사의 한봉숙 대표, 김현정 편집실장, 박현임 편집부원에게 감사한다.

2002. 산본 思無邪室에서

편자 조 병 무

차례

- 책머리에   5

해제 : 렌즈의 초점에 맞추는 무대   8

무대 장소 묘사편   19

가옥 묘사편   553

- 찾아보기   605

해제

렌즈의 초점에 맞추는 무대

　소설 작품에 나타나는 무대나 장소는 그 작품의 구체적인 시대나 사회적 현상을 나타낼 수 있다는 점에서 무척 민감한 부분이다. 그래서 무대나 장소의 묘사는 실질적인 고증이나 역사적 사실성에 중점을 두어야 한다. 특히 묘사라는 작가의 기술 방법에 의한 문제를 두고 볼 때 시대와 사회적 공간과 시간이라는 소설작품의 입지에 맡도록 사실화하지 않으면 실패한 작품이 되고 만다. 박경리의 작품 「토지」에서의 무대는 한 시대와 사회적 현상을 그대로 증명하고 입증하고 있으며, 조정래의 작품 「태백산맥」, 「아리랑」, 「한강」이 주는 무대와 장소는 역사적 시대와 공간과 시간을 함축하는 배경이 되고 있다. 그래서 소설의 개론으로 볼 때 무대나 장면은 배경에 속한다. 다만 본 항목에서 "무대·장소"라 한 것은 묘사라는 범주를 발췌하는 기법에 따른 분류라는 점을 인지하기 바란다.
　소설가가 그리는 무대와 장소에 대한 묘사는 그 작가의 특유한 재치와 감성, 그리고 작가가 바라보는 시점 등과 불과 불 관련이 있다. 소설가가 그려내는 이야기에서 주인공이 이루어 내는 직접적인 장소이기 때문에 소설가는 그 이야기에 알맞은 무대를 가져와야 작품의 효과를 기대할 수 있다.
　무대나 장소는 작품이 갖는 주제와 시대와 사회상을 제시하는 전체의 구성과 사건, 그리고 인물의 활동공간이기 때문에 더욱 정밀성을 요한다. 뿐만 아니라. 이야기를 구성하는 상황에 따라 그 묘사의 기술이 달라진다. 무대나 장소의 설정이나 앵글을 투사하는 방법과 위치에 따라 그 주인공과 스토리는 전개되는 것이다.

작가는 소설 작품 속에서 무대를 설정한다는 것은 그 작품이 지닌 시대와 사회의 특성에서 가장 합리적이고 증빙된 고증을 통하여서 이루어진다는 점과 작품이 전개되는 스토리와 인물의 범주에서 멀어질 수 없다는 점은 지금까지 많은 작가가 염두에 두고 철저한 고증을 한 실례에서 찾을 수 있다.

현대 소설에서 몇 가지 특이한 묘사는 고정 묘사 방법, 이동 묘사 방법, 원근 묘사 방법 등의 형식을 적용하여 작품의 효과를 이루어내고 있음을 알 수 있다. 그뿐만 아니라 단순 평면 묘사 방법, 원근 묘사 방법, 투시 묘사 방법 등 작가에 따라 가장 원활한 방법을 시도하고 도입함으로 소설 작품의 묘사적 기술의 다양성과 무대 장소의 효율을 보이고 있다. 최근에는 영상적 기법의 하나로 무대를 한 컷씩 이동하는 영화의 토막 장면을 생각하게 하는 작품의 기법이 활용된다.

단순 평면 묘사 방법은 무대나 장소의 굴곡을 두지 않고 작품의 이야기를 끌어가는 과정에 따라 일상적 평면 형식을 취하는 방법으로 단순하다. 작가의 고정된 렌즈로 바라보임의 그대로를 그려낸다. 이러한 묘사 방법은 작가의 일상의 무대이며 장소일 뿐 어떤 작품의 주제적인 관점과는 멀어질 수도 있으며 반대로 단순한 순간의 효과를 기대할 수도 있다.

딜컹딜컹 홈통이 들었다가 다시 쏟아져 흐르는 물이 육중한 물레방아를 번쩍 쳐들었다가 쿵하고 확 속으로 내던질 제 머슴들이 콧소리는 허연 겨 가루가 켜켜이 앉은 방앗간속에서 청승스럽게 들려 온다.
— 나도향 「물레방아」

타작마당 돌가루 바닥같이 딱딱하게 말라붙은 뜰 가운데, 어디서 기어

들었는지 난데없는 지렁이가 한 마리 만신에 흙고물 칠을 해 가지고 바둥바둥 굴고 있다. 새까만 개미떼가 물어뗄 때마다 지렁이는 한층 더 모질게 발버둥질을 한다. 또 어디선가 죽다 남은 쥐 한 마리가 튀어나오더니 종종걸음으로 마당 한 복판을 질러서 돌담 구멍으로 쏙 들어가 버린다.

— 김정한 「사하촌」

밤이 되면 거리에 나타나는 선술집…….오뎅과 군참새와 세 가지 종류의 술 등을 팔고 있고, 얼어붙은 거리를 휩쓸며 부는 차가운 바람이 펄러거리게 하는 포장을 들치고 안으로 들어서게 되어 있고, 그 안에 들어서면 카바이트 불의 길쭉한 불꽃이 바람에 흔들리고 있고, 염색한 군용 잠바를 입고 있는 중년 사내가 술을 따르고 안주를 구워주고 있는 그러한 선술집……

— 김승옥 「1964, 겨울」

카페 앞에는 조그만 광장이 있다. 주에 두 번 씩 그곳에 시장이 선다. 주민들은 슈퍼마켓보다 싼 그 시장을 많이 이용한다. 야채나 과일이 산더미처럼 쌓이고, 고기류나 싱싱한 생선, 각종 치즈들이 길게 친 천막 밑에 늘어 놓여져 있다. 헌옷이나 구두, 싸구려 제품들을 파는 가게가 더러 눈에 뜨이고, 아코디언을 켜며 시장거리를 왔다갔다하는 약사도 보인다.

— 김채원 「꽃을 든 남자」

단순묘사에 있어서는 무대나 장소를 새로운 각도로 변용 할 필요가 없다. 주어진 그대로의 상황에 대한 서술이면 만족한 것이다. 일종의 설명이다. 현장의 실상을 그대로 가감을 하지 않고 뎃상으로 스케치해 주면 되는 묘사다. 나도향은 물레방앗간이라는 무대의 모습과 머슴의 일하는 모습을 그려준 것에 불과하다. 김정한은 타작마당이라는 공간 구조에서 일어나고 있는 모습을 고정된 렌즈를 가지고 지렁이와 개미떼와 쥐의 행동거지를 하나의 화폭에 담아내고 있다. 김승옥은 선술집의 현장 스케치로 소설가의 의견이나 생각이나 어떤 상상력을 동원하지 않고 있는 그대로 렌즈를 고정 된 자세에서 그려주고 있을 뿐이다. 김채원 역시 카페라는 공간에서 벌어지고 있는 시장 풍경의 현장 모습을 그려 주고 있다.
　이러한 단순 평면적인 묘사에서는 평이한 일상의 무대나 장소의 현장감을 하나의 각도에서 바라보기 때문에 단순하다. 이러한 묘사는 전형적인 개념으로 그려지기 때문에 작품의 일상의 무대와 장소일 뿐이다. 그러나 작품의 전체에서의 영역은 분명한 위치를 확보하기도 한다.
　소설작품에서 작가가 그려내려는 작품의 구성과 의도가 노출되지 않고 일상적 상태에서 인물과 사건의 진행적 효과를 인지할 때 그 무대나 장소는 시대나 역사성에서 일탈하고 스토리에 충실하려는 방향을 시도하고 구성 할 수 있다.
　투시적 묘사 방법은 무대 장소의 구체적 부분을 들추어 그려주는 것으로 비교적 자상하고 명확하며 다양하다. 이러한 묘사 방법은 작품의 전개 양상에 따라 소설가의 안목을 넓히고 인물의 활동범주가 넓어지기도 한다.

　　　경주읍에서 성밖으로 십여 리 나가서 조그만 마을이 있었다. 여민촌 혹은 장성촌이라 불리어지는 마을이었다.
　　　이 마을 한 구석에 무당이 살고 있었다. 모화서 들어온 사람이라 하여 모화라 부르는 것이었다. 그것은 한 머리 찌그러져 가는 묵은 기와집으로 지붕 위에는 기와버섯이 퍼렇게 뻗어 올라 역한 흙 냄새를 풍기고, 집 주위는 앙상한 돌담이 군데군데 헐리인 채 옛 성처럼 꼬불꼬불 에워싸고 있었다. 이 돌담이 에워싼 안의 공지같이 넓은 마당에는, 수채가 막힌 채 빗물이 괴는 대로 일년 내 시퍼런 물이끼가 뒤덮어, 놀쟁이, 명아주, 강아지 풀, 그리고 이름도 모를 여러 가지 잡풀들이 사람의 키도 묻힐 만큼 거멓게 엉키어 있었다. 그 아래로 뱀같이 길게 늘어진 지렁이와 두꺼비 같이 늙은 개구리들이 구물거리며 항시 밤이 들기만 기다릴 뿐으로, 이미 수십 년 혹은 수백 년 전에 벌써 사람의 자취와는 인연이 끊어진 도깨비 굴 같기만 했다.
　　　　　　　　　　　　　　　　　　　　　　　― 김동리「무녀도」

　　　하여튼 환자와의 면회를 청할 양으로 종업원을 찾았으나 일요일인 까닭인지 진찰실 수부 처치실 할 것 없이 사람이라고는 보이질 않았다. 나는 남쪽으로 창이 난 진찰실 소파에 걸터앉아, 포켓 속에서 담배를 더듬어 꺼내어 물고 기다리기로 하였다.
　여덟 평 가량이나 될까. 꽤 큰방이다.
　복도 켠 벽에 도려 판 조그만 제물장 속에는 알 수 없는 가구들이 들어 있다. 남쪽 창옆에 자리잡은 커다란 사무 책상 앞에 놓인 대소 두 개의 회전의자에도 깨끗한 카바가 씌워졌고 창으로부터 들어오는 햇살은 그 회전의자에까지 뻗쳐 있었다. 밝고 깨끗한 방인데 어째서 여태껏 어둡고 구주주한 것으로만 생각하고 왔던 것인지 알 수 없는 일이었다. 어디서부터인지 낮닭 우는 소리가 들리어 그것이 봄을 연상시켰다. 그러고 보니 창 너머 올려다 보이는 언덕 위에 복사꽃이 노을처럼 퍼졌다.
— 한무숙 「감정이 있는 심연」

　그 33번지라는 것이 구조가 흡사 유곽이라는 느낌이 없지 않다.
　한 번지에 18가구가 죽 어깨를 맞대고 늘어서서 창호가 똑같고 아궁이 모양이 똑같다. 게다가 각 가구에 사는 사람들이 송이송이 꽃과 같이 젊다.
　해가 들지 않는다. 해가 드는 것을 그들이 모른 체 하는 까닭이다. 턱살 밑에다 철줄을 매고 얼룩진 이부자리를 널어 말린다는 핑계로 미닫이에 해가 드는 것을 막아 버린다. 침침한 방안에서 낮잠들을 잔다. 그들은 밤에는 잠을 자지 않나? 알 수 없다. 나는 밤이나 낮이나 잠만 자느라고 그런 것을 알 길이 없다.
— 이상 「날개」

　투시적 묘사는 무대 장소에 대한 구체적인 상황 묘사를 위하여 작가 자신의 감정과 느낌을 그려내어 돌출적으로 빗대거나 그 무대 장소의 내면의 속성을 파악하여 구체화시키려는 노력을 한다. 단순한 필요 요건만을 제시하지 않고 가급적 구석구석을 두루 살펴가며 한가지의 물건에 대하여 자신의 내면을 들추어내어 그 감정적 도입까지 엿보게 한다.
　김동리는 마을이 있고 장성촌으로 확인시키고 있으며, 기와버섯이 퍼렇게 뻗어 흙냄새가 "역하다"는 감정 노출과 함께 돌담의 안의 정황까지 엿보고 있다. 뿐만 아니라 "뱀같이 늘어진 지렁이와 두꺼비"로 그려주고 있으며 수십 년 수백 년 전에 사람의 자취와 인연이 끊어진 '도깨비굴' 같은 집의 모습으로 그 현실적인 집이라는 무대를 이전의 내면의 부분까지 투시하여 그 무대에 대한 구체적이고 적절한 해석방법까지 제시하여 소설가의 독자적인 무대에 대한 선입견을 주입시키고 있다. 즉 되도록 독자의 상상력을 소설자의 입지에서 파악되는 요건을 가지고 있다고 하겠다.

한무숙은 병원이라는 무대의 구도를 단순한 상태에서 그려 보이지 않고 '남쪽 창'의 소파와 그 옆에 자리 잡은 구체적 배치상태를 구도화하고 있다. 그러한 배치에 "창으로부터 들어오는 햇살"의 상황을 첨부함으로 더욱 그 분위기를 나타내고 "어디서부터인지 낮닭 우는 소리"까지 구체화시킴으로 "봄"과 "복사꽃이 노을처럼" 퍼져있음을 보여줌으로 병원의 무대를 한결 상황 변화를 일으키고 있음을 알 수 있다. 이러한 자연적 형상을 실제적 무대에 근접시킴으로 그 작품의 장소가 더욱 뚜렷하고 명확한 것으로 변한다. 묘사의 외형적 투시의 접근은 새로운 각도를 가져다준다.

이상의 작품 역시 유곽 같은 방의 구조에 '해'가 들지 않음으로 나타나는 방의 구조와 해라는 외형을 투시함으로 그 무대의 분위기를 다른 각도로 유도한다. 낮에도 낮잠을 자는 방의 구조는 유곽이라는 무대의 분위기와 일치하는 효과를 기대한다.

> 자세히 다시 살펴보니, 모든 건물은 지은 것이 아니라 통째로 새겨낸 것이었습니다. 동상을 조각하듯이 말입니다. 거리 전체를 파내고 다듬고 해서 새겨낸 거대한 하나의 예술작품과도 같은 지하도시였습니다. 하늘이 뚫린 그 구멍으로 빛은 물처럼 흘러 들어서 땅 속에 파란 하늘을 이룩해 놓았던 것입니다.
> ― 장용학 「원형의 전설」

장용학의 이러한 묘사에서는 건물에 대한 실상의 현상을 묘사하는 쪽보다 그 건물이라는 무대에 대한 통찰력과 감각적인 미적 감정을 주된 것으로 부각시키고 있다. 그러면서 그 건물에 대한 판단을 조각, 예술작품, 땅 속에 파란 하늘같은 무대 장면을 철저하게 인식시키고 있다. 하나의 무대를 외형의 형태에 국한하지 않고 그 내면의 세계에 들어가서 그 세계까지 독자에게 주입시키려는 의도가 있다.

원근 묘사는 소설가의 렌즈의 위치를 어디다가 두고 그리느냐는 판단에서 보아야 한다. 소설가의 렌즈는 줌과 이동을 감행하면서 자유자재로 움직이면서 무대 장소를 그려 가는 묘사다. 이러한 묘사 방법은 폭 넓은 무대와 장소를 그려주고 입체적으로 설명이 필요한 경우에 합당한다. 다만 이러한 묘사에 있어 산만하지 않고 체계적인 구성이 필요하기 때문에 포괄적 무대 묘사나 광활한 장소의 묘사에는 적합하다고 하겠다.

금강……
이 강은 지도를 펴 놓고 앉아 가만히 들여다보노라면, 물줄기가 중동께서 남북으로 납작하니 째져 가지고는 한강이나 영산강도 그렇기는 하지만- 그것이 아주 재미있게 벌어져 있음을 알 수 있다. 한번 비행기라도 타고 강줄기를 따라가면서 내려다보면 또한 그럼직 할 것이다.
저 준엄한 소백산맥이 제주도를 건너보고 뜀을 뛸 듯이 전라도의 뒷덜미를 급하게 달리다가 우뚝— 또 한번 우뚝— 농이 솟구친 갈재와 지리산 두 산의 산협 물을 받아 가지고 장수로 진안으로 무주로 이렇게 역류하는 게 금강의 남쪽 줄기다. 그 놈의 영동 근처에서는 다시 추풍령과 속리산의 물까지 받으면서 서북으로 좌향을 돌려 충청 좌우도의 접경을 흘러간다.
그리고 북쪽 줄기는,
좀 단순해서, 차령산맥이 꼬리를 감추려고 하는 경기, 충청의 접경 근처에서 청주를 바라보고 가느다랗게 흘러내려 오다가 조치원을 지나면 거기서 비로소 오래두고 서로 찾던 남쪽 줄기와 마주 만난다.
이렇게 어렵사리 서로 만나 한테 합수진 한 줄기 물은 계서부터 고개를 서남으로 돌려 공주를 끼고 계룡산을 바라보면서 우줄 거리고 부여로— 부여를 한 바퀴 휘 돌려다가는 급히 남으로 꺾여 단숨에 논뫼, 강경에까지 들이 닫는다.
여기까지가 백마강이라고, 이를테면 금강의 색동이다. 여자로 치면 흐린 세태에 찌들지 않은 처녀적이라고 하겠다.
— 채만식「탁류」

채만식의 작품「탁류」는 완벽하리만큼 원근 방법과 렌즈의 이동 방식을 택한 묘사 방법을 가장 잘 나타내고 있다. 작품 자체에서도 "비행기라도 타고 강줄기를 따라가면서 내려다 보면"이라는 표현으로 군산이라는 항구를 그리기 위해 우선 그 지형적 조건과 위치를, 그리고 주변의 조건까지 곁들어 구체적이고 체계적으로 무대 장소를 묘사했다.

채만식은 작품「탁류」의 첫 도입부에서 군산 항구라는 작품의 주무대를 설정하기 위해 먼 곳에서부터 시작하여 주변으로 확대하면서 차츰차츰 좁혀가면서 마치 하늘에서 서서히 하강하는 듯한 묘사를 그려냄으로 카메라가 줌의 기능을 끌어들이는 방법으로 그 묘사가 특출하다. 그리고 그 다음으로 군산 항구로 접근한다.

> 풍월도 좋거니와 물도 맑다.
> 그러나 그것도 부여 전후가 한참이지, 강경에 다다르면 장꾼들의 흥정하는 소리와 생선 비린내에 고요하던 수면의 꿈은 깨어진다.
> 물은 탁하다.
> 예서부터가 옳게 금강이다. 향은 서서남으로 빗밋이 충청 전라 양도의 접경을 골타고 흐른다.
> 이로부터서 물은 조수까지 섭슬려 더욱 흐리나 그득하니 벅차고, 강 넓이가 훨씬 퍼진 게 제법 양양하다.
> 이름난 강경벌은 이 물로 해서 아무 때고 갈증을 잊고 촉촉하다.
> 낙동강이니 한강이니 하는 다른 강들처럼 해마다 무서운 물난리를 휘몰아 때리지 안 해서 좋다. 허기야 가끔 홍수가 나기도 하지만.
> 이렇게 에두르고 휘돌아 멀리 흘러온 물이 마침내 황해바다에다가 깨어진 꿈이고 무엇이고 탁류째 얼려 좌르르 쏟아져 버리면서 강은 다하고, 강이 다하는 남쪽 언덕으로 대처(大處=市街地) 하나가 올라앉았다.
> 이것이 군산(群山)이라는 항구요. 이야기는 예서부터 실마리가 풀린다.
> ― 채만식「탁류」

이러한 묘사는 이젠 그 무대가 지상으로 내려와 그려지고 있는 것이다. 착륙한 것이다. 렌즈의 평면화가 되는 것이다. 강경에서부터 서서히 진행하면서 대처에 도달하는 채만식의 군산 항구까지의 그림은 장엄한 오케스트라의 화음과 같이 웅장하면서 세밀하고 입체적인 감동을 자아내게 한다.

채만식의 작품에 대하여 윤병로는 "여기서는 군산과 서울이 배경이 된 한 여인의 기구한 운명이 파노라마처럼 엮어진다. 사건이 극적으로 전개되면서도 통속으로 추락되지 않았다는 데서 '탁류'의 문학적 가치는 되살아나고 있다. 또 거기에 생생히 부각된 군산의 미두 현장은 당시 세태의 한 측면을 실감있게 전해 준다."라고 함으로 군산 현장의 묘사는 뛰어난 것이다.

다음으로 무대. 장소의 묘사에서 많은 소설가들은 호사스러운 무대, 음흉한 무대 묘사에 있어 스토리의 전개와 작품 주제와의 구성 요소에 비중을 많이 두고 있다. 대체로 현대문학 초기의 경향과 최근의 작품의 경향을 보면 초기에는 호사스러움은 성공이나 아니면 사기꾼의 전형이고 움막이나 골방은 가난이나 사회적 적응도가 낮은 경향으로 그려지고 있었다.

그러나 최근의 작품의 경향은 그러한 일반적 범주를 벗어나 성공이나 권력이나 가난의 틀에서 벗어나 다양성을 추구하고 있고 전형이라는 일반적 통념에서 벗어나고 있음을 볼 수 있다.

무대, 장소의 구체적 묘사는 오늘날 소설의 새로운 방향의 한 형태로 보여지고 있다. 구효서의 작품 「물 속 페르시아 고양이」에서 "그 집은 이층이었다. 현관에 붉은 장미꽃이 수북히 피어난 아담한 양옥이었다. 아다지오나 세레나데 따위가 흘러나오기에 꼭 알맞은 집이라고 지레 생각했던 건 반드시 그 방미 때문만은 아니었다. 주택가와 얼마쯤 떨어진 언덕 중턱에 덩그마니 자리잡은 위치며 담장 밑에 소담하게 자라 오른 집싸리나무며 적당히 녹이 쓴 담장 위의 철망, 그리고 먼지 앉은 돌 축대, 하여튼 그 집이 풍기고 있는 전체적인 분위기가 그랬다."에서 이층집에 대한 무대 설정에서 구체적인 이층집의 묘사를 들추어내고 있다. 장미꽃, 음악, 언덕중턱, 담장, 나무, 철망, 축대 등에 대한 구체 묘사에서 볼 수 있다.

소설 작품에서 무대와 장소의 묘사에 있어 그 무대를 보다 구체적으로 그려낸다는 것은 작가의 작품을 더욱 새롭게 하고 주제와 사건을 접목시키는 현장이다. 그 현장은 현장감이 있어야 하고 언제나 새로운 무대를 갈망하는 것은 독자의 주장일 것이다.

한국소설묘사사전에서 보여진 많은 소설가의 무대. 장소의 기법은 무척 다양하고 새로움을 읽을 수 있었으며 각 작가의 개성과 표현의 폭이 넓게 진행되고 있다는 것은 앞으로 우리의 소설 문학의 진로를 밝게 한다는 증명일 것이다.

• 일러두기 •

① 작가는 자모순으로 배열함.
② 작품 배열은 쪽의 순서에 의함.
③ 작품마다 출판사 및 연도를 표시함.
④ 작품 제목은 해당 제목으로 표시함.

*후원 : 대산문화재단
*도움을 주신 분 : 김란주. 김령희. 전효주. 정 윤. 김정은. 정희수.
　　　　　　　　　박현숙. 이해정. 김혜진. 조은희. 하연경. 김단비.

무대 장소 묘사 편

□ 강난경 「지칭개 꽃바람」

정말로 상여골은 유난히도 지칭개 꽃이 많이 피었다. 그 고장 사람들은 지칭개를 미친개라고 했다. 지칭개는 국화과의 이년초로 어린순이 돋을 때는 나물로 삶아 무쳐 먹을 수 있는 풀이다. 그러나 지칭개를 미친개로 부르는 사람들은 그것을 먹으면 미친다고 먹질 않았다. 상여골은 마치 일부러 지칭개의 씨라도 뿌려 놓은 곳처럼 어디고 할 것 없이 밟히고 채이는 것이 지칭개였다. 그런데 이상한 것은 지칭개 꽃은 대체로 연한 자줏빛인데 상여골에 피는 지칭개 꽃은 모두 흰색이었다. 삼장수는 꼭 지칭개 꽃이 필 때만 왔다. 그러나 그것은 우연이 아니고 전국을 누비며 장사를 했는데 지방마다 돈 나오는 때가 달라 그것을 쫓다 보니 그렇게 같은 계절에 같은 고장을 찾게 됐던 것이다.

몇 년 전부터 온녀네 집에는 해마다 초여름이면 한 번씩 들리는 남자 손님이 생겼다. 길 가던 삼장수가 목이 말라 온녀네 집에 들렸다가 온녀의 어머니와 인연을 맺은 것이다. 온녀 어머니는 삼장수만 오면 온녀를 나가 놀으라고 했다.

(백문사, 1995)

□ 강난경 「우리들의 미운 엄마」

부리는 여러 가지 커튼을 이용해 방을 온통 아라비아 왕비의 요술 방처럼 꾸며 놓고 있었다. 커튼으로 창만 가린 것이 아니라 커튼은 벽에도 부분 연출되고 있었다. 벽에는 빈틈없이 부리의 그림이 그려져 있었다. 전에 부리가 기르던 강아지 몽실이가 뛰어가고 있는 것을 보며 부리가 큰 입을 마음껏 벌리고 웃고 있었다. 몽실이는 입으로 무얼 물고 있는 것이었다. 그것이 무엇인지는 커튼으로 가려져 있었다. 정여사는 벽의 커튼을 밀었다. 어느 여자가 강아지에게 치맛자락을 물려 놀라고 있었다. 그녀의 두터운 입술은 토인만큼이나 과장되어 있었지만, 누가 봐도 그 여자가 정여사라는 것을 한 눈에 알 수 있을 만치 개성을 꼬집어 그려 놓고 있었다.

(백문사, 1995)

□ 강석경 「관(觀)」

레스토랑 내부-낮

실내는 어둡고 한 쌍의 남녀가 차지한 식탁만 조명을 받은 듯 드러나 있다. 두 사람이 자리잡은 식탁엔 음식이 담긴 접시가 놓여 있다. 둥근 식탁이지만 두 사람은 거의 나란히 앉아 있다. 긴 생머리를 곱창리본으로 묶은 여자는 눈을 가늘게 뜨고 남자를 주시하고, 남자는 접시를 밀어놓은 채 허공을 보며 독백하듯 무어라 말한다. 여자가 순간 그의 입술에 재빠르게 입맞춤한다. 남자의 입에 닿은 여자의 뾰족한 입술.

남자는 주춤하다 여자의 시선을 의식하며 다시 말을 계속하는데 여자가 또다시 남자 입에 입맞춤한다. 사랑스러워 못 견디겠다는 듯. 순간 낭패한 표정으로 무력하게 하얀 식탁보를 바라보는 남자.

남자의 시선을 따라가는 카메라, 흰 식탁보 클로즈 쇼트.

눈부시게 흰 식탁보가 쏟아진 물감처럼 시야에 번진다. 밝고 부드러운 빛이 포대기같이 그를 감싸는 듯하다. 그에게 입맞추던 여자도 사라져, 안도하며 빛의 공간을 유영하는데 눈이 시리게 흰 삼파장 형광등이 눈에 들어왔다. 책꽂이의 책들과 책상, 빛들이 은하수처럼 흐르는 컴퓨터 화면이 그의 동공에 스쳐가자 관(觀)은 꿈을 꾼 것을 알았다. 불을 켜둔 채 잠이 들었나 보다.

(푸른사상, 2002)

□ 강신재 「젊은 느티나무」

테라스 앞에 오면—그 안 넓은 방에 깔린 자색 양탄자, 여기저기에 놓인 육중한 가구, 그 속에 깃들인 신비한 정적, 이런 것들을 넘겨다보면
—그리고 주위에 만발한 작약, 라일락의 향기, 짙어진 풀내가 한데 엉켜 뭉큿한 이곳에 와서 서면—

(계몽사, 1958)

□ 강신재 「상」

방 한쪽 가장자리에 큰솥이 두 개 걸렸고, 그 밑은 바로 토방이었다. 겨울에 올 때면 언제나 뜨거운 물이 설설 끓고 있는 것이었지만 지금은 말끔히 닦여서 까만 솥뚜껑에 반드르 윤이 흐르고 있을 뿐이었다. 울퉁불퉁 하나 하도 빗자루로 쓸어 매끄러워진 도방에는 알을 품은 암탉도 지금은 없었다. 암탉이 병아리를 깔 때에는 사나워져서, 앞을 지나가려면 쪼려고 하기 때문에, 문야는 언제나 겁을 냈던 것이다. 지금 그는 그 토방과 가마솥 둘레를 맨발로 실컷 오르내리며 놀고 싶다고 생각하였다. 그곳은 그늘 지고 시원한 장소였다.

(민음사, 1996)

□ 강신재 「절벽」

라운지의 구석진 자리로 둘이는 걸어 들어갔다. 인공으로 이룩된 아늑

한 어둠이 글라스에 부딪는 가만한 소리, 가만한, 말소리들과 함께 달콤하고 비밀스런 공기를 조성하고 있었다. 속삭이듯 한숨짓듯 하는 남미의 음악이 나지막이 마루 위를 감돌고 있었다.

 *   *   *

벽으로 반 이상 가리우고 나머지는 커튼이 쳐진 그 갸름한 방은 언제부터인지 여자 직원들의 전용이 되어 있어 그들은 거기서 화장도 고치고 옷도 갈아입는 것이었으나 요새는 주로 경아가 소파를 독점하고 있는 것이었다.

(계몽사, 1995)

□ 강용준 「가랑비」

그날 그들은 공원의 레스토랑에 마주앉아 커피를 마시고 있었다. 이제 곧 4월이라고는 하지만 아직 싸늘한 날씨였고, 그래서인지 저쪽 스탠드 옆의 창 앞으로 착실히 50대쯤은 되어 보이는 웬 베레모의 사내 하나가 역시 커피 잔을 마주한 채 하염없이 앉아 있을 뿐, 을씨년스러울 정도로 레스토랑 안은 텅텅 비어 있었다. 마침 밖에는 자우룩이 가라앉아서 세우가 내리고 있었고, 흡사 수족관과도 같은 레스토랑에 앉아 그 포근히 내리는 가랑비를 바라보고 있자니 어디론지 둥둥 떠나가는 듯한, 혹은 그대로 촉촉이 젖어서 땅 밑으로 잦아드는 듯한 그런 느낌이 들었다. 지금은 가동이 안된 채 축축이 안개비에 젖어들고 있는 저쪽 메리고라운드며, 그 조금 이쪽의 빈 벤치들, 아직도 물이 오르려면 조금은 더 기다려야 될 모양인 벚꽃나무며 플라타너스들, 비에 젖어 뽀얀 안개에 잠기니 한 폭의 고풍한 목화처럼 유연하게 다가오는 저쪽 옛날식의 담장이며 이조풍의 건물들, 두루 이런 것들을 보고 앉아있자니 문득 '산다는 것은, 사람이 산다는 것은 무슨 뜻이겠는가' 이런 생각들이 그냥 겁도 없이 쑥쑥 기어올라오는 것이었다. 바로 수족관 모양의 레스토랑 앞에는 연못이 있는데, 뽀얀 수면이 그대로 뽀얀 안개비 같은 느낌이었다.

(홍성사, 1979)

□ 계용묵 「병풍에 그린 닭」

굿은 한창이었다. 사내, 계집, 어린이, 큰애, 늙은이, 젊은이 할 것 없이 동네 사람들은 거의가 다 모인 성싶게 마당으로 하나가 터질 듯 둘러섰다. 보니 그 안에서 떡이라 고기라 즐비하게 차려 놓은 상을 좌우에 놓고, 남색 쾌자에 흰 고깔을 쓴 무당이 장구에 맞추어 흥겨운 춤이 벌어져 있다.

박씨는 선달네 마누라에게 온 뜻을 말하고 놋바리 두 개를 얻어 담뿍 담뿍 쌀을 담아 정하게 백지를 깔고 굿상 위에 받쳐 놓았다.

복을 빌러온 사람은 박씨 자기만이 아니었다. 남편이 앓아서 무꾸리를 온 색시, 자손을 잘 살게 해달라 공을 드리러 온 늙은이, 소를 잃고 점을 치러 온 사내…… 무어라 꼽을 수 없이 수두룩하다.

무당은 춤을 한참 추고 나더니, 복 빌러 온 사람들을 차례로 불러 복을 주기 시작한다.

(동아, 1987)

□ 고은주 「유리」

쇼윈도와 유리문에 회색 블라인드가 덮이고 바닥에 푸른빛의 카페트가 깔리자 가게 안은 색다른 분위기로 바뀌었다.

* * *

K 프로덕션. 회색 블라인드와 푸른빛 커튼 사이에 그와 내가 있다. 컴퓨터 작업대와 비디오 작업대 사이에 그와 내가 있다. 작업대를 가득 채

운 온갖 기기들. 그리고 그 사이 어딘가에 있을 독촉장들. 그는 지금 그것들과 나를 맞바꾸려 하는 것이 분명하다.

(민음사, 1999)

□ 고은주 「아름다운 여름」

이 스튜디오에 처음 들어서던 날의 그 어둠을 기억한다. 한낮의 햇살 같은 조명을 온몸으로 받아내던 데스크, 그 주변을 포위해 들어오는 검은 실루엣, 그리고 나머지 공간을 가득 채우며 말없이 나를 압도하던 어둠……

* * *

시험지처럼 주어진 뉴스 원고를 읽기 위해 크고 작은 조명이 집중되고 있는 데스크 앞에 앉았을 때에도 불빛은 내 상반신까지만 쏟아져 내렸다. 내 얼굴을 비추던 커다란 렌즈의 카메라도, 그것을 떠받치고 있는 바퀴 달린 받침대도, 그리고 그 뒤에 서 있던 엔지니어의 모습도 모두 어두운 실루엣일 뿐이었다.

(민음사, 1999)

□ 공선옥 「씨앗 불」

출근하자마자 품삯을 요구할 참이었는데 사장은 그림자조차 찾을 수 없다. 소파가 진열된 한구석에 그가 인근에 부재중임을 암시라도 하는 양 사장의 유일한 교통수단이 고물 사이드카 한 대만 비스듬히 세워져 있을 뿐이다.

위준은 손을 거쳐 뽑아져 나온 응접세트와 가죽소파들이 팔려 나갈 날을 기다리며 모데기모데기 둘러앉아 좁은 홀 안 사잇길을 지나, 강아지집 문짝 같은 공장 문을 열자 오래 고여 있던 곰팡내가 확 풍겨온다. 아예 공장문을 닫아 걸 생각인지 작업한 기미는 보이지 않는다. 하기사 사람 구하기도 힘들 것이고.

  가게 안의 화려함과는 딴판으로 공장은 우중충하다. 블록으로 담을 쌓고 선라이트로 하늘가림을 한 가건물이라서 한데나 마찬가지다. 한겨울에는 목재를 다듬고 난 톱밥으로 난로를 피웠지만 등 쪽은 항상 시렸다. 거기다가 맨 흙바닥에서 올라오는 습기는 두 발을 꽁꽁 얼리기 예사였다. 그렇게 꽁꽁 언 발을 난로에 갖다대면 나일론 양말 밑바닥에 온데간데없이 녹아 버리는 수도 있었다.

* * *

  눈을 떴다.
  하마 영창 안이런가 했더니 낯익은 천장이 눈에 들어왔다. 방 한 귀퉁이로 새어들어 온 햇빛 한 줄기를 따라 먼지의 입자들이 춤을 추고 있다.
  방안에서는 술지게미 쉬어 가는 듯한 시큼한 냄새가 코를 찌른다.

(동아, 1995)

□ 공선옥「오지리에 두고 온 서른 살」

  은이의 시댁인 상훈의 집은 채옥의 집 앞 골목에서 한참을 올라간 대나무 숲 너머 양지쪽에 있었다. 백여 호가 넘던 마을은 사람들이 도시로 떠나버려서 어제 그 절반도 채 못 되는 빈집들이 을씨년스럽게 드러난 골목은 스산스러웠다. 예전에 은이네가 살던 오두막집은 돌담이 그대로 둘러쳐진 채 밭으로 변해 있었고, 채옥의 집은 빈집들 가운데서 그 또한 빈집처럼 적막하게 오는 눈을 그대로 맞으며 어둠 속에 잠겨 있었다.

* * *

  방안에선 썰렁한 냄새가 났다. 그러나 방안은 금방 걸레질을 한 것처럼 먼지가 없었다. 갓방은 은이가 처음 이 집 며느리로 인정을 받았던 날, 상훈과 함께 밤을 났던 곳이었다. 그 뒤로 시어머니는 은이가 시댁에 올 때마다 이 방을 내주곤 하였다. 두 짝 문 달린 티크 장롱 속에는 무명 홑청에 까실까실하게 풀을 먹인 솜이불도 반듯하게 개켜져 있고 서랍장 속에는 몇 벌의 허드레 옷과 잠옷이 들어있었다. 옛날에는 이 방이 청국장 띄우고 콩나물 기르는 방으로 사용되었었다고 상훈은 말했었다. 그러나 이제 이 방은 도시의 신혼부부 방처럼 그리 비싸 보이지 않는 가구들만 자리잡고 앉아서 일 년 내내 깨끗이 치워진 채로 비워져 있었다.

* * *

은이네 부엌은 간단했다. 시커먼 아궁이 두 개에 베니어 찬장. 찬장 안에는 시큼한 김치 보시기와 간장 종지. 양념이라야 간장과 고춧가루가 다였다. 부엌 바닥은 늘 습기가 차서 축축했고 통통한 쥐며느리가 떼를 지어 기어다니곤 했다.

* * *

채옥은 포대기를 끌러 해동이를 편하게 안고 앉아 방안을 휘 둘러 보았다. 가구라고는 책상 두 개와 책장뿐이었다. 책장의 빈곳에 개킨 옷이 몇 벌 쌓여 있고 속옷과 양말 따위는 바구니에 담겨 있었다. 그리고 앉은 뱅이책상이 있고 나머지는 책이었다.

* * *

창문이 없는 방이었으므로 낮에도 전깃불을 켜야만 했다. 불을 켜고 방문을 두드렸지만 아무도 와 주지 않았다. 신문지가 덮인 밥상, 스텐 요강, 빌려온 만화책, 웃목에 놓인 소주병, 채옥을 데리고 들어온 날, 기현이 새로 사 들고 온 싸구려 캐시미론 이불.

* * *

은이는 먹이를 찾아 헤매는 생쥐처럼 시어미만이 드나드는 도장방 속으로 기어 들어갔다. 은이의 기억 속에 그 곳 도장방은 꺼내도 꺼내도 줄지 않는 온갖 맛 나는 음식과 재물이 그득 쌓여 있는 알라딘의 동굴 같은 곳이었다. 남평댁은 어린 상훈이 보챌 기미가 보이면 도장방 문을 따고 들어가 그 곳에서 은이는 생전 먹어보지도 못한 음식들을 내오곤 했다. 아버지를 기다리다 못해 은택이를 업고 상훈의 집 문간에서 아버지를 기다리고 서 있자면, 양지 바른 마루 위에서 상훈이 남평댁이 내온 음식들을 양손에 쥐고 먹는 모습을 종종 보고는 했었다. 이제 은이는 배고픔을 참으며 바라보는 것만으로 만족해야 했던 그 맛난 것들을 자신이 직접 구하리라 마음먹었다. 그렇게 마음먹자 이상하게 가슴이 고동쳐왔다.

　은이는 살며시 도장방 문을 잡아당겼다. 문은 잠겨있지 않았다. 도장방은 서늘했다.

　성주단지가 서늘한 빛을 내뿜고 있었고 은밀하고 퀴퀴한 냄새가 나는 듯 했다. 시렁 위는 노랗게 길이 난 대석짝들이 빽빽이 얹어져 있었고 검고 윤나는 제기들이 바구니 속에 들어차 있었다.

*　　*　　*

　행랑채 석술의 방에서는 젊은 남자의 몸 냄새가 배어있었다. 누렇게 색바랜 헌책들이 노끈에 묶인 채 웃목에 쌓여 있고 석술이 맨 처음 이 방에 들어올 때 가지고 들어왔을 낡은 비닐가방이 방 귀퉁이에 궁상스럽게 놓여 있었다. 비닐 가방은 처음 그 곳에 놓인 이래로 한 번도 열리지 않았던 듯 뽀얗게 먼지가 내려앉아 있었다. 은이는 비닐가방의 지퍼를 열고 가방 속을 들여다보았다. 옷가지들. 길 떠난 자는 온갖 것 다 버려도 의복만은 버리지 않는다.

(삼신각, 1993)

□ 공선옥 「내 생의 알리바이」

　오솔길을 따라 쭉 실개울을 하나 건너니 건물의 형체가 눈에 들어왔다.

엄밀히 말해 그것은 건물이라기보다 보온천과 비닐로 동여맨 움막이었다. 그는 역시 비닐로 된 움막 문을 잡아당겼다. 움막 안은 밖에서 보기보다는 깨끗하고 넓었다. 안온한 기운도 느껴졌다. 수도꼭지까지 설치되어 있는 게 처자식이 집을 나가기 전까지는 그런대로 살아보려고 노력은 한 것 같았다. 수도꼭지를 틀었다. 고맙게도 물이 나와 주었다. 기둥에 달려있는 전기스위치를 올렸다. 신기하게도, 거짓말같이 불도 들어왔다. 불이 들어오자 여태껏 긴가민가하고 숨죽이고 있던 생쥐들이 혼비백산했다.

* * *

손님들을 보내고 저녁상을 치우고 씻고 마른 빨랫감을 들고 텔레비전 앞에 모인 식구들 앞에 앉는다. 조용하다. 기괴할 정도로 조용하다. 다들 입을 꾹 다물고 아홉시 뉴스를 본다. 오목이는 하품을 하고 있다. 태수도 엄마 젖을 찾으며 찡찡거리는 것이 젖꼭지만 물려주면 잘 태세다.

(창작과비평사, 1998)

□ 공선옥 「목마를 계절」

비가 오는 가로수 밑에 서서 현순씨는 나를 기다리고 있었다. 심야영업이 금지되어 있었으므로 지하 카페 '소정'으로 내려가는 계단은 어두웠다. 카페로 들어서자 술 냄새와 습기 냄새가 혼합된 축축한 냄새가 끼쳐왔다. 카페에는 두 여자가 앉아 술을 마시고 있던 중이었다. 주인 현순씨와 그리고 종업원 '미스 조'.

술을 마시던 두 여자를 눈매 선해 보이는 생쥐가 의자 밑에서 올려다보고 있었다.

(풀빛, 1995)

□ 공선옥 「피어라 수선화」

　큰집 뒤안은 돌담을 따라 감나무가 빽빽했고 햇볕은 잘 들었다. 추수가 끝난 지 얼마 되지 않아서 뒤안에는 그해 가을에 수확한 온갖 곡식들과 곡식을 털어 내고 남은 쭉정이들을 빼곡이 쌓여 있었다.
　노적가리 옆에는 짚가리가 산더미만 했고 콩뒤주 옆에는 콩대가, 고구마뒤주 옆에는 고구맛대가, 수숫가리 옆에는 수숫대가, 각각의 쓸모를 기다리며 쟁여져 있었던 것이다.

(동아, 1995)

□ 공석하 「프로메테우스의 간」

　일제시대에 쓰던 낡은 목조 건물이었다. 청룡산을 배경으로 햇볕이 잘 드는 아늑하고 고즈넉한 산기슭에, 미류나무와 은행나무 몇 그루가 서 있는 전형적인 시골초등학교였다.

* 　* 　*

　교실에는 이승만 대통령의 사진이 있던 자리에 김일성 사진이 붙어 있었고, 태극기가 있었던 자리에는 인민기가 붙어있었다. 학생들의 절반 정도가 나왔지만, 새로운 학생들이 또 십여 명 되어 사십여 명이나 되었다. 여기 나온 아이들은 모두가 남의 집 소작을 하거나 머슴을 하는 집안이라는 것을 쉽게 알 수 있었다.

* 　* 　*

　겨울의 산과 들판에는 시체와 총과 탄알이 널려 있었다. 산의 계곡에도 시체가 몇 명씩 얼어붙어 있었다. 시체는 대부분 중공군의 것이거나 인민군의 것이었고, 어쩌다가 국군이나 유엔군의 것도 보이었다. 부녀자들이나 아이들의 시체도 보였다. 죽은 어머니의 시신을 붙들고 울부짖는 모습 그대로의 아이들의 시신도 보였다. 피난을 가는 중간에 총에 맞거나 폭탄에 맞는 사람들이었다.

널려져 있는 카빈총이나 권총은 거의 소련제였다. 치안대원의 안내로 우리 어린이들까지 동원되어 시체와 총들을 수거하는 작업에 동원되었다. 오륙 명씩 편대를 짜서 하루에도 몇 십 명씩 시체를 들것에 실어 면사무소나 파출소로 날랐다. 배가 고프면 시체 속에 있는 누룽지나 빵을 빼어 먹었다. 그래도 그것은 나은 편이었다. 폭탄이 터진 곳에서는 팔만 나오기도 하고, 다리만 나오기도 하고 머리만 남아있기도 했다. 창자가 눈 속에 튀어나온 채 아직도 피를 흘리는 시신도 있었다.

* * *

그의 방에는 신문지를 덮은 사과궤짝을 책상으로 대신하고 있었고, 그 위에 국어, 사회, 산수, 등의 책과 노트와 그리고 성서, 논어, 불경, 소설, 시집 등이 여러 권 있었다. 그의 노트에는 무슨 모범답안지 같은 느낌이 들 정도로 모든 것이 정리되어 있었다.

(뿌리, 1999)

□공지영「더이상 아름다운 방황은 없다」

민수는 누운 자세 그대로 방안의 물건들을 다시 한 번 쭉 훑어본다. 책상, 책상 위에 걸린 르노아르의 소녀상이 담긴 액자, 책장, 오디오 세트, 작은 안락의자, 스위스 민속의상을 입은 한 쌍의 인형.

* * *

아랫동네 양옥집마다 목련의 무성한 이파리들이 여름 햇살에 반짝이고 있다. 8월이 가고 있는 산동네 골목, 그래도 가을은 오지 않고 끈끈한 시궁창 냄새에 젖어 여름은 끈덕지게 도사리고 있었다.

* * *

민수는 연분홍 우단 소파에 앉으면서 룸을 한 바퀴 돌아보았다. 은빛 벽지를 바른 호사스러운 벽과 푸른 정원이 보이는 통유리창, 그리고 천정에 달린 투명한 샹들리에. 민수의 눈이 창가에 있는 흰 그랜드 피아노에 가서 잠시 멎었다.

* * *

묘지에 드리운 그림자가 점점 짧아져가면서 한낮의 열기가 콧속으로 끼쳐왔다. 가끔 건너편 숲 속에서 뻐꾸기가 울 뿐 주위는 아주 고요했다. 민수는 무덤들 사이에서 갸웃 고개를 내민 들국화를 몇 송이 뽑아다가 무덤들 앞에 놓았다.

* * *

민수의 앞에 놓인 작은 재떨이에 꽁초는 쌓이고 방안은 너구리굴처럼 흰 연기로 가득 찬다. 덕현은 창문을 열었다. 서늘해진 바람이 몰아쳐 들어왔다.

(풀빛, 1994)

□ 공지영 「착한 여자 1」

어두운 다방이었다. 푸른빛이 도는 흰 커버를 씌운 의자들이 있고 틀림없이 다방 한 가운데 커다란 어항이 있고, 그 어항 속에 플라스틱 수초가 자라지도 못한 채 서 있고, 빨간색 물레방아가 돌고 있는 그런 다방. 배가 불뚝한 금붕어들은 느릿느릿 그 공간 속을 허망하게 부유하고 있었다.

* * *

거실에 걸린 뻐꾸기 시계에서 뻐꾸기가 뻐꾹, 뻐꾹, 울고 그리고 고요가 다가왔다. 냉장고가 작게 진저리치며 깨어나 위이이잉 돌아가기 시작했다. 정인은 누운 채로 가슴 위에 손깍지를 끼고 천장을 올려다본다. 가로등 빛이 희미하게 천장에 창틀의 그림자를 만들고 있었다. 정인은 그 푸른빛에 어리는 그림자를 무심히 바라본다. 바람도 없는 봄 밤, 손바닥만큼 열린 창으로 봄밤의 냄새가 밀려든다. 희미하게 꽃향기가 아른거리는 것도 같고, 어쩌면 풀 냄새가 나는 것 같기도 했다.

* * *

보리 말리는 멍석을 펴놓은 마당 한구석에 어머니가 찌그러진 양은 대야처럼 팽개쳐져 있었고 안방 문이 부서져 있었다. 벌써 싸리 울타리 근처로 마을 여자들의 얼굴이 시든 꽃처럼 피어나 있었다. 수군거리는 여자들을 비집고 정씨가 앞으로 나섰다.

* * *

수업이 끝나고 교실들은 텅 비어버렸는데 과학실에는 옹기종기 모여앉은 학생들이 그득했다. 뿌옇게 먼지가 앉은 독수리 박제의 매서운 눈동자 위로 햇살이 한줄기 비치고 있다.

* * *

오늘따라 골목길이 길다. 정인의 옆구리에는 장바구니 대신 오늘 다 못 본 교정지 꾸러미가 있다. 우산으로 떨어지는 빗소리, 그해 봄과 여름 사이에는 비가 잦았다. 비 때문에 일찍 어둠이 내리는 골목길, 집집마다 벌써 불들이 밝혀져 있었다. 여름이 성큼 다가오는지 라일락 이파리가 날마다 조금씩 더 푸르르고 비를 맞아 더욱 싱싱하다.

(한겨레, 1997)

□구인환 「딩구는 커피」

성일 다방은 그런대로 마음의 안식처가 될 수 있는 다방이다. 뭐, 치장이 화려하다든가 분위기가 그윽한 것도 아니다. 토속적인 기분이 들게 이 것 저것 늘어놓은 것도 아니고 이상스러운 샹들리에를 매달아 놓은 것도 아니다. 그저 수수한 시골 여인과 같이 느껴지게 단조로울 정도다. 특별한 것이 있다면 벽과 알맞게 동양화와 서예가 몇 폭 걸려 있을 뿐이다. 그런 대로 들어가 앉아 있으면, 세상의 소용돌이를 떨치고 자기를 바라볼 수 있는 안식을 느낄 수 있다.

* * *

자리에 앉아 주위를 두리번거렸다. 역시 옛날 그대로다. 탁자의 진열이며 거기에 알맞은 나무 의자, 벽화 등이 조화되어 정취를 더하고 있다. 좀 달라진 것이 있다면, 그전보다 좀 화사하게 보이는 점이 그러면서도 옛 정취가 그대로 살아 있는 것이 대견스럽게 느껴졌다.

* * *

들어서는 순간 발이 멈추었다. 눈이 아찔하여 어떻게 몸을 가눌 수가 없었다. 벽면이 그리 밝지 않은 실내 천정은 동굴을 연상하리만치 이상스럽게 치장이 되어 있고 그 실내를 뒤흔들기라도 하듯이 팝송이 심하게 파도치고 있지 않은가.

(한샘, 1987)

□ 구인환 「별이 보이는데요」

나는 방안을 살피면서 자리에 앉았다. 그리 크지 않은 조그만 방안에, 문을 열면 바로 보이는 신단 가운데 모신 신도 예사롭지가 않거니와, 조화며 그림이 불교적인 향취가 풍기고 을씨년스럽고 으슥하지 않고 밝으면서도 경건하게 느껴져 저절로 고개가 숙여졌다.

(한샘, 1987)

□ 구효서 「포천에는 시지프스가 산다」

낡은 문짝 뒷면에 흑연막대로 아무렇게나 개칠을 하듯 <국제 목재소>라고 시커멓게 써 붙인 것이 그 목재소의 간판이었으니까. 국제라는 말은 고사하고 간판의 모양새는 주인의 중절모만도 못했다. 바지나 구두만도 못했다. 엊그제 포탄을 맞은 너절한 모양새로 내버려둔 채 주인은 날이면 날마다 은빛 휠이 번쩍이는 자전거를 타고 읍내에 나가 하루종일 이발소 의자에 누워 있거나 강경록의 색시들과 수작을 부렸다.

* * *

그에게서 웃음이 사라졌던 건 한창 피어났던 개미취며 쑥부쟁이들이 하나둘 그 가냘픈 꽃잎을 떨구던 10월, 가을 초임이었다. 냉이며 꽃다지며 속속이풀이 노랗게 바래가기 시작한 한 길가 묵정밭 위로는 아직 꼬리가 덜 빨개진 고추잠자리들이 한가롭게 날고 있었다.

설핏 해가 기울어, 겨자빛으로 물들기 시작한 한길가의 은사시나무 이파리들은 일제히 형광색을 띠며 빛을 발하기 시작했다. 하늘은 한없이 높고 멀어 쪽빛이었고 깡통을 이어 만든 방앗간 지붕이 거울처럼 번쩍거리고 있었다. 눈을 뜰 수 없을 만큼 눈부신 광경에 넋을 읽고 있던 나는 뻘건 황토길을 따라 타박타박 걸어오는 용준이를 발견할 수 있었다. 그가 걸음을 떼어놓을 때마다 그의 신발 아래선 인주가루 같은 붉은 흙먼지가 풀풀 날렸다.

(세계사, 1999)

□ 구효서 「검은 물 갇힌 강」

그 마을의 아침은 달구지 소리로 열렸다. 희붐하게 밝아오는 아침 창문을 달각달각 두드렸다. 개천을 건너, 작은 근대밭을 너머, 사시나무들이 줄지어 서 있는, 동서로 길게 뻗은 자갈길을 지나는 달구지였건만, 그 소리는 장지손가락 마디로 낡은 유리창을 두드리는 것처럼 선명하고 가깝게 들렸다.

미닫이 창문을 열면 그 길 위엔 언제나 이름도 알 수 없고 나이도 알 수 없는 늙수그레한 사내가 오른쪽에서 왼쪽으로 천천히 지나갔다. 콧김을 허옇게 내뿜는 소가 사내의 뒤를 따랐다. 소의 목덜미에 얹혀진 멍에가 끄덕일 때마다 두꺼운 철판을 입힌 달구지의 나무바퀴가 달각달각 소리를 냈다.

길도 검었고, 그 길 위에 줄지어 선 사시나무들도 검었고, 허옇게 뿜어내는 소의 콧김을 빼고는 달구지며 사내의 모양새며가 모두 검었다.

들판 너머 아침 이내에 덮인 아스라한 신도시 아파트 숲 위로 동이 터 오를 때마다 그 마을의 지붕과 철탑과 언덕과 과수들은 일제히 검은 면포를 뒤집어쓰고 성지를 향해 부복하는 유랑민족의 한스런 기도처럼 엄숙했다.

* * *

마을 공터에 혼자 우두커니 서 있던 자귀나무 서쪽 가지는 이미 오래 전에 수액의 흐름이 멈추어 죽어가고 있었다. 그 가지에는 살아 있는 다른 가지에서 볼 수 있는 유연함과 잎의 풍요로움과 생명의 탄력성이 없었다. 이따금 피처럼 물들곤 하는 서쪽 하늘을 예리한 칼처럼 찌르고 있을 뿐이었다. 길고 가늘고 검게 뻗은 나뭇가지에는 생명 대신 섬뜩한 적의가 서려 있었다.

* * *

삿갓바위가 허연 배때기를 드러내고 있는 둔덕 아래로 이미 오래 전에 묵정밭이 되어버린 과수원이 있었다. 사람의 손길이 닿지 않기 시작하면서부터 과수원의 과수들도 성장을 멈춘 듯 더 이상 자라지 않았다. 봄이 되면 새싹을 틔어 올렸었는지, 여름엔 다른 나무들처럼 무성한 잎을 드리웠었는지는 모르나, 내 기억에 남아 있는 과수들은 저 루마니아의 전쟁영웅 드라큘라에 의해 학살된 적국의 포로들 같았다. 꼬챙이에 찔려 매달린 채 수년간 비바람에 노출된 처참한 시신을 보는 것 같았다. 메마른 수피는 센베과자처럼 돌돌 말리며 떨어져 내렸고 검은 둥치 군데군데에는 돼지 혓바닥 같은 버섯들이 층을 이루며 자라고 있었다.

패전국의 전몰장병 묘지처럼 황량한 그 과수원 끝자락에 두 개의 Y자형 기둥이 열 걸음 정도 사이를 두고 서 있었다. 쓰임새에 맞게 과수 두 그루를 뽑아 만든 기둥이었다.

기둥과 기둥은 외줄기 선으로 있었다.

* * *

마을에는 열한 개의 시멘트 전봇대가 서 있었다. 가옥의 지붕들이 하나같이 낮아서 비죽비죽 솟아오른 전봇대들이 상대적으로 높아 보였다.

전봇대와 전봇대 사이에는 수를 헤아릴 수 없는 검은 전화선들이 어지럽게 이어져 있었다. 얼마나 많은 어떠한 얘기들이 어디로부터 와서 그 전선을 타고 또 어디로 지나가는 건지 알 수 없었다. 전선을 까비집으면 무성한 얘기들이 빗물처럼 줄줄 흘러내려 마을의 마른 골목들을 적실 터였지만 전선은 언제나 까맣고 윤기 나는 외피에 꼭꼭 싸여 침묵하고 있었다. 마을의 어둡고 음습한 기운에 물들지 않으려는 듯, 마을을 감싸고 있는 냄새와 젖은 바람 따위를 완강히 뿌리치려는 듯, 전선은 사시장철 딱딱한 각질에 쌓인 채 하늘 한가운데를 지나며 시치미를 뗐다.

그 어지러운 전선들 어느 한 끝도 마을의 지붕이나 추녀에 연결되어 있지 않았다. 열한개의 전봇대는 저 먼 어느 지역 어떤 사람들의 분망한 일상사를 또 다른 어느 지역 어떤 사람들의 집안에 실어 나를 뿐이었다. 마을의 전봇대는 교각일 분이었다. 전선은 교각에 의지해 버려진 개전과도 같은 그 마을을 안전하게 건널 뿐이었다.

마을 가옥들의 후미진 벽에도 환풍기를 돌리고 보일러를 작동시키기 위한 전선들이 LPG 가스 연결호스들과 뒤섞여 담쟁이덩굴의 잔해처럼 들러붙어 있었지만 지붕 위를 지나는 전선들에 비하면 그것들은 이미 오래 전에 헤어져 처지가 완전히 달라져버린 이복동생들 같았다.

* * *

들판 너머 신도시 아파트들이 수직으로 뻗어 올라가면서부터 그 마을의 것들은 이전보다 1도나 2도 정도 더 기울어져 보였다. 그 마을에선 뭔가 하늘을 향해 똑바로 솟아오른 것을 볼 수 없었다. 모든 것이 낡은 담뱃잎 건조창만큼 위태롭게 기울어져 있었다. 가옥의 기둥이나 담장이나 나무들은 물론이고 열한개의 전봇대와 철탑마저도 1년 내내 잠들지 않는 바람의 방향을 따라 모조리 왼쪽으로 기울어져 있었다. 어둔 골목을 따라 귀가하는 마을 남정네들의 지친 발걸음도 불에 일그러진 필름 속의 그림처럼, 혹은 무거운 것에 짓눌렸던 자코메티의 마른 조각처럼 길고 가늘게 삐뚤어져 있었다. 낡은 안테나 때문에 언제나 한쪽으로만 쏠리는 그 마을의 오래된 텔레비전 화면들과 다를 게 없었다.

(세계사, 1999)

□ 구효서 「오후, 마구 뒤섞인」

그는 아침 6시에 일어나, 이 세상의 모든 독약이 그 빛깔을 띠고 있을 것 같은 커피를 마시고, 한 시간 동안 모순도형을 스케치하고, 책 속의 <클라인의 항아리>와 <뫼비우스의 띠> 같은 걸 물끄러미 바라보다, 르까프 운동화를 신고 7시 조금 넘어 집밖으로 나온다.

밖으로 나와 하늘을 본다. 밝은 하늘 동쪽으로 세제 거품 같은 구름이 떠 있다. 대체로 맑을 것 같은 오늘 1995년 10월 2일. 태어난 지 38년 14일째 되는 날. 그는 손목시계를 보고, 별 뜻 없이 1119동의 16층쯤을 흘끗 올려다본 뒤, 아파트 단지를 천천히 걸어 빠져나간다.

도로변은 언제나 그랬듯 소음들로, 자동차 배기음이 전부인 소음들로 가득하다. 길이란 도심의 소음이 흐르는 통로, 혹은 하수처리장일 거라고 그는 생각한다. 얼른 걸어 탁 트인 중앙공원에 다다르고 싶지만 매번 마음일 뿐 걸음이 신통하게 움직여주질 않는다. 체념하고, 그는 천천히 걸을 뿐이다.

해가 솟아서, 아파트 건물의 산뜻한 외벽들을 비추기 시작한다. 저 멀리 중앙공원의 잘 깎인 잔디 위에도 아침 갈볕이 떨어져 내린다. 어서 가야지. 5백 걸음이면 당도할 공원 잔디에 그의 눈은 아까부터 닿아있다.

* * *

아침 공원은 활기차다. 유니폼을 제대로 차려입은 중년의 사내들이 족구를 한다. 은발의 노인들이 게이트볼을 하며 나이스 볼! 한다. 한쪽에선 에어로빅을 하고, 자전거를 타고, 개와 함께 뛴다. 벤치에서 한뎃잠을 자던 부랑자들은 해가 뜨기 전 완장을 찬 관리인한테 쫓겨났을 것이다.

색깔이 돌아온다. 피를 발라놓은 듯 선연한 칸나꽃, 중앙광장 타일작품, 인공연못 바닥의 푸른 페인트, 붉은빛의 자전거 전용도로, 소리도 복원된다. 가로등에 부착된 고성능 스피커에서 흘러나오는 이숙영의 에프엠 대행진. 카라얀의 고향 잘츠부르크까지 가는 퀴즈파노라마. 스콜피온스의 노래. 어디선가 호루라기 소리. 헛둘 헛둘 구령소리.

* * *

길 건너편에 중형 버스 한 대, 흰 바탕에 검은 테를 두른 영구차 한 대가 그가 걷는 방향과는 반대쪽으로 머리를 두고 서 있다. 길을 뒤덮던 소음들이 갑자기 하얗게 증발해버리면서 그의 귀에는 심장박동과도 같은 둔탁한 주기음만 반복해 들린다. 표백된 소리. 갑자기 세상이 낯선 해저로 잠수해버린 걸까. 모든 게 너무도 아득하고 막막할 뿐인데 하늘에서 곧장 뻗어온 오색 빛줄기 하나는 너무도 명료하게 흰 버스의 유리창에 내려와 꽂힌다.

* * *

  검은 아스팔트 위에 차량이라곤 한 대도 없었다. 날은 더욱 어두워졌고 주위는 그저 부연 지평선들뿐. 노란 모자의 아주머니만이 입을 꾹 다문 채 닭꼬치를 굽고, 아이는 턱을 괴고 말없이 잿빛 하늘을 응시했다. 낯설어, 이곳 그는 속으로 중얼거렸다. 너무도 낯설어 오한이 나. 내가 지금 살고 있는 이곳이, 죽은 지 50년 뒤에 다시 이승으로 찾아온 혼령의 눈에나 비친 풍경이라니.

* * *

  오후의 공원은 한가롭다. 아침처럼 활기차지는 않지만 오후의 공원에는 여유와 안정이 있다. 인공호수의 수면에는 제법 아름다운 물결이 일고 5, 6미터씩 뻗어 오르는 분수에는 황금빛 무지개가 뜬다. 10월의 노란 풀꽃들이 오후 역광을 받아 투명하게 빛난다. 오후의 공원엔 어떤 불안도, 불행도 없다.

* * *

  현관문을 들어서자 '개구쟁이 태즈'의 활기 찬 음성이 25인치 컬러텔레비전으로부터 튀어나온다. 두 아이의 눈은 브라운관에 박혀 있고, 식탁 위엔 백열전구가 켜져 있다. 수돗물을 트는 아내. 이 낮익고 아늑한 늦은 오후의 거실 풍경이 그에겐 거의 유일하게 실감되는 생존의 모습이다. 어제와 달라진 것은 아무 것도 없다.
  김과 꼴뚜기젓과 풋고추로 저녁을 먹고, 그는 안방으로 들어가 어제 떠놓은 석고모형에다 사포질을 한다. 붓으로 가루를 털어 내고, 다시 사포질을 하고, 할로겐 전구불에 비스듬히 비추어 거친 부분을 찾아내고, 다시 사포질을 한다.

(세계사, 1999)

□ 구효서 「애수의 소야곡」

그 포장마차는 모든 것이 새것이었다. 합판과 목재에서 풍기는 나무냄새가 강렬했다. 우동그릇과 간장 종지도 멜라민 소재 특유의 광택으로 빛나고 있었다. 컵이며 수저며 국자도 그랬다. 홍등처럼 선연한 오렌지빛 포장을 보고 느꼈던 슬픔을 그 새것 투성이의 집기들에게서 또 한번 느꼈다.

주문을 하고 주문을 받는 것을 제외하면 그와 내가 나눈 대화는 없었다. 포장마차엔 그와 나 둘뿐이었는데도 말이다. 나는 그게 하나도 이상하지 않았다. 나라는 인간은 워낙 누구에게 뭘 잘 묻지 않는 타입이었으니까. 어떤 사람의 고향이 어디든, 나이가 몇이든, 어느 학교를 나왔든, 언제 결혼을 했든 나는 별로 궁금하지 않았다. 설령 궁금하다고 해도 그걸 입 밖으로 내서 묻는 성질이 아니었다. 그도 나에게 아무 것도 묻지 않았다. 포장마차 주인 정도라면 단골 확보차원에서 적당한 친절과 관심과 대화를 유도해낼 수도 있었겠지만 그는 그러지 않았다. 그러지 않았기 때문에 나는 그 포장마차엘 가끔씩 들를 수 있었던 것이다.

깨끗한 비닐포장이며 송진내 나는 목재며 반짝이는 기명들만 보더라도 그가 포장마차를 연지 며칠밖에 되지 않았다는 사실을 금방 알 수 있었다. 하지만 나는 그가 이일을 줄곧 해오다가 돈을 좀 벌어 개비한 것이 아니라는 사실까지 알 수 있었다. 그의 인상을 보고 내 멋대로 내린 판단이긴 했지만 그는 이일을 생전 처음 해보는 사람이었다. 포장마차를 해본 사람과 안 해본 사람 사이에 어떤 인상적인 차이가 있겠느냐고 묻는다면 나는 분명 대답할 수 없을 것이다. 하지만 하여튼 그때 그에 대한 내 느낌이 그랬다는 말이다.

(세계사, 1999)

□ 구효서 「아우라지」

정선읍내엔 은행도 있고 술집도 있고 여관도 있었다. 밤늦도록 불을 밝힌 상점들도 많았다. 소음과 매연을 뿜고 내닫는 자동차들도 제법 많았다. 간판집과 유리집, 컴퓨터 보습학원, 실내인테리어 전문점, 보험회사 사무실, 열쇠집…… 시가지의 규모가 작기는 했지만 우리가 학교를 오가며 보았던 낯익은 고딕체 글씨 간판들이 적당히 복잡하게, 그러나 나름대로의 질서를 가지고 건물 모서리에 매달려 있었다. 보랏빛으로 물드는 하늘 아래로 하나둘 간판들이 불을 밝히기 시작했다. 도시라면 어느 곳에서나 맡을 수 있는 시가지 특유의 구릿한 냄새가 그곳에도 있었다. 우리는 숯불갈비와 소금구이와 사철탕과 매운탕집과 해장국집들이 늘어선 거리를 걸었다.

　　　　*　　*　　*

나는 식당의 통유리창 밖을 우두커니 내다보았다. 커다란 유리가 외부의 소음을 완벽하게 차단하고 있었다. 차량들이 소리 없이 길 위를 오갔다. 인도를 오가는 행인들 사이에도 바람이 불었다.

　　　　*　　*　　*

그래, 그가 고꾸라진 곳이 우체국 앞 전봇대였다…… 보도블록을 베고 옆으로 비틀려 자빠진 노인의 몸뚱어리 뒤로 봄볕에 노출된 오렌지빛 건물이 눈부시게 빛나고 있었다는 사실이 떠올랐다. 우체국의 깨끗한 담장과 자로 재서 그은 듯한 반듯반듯한 철책들 사이로 반개한 개장미들이 우르르 기어오르고 있었다.

오렌지빛 건물이 눈부시도록 강렬했기 때문이었을까. 노인의 초라하게 구겨진 입성엔 색깔이라는 것이 없었다. 노인은 마분지 위에 거칠게 그려진 목탄화였다. 아니면 언젠가 후루룩 넘기며 보았던, 열화당 미술문고의 죽음을 주제로 한 캐테 콜비츠 판화였다. 노인의 손등과 목줄기와 비쩍 마른 검은 정강이에 비어져 나온 핏줄과 힘줄들은 부식동판에 그어진 칼자국들처럼 가늘고 날카로우면서도 쇠잔하고 여려 보였다. 화창한 아침

봄기운이 천연색으로 막 용트림하고 있었지만 노인이 고꾸라진 전봇대 주변의 작은 공간에 선 색깔이라는 것도 따라 죽어가고 있었다.

* * *

배는 강 건너편에 정박되어 있었다. 열 명쯤 태울 수 있는 작은 거룻배였다. 그녀도 말했듯 배에는 노라는 게 없었다. 삿대도 없었다. 돛대도 아니 달고 삿대도 없이 배는 어떻게 강 이편과 저편을 오가는 것일까.

거의 눈에 띄지 않을 만큼 가늘고 기다란 줄이 강 이쪽과 저쪽을 연결하고 있었다. 고정된 그 줄을 당겨서 배를 움직이는 것 같았다. 그러나 배는 이미 오래 전에 운행을 중단한 것처럼 보였다. 물 아래 고즈넉이 자신의 그림자를 드리우고 있는 목선은 물가에서 오랜 세월 풍상을 겪다 얼마 전에 목숨을 다하고 쓰러져 누운 나무둥치 같았다.

* * *

그녀가 이끄는 대로 나는 걸음을 옮겼다. 식당골목 쪽이 아니었다. 어디로 가는 것이냐고 나는 묻지 않았다. 그녀의 걸음이 점점 빨라졌다. 어두운 거리를 그녀와 나는 뛰는 듯 걸었다. 숨이 가빴다. 무엇에 쫓기듯 우리는 몇 개의 전봇대와 택시 승강장과 가로수를 헐레벌떡 지나쳤다.

전자제품 대리점에선가 울려오는 쿵쾅거리는 음악이 그녀와 내 걸음을 재촉했다. 음악은 오래지 않아 우리들 등 뒤쪽으로 사라졌다. 그만큼 우리들의 걸음이 빨랐던 것이다.

걸을수록 인적이 드물어졌다. 정선읍은 그다지 큰 시가지가 아니었다. 어느새 시가지의 외곽에 닿아 있었고, 어둠은 숨이 막힐 만큼 농밀해져 있었다.

나와 그녀의 다급한 발자국 소리가 허공에 흩어졌다. 한참을 정신없이 걷던 그녀가 돌연 걸음을 멈추고 주위를 두리번거렸다. 검은 머리를 푼 채 꼼짝 않고 서 있는 몇 그루의 가로수 뒤쪽으로 선홍빛 네온이 빛났다. 네온으로 붉게 젖은 그녀의 커다란 눈동자가 불안스러이 떨고 있었다. 이제 어디로 도망을 친단 말인가, 어디로 숨는단 말인가.

(세계사, 1999)

□ 구효서 「그녀는 누구와도 다르지 않았다」

그가 잔 속의 커리를 동전만큼 들이켜며 물었다. 맞은편에 앉아있던 남자가 고개를 끄덕였다. 방송국 휴게실은 농구경기장만큼 플로어가 넓고 천장이 높았다. 한마디 한마디가 지나치게 큰 공명음이 되어 돔 형식의 천장으로 오글오글 날아올랐다.

* * *

푸른불을 기다리며 그는 횡단보도에 멈춰서 있었다. 붉은불이 몇 차례 껌벅거리다 푸른불이 들어왔을 때 경찰이 하던 말이 불현듯 그의 머릿속에 떠올랐다. 당신은 참으로, 침착하고 태연하군요. 상식적으로 이해가 안 갈 만큼……

그는 걸음 수를 세며 횡단보도를 건넜다. 열여덟 걸음, 흐린 하늘 어디쯤에서 을씨년스런 바람이 일었다. 마른 은행잎 두 개가 그의 어깨를 스치며 떨어져 내렸다. 그는 미간을 찌푸리고 낮은 하늘을 올려다보았다. 마주 오던 여자가 그의 앞을 지나치며 쑥갈색 트렌치코트 자락을 여몄다. 그는 고개를 돌려 어깨까지 덮은 그녀의 머리카락과 검은 스타킹을 신은 긴 종아리를 바라보았다. 그녀에게 다가가 당신은 몇 살입니까. 하고 묻고 싶어졌다. 그의 아내는 서른여섯이었다.

* * *

방송국 라운지에는 사람들로 가득했다. 그는 빈자리를 찾다가 구내 전화기가 놓여있는 쪽의 맨 구석자리에 앉았다. 에나멜이 벗겨진 흰 구내전화기는 더러웠다. 오렌지 주스 따위를 쟁반에 받쳐 든 여자들이 활기차게 테이블 사이를 헤집고 다녔다. 그녀들이 입은 제복의 질감 때문에 그녀들의 발걸음이 우스꽝스러웠다.

* * *

　물방울무늬가 새겨진 푸른 넥타이를 맨 사내가 그의 맞은편에 와 앉았다. 사내는 테이블 위에다 손때 묻은 수첩을 탁 소리가 나게 내려놓고 홀 안을 두리번거렸다.
　그러다가는 곧 제복을 차려 입은, 서빙하는 한 아가씨를 겨냥해서 바라보기 시작했다. 사내는 사냥감을 포착한 사냥꾼의 눈으로 서빙하는 아가씨를 집요하게 노려봤다. 아가씨가 캐시어 쪽으로 가면 사내의 시선도 추적 레이더처럼 캐시어 쪽으로 따라갔다. 아가씨가 3번 테이블로 가면 사내의 눈동자도 3번 테이블로 향했다. 그렇게 1분 30여 초를, 사내는 아무 말 없이 아가씨를 노려보았다.

(세계사, 1999)

□ 구효서 「나무 남자의 아내」

　주방 곁엔 10리터들이 노란색 알루미늄 주전자가 있다. 거기엔 언제나 묽은 칡차가 가득 들어 있어서 주인의 허락 없이도 얼마든지 따라 마실 수 있다. 이상하게도 내가 머물고 있는 이 숙소엔 이름도 알 수 없는 이런저런 차가 많다. 그것들은 하나하나 맛보면서 하루를 보낸 적도 있었다. 세상의 모든 차가 될 수 있다는 것을 알았다.

* * *

　뒷모습을 바라보면서 밤이 되었구나 생각했다. 밤이란 것이 소나기처럼 쏟아져 내린 것 같았다. 이 세상에 빛이라곤, 그녀가 피워둔 장작불밖에 없었다. 장작불은 참으로 정겨웠다. 세상이 그 장작불을 중심으로 존재하고 있었다.

(세계사, 1999)

□ 구효서 「물 속 페르시아 고양이」

그 집은 이층집이었다. 현관에 붉은 장미꽃이 수북이 피어난 아담한 양옥이었다. 아디지오나 세레나데 따위가 흘러나오기에 꼭 알 맞는 집이라고 지레 생각했던 건 반드시 그 방미 때문만은 아니었다. 주택가와 얼마쯤 떨어진 언덕 중턱에 덩그마니 자리잡은 위치며 담장 밑에 소담하게 자라 오른 집싸리나무며 적당히 녹이 슨 담장 위의 철망, 그리고 먼지 앉은 돌측대, 하여튼 그 집이 풍기고 있는 전체적인 분위기가 그랬다. 그렇다고 그땐 그렇게 생각했었다.

* * *

40분쯤 그녀와 얘기를 나눈 끝에서야 비로소 나는 내가 앞으로 살게 될 방을 보았다. 방은 주방으로 통하는 좁은 복도 끝에 있었다. 가로세로 열두 자 열 여섯 자쯤 되는, 크지도 작지도 않은 방이었다. 창문 바로 밖에 은행나무 한 그루가 서 있었다. 한쪽 가지가 무참하게 꺾인 검은 줄기만 보였다.

"이사오기 전에……도배를 할 거예요. 깨끗이"

그녀의 그 말이 어째서 각오 따위를 드러내는 말투로 들렸을까. 아닌게 아니라 벽지가 누렇게 탈색되어 있었다. 옷걸이와 몇 개의 액자가 보였다. 옷걸이에는 이미 유행이 지난 오래된 오버코트와 에이라인 원피스 따위가 걸려 있었다.

(세계사, 1999)

□ 구혜영 「칸나의 뜰」

충무로 같은 번화가에서는 빌딩 이름이 맥을 못 춘다는 것을 오늘에야 알았다. 휘황한 영업 간판에 가려서 빌딩 이름은 마치 수풀 속에 떨어진 단추 찾기만큼이나 힘들다.

* * *

　내가 현재 앉아 있는 지점은 이 집의 중심부로서 현관과 마주보고 있는, 이를테면 시쳇말로 리빙룸에 해당하는 공간이다. 발밑에는 진홍빛 카페트가 깔려 있고 좌우로 방 하나씩을 거느리고 있는데, 그 한쪽 방에는 지금 기옥이가 문을 잠근 채 필경 꿀맛 같은 곤한 잠 속에 묻혀 있을 것이다.

* * *

　35분이 일초쯤 지나는데, 내 눈에는 입구의 문이 열리는 것과 동시에 성장한 기옥이가 면면에 햇살 같은 미소를 머금고 나타나는 것이 보였다.

* * *

　우리가 구석을 차지해 앉은 스탠드에는 전기줄에 모여 앉은 제비들처럼 술꾼들이 모여들어 있었다.

(카나리아, 1988)

□ 김광주 「성모마리아가 있는 언덕」

　대단한 비탈길도 아니었습니다.
　활의 불을 조금 앞으로 잡아 다니면, 활대가 채 반원형도 못 될 정도로 두 끝이 휘다 둥그스름한 섬을 이룬 것 같은―그렇게 경사가 심하지 않은 언덕길이, 저편에서 이편 끝 평지까지 몽땅 합쳐야 겨우 삼백 미터밖에 안 되는 짧은 거리를 점령하고, 도심지대 한복판에 자리잡고 있었습니다.
　평지보다 얼마 높지 못한 언덕길.
　마루터기에 올라서서 양편을 바라다보자면 바른편으로는 네 줄의 전차 레일이 칼 던진 것 같이 새파랗게 바라다 보였고, 왼편으로는 영화 상설

관으로 통하는 좁고 복잡한 뒷골목이 어수선한 풍경화처럼 꼬부라져 있었습니다.

언덕 맨 꼭대기에서 산 쪽을 쳐다보는 방향으로, 이 언덕 높이만큼이나 더 높은 지대를 택하여 그 무섭게 뾰족뾰족하고 하늘을 찌를 것 같은 천주교의 성당은 있었습니다.

십자가가 높은 하늘 시원스런 허공에서, 속세의 온갖 잡담을 정화시킬 듯이 내려다보고 있는 뾰족당.

봄이면 이 성스럽고 웅장한 건물을 둘러싼 넓고 높은 면적에는 군데군데 울긋불긋한 꽃들이 아름답게 방실거리고, 여름이면 싱싱하고 푸른 녹음이 무성한, 그림같이 깨끗한 석계 위로 경건한 신도들의 발자국이 아침저녁으로 마치 천당의 계단을 오르내리듯 얌전하고 조용하고 근엄하게 움직여지고.

확실히 시끄럽고 더럽고 뒤숭숭하고 어지러운 도회지 한복판에 우뚝 솟아 있는 성스럽고 깨끗한 지역이었습니다.

(금성, 1981)

□ 김녕희 「숨은그림자」

차가 이태원으로 진입하자 낯익은 미8군 자리가 눈에 들어왔다. 오른편의 육군본부로부터 왼편으로 눈길을 돌린 정미는 무성한 포플러나무 사이로 가려진 미8군 안의 콘세트를 눈여겨보았다. 젊은 흑인과 백인 남자들이 청바지 차림으로 지나가고, 노란 스웨터를 어깨에 걸친 노랑머리 할머니와 하늘색 운동복 차림의 할아버지가 애들처럼 손을 잡고 가는 게 보였다.

* * *

6인조 캄보밴드에 맞춰 그들은 연달아 두 곡의 춤곡을 불렀다. 술집 안은 왁자지껄한 술꾼들로 꽉 차 있었다. 사람의 혼을 어지럽히려고 작정을 한 것 같은 오색찬란한 샹들리에 불빛이 명멸하는 실내로 반라의 웨이트 리스들이 대형 어항 속의 화려한 열대어처럼 꼬리를 치며 헤집고 다니고 있었다.

* * *

마리의 방은 육조너비의 다다미방이었다. 창 앞 낮은 벽에 전기난로가 있고 작은 책상 위에는 책들이 쌓여 있고 노트며 원고지가 정돈되어 있었다. 세간살이라곤 책상과 비키니 옷장이 있을 뿐이다. 취사도구는 쟁반에 그릇 몇 개와 냄비 한 개가 깨끗이 씻기어 있는 것뿐이었다.

* * *

체육관 안의 분위기는 마침내 무르익기 시작한 관중들의 열기로 차올랐다.

오늘의 메인 게임은 한국 미들급 챔피언의 타이틀이 걸린 시합이었다. 챔피언 한상오에 도전한 선수는 혼혈아 김훈이었다.

오픈 게임이 끝났다.

김훈의 여자 친구인 옥희는 나팔이란 별명이 붙은 입술을 꼭 붙이고 앉아있다. 흡사 고무풀로 붙이기라도 한 듯. 옥희를 중심으로 왼쪽에 인자와 준성이 앉았고, 오른쪽에는 정미 민철, 그리고 박일이 앉았다. 김훈의 혼혈아 응원부대는 그들 말고도 20명 남짓이 되었다. 모두 하파 클럽의 회원들이었다.

(훈민정음, 1995)

□ 김동리 「황토기」

주리재에서 금오산 쪽으로 뻗쳐 내리는 두 산맥이다.

등성이를 벌거벗은 채 이십리 삼십리씩을 하나는 서북, 또 하나는 동북으로 뛰어 내려와서는, 개우 황토골이란 조그만 골짝 하나를 낳은 것 뿐으로, 거기서 그 앞을 흘러가는 냇물을 바라보며, 동네 늙은이들의 입으로 전하는 상룡 또는 쌍룡의 전설을 이룬 그 지리적 결구는 여기서 끝을 맺는 것이다.

(성공문화사, 1991)

□ 김동리 「역마」

'화개장터'의 냇물은 길과 함께 흘러서 세 갈래로 나 있었다. 한 줄기는 전라도 땅 구례 쪽에서 오고 한 줄기는 경상도 쪽 화개협에서 흘러내려, 여기서 합쳐서, 푸른 산 그림자와 검은 고목 그림자를 거꾸로 비춘 채, 호수같이 조용히 돌아, 경상·전라 양도의 경계를 그어주며, 다시 남으로 흘러내리는 것이, 섬진강 물이었다. 하동, 구례, 방계사의 세 갈래 길목이라 오고 가는 나그네로 하여, 화개장터엔 장날이 아니라도 언제나 흥성거리는 날이 많았다. …(중략)… 장이 서지 않는 날일지라도 인근 고을 사람들에게 그 곳이 그렇게 언제나 그리운 것은, 장터 위에서 화갯골로 뻗쳐 앉은 주막마다 유달리 맑고 시원한 막걸리와 펄펄 살아 뛰는 물고기의 회를 먹을 수 있기 때문인지도 몰랐다. …(중략)… 그 가운데도 옥화네 주막은 술맛이 유달리 좋고, 값이 싸고 안주인-즉 옥화의 인심이 후하다 하여 화개장터에서는 가장 이름이 들난 주막이었다.

* * *

그런지도 다시 한 보름이나 지나, 뻐꾸기는 또다시 산울림처럼 긴드러지게 울고, 늘어진 버들가지엔 햇빛이 젖어 흐르는 아침이었다. 새벽녘에 잠깐은 가기는 그 어머니와 하직을 하고 있었다. 갈아입은 옥양목 고의 적삼에, 명주 수건까지 머리에 질끈 동여매고 난 성기는, 새로 맞춘 새하얀 나무 엿판을 걸빵해서 느직하게 엉덩이 즈음에다 걸었다. 윗목판에는 새하얀 가락엿이 반 넘어 들어 있었고, 아랫목판에는 팔다 남은 이야기책 몇권과 간단한 방물이 좀 들어 있었다.

그의 발 앞에는, 물과 함께 갈리어 길도 세 갈래로 나 있었으나, 화갯골 쪽엔 처음부터 등을 지고 있었고, 동남으로 난 길은 하동, 서남으로난 길이 구례, 작년 이맘때도 지나 그녀가 울음 섞인 하직을 남기고 체장수 영감과 함께 넘어간 산모퉁이 고갯길은 퍼붓는 햇빛 속에 지금도 환히 장터 위를 굽이돌아 구례쪽을 향했으나, 성기는 한참 뒤 몸을 돌렸다. 그리하여 그의 발은 구례 쪽을 등지고 하동 쪽을 향해 천천히 옮겨졌다.

(푸른나무, 1993)

□ 김동리 「무녀도」

경주읍에서 성밖으로 십여 리 나가서 조그만 마을이 있었다. 여민촌 혹은 장성촌이라 불리어지는 마을이었다.

이 마을 한구석에 모화라는 무당이 살고 있었다. 모화서 들어온 사람이라 하여 모화라 부르는 것이었다. 그것은 한머리 찌그러져 가는 묵은 기와집으로 지붕 위에는 기와버섯이 퍼렇게 뻗어 올라 역한 흙 냄새를 풍기고, 집 주위는 앙상한 돌담이 군데군데 헐리인 채 옛 성처럼 꼬불꼬불 에워싸고 있었다. 이 돌담이 에워싼 안의 공지같이 넓은 마당에는, 수채가 막힌 채 빗물이 괴는 대로 일 년 내 시퍼런 물이끼가 뒤덮여 놀쟁이, 명아주, 강아지풀 그리고 이름도 모를 여러 가지 잡풀들이 사람의 키도 묻힐 만큼 거멓게 엉키어 있었다. 그 아래로 뱀같이 길게 늘어진 지렁이와 두꺼비 같이 늙은 개구리들이 구물거리며 항시 밤이 들기만 기다릴 뿐으로, 이미 수십 년 혹은 수백 년 전에 벌써 사람의 자취와는 인연이 끊어진 도깨비굴 같기만 했다.

* * *

뒤에 물러 누운 어둑어둑한 산, 앞으로 폭이 널따랗게 흐르는 검은 강물, 산마루로 들판으로 검은 강물 위로 모두 쏟아져 내릴 듯한 파아란 별들, 바야흐로 숨이 고비에 찬 이슥한 밤중이다. 강가 모랫벌엔 큰 차일을 치고,

차일 속엔 마을 여인들이 자욱히 앉아 무당 시나위 가락에 취해 있다.

그녀들의 얼굴 얼굴들은 분명히 슬픈 흥분과 새벽이 가까워 온 듯한 피곤에 젖어 있다.

무당은 바야흐로 청승에 자지러져도 뼈도 살도 없는 혼령으로 화한 듯 가벼이 쾌자 자락을 날리며 돌아간다.

(어문각, 1973)

□ 김동리 「까치소리」

마을 한복판에 우물이 있고 앞뒤엔 늙은 회나무 두 그루가 거인 같은 두 팔을 치켜든 채 마주 보고 서 있었다. 몇 아름씩이나 될지 모르는 굵고 울퉁불퉁한 둥치는 동굴처럼 속이 뚫린 채 항상 천년으로 헤아려지는 까마득한 세월을 새까만 침묵으로 하나 가득 메우고 있었다.

밑동에 견주어 가지와 잎새는 쓸쓸했다. 둘로 벌어진 큰 가지의 하나는 중동이가 부러진 채, 그 부러진 언저리엔 새로 돋는 곁가지가 떨기를 이루었으나 그것도 죽죽 위로 뻗어 오른 것이 아니라 아래로 한두 대가 잎을 달고 드리워진 것이 고작이었다.

둘 중에서 부러지지 않은 높은 가지는 거인의 어깨 위에 나부끼는 깃발과도 같이 무수한 잔가지와 잎새들을 하늘 높이 펼쳤는데, 까치들은 여기만 둥지를 치고 있었다.

앞 나무에 둘, 된 나무에 하나, 까치둥지는 셋이 쳐져 있었으나 까치들이 모두 몇 마리나 그 속에서 살고 있는지는 아무도 똑똑히 몰랐다. 언제부터 둥지를 치기 시작했는지도 역시 안다는 사람은 없었다. 나무와 함께 대체로 어느 까마득한 옛날부터 내려오는 것이거니 믿고 있을 뿐이었다.

(지학사, 1985)

□ 김동리 「살벌한 황혼」

경희네 집은 혜화동이었다.

영등포와 필동과 두 군데서 용무를 치른 윤 중위가 혜화동 쪽을 향해 지프차를 달리게 된 것은 흙바람에 쌓인 저녁 해가 인왕산 머리를 넘을 무렵이었다. 미리 조금씩은 소문으로도 듣고, 혼자 생각으로 상상도 하고는 한 것이었지만 이제 자기 눈으로 그 부서지고 타고 허물어진 광경을 실지로 보게 되니 그 동안 일선으로만 돌아다니고 있던 그로서는 과연 가슴이 뻐근해지지 않을 수 없었다.

을지로 이가 삼가의 그 황량한 폐허를 달렸을 때는 공연히 전신에 맥이 탁 풀리며 일방 형언할 수 없는 분노와 살기에 몸이 부르르 떨리기까지 하였다.

(민음사, 1995)

□ 김동리 「사반의 십자가」

헤르몬과 안티레바논의 두 산에서 발원하는 요단강 물은 동쪽으로 목마른 광야를 끼고, 서쪽으로 <꿀 흐르는 땅> 가나안을 안으며, 북에서 남으로 흘러 <죽음의 바다> 염해에 이른다. 물살이 바르고, 언덕이 높고, 돌 층대가 험하여, 일반적으로 뱃길이 좋은 편은 못 되나, 상류에 있는 세 개의 호수, 그 가운데서도 그네들이 보통 갈릴리 바다라고 일컫는 게네사렛 호수에만은 고기잡이로, 화물 운송으로, 그리고 주민의 교통으로 항상 많은 배들이 떠 있었다. 더욱이 <우기>가 지나고, 숨 막히는 여름이 훗훗거리는 잇알 달(4~5월)에서 치슬리 달(9~10월) 사이에는 밤낮 없이 물위에 떠 있기를 즐기는 사람들이 적지 않았다.

* * *

도마의 배에는 도마 이외에 두 사람의 낯선 손님이 타고 있었다. 하나는 남자, 남자하고도 당당한 수염과 정력적인 눈을 가진 사십대의 남자요, 그리고 다른 하나는 여자였다. 남자는 도마가 미리 알린 그 아레타스 왕의 <밀사>인가 하는 사람이겠지만 여자가 타고 있는 일에 대해서는 미리들은 바가 없었던 것이다. 얼른 보기에도 무척 젊고 어여쁜 여자인 듯했다. 나이 한 열 서너 살밖에 더 나 뵈지 않는 아가씨였다. 배는 서로 닿을 만큼 다가왔다. 도마는 뱃머리에 서서 사반에게 인사를 올렸다. 사반은 배 안에 앉은 채 인사를 받았다.

배는 서로 닿았다. 뱃전을 붙여서 하나같이 떨어지지 않게 한 뒤, 도마는 먼저 낯선 사나이를 가리키며, "단장님께 미리 보고 드린 아레타스 왕의 사신 아굴라 사관올시다." 하고 소개하자 낯선 사나이는 곧 일어나 사반을 보며, "제 이름은 아굴라, 영광 높은 아레타스 왕님의 사신이올시다. 우리 러단장님의 평안을 빕니다." 외교관다운 능란한 말씨로 인사를 드렸다.

* * *

회의가 끝나자 곧 미리 준비되었던 술과 염소고기와 닭고기가 나왔다. <본부회의>가 있을 때마다 벌어지는 술자리였지만, 이날은 사반 단장과 실바아의 혼례 축하를 겸한 잔치라고 해서 더욱 많은 술과 고기가 나왔다. 따라서 연석에는 하닷과 실바아도 함께 나와 앉았다. 하닷의 검은 웃옷과 실바아의 전신이 눈같이 흰 옷은 여섯 사람의 붉고 푸른 옷과 섞이어 자리를 더욱 다채롭게 꾸몄다.

* * *

실바아가 다시 눈을 떴을 때, 그녀는 여우 모피가 깔린 침대 위에 누워 있는 자기 자신을 발견했다. 천장은 높고, 공기는 밝고, 콧구멍으로 스며드는 유향은 가슴에 닿았다.

* * *

실바아는 무사들에 의하여, 어둡고 차고, 누기가 축축한 지하실 감방으로 끌려갔다. 마룻바닥이라고는 하나 흙과 때와 먼지가 쌓인 위에, 습기가 차고 보니 온갖 벌레가 끓어서 몸을 붙일 수 없는데다가 퀴퀴하고 지릿한 냄새는 잠시도 숨을 쉴 수도 없게 했다.

(민음사, 1995)

□ 김동리「당고개 무당」

큰 마을에서 취운사로 올라가는 길 허리에 벌건 황토 고개가 있고 고갯마루 곁에 서낭당이 있다. 그리고 당고개 무당네 집은 그 서낭당 곁에 있었다. 고갯마루에 서낭당이 있다고 하여 고개 이름을 당고개라 부르듯이, 당고개 곁에 사는 무당이라 하여 당고개 무당이라 불렀다.

당고개 무당은 굿을 잘하고 목소리가 좋아서 그 지방 일대에서는 모르는 사람이 없었다. 특히 큰 마을에서는 모두가 다 그녀와 자기네들이 무슨 특수한 연고나 맺고 있는 것같이 생각하고 있었다. 그것은 큰 마을 사람들로서 한 해에 푸닥거리 한 번쯤이라도 그녀의 신세를 짓지 않는 집이 없었기 때문이었다. 그들은 집안에 앓는 사람이 있을 때는 물론이요, 조그만 불화만 생겨도 으레 당고개 무당을 불러 푸닥거리를 하거나 굿을 하거나 하였다.

(민음사, 1995)

□ 김동인「광화사(狂畵師)」

인왕(仁王)

바위 위에 잔솔이 서고 잔솔 아래는 이끼가 빛을 자랑한다.

굽어보니 바위 아래는 몇 포기 난초가 노란 꽃을 벌리고 있다. 바위에 부딪치는 잔바람에 너울거리는 난초잎.

여(余)는 허리를 굽히고 스틱으로 아래를 휘저어보았다. 그러나 아직 난초에는 사오 척의 거리가 있다. 눈을 옮기면 계곡(溪谷).

전면이 소나무의 잎으로 덮인 계곡이다. 틈틈이는 철색(鐵色)의 바위도 보이기는 하나, 나무 밑의 땅은 볼 길이 없다. 만약 여로서 그 자리에 한 번 넘어지면 소나무의 잎 위로 구을러서 저편 어디인지 모를 골짜기까지 떨어질 듯하다.

여의 등 뒤에도 이삼 장(丈)이 넘는 바위다. 그 바위에 올라서면 무학(舞鶴)재로 통한 커다란 골짜기가 나타날 것이다. 여의 발 아래도 장여(丈餘)의 바위다. 아래는 몇 포기 난초, 또 그 아래는 두세 그루의 잔솔, 잔솔 넘어서는 또 바위, 바위 위에는 도라지꽃. 그 바위 아래로부터는 가파란 계곡이다. 그 계곡이 끝나는 곳에는 소나무 위로 비로소 경성 시가의 한편 모퉁이가 보인다. 길에는 자동차의 왕래도 가막하게 보이기는 하다. 여전한 분요와 소란의 세계는 그 곳에 역시 전개되어 있기는 할 것이다.

그러나 여가 지금 서 있는 곳은 심산이다. 심산이 가져야 할 온갖 조건을 구비하였다. 바람이 있고 암굴이 있고 산초 산화가 있고 계곡이 있고 생물이 있고 절벽이 있고 난송(亂松)이 있고 - 말하자면 심산이 가져야 할 유수미(幽邃味)를 다 구비하였다.

본시는 이 도회는 심산중의 한 계곡이었다. 그것을 오백 년 간을 닦고 갈고 지어서 오늘날의 경성부를 이룬 것이다. 이런 협곡에 국도(國都)를 창건한 이 태조의 본의가 어디 있었는지 알 길이 없다. 그러나 오늘날의 한 산보객의 자리에서 보자면, 서울은 세계에 유례(類例)가 없는 미도(美都)일 것이다.

도회에 거주하며 식후의 산보로서 푸대님 채로 이러한 유수한 심산에 들어갈 수 있다 하는 점으로 보아서 서울에 비길 도회가 세계에 어디 다시 있으랴.

회흑색(灰黑色)의 지붕 아래 고요히 누워 있는 오백 년의 도시를 눈 아래 굽어보는 여(如)의 사위에는 온갖 고산 식물이 난성(亂盛)하고, 계곡에 흐르는 물소리와 눈 아래 날아드는 기조들은 완연히 여로 하여금 등산객의 정취를 느끼게 한다.

(어문각, 1970)

□ 김동인 「태형(笞刑)」

다리 진열장이었었다. 머리와 몸집은 어디 갔는지 방안에 하나도 안 보이고, 다리만 몇 겹씩 포개고 포개고 하여 있다. 저편 끝에서 다리가 하나 버드렁거리는가 하면, 이편 끝에서는 두 다리가 움질움질 하고 －그것도 송장의 것과 같은 시퍼런 다리를. 이, 사람의 세계를 멀리 떠난 그들에게도 사람과 같이 꿈이 꾸어지는지(냉수 마시는 꿈이라도 꾸는지 모르겠다) 때때로 다리들 틈에서 꿈 소리가 나온다.

(어문각, 1970)

□ 김동인 「만무방」

산골에 가을은 무르녹았다.
아름드리 노송은 뼉뼉이 늘어 박혔다.
새새이 끼인 도토리, 벚, 돌배, 갈잎들은 울긋불긋. 잔디를 적시며 맑은 샘이 쫄쫄거린다. 산토끼 두 놈은 한가로이 마주앉아 그물을 할짝거리고, 이따끔 정신이 나는 듯 가랑잎은 부수수하고 떨린다. 산산한 산들바람. 귀여운 들국화는 그 품에 새뜩새뜩 넘논다. 흙내와 함께 향긋한 땅김이 코를 찌른다. 요놈은 싸리버섯, 요놈은 잎 썩은 내, 또 요놈은 송이…… 아니, 아니, 가시넝쿨 속에 숨은 박하풀 냄새로군.

(학원, 1994)

□ 김동인 「약한자의 슬픔」

엘리자베트는 눈을 번쩍 뜨고 방안을 둘러보았다. 아주머니는 방안에 없었다. 부엌에서 덜컹거리는 고로 거기 있나 보다 그는 생각하였다.
전에는 그리 주의하여 보지 않았던 그 방 안의 경치에서 병인의 날카로운 눈으로 그는 새로운 맛있는 것을 여러 가지 보았다.

제일 눈에 뜨이는 것은, 담벽 사면에 붙인 당지들이다. 일본 포속들에게서 꺼내어 붙인 듯한 그 당지들은 엘리자베트는 흥미의 눈으로 하나씩 하나씩 건너보았다.

그 다음에 보인 것은 천장 서까래 틈에 친 거미줄들이다. 엘리자베트는 그 가운데 하나를 자세히 보았다. 그가 보고 있는 동안에 윙 하니 날아오던 파리가 한 마리 그 줄에 걸렸다. 거미줄은 잠깐 흔들리다가 멎고 어디 있었는지 보이지 않던 거미가 한 마리 빨리 나와서 파리를 발로 움킨다. 거미줄은 대단히 떨렸다. 그렇지만 조금 뒤에 파리는 죽었는지 거미줄의 흔들림은 멎고 거미 혼자서 발발 파리를 두고 돌아다닌다.

(어문각, 1970)

□ 김동인 「운현궁의 봄」

그날 운현궁 안의 공기는 그다지 좋지 못했다. 무슨 커다란 수심이 있는 듯 하인들이 동으로 서로 분주히 왕래하며 구석마다 모여 무엇이 근심스러운 듯이 수근거리고 있었다. 오전이 지나면서부터는 하인들이 수선거리는 것이 더욱 심해졌다. 연하여 밖으로 심부름 나가는 하인들도 있었다. 대궐 각 궁이며 권문들에서도 연하여 혹은 대감 혹은 청지기들이 운현궁으로 왔다.

밖의 싸늘한 바람이 더욱 강해졌다. 펄펄 종이 조각들이 하늘을 날아올랐다. 햇빛도 그 바람에 흔들리는 듯 휙휙거리는 바람 소리도 꽤 강렬해졌다. 뜨뜻이 볼펜 방안에서라도 그 소리만 들어도 추위를 느낄 만하였다. 그런 심한 바람 가운데서도 무엇이 분주한지 무엇이 근심스러운지 하인들은 방안에 들어가지도 못하고 뜰을 수군거리며 왕래하고 있었다.

(세명, 1993)

□ 김동인 「배따라기」

이 날은 삼월 삼질, 대동강에 첫 뱃놀이하는 날이다. 까아맣게 내려다 보이는 물 위에는, 결결이 반짝이는 물결을 푸른 요리배들이 타고 넘으려, 거기서는 봄 향기에 취한 형형색색의 선율이 우단보다도 부드러운 봄 공기를 흔들면서 내려온다. 그리고 거기서는 기생들의 노래와 함께 날아오는 조선아악은 느리게, 길게 유창하게, 부드럽게, 그리고 또 애처롭게 – 모든 봄의 정다움과 끝까지 조화하지 않고는 안 두겠다는 듯이, 대동강에 흐르는 시커먼 봄물, 청류벽에 돋아나는 푸르른 풀어음, 심지어 사람의 가슴속에 봄에 뛰노는 불붙는 핏줄까지라도, 습기 많은 봄공기를 다리 놓고 떨리지 않고는 두지 않는다.

(창조, 1921)

□ 김만옥 「계단과 날개」

그날도 삼월 바람이 미친년 빗자루질 하듯이 서울의 신문로를 질정없이 훑고 다녔다. 휴지 조각 하나 얻어 담지 못하고 말끔한 아스팔트 위로 빈 바람이 몰려다녔다. 휴일, 신문로의 늦은 아침은 유난히 인적이 드물었다.

* * *

그 골목에서 학교 쪽을 보면 대학천 너머 개나리 울타리 뒤로 서부 연구실의 이층 창문들과 아래층 컴컴한 건물 입구가 위협하듯 마주 노려보고 있었다.

(책세상, 1988)

□ 김문수 「가지 않은 길」

주간이 자리를 뜬 뒤, 그는 오랫동안 생각에 잠겨 있었다. 그는 자기가

1년 4개월 동안 사용했던 책상이며 의자를 생각했다. 책상 윗면의 여러 홈집들이랑 의자 오른쪽 팔걸이를 싸고 있는 비닐의 찢어진 모양 따위가 눈에 선했다. 사실 그 의자에 미련이 없는 것은 아니었으나 요행을 바랄 수도 없는 처지였다.

* * *

추석을 쇤 지도 벌써 두 파수나 지나서인지 시장은 썰렁한 분위기였다. 그러나 "충청도집"만은 그런 대로 북적거렸다. 점심 식사를 하는 축들이 있는가 하면 낮술을 마시는 축들도 있었다. 또 불콰해진 얼굴을 하고 국솥이 있는 화덕을 둘러싸고 선 채로 입정을 놀려대는 축들도 있었다.

* * *

커피숍 '코지 코너(cozy corner)'는 이름 그대로 길 모퉁이에 위치해 있었으며 아늑한 곳이었다. 분위기는 물론 의자 역시도 폭신하고 아늑한 느낌을 갖게 했다. 음악도 늘 클래식만을 고집했기 때문에 커피숍이라기보다는 음악 감상실 분위기였다.

* * *

눈이 떠졌을 때 창문이 훤했으므로 강정길은 깜짝 놀라 윗몸을 일으켰다. 아주 잠깐, 늦잠 때문에 지각을 하게 됐다는 걱정을 했었던 것이다. 그러나 이내 창문으로 쏟아져 들어오는 것이 달빛임을 깨달을 수 있었다.

그는 창에서 거둔 눈길로 머리맡의 자명종 문자판을 쓸었다. 비쳐든 달빛을 등지고 있는 자명종의 야광침이 네 시가 채 안된 시각을 가리키고 있었다. 7분 후면 통행금지를 풀어주는 싸이렌이 울릴 것이었다.

* * *

그는 뒤를 돌아다보았다. 달빛이 비치는 자리는 아니었으나 어린것을 끼고 모로 누운 아내의 모습이 어렵잖게 분간되었다. 해종일 어린것에게 시달린 에미나 그 에미를 시달리게 한 어린것이나 한결같이 깊은 잠에 빠져 있었다. 그렇긴 했지만 그래도 혹 잠을 깨우게 될지도 모른다 싶어 조심조심 책상서랍을 열고 비상용으로 마련해 둔 초를 꺼내어 불을 밝혔다. 그리고 책꽂이에서 디어도어 드라이저의 『아메리카의 비극』 하권을 뽑아 서표가 끼워져 있는 갈피를 펼쳤다.

* * *

강정길은 네평 남짓한 방 안에 홀로 앉아 있었다. 아니 갇혀 있었다. 그 방 안에는 딱딱한 나무 걸상과 탁구대를 연상시키는 대형 테이블 이외에는 별로 눈에 띄는 집기가 없었다. 그러나 다행하게도 빛은 있었다. 그것은 자연광이 아니었다. 바닥의 넓이에 비해 턱없이 높은 천장에 장치된 막대꼴의 형광등에서 발사하는 빛이었다. 그 형광등은 천장 정중앙에 1미터쯤의 간격을 두고 나란히 매달려 있었다. 출입문과 대각의 위치인 벽 상단에 손수건 크기의 환풍구가 있을 뿐 창조차도 마련되어 있지 않았다. 그 환풍기도 환풍기로 막혀 있었다. 취조실로 꾸며진 공간임을 짐작 할 수 있었다.

* * *

강정길이 처제 내외를 버스 정류장에서 배웅하고 돌아올 때까지도 그의 아내는 설거지를 하고 있었다. 에넘느레하게 어질러져 있던 술상은 이미 치워져 있었으며 방안도 깨끗이 정리되어 있었다.

* * *

오늘도 그는 콩나물 시루같은 전동차 안에서 시달림을 받고 있었다. 차가 멎고 문이 열리기가 무섭게 밀려져 들어오는 승객들 때문에 여기저기서 비명들을 올려댔다. 그도 밀려져 들어오는 사람들의 압력 때문에 '헉' 하고 한껍에 허파 속의 바람을 내뿜지 않을 수가 없었다. 그와 동시에 바로 왼쪽 옆에서도 여자의 새된 비명이 터졌다. 고막을 찌르는 듯한 비명에 놀라 고개를 돌려보니 30대 초반의 여자였다. 화장이며 머리 모양새가 틀림없는 직장 여성이었다. 그는 그녀도 자기처럼 가슴에 심한 압박을 받았으리라고 생각했다.

* * *

그들 일행이 택시에서 내려 5분쯤 걸은 뒤 들어간 곳은 태평로 뒷골목의 한 주점이었다. 옥호도 없는 허름한 집이었다. 시간이 이른 탓인지 술손님은 단 한 사람도 없었다.

* * *

박진양이 자리잡은 곳은 산중턱의 노송 밑이었는데 그 그늘 안에 꼭 방석 석 장을 가로로 잇대어 놓은 너비의 바위가 박혀 있었다. 마치 누가 일부러 다듬어 놓은 것처럼 평평한 데다 네모 반듯 하기까지 했다.

* * *

보안등이 있는 지점에서 20미터만 더 올라가면 골목이 막히고 만다. 골목을 막고 있는 집이 그의 집이었다. 그 집은 '게딱지'라는 명예롭지 못한 수식이 붙어 있었다. 작기 때문에 붙는 말이지만 허술하기로도 동네에서 둘째가라면 서운해 할 그런 집이었다.

(좋은날, 1999)

□ 김용철 「폭목(暴木)」

농과대학 건물 남쪽에 검고 흰 줄무늬 천과 흰 국화로 꾸민 영결식장은 생전의 채 교수의 모습처럼 깔끔하고 정중했다. 나는 조객들 틈에 끼여 우선 유가족 석을 눈여겨봤다. 아래위 소복을 한 미망인. 그 옆에 검정 양복을 입은 고3학생이라던 키 큰 아들, 그리고 내내 소복을 한 고1딸, 그 세 식구는 어쩌다 머리를 들 뿐 거의 고개를 떨구고 앉아 있었다. 천막 위에 쏟아지는 7월의 따가운 햇살, 학교 숲 속에서 시골처럼 들려오는 매미 울음소리, 채 교수는 불과 몇 달 전에 저 숲 속에서 내게 정신없이 나무 자랑을 했었는데 이미 유명을 달리하다니.

(개미, 1999)

□ 김용철 「바람의 얼굴」

305호실, 호텔 방은 대체로 흰색이 지배적이었는데 크고 깨끗해서 마음에 들었다. 나는 우선 가방을 내려놓고 남쪽 창가로 다가가 보았다. 저무는 바다의 검은 얼굴이 한눈에 들어왔다. 가을 바다는 지금 무슨 생각에 잠겨 있을까. 사람들은 즐겨 바다를 찾지만 왜 바다 앞에 서면 더욱 왜소해지는 것일까. 바다의 넓고 깊은 가슴 앞에 서보면 오욕칠정에 찌들대로 찌든 인간의 모습이란 얼마나 곤비하고 초라하기만 한가. 아무튼 바다는 나무랄래야 나무랄 수 없는 거인이었다. 나는 정신없이 바다에 빨려들고 있었다.

(개미, 1999)

□ 김용철 「빈집」

그는 이제 개도 짖지 않는 조용한, 너무 조용해서 섬뜩하기까지 한 대청으로 들어선다. 들어서면서 벽 스위치를 눌러 이내 대청에 불을 켠다. 고스란히 누워 있던 대청 풍경이 갑자기 그에게 달려든다. 일주일이나 거의 청소가 안됨. 전깃불 아래 드러난 대청은 그가 봐도 심란하다. 제때 물을 주지 않아 시들시들한 난초화분, 널브러진 옷가지들(그의 막내아들은 입고 난 옷을 대청에 잘 내던진다), 신문 잡지들, 그 밖에 우편물들, 그의 아내가 없는 대청은 그대로 난장판이다. 그는 대청을 지나 안방에 들어선다. 안방은 대청보다는 좀 낫지만 정돈이 안 된 것은 마찬가지다.

(개미, 1999)

□ 김용철 「산속의 여자」

대문 밖에 나오니 가을 탓인지 하늘은 멀쩡하다. 추우부장(秋雨不長)이라던가. 서울의 강북에서도 거의 북쪽에 위치한 이 마을의 뒷산은 비록 높은 산은 아니지만 동쪽은 아파트 단지가 산자락을 파먹고 서쪽은 빌라들이 들어서고 해서 말만 그린벨트이지 고작 산 능선을 중심으로 길이 나 있는 상처투성이의 야산이다. 게다가 산 남쪽에 제법 높은 산마루는 어느 군부대가 10여 년 전부터 차지하고 있는데 빵빵 둘러 철조망을 치고는 이를테면 '접근금지! 촬영금지' 따위의 경고문을 흰 목판에 시뻘건 글씨로 찍어놓아 좀 살벌한 느낌마저 준다.

그러거나 말거나 주민들은 산 남쪽에서 산 북쪽으로 군부대 옆에 길을 내고 오가는 형편이고 내 등산로의 일부는 이 군부대 옆길과 이어져 있다. 이 길로 해서 한참을 가면 산 동쪽으로 내려가는 제법 아늑한 길이 나오고 이 길 한켠에 난데없이 꽤 넓은 공터가 나타나는데 이 공터가 바로 그 영감님이 수십 년, 그렇다 당신말로는 이 마을에 옮겨 온 뒤 거의 20년 가깝게 새벽운동을 즐기는 곳이다.

이 공터는 상수리나무, 밤나무들이 둘러서 있고 그 중에 가장 굵은 상수리나무 밑동에 또 난데없이 웬 나무의자 하나를 기대놓았는데 이 의자가 이 영감님과 각별한 관계가 있음은 두말할 나위도 없다.

이 의자는 우선 북쪽을 향해 놓여 있다는 점이 그 중 큰 특색이라면 특색인데 이는 더 말할 나위도 없이 영감님의 고향이 북쪽이라는 점을 생각하면 대뜸 어떤 짐작이 간다. 그것은 영감님이 산 속에서 운동을 하다가 힘이 들면 앉아서 잠시 쉬게 하는 기능보다도 훨씬 고통스런 기능을 이 의자가 영감님에게 주고 있음을 유추할 수 있기 때문이다. 아마 어느 이사가는 집에서 주방용으로 쓰다가 산자락에 버리고 간 것쯤으로 보이는 이 의자를 영감님은 산 속에 옮겨놓고 가끔 거기 멍하니 앉아 북녘에 두고 온 고향을 바라보는 의자로 쓰고 있음이 분명하다.

(개미, 1999)

□ 김용철 「겨울편지」

자물통을 벗긴 할아버지는 어두운 방 속으로 먼저 들어갔네. 나는 문을 닫지도 못한 채 뒤를 따라 들어섰네.

그곳은 방과 같은 윤곽만 어렴풋이 보일 뿐, 전혀 굴속 같은 어둠이었네. 그러나 할아버지는 무엇보다는 그 어둠에 익숙한 분만 같았네, 그는 어느 틈엔지 가방을 침상 위에 부리고 부지런히 성냥을 찾기 시작했네.

침상이란 말을 했네만, 그것은 여름철 시골 마당에서 볼 수 있는 들마루처럼 나무로 길게 짠 것 같았으며 방 한켠에 놓여 있었네. 그리고 방이란 것도 장판방이나 마루방 같은 정상적인 것이 아니라, 그냥 맨땅 위에 한쪽엔 그 침상을 놓고 다른 한쪽은 교각에 이르기까지 돌이 울퉁불퉁 깔려 있었네. 그러니까 교각 쪽을 제외한 삼면은 송판 같은 것으로 대강 가린 방이라고 느껴졌네.

(금성, 1987)

□ 김용철 「연(鳶)」

학교가 가까워지자 소년은 차라리 학교 뒷산으로 오르기 시작했다. 소년이 연을 날리는 마을 뒷산보다 훨씬 높은 산이었다. 책보를 허리에 두른 채 소년은 산꼭대기까지 뛰다시피 해서 올랐다. 숨이 턱에 차고 다리도 아팠다. 그러나 그런 건 아무래도 좋았다.

산꼭대기에 다 오르니 멀리 N읍이 보였다. 뿌우연 안개와 아른거리는 아지랑이 속에 N읍은 이제 막 기지개를 켜고 있었다. N읍이 소년에게 오늘처럼 미운 적은 없었다. 왜 하필 N읍엔 역까지 있어서 누나와 사랑방 아주머니를 서울까지 태워다주는지 분하고 억울하기만 했다. 그런대로 산

꼭대기에선 오가는 기차가 다 보여 십상이었다. 기차는 간간 기적 소리를 뿌리고 긴 뱀처럼 N읍 저편들을 가르며 오가고 있었다.

　소년은 해가 중천에 솟았어도 산꼭대기에서 떠날 줄을 몰랐다. 점심때가 되었어도 도시락을 먹고 싶은 생각마저 없었다. 누나는 벌써 N읍을 떠나 서울로 서울로 달리고 있을 테지만 그런 건 아랑곳없이 그냥 산 속이 좋았다.

　마파람(南風)이 불어오고 있었다. 남쪽에서 불어오는 훈훈한 바람이었다. 산꼭대기라 그런지 마파람치고는 꽤 세찬 바람이었다. 그런 마파람을 쐬며 소년은 불현듯 신나는 생각 하나를 챙겼다. 북쪽으로 부는 마파람에 북쪽(서울쪽)으로 간 누나에게 꼭 띄워 보낼 것이 있다는 생각을 해낸 것이었다. 연을 띄우자.

(금성, 1987)

□ 김민숙 「난파하는 아침」

　나는 꼼짝도 않고 누운 채 방안을 살펴보았다. 낯선 방이었다. 작은 오랑캐꽃 무늬들이 벽지 위에 희미하게 떠올랐다. 침대 옆에는 두꺼운 합판을 나무 다리 위에 얹어서 만든 간이 책상이 놓여있고 그 앞에는 나무로 된 접는 의자가 하나 있다. 그 옆에는 작은 텔레비전 세트, 위쪽으로 길다란 창문이 나 있다. 창을 통해 반쯤 감아 올려진 해가리개가 보인다. 덧문 대신 발을 달아 놓은 모양이다. 그리고 창문과 잇닿은 벽면 즉 침대에서 마주 바라다 보이는 자리에 다섯 칸으로 나뉘어진 책꽂이가 있다. 벽면의 끝이 출입문이다. 침대 발치에 놓인 장의자 위에는 오렌지색 담요를 뒤집어쓴 채 그가 잠들어 있다. 나는 황급히 시선을 돌린다. 출입문과 잇닿아 있는 벽면에 작은 싱크대가 놓여 있다. 싱크대 위에 설거지한 그릇들이 포개어져 엎여있다. 옆에는 두 개의 불판이 있는 전기 버너. 그 밑이 냉장고인 모양이다.

(책세상, 1988)

□ 김민숙 「파리의 앵무새는 말을 배우지 않는다」

　방에 들어와 불을 켠다. 가만히 심호흡을 하고 방안을 둘러본다. 아침에 놓아 둔 그대로이다. 작은 싱크대 위에는 아침 설거지가 그대로 팽개쳐져 있다. 침대와 간이 테이블, 의자 두 개, 샤워 박스, 변기. 그것이 내 방 세간의 전부이다.

(고려원, 1996)

□ 김병총 「사라지는 것은 아름답다」

　상미는 본관 오른쪽으로 비스듬히 치우쳐 우중충하게 빛바랜 회색빛 별관 B동쪽으로 걸었다. 그 쪽으로 방향을 잡고 삼십 미터쯤 걸어 곧장 왼편으로 몸을 틀면 정원이었다. 잡목과 섞여 정원이라는 명색에서는 거의 방치된 그 곳은, 작은 오솔길이 두 건물의 공평한 경계선이라는 점을 암시해 주었다. 적어도 반년동안은 인적이 없었다는 사실을 상미는 알고 있었다. 나흘 전에 점심시간을 쪼개어 이쪽 지형을 탐색하러 왔을 때에는 잡풀이 소로를 완전히 뒤덮고 있었던 것이다.
　정원의 오솔길이라는 말이, 적어도 이곳에서만은, 낭만적인 문구가 될 수 없다는 사실을 상미는 너무나 잘 알았다. 바로 그 곳에 고문실이 있었다.

*　*　*

　B동과 C동 사이에 보이는 북쪽 틈새에서 교회의 뾰족탑 위로 십자가가 빛나게 솟아 있었다. 그것은 당당하게 높이 치솟아서 아프고 슬픈 영혼에게 인내를 가르치는 듯 보였다. 종탑의 침묵이 그런 사실을 확인시키는 것 같았다.

* * *

 개구멍받이 같은 목재 문을 밀치고 들어서자 실내는 흐린 광촉의 백열등이 삿갓 속에서 발열하느라고 혼신의 힘을 내 쏟고 있었다. 여종업원 하나가 세 평 남짓한 실내의 한쪽에서 자리를 지키며 상미를 기웃했다.

* * *

 인조 가죽으로 감싸진 6인석 감색 쇼파가 거실 복판에 덩그러니 놓여 있었고 1인석 좌석 두 개와 맞물려 그 사이사이로 작은 유리탁자가 있었다. 탁자 위 화병에는 어떤 꽃도 꽂혀 있지 않았다. 빈 화병은 서른여덟 살 홀아비의 공허가 담겨 있다는 생각이 들었다.
 두 개의 방은 닫혀 있었다. 한 개는 서재로, 한 개는 침실로 짐작되었다. 작은 회랑을 따라가면 좌우로 주방과 욕실이 있을 법했다.
 나머지 두 개의 벽면은 나름대로의 구성미를 갖추었다. 한쪽은 여러 종류의 술병을 갖춘 자그마한 홈바용 찬장이 예쁘게 붙어 있었고 다른 벽에는 까만 줄무늬의 회색 벽지 위에서 요사스런 기미를 연신 뿜내는 애사당 탈이 비웃듯이 내려다보았다.

* * *

 5층 건물 옥상의 가건물이었지만 스무 평 남짓한 평수로 지은, 제법 수세식 화장실과 주방시설에다 다난방까지 준비돼 있어 명색이 스위트홈이라 불러도 괜찮을 분위기를 유지하고 있었다.
 혼자 작업을 하기에는 너무 큰 거실, 곧 작업장만 해도 상미가 관찰하기에는 운동장 같아 보였으며, 바깥 옥상으로 문을 밀고 나서면 거기 무한대 같은 공간이 있어 여름과 겨울, 그리고 우기가 아니면 그쪽을 얼마든지 활용할 수 있는, 그런 건물이었다.

* * *

방 하나가 대충 치워진 인적이 있는 게 별일이었다. 식기 몇 개, 화학섬유로 된 초라한 여름 이불 한 채, 날짜 지난 주간지 몇 권…… 도무지 가재도구라고는 말할 수 없는 잡동사니들이 한방에 나뒹굴고 있었다.

* * *

한길에서 캠퍼스 정문까지 영악스런 장사꾼들은 하룻밤 사이에 포장마차와 온갖 잡동사니들을 주워 담은 좌판을 길가에 깔아놓고 있었다.
교정 안으로는 새로 화단이 가꾸어졌고 교정은 나무마다 청사초롱과 오색풍선을 매달아 축제 냄새를 풍기려 안간힘을 썼다. 각 동아리들과 과에서는 수입을 잡기 위한 간이주점들을 벌여놓고는 벌써부터 데이트족들을 불러대고 있었다.

* * *

대성리 강촌의 봄밤은 운치가 있었다. 드문드문 떨어져나가 앉은 민박촌의 창들은 젊은 유흥객들의 소란에도 관계없이 고즈넉한 불빛을 머금고 있었다. 살인적일 만큼 시리게 떠 있는 별무리들이 천지에 꽃가루를 뿌리고 있었다. 강물은 소리 없이 흘러서 별빛들을 화려하게 빨아먹었다.

* * *

안가의 주위는 울창한 숲이었다. 상록수와 낙엽수가 뒤엉킨 아름다운 작은 정글이었다. 상록의 이파리들 사이에서 단풍이 마지막 불꽃을 피워 올리고 있었다.
안가는 부자의 아담한 별장이었다. 그런데 어느 날 문 밖을 나서 이백 보 거리쯤 벗어났을 때, 바로 코앞으로 철조망이 단호하게 버티고 있었다. 만발한 화초 속에서 고개를 내밀었을 때 느끼는 생경한 절망감 같은 구조라고 생각했다.

* * *

흐린 광촉의 백열등 한 개가 천정의 어두운 무게를 감당하며 교살용 밧줄처럼 걸려 있었다. 작은 나무탁자 한 개와 마주앉은 의자 두 개가 실내 품목의 전부였다.

그 외에는 아무 것도 없었다. 손바닥만한 창문도 실낱같은 햇살도 암울한 동공 속으로는 찾아와 주지 않았다.

(한국경제, 1995)

□ 김성아 「그 바다는 어디로 갔을까」

새벽길은 조용하며 뽀얀 물안개가 나무숲 속에 투명하게 머물러 있어서 숲의 전경이 수묵화처럼 보이는가 하면, 따로 떨어진 나무들은 커다란 부케처럼 보이기도 한다. 동백나무들이 빨간 동백꽃을 잔뜩 피우고 있을 때나 참식나무들이 버찌처럼 보이는 빨강 열매를 포도송이처럼 맺고 있을 때, 그 사이로 베일 같은 안개가 파고 들어가 원을 그리고 있을 때는 말이다. 그리고, 밤새 거리 가득 채워 놓은 신선하고 달콤한 숲의 체취……

* * *

바다는 더 한층 고요하면서도 웅장하게 다가와 있었으며, 비늘처럼 부드러운 삼각으로 스크럼을 짠, 한없이 작은 물결들은, 수평선너머의 이야기들을 잔뜩 가지고, 갯바위로 달려와 조금씩 진주방울처럼 쏟아내는 것이다. 철썩! 챠르륵, 챠르륵……

* * *

대부분의 화산디재가 그렇듯이 분화구가 있는 산을 거점으로 해서, 검고 현란한 현무암 바위와 골짜기, 골짜기를 타고 흘러온 물이 바다 위로 떨어지는 시원한 폭포수와, 때로 거칠지만 고요한 대양과, 대양 위로 쏟아지는 나른한 태양의 열기가 아지랑이를 만들어내면서 그 투명한 수증기들이 오존층처럼 이 도시를 포근히 감싸 앉고 있다.

* * *

수화는 노련하게 핸들을 좌로 틀면서 바다 쪽으로 달려 내려갔다. 그때 차창 너머로 하얀 물거품을 일으키면서 분수처럼 허공으로 치솟아 오르는 파도가 보였는데, 처음에 나는 그것이 무엇인지 잘 몰랐다. 아파트에서는 바다가 거품처럼 하얗게만 보였다. 그러나 가까운 곳으로 와서 본 바다는 전혀 다른 모습이었다. 두 번째 그 하얀 정체가 허공으로 떠올랐을 때 나는 몸을 일으키고 우리 앞에 펼쳐져 있는 어제와는 다른 장관의 바다를 보았다. 그 순간 이상하게도 내 전신의 피가 분수처럼 솟구쳐 올라왔으며, 나는 거의 기적처럼 바람이나 그 물결을 향한 두려움이 내 안에서 사라져 버리는 걸 느낄 수 있었다.

* * *

아케이드가 좁아지는 거리 저편으로, 늦은 아침을 먹은 호프집 주인들이 마악 청소를 끝내고, 환기를 위하여 작은 창들을 빼꼼히 열어 놓은 채, 노란 거품을 뿜어 올릴 준비를 끝낸 시간, 나는 화려한 꽃 장식을 한 두 개의 돌하르방이 2002년 월드컵 홍보 유치 플래카드를 들고 서 있는 광장을 돌면서, 서점을 기웃거리면서, 온갖 튀김과 토마토케첩이 식은 핏방울처럼 흘러내리는 햄버거 가게 앞을 기웃거리면서, 긴 호스로 늘 바닥에 물을 뿌리는 꽃집 앞을 지나서 바람에 찢겨진 잎사귀를 지친 깃발처럼 늘어뜨린 기다란 워싱턴 야자수가 늘어서 있는 터미널을 지나서, 성조기 비슷한 천의 장막이 드리워진 붕어빵 가게 앞을 지나서, 복잡하고 좁은 아케이드 사이로 들어선다.

* * *

누런 황토가 피 흘리는 사람처럼 여기저기 마구 파헤쳐져 있었으며, 바위들은 멋대로 갈라져 있었고, 들판과 야산과 숲이 무너지고 있었다. 정자처럼 보이던 아늑한 나무들은 자취를 감추고, 무장한 군인처럼 고압적인 자세로 서 있는 붉은 삼나무 숲처럼, 검고 매끄러운 아스팔트로 포장을 한 새 길들은 넓고 시원하게 나뭇가지처럼 새로운 곳으로 한없이 뻗어 있었지만, 가만히 들여다보고 있으면 뭔지 모를 차가운 공포감이 있었다. 어떤 곳은 미로처럼 복잡하기도 했다.

* * *

그 곳은 땅 끝처럼 더 갈 수 없는 바다 위 벼랑 끝 지점이기도 했다. 밑은 바다였다. 마당처럼 둥그런 공간을 두고, 주변으로 늙은 노송과 대나무, 동백나무 숲이 빽빽하게 울타리를 치고 있었다. 다소 위험해 보이기는 했지만 오래 전에 사람이 살았던 집터로 보였다. 이를테면 오십 년이나 육십 년 전쯤, 사람들이 살았던 흔적이 어렴풋이 있었다. 한적한 바닷가 벼랑이었지만 옛날 사람들이 울타리를 쌓았던 현무암이 나무 뒤로 허물어진 채 군데군데 보였고, 그 위로는 낡아서 건드리기만 해도 파피루스처럼 바스러지고 말 것 같은 그물망이 히뜩히뜩 걸려있었다. 고개를 들어보니까 건너편 바다를 두고, 꽤 오래된 호텔 뒤로, 아늑하게 벌판과, 숲과 낮은 둔덕이 계단처럼 단계적으로 이어지면서 멋지고 우아한 풍경을 자아내고 있었다. 벼랑 밑으로 깊은 바다가 마당처럼 펼쳐져 있는 그곳은 한가로운 사람들이 별장을 두면 그저 그만인 곳이었다.

(문학사상사, 1999)

□ 김성종 「가을의 유서1」

금방이라도 쓰러질 듯 비틀거리며 돌아오는 엄마의 모습을 농화는 조마조마한 마음으로 쳐다보고 있었다.
이윽고 마당 가운데 이른 엄마는 갑자기 땅바닥에 털썩 주저앉더니 주먹으로 땅을 치면서 흐느끼기 시작했다. 몹시 격렬하게 울음을 터뜨리고 있었지만 그것을 극도로 억제하고 있는지 웃음소리는 땅이 꺼지는 것처럼 아래로 아래로 잦아들고만 있었다. 다만 온몸을 뒤틀어대고 두 손을 허우적거리는 것이 엄마가 격렬하게 흐느끼고 있다는 것을 말해주고 있을 뿐이었다. 얼마나 슬프면 저렇게 땅바닥에 주저앉아 울고 계실까. 엄마는 왜 저렇게 슬플까. 아빠는 엄마를 저렇게 울려놓고 또 어디로 가셨을까.

* * *

나는 신문을 들여다보다 말고 주위를 둘러보았다. 많은 관객들이 그 좁은 틈바구니 속에서 신문을 읽느라고 정신들을 팔고 있었다. 그들의 표정은 하나같이 딱딱하게 굳어 있었고, 거기에는 공포의 그림자가 짙게 드리워져 있었다. 콩나물 시루같이 빽빽이 들어찬 차내에서 큰소리로 활기차게 떠드는 사람은 아무도 없었다.

* * *

박 노인은 방바닥에 얼굴을 옆으로 대고 엎어져 있었는데 두 눈은 죽은 고기 눈처럼 초점 없이 멍하니 열려 있었다. 그가 끼고 있던 돋보기안경은 그의 것으로 보이는 조그만 휴대용 가방과 함께 방구석에 놓여 있었다. 가방은 검은색 비닐로 만들어진 네모진 것으로 어깨에 걸고 다닐 수 있게 되어 있었다. 노인은 회색 남방과 검정색 바지를 그대로 입고 있었고, 양말까지 신고 있었다. 방바닥에 뒹굴어 있는 소주병은 세 개나 되었다. 세 개 모두 비어 있는 것을 보고 그는 노인이 술을 너무 마셔 죽은 게 아닌가 하고 생각했다. 그러나 그의 그와 같은 생각은 잘못된 것이었다. 그는 요 위에 놓여 있는 베갯머리 쪽에 흰 종이가 한 장 놓여 있는 것을 발견하고는 그것을 집어 들어 보았다.

* * *

우기의 빈민지대는 더욱 참담한 모습을 보여주고 있었다. 다닥다닥 붙어 있는 블록집들의 낮은 지붕에서 줄기차게 흘러내리는 빗물 때문에 좁은 골목은 곰보처럼 여기저기가 패어져 있었고, 처마 밑 어둠침침한 곳에서는 일거리를 잃은 사람들이 마치 삶을 포기한 것 같은 표정으로 말없이 웅크리고 서 있었다.

(해난터, 1996)

□ 김성종 「나는 살고 싶다」

아내가 들어오지 않은 뒤로 그는 한 번도 집안 청소를 하지 않았다. 그럴 필요를 느끼지 않았기 때문이다. 그래서 집안은 쓰레기투성이었다. 침대 시트는 구겨진 채 방바닥에까지 흘러 내려와 있었고, 여기저기에 입다 만 옷이며, 신발, 커피잔, 재떨이, 휴지 조각들이 어지럽게 흩어져 있었다. 그 속에서 그는 방에 불도 켜지 않은 채 담배만 피워 대며 밤늦게까지 고독과 씨름했다.

* * *

방안은 넓었다. 창문 쪽으로 침대가 두 개 나란히 놓여 있고 그 옆에 소파와 탁자가 있었다. 카페트의 감촉이 부드러웠다. 2만 원짜리 방이니 그럴 만도 했다.

* * *

그때 그의 시야에 변화가 일어났다. 침대 시트가 온통 얼룩이 져 있는 것이 보였다. 어둠 때문이려니 하고 생각했지만 그렇지가 않은 것 같았다. 희끄무레한 시트 색깔이 뒤죽박죽으로 얼룩이 져 있었다. 비로소 역겨운 비린내가 확 느껴졌다. 한쪽 팔이 침대 밑으로 축 늘어져 있는 것이 보였다.

뒤로 주춤주춤 물러섰다. 벽을 더듬어 스위치를 올렸다.

눈에 먼저 보인 것은 검붉은 핏빛이었다. 시트는 온통 피에 젖어 있었다. 뒤엉킨 머리칼, 피에 젖어 축 늘어진 팔. 나동그라진 탁자, 마구 흩어진 옷가지들이 눈앞을 스쳐 갔다. 카페트 위에 떨어져 있는 칼이 보인다. 피에 흠뻑 젖어 있었다. 자신이 들고 있는 칼을 들여다보았다. 피 한 방울 묻어 있지 않다. 칼날이 번쩍인다. 나는 저 여자를 죽이지 않았다.
 무서운 눈으로 방안을 둘러보았다. 아무도 없다. 자기 혼자 서 있을 뿐이다. 손에 칼을 든 채 가발을 쓰고, 안경을 끼고 살인 현장에 서 있다. 자기 혼자 서 있을 뿐이다. 손에 칼을 든 채 가발을 쓰고, 안경을 끼고 살인 현장에 서 있다. 공포가 엄습했다. 온몸이 굳어 버리는 것 같았다. 이럴 수가…… 세상에 이럴 수가……

* * *

 우 형사는 최을숙의 시체가 안치되어 있는 방으로 다시 들어가 보았다.
 그녀의 시신은 흰 천에 덮인 채 웃목에 뉘어 있었다. 그 앞에 조그만 소반이 놓여 있었고 그 위에서 향불이 타고 있었다. 소반 위에서 펄럭이고 있는 두 개의 촛불이 방안의 분위기를 한층 음산하게 만들어 주고 있었다.

(추리문학사, 1996)

□ 김성한 「왕건」

 일행이 뒷짐을 묶인 태수를 앞세우고 조금 떨어진 관가로 들어갔다. 이 구석 저 구석에 몰려 앉아 장기 아니면 바둑을 두던 관원들은 겁에 질려 엉거주춤 일어서는 자, 그대로 앉아 뭉개는 자, 가지각색이었다. 관가를 지키는 병정들이라는 것들도 처마 밑에 앉아 졸다가 놀라 일어서기는 했으나 어쩔 줄을 모르고 입을 헤벌렸다.
 관원들이고 병정들이고 관에 있던 자들은 모두 시키는 대로 마당에 내려와 무릎을 꿇고 견훤은 층계를 몇 단 올라 그들을 내려다보았다.

(행림, 1999)

□ 김승옥 「서울 1964년, 겨울」

밤이 되면 거리에 나타나는 선술집……. 오뎅과 군참새와 세 가지 종류의 술 등을 팔고 있고, 얼어붙은 거리를 휩쓸며 부는 차가운 바람이 펄럭거리게 하는 포장을 들치고 안으로 들어서게 되어 있고, 그 안에 들어서면 카바이트 불의 길쭉한 불꽃이 바람에 흔들리고 있고, 염색한 군용 잠바를 입고 있는 중년사내가 술을 따르고 안주를 구워주고 있는 그러한 선술집에서, 그날 밤, 우리 세 사람은 우연히 만났다.

* * *

전봇대에 붙은 약 광고판 속에서는 이쁜 여자가 '춥지만 할 수 있느냐'는 듯한 쓸쓸한 미소를 띠고 우리를 내려다보고 있었고, 어떤 빌딩의 옥상에서는 소주 광고와 네온사인이 열심히 명멸하고 있었고, 소주 광고 곁에서는 약 광고의 네온사인이 하마터면 잊어버릴 뻔했다는 듯이 황급히 꺼졌다간 다시 켜져서 오랫동안 빛나고 있었고, 이제 완전히 얼어붙은 길 위에는 거지가 돌덩이처럼 여기저기 엎드려 있었고, 그 돌덩이 앞을 사람들은 힘껏 웅크리고 빠르게 지나가고 있었다. 종이 한 장이 바람에 홱 날리어 거리의 저쪽에서 이쪽으로 날아오고 있었다. 그 종잇조각은 내 발 밑에 떨어졌다. 나는 그 종이 조각을 집어 들었는데 그것은 <美姬 서비스, 特別廉價>라는 것을 강조한 어느 비어홀의 광고지였다.

(금성, 1987)

□ 김승옥 「무진기행」

무진엔 명산물이 없는 게 아니다. 나는 그것이 무엇인지 알고 있다. 그것은 안개다. 아침에 잠자리에서 일어나서 밖으로 나오면, 밤 사이에 진주해 온 적군들처럼 안개가 무진을 빽 둘러싸고 있는 것이었다. 무진을 둘러싸고 있는 산들도 안개에 의하여 보이지 않는 먼 곳으로 유배당해 버리고 없었다. 안개는 마치 이승에 한이 있어서 매일 밤 찾아오는 여귀(女鬼)가 뿜어내 놓은 입김과 같았다. 해가 떠오르고, 바람이 바다 쪽에서 방향을 바꾸어 불어오기 전에는 사람들의 힘으로써는 그것을 헤쳐 버릴 수가 없었다. 손으로 잡을 수 없었으면서도 그것은 뚜렷이 존재했고 사람들을 둘러싸고 먼 곳에 있는 것으로부터 사람들을 떼어놓았다. 안개, 무진의 안개, 무진의 아침에 사람들이 만나는 안개, 사람들로 하여금 해를, 바람을 간절히 부르게 하는 무진의 안개, 그것이 무진의 명산물이 아닐 수 있을까!

(금성, 1964)

□ 김연경 「배반」

계유(鷄酉)와 호인(虎寅)이 한 공간 속에 살고 있었다.

이들의 거주지를 '집'이나 '방'이라 칭하지 않음은, 그것이 보통 집처럼 출입문, 창문, 부엌, 마루나 거실, 현관 등 용도에 따라 평범한 재료의 벽으로 구분되어 있지 않고 그저 막연히 하얗고도 하얀 거대한 사각의 밀실로만 이루어진 실로 이상야릇한 곳이기 때문이다. 이 밀실이 대략 몇 평이나 되는지는 딱 잘라 말할 수는 없으나 계유와 호인이 하루 종일 이곳에서 수면, 취사, 작업, 배설, 목욕 등을 함에 있어, 즉 남들이 하는 것을 다 하면서 살아가는 데 있어 별다른 불쾌감을 느끼지 않을 정동의 넓이인 것은 분명하다. 나무의 몸뚱이 깊숙이 파놓은 곰의 은신처에는 그 곰이 아무리 큰 놈일지라도 머리통만 들어가면 온몸이 출입하는데 무리가 없는 구멍이 하나 있듯, 이들의 밀실에도 역시 계유로서는 조그만 머리통 하나만, 호인으로서는 꼬리 하나만 일당 빠져나가면 통행에 전혀 무리가 없는 아주 가느다란 틈이 하나 있다. 밑면의 가로 세로 길이와 높이가 정확하게 똑같은, 다시 말해, 한 치의 어긋남도 없는 정육면체의 하얀 밀실의 어느 쪽 모서리에 나 있는 이 틈은 평상시에는 꽉 닫혀서 밀실의 일부를 이루고 있기 때문에 절대 보이지 않지만, 계유나 호인이 밖으로 나가고 싶어 몸을 조금만 사랑스럽게 움직이기만 하면, 입구 앞에서 도깨비 방망이를 톡 친 것처럼 기적적으로 빼꼼히 길을 열어 준다.

네 개의 벽, 바닥과 천장으로 이루어진 하얀 밀실엔 언뜻 보아 창문이 없는데도, 채광이 좋고 통풍이 잘되기 때문에 의아하게 여겨질 수 있다. 하지만, 햇빛과 바람이 이 밀실로 들어오는 것은 평상시에는 죽은 조개의 입처럼 다물어져 있는 밀실의 틈이, 들어옴과 나감의 욕망이 무르익을 때면 저절로 통로가 돼주는 것과 같은 이치로 자연스럽게 이루어진다. 바깥세상에 산들바람이 일 때면 밀실의 온몸이 꿈틀꿈틀, 흐느적 흐느적거리며 바람을 받아들이고, 바깥세상의 태양의 흐름에 꼭 맞춰 아양을 떨면서 각기 그 시간에 맞는 태양의 빛을 흡수하며, 눈이나 비가 내릴 때면 그 소리와 빛깔을 겉으로는 거세게 반항하는 듯하면서도, 알고 보면 속으로는 은근슬쩍, 짜릿한 쾌감을 맛볼 수 있을 정도로 흡족하게 빨아들인다.

(『라쁠륨』, 1999. 겨울)

□ 김영래 「숲의 왕」

야생 호접란이 많아 난이 있는 작은 섬으로 불리던 곳. 그러나 17년 전 정부가 통조림 공장을 짓는다며 핵폐기물을 들여온 뒤부터 야생란 대신 죽음의 꽃이 피는 섬 란위. 그 섬 전체를 휘감고 흐르는 검은 해류가 자신의 머리를 짓누르는 것 같아 성우는 두 시간 남짓한 비행이면 다다를 수 있는 그 이국의 낙도가 너무 가깝게만 느껴지는 찜찜함에서 쉬이 벗어날 수가 없었다.

* * *

밤은 원시림과 같았다. 마을길을 달리며 연이어 두 개의 갈림길이 스쳐 갔지만 주위에는 불빛 하나 보이지 않았다. 헤드라이트는 이삼 미터 전방을 간신히 비출 따름이었다. 그럼에도 길의 장막이 하나씩 벗겨지는 것이 신기할 정도였다. 성우는 하나의 문을 통과할 때마다 새로운 상황과 맞서야 하는 가상 컴퓨터 게임을 하고 있는 듯한 기분이었다.

* * *

뱃가죽이 당기도록 얼어붙는 밤들을 오래 겪은 대기는 3월인데도 성마른 냉기를 머금고 있었다. 불빛이 닿지 않는 곳에서 등을 돌리고 선 빌딩들은 복면처럼 수상했고, 골목과 거리 모퉁이들은 어눌한 불안으로 칭얼대고 있었다. 바로 그 새벽에 준하는 나트륨 등의 불쾌한 빛이 안개와 어둠과 뒤섞여 괴괴한 분위기를 자아내는 강변을 따라 '에피쿠로스의 정원'을 찾는 첫 행보를 옮기고 있었다.

* * *

그것은 금방이라도 씩씩한 호령이 터져 나올 것 같은 전나무 숲길이었다. 사천왕상처럼 당당하고 위압적인 나무들이 울창하게 에워싸고 있는 속으로 눈에 뚜렷이 들지 않는 한 갈래 길이 조붓하게 나 있었다.

* * *

잠시 후 완만하게 경사진 둔덕을 넘어 함지박 모양의 분지를 이룬 숲의 빈터에 도착한 준하는 원통형의 채광장처럼 열린 하늘로부터 햇살이 스며드는 가운데 작은 집 한 채가 나지막하게 자리잡고 있는 것을 보았다.

* * *

가문비와 다루는 ㄱ자형 집 두 채가 나란하게 붙어 선 그 뒤쪽, 헛간이나 추가로 보이는 건물을 향해 이제 막 모습을 감춘 터였다. 집 뒤로는 나지막한 언덕이 이어지면서 다양한 종류의 과실수들이 자라고 있었고, 그 옆을 돌아 흘러온 실개울이 마당 오른쪽에 자리잡은 정자 앞 연못을 채우고는 생울타리 밖으로 흘러나오고 있었다.

* * *

조금 전부터 정체되어 있던 공기가 몇 개의 층으로 나뉘며 뒤퉁스럽게 술렁거리는 기운이 느껴지고 있었다. 잠시 후 뽀얀 물 냄새를 실은 한줄기 강한 바람이 막사 안으로 치밀고 들어왔다. 그 곁에 문이 활짝 젖혀졌다 되퉁기며 꽝하고 닫혔다.

* * *

가구하나 없이 간소한 방. 이불은 벽 한쪽에 단정하게 개켜져 있었고, 책상 대신 사용하고 있는 개다리소반 위에는 몇 권의 불교 경전이 놓여있었다. 못 자국 하나 없이 밤꽃 빛깔의 한지로 깨끗하게 도배된 안벽에는 육조 혜능스님의 '진가동정게(眞假動靜偈)'의 편액이 붙어 있었다.

(문학동네, 2000)

□ 김영하「호출」

오후 3시경, 충무로역이었다. 나는, 전동차가 곧 도착할 예정이오니 승객 여러분은 모두 안전선 밖으로 한 걸음 물러나달라는, 그 노란 안전선을 따라 걷고 있었다. 나는 안전할 수도 있었고 안전하지 않을 수도 있었다. 나는 그런 경계가 좋다. 내가 가장 즐기는 경계는 현실과 상상 사이의 경계이다. 나는 가끔 현실을 상상이라 생각하기도 하고 상상을 현실이라 믿고 살기도 한다. 그렇다 해도 그 혼동이 심각한 문제를 야기한 적은 없었다. 마치 영화를 보듯, 나는 내가 구성한 그 상상의 세계를 제한된 시간 동안 탐험한다.

* * *

문이 열렸다. 신사복을 입은 남자가 스포츠신문을 들고 내렸고 머리를 질끈 동여맨 남자가 내렸고 검은 화판을 든 여자가 내렸고 그 여자 뒤로 약 세 명의 아주머니들이 둔하지만 집요한 몸짓으로 나를 밀치고 내렸다. 나는 뒤에서 귀걸이를 흔들며 내 뒤통수만 바라보고 있을 그녀를 생각하며 내릴 사람이 다 내릴 때까지 기다렸다. 내가 출입구 쪽에 기대어 서자 그녀는 그 반대편에 섰다. 우리는 고개만 쳐들면 서로 얼굴을 정확히 바라볼 위치에 있게 되었던 것이다. 그러나 역시 그녀는 눈동자를 돌리거나 시선을 분산시키지 않았다.

'열차가 곧 출발하오니 속히 승차해주시기 바랍니다.' 차내 방송이 끝나자 열차는 충무로역을 떠나 동대문운동장역을 향해 움직였다. 세 정거장만 가면 혜화역이고 나는 거기서 하차해야만 했다. 그녀는 혜화역에 내릴까? 만약 내리지 않는다면?

(문학동네, 1997)

□ 김영하 「손」

그날 저는 당신의 집으로 갔습니다. 당신은 5층짜리 독신자 아파트 4층에 살고 있었습니다. 삐걱거리는 현관문을 열고 들어서자 달걀이 썩어가는 듯한 냄새가 희미하게 풍겼습니다. 당신은 성큼성큼 안으로 걸어 들어가 서재에 윗도리를 벗어놓고 마루로 나왔습니다. 서재를 좀 봐도 될까요? 당신은 고개를 끄덕이는 대신, 손짓으로 저를 불렀습니다. 참, 이상했습니다. 보통 한국 사람들은 손바닥을 아래쪽으로 향하게 하여 사람을 부르는데 당신은 그날 손바닥을 위로 하고 새끼손가락 쪽은 깊게 구부리고 검지는 거의 구부리지 않는 동작으로 가볍고 우아하게 손가락을 까닥거렸습니다. 그것은 아주 색정적으로 느껴졌습니다.

(문학동네, 1997)

□ 김영하 「나는 아름답다」

잠시 후 버스는 A시 버스 터미널에 도착하였다. 주황색 티셔츠와 나는 택시를 잡아타고 부두로 향했다. 그녀는 부두매표소 창구에 죽 적혀 있는 섬들을 일별하고는 그 중에 하나를 골라 매표소에서 표를 구입하였다. 아무것도 지니지 않은 그녀와 카메라 가방을 멘 나는 작은 통통배에 올라 한 시간이 걸린다는 한 섬으로 향했다. 수많은 섬들이 바다 위에 깔려 있었다. 파도가 약간 높이 이는 바람에 배는 출렁출렁거리면서 위태하게 항해하였다. 뱃머리에서 부서지는 파도를 보며 그 동안 잊고 있던 내 여행의 목적을 상기할 수 있었다. 방주를 채울 마지막 한 가지를 찾아야 한다는 것을. 그리고 어쩌면 그것을 저 섬에서 채울 수 있을지 모른다는 것도.

그녀는 섬으로 향하는 내내 말이 없다. 가끔 물살이 뱃전에 부딪혀 물보라를 튕겨올렸지만 그녀는 눈살 찌푸리지 않고 물기로 몸을 적신다.

도착한 섬은 매우 작았다. 그러나 여름에는 어설프나마 해수욕장이라도 마련되는지 해변에는 파라솔 몇 개가 을씨년스럽게 놓여 있긴 했다. 우리는 마당에는 그물이 널려 있고 마당 한 켠으로는 생선을 말리는 막대기들이 정연하게 설치되어 있는 민박집 하나를 잡았다. 햇볕에 그을린 검은 살갗의 아낙이 수선스레 방을 치워주었다.

(문학동네, 1997)

□ 김영현 「그리고 아무 말도 하지 않았다」

도시를 벗어나자 다닥다닥 붙어 있는 집 대신에 넓은 들과 야산과 강이 나타났다. 들과 야산과 강은 열차가 달리는 속도에 비례하여 열차를 중심으로 마치 커다란 쥘부채의 가장자리처럼 천천히 돌아서 뒤로 사라졌다.

낮은 야산 사이로 숨었는가 하면 어느새 잘 닦아 놓은 유리처럼 번쩍이며 나타나는 강을 따라 잎새가 하나도 없는 미루나무들이 초병처럼 줄을 지어 서 있었다.

차가운 겨울바람이 그 가지 끝에 매달려 맵게 울어대고 있을 터였다.

그러나 재섭이 앉아 있는 창 측에는 10시를 갓 넘긴 따뜻한 겨울 햇살이 눈살을 찌푸리지 않으면 안될 정도로 화창하게 내려앉아 있었다.

(문학사상사, 1994)(

□ 김예나 「엠마오로 가는 길」

정해진 자리에 차를 주차시키고 엘리베이터를 타고 23층 내 방으로 올라온다. 고층인 내 방의 밖은 언제나 하늘이다. 조금만 시선을 아래로 떨구면 서서히 어둠이 엉켜드는 하늘로 조랑조랑 돋아나는 십자가가 보인다. 방에 들어섰을 때부터 내게 눈짓을 보내는 자동응답기의 재생버튼을 눌러놓고 나는 냉장고 안에서 생수병부터 찾아 든다.

(『라쁠륨』, 1999. 겨울)

□ 김용우 「마르크스를 위하여」

많은 사람들로 발 디딜 틈이 없을 만큼 복잡한 곳이었다. 서울역 대합실이다. 마치 귀성객으로 넘쳐나는 명절 전야 같은 모습으로 북새통이다.

* * *

차를 몰고 88도로를 따라 청담교에 이르면 탄천의 물이 한강물과 만나면서 비누거품이 구름처럼 모여 있는 것을 여러 번 보았었다. 바람이 부는 날에는 그 거품들이 주변의 고수부지로 날아올라 한 여름에도 마친 눈이라도 내린 것 같은 모습을 하고 있었고, 어떤 때는 그 거품이 바람을 타고 건너편 뚝섬까지 건너가는 것을 본 적도 있다.

* * *

그러나 그는 아랑곳하지 않고 붕어만을 내려다보고 있다. 나는 내 자리로 돌아오고 말았다. 피크타임에 남의 붕어나 잡아주고 있는 것은 기다린 보람이 없기 때문이다. 자리로 돌아오기가 무섭게 낚시를 들어 새로 밥을 달아 던졌다. 그리고 어신은 불과 1분도 안되어서 왔다. 찌 끝의 캐미라이트가 수직으로 날아오르는 개똥벌레처럼 솟구친다.

* * *

밤낚시를 하면서 물안개 피어오르는 새벽에 따끈한 한 잔의 커피를 홀짝거리며 찌를 바라보는 것은 낚시에서 느끼는 최고의 행복감이다. 종이컵에 두 잔의 커피를 부어 하나를 그에게 전하고 내 자리로 돌아왔다. 두어 모금 커피를 마시고 담배를 빨고 있을 때 그의 말이 다시 안개를 건너온다.

* * *

그 사체실의 뒷켠쪽에 조그만한 소각장이 보인다. 1미터 정도의 높이로 블럭을 쌓고, 그 위로 가느다란 굴뚝이 꽂혀 있다. 그것들은 시커멓게 그을음을 뒤집어쓴 채 어스름한 회색빛 어둠 속에 괴물처럼 서 있다.

* * *

예술촌이라는 집은 들판의 개울가에 자리잡은 아마추어 목수의 솜씨가 그대로 드러나는 통나무집이었다. 조그마한 카페가 붙어 있고 카페 안에는 황토를 바른 벽난로에서 장작불이 타고 있었다.

* * *

진입로 쪽을 보았다. 달빛 속에 하얗게 비포장의 신작로가 길고 구불구불한 모습으로 고즈넉하게 누워 있을 뿐이다. 1킬로쯤 떨어진 국도에는 차들의 왕래도 보이지 않는다. 정말 그토록 받아들일 수 없는 일이었을까……

* * *

밖은 밝았지만 달빛마저도 얼어붙은 듯 추웠다. 영하 십도의 추위라고 했었다. 십여 미터나 떨어진 곳에 화장실이 보였지만 불빛은 없다. 마당을 가로질러 개울이 있었고, 개울가에 키 큰 포플러나무들이 듬성듬성 서 있다. 걸터앉을 만한 바위와 서너 개의 벤치도 보인다.

* * *

과수원은 버스정류장에서 십여 미터를 지나온 곳에 있었다. 남향한 원만한 경사의 산자락에 만들어진 과수원은 아직은 본격적인 수확을 기대할 수 없는 키 작은 복숭아나무들이 듬성듬성 심겨져 있었다. 시작한지 불과 몇 년 안 되는 그런 과수원이었다.

* * *

아직 낙화하지 않은 복사꽃이 가끔씩 보이고, 과수원의 중간쯤에 살림집도 보인다. 슬레이트를 얹은 집 한 채가 있고, 그 아래에 창고 같은 조그만 집도 한 채 있다. 종손이 집에 있기를 바라면서 그는 천천히 올라갔다. 봄날 오후의 따스한 햇살 아래 졸고 있던 누런 강아지 한 마리가 그를 발견하고 짖어댈 뿐 과수원 안에는 아무런 인기척도 없다.

(새로운 사람들, 1999)

□ 김유정 「봄과 따라지」

그는 너털거리는 소맷 등으로 코밑을 쓱 훔치고 고개를 돌리어 위아래로 야시를 훑어본다. 날이 풀리니 거리에 사람도 풀린다. 싸구려 싸구려 에잇 싸구려, 십 오전에 두 가지, 십 오전에 두 가지씩. 인두 비누를 한 손에 번쩍 쳐들고 젱그렁젱그렁 신이 올라 흔드는 소리. 땅바닥에 널따란 종잇장을 펼쳐 놓고 안경잡이는 입에 게거품이 흐르도록 떠들어댄다. 일전 한 푼을 내놓고 일 년 동안의 운수를 보시오. 먹지를 던져서 칸에 들면 미루꾸 한 갑을 주고 금에 걸치면 운수가 나쁘니까 그냥 가라고 저편 한구석에는 코 먹은 바이올린이 닐리리를 부른다. 신통방통 꼬부랑통 남대문통 쓰레기통, 자아 이리 오시오. 암사둔 수사둔 다 이리 오시오. 장기판을 에워싸고 다투는 무리. 그 사이로 밀려온 사람들은 이리 몰리괴 저리 몰리고 발 가는 대로 서성거린다. 짝을 짓고 산보를 나온 젊은 남녀들, 구지레한 두루마기에 뒷짐 진 갓장이. 예제없이 가서 덤벙거리는 학생들도 있고 그리고 어린 아들의 손을 잡고 구경을 나온 어머니의 치맛자락을 잡아채며 뭘 사내라고 부지런히 보챈다.

(어문각, 1970)

□ 김유정 「따라지」

장독 옆으로 빠진 수채를 건너서면, 바로 아랫방이다. 본시는 광이었으나 셋방 놓으려고 싱둥겅둥 방을 들인 것이다. 흙칠한 것도 위채보다는 아직 성하고 신문지로 처덕이었을망정 제법 벽도 번듯하다.

비바람이 들이치어 누렇게 들뜬 미닫이었다. 살며시 열고 노려보니 망할 노랑퉁이가 여전히 이불을 쓰고 끙, 끙, 누웠다.

* * *

문아랫도리에 손가락 하나 드나들만한 구멍이 뚫리었다.

주인 마누라가 그제야 좀 화가 식었는지 안방으로 휘젓고 들어가는 치마꼬리가 보인다. 그리고 마루 뒤주 위에는 언제 꺾어다 꽂았는지 정종병에 엉성히 뻗은 꽃가지. 붉게 핀 것은 복숭아꽃일 게고, 노랗게 척척 늘어진 저건 개나리다. 건넌방 문은 여전히 꼭 닫혔고, 뒷간에 가는 기색도 없다.

저 속에는 지금 제가 별명진 톨스토이가 책상 앞에 웅크리고 앉아서 눈을 감고 앉았으리라. 올라가서 이야기나 좀 하고 싶어도 구렁이 같은 주인마누라가 지키고 앉아서 감히 나오지를 못한다.

(어문각, 1970)

□ 김유정 「산골 나그네」

밤이 깊어도 술꾼은 역시 들지 않는다. 메주 뜨는 냄새와 같이 퀴퀴한 냄새로 방안은 쾨쾨하다. 윗간에는 쥐들이 찍찍거린다. 홀어머니는 쭉 떨어진 화로를 끼고 앉아서 쓸쓸한 대로 곰곰 생각에 젖는다. 가뜩이나 침침한 반짝 들불이 북쪽 지게문에 뚫린 구멍으로 새드는 바람에 번득이며 빛을 잃는다. 헌 버선 짝으로 구멍을 틀어막는다. 그리고 등잔 밑으로 반짇고리를 끌어당기며 시름없이 바늘을 집어 든다.

산골의 가을은 왜 이리 고적할까! 앞 뒤 울타리에서 부수수하고 떨잎은 진다. 바로 그것이 귀밑에서 들리는 듯 나직나직 속삭인다. 더욱 몹쓸 건 물소리, 골을 휘돌아 맑은 샘은 흘러내리고 야릇하게도 음률을 읊는다.

*　*　*

앞뜰 건너편 수펑을 감돌아 싸늘한 바람이 낙엽을 흩뿌리며 얼굴에 부딪친다. 용마루가 쌩쌩 운다. 모진 바람 소리에 놀라 멀리서 밤 개가 요란히 짖는다.

*　*　*

나그네는 주춤주춤 방안으로 들어와서 화로 곁에 도사려 앉는다. 낡은 치맛자락 위로 뼈지려는 속살을 아무리자 허리를 지그시 튼다. 그리고는 묵묵하다. 주인은 물끄러미 보고 있다가 밥을 좀 주랴느냐고 물어보아도 잠자코 있다. 그러나 먹던 대궁을 주워 모아 짠지쪽하고 갖다 주니 감지덕지 받는다. 그리고 물 한 모금 마심 없이 잠깐 동안에 밥그릇의 밑바닥을 긁는다. 밥숟갈을 놓기가 무섭게 주인은 이야기를 붙이기 시작하였다. 미주알고주알 물어보니 이야기는 지수가 없다. 자기로도 너무 지쳐 물은 듯싶은 만큼 대고 추근거렸다. 나그네는 싫단 기색도 별로 없이 시나브로 대꾸하였다.

　　　　　＊　　＊　　＊

　방안은 떠들썩하다. 벽을 두드리며 아리랑 찾는 놈에 건으로 너털웃음 치는 놈, 혹은 수군덕 하는 놈—가지각색이다. 주인이 술상을 받쳐 들고 들어가니 짜기나 한 듯이 일제히 자리를 바로 잡는다.

　　　　　＊　　＊　　＊

　마을에서 산길로 빠져나가는 어귀에 우거진 숲 사이로 비스듬히 언덕길이 놓였다. 바로 그 밑에 석벽을 끼고 깊고 푸른 웅덩이가 묻히고 넓은 그 물이 겹겹 산을 에돌아 약 10리를 흘러내리면 신영강 중턱을 뚫는다. 시새에 반쯤 파묻히어 번들대는 큰 바위는 내를 싸고 양쪽으로 질펀하다. 꼬부랑길은 그 틈바귀로 뻗었다. 좀체 걷지 못할 자갈길이다. 내를 몇 번 건너고 험상궂은 산들을 비켜서 한 5마장 넘어야 겨우 길다운 길을 만난다.

　그리고 거기서 좀 더 간 곳에 냇가에 외지게 잃어진 오막살이 한 칸을 볼 수 있다. 물방앗간이다. 그러나 이제는 밥을 찾아 흘러가는 뜬 몸들의 하룻밤 숙소로 변하였다. 벽이 확 나가고 네 기둥뿐인 그 속에 힘을 잃은 물방아는 을씨년스럽게 모로 누웠다.

(어문각, 1970)

□ 김유정 「솥」

　웃방에서 내려오는 냉기로 하여 아랫방까지 몹시 싸늘하다. 가을쯤 치받이를 해두었더라면 좋았으련만 천장에서는 흙방울이 똑똑 떨어지며 찬바람은 새어든다.

　헌 옷때기를 들쓰고 앉아 어린 아들은 화롯전에서 킹얼거린다. 아내는 이 아이를 어르며 달래며 부지런히 감자를 구워 먹인다. 그러나 다리를 모로 늘이고 사지를 뒤트는 양이 온종일 방아다리에 시달린 몸이라 매우 나른한 맥이었다.

손으로 가끔 입을 막고 연달아 하품만 할뿐이었다.

* * *

그의 집은 수어릿골 꼬리에 달린 막바지였다. 양쪽 산에 끼여 시냇가에 집은 얹혔고, 늘 쓸쓸하였다. 마을 복판에 일이라도 있어 돌이 깔린 시냇 길을 여기서 오르내리자면 적잖이 애를 씌웠다.

(어문각, 1970)

□ 김유정 「소나기」

충호는 자기 집-올 봄에 오원을 주고 사서 들은 묵삭은 오막살이집- 방문턱에 걸터앉아서 바른 주먹으로 턱을 고이고는 봉당에서 저녁으로 때울 감자를 씻고 있는 아내를 묵묵히 노려보고 있었다. 그는 사날 밤이나 눈을 안 붙이고 성화를 하는 바람에 농사에 고리삭은 그의 얼굴은 더욱 해쓱하였다.

(어문각, 1970)

□ 김유정 「금 따는 콩밭」

땅 속 저 밑은 늘 음침하다.
고달픈 간드렛불. 맥없이 푸르끼하다.
밤과 달라서 낮엔 되우 흐릿하였다.
겉으로 황토 장벽으로 앞 뒤 좌우가 콕 막힌 좁직한 구덩이. 흡사히 무덤 속같이 귀중중하다. 싸늘한 침묵, 쿠더부레한 흙내와 징그러운 냉기만이 그 속에 자욱하다.

(어문각, 1970)

□ 김유정 「생의 반려」

내가 발을 멈춘 데는 돈의동 뒷골목이었다. 바로 내 앞에 쳐다보이는, 전등 달린 대문이 있고 그 옆으로 차돌에 나명주라고 새긴 문패가 달리었다. 안에서는 웃음소리와 아울러 가끔 노래 소리가 흘러나오련만 대문은 얌전히 듣닫기었다.

* * *

거기다가 방까지 역시 우울하였다. 남쪽으로 뚫린 들창이 하나 있기는 하나 검은 휘장으로 가리워 광선을 콱 막아 버렸다. 그리고 담배연기로 방안은 꽉 찼다.

(어문각, 1970)

□ 김유정 「노다지」

그믐 칠야 캄캄한 밤이었다.

하늘에 별은 깨알같이 총총 박혔다. 그 덕으로 솔숲 속은 간신히 희미하였다. 험한 산중에도 우중충하고 구석백이 외딴 곳이다. 버석만 하여도 가슴이 덜렁한다.

* * *

감떼 사나운 큰 바위가 반득이는 하늘을 찌를 듯이, 뼈 치솟았다. 그 양 어깨로 자즈레한 바위는 뭉글뭉글한 놈이 검은 구름 같다. 그러면 이번에는 꿈인지 호랑인지 영문 모를 그런 험상궂은 대가리가 공중에 불끈 나타나 두리번거린다. 사방은 모두 이따위 산에 도렸다. 바람은 뻗질나려 구르며 습기와 함께 낙엽을 풍긴다. 을씨년스레 샘물은 노량 쫄랑쫄랑. 금시라도 시커먼 산 중턱에서 호랑이 불이 보일 듯싶다.

*　*　*

따는 커다란 구덩이 하나가 내달았다. 산 중턱에 집더미 같은 바위가 놓였고 그 옆으로 또 하나가 놓여 가달이 졌다. 그 가운데다 뼈듬한 돌장벽을 끼고 구멍을 뚫은 것이다. 가루지는 한 발 좀 못되고 길벅지는 약 세 발 가량. 성냥을 그어대 보니 깊이는 네 길이 넘었다. 함부로 쪼아 먹은 구덩이라 꺼칠한 놈이 군버력도 똑똑히 못 치웠다.

(문학사상사, 1987)

□ 김이연 「여자가 선택한 사랑」

한아름 들국화를 큰항아리에 꽂았다. 덩그러니 3인용 소파밖에 없는 운동장처럼 넓은 응접실 바닥에 꽃 항아리를 놓았더니 분위기가 훨씬 좋아졌다.

얼마 남지 않은 가을의 끝자락을 붙잡기라도 하는 듯이 보이는 들국화 항아리가 가을 햇빛을 되쐬이고 있다.

자잔한 짙은 보랏빛 들국화가 숨 쉬면서 살아 있다는 생명을 확인 시켜주는 것 같았다. 꽃을 꽂아보는 것도 오랜만에 해보는 짓거리이다.

사람답게 살아 있는 공간을 만들어 주는 느낌이었다.

*　*　*

철책으로 만든 얕은 담을 따라 탐스런 장미가 흐드러지게 피어있다. 마당 저 끝에 넓은 유리벽 안으로 하얀 의자가 보인다.

유청미는 유수를 데리고 마당을 걸어 들어간다. 그들 모자가 들어오는 것을 안에서 보았는지 일하는 여자가 현관을 열어준다.

크림 빛 카펫이 발목까지 빠질 듯 두텁다. 넓은 홀엔 그랜드 피아노 두 대가 놓여 있고 밖에서 보이던 하얀 소파뿐 가구라곤 아무 것도 없었다. 마치 연주 무대처럼 보인다.

의자에 앉기가 송구스러워서 유청미는 유수의 어깨를 잡고 응접실 가운데에 우두커니 서 있다.

(대학, 1997)

□ 김이태「궤도를 이탈한 별」

차를 타고 이십 분쯤 갔다. 우리의 보금자리가 있다는 러시안 힐로 올랐다. 공원처럼 보이는 곳에 사층짜리 빅토리안식의 건물이 있었고 일 미터쯤 되는 작은 오솔길 사이로 삼층으로 통하는 하얀 문이 보였다. 삼층과 사층이 우리가 살 집이었다.

(민음사, 1997)

□ 김이태「독신」

일단 새로 이사 온 집에서는 민망한 얼굴을 마주칠 마루나 복도가 없다. 언뜻 보면 창고처럼 보이는 건물이다. 복덕방 주인이 직접 소유한 것으로 일층은 공장처럼 셔터가 내려져 있고 빈 트럭을 주차시켜 놓고 있다. 옆문을 통해 어두컴컴한 일층을 지나면 이삼층으로 올라가는 철 계단이 있다.

* * *

카페 앞에는 영국제의 골동품 같은 빨간 스포츠카를 세워 놓고, 그 앞에서 스카프를 두르고 다리 하나는 바퀴 덮개에 올려 포즈를 취한 사진을 보여준다. 지하로 내려가는 카페의 문은 영화관처럼 스펀지 위에 빨간 가죽이 씌여 있고, 문을 열면 다시 영화관처럼 검은 휘장이 쳐 있다. 카페라는 간판이 없기 때문에 모르는 사람은 지나칠 수밖에 없다. 편하게 술을 마시자며 데리고 간 그곳에는 들어서면 은색으로 칠한 마네킹이 네 개 서 있고 마네킹은 16밀리 영화 필름으로 칭칭 감겨있다. 간이 당구장이 있고 야마하 미니 그랜드 피아노가 있다. 한쪽 구석에는 칸을 쳐서 자갈로 바닥을 메워놓았고 다른 한쪽에는 외국인 몇 사람이 눈에 띄기도 한다.

(민음사, 1997)

□ 김인숙 「성조기 앞에 다시 서다」

하긴 탄광촌, 그곳은 어떤 방식으로든지 한번 터지지 않고는 못배길 잔뜩 곪은 상처와 같은 곳이었다. 매일같이 다이너마트가 펑펑 터지고 와르르 산이 무너졌다. 그리고 모진 가슴의 심지에 불이 붙었다. 상문으로서는 열 살도 채 안 되던 어린 시절의 기억임에도 불구하고 일제 말기의 탄광촌의 그 끔찍함은 아직 선명한 흉터 자국처럼 그의 머릿속에 남아 있었다. 매일같이 죽어나가는 사람들, 몸 한편이 갈가리 찢겨져 나간 시체, 검은 흙더미에 깔린 채 손가락 두어 개만 비죽 솟아 나온 그 참혹한 시체, 막장에서 살아 나온 아버지들은 산목숨을 걸고 죽도록 싸움질을 했고 어머니들은 지워지지 않는 검은 때를 지우기 위해 매일 빨래를 하다가 성한 사람의 것이랄 수 없는 손목으로 가늘어져만 갔다. 무엇보다도 춥고 배가 고팠다. 목숨을 걸고 일을 해도 주린 배는 채울 수가 없었고 목숨을 걸고 탄을 태워도 시린 구들장을 데울 온기는 마련할 수가 없었다. 교대시간마다 막장으로 줄을 지어 들어가는 아버지들의 검은 등, 그것은 죽음의 행렬이었다. 그리고 그들을 바라보는 어머니의 시선 역시 죽음의 시선이었고 아이들 역시 성장하기 전에 시드는 것을 먼저 배웠다.

(동아, 1995)

□ 김인숙 「바다에서」

하긴 부러운 것이 그 뿐이었으랴. 한동안 J의 세계는 그녀에게는 경이였다. J의 집에 처음 놀러 갔을 때, J의 집은 그녀가 한 번도 가보지 못한 고급 '맨션' 아파트였다. 엘리베이터를 타고 쭈욱 올라가 철제 현관문을 열면 느닷없이 펼쳐지던 그 넓은 거실. 거기에는 중앙난방으로 데워진 온기가 있었고, 바다표범의 박제가 있었고, 침대가 있는 J의 방과 그 침대 옆에는 J의 것인 스키가 놓여 있었다. 그리고 알 수 없게 향긋하던 냄새.

(문학사상사, 1997)

□ 김인숙 「먼길」

선착장에 도착했을 때, 사위는 어느새 희끄무레한 여명으로 밝아져 바다는 더 이상 검푸른 빛깔로 죽어 있지 않았다. 여명과 함께 자신의 모습을 서서히 드러내기 시작한 바다는 드높게 달겨 드는 파도의 흰 이빨뿐만이 아니라 그 파도에 실려 오는 섬세한 결까지 드러내고 있었다. 바다가 그 거대한 한 몸뚱이로만 움직이지 않고 섬세하고 여린 결로도 움직인다는 사실은 매우 경이로운 것이었다. 아침 햇살이 밝아오기 시작하면 그 여린 결들은 제 가끔의 몸짓으로 찬란한 황금빛을 발할 것이 틀림없었다.

* * *

흘러 넘친 소주와, 이리저리 몰려다니는 종이컵과, 그리고 와사비를 뒤집어 쓴 간장국물까지…… 아니, 또 있었다. 오이쪼가리와 당근이 그 모든 혼란 속에서 선실의 이쪽저쪽으로 달음질을 치고 있는 것이었다.

* * *

햇살 속에 드러난 육지의 끝자락이 시야에 들어왔다. 시선이 가 닿는 곳 전부가 모래사장인 해안선, 그 기나긴 해안선의 위에는 레인 포레스트가 우거져 있고 또 등대가 있었다.

(현대문학, 1993)

□ 김인숙 「거울에 관한 이야기」

제과점의 유리창은 물빛이었다. 물빛 유리창도 다 있는가 싶었으나 가까이 다가가 보니, 그것은 그저 투명 유리일 뿐이었다. 물빛은 유리 위에 걸려 있는 푸른색 차양의 빛이었다. 하늘 꼭대기에서 엇슷 빗나가기 시작한 한 시 무렵의 해가 차양 위에 걸려서 차양의 색깔을 창에 부어 준 것이었다. 거기에 바깥의 아지랑이가 물결처럼 일렁이고 있었다.

어쨌든 물빛의 유리창은 시원해 보였다. 유리를 통해 밖을 내다보는 동안, 나는 바깥이 이글거리는 폭염의 한낮이라는 사실을 깜빡깜빡 잊곤 했다. 실내는 시원하다 못해 추울 정도여서, 나는 나도 모르는 사이에 짧은 팔의 옷소매를 자꾸 끌어내리고 있는 중이었다. 내가 앉은 곳의 체감으로 바깥 역시도 그렇게 바라보였다. 폭염의 아지랑이 사이를 느릿느릿 걷고 있는 사람들의 모습 속에서 흘러내리는 땀방울이라던가 훅훅 내뱉어지는 더운 숨이라던가, 하는 것은 전혀 짐작조차 되지 않았다.

(문학사상사, 1998)

□ 김인숙 「풍경」

방앗간과 벽을 맞댄 변소 옆의 방…… 그 방에는 작은 창이 있었습니다만, 그 창가에는 늘 쥐새끼가 있었고, 그 쥐새끼는 동그랗고 까만 눈으로 방안을 내려다봅니다. 쥐며느리는 얼마나 많았던지…… 방문 틈새…… 그 틈새마다 짧은 다리가 무수히 많은, 살이 통통히 찐 쥐며느리가 들끓었습니다. 그게, 그게 바로 내가 갖게 된, 다시는 어떤 하숙생에게도 뺏길 염려가 없는, 내 방입니다. 방앗간의 벨트가 온종일, 때로는 밤새도록 벽을 웅웅 울리고, 쥐새끼가 내려다보고, 벽을 쫓아 쥐며느리가 기어다녀도…… 행복했던…… 더 이상은 오빠들과 한 방을 쓸 수가 없다고 생각하는, 열 여덟 살, 나의 방입니다. 혼자…… 혼자만의 내 방입니다.

(삼문, 1997)

□ 김인숙 「핏줄」

　창문에다가는 커튼을 쳤다. 그러나 커튼의 그 미세한 실오라기 입자 사이로도 햇볕은 참으로 염치 좋게 스며들었다. 그래서 검은색 마분지를 사다가 덕지덕지 창문에 붙여놓았다. 그리고 방문에다가는 겨울 이불을 꺼내 달았다. 한여름, 나의 방은 그렇게 해서 완벽한 굴이 되었다.

＊　＊　＊

　작은 포구였다. 허술한 어선들이 그물을 얹고서 정착하고 있는 그 작은 포구는 생선 냄새 비릿한 어촌이었다. 바닷내음과 자지러지는 파도소리가 무척이나 신선한 그곳, 그러나 나는 그러한 것들에 낭만 따위를 가질 여유가 없었다.

(문학사상사, 1983)

□ 김인숙 「그늘, 깊은 곳」

　엘리베이터가 없는 계단을 걸어 올라가, 규원의 방은 4층에 있었다. 계단도 복도도 어두웠으나 그러나 방은 깔끔했다. 구형의 텔레비전과 에어컨, 그리고 텅 비어 있는 작은 냉장고. 오래된 것으로 보이는 싱글 침대와, 아주 작은 욕실. 발밑에서 빠르게 기어가는 바퀴벌레 세 마리를 발견하기 전까지, 그 방은 규원에게 전혀 불만스러울 것이 없는 방이었다.

＊　＊　＊

　그날 규원이 세계여행사의 문을 열었을 때, 규원에게 제일 처음 다가온 인상은 '밝음'이었다. 그 사무실은 밖에서 본 것보다도 훨씬 더 많은 창문을 가지고 있었다. 벽이라고는 하나도 없이 온통 창문뿐인 것 같았고, 코팅하지 않은 투명 유리로부터 쏟아져 들어오는 햇살은 사무실 전체를 공중에 붕 떠올라 있는 것처럼 보이게 만들었다. 규원으로서는 그 지나친 밝음이 오히려 공격적인 것으로 느껴졌다.

* * *

규원은 열쇠를 집어넣었다. 열쇠는 매끄럽고 부드럽게 돌아갔고, 곧 문이 열렸다. 난방이 되지 않는 방, 습기 찬 어둠이 훅, 하고 그녀의 코로 스쳐왔다. 스위치는 곧 찾을 수가 있었다. 그러나 불을 밝히자마자 그녀는 한동안 진공 상태에 놓여 있어야만 했었다. 이정은 어딘가로 떠날 준비를 차리고 있었던 모양이었다. 방 한가운데에는 거대한 여행 가방이 아가리를 딱 벌린 채 놓여 있었고, 그 아가리에는 아직 덜 채워진 옷들이 어지럽게 걸려 있었다. 손때 묻은 책들이 끈으로 묶여 있었고, 신발 여러 켤레를 담은 비닐봉지도 방 한 가운데로 옮겨져 있었다. 똘똘 말아놓은 슬리핑백이 그 신발봉지 옆에 던져진 듯 놓여 있었다.

* * *

비치호텔의 바는 화려하고 아름다웠다. 화려한 샹들리에, 넓고 편안한 소파, 모두가 일제히 속삭이고 있는 듯한 낮은 대화를 깔고 울리는 아름다운 음악…… 그리고 질 좋은 술들. 그리고 연인들이 있었다.

(문예마당, 1997)

□ 김인숙 「꽃의 기억」

열쇠를 돌리고 현관문을 열자, 센서로 밝혀지는 현관 등이 팟, 밝아오면서 동굴같은 어둠의 집이 희미하게 윤곽을 드러낸다. 다정하고 따듯하고, 희미한 어둠의 내, 집…… 나 말고는 아무도 받아들이지 않을 텅 빈 내, 집이었다.

* * *

누군가가 이 집 안에 있었다. 나는 그렇게 믿었다. 그렇지 않고는 이 집이 이렇게 달라져 있을 수는 없었다. 파출부를 부르지 않기 시작한 이후로 언제든지 쓰레기통 같던 집. 나도 알 수 없는 나 자신의 어딘가가 서서히 소실되어 가고 있는 것처럼 그렇게 함께 무너져 내려가고 있는 것 같던 집…… 그리고 그 폐허의 한가운데에 늘 쓸쓸하던 아이의 눈망울…… 그러나 그렇더라도 그것이 바로 무사한 나의 집이었던 것이다. 물기 하나 없이 깨끗한 싱크대를 확인하자마자 나는 서둘러 등을 돌려 아이의 방문을 열어보았다. 아이의 방은 단정했다. 흐트러진 연필 하나, 색종이 한 장이 보이지 않는 깨끗한 책상. 욕실을 열어보았을 때도 마찬가지였다. 욕실화는 누군가 일부러 그렇게 놓지 않았다면 결코 그럴 수가 없을 것처럼, 반듯하고 단정하게 입구에 놓여 있었다. 비누도, 치약도, 수건도 전부 다 마찬가지였다.

* * *

아파트 입구의 화단 앞에 쪼그려 앉은 우산 하나, 그리고 그 우산 속에 한 남자와 한 아이. 둘은 무엇을 하고 있는가. 꽃 이름을 말하는 아이의 목소리가 빗소리 사이로 들려왔다. 아이가 한마디씩 말할 때마다 우산이 조금씩 흔들리고, 남자의 큰 손이 아이를 우산 속으로 끌어당기고 있었다. 아이가 갑자기 깔깔거리며 웃고, 남자의 큰 손은 아이의 어깨를 보듬는다. 다시 아이는 자기가 알고 있는 모든 꽃 이름들을 읊기 시작한다.

* * *

문고리를 돌렸을 때, 나를 제일 먼저 반긴 것은 내 얼굴 정면으로 둥둥 떠 날아온 연노란색의 풍선 하나였다. 터질 듯이 부풀어 오른 풍선 저 너머로 한 남자와 한 아이의 모습이 바라보였다. 한 남자와 한 아이, 그리고 또한 수없이 많은 풍선들이. 빨간색과, 파란색과, 노란색과, 오렌지색의…… 그 무수히 많은 풍선들이 좁지 않은 아파트 거실을 가득 채운 채 서로의 몸을 부대끼고 있었다.

* * *

　아이의 방문을 조용히 닫아주고 거실로 나왔을 때, 거실은 이미 짙은 어둠으로 물들어 있었다. 벽을 더듬어 전등 스위치를 올리자 어둠의 입자들이 아우성 같은 소리를 내며 화드득 달아나는 것이 보였다. 그들은 벽과 벽 틈 사이로, 벽지의 무늬 속으로, 그리고 전등 갓 너머로 재빨리 몸을 숨겼다.

(문학동네, 1999)

□ 김인숙 「봉우리」

　아직 새벽이 먼 어둠이, 창밖을 무겁게 짓누르고 있었다. 병실의 불빛은 어찌 이리도 밝은지. 짙은 어둠과 밝은 불빛 사이의 투명한 유리창 한 장처럼, 죽음이 삶과 어깨를 맞댄 채 그 병실 안을 서성거리고 있었다. 정선은 눈을 감고, 그리고 입술을 깨물었다.

(신원문화사, 1997)

□ 김원우 「산비탈에서 사랑을」

　첩첩산중은 끝이 없다. 태백산맥은 과연 거대한 준봉들의 밀림이다. 꼬박 사흘 동안 1천 미터 안팎의 고지를 오르내렸는데도 산마루들은 여전히 사방으로 우뚝우뚝 연이어지고 있다. 까마득히 보이는 산마루들마다 간신히 다가가 막상 두 발을 디디고 서 보면 그곳은 이름도 없는 산중의 한 오지가 되고 만다. 내가 서 있는 곳은 언제나 한결같이 산 가운데의 오지거나 오지 속의 산마루일 뿐이다. 그런 오지가 겹겹으로 펼쳐지는 가운데서도 곳곳에 인간의 손길이 뻗어와 있다. 밋밋한 산자락만 나타나면 어김없이 고랭지 채소나 약초를 갈아먹는 밭뙈기들이 헌데처럼 펼쳐져 있는 광경이 그것이다.

　　　　　＊　　＊　　＊

　날이 채 밝기도 전에 커피를 한 잔 진하게 타서 들고 헤드램프를 켜고, 텐트문을 걷고 '산중에서 산속으로' 나오니 내 이마팎에서 한 줄기 희번득거리는 불빛에 놀랐던지 다람쥐인가 오소리인가 분명찮은 길짐승 두 마리가 후드득 바람막이 바위 뒤로 도망질을 놓았다. 산 속에서, 그것도 어둠이 눈에 보이게 걷혀 가면서 희꾸무레 하니 그 윤곽을 드러내는 주위의 산등성이를 휘 둘러보며 마시는 커피 맛은 언제라도 일품이다.

(강, 1997)

□ 김원우 「무기질 청년」

　술과 안주와 여자가 함께 날라져 올 때까지 디근자로 배치된 푹신하고 푸르기 한 의자는 아랫배가 나오기 시작하는 우리를 방만한 자세로 앉아 있게 내버려두었다. 그새 내 기분은 요사스럽게도 다소 괜찮아져 있었다. 파르스름한 전등불빛은 모서리 둘레를 돌아가며 크고 작은 구멍이 뚫려져 있는 탁상보만을 비추기에도 힘겨워 보였다. 탁자 아래에는 흔히 그렇게 되어 있는 것처럼 세 가닥의 가로줄 쇠막대기가 술손님의 간단한 소지품을 놓아두게 하는 받침대 구실을 하느라고 탁자 길이대로 붙박혀 있었다. 나는 들고 온 봉투를 그곳에다 보관했고, 동료 두 명도 누런 각봉투를 거기에다 밀어 넣었다.

　　　　　＊　　＊　　＊

　예닐곱 평 남짓한 수위실의 싸늘한 공간이 내 시야를 턱 가로막았다. 지난 봄, 나는 아버지가 자리를 잠시 비운 사이에 이곳에 한번 와본 적이 있었다. 오늘이 두 번째인데, 그나마 우리 가족으로서 여기를 찾아온 사람은 나뿐이다.

　수위실 뒤에는 두 사람이 다리를 뻗고 자면 담배 재떨이는 선반 위나 수위실 바닥으로 들어 내놓아야 하는, 돗자리가 깔린 방이 있다. 그것도 명색 방이라고 때가 괴죄죄 묻은 분홍색 나일론천 가리개가 후줄근하게 드리워져 있다 오늘도 가리개는 활짝 열려 있었다. 선반 위에는 구두가 두 짝 올려져 있고, 크고 작은 남루한 가방들이 아무렇게나 놓여 있다. 벽에는 후줄그레한 옷가지들이 몇 개 걸려 있었다. 연탄아궁이가 천장을 향해 수위실 바닥에 쥐구멍처럼 뚫려 있는데, 불기운이 돗자리 방으로 들어갈 고래 구멍이 음험하게 막혀 있으니 그 명색 돗자리 방의 난방을 위한 것이 아니라 수위실 전체의 난방을 위한 것인 모양이다. 한쪽 벽에는 초록색 헝겊 테이프로 군데군데 빵꾸를 때운 긴 의자 두 개가 붙어 있다. 책상 위에는 사내용 미색 전화기와 탱자만한 자물쇠가 숫자판을 얽어매고 있는 검은색 일반 전화기가 각 한 대씩 놓여 있다. 걸레쪽 같은 '방문자 기록부' 공책이 책상 위에 아무렇게나 펼쳐져 있다. 다른 책상-아버지의 것일 텐데, 수위직이란 사실상 개개인의 책상에 대한 소유개념이 없어도 될 터이다-위에는 출고확인증을 끼워두고 받침대가 있고, 거기에는 볼펜 한 자루가 실에 매달려 있다.

　창밖으로 실타래더미가 널찍한 공터에서 산더미같이 쌓여 있는 게 한눈에 들어온다. 화물차가 시동을 걸어놓고 있어 연방 부르릉이는데도 염색한 실뭉치들은 끝없이 적재되고 있었다. 집채 만한 실뭉치를 싣고 차가 들락일 때마다 아버지는 철제대문을 여닫아 주어야 한다. 두 사람의 수위는 앉아 있을 틈도 없다. …(중략)…

　벽시계가 여섯시 반을 향해 바쁘게 초침을 째깍이고 있었다. 벽시계 아래에는 빳빳한 출근표 딱지가 납작한 액자식 철제함 표면에 백여 개는 좋이 될 정도로 꽂혀 있고, 그 밑에 출근표를 서랍의 뻘쭘한 틈 사이 같은 한 일(一)자 구멍에 집어넣었다가 끄집어내면 출퇴근시간이 자동으로 찍혀 나오는 기계가 허드레 상자 위에 올라앉아 있었다. 문짝도 없이 칸막이만 질러놓은 허드레 상자 속은 빨래비누와 걸레, 냄비, 장도리, 못, 철사, 펜치, 나무젓가락, 페인트 통, 붓 같은 잡동사니로 빼곡했다. …(생략)…

　대충 라면가닥이 없어지자 아버지는 냄비째 들고 국물을 후르륵이다가 냄비를 허드레 상자 속에다 내팽개치듯 던져버렸다. 그리고 어둠이 내리고 있는 공터를 멍하니 내다보았다. 새카만 유리창 위에는 아버지의 처량한 뒷모습을 바라보는 내 몰골이 어른댔다. 울긋불긋 실타래의 색상을 붉고 검게 지워가던 황혼이 염색공장 주위를 칠흑 같은 어둠으로 야금야금 물들여갔다.
　그 어둠을 뚫고 공원들이 점점이 흩어져서 공터를 가로질러오고 있었다.
(솔, 1996)

□ 김원우 「추도(追悼)」

　촛불이 흔들릴 때마다 할머니의 머리올이 병풍 위에 세선(細線)을 그렸다. 여백이 많은 산수화가 그려져 있는 병풍 위에 할머니의 하얀 모발이 던지는 음영은 나에게 화사첩족으로 보이지 않았다. 심산의 허리를 감싸고 있는 구름과 천장으로 하느적거리며 올라가는 향 연기가 안개를 피워 올리는 것같이 잘 조화되어 병풍 안의 산촌에 방금이라도 비를 뿌릴 것만 같았다.
　촛불을 밝히고 부터 할머니는 제상 앞을 떠나지 않고 내가 나르는 제기들이 놓일 자리를 손수 선별하고 있었다. 어동육수나 동두서미 쯤은 우리 형제가 다 알고 있는데도 당신은 제상의 양쪽 귀를 앉은걸음으로 왔다 갔다 하는 것이 제례를 장악하는 것으로 간주하는 모양이었다. 제사 때만 되면 할머니의 말이나 행동거지는 이번이 마지막이라고 당신 스스로 단정하는 버릇이 있어, 옆에서 보기에 비장감이 풍겼다. 눈이 아리게 켜져 있는 형광등 불빛이 촛불 따위가 밝히는 어둠을 충분히 상쇄해주는데, 할머니의 슬픔은 촛불이 켜지고 나서야 조그만 당신의 육신 전부에서 베어나와 제상을 걷어치울 때까지 방안 곳곳에 자리를 잡는 것이었다.
　아까부터 할머니는 신중하게 제기들을 만지면서 무슨 말인지 계속 웅얼거리고 있었다. 들리는가 하면 뚝 끊어지고, 긴 한숨과 함께 맺힌 한이 속으로 잦아졌는가 하면 간헐적으로 이어지곤 했다. 귀에 익은 할머니의 이 응얼거림이 우리 집안의 기일에는 곡처럼 당연한 한 풍경이었다.

(솔, 1996)

□ 김원일 「아우라지로 가는 길」

냉면집 앞은 강변도로다. 승용차들이 오고 간다. 한참 있다 버스가 온다. 미미가 손을 든다. 만원 버스는 그냥 지나간다. 한참 만에 다른 버스가 멈춰 선다. 미미와 나는 버스를 탄다. 앉을 자리가 없다. 우리는 서서 간다. 버스는 강을 따라간다. 강물이 낮 햇살을 받아 반짝인다. 강변의 버드나무가 아까보다 더 푸르게 보인다. 먼 산이 아지랑이에 졸고 있다. 그 산들도 은은한 푸른빛을 띠고 있다. 버스가 멈춰 선다. 몇 사람이 내린다. 소풍객들이 몰려 탄다. 미미와 나는 다른 자리에 앉는다. 소풍객들이 큰소리로 떠든다. 버스가 덕소로 들어간다. 강변 유원지에는 매운탕집, 가든이 늘어섰다. 간판들이 촘촘하게 붙어 있다.

* * *

문지기는 내가 아니다. 빈대아저씨도 아니다. 정장 차림의 애젊은 청년이다. 바싹 친 머리카락에 헤어젤을 발랐다. 고슴도치같다. 나도 날마다 그걸 바른 적이 있었다. 문을 열자, 음악은 느린 재즈다. 색소폰이 흐느낀다. 홀 안이 깜깜하다. 무대 쪽만 조금 밝다. 황금 나이트클럽도 그랬다. 잠시 있으면 잘 보였다. 무대에는 두 쌍이 블루스를 춘다. 악단은 보이지 않는다. 가수도 없다. 사이키델릭 조명이 물처럼 흐른다. 홀엔 손님이 별로 없다. 황금나이트도 초저녁엔 그랬다. 밤이 깊어야 손님이 몰려든다. 미미가 내 팔을 끈다. 의자 사이로 빠져나간다. 구석 자리 테이블로 간다. 젊은 녀석 둘이 앉아 있다. 양주병과 과일 접시가 테이블에 있다.

(문학과지성사, 1996)

□ 김원일 「어둠의 변주」

　화장장의 그 고열로 처리된다는 전기 불화로의 깜깜한 네모 공간과 몇 천도의 열기가 금세 내 살을 닿는다. 그래서 살갗이 터지고, 터진 살을 엮고 있는 흰자질과 기름이 말라붙고 일시에 뼛속의 진까지 뽑아내는 불의 뜨거운 혓바닥이 아직 살아 있는 나를 고문한다.

(삼중당, 1995)

□ 김원일 「어둠의 혼」

　갑자기 울음소리가 들린다. 누나가 울고 있다. 누나와 분선이가 쪽마루에 걸터앉아 있다. 누나는 집이 떠나가란 듯 큰 소리로 운다. 나는 엉거주춤 일어선다. 허리를 굽혀 어둠이 내려앉았다. 뒤쪽 대추나무는 꼭 귀신같다. 곱슬한 머리카락을 풀어 흩뜨린 게 무섬기를 들게 한다. 어두워진 뒤에 보는 대추나무는 한 가지 생각을 떠올려준다.

(솔, 1996)

□ 김원일 「환멸을 찾아서」

　오영감이 선반에 얹힌 물건을 내려주었다. 윤기는 그것을 들고 부엌 옆에 달린 골방으로 들어갔다. 천장 위가 다락이어서 윤기가 몸을 곧추세워서면 키를 한 뼘 남기는 세 평 남짓한 작은 방이었다. 그 방은 그가 서재로 사용하고 있었다. 바둑판만한 봉창이 해안 쪽으로 나 있고, 앉은뱅이 책상과 책들로 가득 차 두 사람이 몸을 눕히기가 빠듯한 면적이었다. 그가 군에 있을 동안에는 허드레 물건과 어망 따위를 넣어 두는 헛간방이었는데, 제대한 뒤 쓰여진 이 십여 편의 시는 대부분 그 골방에서 마무리되어 시인의 산실 구실을 톡톡히 하고 있었다.

(태성, 1990)

□ 김정한 「사하촌」

군데군데 좀구멍이 나서 썩어 가는 기둥이 삐뚤어지고, 중풍 든 사람의 입처럼 문조차 돌아가서, 북쪽으로 사정없이 넘어가는 오막살이 앞에는, 다행히 키는 낮아도 해묵은 감나무가 한 주 서 있다. 그러나 그게라야 모를 낸 후 비같은 비 한 방울 구경 못한 무서운 가뭄에 시달려 그렇지 않아도 쪼그라졌던 고목 입이 불 모양 없이 배배 틀려서 잘못하면 돌배나무로 알려질 판이다. 그래도 그것이 구 십도가 넘게 쪄 내리는 팔월의 태양을 가리워, 누더기 같으나마 밑둥치에는 제법 넓은 그늘을 지웠다. 그걸 다행으로 갈아둔 낡은 삿자리 위에는 발가벗은 어린애가 파리똥 앉은 얼굴에 땟물을 조르르 흘리며 울어댄다.

* * *

타작마당 돌가루 바닥같이 딱딱하게 말라붙은 뜰 한가운데, 어디서 기어들었는지 난데없는 지렁이가 한 마리 만신에 흙고물 칠을 해 가지고 바둥바둥 굴고 있다. 새까만 개미떼가 물어 뗄 때마다 지렁이는 한층 더 모질게 발버둥질을 한다. 또 어디선가 죽다 남은 듯한 쥐 한 마리가 튀어나오더니 종종걸음으로 마당 복판을 질러서 돌담 구멍으로 쏙 들어가 버린다.

(판, 1992)

□ 김정환 「이별의 정물화」

자동차가 즐비하게 주차해 있는 갈비집들을 지나 노래 연습장, 그리고 길 건너 레스토랑 Old Germany를 보고 곧바로 베이스캠프와 굴다리를 왼쪽으로 흘리면 오른쪽에 막걸리 게운 냄새가 질탕한 주점들이 이어졌다. 김삿갓, 청사 홍사 초롱이 걸린 주점 아사달, 어우동, 시대가 이조시대 백

제시대를 넘나들며 거리에 취기가 싸고 절편해졌다. 군데군데 골목길은 정말 이조시대 그대로였다. 왼편 길 건너 축대 밑은 점집 동네였다. 그리고 그 모든 것을 일거에 걷어치우며 호프 프리즘이 등장했다.

신촌 기차역엔 아낙네 두셋이 귀대병 하나말고는 기다리는 승객이 없었다. 기차바퀴 구르는 소리에 빗물이 묻어 있었다. 먼 옛날로부터 들리는 것처럼 처량한 기차바퀴 소리가 물 뿌리듯 역광장 앞에 뿌려졌다.

택시 정거장은 오랜 전부터 사용하지 않는 상태였다. 오른쪽으로 길건너 삼각형으로 뚝 떼어낸 난쟁이 숲 속에 공중변소가 있었다. 그리고 원추형 거꾸로 세운 노랑 검정으로 굵은 줄이 쳐진 교통 차단대가 2열로 죽 늘어서 있었고, 그 끝이 이대 정문이었다. 심포니는 보이지 않았다. 열지어 선 것들이 그를 빨리 가, 빨리 가, 그랬다. 그러나 굵은 노랑 검정 줄이 가지 마, 가지 마, 그랬다. 좌우로, 2열로 죽 늘어선 차단대가 가라 그랬고, 가지 말라 그랬다. 오래간만에 와보는 골목이었다. 뱀처럼 꼬부라진 오른쪽 골목으로 다시 오른쪽에 태(胎)와 세라비가 여전히 있었고, 왼쪽에, 외국에서 건물 채로 실어 나른 듯한, 처음 보는 베네통 의상점이 있었다. 그가 앞으로 발을 딛었다. 왼쪽으로 삼성 컴퓨터 지정 LAN 교육센터라는 3층 간판이 너무 크고 어색했다. 카니발 글씨만 유난히 나체처럼 새빨간 카페, 문 닫힌 아트박스를 지나 거의 무의식적으로 어찌어찌 걷다가 동수는 심포니 계단을 올라갔다. 그곳이 그를 진공처럼 빨아드리고 있었다. 그래. 너는 영영 내게 빈자리로만 의미가 있을 거야……그렇게 나를 이따금씩 끌어들일 거야. 운동권아 그랬던 것처럼…….

* * *

유리창 바깥 바로 앞에서 벽면이 온통 대형 유리창인 드높은 건물이 햇빛을 받아 뼈가 번쩍 하늘을 치솟아 올랐다. 회사 바로 아래로는 골목을 따라 구멍가게며 다방, 술집 겸 카페들, 그리고 명함과 청첩장 장사가 영세 인쇄사무소들이 다닥다닥 붙어 있었다. 인쇄소를 각각 하나씩 달고 있는 게 아니고, 물장사는 아직 영업전이었으므로 간판들이 이조시대 뒷골목처럼 조용하고 한적하고 힘이 없었다. 대체로, 이글거리는 어린애 얼굴 같았다. 대형 유리창들이 그 위에서 눈이 아플 정도로 군림했다. 아직 밤이 오려면 한참이었다.

* * *

당산역에 섰다가, 손을 흔들며 지나갔다. 후회는 없어…… 신도림역은 식고둘 냄새가 이미 물씬 났다. 고압선 연결 뭉치가 어릴 적 구멍가게에서 파리떼 달라붙던 포도송이처럼 앙상하고 주렁주렁했다. 붉은 테 흰바탕에 검은 글씨로 '정지'라 씌여진 철길과 철길 사이 표지판을 지우고 인천행 전철이 들어왔다. 우격다짐으로 발 딛고 들어선 차 안을 비좁고 숨막혔지만, 이대로 그냥 가더라도, 제물포에 닿기 전에 좌석말고는 거의 텅 빌 것이다. 조금씩 조금씩 연희는 안으로 들어갔다. 난, 금방내리지 않을 거란 말이예요. 그래요, 난 제물포까지 가요……실내 한가운데로 늘어뜨린 광고판 위에 차례대로 부채표, 쌍화탕, 보배소주, crown dry mild, 그리고 유리창 옆에 게토레이, 그것들이 그녀의 집을 향하여 한 십년 낡은 도안이었다. 국제전화는 001, 그 옆에, 전철 문 위에 녹색 빨강 파랑 줄로 예쁘장하게 수도권 전철 노선도가 붙어 있었다. 그래, 빠져나온 건가…… 꽉꽉 조여 오는 사람들 사이에서 그녀가 그렇게 혼잣말을 했다. 전철이 서울을 빠져나가고 있었다.

* * *

분명 이대 쪽으로 나가는 출구였다. 오른쪽에 Off Limits 어쩌구 하는 가늘고 빨갛고 밝은 여자 옷 광고, 왼쪽은 일렬로 깜깜하면서도 색깔 요란하고 음란한 극장광고 포스터, 그것을 양쪽으로 힐끗 보고 정면에 커다란 유옥수 웨딩컬렉션 드레스를 지나치면, 오르는 마지막 계단은 한결 든든하고 수월했다.

난 역시 아슴프레한 천국엔 취미가 없어. 역을 가뿐하게 뒤로 두고 정문 쪽을 바라보면서 박영석은 기분이 완전히 회복되었다. 모든 것이, 삽시간에 전과 다름없었다. 누가 자신을 위해 그 요란한 생동의 이대 앞 풍경을 가져다 놓은 것처럼. 구질복잡했던 잡상인들 몰아냈던 자리에 자가용들이 대신 들어섰다. 그 열은 고요했고 그 대신 수업을 마치고 쏟아져 나오는 여대생들이, 수업의 파장을 행해 밀려가는 남녀 쌍쌍들이, 양옆으로 더 시끌벅쩍하고 패션이며 출렁임이 굉장했다. 화이트 핑크 레드, 영어가 된 색깔들이 지들끼리 경쟁을 벌였다. 낮을 더욱 낮답게 하는 패션과 밤을 더욱 더욱 밤같이 하는 패션들이 서로 시시덕대고 질투하고 머리끄덩이를 잡아채 북북 쥐어뜯고 그랬다.

그들이 끼리끼리 어깨동무나 팔장을 풀지 않고, 으레 그러려니 그를 밀치고 부대끼다가 팍팍 엉덩이를 땡기며 지나갔다. 그런데 지나갔다. 그런데 그 모든 것이 흐느적거리는 것처럼 느껴졌다.

(문예마당, 1996)

□ 김정환「선율」

여자가 자세를 고쳐 잡았다. 사내가 얼굴을 들어 차창 밖을 이리저리 둘러보았다. 고가 밑은 교각이며 고가에 달린 시멘트 덩어리가 무겁고 또 삐그덕거리면서도, 그냥 무지막지한 압박감이 막연히 올 뿐 구체적으로는 위태로운 생각이 전혀 들지 않았다. 아무 이유 없이, 그지없이 안온하기까지 했다. 그건 몇 천 년 쌓여 와서 앞으로도 몇천 년간을, 갈수록 더 완강해져 갈, 하지만 분명 영영 희미할 어떤 전생(前生) 같았다. 가난한 비가 금방이라도 소리 없이 내려와 그 쪼글쪼글한 소리를 내며 졸졸 흐를 것처럼, 그의 눈에 잠시 두려운 표정이 비쳤다가 사라졌고, 그는 포기한 듯이 다시 운전대에 얼굴을 묻었다. 고가 밑에 어둠 속에는 그들 말고 아무도 없었다. 어둠 바깥은 아직 번창한 대낮이었다. 교통순경이 호루라기를 연신 불어대고 클랙슨을 빵빵 울리고 운전사들이 간간이, 고래고래 고함을 쳐댔다. 하지만 그것은 순식간에 너무도 멀리 있었다. 그리고 그렇게 보니 교통지옥도, 그것처럼 일상적이고 멀쩡하고 안심되는 게 없었다. 고가 밑 어둠은 그럴수록 깎아지른 듯했지만 사내는 금세 그걸 더 다행으로 받아 드렸다. 여자가 그의 얼굴을, 전보다는 가볍게, 양팔로 안았다.

* * *

염천교를 건너자 과연 기차들이 철길 위에 그녀 말처럼 그렇게 보였지만, 그녀보다 하염없이 녹슬어 버렸다. 불그스레한 쇠 녹이 그의 눈에 덧씌워지는 듯해서 그의 손등으로 눈을 씻어냈다. 하지만 종착역의 녹슨 쇠는 씻어 낸 눈에 더욱더 분명하게 녹이 슨, 아니 녹 자체가 반짝이는 광경이었다. 너무 오래된 황혼이 그대로 내려온 것처럼. 아니 황혼 그 자체가 그것으로 이미 너무도 오래 전인 것처럼. 그 속에 만남과 헤어짐과 간절함과 소망과 희망, 그리고 길 그런 것들이 모두, 너무도 갈라져 있었고, 그런 채로 너무 오래 되어 보였다. 그는 한참동안 그 광경을 내려다보았다. 모든 것이 떠나가고 도착하고 그러건만 그 모든 움직임이 정지된 상태였고 그게 어느새 너무도 당연스러워서, 사내는 어디론가 떠나야 한다는 것이 갑자기 불가능해 보였다. 하지만, 가야 했다. 흩어진 열차들이 바로 그렇게 말하고 있지 않은가.

(문예마당, 1996)

□ 김주영 「아들의 겨울」

나는 그녀의 손을 잡고 그 옹기구의 입구를 가만히 들여다보았다.
굽히었다가 식은 흙덩이들이 굴의 입구에 뒹굴고 있었다. 흙덩이가 돌처럼 굳어 있었고 어떤 것은 반짝거리고 빛이 났다.
굴 속은 어둠침침했다. 우리는 눈시울을 몇 번인가 껌벅거려 굴 속의 어둠에 눈을 익혔다. 텅 비어 있을 줄 알았던 옹기굴속엔 의외로 두 사람 정도가 지나다닐 수 있는 통로를 가운데 두고 양옆으로 구워진 옹기들이 차곡차곡 쌓여 있었다.

* * *

　선생님의 방은 조그만 소굴이었다. 그 방은 곧바로 동화의 나라였다. 큰 물건보다 조그만 물건들이 더 많았다. 투박한 것보다 오밀조밀한 것이 더 많았다. 모든 것이 완벽하게 정돈되어서 파리 한 마리도 숨을 곳이 없어 보였다. 모든 것이 윤이 나고 모든 것이 투명해 보였다. 두 마리의 사슴이 서로 주둥이를 마주 붙이고 서 있는 횃대보에 손을 집어넣더니 그녀는 아주 얇은 옷을 꺼냈다. 그러곤 뒤돌아서서 그 얇은 옷을 입었다.

* * *

"이 방이오"
　깡마른 여자는 그렇게 가리키곤 곧장 부엌으로 들어가 버렸다. 여인숙 오른편에 있는 수수밭에서 제법 시원한 바람이 불어왔다. 그러고는 곧장 콧구멍에 메케한 지린내가 물씬 풍겨왔다. 쪽마루가 있고 쪽마루 끝에 굴뚝이 비스듬히 서 있었고 그 굴뚝 아래 버캐가 허옇게 낀 오줌장군이 또한 비스듬히 놓여 있었다. 밤중에 일어난 숙박 객들이 구태여 마당 건너에 있는 화장실까지 갈 것 없이 쪽마루를 밟고 끝으로 나가서 바지를 열면 되게 되어 있었다. 나는 잠시 난감한 기분이 되었다. 좀더 깨끗한 여관은 없을까. 그러나 그 산골에는 여인숙이라곤 딱 두 집밖엔 없었는데, 먼저 찾아갔던 집에서는 손님이 차서 빈방이 없었다.

(민음사, 1996)

□ 김주영 「야정」

　도희는 김치근의 말을 타고 종구 뒤를 따르고 있었다. 열세 사람의 마상 행렬은 두도강 강변길을 따라 남쪽으로 느릿느릿 움직이고 있었다. 강가에 잇대어 빽빽하게 들어선 자작나무의 흰빛 잎새들이 달도 없는 밤길을 어슴푸레하게 밝혀주는 듯하였다. 그토록 어두운 밤길이었으나 선머리에서 향도하고 있는 포수는 허튼 길로 들어서는 법이 없었다. 야음을 타고 잠행으로 이동할 땐 언제나 여울이 가파른 강변길을 이용하였다. 서로 부딪치고 부서지며 쏟아져 흐르는 여울 소리에 잠행하는 사람들의 소연함이 묻혀지게 마련이기 때문이었다. 봄이 깊어가고 있었으나 밤새 식었던 새벽 공기는 겨울처럼 써늘했다. 짐승들이 우는소리가 자작나무와 구룸나무 숲 속에서 선명하게 들려왔다. 김치근의 잔허리를 등뒤에서 바싹 껴안은 도희는 안장마가 발짝을 떼어놓을 때마다 엉덩이를 들썩거렸고 그때마다 가누지 못한 상반신은 자꾸만 아래로 쏠렸다. 김치근의 잔등은 땀으로 흠뻑 젖어 있었다.

(문학과지성사, 1996)

□ 김주영 「야정3」

해거름녘에 태이는 성률과 종구를 안내하여 관씨의 저택으로 들어갔다. 빈 요람 하나가 양쪽 기둥에 매달려 흔들거리는 행랑을 지나갔다.

병자가 누웠다는 내실의 문을 당기는 순간 매캐한 향냄새가 코를 찔렀다. 밤낮으로 향을 피운다는 방은 마치 안개가 서린 듯 희뿌옇고 침침하였다. 방 서쪽에 침상이 바라보였고 침상 위로는 하얀 천에 붉은색 천으로 깃을 돌린 휘장이 드리워져 있었다. 살아날 가망이 없는 병자는 방 북쪽에 뉘어두는 것이 민족들의 오랜 풍속인데도 금이의 침상은 신과 조상을 모시는 상서로운 좌향인 서쪽에 있었다.

* * *

두 포수가 봉당에서 노범이와 초인사를 나누는 동안 불과 대여섯 간 곁에 있는 농막에선 외짝 바라지를 떡 벌어지게 열고 아녀자들이 사람 구경을 하고 있었다. 부들자리 위에 무릎을 맞대고 앉아 일일이 초인사를 나누어보았더니 모두가 종구로부터 몇 번 들었던 이름들이었다. 가재도구가 없어 벽은 기생의 집처럼 혓바닥으로 핥은 듯이 말끔하였으나 산수유 기름등잔이 바람벽 아래로 고즈넉하고, 봉노 한가운데는 뜨끈뜨끈한 질화로까지 놓여 있어서 금새 졸음이 몰아닥쳤다. 그러나 담소 나누기 좋아하는 노범이는 피곤한 길손을 좀처럼 놓아줄 기미가 아니었다. 노범은 두 포수의 손들을 연방 질화로 위로 끌어당겨 주면서 자랑삼는 사설이 길기만 하였다.

(문학과지성사, 1996)

□ 김주영 「야정4」

방 한가운데 질화로 하나가 놓여 있었고 안우림으로 세워둔 서까래에는 넝마 조각 같은 옷가지들이 호박오가리들처럼 매달려 있었다. 고창병(鼓脹病)에 걸린 듯 뱃구래가 불룩한 계집아이 하나가 방구석에 고꾸라져 누웠는데 발가락을 꼼지락거리고 있는 것으로 보아 잠든 것 같지는 않았다.

(문학과지성사, 1996)

□ 김주영 「홍어」

마침 골목을 마주 바라보고 있는 건넌방 문을 활짝 열고 두 여자가 누바라기를 하고 있었다. 그들의 등 뒤로는 애수가 깃들인 남폿불이 켜져 있었다. 좁은 방안을 비추고 있는 남폿불의 매혹적인 빛살들이 화사한 한복 차림인 두 여자를 애무하듯 그려내고 있었다. 형형색색의 깃발을 달고 항구에 정박 중인 어선들같이 바람이 그치고 나면, 방안은 열대어들이 조명등을 받으며 가만히 엎드려 있는 수족관을 연상시켰다.

* * *

방 한 켠에는 접시에 석유를 채우고 등심을 얹어 불을 댕긴 접시등이 타고 있었다. 등심이 담겨 있는 접시등은, 흡사 소택지 수면 위로 떠오른 붕어를 건져내어 배를 따놓은 것같이 내장이 모두 밖으로 드러나 있었다. 속까지 뒤집어 보이는 접시등을 처참한 심정으로 바라보고 있는 나에게 어머니가 분부를 내렸다.

(문이당, 1998)

□ 김주영 「천둥소리」

부엌으로 들어가자 하니 세간이라는 것이 보잘 것 없었다. 부엌 천정이며 보꾹은 새까맣게 그을은 위에 구석마다 거미줄이었고 판자를 잇대어 못질해서 만든 찬장에는 땟국이 묻은 소래기, 푼주, 귀때병, 대접, 주발 같은 것들이 저마다 못난 꼴을 자랑하면서 뒹굴고 있었다. 명색 끼니를 담아 먹는 기명(器皿)을 간수함에 저토록 소홀할 수 있을까 할 정도였다. 손바닥에 땟국물이 묻어 날 것 같은 대접 하나를 찾아들고 물동이 속을 들여다보자 하니, 바닥을 손으로 쓸어 담는다 하여도 한 사람 목을 축여 줄 만한 물이 나올 것 같지가 않았다.

(민음사, 1986)

□ 김지수 「남한산성」

겨울을 앞둔 산성(山城)은 청량하고 쌀쌀한 기운이 감돌았다. 드높은 남한산이 에워싼 가운데 넓고 둥근 분지로 뻗은 길은 야트막한 내리막이다. 중심부의 로터리로 이어지는 그 외길가에는 행락객들이 세워놓은 승용차들이 줄줄이 늘어서 있고 배낭을 멘 등산객들과 멀리 점심을 먹으러 온 도시의 손님들이 무리지어 몰려다닌다. 산채백반, 도토리묵, 오리탕, 삼계탕, 잣죽, 약차 등의 간판을 매단 갖가지 식당들이 전통가옥 형태로 즐비한 사이를 정인은 사막의 한가운데를 걷듯 무심하고 삭막한 표정으로 걸어 내려간다. 로터리가 끝나는 지점에서 잠시 뭔가 망설이는 듯하던 정인은 우체국 뒤편의 좁은 오솔길로 접어들었다. 산이 이제야 비로소 그녀를 싸안는다.

(문예진흥원, 1996)

□ 김지연 「씨톨1」

주인은 손을 뻗쳐 방 안의 불을 껐다. 사방이 어둠에 묻혀들자, 사위는 죽은 듯 더욱 적막해졌다. 아파트가 놓여진 위치 자체가 청산동 술미 속의 별장 같은 곳이라선지, 어쩌다 간간이 들리는 먼 데 차 소리 외는 괴로울 만큼 조용했다.

* * *

6월말쯤 되자 거리에는 여름이 지글지글 끓었다. 한증탕 속 같았다. 햇살이 스러지는 저물녘인데도 콧속으로 스며드는 열기는 숨이 막힐 지경이었다.

최근 2, 3년간 지속적인 이상 난동을 보인다고 기상대는 연일 발표했지만, 정말 대단한 열기였다.

여름 절기의 더위야 당연한 것이라고 접어 생각해도 평년 기온에 비해 월등하게 높기만 하는 이즈막의 고온은 사람을 끊임없이 짜증스럽게 만들었다.

택시를 잡기 위해 택시 정류장에 줄지어 선 앞사람 뒷사람의 표정이 건드리면 터질 것처럼 사뭇 우그러져 있었다.

빈 택시는 가뭄에 콩 나듯이 어쩌다 뜸뜸하게 있고 거의가 합승으로 주위는 악을 쓰며 내뱉는 행선지 소리로 경매장을 연상케 하였다. 그나마 청산동 산장 아파트 행선은 드물었다.

* * *

그녀는 사방을 둘러보았다. 회복실은 놀랍게도 직사각형의 기다란 방이었다. 그녀가 누워 있는 바로 옆부터 시작하여 수술실과 이어진 문 앞까지 십여 명이 누워 있고, 그녀를 비롯한 서너 사람 정도가 의식이 회복되어 있을 뿐 대부분의 여자들은 마취 상태에서 미처 깨어나지 못하고 있었다.

* * *

아파트 내부는 대충 눈짐작으로 짚어도 1백여 평은 될 것 같았다. 그녀의 말대로 넓은 교실 같은 거실을 비롯하여 내부 구석구석에 값진 가구며 골동품이며 그림이며 서예품 등이 빼곡빼곡 차 있고, 그것들은 마치 살아 움직이는 것처럼 생기조차 있어 보였다.

(빛샘, 1995)

□ 김지연 「씨톨2」

남자가 혼자 사는 아파트.

그러나 남자의 손길이 건성건성 닿는 허술한 살림이 아니라 말끔히 위생 처리가 잘 되고 알뜰히 보관된 찬거리며 적절하게 배치된 집기들에 그의 깔끔하고 빈틈없는 성격을 새삼 읽을 수 있었다.

누가 꽂아준 것인지 거실 구석의 커다란 백자 항아리에는 잘디잔 보라색 산국화가 한 아름 꽂혀 있었다. 그 보라색꽃 무리는 흰 벽지의 뒷배경과 백자 항아리에 썩 잘 어울렸다.

* * *

먹장 같은 구름이 아침부터 하늘을 온통 휘덮고 거리에는 음산한 바람이 실렁댔다.

을씨년스러운 한낮이었다.

최강욱은 인도에 깔린 붉은 블록을 박차듯 성큼성큼 거리를 걷고 있었다. 날씨 탓인지 하나같이 어깨를 움츠리고 이맛살을 찌푸리고 오가는 수

많은 사람들의 우그린 표정들에 비해 그의 낯빛은 담담했다. 아니, 표정이 없었다.

* * *

흡사 창녀촌의 방 가운데로 떠밀리듯 들어서서 적이 경악했다.

흡사 창녀촌의 꽃녀들이 오밀조밀 꾸며놓은 침실처럼 선홍색 조명이 켜져 있는 작은 방에 폭신하게 꾸며진 싱글 침대가 한 대 놓여 있고, 느닷없는 양변기와 세면대가 시설되어 있는가 하면 사방 벽에 여성들의 누드 사진 여러 점이 걸려 있었기 때문이었다.

누드 사진은 한결같이 선정적인 것으로 한눈에 성의를 불러일으키기에 충분했다.

뿐만 아니라, 벽면 중앙부에 놓여진 대형 비디오 화면에서는 서양 누드 배우들의 농염한 성행위가 자극적으로 방영되고 있었다.

* * *

여인은 자기가 없는 이틀 동안 그야말로 난장판이 되다 못해 아수라장이 된 방안을 멀거니 내려다보고 서 있었다.

메모지를 얹어놓았던 화장대의 거울은 박살이 나 있고 문갑 위의 각종 인형(그녀는 아기 기르듯 1백여 종의 인형을 수집하여 옷을 해 입히는 등 정성스레 보관하고 있었다) 들은 목이 부러지거나 팔이 잘려 나갔거나 토막이 되어 놔 뒹굴고 있었다.

뿐만 아니라 장롱 속의 옷들이 내장을 토해낸 듯 방 안 가득 흐트러져 있고 자개보석함도 뒤집혀져 보석알들이 제멋대로 뒹굴었다.

(빛샘, 1995)

□ 김지연 「천태산 울녀」

쪽박샘엔 언제나 쪽박이 동동 떠 있었다. 산등성이에 자리한 울녀집의 쪽박샘은 산물이라 하여 아랫동네 아낙들이 자주 길러가곤 하나 웬지 그녀는 그것이 싫어 한낮에도 사립짝을 꼭 닫고 있곤 했다. 아낙들의 투실한 손은 무척 거칠어 곧잘 쪽박을 깨어놓기 때문이었다. 쪽박샘 위쪽엔 자그마한 둔덕이 하나 있고 엄마는 그 둔덕을 남새밭이라고도 했다. 한 그루의 채소두 갈지 않은 둔덕엔 멋대로 뻗은 칡넝쿨이 질펀하고 백년 묵었다는 돌감나무 덩치는 항상 까치집을 매달고 있었다.

＊　＊　＊

봉녀는 가방을 들여놓고 집안을 휘 둘러 보았다. 한마디로 썰렁한 기분이 도는 여자의 손길이 전혀 없었던 듯 엉성해 보였다. 마루 위의 찻장이나 가구가 놓일 자리에 놓여 있지 않았고 특히 부엌은 엉망이었다. 흡사 개구쟁이 사내들이 한 솥 밥지어먹고 난 후처럼 어수선하고 난장판이었다.

＊　＊　＊

둑 위의 닦여진 길에 오르려면 가픈 스물아홉 돌계단을 밟아야 했고 둑이 기역자로 꺾여 지는 모퉁이 아래에 그녀의 초가삼간도 있었다. 이엉을 얹지 못해 풀과 버섯이 썩은 지붕 위에 숭숭 솟아있는 초라한 집 뜰에는 흙담과 싸리 울도 없었다. 그래서 돌층계의 스물다섯 칸에 오르면 그녀 집을 한눈에 볼 수 있었다.

(범우사, 1978)

□ 김지연 「산울음」

그들이 자리한 곳은 수림도 없는 편편한 경사진 구릉이었다. 잡풀과 잔디가 어우러져 수건을 펴지 않아도 막무가내로 앉을 수 있는 아늑한 곳이었다. 깊은 산은 아니었지만 인가는 멀고 사방은 괴괴로울 정도로 적조한 곳이었다.

　　　　　＊　　＊　　＊

　해수욕장은 발가숭이들의 전쟁터 같았다.
　새하얀 태양과 물빛과 몸빛에 눈이 부시고 고함소리로 귀가 따가왔다. 검게 그을은 탄력 있는 몸과 몸이 부딪치고 티 없는 웃음들이 한껏 터뜨려지는 원색의 바닷가는 승전의 군사들이 축하연을 베푸는 듯했다.

　　　　　　　　　　　　　　　　　　　　　(범우사, 1978)

□ 김지연 「산영」

　기암골에서 살찐 까투리가 한 마리가 날아올랐다. 고즈넉한 가을 한낮에 졸고 있던 산골짜기가 갑자기 수런거리는 듯 했다.
　갈퀴에 감겨든 맹감덩굴을 뜯어내며 쇠돌은 흠칫 놀라 골짝켠을 돌아다본다. 노란 햇살 속을 윤무하듯 서서히 원을 그리며 내려앉는 회색빛 깃털을 쇠돌은 옴짝하지 않고 지켜보았다. 그의 동그란 눈동자가 번쩍 빛을 뿜었다.
　쇠돌이가 우뚝 선 자리에서 바로 스무 발작 건너편에 까투리가 스르르 날개를 접고 앉았기 때문이다. 가벼운 몸짓으로 깝죽깝죽 먹이를 찾는 암꿩은 예상보다 훨씬 큰 것이었다.
　쇠돌은 살그머니 갈퀴를 놓고 작은 돌 하나를 집었다. 그리고 두어 걸음 가까이 다가서다가 다시 가만히 멈춘다. 발아래 밟히는 마른 잎 소리가 유난한 까닭이다. 바른 발을 앞으로 조금 내밀고 거리를 겨냥해본다. 이젠 맞을 것 같았다. 작은 팔을 힘껏 쳐들어 돌멩이를 던졌다.

　　　　　＊　　＊　　＊

　동녘의 하늘로부터 차츰 구름이 걷히기 시작했다. 쇠돌은 숲과는 반대켠이 천암폭포에 오르는 길로 접어들었다. 폭포는 상당히 큰 것이었다. 인근의 산민이나 등산객들이 잘 찾는 곳으로 쇠돌은 가끔 이곳에 와서 등산객들의 음성이나 표정 혹은 목청껏 내지르는 노래를 듣고 좋아했다. 등산객들은 남루한 옷에 머리가 가시내처럼 멋대로 자란 쇠돌을 '새끼타잔'이라며 더러는 먹을 것을 주기도 하였다.

폭포에는 소(沼)로 떨어지는 물소리만 요란할 뿐 아무도 없었다. 서서히 내비치는 태양빛으로 부서지던 물살 위에 무지개가 섰다. 아름다웠다. 쇠돌은 하느님이 두레박으로 퍼부어 준다는 폭포 물을 한 움큼 마셨다. 이가 시릴 정도로 차가웠다. 배가 고팠다. 점심때가 되기는 조금 일렀으나 쇠돌은 조밥에 몇 잎 덮어진 깻잎으로 순식간에 밥주발을 비워 버렸다.

(범우사, 1974)

□ 김지연 「슬픈 여름」

모래가 검고 파도가 비교적 높은 편이었으나, 그런 이유 때문에 사람이 붐비지 않았으므로 우리들 여섯 명은 환호성을 지르며 정착키로 한 것이다. 사람이 적다는 이유 외에 제주도의 대여섯 개 해수욕장 중 유일하게 이곳만이 맑은 샘물이 솟구쳤고 탁 트인 전망과 해안의 경관이 짭짤하게 아름다움도 우리들이 이곳을 선정한 까닭 중 하나였다.

(청림각, 1978)

□ 김지연 「산정」

강순은 땟국에 절은 무명 치마를 훌훌 털고 밖으로 나온다. 눈 아래 펼쳐진 긴 골짜기가 짙은 안개로 덮여 흡사 너른 들판 같다. 토담집 오른켠의 능선 위로도 구름이 덮여 언제 보아도 위용스런 중봉(中峰)이 보이지 않는다.

이 곳은 지리산(智異山) 중턱미의 화전(火田)터. 수십 년 전 숯을 구워 생계를 잇던 골짝 사람들이 숯가마 부근의 양지를 일구어 감자를 심고 조를 심었던 곳이다.

(신원문화사, 1996)

□ 김지연 「개구멍받이」

숫배미산의 꾸불텅한 등허리가 산발치의 못(池)안에 선명하게 떠 있는 한낮이었다. 수초가 일렁이는 못물 위에 부각된 산의 형태는 그대로 한 폭의 그림이었다. 양자(良子)는 그 못이 한 눈에 드러나 뵈는 산 중턱의 오솔길을 왔다갔다 서성이며 물속의 산 모양을 머릿속에 아주 세밀하게 박아두고 있었다.

* * *

오솔길 길섶에는 반쯤 허물어진 상여집도 있었다. 새 이엉을 갈아주지 않아 움푹 꺼지고 썩은 짚 지붕에는 잡초가 듬성듬성 솟아 있고, 문짝의 나무 판대기도 누군가 뜯어가서 그 안에 팽개쳐진 울긋불긋한 상여가 길에서도 훤히 들여다보였다.

* * *

굴은 6·25 때 동네 사람들이 파놓은 방공호로서 크지는 않으나 아늑했다. 혹한의 겨울을 제외한, 양자의 일상의 거처였다. 좁은 굴 입구에 친 가마니 휘장을 걷고 들어가면 바닥에 두 장의 가마니가 겹쳐 깔려져 있고, 그 위에 헌 담요 한 장과 누더기를 뭉친 보퉁이 한 개, 쭈그러진 냄비 한 개와 숟갈 짝이 한쪽 구석에 가지런히 놓여 있었다.

(신원문화사, 1996)

□ 김지연 「숨통 트이는 소리」

윗목에 남자를 위한 저녁 밥상이 놓여져 있고 아랫목엔 다섯 살배기

막내딸이 곰인형을 안고 잠들어 있다. 그 옆으로 남자를 위한 잠자리가 흡사 신혼부부의 침구인 양 화사하게 펼쳐져 있다. 황금색 양단 바닥에 천연색 실로 수 놓여진 봉황 한 쌍이 금방 승천할 듯 깃을 펴고 있다.

(신원문화사, 1996)

□ 김지연 「여자는 시집을 잘 가야」

세검동 골짝 켠에 별장처럼 도사린 민화네의 양옥을 나온 창애는 큰길로 향한 오솔길을 터벅터벅 걸었다. 빨간 지붕의 양옥들 사이에 옹고집 할아범처럼 납작 엎드린 옛 초가집 굴뚝에서 상기도 나무땔감을 지피는지 구수한 흰 연기가 무럭무럭 피어올랐다.

(청림각, 1978)

□ 김지연 「연(緣)」

뱀 골목으로 들어섰다. 그럴싸해서인지 야릇한 뱀 비린내가 물씬 풍기는 것 같았다. 뱃가의 생선 횟집 골목에 들어선 것처럼 뱀 가게는 골목의 양켠에 즐비해 있고, 횟집마다에 유리벽의 수족관이 시설된 것처럼 투명한 유리벽의 뱀 우리가 가게마다 길켠으로 진열되어 있었다.

(신원문화사, 1996)

□ 김지연 「죽을 권리(權利)」

병실 안이 황량했다. 죽음의 그림자가 덮씌워진 듯 음산하고 삭막한 기운이 널따란 방안에 감도는 것 같았다. 환자의 전직이 고급관리에 대기업 가여서 입원당시만 해도 이 병실은 슬픈 표정의 문병객들로 성시를 이루었다. 쾌유를 비는 화분만도 특실 병동의 복도를 메우다 못해 타 병동의 복도까지 이어지고 환자 부인은 손님 응대에 지쳐 쓰러질 정도였었다.

(청림각, 1978)

□ 김지원 「꽃을 든 남자 1」

이곳은 완전한 관광지이다. 이 세상에 이렇게 관광객만을 위한 고장이 있는 것을 이때까지 알지 못했다. 뜨겁게 빛나는 남국의 태양, 에메랄드 빛깔의 깨끗한 바닷물, 우거진 열대식물과 흐드러져 핀 꽃들, 기품 있는 호텔 종업원들, 젖은 머리로 돌아다니는 관광객들, 저녁이면 정장을 하고 레스토랑으로 모여드는 남녀, 야회복을 입고 우아하게 앉아 담배를 피우며 슬롯머신을 놀고 있는 동양여자도 보인다. 엘리베이터에서나 호텔 로비에서 혹은 관광 프로그램을 따라 나선 곳에서 만난 사람들끼리는 쉽게 얘기가 되고 미소가 교환된다.

(세계사, 1989)

□ 김지원 「보이지 않는 사람」

거센 바람과 후두두둑 가끔씩 날리는 빗방울에 젖으며 가로수 잎사귀 덩치들이 몸부림치듯 흔들리고 가지로부터 견디지 못하고 손을 놓친 낙엽들이 공중에 떠돌다가는 바닥에 무리 지어 나뒹군다. 자동차들은 땅 위에 구르는 낙엽들을 바퀴 밑으로 몰아넣으며 아스팔트길을 달려간다. 풍경은 검은 안경을 끼고 볼 때와 같이 안정되게 가라앉고 어두웁다. 이원오는 종이컵 속에 든 커피를 앞에 하고 햄버거 집에 앉아 있다. 널찍한 실내에 손님은 이원오 뿐이고 엘리베이터 음악이라고 통칭되는 로맨틱하고 잔잔한 라디오 음악이 들릴 듯 말 듯 들린다. 길에 면한 유리문에 '버거킹' 이라고 쓰인 전광판이 불을 켜고 있다.

* * *

검은 밤의 사나운 빗발 속에 손바닥 모양의 빨간 형광튜브가 길 건너 유리창에서 켜졌다 꺼졌다 하고 있다. 형광손바닥 아래에는 카드점 25불, 한손 5불, 크리스탈볼 2불 사인이 영원히 감을 수 없는 생선 눈처럼 빤히 켜있다. 고동치는 심장처럼 깜박이는 집시 점집의 사인은 이원오의 시선을 심장의 리듬으로 잡아당겼다 놓아주었다가 유인한다. 묵직하게 생긴 도자기 접시 위, 레몬과 무채 장식에 쌓여 보물인양 얹혀 있던 생선회는 이제 한 점이 남아있다. 단 한 점의 생선회 토막을 이원오도 집지 않고 장 사장도 먹을 염을 않는다. 달리는 자동차 헤드라이트 불빛에 비친 빗줄기는 장대같이 굵고 세차다.

(동아, 1988)

□ 김지원 「소금의 시간」

나무문 옆에 놓인 플라스틱 통에 물이 흐르는 우산을 접어놓고 자리에 앉았다. 까만 다탁과 초록빛 쿠션이 놓인 의자가 직사각형으로 생긴 실내 벽을 따라가며 배치되어 있고 그림이 담긴 액자가 벽을 장식하고 이파리가 두꺼운 진녹색 식물이 여러 곳에 배치되어 있었다.

*   *   *

묘순은 아기 업은 여자에게 마지못해 자리를 내주고 서 있는데 버스는 터질 듯 만원이었다. 칸델라 불을 밝힌 거리의 노점상과 전파상에서 흘러나오는 유행가 소리, 건물마다 큼직하게 내건 간판의 홍수, 눈이 번쩍 뜨이게 아름다운 여자, 손에 손을 잡고 웃으며 가는 여학생, 다정해 보이는 연인, 술에 취해 비틀거리며 가로수를 부둥켜안는 젊은 남자.

*   *   *

아파트 입구에 있는 관리실의 건물 처마에는 커다란 외등이 광부들 헬멧에 붙인 전조등같이 켜져 있고 사무실 안에는 제복을 입은 직원이 책상 앞에 앉아 있었다.

그는 어둠 속으로 배를 운항해 가는 항해사같이 보였다. 관리실에서 밝힌 강한 조명과 고깃간집의 빨간 조명이 한데 어우러져 아파트 입구는 비현실적인, 어떤 가공의 무대 공간 같았다.

(문학동네, 1996)

□ 김지원 「사랑의 예감」

　가죽소파에 앉으며 신옥은 마음 붙일 곳이 없는 방이라고 생각했다. 입구 쪽에 스토브와 싱크대 같은 부엌설비가 있고, 휑하니 넓은 공간에 다탁과 의자들이 한 구석에 모여 있고, 그러고는 저쪽 벽에 붙어서 컴퓨터 같은 전자기계들이 스산히 놓인 책상이 있었다. 서가만으로 모자라 책은 마루 한 편에 높이 쌓여 있고 신문지와 잡지 같은 것들은 다탁 주변에 흐트러져 있었다. 소파위 벽에 붙은 그림은 연기 나는 공장 굴뚝을 연상시키는 것이고 전화기 옆에 있는 게시판에는 약속 메모와 공문, 영화, 미술 전시회의 프로그램이 아무렇게나 붙여져 있었다.

*　　*　　*

　아이의 빨간 자전거가 기대어 있는 담장 너머 하늘은 간밤에 실컷 울고 났다는 듯이 맑게 개어 있다. 맞은 편 산동네에서 한 남자가 마당에다가 쓰레기를 모아 놓고 태우고 있다. 그의 모습은 먼 거리 때문에 고작 한 뼘 키로 밖에 보이지 않는다. 쓰레기차가 꼭대기까지 갈 수가 없어서 산동네에서는 자주 쓰레기 태우는 연기가 솟는다. 마루에 앉아서 보는 때문인가. 쓰레기를 태우는 남자는 파랗게 드리워진 하늘 휘장 속에 서 있는 것 같다. 쓰레기로부터 나는 검은 연기는 구름에 닿아보려는 듯 하늘을 향해 솟아오르나 구름은 너무나도 깨끗하다. 구름과 연기는 절대로 합칠 수가 없는 것처럼 보인다. 여자는 다듬은 콩나물이든 양푼과 찌꺼기가 담긴 신문을 한꺼번에 쥐고 일어선다.

(문학사상사, 1997)

□ 김지원 「지나간 어느 날」

　연자가 서 있는 곳은 뉴욕 시 그리니치 빌리지에 있는 달톤 서점의 2층, '여성'이란 표지가 붙어 있는 서가 앞이었다. 독일 여자 영화감독인 리나 베르트뮬러가 오는 일요일, 저서에 자필 서명을 한다고 서점 입구 전광판에 안내 광고가 돌고 있었다. 자정이 가까운 늦은 밤임에도 불구하고 서점 안에는 적지 않은 사람들이 있었다. 사람들의 발자국소리, 책장을 넘기는 소리, 소곤소곤 말하는 소리들을 휘감고 근원을 알 수 없는 곳으로부터 나직이 실내악이 흐르고 있었다. 가끔씩 직원을 부르는 목소리가 마이크로부터 부드럽게 울렸다. 아늑한 조명과 키 높이로 차곡히 서있는 서가 때문인지 실내는 주저앉은 듯 정지된 느낌인데 직원을 부르는 암호와도 같은 마이크 목소리는 더운물 속에 향료비누가 녹아나듯 연자의 귓속에 아늑하고 수월히 풀려들었다.

* * *

　햇볕은 어느덧 맑고 바랜 듯한 가을빛을 띠었다. 가을빛이 카페와 레스토랑과 좁은 보도를 따라 일렬로 주차해 놓은 자동차 위에 부서지고 있었다. 일요일이었다. 옥외 카페에는 사람들이 앉아 있었다. 혼자 커피를 마시며 신문을 읽고 있는 낯익은 동네 사람도 보이고 머리 맞대고 얘기하는 카메라 멘 사람도 있고 길가는 사람들을 구경하는 사람도 있었다. 그들 머리카락이 햇볕에 유순하고 청결히 반짝여 보였다. 4층 부엌 창가로부터 내려다보고 있는 연자에게 풍경은 수년간 이미 익숙해있음에도 불구하고 가보고 싶은 곳의 관광 엽서 사진을 보는 것 같았다.

(문학사상사, 1997)

□ 김지원 「비」

　잔뜩 흐린 가을날의 오후가 공원에 무겁게 잠겨 있었다. 낙엽은 가벼이 떨어져 내려 여자의 스웨터에 와서 붙고 검은 안대의 사나이에게도 스쳐 내리고 벤치 위며 잔디 위 더러워진 낙엽 위에 새롭고 깨끗한 잎을 더했다. 물을 넣지 않은 분수대 주위에서는 뿜빠뿜빠 악기 소리, 노랫소리도 들리건만 여자가 있는 곳은 어린이 놀이터였다. 주변으로 서 있는 큰 나무들이 하늘에 가지들을 얼기설기 지붕처럼 얽혀 놓았다. 나뭇가지들은 자꾸 가라앉으려는 하늘을 떠 이고 있었다.

(동아, 1988)

□ 김지원 「집」

벽난로가 있고 고전적으로 생긴 방이었다. 그 방에서 얼핏 보이는 복도와 다른 방들은 이 집이 꽤 크고 좋은 집이었음을 말해주고 있었다. 그러나 이제는 어떤 활기찬 생명력도 옛 광휘를 살려낼 수 없을 것같이 상해 있었다.

* * *

식당은 이곳에 발을 들여놓는 모든 사람들의 편리를 도모하겠다는 열심하나로 꾸며 놓은 것 같았다. 향기를 무겁게 지니고 피어 있는 꽃들을 지나 나무문을 밀고 들어서면 어린이들을 위한 것인 듯 전자오락 게임 기계와 장난감, 풍선껌, 사탕 등을 파는 동전 기계가 있었다.

* * *

식당은 천장이 높고 갈색 윤이 배어 있는 나무로 벽이 되어 있었으며 찬장에는 좋은 접시들이 가득히 들어 있었다. 깨진 접시는 언제 다시 붙이겠다는 듯 찬장 앞에 모아놓았다.

(한국문화예술진흥원, 1997)

□ 김채원 「아이네 크라이네」

우리는 감금당한 모양이다. 다리는 완전히 마비상태가 되어 자동차의 행렬이 앞으로도 뒤로도 끝이 없다. 사람들은 차창을 열고 고개를 빼어 서로에게 의문의 얼굴을 짓는다. 도대체 차 행렬 맨 선두에 서 있는 차는 무엇에 부딪친 것일까. 맨 앞차에서 그 다음 차로 또 그 다음 차로 뒤로 뒤로 퍼져 들려오는 소리가 있을 만도 하지 않은가. 순경들은 모두 어디로 숨어버린 것일까. 대부분의 차들이 이 곳 저 곳에서 우왕좌왕하다가 이 다리로 온 듯 불안한 표정들이다. 명여도 남쪽에 있는 시로 가는 여러 길을 다 뚫어본 뒤끝이다. 어디나 영문 모를 차의 행렬만이 길게 늘어 서 있다. 다리 아래로 흐르는 둔탁한 강물에는 양쪽으로 늘어 선 가로등불이며 멈추어 선 차량의 불빛, 사람들의 말소리들이 흘러내려 자칫 무슨 축제와 같은 분위기를 자아내고 있다.

* * *

골목에는 항상 고양이들이 많다. 담은 짙은 회색이고 그 위에 희거나 검정 혹은 얼룩무늬의 고양이들이 앉아서 때로 음울한 울음소리를 내기도 하고 이 담에서 저 담으로 건너뛰기도 한다. 그 풍경은 언제 봐도 전혀 현실감이 없다.

* * *

널따란 화실 한쪽에 석유난로가 타고 있었다. 화실 천장 한가운데로 뚫린 유리창에서 내리비치는 흰빛이 운무 선생의 홍안을 화안하게 반사했다. 라디오에선 머리를 후려치는 듯한 바이올린이 흘러나오기 시작했다. 파다가 둔 대리석 판화가 커다란 나무 책상 한쪽에 놓여 있다. 판화를 실험해 보고 있던 중인 듯 잉크며 물감, 물솔, 먹, 벼루, 붓, 헝겊 뭉친 것 등이 그 주위에 어지러이 놓여 있다. 널찍한 흰 회벽 면에는 타피스리들이 여기저기 걸려 있고 캔버스들이 벽을 향하여 겹겹이 돌려세워져 있다. 발코니식으로 된 이층에는 거의 빼곡히 캔버스들이 채워져 있다. 저쪽 한 구석에는 몇 백 년은 되었음직한 큰 나뭇등걸들이 쌓여져 있는가 하면 작다란 돌멩이들, 시멘트, 석회가루, 텔레비전 부서진 것, 냉장고 속 빼어낸 것 그 외에도 잡동사니들이 많았다.

* * *

그것은 참 특이한 분위기다. 그곳에서 신호등을 건너면 비둘기집이 있는 시민 아파트가 나온다. 시민 아파트를 돌아서면 미용실이 나온다. 미용실 옆에는 레이스 커튼이 쳐진 방이 길로 면해 있다. 그 방을 들여다보고 지나는 것이 명여에게 습관화되었다. 벽지 무늬가 이쁜, 그리고 이쁜 유리 구두, 사기구두, 꽃병, 접시들이 장식으로 놓여져 있는 시골스런 방이다.

* * *

카페 앞에는 조그만 광장이 있다. 주에 두 번씩 그곳에 시장이 선다. 주민들은 슈퍼마켓보다 싼 그 시장을 많이 이용한다. 야채나 과일이 산더미처럼 쌓이고, 고기류나 싱싱한 생선, 각종 치즈들이 길게 친 천막 밑에 늘어 놓여져 있다. 헌옷이나 구두, 싸구려 제품들을 파는 가게도 더러 눈에 뜨이고, 아코디언을 켜며 시장거리를 왔다갔다 하는 약사도 보인다.

(동아, 1995)

□ 김채원 「달의 몰락」

섬은 깨끗하고 화안 하였다.
양산 안이 실제 낮의 빛보다 더 화안하듯이 대낮보다 더 화안했다. 섬 전체가 오랜 풍화작용을 거쳐 깨끗이 씻겨지고 바래어져 있었다.
바다를 향한 길 위에 작고 예쁜 호텔들이 죽 늘어서 있었다. 돔식으로 된 둥근 지붕도 있었다. 대부분 이삼 층으로 된 흰 빛깔의 건물인데 발코니가 아기자기하고 예쁜 꽃들이 피어있었다.

   *   *   *

 아직 시즌이 아니어서일까. 바닷가 노상 카페 어디에도 그들 외에 손님이 없었다. 문어를 막대기에 끼워 공중에 나란히 달아매어 놓고, 앞치마를 허리에 두른 주인이 손님들 요구에 따라 한 마리씩 불에 구웠다. 불에 구워 접시에 잘게 썰어 나온 음식은 아주 담박하고 신선하고 맛이 있었다. 그들은 맥주와 함께 문어 구이를 먹었다. 길 하나 건너 편 상점 앞에 몇 사람이 의자를 내어다 놓고 햇볕에 쪼이고 있는 모습이 보였다. 해풍이 햇빛 속에 미세한 움직임을 만들어내고 있었다. 훌라후프를 든 한 떼의 국민학교 아이들이 지나가고, 커다란 개 한 마리가 어슬렁거리며 주인과 함께 지나갔다. 약간의 취기가 도는 얼굴에 바다로부터 돌아오는 바람이 그들에게 느껴졌다.

   *   *   *

 골목 속에는 집들이 있었다. 대부분 흰 색조의 단층이나 이층집이고 정원에 꽃들이 가득했다. 바닷가에서 레스토랑이나 호텔업을 하는 사람들의 집이 아닐까 D는 생각했다. 어느 집이나 대문이 예쁘고 그 대문을 열고 들어가 보고 싶은 기분을 자아내게 했다. 어느 집 담으로 풍채 좋은 할아버지가 꽃밭에 물뿌리개로 물을 주고 있는 모습이 보였다. 이층 창변에는 요람 속에 아기가 자고 있을 것 같았다.

   *   *   *

 D는 바닷가를 따라 걸었다. 그녀는 걷다가 손가방에서 윗도리를 꺼내어 블라우스 위에 걸쳤다. 어둠 속에서 바다를 향해 일렬로 선 밤 카페와 호텔의 불빛이 빛을 뿜어내었다. 사람들의 말소리, 웅성거림이 멀리서 들려왔다. 바다로부터 낮의 열기가 사라진 바람이 불어왔다. D는 그곳에서 그녀의 의지와 상관없이 실종되어질 것 같았다.

D는 발밑에 힘을 주었다. 쾌속정 하나가 어두운 바다 저편으로 소리 내며 사라져갔다.

*　*　*

상점들이 닫혀 있는 쇼윈도에 그대로 불이 켜져 있는 곳에 서서 D는 마음 편히 그 안의 것들을 오랫동안 들여다보았다. 어느 쇼윈도에는 편지를 자르는 은도금 칼, 나무 재떨이, 크레용, 만년필, 지구본 같은 것이 예쁘게 진열되어 있었다. 마네킹이 세워진 쇼윈도도 있었다. 불은 환하게 켜 있으나 클로즈의 팻말이 유리문에 걸쳐져 있었다. 마네킹은 상점 속에서 거리를 내다보고 있었다.

이상한 불빛이 켜지고 광란의 아리아가 아주 작게 들려오는 그런 상점을 D는 그렸다. 어딘가 그런 곳이 있을 것이다. 그런 곳에서 마음에 드는 물건을 사고 싶었다.

(청아, 1995)

□ 김채원 「밤인사」

낡은 의자나 탁자, 재떨이 등 이 음악실 안의 모든 것은 주인이 손수 만들었다. 그의 그림이 가득 걸려 있는 화랑 같은 계단식 이층은 가운데에 둥글게 원이 뚫리어 아래층을 환히 내려다볼 수 있게 되었는데 거의 내려앉을 듯 찌부러진 이층 마루바닥을 아래층에서 두 개의 기둥으로 받쳐놓은 것도 주인이 손수 한 일이다.

(청아, 1995)

□ 김채원 「고요 속으로의 질주」

몇 사람은 먼저 친구 집으로 향하고 몇 사람은 그와 함께 가려고 화실로 찾아갔던 것이다. 바람 부는 저녁이었다. 투투(개 이름)가 현관 안에서 죽어라 짖어대는데도 그는 잠잠했다. 그가 잠들어 있는 그 방은 정말 고요하였다. 밖에서도 창을 통해 그 고요함을 느낄 수 있었다. 우리는 10분 정도 벨을 누르다가 그 자리를 떴다.

환하게 불 켜진 주유소가 그의 집으로 들어가는 골목 양쪽에 유령같이 서 있었다. 한쪽에만 주유소가 있었는데 바로 건너에 또 하나가 생겨 있었다. 골목을 사이로 두고 양쪽에 환하게 불 켜진 주유소는 그 저녁 아주 이상한 감을 주었다. 택시는 오랫동안 잡히지 않고 아무 것도 현실 같지 않으며 21세기를 치닫는 시공간 속에 서서 나는 무엇인가 생각했던 듯하다.

(열림원, 1997)

□ 김채원「초록빛 모자」

나무가 많고, 장미덩굴 등 덩굴이 아치형으로 올라간 곳이 있다. 또 토끼나 개들이 네모진 철조망으로 된 상자 안에서 컹컹 짖어대는 무서운 곳도 있다. 그곳에 있는 토끼나 개들은 예쁘다기보다 무서움을 주었다. 또한 먼 데서도 눈을 주기조차 싫은 시체들이 건물들 맨 뒤쪽에 따로 떨어져 있었다.

(청아, 1995)

□ 김채원「오월의 숨결」

할머니가 성냥을 그어 밝힌 호롱불 밑에 어슴푸레 방 안이 떠오르고 비에 젖은 네 식구의 얼굴이 네 개의 풍선처럼 떠올랐습니다. 마른 걸레와 수건으로 닦아 내어도 물기는 어디선가 또 배어 나와 젖은 얼굴을 만들었지요. 귀를 기울이면 밖에서는 세찬 빗줄기가 와와 하는 함성처럼 울려 퍼졌습니다.

(동아, 1995)

□ 김채원 「봄의 환」

　약방 앞이 바로 버스정류소이므로 그는 버스를 기다리는 사람들 사이에 끼어 서 있는다. 길 건너 피아노 학원에서 연습곡 치는 소리가 차가 지나다니지 않을 때만 간간이 들려온다. 정류소에 멈추어 선 사람들은 그 단조로운 멜로디를 듣다가 멈추다가 하고 있다.

(미학사, 1990)

□ 김채원 「봄날에 찍은 사진」

　멀리 산의 능선이 햇빛 밑에서 완만하게 경사를 드러내고 아지랑이가 아물아물 피어오르고 있다. 그 바로 아래로 길이 희게 구부러져 있다. 그 길을 돌아 그들은 이곳으로 성묘를 왔다. 한식 일을 많이 지나 있어 성묘객은 없다. 멀리 산 저쪽에서 아지랑이처럼 아물아물 사람 그림자가 간혹 보이기만 할 뿐.

(청아, 1995)

□ 김채원 「자전거를 타고」

　초여름 긴자의 오후는 사람들로 들끓었다. 토요일이어서 보행자의 천국에는 차량도 다니지 않고 노상에 벌인 조그만 간이가게에서 아이스크림이나 솜사탕 등을 사먹는 젊은이들, 그대로 길바닥에 주저앉아 사람 구경을 하며 햇빛을 쬐는 젊은이들, 사진을 찍는 외국 관광객들로 꼭 무슨 일이 일어날 것만 같이 붐비었다. 오전 중에 잠깐 내린 비로 거리는 붐비는 중에도 자다가 깬 듯한 신선함이 있었다.

*　*　*

　바로 앞에 서 있는 신록의 나무가 유월의 하늘 아래 푸르다. 아이스크림을 먹으며 지나가는 젊은이들을 우리는 바라보는 것 같지 않게 바라보았다. 흰 양복 윗도리를 입고 머리를 곱슬하게 파마를 하고 팔찌를 낀 청년이 웃고 있다. 굽 높은 구두에 검은 판탈롱 바지를 땅에 끌리도록 입고 와이셔츠 가슴단추를 거의 다 풀어놓은 청년이 연인인 듯싶은, 머리 빛깔을 바랜 여자와 눈썹을 마주대고 걸어간다. 블루진을 입은 자유로운 여자들, 남자들의 무리가 수없이 우리 앞을 오갔다. 근처 레코드 상점에서 보컬 그룹의 노래가 요란스레 들려온다.

(동아, 1995)

□ 김향숙 「어떤 하오」

그는 버스 정류장에 다다랐다. 어제까지 그가 타고 다녔던 901 버스가 정차해 있었다. 901 버스는 매일 아침 4차선 도로가 반듯하게 뚫리고, 도로 주변에는 신축된 빌딩들이 늘어서 있으며 모든 것이 깨끗하고 반짝였던 거리로 그를 데려다 주었다. 이제 그와 그의 동료들은 그 거리로부터 축출당한 것이다.

901 버스가 떠나갔다. 얼마 후 그가 오늘부터 친해져야 할 201 버스가 왔다.

<소림사의 결투>란 영화간판이 붙은 차고를 연상시키는 극장 앞에서 그는 내렸다. 극장 옆 골목은 시장이었는데 추운 날씨 탓인지 털모자를 눈썹까지 눌러쓴 상인들이 좌판을 앞에 놓고 웅크리고 앉았을 뿐, 오가는 사람은 드물었다. 시장을 지나면 허름한 양철 지붕의 블록 공장이었다. 그 다음은 책상이니 찬장을 중요 품목으로 삼는 영세규모의 가구점이었는데 양철 덧문은 아직 잠긴 채였다. 보도는 두 사람이 스쳐 지나가려면 어깨가 닿을 형편이었다. 울퉁불퉁 제멋대로 박혀든 보도블록은 그 모서리가 날카롭게 돌출해 있기도 하였다. 흙먼지가 섞인 바람이 드럼통이며, 파지, 잡동사니 물건들이 산더미처럼 쌓여 있는 거리의 저 끝 고물가게로부터 휘몰아쳐 왔다.

그는 고개를 수그리고 빠른 걸음을 옮겼다. 먼지에 뒤덮여 원래의 흰 타일 빛깔이 거진 검정빛으로 변하고 창틀이 다 삭아 몸을 씻는 곳이라기보다 폐업 직전의 하청공장 같기도 한 목욕탕 앞에 이르렀다. 거기서 그는 길을 건넜다. 무슨 빌딩이란 팻말은 제각기 붙였으나 얼핏보기엔 사람이 거주하지 않는 것 같은 낡고 퇴락한 어중간한 규모의 건물들이 늘어서 있었다. 약속이나 한 듯 한결같이 출입문에다 '사무실 임대문의바람' 이란 종이쪽지를 붙여둔 그 건물들을 지나 그는 햇빛이 잘 들지 않는 샛골목으로 들어섰다. 샛골목 왼켠의 첫째 건물인 '아담 여인숙'에서 루즈칠이 다 벗겨지고 얼굴빛은 납빛깔인 중년의 여자가 스카프로 푸스스한 머리칼을 감싸며 걸어 나왔다. 그는 아담 여인숙 다음 다음 건물인 삼층의 벽돌 건물로 들어갔다. 층계참에 자리한 화장실에서 풍겨오는 역한 지린내를 맡으며 그는 3층의 새 사무실에 당도했다.

* * *

자신도 모르게 긴 한숨을 몰아쉰 그는 크응 헛기침을 하며 전의 사무실에 비해 그 면적이 절반쯤은 줄어든 새 사무실로 들어갔다. 면적이 줄어들었음에도 불구하고 책상이며 캐비닛, 응접소파 등의 다른 비품들은 아직 줄어들지 않아 사무를 보는 공간이라기보다 흡사 물품 보관소 같다는 느낌이 그를 멈추어 서게 하였다. 그는 가만히 서서 바싹 잇달아 붙은 부장과 자신의 책상을 쳐다보았다. 가슴이 답답해왔다. 그는 또 한번 한숨을 내쉬었다.

(창작과비평사, 1986)

□ 권 유 「거짓을 주제로 한 변주곡」

그래 그날 셋은 요정으로 들어갔었다. 간판도 없고, 아니 간판이 눈에 잘 안 뜨이고 큰 기와집인데 대문만 비스듬히 열려있는 집이었지. 밤에 봐도 꽤 오래 된 듯한 고가의 냄새가 났다. 안으로 들어갈수록 넓었고 불빛이 밝았지만 밖에서 보면 좀 칙칙해 보이는 집이었지. 밤이라서 그런가, 비가 와서 그런가, 아니면 처음이라서 그런가는 김선생이 알 수는 없었다. 민이사는 그 둘을 익숙하게 뒷곁으로 안내했다. 앞채를 왼 편으로 조금 돌아 나가니 후원의 별채가 좀 어둑하게 있었다. 김선생이 그 방에 들어 가서 처음 확인한 것은 파도소리였다. 창문을 열자 짭짤한 갯내가 비와 함께 신선하게 코를 찔렀다.

(둥지, 1994)

□ 권 유 「푸른 유월」

차는 국도를 벗어나 좁은 길로 마을 입구에 꺾어 들었다. 삼산중학교 2 킬로미터라고 씌어진 팻말이 깔끔하게 서있는 입구에서, 김선생은, 2킬로 미터를 더 들어가면 차를 돌릴 수 있을까를 생각했다. 그것은 그가 걱정 안 해도 될 일이지만 워낙 길이 좁았던 것이다. 멀리 고속도로에서 차들 이 경쾌하게 지나가는 것이 보였다. '취락구조 개선 새마을'이란 입간판이 늘어서 있는 마을 입구에서 차는 멎었다. 새로 지은 집들이 밝게 들어서 있었다. 깔먹은 초가, 야트막한 토담, 시커먼 퇴비 더미, 김선생의 관념 속 의 농촌은 이제 아니었다.

* * *

논과 집은 약간 떨어져 있었다. 새카맣게 윤이 나는 대청마루와 단기 사천 이백 몇 년이라고 빛바랜 먹글씨로 씌어진 대들보가 집안의 내력을 말해 주고 있었다. 안방의 맞은 편 벽에는 색이 누렇게 변한 오래된 사진 들이 사진틀 속에 걸려 있었고, 그 밑에는 오래 된 재봉틀과 옷장이 놓여 있는가 하면 텔레비전이 있고 화장대에는 광고에 많이 나오는 예쁜 화장 품 병들이 가즈런히 놓여 있었다. 대청마루 귀퉁이에는 냉장고가 우람하 게 서 있고 마당의 우물곁에는 90cc 오토바이가 서 있고 마굿간에는 황소 대신 경운기가 버티고 서서 마치 신구세대의 과도기를 보는 것 같았다.

농촌의 근대화는 가전제품의 전시장이 되어 가는 듯 했다.

(둥지, 1994)

□ 권 유 「관계」

　금년 5월에 55평의 그 넓은 아파트에서 33평의 좁은 아파트로 줄여서 이사를 왔고, 55평의 넓은 아파트의 주인인 내가 이제는 33평의 아파트 전세를 얻어서 겨우 이사를 왔다. 또 55평의 그 집을 4억 가까이 받고 팔았는데 이 33평은 내가 은행 두 곳에 3천만 원씩 융자를 빌리고, 하나는 주택은행에서 전세금 융자를 빌려서 지금은 원리합계로 매달 다달이 까 나가고 있고, 하나는 농협에 3천만 원을 신용대출로 융자를 내어서 6천만원을 근근히 확보하고 거기에 집 판돈 중에서 4천만 원을 보태어서 1억에 전세로 줄여서 이사를 나왔다. 우리집도 남들이 다 두들겨 맞는 IMF 폭탄을 맞아서 된서리를 맞고 이렇게 아이들에게 미안하게도 줄여서 쫓기다시피 나와 있는 것이다. 55평의 아파트는 방이 6개가 있어서 아이들 세 놈에게 각각 방 하나씩 바깥채에 제 방을 주고 안채는 안방을 하고 또 내 서재가 나왔으며 화장실이 두 개라서 불편이 없었고 안채는 안으로 잠그면 안과 거실이 분리되는 그런 아파트였다. 그리고 주방에도 방이 하나 딸려 있어서 그 방은 패션룸식으로 의상실처럼 꾸며서 옷만 걸어놓고 아주 여유 있고 넓게 그 집을 썼었다. 아침에는 넓적한 아랍 카페트 위에서 왼쪽으로 5백 보, 오른쪽으로 5백 보 달리기도 할 수 있었고, 또 커빙 벤쳐를 놓고 윗몸일으키기도 30번씩 할 수도 있었다.

(『펜과문학』, 2000, 가을)

□ 나도향 「물레방아」

　덜컹덜컹 홈통이 들었다가 다시 쏟아져 흐르는 물이 육중한 물레방아를 번쩍 쳐들었다가 쿵하고 확 속으로 내던질 제 머슴들이 콧소리는 허연 겨가루가 켜켜이 앉은 방앗간 속에서 청승스럽게 들려나온다.

쌀 쌀 쌀, 구슬이 되었다가 은가루가 되고 댓줄기같이 뻗치었다가 다시 쾅쾅 쏟아져 청룡이 되고 백룡이 되어 용솟음쳐 흐르는 물이 저쪽 산모퉁이를 십리나 두고 돌고 다시 이쪽 들복판을 오리쯤 꿰뚫은 뒤에 이방원인가 사는 동네 앞 기슭을 스쳐 지나가는데 그 위에 물레방아 하나가 놓여 있다.

(민성사, 1993)

□ 나도향 「벙어리 삼룡이」

지금은 그곳을 청엽정이라 부르지만 그때는 연화봉이라고 이름하였다. 즉 남대문에서 바로 내려다보면 오정포가 놓여 있는 산등성이가 있으니 그 산등성이 이쪽이 연화봉이요, 그 새에 있는 동네가 역시 연화봉이다.

지금 그곳에 빈민굴이라고 할 수밖에 없이 지저분한 촌락이 생기고 노동자들 밖에 살지 않은 곳이 되어 버렸으나, 그때에는 자기네 딴은 행세한다는 사람들이 있었다.

집이라고는 십여호 밖에 있지 않았고 그곳에 사는 사람들은 대개 과목밭을 하고 또는 채소를 심거나, 그렇지 아니하면 콩나물을 길러서 생활을 하여 갔었다.

* * *

그날 저녁 밤은 깊었는데 멀리서 닭 우는 소리와 함께 개 짖는 소리만이 들린다. 난데없는 화염이 벙어리 있던 오 생원 집을 에워쌌다. 불을 미리 놓으려고 준비하여 놓았는지 집 가장자리로 쭉 돌아가며 흩어 놓은 풀에 모조리 돌라붙어 공중에서 내려다보면 집의 윤곽이 선명하게 보일 듯이 타오른다.

불은 마치 피 묻은 살을 맛있게 잘라먹는 요마의 혓바닥처럼 날름날름

집 한 채를 삽시간에 먹어 버리었다.

(동아, 1995)

□ 남정현 「현장」

수도 서울의 한복판.
고층 빌딩.
그 빌딩의 중층에 자리잡은 페어리 랜드. 웅장한 규모에 호화로운 장식. 퍼어렇고 바알간, 그렇게 감질나는 빛깔의 조명을 받으며 정말 '페어리'와 같이 젊고 아름다운 육체의 남녀들이 제가끔 재즈의 열풍에 휩쓸리어 흡사 침실에서처럼 버릇이 없이 행동하는 자유의 영지. 페어리 랜드.

(한겨레, 1990)

□ 남정현 「천지현황」

왜 그런지 모든 사물의 형태가 조금씩 기울어져 있는 것이었다. 네모반듯하게 생긴 집의 외양과는 딴판으로 천장이며 벽은 물론, 마루며 유리창이 위태로울 정도로 엇비슷하게 기울어져 있는 것이 아닌가. 뿐더러 기둥 위에 걸린 액자며 시계를 위시하여 캐비닛과 책상이, 그리고 부엌의 찬장까지가 그것들은 모조리 직선의 원형에서 조금씩 이탈하여 구부러져 있는 것이었다. 이상한 노릇이었다. 그런데 이상한 노릇은 비단 무슨 물질적인 형태에만 한한 것이 아니었다. 어찌 된 판인지 인간의 상판도 마찬가지가 아닌가. 아들도 딸도 그리고 부모며 며느리도 좌우간 이 집안의 가족을 형성하고 있는 인간들의 면상은 묘하게도 모조리 질 나쁜 거울을 통하여 오는 모습처럼 그 이목구비가 약간씩 한쪽으로 기울어져 있는 것이었다. 이 무슨 희한하게 생긴 만화 속의 군상들이란 말인가.

(한겨레, 1990)

□ 남정현 「경고구역」

　우선 숙이는 방문을 활짝 밀어 놓고 문 앞에 선 채, 좀처럼 방 안에 들어설 엄두를 못 내는 것이다. 방 안에 도사리고 있는 그 형언할 수 없이 고약한 악취 때문이라는 것이다. 그리하여 숙이는 방 안에서 발산하는 악취 때문에 골이 아파서 견딜 수 없으니 어서 방 안의 공기를 모두 몰아내 달라고 조르는 것이다. 그러면 종수는 하는 수 없이 파리를 쫓아내듯 걸레를 가지고 방 구석구석을 문 쪽으로 후려내는 것이다. 그제서야 숙이는 안심한 듯 방 안에 들어와 우선 변기에 손이 가게 마련이었다. 못 볼 것을 본 것처럼 외면한 채 한 손에 변기를 든 숙이는 흡사 연막 속을 헤쳐 가듯 숨을 꾹 죽이고 급히 방문을 나서면서 호통이었다. 도대체 무슨 일이 바빠서 이것 하나 못 치웠느냐는 질책이었다.

(삼성, 1987)

□ 류주현 「언덕을 향하여」

　날은 완연히 밝았어도 공간은 어둑했다. 가라앉은 구름과 쏟아지는 빗발로 말미암아 시야는 온통 진회색이었다. 정말 간밤부터 계속해서 줄기차게 퍼붓는 폭우였다. 땅을 치고 문을 두드리는 억천만 개의 소리가 공간에 꽉 차 있었다. 그것은 무거운 정적으로 화해서 오히려 장중하도록 안온했다. 그것은 형용키 어려운 하나의 위압이었다. 위압 속에 동그마니 서 있는 두 사람의 사나이는 형태도 없이 폭삭 사그라질 것만 같아 보였다.

(신태양사, 1968)

□ 마광수 「불안」

　남자가 조금 큰 책상 위에 앉아 있다. 원 룸 시스템으로 된 것 같은 방이다. 오피스텔인지, 아파트를 개조한 것인지, 아니면 단독 주택인지, 그것은 잘 모르겠다. 꽤 넓은 방은 천장과 벽과 바닥이 짙은 파란색과 회색으로 이루어져 있다.

사면의 벽은 파란색 두 면, 회색 두 면이고 천장과 바닥은 회색이다. 화실과 침실을 겸하고 있는 듯, 한쪽에 그림 그리는 도구들과 이젤이 널려 있고 구석에 침대가 있다. 한쪽 벽엔 책장들이 있어 책들이 꽉 차있다.

* * *

호텔 방은 한쪽 벽면 전체가 통 유리로 되어 있다. 양쪽 구석으로 젖혀져 있는 파란색 커튼은 질감이 무척이나 둔탁하게 느껴진다.

탁한 빛으로 흘러가는 강물이 까마득히 내려다보인다. 에어컨 돌아가는 소리가 아주 멀리 기차 지나가는 소리처럼 희미하게 들린다.

바닥에는 핑크 빛 카펫이 깔려있고, 구석에는 호화스런 디자인으로 된 큰 더블 침대 하나가 하얀 시트에 덮여 놓여 있다. 은회색 나사로 도배된 세 개의 벽면이 보이고, 한 쪽 벽에는 지나치게 고풍스런 디자인이라 오히려 어색한 느낌을 주는 나무로 된 화장대가 놓여있다. 그 앞에는 로코코 풍의 의자 두 개가 있고, 그 사이에 마호가니로 만든 둥그런 탁자가 있다.

(리뷰앤리뷰, 1996)

□ 마광수 「광마일기」

설악산 백담사

인제군 용대리에서 내려 내설악 기슭에 닿자 공기부터 달랐다. 오솔길에 들어서자 지저귀는 산새소리며, 좔좔좔 시원하게 흘러가는 계곡의 물소리며, 빽빽히 우거진 수풀 사이로 드문드문 비쳐드는 눈부신 햇살(서울의 햇살과는 달리 얄밉게 따갑지가 않고 오히려 포근하게 느껴지는)이 나를 반겼다.

* * *

  밤이 되자 향옥이가 고맙다는 인사를 하러 왔다. 추운 겨울, 불을 때는 둥 마는 둥 절간의 별채엔 으스스한 냉기가 감돌았다. 그러나 향옥은 곧 요술을 부려 따듯하고 포근한 침실을 만들었다. 한 쪽 벽에 벽난로를 만들고, 맞은 편 벽엔 벽 전체를 수족관으로 만들고, 그 사이의 낮은 공간에는 최고급 물침대를 놓았다. 탁탁 튀는 소리를 내며 이글거리는 벽난로의 빨간 숯불이 수족관의 유리에 비쳐 묘하게 에로틱한 분위기를 만들어 냈다. 향옥과 나는 마치 수족관의 두 마리 물고기인양 함께 뒹굴며 애무했다.

* * *

  내가 주로 거닐었던 코스는 고풍스런 기와집이나 일본식 가옥이 있는 가회동 골목이나 필동 골목 같은 곳이었다. 시멘트로 지어진 을씨년스런 빌딩이나 슬라브식 현대 주택이 들어찬 곳은, 사람들의 마음을 답답하게 하고 더 신경질적으로 만들어 버린다. 따스한 인정미가 흘러넘치는 꼬불꼬불한 골목길, 길가엔 퇴색해 가는 한옥집 기와지붕들이 보이고, 골목길 구석에는 작은 구멍가게 같은 것들이 있다.

* * *

  가파른 돌계단을 올라가 와룡 선생을 모신 사당에 이르면, 이끼 낀 기와지붕이 옛스러운 정취를 물씬 풍기며 삐죽이 모습을 드러낸다. 주변의 경관 또한 아주 일품이다. 나는 와룡묘에 들러 애틋한 회고의 정에 잠겨 보기도 하고, 가을의 우수 속에 푸근히 젖어보기도 한다.
  와룡묘를 내려와 다시 남산 순환 도로를 따라 장춘단 공원으로 걸어간다. 길 주변에는 바람에 흔들리는 코스모스 꽃들이 가녀린 자태로 외로움을 호소하고 있고, 이름 모를 작은 들꽃들도 여기저기 피어나 내 마음을 위로해 준다. 장춘단 국립극장 근처가 이 산책길의 마지막 종착지인 샘인데, 나는 그곳까지 가지 않고 종착지 바로 직전 지점에서 필동5가쯤 되는 곳으로 내려오는 코스를 즐겼다.

(사회평론, 1998)

□ 마광수 「권태」

그곳은 다른 나이트클럽과는 좀 색다른 모양으로 꾸며져 있었는데, 스탠드바에서 술을 마실 수 있고 정식으로 테이블을 차지하고 술을 마실 수도 있고 또 한 쪽 홀에 있는 댄스홀에 가서 몸을 흔들어 대며 춤 출 수도 있는 곳이었다. 스탠드 바 옆에서는 잘생긴 당구대와, 화살 비슷하게 생긴 것을 과녁을 향해 손으로 던져 마치면서 점수를 계산해 가며 놀 수 있는 게임 룸이 붙어 있었다. 클럽 한 가운데 중앙 부분에는 둥글게 원형으로 된 스탠드가 자리 잡고 있는데 스탠드바는 혼자 오는 손님들로 항상 만원이었다. 테이블의 좌석은 대게 네 개씩이었으므로 혼자서 한 테이블을 몽땅 차지하고 술을 마시기엔 너무 부담스럽기 마련이다.

(문학사, 1990)

□ 문순태 「그들의 새벽」

침실과 서재 겸 사무실로 쓰고 있는 교회 귀퉁이의 너댓평 되어 보이는 작은 공간에는 낡은 철제 책상과 황토색 비닐 커버로 씌운 소파며 직사각형의 낮은 탁자, 네 귀퉁이에 녹이 슨 캐비닛 옷장, 유리문 달린 싸구려 책장 외에 야전용 침대 두 개가 놓여 있어 발을 디딜 여유도 없었다.

* * *

박성도 강학을 따라 야학당으로 간 영구는 무슨 이런 학교가 다 있느냐 싶게 실망이 컸다. 영구가 보기에 이건 학교가 아니라 영락없는 돼지

우리였다. 하기야 그곳은 원래 돼지를 기르는 돈사였는데 지붕만을 그대로 둔 채 강학들이 바닥의 흙을 긁어내고 벽에 얼기설기 판자를 붙여 교실로 사용하게 되었다. 그 때문에 여름철에는 아직도 땅바닥에서 돼지 분뇨 냄새가 훅훅 덮쳐 오기도 한다. 사무실 겸 숙직실로 쓰는 블록 건물 역시 조금도 헛간보다 나을 게 없었다. 삐걱거리는 판자문을 열고 안으로 들어섰을 때 영구는 다시 한 번 크게 실망했다. 창문 하나 없는 시멘트벽에는 온통 신문 쪼가리들과 이상한 그림을 곁들인 포스터들만 너저분하게 붙어 있었다.

* * *

한때 다방으로 사용했을 정도로 널따란 지하실은 민주 형의 선배가 그렸다는 영화간판 그림들이 온통 벽을 장식했다. 간판 그림 중에는 기동이 좋아하는 여배우 김지미가 기러기 끼룩거리며 날개치고 날아드는 바닷가에 서서, 출항하는 여객선을 향해 손수건을 흔들고 서 있는 장면도 있었다. 지하실 입구 안쪽에는 부러진 받침대를 잇댄 군용 침대와 비닐 소파며 낡은 전축이 놓여 있었다. 그리고 전축 옆 사과궤짝을 뜯어서 만든 책장에는 클래식 음반과 옛 시인들의 시집 몇 권이 가지런히 꽂혀 있었다.

* * *

무등산은 바라보기만 해도 마음이 포근해진다. 장엄한 평화의 산. 높고 낮음 없는 완전 평등의 산. 포실한 어머니의 모습으로, 무등산은 그렇게 넉넉한 팔을 벌려 고아주를 으스러지도록 껴안고 있다. 이성계(李成桂)가 무력으로 왕이 된 것을 반대하고 왕명에 불복한 죄로 무등산의 산신을 지리산으로 귀양 보내자, 왕을 무정타 하여 무정산(無情山)이라고 불렀다고도 한다. 아침마다 해가 덩실하게 떠오르는 광주의 동쪽에 철 따라 여러 가지 색깔의 옷을 갈아입고 후덕한 어머니의 모습으로 솟아 있는 무등산. 멀리서 바라보면 모가 드러나지 않아, 사람 좋은 농사꾼처럼 성질까지도 두루뭉술해 보이지만, 실제로 이 산의 봉우리를 이루는 천왕봉(天王峰), 지왕봉(地王峰), 인왕봉(仁王峰)은 창끝 같은 바위가 하늘을 찌르고 있거니와, 세 봉우리를 받치고 있는 서석대(瑞石臺)며 입석대(立石臺), 규봉(窺峰) 등도 한결 같이 먹줄을 그은 다음 기계톱으로 자르고 대패로 깎아 세워 놓은 듯한 바위들이 쭈볏쭈볏 솟아, 무등산은 기실 밖에서 보기보다는 마음속에 시퍼런 칼을 품은 사람처럼 무섭고 오기스러운 데가 있다. 이 때문에 무등산은 결코 시프게 봐서는 안된다. 백제시대에는 이 산에 도적들이 떼를 지어 살았고 그들이 부른 노래가 <무등산가>로 추정된다고 한다. 그러나 <무등산가>를 불렀던 사람들은 도둑들이 아니라, 백제가 멸망하자 통일신라의 철저한 탄압을 피해 이 산으로 숨어 들어온 백제 유민들이 망국의 한을 달래며 부른 노래가 아닌가 싶다.

무등산의 명물은 중머리와 장불재 언저리의 억새꽃과 서석대 부근의 철쭉이다. 특히 가을이면 억새꽃이 은회색 물결로 출렁인다. 살진 백마의 등처럼 포실해 보인다는 고산초원(高山草原) 억새를 헤치고, 천왕봉을 바라보며 잠시 가파른 산길을 휘어 오르면 서석대가 나온다. 해가 질 무렵이면 치잣빛의 석훈(石薰)이 서석대의 바위들에 되쏘여, 수정처럼 반짝이는 광경이 눈부시다. 또 5월이면 이 서석대의 바위틈마다 철쭉꽃이 한 맺혀 죽은 사람들의 서러운 넋인 양 온 몸으로 타오른다.

입석대의 돌기둥도 빼놓을 수 없는 무등산의 명물이다. 광주와 화순의 경계를 이루는 모가 나고 열 길도 더 되어 보임직한 거대한 돌기둥이 즐비하게 꽂혀있다. 마치 하늘나라 석공들이 모여서 자귀로 깎고 대패로 다듬어서 반달 모형으로 세워 놓은 듯 신비롭기만 하다. 이곳에 이르면 하늘 궁전의 돌대문 앞에 서 있는 것 같은 엄숙함에 저절로 머리가 숙여진다. 어쩌면 이 서석대와 입석대의 신비롭고 장엄함 속에 광주 사람들의 꿋꿋한 정신이 깃들어 있는 것인지도 모른다.

장불재에서 규봉 쪽으로 산을 안고 휘돌면 지장암(地藏庵)이 나오고 여기서 다시 거대한 돌들이 모여 돌바다를 이루듯 바윗덩어리들이 끝없이 깔려 있는 지공(知空) 너덜에 이른다. 그리고 예서 한참을 더 돌아가면 여러 가지 모양의 선돌들이 창을 깎아 울타리를 에두른 듯한 규봉이 앞을 막아선다. 이 규봉에서 바라다보면 광주 남쪽의 터전들이 거대한 산의 파도를 이룬다. 긴 골짜기 끝에 불룩 솟은 화순 적벽산과 그 뒤의 백아산(白鵝山)이며 모후산(母后山), 그리고 송광사와 선암사를 앞뒤로 안은 조계산(曹溪山)이 서로 키 재기하듯 어깨를 비비대며 서 있다.

(한길사, 2000)

□ 문순태 「꿈길」

 은혜는 여학교 시절 여름방학 때, 할아버지를 따라 처음으로 할아버지의 고향에 가 보았었다. 멀리 갈매빛으로 어슴푸레하게 하늘 높이 누워 있는 무등산너머 할아버지의 고향은 할아버지처럼 기력이 빠지고 퇴락해 있었다. 기대했던 만큼의 아름다움이나 신비로움을 찾을 수 없었다. 할아버지 고향 마을은 오르기 좋게 민틋이 웅크린 앞산과 뒷산의 후미진 가랑이 사이로 바람이 한바탕 쉬어갈 만큼의 넓지 않은 들판이 울퉁불퉁 매듭이 굵은 농사꾼의 손바닥처럼 펼쳐져 있고, 야트막한 냇물을 따라 신작로가 산자락을 감고 꿈틀거리며 천천히 휘돌아 나갔다. 동구 밖 초입에 오래된 느티나무 서너 그루가 화사한 봄바람에 시샘이라도 하듯 몸살 나도록 떡잎을 파들거리고 뒤에는 대밭이 포실하게 마을을 감싸안고 있었다. 어디서나 흔히 볼 수 있는 시골풍경 그대로였다. 더욱이 할아버지를 반겨주는 사람조차 없어 쓸쓸하고 적막한 기분마저 들었다.

* * *

 은혜는 할아버지가 손가락으로 가리키는 산 정상을 다시 바라보았다. 산 정상이 파란 하늘에 젖어 보였다. 산은 땅에서 하늘로 솟은 것이 아니라 하늘에 뿌리를 박고 지상을 향해 뻗어 내린 것 같았다. 그리고 신기하게도 산정의 그것은 영락없이 누워 있는 부처님 모습으로 보였다. 부처님은 하늘을 향해 편안하고 반듯하게 다리를 쭉 뻗고 누워 있었다. 정수리에 솟은 상투 모양의 육계에서부터 잔잔하면서도 자비로운 미소가 연꽃처럼 오롯이 피어오르는 법안의 윤곽이 보였다. 조금 전까지만 해도 평범한 바위로 보였던 것이 한순간에 전혀 다른 모습으로 보일 수 있다는 것이 너무도 신비하고 감격적이었기 때문에 은혜는 그 자리에 서서 자신도 모르는 사이에 탄성을 연발했다.

(실천문학사, 1997)

□ 문순태 「징소리」

호수에서 사각사각 나락 베는 소리가 들렸다. 사람들의 두런거리는 말소리도 들렸다. 방울재와 방울재 사람들의 모습이 한눈에 죄 보였다. 금줄을 두른 마을 앞 윗당산의 늙은 팽나무와, 방울재에서는 칠복이 혼자만이 들어 올린 큰 들독이 보였고, 이엉을 입힌 돌담과 판놀이네 탱자나무 울타리, 군데군데 말라붙은 쇠똥이 널린 고샅들, 빨간 고추가 널린 초가지붕이며, 두껍다리 옆 그의 집도 보였다. 외양간에 매여 있는 송아지가 음매하고 우는 소리, 꿀꿀대는 돼지, 꼬꼬댁 꼬꼬 닭이 알 낳는 소리, 바람 모퉁이 공터에서 아이들이 공치기를 하며 와자지껄 떠들어대는 시끌시끌한 소리, 고샅이 쩡쩡 울리도록 아이들 이름을 부르는 소리, 이 자식 저 자식 죽일 놈 살릴 놈 욕을 퍼부어대며 싸우는 소리들이 귀에 쟁쟁하게 들려왔다.

발그레하게 꽃이 핀 살구나무 가지들 사이로 훨쩍 열린 순덕이네 싸리문과 살구꽃처럼 환한 순덕이의 탐스러운 얼굴도 보였다. 순덕이와 함께 만나곤 했던 상여집 모퉁이의 아카시아 숲 속에서는 그때처럼 휘휘한 바람소리가 들려왔다.

*　　*　　*

칠복은 처음 와본 곳이라, 호기심의 눈망울을 굴리며, 시골 면사무소

거리를 휘휘 둘러보았다. 그가 서 있는 우체국 옆에는 양조장. 정미소. 농약상이 잇대어 있고, 맞은 켠 면사무소 좌우로는, 때묻은 포장이 너덜거리는 간판도 없는 음식점과 양복점. 양화점. 약국. 잡화점들이 도토리 키재기 하듯 다닥다닥 다정하게 붙어 있었다.

양조장 앞에는 하얀 플라스틱 술통을 가득 실은 경운기가 털털털 발동을 걸기 시작했고, 정미소 모퉁이 햇볕에 시들어가고 있는, 앙당그러진 꽝꽝나무 옆엔 흰털이 북실북실한 삽사리 한 마리가 헐떡거리고 혀를 길게 빼문 채 침을 질질 흘리며 누워 있었다.

우체국 건물 사이로 넓은 들이 뽀끔하게 열리고, 여기저기에 모내기하느라 한창인 농민들이 허리를 펴는 모습도 보였다.

면사무소 앞길은 보리누름 무렵의 방울재 고샅처럼 고즈넉했다.

(동아, 1987)

□ 문순태「피아골」

옛날에는 까치이모네 주막만이 길가에 초라하고 삐딱하게 웅크리고 있었는데, 등성이 쪽 신작로 위에 교회며, 마을 창고 외에 도시 집 못지 않게 외모가 번듯한 기와집들이 여러 채 들어서 있지 않은가.

신작로 아래 개울 건너 마을의 집들도 울긋불긋 꼬까옷을 입은 것처럼 변했고, 새로 지은 국민학교의 운동장에는 아이들이 공차기를 하고 있었다. 만화의 눈에는 마치 꿈속에서 어렴풋하게 보았던 것처럼 낯설게 느껴졌다.

변하지 않은 것이라고는 단풍든 산과 치자꽃 빛깔의 하늘과, 마을 뒤의 대밭과 계단식 다랑이논들 뿐이었다.

*　*　*

성냥곽처럼 좁은 방의 벽에는 십자가 모양으로 금이 간 거울과, 약 선전용의 한 장 짜리 달력이 나란히 붙어 있었다. 전화기는 말할 나위도 없고 그 흔한 휴지통 하나 없이 을씨년스럽고 퀴퀴하고 휑뎅그렁한 방이었다.

* * *

동부도의 하대석(下臺石) 8면에 새겨진 사자는 살아 있는 듯하였고, 상륜부(上輪部)에 사방으로 날개를 활짝 편 봉황은 날개를 치고 하늘로 날아갈 것처럼 보였다.

북부도 탑신 8면에 새겨진 문선(門扇)과 향로(香爐), 사천왕상(四天王像) 또한 만지지 않더라도 손끝에 감미로움을 느낄 수가 있었다.

나무에 칼질을 하여 만든다 해도 이렇듯 정교하게 깎고 다듬어 새길 수가 없을 듯싶었다.

탑신에 햇볕이 비치자, 돌에 새겨진 연꽃이며 운룡(雲龍) 팔부신상(八部神像), 사천왕상들이 신비롭게 되살아나는 듯하였다.

* * *

선반 아래엔 큰 멱서리가 두 개 있었는데 하나에는 말린 도토리가 그들먹했고, 다른 하나에는 고구마가 반쯤 들어 있었다. 그리고 두 개의 멱서리 사이에는 사과 궤짝이 놓여 있었으며, 흰 창호지를 덮은 사과 궤짝 위에 한 뼘 높이의 앙증스러운 목각 불상이 안치되어 있었고, 불상 앞에는 반쯤 탄 양초가 양철 촛대에 꽂혀 금방이라도 후드득 기름을 튀기며 타오를 것만 같았다.

(정음사, 1985)

□ 문순태 「흰 거위산을 찾아서」

동이 터 오는 산골의 아침은 깊은 강물 속처럼 적막하고 정갈하다. 지수와 기호보다 먼저 일어난 장우암씨 부부가 밭에서 도란거리며 고추를 따고 있는 모습이 보였다. 동이 터 오는 이슬아침에 함께 늙어 가는 부부가 서로 마주보고 이야기하는 모습이 빛이 없이도 제 색깔을 충분히 드러내는 인상파 그림처럼 아름답다.

(실천문학사, 1997)

□ 민병삼 「화도 (상)」

마을은 온통 음식점으로 채워진 것처럼 보였다. 팔당 저수지를 배경삼아 '쏘가리매운탕' '미개매운탕' '붕어찜' '장어구이' 등의 간판을 내건 음식점들이 다닥다닥 붙어 있었다.

* * *

안은 턱밑도 분간할 수 없을 만큼 새카맣게 어두웠다. 뿐만 아니라 판별할 수도 없는 악취가 몰려와 호흡이 곤란할 지경이었다 …(생략)…비로소 토굴의 규모와 이것저것 잡동사니가 하나 둘 모습을 드러내기 시작했다. 한마디로 거지 살림이었다. 그래도 굴이라 그런지 겨울 외풍은 별로 느낄 수가 없었고 거적 위에 질그릇 화로까지 있어 불씨를 품고 있었다. 벽에는 남루한 옷가지가 주렁주렁 걸려 있었고 안쪽 한구석에 석유곤로와 냄비와 식기가 꼭 개밥그릇처럼 더러운 꼴로 놓여 있었다.

* * *

온갖 잡동사니가 어지럽게 널려 있었고 장판이 모두 뜯어진 흙바닥에 간간이 쥐까지 돌아다녔다. 문 창호지도 폐가처럼 찢어져 꼴이 사나웠고 불이라고는 한 번도 땐 적이 없는 듯 5월인데도 얼음장만큼이나 냉골이었다.

(아세아미디어, 1997)

□ 박경리 「가을에 온 여인」

오리나무 전나무 벚나무 그리고 산 목련 같은 잡목이 우거진 숲 사이로 성표는 들어섰다. 완만한 경사를 이루고 있는 꽤 폭이 넓은 백토길을 따라 올라간다. 잘 닦여진 길 양켠의 잡목이 짙은 그늘을 드리워주어 마치 터널 속을 가는 것 같았고 바람이 없는 데도 한기가 들만큼 써늘했다. 숲 속에서는 이따금 꾀꼬리가 또르르 울었다.

* * *

소녀가 이층으로 사라지자 성표는 안도의 숨을 내쉬며 홀 안을 둘러본다. 들어온 때는 얼떨결에 눈에 띄지 않았는데 콘크리트 블록으로 지석지석 쌓아올린 벽에 눈이 끌렸다. 그 블록 벽 한 구석에는 페치카가 있었고 페치카 위에는 꽃도 없는 꽃병이 덩그렇게 놓여 있었다. 비스듬히 걸려있는 두 폭의 그림도 잿빛 벽의 빛깔과 마찬가지로 칙칙하게 어두운 그림이었다. 천장만은 계란빛이 살짝 도는 흡음(吸音) 텍스로 되어 있어 어두운 홀의 유일한 밝음이었다. 그러나 성표는 잿빛이 싫었다. 우아한 건물의 외모하고 너무나 동떨어진 내부라 생각하였다. 의자와 탁자, 그 밖의 비품들도 고물처럼 낡아 보였고 채색도 어두웠다. 그리고 훌렁하게 넓은 홀에 비하여 엉성한 느낌을 준다. 성표는 창밖으로 눈을 돌렸다. 열어놓은 창문 사이로 그윽한 향내가 풍겨왔다. 그 냄새는 테라스 위에 올려진 백등(白藤)에서 풍겨온 것이었다. 하얀 꽃이 마치 포도송이처럼 매달려 있었다.

* * *

형무소 앞마당에는 보따리를 든 노친네와 젊은 아낙들이 쥐어짜 놓은 걸레 같은 표정으로 여기저기 흩어져 있고, 남자들은 죄 없는 담배만 소비하며 멍멍히 어딘지 모르는 곳에 시선을 던지고 있었다. 병원에 가면 모든 사람은 다 환자요, 심뇌에 싸인 가족들이다. 어째서 이렇게 불행한 사람이 많을까 하며 성한 사람마저 공포에 떨게 되는 것이다. 그와 마찬가지로 이곳의 주민은 모두가 죄수요, 드나드는 사람은 그들의 가족들인 것이다. 어째서 불행한 사람이 이렇게 많을까? 어느 누구에게도 언제 어떻게 엄습하여 삼켜버릴지 모르는 운명의 문들, 사망과 사형의 곡성이 울리는 음산한 곳이다. 인간은 가능성 있는 그 공포에 떨면서 살아간다.

* * *

영희는 잠자코 성표 옆의 빈자리에 가서 앉았다. 어두컴컴한 홀 안에는 열대지방의 식물들이 희미한 형광등 아래 축축 늘어져 있었다. 홀 안은 조용한 속에 흥겨운 분위기가 흐르고 있었으나 무대는 아직 비어 있었다. 대개의 손님들은 외국인인 모양이다. 그들은 제각기 애인 혹은 부인을 동반하고 와서 즐겁게 술을 마시고 있었지만, 더러는 이른바 그 직업적인 여성을 상대하고 있는 축도 있었다. 웨이터가 손을 비비며 그들에게로 다가왔다.

* * *

강사장의 별장이 있는 Y 해변은 뒤쪽으로 가난한 어촌을 등지고 있는 곳이다. 송림사이로 듬성듬성 인가가 흩어져 있고, 그곳 남자들은 대개 멀리 바다로 품팔이하러 가기 때문에 조용한 고장이었다. 한여름이 되어도 피서객들이 별로 찾아오는 일없이 역이 한적했다. 바다의 수심이 고르지 못하고 갯가에는 온통 암석투성이였기 때문에 해수욕장으로는 마땅치 않았던 것이다. 겨우 손바닥만한 사장(沙場)이 있어서 아쉬운 대로 강 사장 일가(一家) 수영장 구실은 해줄 수 있었다. 그 대신 바닷속을 깊숙이 들여다 볼 수 있을 만큼 물빛이 곱고, 밤낮으로 암석에 부딪히는 파도소리, 솔바람 소리, 그리고 바위에 부서지는 구슬 같은 물결은 상쾌하고 장엄한 감을 주었다. 아기자기한 곳은 아니지만 굴곡이 심하고 남성적인 풍경이었다.

(나남, 1994)

□ 박경리 「토지 I」

1897년의 한가위.

까치들이 울타리 안 감나무에 와서 아침인사도 하기 전에, 무색옷에 댕기꼬리를 늘인 아이들은 송편을 입에 물고 마을길을 쏘다니며 기뻐서 날뛴다. 어른들은 해가 중천에서 좀 기울어진 무렵이래야, 차례를 치러야 했고 종묘를 해야 했고 이웃끼리 음식을 나누다 보면 한나절은 넘는다. 이때부터 타작마당에 사람들이 모이기 시작하고 들뜨기 시작하고－남정네 노인들보다 아낙들의 채비는 아무래도 더디어 지는데, 그럴 수밖에 없는 것이 식구들 시중에 음식간수를 끝내어도 제 자신의 치장이 남아 있었으니까. 이 바람에 고개가 무거운 벼이삭이 황금빛 물결을 이루는 들판에서는 마음 놓은 새떼들이 모여들어 풍성한 향연을 벌인다. "휴우이이······ 요놈의 새떼들아!"

* * *

강가에 이르는 길이 왼편으로 꾸부러지고, 그들의 거리는 멀어졌다. 나루터에는 낯선 나그네 한 사람만 서서 기다리고 있었다. 놀기 좋아하는 마을 젊은이들은 모두 육로로 벌써 떠나버린 것이다. 용이는 화개 쪽에서 내려오는 나룻배가 하얗게 얼음이 언 물 가장자리, 모래 위에 산판을 걸자 봉순이를 안고 배에 오른다. 길상이 따라 오르고 나그네도 올랐다. 사공은 모래밭을 떠밀어내며 강심쪽으로 배를 뒷걸음질시켜 방향을 잡은 뒤 노를 젓기 시작했다. 방향을 잡을 때까지 조용했던 나룻배 손님들이 제가끔 이야기를 시작했다. 해는 너댓뼘이나 남아 있었으며 최참판댁의 둥실 솟은 기와지붕 뒤 대숲은 석양을 받아 서릿빛을 띠고 있었다. 봉순이는 들고 온 보자기 속에서 깎은 날밤을 꺼내어 오독오독 씹는다.

* * *

별당 뜰에는 권태로운 한 낮이 쭉 늘어져 있었다. 조그마한 머리통이 두 개, 갑사댕기도 두개, 앙증스럽게 바라진 어깨, 나무 그늘에서 비어져 나온 그림자도 두개다. 연못가에 아이 둘이 오도카니 앉아 있었던 것이다. 갈매빛 상침을 둔 모시 적삼과 양어깨에 분홍빛 꽃수를 놓은 생명주 적삼 위에 버드나무 그늘이 들숭날숭 걸려 있다. 푸른 대추만한 참개구리 한 놈이 연이파리 위에 의젓하게 앉아서 하늘을 보고 있다. 연잎이 뜸한 수면에서는 소금쟁이가 뱅뱅이를 돈다. 작은 꽃, 노랑 빛깔의 말 꽃이 흔들린다.

* * *

이튿날 밤, 내외는 목욕재계하고 제상을 차렸다. 한지를 깐 제상에 괸 제찬은 조촐했다. 지방을 모셔 놓고 의관을 차려입은 용이가 분향을 하고 재배한 뒤 자리에 꿇어앉았다. 소복한 강청댁이 술을 따라 내미는 잔을 두 손으로 받은 용이는 모사에 세 번 따르고 술잔을 강청댁에게 넘긴다. 강청댁이 술잔을 제상 위에 올려놓고 정리하는 동안 용이가 다시 재배한다. 축문을 읽고 강청 댁이 두 번째 잔을 올리고 종헌한 뒤 첨작하고 나서 강청댁은 메 그릇의 뚜껑을 열었다. 메에다 수저를 꽂는다. 용이와 강청댁은 제상 밑에 오랫동안 엎드려 있었다. 강청댁의 작은 어깨가 물결쳤다. 소리를 내지는 않았으나 전신으로 울고 있었다. 제상에는 촛불이 흔들리고 있었다. 새벽은 아직 멀었는가 첫닭이 우는 소리는 벌써 지났는데 마을의 밤은 무겁고 조용했다.

* * *

설을 앞둔 최참판댁은 앞뒤가 분주했다. 특히 부엌을 중심한 곳이 들끓었다. 귀녀와 삼월이는 사랑과 안방의 시중, 그리고 봉순이가 곁에 있기는 하나 별당의 서희도 돌보아야겠기에 바깥일에는 참여 못했고, 김서방댁과 남이 연이 여치네 드나꾼들과 마을의 여러 아낙들까지 불러들여 벌써 여러 날 전부터 연이네의 지시아래 부산을 떨고 있었다. 큰 가마솥에 안친

다섯 말들이 시루에서 연달아 꺼낸 술밥 엿밥은 이미 담그고 고우고 하여 술은 익고 있었으며 엿은 사기마다 퍼내어 여기저기 찬마루에 널려 있었다. 약과랑 강정이 될 지에 밥은 잘 말려졌고 읍내에서는 생선 건어 따위를 연방 실어 나르고 있었다. 고방에서는 곶감이다. 대추다 밤에서 잣 호두은행, 가을에 장만한 박오가리 호박오가리 정과거리를 꺼내오고 우물가에는 새앙이 무덤같이 그득히 담겨진 소쿠리가 두 개나 있었다. 여치네는 소매를 걷어 올리고 발개진 팔뚝을 휘두르며 깨를 씻고 있었다. 그 깨의 분량은 농가에서 담그는 떡살보다 많았다. 한 켠에서는 산적거리 생선포를 뜨고 있었으며 햇빛이 바른 행랑 뜰에는 멍석에 아낙들이 둘러앉아 잡담을 하며 제기(祭器)를 닦고 있었다. 가는 곳마다 쌓인 것은 음식이요, 발에 채이는 것은 일거리였다.

(지식산업사, 1979)

□ 박경리 「토지 Ⅲ」

늙은 여자가 방에서 나간 뒤 두 사람은 망연한 눈길을, 석탄이 타고 있는 벽면 난로에 던지고 앉아 있다. 방안에는 정교하게 조각된 여덟모의 탁자 두개가 놓여 있고 탁자를 축소시킨 것 같은 모양의 의자가 너덧 개, 벽면 쪽에는 침상 같은 걸상이 있었다. 걸상 위에는 아라사 제품인 듯 선명한 붉은 빛깔의 푹신한 모포가 깔려 있었다. 묵직한 선인도(仙人圖)의 분채대병(粉彩大甁)이 하나 사방탁자에 놓였고 벽에 박아 넣은 세 폭의 미인도하며 천장에서 늘어진 사각 등 등등, 방안은 퍽이나 호사스런 중국풍으로 꾸며져 있었다.

(지식산업사, 1979)

□ 박경리 「토지 Ⅵ」

최참판댁의 기둥 군데군데 초롱이 내걸려 있고 행랑의 불빛도 환하게 밝았다. 제상에 메밥이 올라갈 무렵 윤씨 부인 무덤에는 쉬어 가는 밤 나그네같이 한 사나이가 묘비를 등지고 앉아 있었다. 덤벼드는 풀모기를 쫓다 말고 사내는 담배를 꺼내어 붙여 문다. 담배를 빨아 당길 때마다 아직은 망가지지 않은 얼굴의 윤곽이 나타나곤 하는데 사내는 환이었다.

골짜기에서 뻐꾸기 우는 소리가 들려왔다. 마을 쪽에선 이따금 개 짖는 소리, 여름밤의 별들은 황홀하게 반짝이고 뻐꾸기는 계속하여 운다.

* * *

드디어 타작 마당에 낡은 상여가 나오다. 얼마 안 있어 복동네 집에서 장정 몇 사람이 관을 들어 나타났다. 그 뒤를 이어 재최, 굵은 삼베 상복을 입고 상장을 짚은 양자 복동이가 며느리가 곡을 하며 따라 나온다. 관은 상여에 실리지 않았다. 멍석 위에 놓여졌다. 언제 왔는지 봉기는 도살장에 끌려온 송아지처럼 고개를 푹 숙이고 서 있었다. 이따금 치 뜨고 사방을 살피는 눈알이 불면 때문에 시뻘겋게 물들어 있었다. 곡성이 멎고 와글바글 벌집 쑤셔 놓은 듯 했던 타작마당이 일시에 물을 끼얹은 듯 조용해 졌다. 봉기의 그 흥미진진한 자복의 광경을 기다리는 것이다. 까마귀가 공중을 선회한다. 열기를 타고 벼 익은 냄새가 풍겨 온다. 침묵은 하마 폭발할 것처럼 무겁게 사방을 누른다.

* * *

석이는 외투 호주머니 속에 두 손을 찌르고 우두커니 서 있었다. 울타리가 얕아서 거리가 내다 보였다. 방안에서는 숨을 죽인 듯 아무 기척이 없다. 신돌 위에 구두를 벗고 석이는 마루로 올라섰다. 방문을 열었다. 기화는 방 한 구석에 쳐 박히듯 쭈그리고 앉아 있었다. 힐끗 석이를 쳐다본다. 계속 잠만 잔다고 하더니 기화의 얼굴에는 다소 생기가 있어 보였다. 무릎을 모아서 세우고 그 위에 얹은 하얀 팔목이 가늘어 보였다. 남색 법단 저고리에 자줏빛 치마를 입고 있었다. 농짝과 이불 한 채 밖에 없는 방이 그래도 좁아 보였다. 벽에는 기화의 두루마기가 걸려 있었다. 석기는 말없이 외투를 벗어 밀어붙이고 자리에 앉자마자 담배부터 꺼내 붙여 문다. 서로 고집 세게 입을 열지 않는다.

* * *

누리끼리한 수염을 흔들고 비대한 몸을 흔들며 고래고래 지르던 그 소리도 사라졌다. 신도들의 손뼉치고 예배하며 통곡하던……. 회당과 뜰을 메운 그 광란의 물결도 이제 사라지고 없다. 먹고 마시고 가락에 흥겨웠던 사람도 잔칫상도 다 걷혀 버리고 없었다. 회당 높은 용마루에 초승달만 멍청히 떠 있었다. 연이어진 방에는 팔신장(八神將)에다 십오수문장(十五守門將), 그리고 전령(傳令)들, 그러니까 전령이란 포교사들인데, 소위 이들 청일교의 간부급 인물들이 진종일 마신 술에 녹아 떨어져 엎어가도 모르게 한잠에 빠져 있었다. 코고는 소리, 이빨 가는 소리, 무엇에 쫓기는지 소리치는 잠꼬대, 그들은 진정 그날이 와 홍포도사, 청포도사, 황포도사가 될 것을 꿈꾸는 것인지, 전력도 각색각양의 사내들이 야수같이 씨근거리던 즐빗한 그 방에는 불이 다 꺼져 있었다. 제일 늦게까지 남아 일을 하던 주방의 여신도들도 이제 잠자리에 들 모양이다. 자정이 넘어서 한 시각이 더 지났을까? 봄을 시샘하듯 꽃바람이 불고 숲에서 부엉이가 운다. 장비며 관운장을 그린 회당의 벽면, 단청을 입힌 처마며 휘늘어진 수양버들, 그리고 초승달, 인가 먼 곳에 사교의 전당은 무시무시한 요기를 뿜으며 어둠 속에서 서 있다. 일진의 바람이 지나간다.

* * *

망망한 지평선이다. 야트막한 구릉(丘陵)이 없었던 것은 아니지만 훤하게 트인 시야, 얼굴을 치는 것은 모래바람 뿐이다. 이따금 밭둑에, 강가에 우뚝 선 고목이 유랑민의 심사를 산란하게 한다. 움은 트고 있었겠지만 멀리서는 죽은 나무 같이 가지는 엉성하고 이역 벌판에 수없이 쓰러진 실

•무대 장소 묘사편

향민들의 고혼, 마지막 순간 뭔가를 움켜쥐려는 손짓과도 같이 엉성한 나뭇가지 이곳에서 죽음과 같은 땅 시베리아의 벌판은 어디메쯤인가, 북쪽으로 북쪽으로 치올라 가면 비옥한 농경지와 넘치는 물고기와 풍부한 수렵지가 있다는 흑룡강 유역, 그 강을 넘으면 시베리아인가. 거대한 빙산이 무너져 내리는 소리, 흰곰이 느물대고 끝없이 끝없이 살육 당하는 해마며, 물개며, 제 새끼를 기르기 위해 남의 새끼를 먹이로 하는 잔혹한 생존의 투쟁이 그곳 빙산에서도 벌어지고 있는 알래스카는 어디메쯤이며, 일찍이 동방에의 길을 찾아 대상(隊商)들이 사막을 건너서 오던 돈황(敦煌), 그 실크로우드는 이곳에서 어디메쯤에 있는 것일까.

(지식산업사, 1980)

□ 박경리「토지 Ⅳ」

소가 되돌아오면은 쟁기도 방향을 돌려 오던 길을 되돌아가는데 이러기를 몇 차례인가, 밭둑에 밋밋이 서 있는 고목 한 그루같이 용이 모습도 그러하다. 밋밋하고 물기 빠진, 나무는 동면으로 들어갔을 테지만 용이의 끝없이 되풀이되는 움직임은 생명에의 의지에 끝장을 본 듯 살벌하고 물건만 같다. 가끔 야트막한 둑길을 길손이 지나가고 멀리 쟁기질하는 농부가 한 둘 눈에 띄기도 한다. 밭 이 끝에서 저 끝으로 저 끝에서 이 끝으로 되풀이되는 쟁기질, 희뿌연 해는 중천에서 기울고 밭둑길을 밟고 멀리서 임이네가 점심을 이고 온다. 쟁기질을 하는 용이와 점심을 이고 오는 임이네의 거리는 가까워지지만 "점심가지고 왔소." 용이는 말이 없고 거들떠보지도 않는다. 밭 끝까지 소를 몰고 간 뒤 소에서 쟁기를 풀고 둑 밑에 박아놓은 말뚝에 소를 맨다. 밭둑으로 올라온 용이는 마른풀을 내려다보며 펄썩 주저앉는다.

* * *

극성스럽게 새를 쫓던 할망구는 와삭와삭 풀밭이 선 출입문으로 갈아

입고 타작마당에서 굿을 보고 있을 것이다. 추석은 마을의 남녀노유, 사람들에게 뿐만 아니라 강아지나 돼지나 소나 말이나 새들에게, 시궁창을 드나드는 쥐새끼까지 포식의 날인가보다.

바른 장단의 꽹과리 소리, 느린 장단의 둔중한 여름으로 울려 퍼지는 징 소리는 타작마당과 거리가 먼 최참판댁 사랑에서는 흐느낌같이 슬프게 들려온다. 농부들은 지금 꽃 달린 고깔을 흔들면서 신명을 애고 괴롭고 한스러운 일상을 잊으며 굿놀이에 열중하고 있을 것이다. 최 참판 댁에서 섭섭잖게 전측이 나갔고 풍년에는 미치지 못했으나 실한 평작임엔 틀림이 없을 것인 즉, 모처럼 허리끈을 풀어놓고 쌀밥에 식구들은 배를 두드렸을 테니 하루의 근심은 잊을 만 했을 것이다. 이날은 수수개배를 꺾어도 아이들은 매를 맞지 않는다. 여러 달 만에 솟증 풀었다고 느긋해 하던 늙은이들은 뒷간 출입이 잦아진다. 힘 좋은 젊은이들은 벌써 읍내에 가고 없었다. 황소 한 마리 끌고 돌아오는 꿈을 꾸며 읍내 씨름판에 몰려간 것이다.

최 참판 댁 사랑은 무인지경처럼 적막하다. 햇빛은 맑게 뜰을 밝혀주는데 사람들은 모두 어디로 가버렸을까! 새로 바른 방문 종지가 낯설다.

한동안 타작마당에서는 굿놀이가 멎은 것 같더니 별안간 경풍들인 것처럼 꽹과리가 악을 쓴다. 빠르게 드높게, 꽹과리를 다라 징 소리도 빨라진다. 깨깽 깨애깽! 더어응응음―깨깽 깨애깽! 더어응응음. 장구와 북이 사이사이에 끼어서 들려온다. 신나는 타악 소리는 푸른 하늘을 빙글빙글 돌게 하고 단풍든 나무를 우쭐우쭐 춤추게 한다. 웃지 않아도 초승달 같은 눈의 서금돌이 앞장서서 놀고 있을 것이다. 오십 고개를 바라보는 주름살을 잊고 이팔청춘으로 돌아간 듯이, 몸은 늙었지만 가락에 겨워 굽이굽이 넘어가는 구성진 목청만은 늙지 않았으니까 웃기고 울리는 천성의 광대기는 여전히 구경꾼들 마음을 사로잡고 있으리. 아직도 구슬픈 가락에 반하여 추파 던지는 과부가 있는 지도 모른다.

(지식산업사, 1979)

□ 박경리 「김약국의 딸들」

　통영(지금은 忠武市)은 다도해 부근의 조촐한 어항이다. 부산과 여수 사이를 내왕하는 항로의 중간 지점으로서 그 고장의 젊은이들은 조선의 나폴리라 한다. 그러니만큼 바다 빛은 맑고 푸르다. 남해안 일대에 있어서 남해도와 쌍벽인 큰 섬 거제도가 앞을 가로막고 있기 때문에 현해탄의 거센 파도가 우회하므로 항만은 잔잔하고 사철은 온난하여 매우 살기 좋은 곳이다. 통영 주변에는 무수한 섬들이 위섬처럼 산재하고 있다. 북쪽에 두루미 목만큼 좁은 육로를 빼면 통영 역시 섬과 별다름 없이 사면이 바다이다. 벼랑 가에 얼마쯤 포전(浦田)이 있고 언덕배기에 대부분의 집들이 송이버섯처럼 들앉은 기세는 빈약하다.

*　　*　　*

　그들은 어막 장으로 돌아와서 불을 지피고 둘러앉는다. 가마솥에서 광어국 끓는 냄새가 구수하게 풍겨 온다. 궂은 날의 황혼은 빨랐다. 어느덧 밤은 왔다. 칠흑처럼 어두운 어장막, 뭇 괴물들이 수 없이 울부짖고 달려오는 듯한 바람소리, 파도소리…… 통영 항구와 아득히 떨어진 여기는 종이섬 어장막이다.

*　　*　　*

　방에는 어해도(魚蟹圖) 한 폭이 걸려 있었고 손질을 잘한 귀목 문갑 위에 문서와 책이 가지런히 정돈되어 있다. 김약국의 옷차림과 마찬가지로 단정한 그의 방이다.

*　　*　　*

　떨어진 장지문 사이로 햇빛이 여러 줄기 방안으로 스며들었다. 용란은 방에 드러누워 사과를 깨물어 먹고 있었다. 머리맡에는 과자 봉지가 너절하니 널려 있고, 어젯밤에 마시다 둔 물 그릇 속에는 파리 한 마리가 헤엄치고 있었다.

(나남, 1993)

□ 박경리 「파시」

집안에는 아무도 없는 모양, 노파 한 사람이 집을 지키고 있는 것 같다. 없는 것은 사람뿐만 아니다. 집안에는 세간조차 아무 것도 찾아 볼 수 없다. 벌레가 먹어서 곰보처럼 구멍이 뚫리고 칠을 한 흔적도 없는 낡은 기둥과 넓은 마루, 기왓장에는 이끼가 끼어있고 우묵하게 풀이 돋아나서 뱀이 대가리를 내밀 것만 같다. 꽤 큰 집인데 이삿짐을 실어 내가고 비질을 싹 해버린 것 같이 쓸쓸하다. 냉기가 횡하니 돈다. 오래 묵은 집이어서 더욱 찝찔한 바닷바람이 집 뒤의 솔밭을 스치고 지나가는 소리가 싸하고 들려온다.

*　*　*

멀리 물에 흰 구름 같은 물살이 부딪치고 있었다. 그새 부두가 에는 선표를 산 사람들이 많이 모여들어 배를 타려고 기다리고 있었다. 여수(麗水)로 가는 정기기선 갑판 위에 흰 제복 입은 보이와 선원들이 바쁘게 왔다갔다 소리치며 출항준비를 서두르고, 뒤늦게 나온 사람들은 암표를 사기 위해 쫓아다닌다. 뱃고동을 울리며 항구에 배 한 척이 들어온다. 미산서 오는 밤배, 선원들이 굵은 로우프를 산판을 향해 던지자 기선회사 사람이 재빨리 그것을 얽어맨다. 배 옆구리에서 흰 구슬방울이 된 물이 콸콸 쏟아지고 그 배가 일으킨 물굽이에 산판과 항구에 정박한 배들은 그네를 뛴다. 선객들이 배에서 물러 나온다. 쌀장수, 야채장수, 어물장수, 짐을 많이 실어주는 밤배는 또한 장사꾼의 여관과 같은 곳. 밀고 비비고 하는 좁은 개찰구 입구에 순경과 형사들이 뻗치고 서서 날카로운 눈초리로 도민증 신분증을 조사하고 짐을 검색한다.

　　　　　*　　*　　*

　푸른 파도는 연이어 뱃전에 밀어닥친다. 흰 구슬이 되어 무수히, 무수히, 파도는 부서진다. 배가 가지 않고 바다가 지나가는 것 같다. 한 켠은 망망한 바다, 수평선도 아스라이 멀다. 고기잡이배들이 바다에 나와 있다. 조그마한 발동선을 띄워놓고 물속으로 들어가는 잠수부, 나이 어린 소년 어부가 여수행 기선을 향해 손을 흔든다. 햇볕에 잘 그을린 얼굴에 흰 이빨을 드러내고 웃음을 담뿍 띤다.

　　　　　*　　*　　*

　배는 섬 사이로 누비고 들어간다. 바람도 물결도 가라앉은, 기름같이 매끄러운 바닷물 위로 배는 미끄러지듯 지나간다. 여기저기 돛을 접은 고깃배가 많이 떠있다. 자그마한 발동선이 풍풍 연기를 뿜어내고 둥글게 원을 그리며 그물을 펴고 있다. 강배, 나무배가 가고 꺼무죽죽한 쇳덩어리 같은 화물선도 지나간다. 선실의 사람들은 조급하게 짐짝을 들고 양 켠 뱃전에 나와서 멀거니 항구 쪽을 바라본다. 선실을 비우고 나온 사람들이 양 켠 뱃전에 넘친다. 배는 멈추고 닻은 내려졌다.

　　　　　*　　*　　*

　저녁, 파시(波市)가 끝난 곳, 비리치근한 생선냄새가 아직 떠돌고 있다. 물에 젖어 번들거리는 고무장화에 내리닫이 같은 작업복을 입은 경매꾼들이 고기더미 앞에 버티고 서서 고함지르고, 고기비늘이 묻은 망태같이 큰 주머니를 허리에 늘어뜨린 어물가게 아낙네들이 와글거리던 곳이 지금은 조용하다. 불빛마저 꺼지고 없다. 해가 지고 어둠이 찾아온 지도 얼마 되지 않았는데 생선을 얻으려고 깡통을 달랑거리며 이리저리 헤매던 가난한 아이들도 집으로 다 돌아가고 한 아이도 찾아볼 수 없다. 가등이 달무리처럼 번져서 희미하게 비춰주는 해사국(海事局) 앞길, 하얀 해변 길

방천을 따라 명화는 천천히 걸어간다. 가등이 가까워올수록 그의 뒷그림자는 짙어지고 차츰 짧아진다. 바람이 불어서 나뭇잎이 가등으로 쏠리면 그림자는 부서지곤 한다. 그림자가 엷어지고 길게 앞으로 뻗더니 명화는 어둠 속에 사라지고 만다. 가로등 빛이 다 없어진 캄캄한 거리엔 아무도 없다.

* * *

낯선 나그네만 남겨놓고 선객들은 부둣가에서 모두 흩어져 가버렸다. 배도 여수를 향해 떠나고, 장마철로 접어든 거리에는 안개같은 비가 내린다. 먼 곳의 섬들이 비구름에 가려 보이지 않는다. 짐을 못 얻은 지게꾼 몇 사람이 팔짱을 끼고 영화 광고가 나붙은 담뱃가게 처마 밑에 붙어 서서 날씨 걱정을 하고 있다. 고무 우장을 입은 배달꾼이 자전거를 몰로 지나간다. 기름집에서 기름통을 들고 나온 뱃사람이 빗길을 쫓아가고, 누더기로 감싼 죽 항아리를 이고 팔을 휘저으며 가던 죽장수의 모습은 시장 쪽으로 사라진다. 맞은 켠 기선회사 처마 밑으로 비오는 거리를 바라보고 있던 나그네들도 한 사람 두 사람 여관을 찾아가고 후즐그레한 나일론 치마저고리를 입은 젊은 여자 한 사람만 남는다. 조그마한 트렁크를 들고 있다.

* * *

철망 울타리를 쳐 놓은 빈 터 옆을 명화는 지나간다. 날씨가 좋으면 생선을 말리는 곳, 자개단추를 찍어낸 구멍투성이의 소라 껍질이 여기저기 굴러있다. 빨갛게 녹이 슨 철망울타리에는 거둬들이지 않고 내버려둔 빨래가 볼품없이 걸려있고 빈터의 비 맞은 잡초는 지나치게 싱싱하여 징그러울 정도로 우거져 있다. 안개가 덮인 바다는 잿빛 포장을 깔아놓은 듯 무겁게 보인다. 그래도 갈매기 떼는 눈이 밝은지 모이를 찾아 바다 위에 날아 내리고, 작은 고기를 물고 날아오른다. 배 한 척 없는, 안개에 가려

섬도 볼 수 없는 우중충한 풍경, 이 세상 끄트머리 같이 우울하다. 빈터를 지나면 그물공장이다. 그물 짜는 기계소리가 우울한 날을 더욱 우울하게 한다. 길게 땋아 내린 머리를 어깨 위에 걸쳐놓고 얼굴에 호박꽃이 핀 나이 많은 처녀가 그물을 짜다가 지나가는 명화를 내다본다.

온갖 것을 다 파는 변두리 잡화상에 사이다 병을 든 계집아이는 등장기름을 사러 들어간다. 삼베 치마 적삼에 검정 고무신을 신은 장사꾼이 어막장에서 갈치를 받아 이고 부지런히 걸어간다. 밭에서 풋고추, 가지를 따고 열무를 뽑아 대소쿠리에 가득 담아 이고 저녁 장에 대가려고 촌 아낙네들도 부지런히 걸어간다. 차츰 사방이 밝아지면서 안개같은 비는 멎는다. 명화는 양산을 접어들고 방천을 따라 걷는다. 차츰 사방이 밝아지면서 안개같은 비는 멎는다. 명화는 양산을 접어들고 방천을 따라 걷는다. 비가 멎기를 기다리고 있었던지. 어느새 물이 먼 곳까지 빠져버린 갯바닥에 호미와 오목한 개발바구니를 든 아이들과 아낙들이 무릎 위에까지 치마를 걷어올리고 들어간다. 명화는 둑 위에서 걸음을 멈추고 조개 파는 구경을 한다.

* * *

해변 길을 따라 수옥은 걸어간다. 달이 밝다. 오른편 언덕의 굽은 나무 그림자가 흔들리고, 달은 길을 한낮 같이 비춰준다. 물이 가득 들어찬 방천 아래서 물결소리는 부드럽게 들려오고 바닷물이 눈부시게 일렁인다. 돛단배가 달 따라 나왔는지 조용히 지나가고 똑딱선이 통통거리며 지나간다. 멀리 여수 쪽, 좁은 수로를 빠져나간 곳에 등댓불이 깜박이고, 왼편 언덕 밑에 드문드문 있는 초가에서도 등잔불이 깜박이고 있다. 수옥은 간혹 옆을 스치고 지나가는 사람의 그림자에 놀라면서 급히 걸어간다.

* * *

아무 세간도 없는, 천장이 나지막하게 내려앉은 방. 드나드는 장지문이 하나 있을 뿐, 마치 가마 속에 들 앉은 것 같이 답답하고 공기가 탁하다. 큼직하게 꾸려놓은 보퉁이와 트렁크 두 개가 한 구석에 놓여 있고, 벽장이 있기는 있어서 자질구레한 것은 그 속으로 다 밀어 넣었는지.

* * *

읍내, 육지보다 한 걸음 앞서서 봄은 섬에 찾아오는 가보다. 먼 강남, 그쪽 나라에서 바다를 건너온 철새들이 섬을 먼저 발견하고 내려앉으며 잠시 날개를 접어보는 것처럼. 비눗물같이 희뿌옇게 부서지는 태양, 해초의 싱그러운 내음을 싣고 불어오는 바닷바람, 끝 간 곳 없이 아스라이 먼 수평선을 조개 파던 마을 처녀가 허리를 펴며 바라본다. 벌써 땀이 배는가. 손등으로 이마를 씻으며. 겨우 내내 신고 다니던 검정 물을 들인 무명 버선일랑 벗어 던져 버린 맨발에 짜릿한 물결이 장난치듯 밀려가고 밀려온다. 제주도에서 떠들어온 해녀들은 보릿고개의 서러운 노래를 부르며 오늘도 뒤웅박을 안고 굽어진 해변 둑길을 지나간다. 물때를 만나 지금이 한창인 멸치 어장막 벼랑 밑의 펑퍼짐한 빈터에는 흰 수건 쓴 아낙들과 아이들이 모여 들어서 자기 몫의 일들을 하고 있다. 즐비하게 걸어놓은 큰 가마솥에서는 뜨거운 김이 피어오르고, 멸치 삶은 짙은 냄새가 사방에 퍼진다. 구릿빛에 험상궂게 생긴 사나이가 이리저리 쫓아다니며 바다 위에서 하던 버릇대로 목청껏 고함을 지르고, 봄볕에 그을린 아낙들은 흰 이빨을 드러내어 웃으며 고함치는 사나이에게 핀잔이다.

* * *

둥글게 뭉그러진 구름이 장엄한 노을 속에 제왕이 타고 가는 황금마차와 같이 피어오르고 흰 손수건 같은 돛단배가 움직이지도 않는 것처럼 가고 있다. 바다 냄새와 사람의 냄새, 기름 냄새와 시궁창 냄새, 갖가지 냄새가 찌든 부두가에는 차츰 사람의 무리가 불어나기 시작한다. 다 자기 나름의 벅찬 삶을 안고 시간의 흐름의 한 토막을 위해 그들은 모두 움직이고 있는 것이다. 지게꾼, 부두노동자, 떡장수, 국수장수, 선원들, 가지각색의 용모와 직업과 신분을 지닌 여행자들, 소음과 진구렁이창…… 바다의 물을 이은 산판은 한 순간도 변함없이 슬픈 설레임처럼 파도에 흔들리고 있다.

(지식산업사, 1979)

□ 박경리 「시장과 전장」

채마밭에 앉아있던 건너편 울타리 없는 양옥집 노부인이 상치를 솎아 가지고 집안으로 들어간다. 그 집 뜰 안에는 달구지국화가 노을처럼 가득 피어 있었다. 조용한 아침나절, 이따금 옆집 병원에서 환자 앓는 소리가 들려오곤 한다.

*　　*　　*

맑은 소리를 내며 불어오는 강바람, 트럭 두 대가 한강 모래밭의 모래를 실어 나르고 있다. 다리 밑 움막에서 큰 광주리를 짊어지고 나온 넝마주이는 갈쿠리를 뱅뱅 돌리며 다리위로 올라간다. 아지랑이가 흔들리는 서빙고(西氷庫) 쪽으로 기동차가 달리고 있었다.

*　　*　　*

야구시합이 끝난 서울운동장에서 학생 시민들의 무리가 쏟아져 나온다. 그들은 전차 정류장에 모여들었다. 흩어져 양쪽 보도를 누비고 지나가는 축들도 많다. 마이크가 왕왕거리고 트럭이 연달아 지나간다. 흐릿한 날씨, 기훈(基勳)은 전차 길을 건너 고물상이 늘어선 시장께로 접어든다. 철 늦은 털옷, 군대 복, 담요 따위를 길바닥에 늘어놓고 색안경을 쓴 키 큰 사나이가 약장수같이 소리를 지르고 손뼉을 치며 손님들을 부른다. 장바구니를 든 아주머니가 담요를 만져보곤 하다가 가버린다.

* * *

장사꾼들이 팔짱을 끼고 얘기를 하고 있다. 소달구지가 느릿느릿 장바닥을 지나간다. 고깃간 앞에 머문다. 일꾼이 쫓아 나와 커다란 갈비짝을 메어 나르고 소는 꼬리를 치며 쇠똥이 말라붙은 엉덩이와 파리를 쫓는다.

* * *

왼편을 돌고 오른편을 돌고 또 왼편을 돌고 오른편을 돌고 복잡한 골목이다. 전주와 담벽에 시끄러운 벽보, 낡은 것, 새것, 찢어진 것, 수캐 한 마리가 다리를 치켜들고 소변을 본다.

* * *

빈방, 무서워요 혼자, 하던 말이 하나하나 되살아나고 병원용인 듯 낡은 베드는 댕그랗게 높았다. 탁자하나, 의자하나, 벽에는 옷 한 가지 걸려 있지 않았다.

* * *

얌전하게 꾸며진 방이다. 젊은 여성의 분위기가 넘치는, 다만 커튼의 빛깔이 너무 야단스러워 안정감이 못하다.

(중앙일보, 1987)

□ 박경리 「영원한 반려」

현관문은 그들을 맞이하기 위해선지 열려져 있었다. 김상철에 안내되어 들어간 곳은 응접실 겸 거실인 모양인데, 열 평은 족히 될 성싶은 넓은 방이었다. 별나게 붉은 벽돌로 꾸며진 '화이어 플레이스'가 선뜻 눈에 띄었고, 조그마한 책장에는 몇 권의 책이 꽂혀 있었다. 텔레비전, 전축, 피아노, 골동품 등등 무슨 공개방송처럼 즐비하게 자리를 차지하고 있었다. 조명장치는 다방을 연상시켰다. 최고급품의 푹신한 소파, 주석(朱錫)으로 앗자무늬를 세긴 붉은 탁자, 어딘지 그것도 다방 냄새를 풍기고 있는 것 같았다.

* * *

　서재 겸 침실인 그다지 넓지 않은 방은 엉망이었다. 신이 오른 무당이 미친 듯 굿을 하다 돌아가 버린 뒷자리같이 어수선하였다. 손에 닿는 대로 뽑아서 보다가 팽개치곤 하여 잭은 무더기 무더기로 쌓여 있었으며 말아 버린 원고지, 찢어 버린 원고지는 신병구씨가 누웠다 일어난 자리 말고는 방바닥을 뒤덮어 놓았고, 전화를 라디오 줄이 서로 얽혀 어지럽다. 긴 것 짧은 것 담배꽁초가 수북이 쌓인 재떨이며, 찻잔, 냉수그릇, 커피포트 그밖에도 무엇이 가득 들어앉은 것 같았다. 책장과 액자 위에는 거미줄, 오월 달부터 떼지 않고 내버려둔 캘린더며 무엇 하나 정상으로 된 것은 없는 성싶었다. 접시 모서리에 기우뚱히 걸려 있는 빈 찻잔에는 커피찌꺼기가 고약처럼 묻어 있었다. 원래는 커피가 좀 남아 있었던 것이 후덥지근한 방안 공기에 증발해 버린 모양이다. 그 고약처럼 말라붙은 커피찌꺼기 위에는 성큼하게 큰 모기 시체 하나가 모로 누워있었다. 거미줄만큼 가는 다리는 성냥개비만큼이나 길었다.

(지식산업사, 1987)

□ 박경리「노을진 들녘」

　일혜는 열 평이 족히 될 성싶은 넓은 방안을 둘러본다. 방안은 구경할 만한 가치가 충분히 있었다. 상무 댁이라 하기에는 돈벼락 맞은 치들의 저속한 신조가옥을 연상하며 다분히 경멸감을 가지고 왔으나 와보니 딴판이다. 방안의 장치는 화려하지 않았으나 은근히 호사스러웠다. 가구들도 단조한 디자인이지만 경박하지 않은 참신한 맛이 난다. 벽에 걸린 유화 두 폭은 일혜의 시선을 오랫동안 머무르게 하였다. 두 개가 다 이십

호 정도의 소품이었다.

* * *

다방 옆에 무슨 시음장이라 씌어진 초라한 빠로 들어갔다. 위층은 무슨 카바레인지 댄스홀인지 삼류 멋쟁이들 남녀가 드나들고 있었다. 이따금 싸구려 밴드에서 울려 나오는 음악이 아래층으로 흘러 들어왔다. 세 사람은 다 조용히 술을 마셨다. 술을 별로 하지 못하는 동섭은 마시는 시늉만 했고 주로 콩만 집어먹고 있었다. 그는 이런 빠의 분위기 속에서 아주 멋쩍은 모양이다. 그들은 밤이 저물어서 빠를 나섰다. 상호와 영재는 많이 취해 있었으나 여느 때와 달리 주정을 부리지 않았다. 밖에는 제법 비가 부슬부슬 내리고 있었다.

(지식산업사, 1979)

□ 박계주 「순애보 (上)」

해풍은 바다 위에 미끄러지며 피부에 간지럽다. 7월 25일경이언만 유혹에 벌써 해수욕장 일대는 무성한 반나체의 밀림을 이루고 있다. 헤엄치는 사람, 일광을 쐬면서 백사장에서 딩구는 사람, 모래를 주무르며 무엇을 속삭이는 젊은 남녀, 라이프 부이를 타고 물장구치는 아이들, 스프링보드에서 뛰어내리던 청년들…… 해수욕장은 본격적으로 그 가슴을 헤쳐 놓고 있다.

* * *

어깨를 가지런히 하고 흰 모래 위에 소리 없이 발자국을 그리며 가는 그들은 별장 곁을 지나서 우거진 송림 속으로 들어선다.

송림 속에는 디파트멘트의 출장점을 비롯하여 다방, 식당, 사진관, 테니스 코트, 베이비 골프장, 활 쏘는 대궁장, 시네마 영사장, 그밖에 캠프와 텐트가 즐비하게 늘어져 있으며, 그 사이로는 해수욕복만 입은 남녀가 오락가락한다.

(삼중당, 1983)

□ 박계주 「순애보 (下)」

하늘에는 별들이 무성했으며, 마지막 소음과 함께 비틀거리는 취객들이 군데군데 보인다. 그러나 골목에 들어서니 그러한 전차의 소음도 들리지 않았고, 취객의 모습도 보이지 않는다. 밀림 속처럼 고요하기만 하다.

* * *

명희는 그냥 해안선을 끼고 걷기만 했다. 물결도 여전히 밀려 들어와 명희의 발자국을 핥아서 지워 버리는가 하면 명희의 발목에 감기곤 한다. 멀지 않아 바다 한 끝에 빠져 자맥질하며 사라질 태양이기에 태양은 그 바다 한 끝으로 통하는 수로 위에 금모래를 뿌려놓으며 그의 최후의 길을 화려하게 장식한다. 그것은 찬란한 밤하늘의 은하 같기도 했으며, 선녀들이 사는 머언 동화의 나라로 통하는 길에 깔려진 금빛 카핏 같기도 했다.

* * *

바다와 그 바다에 붙은 하늘을 붉게 물들였던 황혼은 점점 잿빛으로 변해가며 어두워 갔다. 갈매기의 왈츠도 기진해서 멎어진 것이 아니라 사랑의 보금자리로 돌아가기 위해서 멎어졌으며, 또한 사라져 버린 것 같다. 그렇게 갈매기도 자취를 감추었고, 태양도 자취를 감추었건만, 그리하여 수평선도 보이지 않았고, 하늘에 떠돌아 가는 아무 것도 없었건만, 명희는 여전히 석고상처럼 한자리에 못 박혀 서서 어두워 보이지 않는 바다 한 끝을 바라보고만 있었다. 움직이는 것은 오직 파도와 미풍에 펄럭이는 명희의 치마일 뿐이다.

* * *

과수원에는 나무마다 사과가 탐스럽게 주렁주렁 달려 있어서 향기를 풍기었으며, 더러는 종이에 싸여져 있다. 그리고 햇볕은 사과나무 잎에 떨어져 번뜩이었다. 미풍이 때때로 멀리서 풀 향기와 꽃향기를 싣고 불어온다. 나비도 벌도 날아 돌아간다. 몹시 한적한 과수원이다.

*　　*　　*

여기는 함흥에서 저 유명한 명승지 부전고원의 부전호반으로 가는 경편 열차를 타고 성천강을 거슬러 올라가다가 장진호 갈라지는 지점 오로리에서 내려서 도로 다리를 건너와 고애재 옆으로 해서 동쪽 산곡으로 십리 가량 들어가 있는 기곡의 서원리라는 촌락이다. 앞 뒷산에는 송림이 덮여져 있었으며, 같은 서원리건만 버드나무 밑으로 흐르는 개천을 끼고 마을을 좌우로 갈라져 있다.

*　　*　　*

지금 문선의 방은 본래 영호가 서재 겸 응접실로 마련했던 마루방이다. 안쪽 구석에 침대가 놓여있고 들창 밑에 테이블이 있고 방 복판에 철사로 둘러친 스토브가 있다. 벽에는 밀레의 그림 만종도 걸려있었지만 일찍이 원산 시절에 문선이 그린 유화도 걸려있다. 유리창에는 커튼이 좌우로 벌어져 끈에 매어져 있었으며 스토브 주위에는 의자가 두세 개 놓여 있기도 했다. 아이들은 방에 들어가자 스토브 주위의 맨 마룻바닥에 둘러앉으며 아까 말했던 대로 또 이야기를 청한다.

(삼중당, 1983)

□ 박덕규 「포구에서 온 편지」

주점 안은 아직 도색한 냄새가 채 가시지 않았다. 바텐더용 스탠드 테이블 쪽에는 스툴 의자가 몇 개 밖에 놓여 있지 않아서 허전해 주방 쪽에 얼핏 보이는 사람은 송미가 이모라고 부르는 주방장 같아 보였다. 의자와 탁자는 새것이 대부분이었고, 모든 게 전과 같은 위치와 도색으로 조금 더 맑아지고 밝아진 느낌이었다. 아주 다른 게 있다면 송미가 구상한 대로 카운터 뒤쪽엔 컴퓨터를 한 대 설치해서 간단한 통신 업무를 볼 수 있는 유리방을 꾸며 둔 게 다른 점이랄 수 있었다.

* * *

신선한 생맥주, 정갈하고 깔끔한 안주, 크게 부담을 주지 않는 적당한 가격, 서른 댓 평 정도의 공간에 호화롭지도 너저분하지도 않은 인테리어, 취기에 어우리지게 이어지는 음악소리, 손님들에 대한 여주인 능수능란한 결단과 예우, 그리고 송미의 손놀림, 그런 것들 덕분에 항상 삼사십 대 중심의 화이트칼라들로 만원인 집이었다.

(문학사상사, 2000)

□ 박덕규「날아라 거북이」

그는 바지 주머니 속에서 라이터를 꺼내 불을 켜 보았다. 켜졌다 꺼지는 라이터 불을 슬쩍 지켜 본 그의 눈길은 다시 전면 차창 밖으로 멀리 날아갔다. 듬성듬성 승용차들이 병렬로 주차되어 주차장 한 켠으로 쓰레기 트럭 트레일러 박스가 자리해 있었고 그 뒤로 외따로이 한 대의 승용차가 주차되어 있었다. 가끔 쓰레기봉투를 버리러 오는 아낙네들의 모습이 보였을 뿐 그의 눈길은 특이한 어떤 것에 이르지 못했다. 전면에 우뚝 솟은 아파트 동의 창문들이 저무는 햇빛을 받아 마구 빛을 발하고 있었다.

(민음사, 1996)

□ 박범신「골방」

막둥이의 방은 정남향의 우리 집의 이층 동남간(東南間)에 위치해 있었다. 북한산 본간(本幹)에서 빠져 나온 북악의 아기자기한 산세를 한눈에 조망하려고 남향과 동향을 이어 드넓은 코너 창을 뚫어놨으니 그 명도(明度)로 치면야 문밖과 다름없었다. 아침부터 오후 늦게까지 햇빛이 들었고, 햇빛은 시시 때때 향과 각을 바꾸면서 침대 아래 책상 밑까지 닿았다. 어쩌다 막둥이 방을 들여다보면 커튼이 빈틈없이 쳐져 있었던 것을 나는 비로소 상기했다. 과연 숨을 때가 없는 방이었다.

(창작과비평사, 1997)

□ 박상륭 「죽음의 한 연구」

그리고 나는, 아마도 을야 정도에 마을이라고 생각되어지는 데에 들어섰는데, 전체로 보아서, 몽땅 부러지고 가운데 하나쯤 살이 남긴 듯한 얼레빗 몽다리 궁곡진 곳을 남녘으로 하고 누운 듯한, 전에 단애였을 듯도 싶은, 그러나 별로 가파르지는 않은 언덕 아래에, 띄엄띄엄이라곤 해도, 거적때기들 문처럼 늘여 놓은 것 잇대어져 있는 것이 오백 나한 법회라도 참석해 있는 것처럼 보이는 것으로 보아, 그것이 마을이었고, 물총새나 갈매기의 문둥병 걸린 암놈들 모양, 여기서는 사람들이 그렇게 깃 치고 사는 듯이 여겨졌다. 저 가운데쯤, 하나 남은 빗살이 그것도 반은 동강이 난 것 같은, 언덕 줄기가 내려 온 곳에, 그리고 거기가 마을의 가운데쯤이었는데, 샘이 있어서 나는, 두레박질하여 실컷 목도 축이고, 그리고 탈육스런 몸 위에도 몇 두레박이고 퍼부어 댔다. 흐린 달빛이 내 몸 위에서 부서지며, 청량스런 소리로 시들거리며 흩어지는 것이 좋았다. 나는 그런 뒤, 느릿느릿 걸어 월경대처럼 매달린 거적문들 앞으로, 발이 시린 밤고양이 모양 지났는데, 저 마을의 깊은 잠을 깨우고 싶지가 않았던 것이다. 그러다 그 마을의 공지의 한가운데에서, 가난한 한 식구 떠돌이 극단패라도 지어 놓고 그냥 떠나 버린 듯한, 한 원추형 거적집과 마주치고, 주인이 있든 없든 일숙박쯤 물어 볼까 하다가, 그만두고 되돌아섰다. 나로서는 아무 것도 서둘러야 할 까닭이 없었으므로 갑작스러이 풍류스럽게 된 나를 내가 가볍게 데불고, 달빛만 어둑스레 찬 마을을 밤새워 거닌들, 그것이 나쁠 턱이 없었다. 이것은 내게 삼동도 섣달, 어느 육중한 저녁같이 신록스런 밤이어서, 다음날에도 깨어지지 않기만을 바랐는데, 그러는 새 병야의 달착지근한 고적이었다.

(동아, 1997)

□ 박상우 「집시의 시간」

등을 돌리고 뒤쪽으로 걸어 나갔다. 다리가 시작되는 곳, 도시로 진입하는 쪽과 반대되는 방향이었다. 새벽 다섯 시, 오월인데도 체감 온도는 겨울 못지 않았다. 걸음을 재촉하며 춥고 졸린 몸을 달랬지만, 안개 때문에 '무궁화 호텔'은 미미한 불빛도 보이지 않았다. 교각이 끝나는 지점에서 우측으로 방향을 바꿨다. 약 십여 미터쯤 앞의 농무 속에서 이윽고 빛의 기운이 어른거리기 시작했다. 안개의 움직임에 따라 색의 농도가 미묘하게 변하는 허공의 네온사인.

호텔 마당의 안개 속에 누군가 서 있었다. 형체가 뚜렷하진 않았지만, 얼핏보기에 여자 같았다. 가까이 다가가자 정확한 거리로 원을 그리며 그 형체가 나를 피하기 시작했다. 눈을 가린 아이의 주변을 맴돌며 약을 올리던 어린 시절의 놀이가 떠올랐다. 사람이 아닌가? 안개 때문에 일어난 착시일지도 모른다는 생각이 들어 곧장 호텔 현관으로 들어섰다. 유리문 안으로 들어서고 난 뒤에 다시 한번 뒤를 돌아보았다. 호텔 마당 한가운데에 여전히 누군가 서 있었다. 내 쪽을 향해 서 있는 게 분명한 것 같다는 생각이 들었다. 그 실루엣, 마음을 이상하게 옥죄어 오는 것 같았지만 더 이상 망설이지 않고 등을 돌렸다.

* * *

샤워를 하고 프런트로 내려갔다. 깊은 고요가 시간의 정지를 암시하는 듯한 그 곳, 프런트에 여전히 은발의 노인이 앉아 있었다. 벽에 걸린 십장

생도와 그 옆의 오래된 주목을 보며 나는 천천히 걸음을 옮겨 놓았다. '살아 천 년 죽어 천 년'이라는 주목과 해, 산, 물, 돌, 구름, 소나무, 불로초, 거북, 학, 사슴 그리고 은발의 노인이 있는 풍경 속으로 걸어 들어간 것이었다. 내가 다가가자 아주 천천히 은발의 노인이 자리에서 일어났다.

"편히 쉬셨습니까?"

깊고 그윽한 눈빛으로 그가 나를 보았다. …(중략)…

프런트로 돌아 나온 그가 먼저 커피숍 안으로 들어갔다. 자신이 직접 서빙을 하겠다는 것인가. 의아하다는 생각을 하며 낮은 조면 속, 손님 없는 커피숍의 가운데쯤에 나는 자리를 잡고 앉았다. 담배를 피워 물고 막막한 기분으로 창밖을 보았다. 어둠 속에 안개가 있는 게 아니라, 안개 속에 어둠이 파묻혀 있는 것 같았다. 느리면서도 장대한 안개의 움직임 속에서 언뜻언뜻 속살을 드러내는 어둠─고개를 돌리자 탁자 위에 커피 잔에 놓여 있었다.

(신원문화사, 1996)

□ 박상우 「적도기단」

다소 어둑어둑한 실내가 상병과 일병의 시야로 밀려들었다. 좌측 벽 쪽에 세워진 암갈색의 책장과 우측 벽 쪽으로 난 작은 창유리가 묘한 대조를 이루는 방이었는데, 그 나머지 공간에 놓인 테이블, 의자, 선풍기, 스탠드 등속에 조화와는 전혀 무관한 듯한 위치에 제멋대로 배치되어 있는 게 또한 특징적이기도 했다. 전체적으로 보아 상당히 불안정해 보이는 방이었다. 테이블과 의자는 책장이 끝난 곳의 벽 쪽으로 지나치게 치우쳐 있었고, 선풍기는 반대편 창틀 밑에 처치 곤란한 폐품처럼 방치되어 있었으며, 갓이 길쭉한 스탠드는 묘하게도 테이블 위에 쌓여있는 여러 권의 서적 위에 올려져 있었다. 한낮인데도 그 스탠드에는 불이 밝혀져 있었다. 그리고 그 형광등 불빛의 뚜렷한 조명권 내에 앉아서 한 인간이 의학 서적을 읽고 있었다.

* * *

　본부 건물은 깊은 안개 속에 파묻혀 있었다. 건물 뒤쪽의 산은 조금도 보이지 않았고, 그 주변에는 불빛마저 없어서 전체적으로는 낡고 오래 된 성을 연상케 했다. 첩첩한 안개 때문에 그것은 또한 귀기가 잔뜩 서린 악령의 소굴처럼 보이기도 했다. 그렇듯 음험한 자태로 그 건물은 고스란히 안개 속에 파묻혀 있었다. 그 일층 중앙의 일직 총사령실에서만 가느다란 형광불빛이 새어나오고 있었다. 그들은 말없이 건물 앞쪽의 자그마한 화단을 돌아 좌측의 참호를 찾아갔다. 건물 좌측의 후미진 곳에 참호는 있었는데. 얼핏 들여다보기에도 그 안은 상당히 깊고 넓어 보였다.

* * *

　내무반 창유리 앞에 선 상병의 시야로 드넓은 연병장이 밀려들었다. 뙤약볕이 한껏 내려앉은 그 연병장이 옥양목을 펼쳐놓은 것처럼 하얗게 떠올라 있었다. 그곳에서 한 병사가 연병장 가장자리를 따라 뛰고 있었다. 철모와 배낭, 소총과 탄대까지 착용한 완전무장 구보였다. 그 어깨에 멘 총신에서 가끔 반사광이 반짝거렸다. 지칠 대로 지쳤는지, 뛰다 걷고 걷다 다시 뛰곤 하는 그 동작이 비할 데 없이 고적해 보였다.

(중앙일보, 1996)

□ 박상우 「캘리포니아 드리밍」

　그 협소한 공간에는 철제 테이블 두 개가 놓여 있었고 그 위에 놓인 책꽂이에는 여러 개의 서류철들이 꽂혀 있었다. 그리고 내무반장이 한쪽 팔을 걸치고 있는 테이블 위에는 깨알처럼 작은 글씨가 타이핑 된 몇 장의 갱지가 놓여 있었다. 내무반장의 손에 들린 담배에서 피어오른 연기가 너울너울 춤을 추며 그 위로 날아오르고 있었다.

(세계사, 1996)

□ 박상우 「깊고 푸른 방」

깊고 푸른 방, 거짓말에 대한 자각의 공간으로 되돌아왔다. 약 45도 각도로 직사각형의 작은 창이 올려다 보였다. 그리고 내가 누운 자리 좌우측으로 대칭을 이룬 두 개의 출입문이 보였다. 하지만 놀랍게도 방안에는 옷장이나 책장, 혹은 테이블 따위의 내용물이 전혀 없었다. 대학노트 크기만 한 직사각형의 창유리 위에는 푸른 코팅지가 발려져 있었고, 거기서 밀려드는 미미한 빛줄기가 방안을 대양의 밑바닥처럼 깊고 푸르게 만들고 있을 뿐이었다.

(중앙일보, 1996)

□ 박상우 「내 마음의 옥탑방」

물질로 구현된 꿈의 성전.

백화점에서 특정한 무엇인가에 대해 집중력을 발휘한다는 건 결코 쉬운 일이 아니었다. 인간의 시선과 의식을 끊임없이 유혹하는 물질의 성채가 사방에서 빛을 발하는 공간—백화점은 인간의 꿈이 물질로 구현된 꿈의 성전이었다. 물질에 대한 숭배심 때문인가. 성전 안으로 들어선 사람들은 동경과 선망이 가득한 순례자 같은 눈빛으로 연신 사방을 두리번거릴 뿐이었다. 요컨대 젖과 꿀이 흐르는 현대판 가나안, 무한대의 물질적 유혹이 정신을 혼미하게 만드는 공간에서 나는 기적 같은 집중력을 경험하기 시작한 것이다.

* * *

이십여 미터쯤 걸어가자 좌측에 시장이 나타났다. 십여 미터쯤 더 걸어가자 지금껏 걸어온 길이 두 갈래의 좁은 골목으로 양분되는 지점에 그리 크지 않은 교회건물이 나타났다. 우측의 경사진 골목으로 접어들어 다시 십여 미터쯤 걸어간 뒤, 그녀는 다시 한번 우측으로 방향을 꺾었다. 그러나 믿어지지 않을 정도로 가파진 언덕길이 나타났다. 하지만 경사각이 사십 도를 상회할 것 같은 그 언덕길을 그녀는 아무런 망설임도 없이 내처 걸어 오르기 시작했다. 고난스런 오르막이 절정을 이루는 지점, 놀랍게도 그녀의 거처는 그 언덕 꼭대기에 있었다. 오르막이 끝나는 지점의 평지에 지어진 삼층 양옥, 그것도 옥상 위.

지상의 방인가. 천상의 방인가.

* * *

그녀의 난폭한 초대로 난생 처음 방문하게 된 옥탑방은 이십 오 평 정도의 옥상에다 뿌리를 내리고 있었다. 옥탑방이 십오 평 정도의 공간을 접하고 있었으니 옥상 넓이에서 옥탑방의 넓이를 제한 십여 형 정도의 변적은 고스란히 콘크리트 마당이랄 수 있었다. 하지만 가파른 언덕 위에 자리 잡은 삼층 건물 옥상, 거기서 내려다보는 지상의 밤 풍경은 결코 아름답지 않았다. 경사진 비탈을 따라 집들이 다닥다닥 달라붙은 달동네와 실핏줄처럼 뒤엉킨 좁은 골목길, 그리고 강 건너 편으로 내다보이는 고층 건물과 즐비한 차량의 행렬……

* * *

그날 어둠이 내릴 때까지 나는 그녀의 옥탑방에 누워 있었다. 전화도 없고, 냉장고도 없고, 보일러도 작동되지 않는 을씨년스런 옥탑방에 어둠이 밀려들자 사람이 살지 않는 폐가와 같은 적막감이 사방에서 밀려나오기 시작했다. 그래서 다리가 후들거리는 걸 느끼면서도 나는 서둘러 지상으로 내려왔다. 따뜻한 정감이 느껴지던 방이 아니라 궁핍이 독기처럼 번져 있는 방에서 황망스럽게 쫓겨 나온 것 같다는 생각이 들 정도였다.

(문학사상사, 1999)

□ 박상우 「붉은 달이 뜨는 풍경」

 차에서 나와 남자는 담배부터 피워 물었다. 하지만 휑뎅그렁한 휴게소 마당으로 쏟아지는 폭양에 절로 눈살이 찌푸려졌다. 지나친 광량 때문에 휴게소 뒤편의 녹음에 어두운 그늘까지 생겨나 있었다. 담배를 입에 문 채 남자는 다시 도어를 열고 벗어두었던 선글라스를 꺼내 썼다. 따갑던 햇살이 스러지고, 주변 풍경이 탁한 색감 속에서 지극히 단조롭게 되살아났다.
 담배를 피우며 남자는 휴게소 좌측의 화장실로 걸음을 옮겼다. 그곳에서 소변을 보고, 손을 씻고, 얼굴을 물로 적셨다. 정신이 맑아지는 느낌, 그리고 심한 공복감. 선글라스를 푸른 남방 주머니에 꽂고 남자는 서둘러 식당을 찾아갔다. 식당 뿐 아니라 스낵 코너와 음료수 판매대에도 거의 손님이 없었다. 얼핏 한적한 사막지대에 위치한 적막한 휴게소의 정경이 뇌리를 스쳐갔다. <바그다드카페>였던가. 아마 그런 영화가 있었으리라.
 우동 한 그릇을 손에 들고 남자는 창 쪽 자리로 가 앉았다. 스무 개 남짓한 탁자들 중에 오직 두 곳에만 손님이 앉아 있었다. 남자, 그리고 1시 방향의 탁자에 마주 앉아 굼뜬 동작으로 식사를 하는 노부부. 나무젓가락을 자르며 남자는 묵연한 눈빛으로 노부부를 바라보았다. 탁자를 사이에 두고 마주 앉지 않고 같은 방향에 나란히 앉아 식사를 하는 모양새가 사뭇 신기하게 보였다. 두 사람 모두 육십 대 중후반쯤으로 보였지만, 단정하고 깔끔한 매무새가 오히려 그들의 젊은 날을 연상하게 했다. 파란과 굴곡을 넘어 유치원 짝꿍처럼 변해버린 말년의 초상 − 사랑의 결실인가. 인내의 대가인가.

*　*　*

 역 광장의 좌측의 주차장에다 차를 주차시키고 남자는 맞은편의 이층 다방으로 올라갔다. 낡고 오래된 목조 건물이었는데 이층으로 올라가는 나무계단이 금방이라도 내려앉은 것처럼 삐걱거렸다. 하지만 다방 안의 풍경은 더욱 가관이었다. 얼룩덜룩한 핑크빛 비닐소파, 실내 중앙에 놓인 커다란 수족관, 탁자 위에 올려진 오늘의 운세통 따위가 한데 어우러져 60, 70년대 풍의 역전다방을 고스란히 재현하고 있었다. 영화 촬영을 위해 하룻밤만에 급조해낸 영화 세트 같았다. 어쩌면 영화 세트가 훨씬 나을지도 모를 일.

다방에는 손님이 단 한 명도 없었다. 실내로 들어서자마자 남자는 다방 전화번호부터 물었다. 카운터에 앉아 있던 40대 여자가 출입문 옆에 설치된 동전 전화기를 턱으로 가리켰다. 거기, 전화기 상단에 매직으로 쓴 전화번화가 나붙어 있었다. 그곳으로 가 여자의 호출번호를 누르고 다방 전화번호를 찍었다. 혹시나 싶어 똑같은 전화번호를 다시 한 번 찍고 나서 남자는 수족관 옆 자리로 가 앉았다. 그러자 카운터에 앉아 있던 여자가 껌을 질겅거리며 남자 맞은편 자리로 와 앉았다. 추하게 늙어 가는 창부 같은 얼굴. 먹지도 않는 화장이 더께처럼 처발라져 있었다.

* * *

달이 떠오르는 동안 남자는 집요한 눈빛으로 해변도로를 내다보았다. 창 밖으로 내다보이는 지척의 도로보다 1킬로미터쯤 바깥쪽, 해변 상가지역의 도로가 훨씬 선명하게 보이는 게 신기하다 싶을 정도였다. 바다를 찾아온 사람들은 대부분 상가지역에 머물고 있었다. 그 지역의 해안만 밤에도 자유롭게 출입할 수 있었기 때문이었다. 남자가 앉아 있는 카페는 해안 통제구역이 내려다보이는 곳에 위치하고 있었다. 외딴 곳이라서인가. 바다가 내다보이는 창쪽의 서너 테이블에만 손님이 앉아 있었다. 혼자 앉아 있는 사람, 그리고 바다를 등지고 앉아 있는 사람은 오직 남자뿐이었다.

—아시겠어요?

해안도로에 시선을 붙박고 있는데도 연해 여자의 음성이 들려오는 것 같았다. 달이 떠오르는 바다 쪽, 서늘한 빛의 미립자들이 안개처럼 어른거리는 허공에 여자가 떠 있는 것 같았다. 음험한 발광의 세계. 바다 쪽을 내다보지 않고도 그곳의 정경은 얼마든지 상상할 수 있었다. 이럴 때, 상상할 수 있는 능력은 고통의 화염이 끼얹어지는 기름과 같은 것. 그게 두려워서 남자는 주문해둔 맥주에 손도 대지 않고 있었다.

(이수, 1999)

□ 박양호「벼락 크럽」

김강철은 뒤를 돌아다보았다. 호수가 번들거리는 모습이 보였다. 그리고 경광등을 번들거리는 순찰차의 모습과 119구조대 차가 또 붉고 푸른빛을 번쩍거리는 모습이 보였다. 그러나 그런 지상의 광경들은 아주 순식간에 조그맣게 변했다. 마치 비행기가 허공으로 솟구칠 때 내려다보는 땅 위의 모습과 같았다.

* * *

잠시 사무실 안을 돌아다보았으나 별다른 특징은 없었다. 어떤 사무실이나 그렇듯이 컴퓨터들이 놓여 있었고 팩시밀리, 제록스 기계가 보였고 책상과 의자, 책상 위의 책들, 화장실 표지가 있는 문, 그렇게 평범한 사무실이었다.

* * *

김강철은 수건을 접어들고 목욕탕 안으로 들어갔다. 언제나 같은 목욕탕 안의 모습. 뜨거운 김들이 스멀스멀 무더기로 옮겨 다니고 있고 온탕 안에서 홍야홍야 시조의 한 자락인지 불경의 한 구절인지를 읊고 있는 노인네, 비누거품을 아귀아귀 일구어내면서 머리를 감고 있는 사람들, 운동을 할 데라고는 목욕탕 속밖에 없다는 듯이 제자리 뛰기를 하고 있는 사람.

* * *

　5층 높이의 바위벽이었다. 그리고 그 앞에는 제단이 마련되어 있었다. 그러니까 그 바위벽이 시작하는 데부터가 1층이고 끝나는 지점이 5층이었다. 5층 높이의 바위벽을 마주보고 교회가 지어져 있었다. 밖에서 보면 그냥 5층 건물이었는데 그 안에 들어가자 한쪽을 떠받치고 있는 큰 기둥이 있었고 그것이 바로 십자가였다. 바깥에서 보면 건물은 그냥 네모난 것이었지만 안으로 들어가 보니까 1층에서 5층까지 안으로 둥글게 파여 있어서 층수에 관계없이 어디서든지 그 건물의 주기둥인 길다란 십자가와 바위벽을 바라볼 수 있게 되어 있었다. 제단은 2층 높이에 마련되어 있었다. 그리고 바위벽 왼쪽 끝에 드럼통 두 개 넓이의 구멍이 있었는데 그 속에는 불길이 타오르고 있었던 것이다. 그것이 단순한 난방용인지 아니면 다른 용도인지는 아직 알 수가 없었다. 다만 5층 건물의 바위벽에서 흐르는 물기와 커다란 십자가로 해서 그 교회에 들어서자마자 신비스러운 느낌을 자아내게 하고 있었다. 성당에 들어갔을 때의 그 메마르고 경건한 느낌과 다른 것이었다.

(세계사, 1997)

□ 박양호 「슬픈 새들의 사회」

　한데 그 박물관 자리는 그 용의 모습의 허리 부분에 해당하는 중요한 곳이라고 한다. 그래서 박물관 뒤뜰에는 이삼 년 전까지 두세 개의 무덤이 있었다. 그리고 그 무덤을 덮고 있는 잔디가 뽀스스하니 푹신거렸다. 그 무덤가 잔디밭 앞으로는 다복솔 숲이 있어서 앞이 잘 보이지 않았다. 그래서 밤이 되면 그곳은 사랑의 장소가 된단다. 어디 그뿐인가. 대학에 경찰들이 물 반 고기 반으로 들어와 있을 80년도 초에는 형사들이 우글우글 낮잠을 자는 장소이기도 했다. 말하자면 30만 평이라는 큰 캠퍼스 속에 있는 단 한 곳의 은밀한 장소라고나 할까. 그런데 지금은 그 숨은 숲 속에 있었던 박물관 바로 옆에다가 중앙 도서관을 새로이 짓느라고 사방이 파헤쳐져 있었다. 그러나 아직 잔디밭과 약간의 소나무들은 남아 있었다.

* * *

여관이라고 구태여 말하기는 힘들었다. …(중략)… 훈련 중인 군인들이 가끔씩 술을 마시거나 장교들이 식사를 하곤 하는 어느 가겟집 방이었다. 그래도 눈치는 있었는지 가겟집 여주인이 깨끗한 건넌방을 내주었다. 석미애는 그 방을 지금도 사진처럼 확실하게 기억을 하고 있었다. 결국 그 방이 김평후라는 남자와 사방이 막힌 곳으로 처음 들어가 본 방이었으니까 말이다. 방 한 쪽에 책상이 있었고, 책상 위 책꽂이에는 중학생들이 쓰는 교과서가 나란히 꽂혀 있었다. 가겟집 학생이 쓰는 방을 특별히 내 준 것이었다. 지퍼를 쭉 열면 배가 갈라지는 비닐옷장이 있었다. 그리고 그림이 한 장 걸려 있었는데 싸구려 이발소나 음식점에 흔히 걸려 있는 그런 그림이었다. 개울이 흐르고, 개울 옆으로 커다란 미루나무들이 줄을 서 있고, 그 뒤에는 빨간 지붕을 한 집이 있었다. 그 집 뒤로는 흰눈을 뒤집어쓰고 있는 큰 겨울 산이 아련히 보이고 있었다. 외국의 어느 마을의 풍경이었다. 그것이 싸구려 그림인 줄 알면서도 특히 아름다워 보였던 것은 그날의 분위기 때문이었을까.

* * *

학교 정면에는 개울이 기다랗게 펼쳐져 있었고, 그 개울은 지저분했으므로 사람들이 건너다닐 수가 없었다. 마치 방어용으로 일부러 만들어 놓은 중세의 성 둘레에 파놓은 도랑 같은 것이 있었고, 정문 앞에만 버스 두 대가 드나들 수 있을 정도로 복개가 되어 있었다. 그러니까 문방구나 구멍가게니 당구장이니 하는 상점가는 그 복개된 곳 건너에 양쪽으로 발달되어 있었다.

* * *

　여기서 전남대학교 정문 앞의 지형을 조금 설명해 둘 필요가 있다. 학교 정면에는 개울이 기다랗게 펼쳐져 있었고, 그 개울은 지저분했으므로 사람들이 건너다닐 수가 없었다. 마치 방어용으로 일부러 만들어 놓은 중세 성 둘레에 파놓은 도랑 같은 것이 있었고, 정문 앞에만 버스 두 대가 드나들 수 있을 정도로 복개가 되어 있었다.

* * *

　천천히 강물이 흐르는 것 같은 음악이 나왔다. 스탠드 바의 좁은 무대 위에 여자 무용수들이 올라왔다. 스탠드 바 안에 있는 모든 종류의 불들이 한결 어두워졌다. 두 명의 여자 무용수에게 조명이 뻗어나갔다. 그 조명등의 불빛에 담배연기들이 뭉글뭉글 피어오르는 모습이 보이고 있었다. 그리고 야릇한 춤이 시작되었다. 서서 앉아서 엎드려서 하나는 남자의 자세를, 다른 하나는 여자의 자세를 노골적으로 성교를 하는 장면을 연출해 내고 있었다.

* * *

　그 나이트클럽의 좌석은 두 가지 형태로 되어 있었다. 대부분은 춤을 추게 되어 있는 플로어 앞에 네 개 다섯 개의 의자가 놓여진 테이블, 그리고 양 옆으로는 두꺼운 유리로 된 미닫이문이 달린 방이 있었다. 시끄러운 음악과 무희들의 춤, 눈앞에 불이 번쩍번쩍하는 요란한 조명, 그런 것 때문에 나이트클럽이라는 데를 가면 큰 소리로 얘기를 해야만 대화가 가능하게 되어 있었다. 아마도 미닫이 유리문으로 만들어진 그 방은 밖에서 춤추는 무희 그리고 춤추는 사람들을 한눈에 구경할 수 있도록 해놓았으면서도 어느 정도 서로 얘기를 나눌 수 있도록 하기 위한 방 같았다.

＊　　＊　　＊

　내 얘기가 끝났을 때 방안은 담배연기로 자욱해서 마치 아침안개가 낀 것 같았다. 그 사이에 소주병은 이미 세 병이나 비어 있었고, 생선 뼈다귀와 초고추장만 지저분하게 상위에 놓여 있었다.

　　　　　　＊　　＊　　＊

　좌우지간에 그런 인연 아닌 인연으로 난생 처음 오페라 구경을 하게 되었다. 시민회관은 이름뿐인 공원 안에 있었는데 형편이 말이 아니었다. 한마디로 말해서 서울 변두리의 싸구려 삼류극장 그대로였다. 찌린내가 좀 난다거나 의자가 너무 낡아서 몸을 움직일 때마다 삐걱거리는 소리를 낸다거나 하는 따위의 소위 관람객으로서의 불편은 보는 사람이 감내하면 되는 일이었다. 그러나 막이 열리고 무대에 조명이 들어왔을 때에 나는 깜짝 놀랄 수밖에 없었다. 깜깜했을 때는 몰랐는데 조명이 무대 위에 비추어지자 거기 나타난 먼지, 푸른 담배연기가 자욱한 공간처럼 무대 위에 가득한 먼지. 그런 무대 위에서 발걸음을 옮길 때마다 장바닥처럼 풀썩풀썩 먼지가 일어나는 그 공간 속에서 노래를 불러야 하는 가수들.

　　　　　　＊　　＊　　＊

　아무튼 간에 양철통 속에서의 생활은 나에게는 유년 시절이었다. 양철통에 대해서 좀 설명을 해야겠다. 시골 농촌에서 함석지붕으로 흔히 쓰는 줄레줄레 주름이 잡힌 양철이다. 옛날에는 지붕으로 많이 썼으나 요사이는 처마밑 비받이나 변소의 지붕, 그런 데 쓰는 것인데 그걸 동그랗게 말아서 드럼통 정도의 넓이로 만든 속이었다. 대체로 깜깜...그랬다. 일기를 쓸 수 있는 자유가 주어졌더라면 나는 그 시절의 일기의 날씨란에다가 무수히 그런 글을 썼을 것이었다. 시골집의 헛간이라는 것이 한낮에도 어둠침침한 게 보통이 아닌가. 그 어두컴컴한 헛간 양철통 속에서 우리 오리

새끼 20마리의 생이 시작되었다.

* * *

사방을 살펴본 결과 그곳은 홍씨 댁의 헛간 한구석이었다. 거미줄이 잔뜩 쳐져 있는 천장, 흙과 돌로 만들어진 볼품없는 벽, 한쪽 구석에 쌓아놓은 대나무 땔감, 몇 가지의 농기구…… 그렇지만 그건 아주 넓고 훌륭한 운동장이었다.

* * *

바로 그 곳은 마을회관이 있는 공터였고, 거기서 오리걸음으로 열 걸음 쯤 전방에는 커다란 느티나무 두 그루가 넓은 그늘을 드리우고 있었다. 사방에서 소 울음소리가 들리고 있었고 농촌은 바야흐로 바삐 돌아가고 있었다.

* * *

아스팔트로 들어섰다. 길가 양옆의 눈 덩이들이 지저분하게 녹아가고 있었다. 얼마 걷지 않아서 조그만 시멘트 다리가 나타나고 거기서부터 공사현장이었다. 절 근처에 너무 가까이 있는 빈대떡 막걸리집, 장어집을 비롯한 음식점들 그리고 기념품 가게들, 그런 것들을 모조리 정리시킨 다음에 저쪽으로 이사 갈 것, 그런 작업이 거기도 진행되고 있었다. 이른바 관광단지 개발을 하고 있었다.

* * *

마루래야 말 그대로 툇마루여서 엉덩이를 겨우 걸칠 만큼 좁았고, 그 좁은 마루 밑에 아궁이가 있어서 겨울이면 항상 생솔가지며 나무를 슬금슬금 때고 있었기 때문에 흙벽, 서까래에 이르기까지 꺼멓고 찐득찐득한 나무진이 잔뜩 엉켜 있었다. 면도칼로 긁어내면 소나무진처럼 눅진한 그것들을 얼마든지 벗겨낼 수 있을 것이었다. 마루 앞으로 장독대가 있었고, 그 바로 뒤에 야트막한 돌담장이 있었으며, 그 뒤로는 바로 산사가 경내였다.

(동아, 1991)

□ 박영애 「미이라의 옷자락」

　창가에 의자를 끌어다 놓고 앉는다.
　광막한 어둠 속에 불빛이 보였다. 하늘도 검고 별빛이 밝게 빛나기 때문일까. 불빛은 먼 곳에 있는 것 같기도 하고 가까이 있는 것 같기도 했다. 눈 아래 검은 숲에도 거리감은 없었다. 눈에 들어오는 모두가 먼 것도 같고 가까이 있는 것 같기도 하다. 혼돈이다.
　물 소리가 들렸다. 단조로운 물 소리다. 일정한 간격을 두고 떨어지는 물 소리만이 멀리서 들려오는 노랫가락과 대조적이었다. 여관방 어느 곳에 술자리가 벌어지고 있는 것 같았다.

* * *

　술집은 전면이 둥근 스탠드로 돼 있고 그 밖에 박스가 너댓, 조그만 바였다. 미인 마담은 카운터 안에 서 있고 젊은 호스티스 두 사람이 그들의 곁에 자리 잡았다. 한길의 옆에 앉은 여자는 남의 말은 듣지도 않고 자기 말만을 무질서하게 늘어놓았다. 벌써부터 취해 있는지도 몰랐다. 김성주의 여자는 잠시 후 저편 떠들썩한 자리로 가 버렸다. 한길은 처음부터 급히 술을 마셨다. 곧 취했다. 피로가 전신에 쌓여 있어 술기운을 받아 침전하는 것 같았다.

* * *

　"물론, 밤늦게 텅 빈 아파트에 혼자 들어가는 광경을 떠올려 봐. 열쇠를 돌려 현관문을 열었을 때의 그 섬뜩한 분위기, 공간 안의 어둠을 노려보면 도어 앞에서 발길이 얼어붙어, 도어를 열고 들어서고 뒷손으로 체인을 잠그고 현관의 전등을 켜고 그리고 집안의 전등을 돌아가며 모두 켜놓지.

아파트 안의 등불들이 다 꺼진 한밤중에 말이야. 암흑 속에서 내 집만 휘황하게 전등을 밝혀 놓고 난 옷을 갈아입지도 않은 채 소파에 쓰러지는 거야."

* * *

여자의 아파트는 그녀로부터 들은 대로였다. 키를 꽂아 돌리고 현관문을 열고 들어가고 어둠 속에서 벽을 더듬어 불을 켰다. 스무 평이 좀 넘을 듯한 공간이 드러났다. 침실에 침대와 경대, 거실에 소파, 부엌의 식탁, 화장실, 카펫, 커튼, 일반적인 아파트의 꾸밈새였지만 희한하게 생활의 냄새는 나지 않았다. 청소도 하지 않았는가, 거실의 의자들은 비뚤어지고 식탁 위에는 먼지가 엷게 깔려 있었다.

(늘푸른 소나무, 2000)

□ 박영준 「추정」

집을 둘러싼 돌담이 있다. 돌담 안의 뜰도 근 칠십 평이나 되는 넓이다. 돌담 남쪽 복판에 있는 대문을 나서면 바깥마당이 있다. 마당은 백 평에 가까운 넓이다. 안팎으로 이백 평이나 거의 되는 두 마당에는 화초와 수목이 우거져 있다. 앞마당은 마치 화원 같은 느낌을 주고 있다. 한편에는 사방 유리로 되어 있는 온실이 있을 뿐 열십자로 낸 길이 잘 보이지 않을 정도로 마당 전체가 화초로 덮여 있다. 유자, 목련, 백일홍 또는 라일락 같은 꽃나무도 있지만 장미, 달리아, 국화 같은 꽃이 대부분이다. 가을철이라 눈에 뜨이는 것은 무엇보다도 국화였다. 화분에 심겨 있는 것만도 근 백 그루는 되어 보였다. 아직 피지는 않았지만 야생초처럼 땅에서 자란 국화도 수없이 많았다.

바깥마당에는 태산목, 자귀나무, 향나무 등 값나가는 나무가 위주였는데 그 중에는 포도덩굴, 등덩굴, 덩굴장미가 있는가 하면 감나무, 대추나무 같은 과일나무도 있다. 안마당이나 바깥마당 모두가 잔디로 깔려 있는

데 잔디가 깔끔하게 다듬어져 있는 것만으로도 정성이 들어 있는 정원이라는 것을 알 수 있다. 바깥마당에는 울타리가 없는 대신 코스모스가 둘러서 있다. 빨강, 연분홍, 흰 빛깔의 코스모스가 엉켜서 피어 있다.

(삼중당, 1976)

□박영준「목화씨 뿌릴 때」

 찬수가 집에 들어오니 마누라는 어린애에게 젖을 물린 채 낮잠을 자고 있었다. 얼굴에 새까맣게 붙은 파리새끼들을 날리지도 않고 자기 남편이 들어오는 것도 모르며 씩씩 잠자는 아내는 무슨 일을 하다가 너무 곤해서 쓰러진 채인 것 같기도 했다.
 찬수는 아내야 잠을 자건 무엇을 하건 오불과언이라는 듯이 아랫목을 보지도 않고 담벽 못에 걸린 바이올린을 내리었다. 신문지도 모자랐는지 천장에는 서까래 사이의 흙이 금시 부수수 떨어질 것처럼 집어 거슬러 올랐다.
 퍼러둥둥한 사기요강이 아랫목에 놓여 있고 밥알로 매질을 했는지 꺼멓게 번지르르하고 군데군데 구멍이 뚫어진 삿때기도 윗목에는 깔리지 못해서 몽당이 콩가루처럼 뭉쳐 있었다.
 그 속에서도 어디서 얼마나주고 사왔는지 줄도 넷밖에 없는 바이올린을 목에 대고 '이 풍진 세상'의 곡을 눈을 감고 깊은 명상이나 하는 듯이 켜는 찬수는 그러한 집에서 잠을 자는 그리고 치마도 못 입은 여편네의 남편 같지는 않았다.

(신세대사, 1946)

□박용숙「견우와 직녀」

 그 별장은 단층으로 지은 가건물이지만 그 화려한 색채 효과로 단연 용궁(龍宮)이었다. 게다가 그 별장은 마을을 한눈으로 내려다볼 수 있는 언덕 위에 자리하고 있어서 그 전망이 여간 시원한 것이 아니었다. 우리들이 별장으로 들어섰을 때, 나는 그 건물이 온통 갈비를 굽는 냄새로 뒤덮이고 있음을 느낄 수 있었다. 곧 회식(會食)이 시작될 모양으로 내가 들어간 넓은 거실(居室)에는 가운데 둥그런 식탁에 흰 종이들이 덮여 있었다. 나는 저쪽 창 밑 구석으로 놓인 ㄱ자형의 안락의자에 앉아 선풍기의 바람을 쐬고 있었다. 바로 내가 앉은 맞은편 쪽에는 영애가 그리다가 놓아 둔 화판과 이젤이 사람의 눈을 피하듯 엇비슷하게 놓여 있었고 또 바로 그 옆 상자 같은 가구 위에는 토루소의 흰 석고 조각과 작은 테이블용 텔레비가 햇빛을 맞고 있었다. 그리고 벽에는 군데군데 인상파(印象派) 화가들의 그림이 걸려 있었다. 어디로 보나 이 거실은 영애의 취미대로 꾸며진 것임에 틀림없었다. 나는 그러한 방안의 분위기보다도 창 밖으로 전개되는 시골의 풍경에 시선이 끌리고 있었다. 바로 눈 아래로 삼사십호쯤 됨직해 보이는 마을의 초가들이 보였다. 그것들은 마치 썩은 나무뿌리 언저리에서 옹기종기 돋아난 버섯들처럼 처량해 보였는데, 그러한 마을집들은 마치 모자이크처럼 난잡하게 토막난 논과 밭 속에 갇혀 있는 느낌이어서 더욱 시계를 어지럽게 만들었다. 그러나 저쪽 하늘이 닿는 쪽으로 두툼한 제방의 능선이 지평선을 대신하고 있어서 이 별장이 왜 이곳에 자리잡고 있는지를 알 수 있게 하였다.

(일지사, 1976)

□ 박영준「타령」

온 가게 안이 고소한 기름 냄새로 가득했다. 한쪽에서는 큰 가마솥에서 톡톡 튀는 깨를 볶고, 또 한쪽에서는 육중한 기계로 기름을 짜내고 있었다. 무수한 병이 늘어서 있는 가게 밖에서는 올망졸망한 병에 기름을 부어 팔기에 바빴다. 시장 안에서도 제일 기름지고 윤택해 보였다. 가게 안이 기름때로 도배를 하고, 기물 하나하나가 미끈덕 미끈덕 하도록 기름으로 처발랐대서가 아니라 어느 가게보다도 사람들이 제일 웅성거려서 그랬다. 그래 보아서 그런지, 이 기름가게 안에서 일하는 사람들도 얼굴에 윤이 질질 흘러 보이고, 아이들 우스갯소리말따나 그들의 똥구멍도 미끌미끌할 것처럼 느껴졌다.

(나남, 1993)

□ 박일문「살아 남은 자의 슬픔」

화장대 옆에 TV가 있고 전화가 있고 그리고 작은 옷장이 있다. 방바닥에는 구겨진 면수건 두 장과 일회용 면도기, 치약, 칫솔, 스타킹, 담배, 재떨이, 맥주병, 오프너, 땅콩껍질, 오징어 다리…… 그리고 여자의 얇은 슬립과 까만 브래지어.

(민음사, 1992)

□ 박일문「아직 사랑할 시간은 남았다 1」

화실은 희고 푸른 투 칼라의 새 사무실이 되었다.

창을 열면 도시를 가로지르는 시내가 흘렀고 천변을 따라 나무와 고추들이 심어져 있었다. 멀리 기독교 방송국과 그 옆으로 공단 굴뚝들이 보였다. 사무실 뒤 유리창으로 경북대가 눈에 들어왔다. 거리로 나서면 후문 서점, 레코드점, 커피숍들 사람, 술집, 복사집, 비디오방이 즐비하게 늘어서 있었다.

* * *

서울역

아, 여기는 서울역. 비둘기도 많구나. 사람도 많구나. 회개하라, 외치는 광신도도 많구나. 여기저기서 띠띠빵빵, 웅성둥성, 시끌벅적, 쨍그랑, 와장창, 콰르릉, 지하철. 문청은 정신이 몽롱해졌다. 뽀빠이에게 시금치가 필요하듯이 문청에게는 술이 필요했다. 그는 얼과 혼이 빠져 역 광장 앞에 앉아 소주 한 병을 깠다.

* * *

미미의 아파트에는 아무 것도 없었다. 미미의 살림살이는 문청이 비닐 봉지에 담고 다니는 것보다 간소했다. 방마다 한지로 바른 벽, 거실 안쪽에 있는 작은 불상 하나, 바리 하나, 가지런히 정리된 장삼 한 벌, 그것이 전부였다. 완벽한 절간이었다.

* * *

다운타운은 사람들로 미어 터질 것만 같았다. 사람들은 튀밥 튀기는 기계 속에 든 폭발 직전의 튀밥 같았다. 발 디딜 틈이 없었다. 사람과 사람, 어깨가 부딪히고, 구두가 구두를 밟았다. 얼굴을 찡그리는 사이, 발을 밟은 사람은 저만치 앞에 가고 있다. 술집 앞에는 가죽 잠바를 걸친 십대들이 늘어서 있었다.

* * *

젊은 청춘들로 거리는 넘쳐흘렀다. 도시 전체가 광란의 록카페 같았다. 음악 소리가 사방팔방에서 터져 나왔다. 다운타운은 어딘가 안정감 없이 들뜬 분위기였다. 도시는 변화무쌍하고 현란했다. 세계는 탄환 열차처럼 질주하는 것 같았다. 거리를 가득 채운 무리들은 대부분 십대 청소년들이었다. 청춘이란 그런 것이리라. 뭐든 하고 싶고, 무언가 새로운 것을 찾으려고 거리로 쏟아져 나온다. 그들은 뭔가 새로운 것을 원한다. 신선한 것을 원한다. 자극적인 것을 원한다.

(민음사, 1995)

□ 박완서 「도둑맞은 가난」

내가 설음질을 할 때쯤은 나란히 달린 여섯 개의 방마다 설음질할 시간이었다. 방앞에 달린 쪽마루에서 설음질들을 했다. 쪽마루 밑에는 연탄 아궁이가 있고, 쪽마루 위에는 식기, 바케스, 간장병 따위가 있으니까 쪽마루가 조리대, 싱크대가 되는 셈이었다. 집주인이 셋방에 부엌을 만들어 준답시고 추녀 끝에서 블록 담까지 사이의 무명폭 만한 하늘을 아예 슬레이트와 루핑 조각으로 막아버려 명색이 부엌인 이 속은 침침하고 환기도 안 된다. 늘 연탄가스와 음식 냄새로 숨이 막힐 것 같다. 매캐하고 짜고 고리타분하고 시척지근한 이부자리에도 배어 있었다. 내 몸에서도 이 냄새가 날 것이다.

* * *

그런데 내방은 좀 전까지의 내방이 아니었다. 빗발로 얼룩 얼룩진 채 한쪽이 축 쳐진 반자지, 군데군데 속살이 드러난 더러운 벽지, 자크가 고장 난 비닐 트렁크, 절뚝발이 날림 호마이카 상, 제 몸보다 더 큰 밧데리와 서로 결박을 짓고 있는 낡은 트랜지스터 라디오, 우그러진 양은 냄비와 양은 식기들—이런 것들이 어제와 똑같은 자리에 있는 데도 어제의 것이 아니었다. 그것은 다만 무의미하고 추했다. 어제의 그것들은 서로 일사불란 나의 가난을 구성하고 있었지만, 지금 그것들은 분해되어 추한 무용지물일 뿐이었다.

* * *

여전히 노점인 완구점은 붐볐고 구경꾼은 거진반 어른이었다. 장난감을 좋아하는 어른이 나뿐이 아니어서 적이 마음이 놓였다. 무더기로 쌓인 자동차, 기차, 인형, 비행기, 총칼 따위를 다 제쳐놓고 유독 손님들의 총애를 독차지하고 있는 침팬지란 놈이 주인을 위해 돈을 좀 벌어 준 것 같지는 않으니 뻔뻔한 놈이다.

(학원, 1991)

□ 박완서 「어떤 나들이」

넓은 풀-겨울에는 스케이트장도 될 수 있는-잘 다듬어진 잔디. 월동 준비를 단단히 한 장미밭, 유리에 함빡 땀을 흘리고 있는 온실, 아이들이 만든 알록달록한 크리스마스 장식물로 성장을 한 전나무 측백나무들, 각종 운동틀이 알맞게 자리 잡은 넓은 운동장, 이 아름다운 배치를 아늑히 포옹한 벽화가 그려진 길고 긴 담장, 이 광활하고 아름다운 고장이 바로 내 아들의 영토인 것이다. 복도는 좀 답답할 정도로 훈훈한데 포인세티아의 화분이 창틀마다 놓여 있고 복도에서 교실을 들여다 볼 수 없게 창에는 오렌지 빛 커튼이 무겁게 드리워져 있으나 선생님의 상냥한 목소리와 아이들의 "네 네" 하는 힘찬 소리는 잘 들렸다.

* * *

성북동 골짜기에 자리 잡은 고급 주택가의 한낮은 묘지처럼 고요했다. 우거진 녹음 사이로 드문드문 상반신만 드러낸 흰 건물도 주택으로서의 인기척이라곤 없이 타인의 간여를 철저하게 거부한 채, 정적과 장중미만을 풍기는 게 꼭 비석 같아 내 그런 느낌을 더욱 짙게 했다.

* * *

쪽마루 밑으로 연탄아궁이가 있고 쪽마루 위에는 식기, 바께쓰, 간장병 따위가 있으니까 쪽마루가 조리대 싱크대가 되는 셈이었다. 집주인이 셋방에 부엌을 만들어 준답시고 추녀 끝에서 블록 담까지 사이의 무명 포만한 하늘을 아예 루핑 조각으로 막아버려 명색이 부엌인 이속은 침침하고 환기도 안 된다. 늘 연탄가스와 음식 냄새로 숨이 막힐 것 같다. 매캐하고 짜고 고리타분하고 시척지근한 냄새가 밖에서 갓 들어서면 눈이 실 만큼 독했다. 이 냄새는 방에도 옷에도 이부자리에도 배어 있었다.

* * *

밝은 바람이 칼날같이 매운 겨울 아침이었다. 바람이 쓰레질하듯 길바닥을 핥으며 연탄재와 더러운 종이조각을 한 군데로 수북이 쌓아 놓았다가 다시 회오리바람이 되어 공중 높이 말아 올려 산지사방으로 더러운 진애를 살포했다. 뺨이 아리고 눈앞이 모든 것이 흙먼지 속에 부옇게 흐려졌다. 비탈에 닥지닥지 붙은 집들의 지붕을 덮은 슬레이트나 함석 조각이 이상한 소리를 내며 몸을 뒤틀었다.

(문학동네, 1999)

□ 박완서 「꽃을 찾아서」

지하철역 창구엔 여전히 사람들이 줄 서 있었다. 그 끄트머리에 줄을 서려다 말고 맹범씨는 무일푼이라는 걸 깨달았다. 전철로 이백 원 거리가 몇 리쯤 되는지 어림짐작도 가지 않았다. 사람들마다 그를 흘끔흘끔 쳐다보고 지나갔다. 어떤 사람의 표정엔 불쾌감이, 어떤 사람의 표정엔 무관심이 어리는 걸 맹범씨는 색깔을 구별하듯이 명료하게 알아보았다. 자는 아이는 깨어 있는 아이보다 훨씬 더 무겁고 자꾸만 옆으로 뭉그러져 내렸다. 그는 아이를 힘겹게 추스르며 역내를 마냥 헛되이 서성댔다. 문득 그의 모습이 역내의 대형 거울에 비쳤다. 저 늙은이가 누굴까. 저 늙고 초라하고 더럽고 비굴한 늙은이는 누구란 말인가. 그 늙은이가 그가 매일 아침 거울에서 봐온 품위 있고 건강하고 자신 있게 늙어 가는 자신이란 말인가.

* * *

화장장은 매점이나 화장실 등 자잘한 부속건물 말고 크게 두 개의 건물로 나누어져 있었다. 굴뚝이 높이 솟은 화장장 내부는 바깥이 화창한 봄날인 것과는 상관없이 음습하고 썰렁한 회색빛이었다. 거기선 영구가 차례를 기다리기도 하고 간단한 종교의식도 치를 수 있다지만, 영구를 밀어 넣을 수 있는 아궁이 쇠문이 나란히 다섯 개 붙어 있는 벽만 아니라면 겨우 지어만 놓고 내부장치를 못 한 건물처럼 황량한 미완의 빈(貧)티 같은 게 흐르고 있을 뿐, 화장장이라고 특별한 덴 없었다.

화장장과 평행으로 마주선 건물은 대기실과 식당으로 돼 있고, 두 건물을 지붕 달린 양회바닥 통로가 이어주고 있고, 통로 양편 황토 흙엔 온실에서 꽃피워서 심어만 놓고 돌보지 않은 서양화초가 시들시들 늘어져 있었다. 대기실에 붙어 있는 식당에선 음식 냄새가 지독했다. 벌써 찬합과 양동이를 끄르고 나물과 지짐질과 두부 졸임을 은박지 접시에 담는 가족이 있는가 하면, 시뻘겋게 취한 얼굴에 건강한 이빨로 소주병을 따는 아저씨도 있었다. 죽은 사람은 죽은 사람이고 산 사람은 먹어야 한다고, 눈이 부은 어린 상제를 달래는 아주머니는 먼저 식사를 한 듯 번드르르한 입가에 고춧가루가 묻어 있었다.

화장장 굴뚝에서 깃털구름처럼 살짝 나부끼는 건 도무지 사람 타는 연기 같지 않았고, 그곳 역시 화장장 식당 같았다. 화장장에 식당이 있다는 것부터가 어울리지 않았다. 왕성하게 먹는 사람, 뭘 더 가져오라고 악 쓰는 소리, 밀치고 뛰고 장난치는 아이들, 서로 부르고 찾는 소리, 김치 냄새…… 영락없이 시간이 많이 늦은 시골 소읍의 결혼 피로연장이었다. 가끔 양복 소매에 헝겊을 감은 젊은 상제가 신랑처럼 피곤하게, 신랑보다는 눈치 보며 웃는 모습도 보였다.

아직 영구가 불 아궁이로 들어가기 전의 가족이 모인 대기실은 시외버스 정류장처럼 붐비고 시끌시끌하고 초조해 보였다. 영구가 차례를 기다리고 늘어선 화장장과 대기실, 식당 사이를 사람들은 자주 오락가락했고, 장소에 따라 사람들은 헤까닥헤까닥 민첩하게 잘도 표정을 바꾸었다. 화장장 쪽에선 울음소리, 염불소리가 그치지 않았고, 입 다물고 있는 사람도 비통을 온몸에 예복처럼 걸치고 있었고, 어쩌다 밤샘에 지친 상제가 꾸벅꾸벅 조는 게 약간 민망해 보일 정도였다.

(창작과비평사, 1996)

□ 박완서「한 말씀만 하소서」

마침 침대 머리 높은 곳에 걸린 십자가가 눈에 들어왔다. 성당이나 카톨릭 신자 집에서 흔히 볼 수 있는 십자가상이 아니라 그냥 십자가였다. 수난당하는 예수님의 모습은 물론 대패질도 니스 칠도 생략한 채 목공소에서 주운 것 같은 나무 막대기 두 조각으로 만들어 놓은 십자 모양엔 나무껍질도 남아 있고 옹이 자국도 남아 있었다. 그 간결, 소박한 십자가가 벼락 치듯 나에게 거기 온 까닭을 일깨워 주었다.

(솔, 1994)

□ 박완서「그 산이 정말 거기 있었을까」

부엌은 천장이 다락으로 돼 있어서 바닥이 깊었다. 널빤지 문을 열면 주춧돌만한 돌이 층계처럼 놓여 있어 그걸 딛고 내려설 수 있게 돼 있었다. 양회가 벗겨진 틈으로 진흙이 부스럼 딱지처럼 드러난 부뚜막엔 무쇠 솥 두 개와 양은 솥 한 개가 걸려 있었다. 무쇠 솥만 붙박이고 양은솥은 들어 낼 수도 있게 되어 있었고 그 밑은 재가 빠질 수 있는 철판이 설치된 석탄 아궁이였다. 부엌머리에 딸린 찬마루 밑은 온통 시커먼 분탄(粉炭) 더미여서 부엌바닥까지 새까맸지만 무쇠 솥뚜껑은 반질반질 참기름을 발라 놓은 것 같았다. 그러나 찬마루 위는 다리가 부러진 밥상, 금간 데를 양회로 때운 항아리, 밑이 반쯤 빠진 체, 시루, 바가지, 양철통, 궤짝 등이 꾀죄죄하고 귀살스럽게 나뒹굴고 있었다. 그 모든 것들이 어둠에 잠길 때까지 우리는 막장에 갇힌 광부처럼 희망 없이 서로를 의지하고 부엌바닥에 웅크리고 있었다.

* * *

돈암 시장의 순대 냄새와 꿀꿀이죽 냄새가 뒤섞인 냄새, 그 냄새에 오장이 뒤틀리는 듯한 식욕을 이기지 못해 지친 짐승처럼 정기 없이 번들대는 눈과 어두컴컴한 얼굴로 두 가지 음식의 영양가와 부피와 주머니 사정을 암산으로 산출해 내느라 발걸음을 질정 못하는 막벌이꾼. 브래지어와 거들까지 깃발처럼 내걸고 손님을 부르는 구제품 좌판의 악취보다 더 비위를 뒤집는 야릇한 암내, 그 앞에서 터무니없이 큰 브래지어를 자신의 미숙한 가슴에 대보는 입술 붉은 어린 창녀. 저만치서 마른침을 삼키며 그 여자의 일거수일투족을 호시탐탐 노리다가 그 여자가 아쉬운 듯이 아무 것도 못 사고 사람들 사이에 섞이는 걸 틈타 살금살금 다가가, 귓전에 바싹 퀴퀴한 입을 갖다 대고, 딸라 있수? 후하게 쳐줄께, 나하고 단골 트면 해롭지 않아, 독침처럼 날카롭고 표독하게 속삭이는 달러장수. 파리가 윙윙대는 푸줏간에서 수시로 가죽 혁대에다 식칼을 갈면서 똑같이 쉬파리나 불러들이는 건고등어 장수를 은근히 얕보는 늙은 백정. 악착같이 한 눈금이라도 더 덤을 받으려는 얌체 손님을 핑계로 다섯 눈금쯤은 더 나가도록 앉은뱅이 저울을 조작해 놓고 거드름을 피우는 밀가루와 설탕가루 장수.

　봉지쌀에서도 단 한 움큼이라도 벗겨 먹으려는 싸전 영감과 안 속으려는 어린 새댁간의, 됫박을 평평하게 미는 방망이를 가지고, 배가 너무 부르다 거니, 눈깔이 뼜냐? 나처럼 홀쭉한 방망이로 미는 싸전 있으면 나와 보라거니 하는 사생결단의 치열한 싸움. 온종일 목이 쉬게 싸구려와 떨이를 외쳐대도 물건은 안 줄고 허기만 지는 푸성귀와 과일 장수. 점심 거르고 새우젓 조금 집어먹고 냉수 한 대접 마시는, 고릿한 냄새가 몸에 밴 젓갈장수. 그런 것들 사이를 놀이터 삼아 요리조리 싸다니다 운수 좋아 남의 걸 슬쩍 해서 입정질 해도 야단맞지 않는 장돌뱅이 새끼들. 이런 생존의 마지막 발악 속에서도 눈에 띄게 초연하고 고상하고 알토란 장사가 있었으니 바로 미제장수였다.

(웅진, 1996)

□ 박정애「에덴의 서쪽」

　우리 집은 마을 꼭대기에 마당을 돋우며 만든 집이라 마당을 둘러찬 엉성한 찔레 울 사이로 아이가 떨어지면 두 길 밑 앞집 뒤안에 떨어지게 되어 있었다. 우리 집보다 낮은 데 있어도 산의 물길이 어떻게 그 집과 닿아 있는 것인지 다른 무슨 연고인지 그 집 뒤안에는 유별스레 물이 많았다. 한 여름에도 눅눅한 곳이라 이끼가 융단처럼 깔려 있는 위에 여뀌니 창포니 습한 데에 사는 풀이 무리를 지어 살았다. 앞집 손녀 금례가 오줌을 누다가 두꺼비, 청개구리 같은 것이 불쑥 튀어나오는 바람에 놀라서는 걷어 올린 치마를 내리지도 못하고 달아나는 꼴을 나도 몇 번이나 보았다. 그래도 금례는 구더기 언제 사타구니로 기어 들어갈지도 모르는 뒷간보다는 뒤안이 백 배 낫다고 우기며 뒤안에서 볼일 보는 짓을 그만두지 않았다.

* * *

시멘트벽에 슬레이트 지붕을 한 셋집은 마당 안쪽으로 꽤 넓은 방 한 칸, 마루 한 쪽, 부엌 천장 위로 지은 다락 하나, 좁은 부엌 해서 네 칸이 들어 있었는데, 어머니가 얻은 곳이 그곳이었다. 우리 부엌 옆으로는 정말 부엌이랄 것도 없는, 연탄아궁이 하나와 사람 하나 서 있을 공간밖에 없는 부엌과 작은 방 하나가 있어 자취하는 고등학생 한 명이 살고 있었다. 역시 시멘트를 바른 마당 한 쪽에는 수도와 수챗구멍이 있었고, 대문 왼쪽으로 방과 부엌이 딸린 가게, 오른쪽으로 변소가 있었다. 두어 달에 한 번 똥차가 와서 똥을 퍼 가는 재래식 변소였다. 그 변소 뒤편은 옆집 할머니가 가꾸는 텃밭이었는데, 할머니네 논에서 가져다 놓은 짚더미가 계절 따라 때로는 파삭하게, 때로는 푹신하게, 때로는 썩은 채로 쌓여 있었다. 소도시였으므로 그때만 해도 자기 농사를 지어먹는 사람들이 많았다. 가겟방은 우유 대리점을 하는 현숙이네가 차지하고 있었다. 우유 맛도 모르고 초콜릿 맛도 모르는 상태에서 그 집에서 생전 처음으로 맛본 초코 우유는 그야말로 환상적인 맛을 가지고 있었다. 다른 것은 아무 것도 먹지 말고 하루에 초코 우유 큰 병으로 세 병만 먹고 살래. 아니면 지금처럼 밥 먹고 국 먹고 나물 먹고 살래. 하고 누가 묻는다면 나는 망설임 없이 전자를 택할 판이었다.

(문학사상사, 2000)

□ 박종화「황진이의 역천」

고려의 왕조가 한양의 이씨 왕조로 갈리었다. 수도를 송도에서 한양으로 옮긴지도 이미 백여 년이다. 헌칠했던 송악산(松嶽山)과 만월대(滿月臺)의 번화함도 이제는 한마당 지나간 꿈이요, 허물어진 궁장과 낡은 전각에는 왕손의 발자취가 묘연하건만 무심한 봄은 해마다 이 땅을 찾아 왔다. 봄이 오니 꽃은 필대로 피어 아름답고 꿀벌과 나비는 제멋대로 잉잉거려 춤을 추었다. 골짜기마다 눈이 녹고 땅이 풀리니 푸른 풀이 엄돋는 밑으로 스며드는 수기(水氣)는 높은 데서 낮은 곳으로 모여들어 개울마다 봄물 소리가 요란하다.

(계몽사, 1994)

□ 박종화「금삼의 피」

십 년이란 긴긴 세월을 두고 돌보지 않은 폐비의 거처하시는 집은 말할 수 없이 황량하였다. 금전옥류의 고량진미도 이제는 한마당 꿈이요, 쓰러져 가는 담장과 일그러져 가는 지붕엔 거두지 않은 탓인가 따끈한 오월볕 위에 뺑대쑥이 곳곳이 푸르렀다. 집 안에 남은 것이란 몽당 빗자루 하나가 뜰 옆에 동그라져 있고, 부엌에는 타다 남은 부지깽이, 쪽 떨어진 물독, 그리고 부뚜막에는 옹솥 한 개가 동그마니 올라앉아 있었다. 그나마 굴뚝에 연기가 자주 나지 못하는 탓이냐? 옹솥 가에는 붉은 녹이 함빡 슬어 있었다.

*   *   *

깊어 가는 가을바람을 헤치고 엄숙하게 위의를 차려 일로 태평히 청량리를 넘으셨다. 길은 다시 서북으로 갈리어 한 고래를 치달으니, 누른 잎 붉은 단풍 푸른 솔이 채색 그림인 양 어우러진 사이엔 보지 못하던 고래등 같은 기와집이 은은히 어른거려 비친다. 새로 지은 정자각이요, 재실들이다. 연 위에서 이것을 바라보시는 연산의 마음은 무거운 짐을 벗어 놓으신 듯 적이 어깨가 가벼우시다.

* * *

그래도 앞산은 구름 밖에 첩첩이 우거들어 부르면 대답이라도 할 것 같고, 뒷산은 우줄우줄 병풍 펼치듯 둘러 감으니 허할 것이 조금도 없다. 우편으로 백호는 엎드렸고 좌편으로 청룡이 감쳐 도니 산뜻 생기가 나는 듯하고, 삼합수 구부러진 명당을 싸고도니 이만하면 족하다.

* * *

새로 지은 탕춘정 위아래 수각에선 아직도 재목 향기가 코를 싱그럽게 하고 따끈한 볕에 그늘을 던진 푸른 솔밭 사이엔 맑은 바람이 쉴 새 없이 일어나 땀방울을 스러지게 한다. 냇바닥에 칭칭이 모아 놓은 석조와 석기 사이엔 옥소 같은 물이 넘쳐 떨어지며 물거품을 일으키니 들리는 물소리와 날리는 물방울은 듣고 보기만 해도 시원하고 서늘하여, 지는 복중의 무더운 더위를 잊을 듯하다.

* * *

열 칸들이 강화석 황누 등메를 쫘악 깔아 논 대청을 지나 놓고 다시 화사한 황누 양탄자를 푹신푹신 깔아 논 조그마한 방이 있다. 윤순의 부인이 나인을 따라 은갈고리에 반쯤 늘어진 불그스름한 도화빛 휘장을 헤치고 들어가니 먼저 놀란 건 사면의 벽이다. 으리으리한 크나큰 체경이 빈틈없이 네 벽을 꼭 둘러막았다. 이 벽에서도 미인이 나오고, 저 벽에서도 여자가 나타났다. 자세 보니 다른 사람이 아니라 자기의 그림자다. 머리 빗고 분세수할 때 조그마한 거울을 아침저녁으로 손에 놓아 본 적이 있으나 이런 체경은 난생 처음이다. 하마하면 체경 속으로 걸어갈 뻔하였다.

(동아, 1995)

□ 박청호 「DMZ-킬서비스」

이 집은 매우 재밌는 구석이 있었다. 현관문의 잠금장치가 다른 것들을 대체로 오른쪽으로 돌리며 잠기는 데 반해 이것은 왼쪽으로 돌려야 잠기고 가스 벨브 역시 오른쪽으로 돌려 열고 왼쪽으로 닫는데 이 집 벨브는 왼쪽으로 돌려야 열렸다. 심지어 수도꼭지나 샤워기도 위아래가 반대였고, 뜨거운 물과 찬물도 푸른색과 붉은색이 반대로 표시되어 있었다. 꼭지를 아래로 내리면 물이 나오고, 푸른쪽으로 돌려야 따뜻한 물이 쏟아졌다.

(『라쁠륨』, 1999. 겨울)

□ 박치대 「아! 백두여」

산하를 불태우던 단풍이 소리 없이 스러지면 두만강 물줄기는 하얗게 바닥을 드러낸다. 만주 벌판을 건너오는 시베리아의 찬바람이 성급하게 겨울을 몰고 와 국경 도시 무산을 술렁거리게 만든다. 음산한 겨울맞이 준비로 인마의 발걸음이 한결 바빠지고 국경을 지키는 일본군 수비병들이 말발굽 소리도 따라서 요란스러워진다.

막 해가 졌다. 검붉은 황혼이 엷어지면서 서쪽 하늘 한구석에 초생달이 걸렸다. 강변의 갈대숲에 조용히 어둠이 깔리자 기러기 떼의 울음소리가 차츰 높아 갔다. 강바람을 타고 흐르는 수비병의 호루라기 소리에 주위는 금방 살벌해 진다. 마지막 짐을 실은 소달구지 한 대가 호루라기 소리에 쫓기듯 바삐 강둑길을 내려가고 있을 뿐, 싸늘한 강변에서 이제 인적이 끊어졌다.

(유림사, 1989)

□ 박태순 「어제 불던 바람」

문세빈이 혼자 자취를 하며 세를 들어 있는 임만중씨의 집은 좋은 곳에 터를 잡았다고 할 수 있었다. 이러는 말은 이 집이 세검정의 일선사로 올라가는 계곡의 중턱에 오롯이 떨어져 자리를 잡고 있었기 때문이었다. 게다가 이 집은 제법 정취를 풍기는 초가집이었다. 역으로 말하자면 문세빈이 일부러 세검정의 산골짜기에 잡림으로 둘러싸여져 있는 초가집의 단칸방을 택하여 세를 들어 지내고 있는 것이었다. 문세빈은 나합석, 정미회와 함께 방문을 벗어났는데, 바로 거기로부터는 그대로 산곡의 경관이 시야에 들어왔다.

* * *

언제부터인지 모르지만 서울의 새벽은 추악한 밤을 지샌 사람들 떼거리에 의해 오염되어 있었다. 청진동 해장국 골목은 아직 새벽 다섯 시 반 정도에 불과했는데 화장이 게게 풀린 여자들, 상소리로 떠들어대는 고고족들로 아주 소란스러웠다.

* * *

다방 안은 시장바닥처럼 복잡시끌 하였다. 좌석은 꽉꽉 들어찼고 레지들은 사냥개들처럼 설치고 다녔다. 이런 소란스러운 곳에서는 도대체 싸움 싸우듯 큰소리를 지르지 않는 이상 서로 대화를 나누기도 힘들었다.

* * *

조그만 방, 비닐 간이옷장, 앉은뱅이책상 위에 개켜져 있는 이불, 무인불성공이라 쓰여진 조그만 액자, 영화배우를 모델로 한 달력, 배달된 석간

신문, 그리고 이빨을 드러낸 채 웃고 있는 나합석의 사진을 집어넣은 자
그만 사진틀…… 따위가 대충 한눈에 들어온 그 방안의 풍경이었다.

(전예원, 1979)

□ 박태순 「정선 아리랑」

모든 것이 시꺼멓게 물들어 버린 탄광지대의 삭막한 풍경 속에서도 햇
빛만큼은 유난히 하얀 색깔로 떨어져 내리고 있었다. 그래서 햇빛을 받고
있는 곳과 그늘이 진 장소는 유별나게 분별이 되고 있었다. 조그만 공터
비슷하게 자리를 잡은 버스 정류소에는 그런데 머물러 있는 차가 한 대도
없었다.

* * *

'영월옥'은 새까맣게 먼지에 뒤덮여 있는 슬레이트 기와집이었다. 애초
에는 초가집이었던 것을 지붕만 바꾼 것이 아닌가 싶었다. A자 꼴의 마당
에 다시 푸른색 슬래브로 지붕을 덮었고, 네 개의 구공탄을 넣게 된 부뚜
막을 시멘트로 만들고, 그 앞에 오리의자를 주르르 놓아 술도 팔고, 국물
도 팔게 돼 있는 그러한 식당이었다. 한쪽 구공탄 불 위에는 솥을 얹어
놓았는데 술국이 설설 끓고 있었다.

(나남, 1989)

□ 박태순 「독가촌 풍경」

독가촌은 휴전 협정이 체결되던 무렵에 생겨난 마을이다. 그곳이 행정
지명으로는 강원도 P군 강동면 옥당리가 되었는데, 월암리, 신계리, 상정
리와 연이어져 저 위쪽으로 중계산, 상계봉에 턱이 닿고 있다. 서울에는
강동까지는 급행버스 편에 없지도 않으나, 포장이 안 되어 기차를 탄 다
음에 버스로 갈아타고 가는 것이 편하다. 그리하여 강동에서 다시 버스를

바꾸어 타고 한 자락으로 뚫린 길을 30여리쯤 사행으로 구불거리고 들어가면, 마치 중절모자의 위뚜껑 같은 분지가 나오는데, 그곳이 독가촌이다.

독가촌이란 마을의 이름이 생겨난 유래는 다름이 아니었다. 그 당시 중계산, 상계봉의 후미진 골짜구니에 드문드문 외따로 떨어진 두메집들이 마치 산적의 산채들처럼 발기어져 있었는데 난리가 아직 끝나지 않았을 무렵이라 군 당국에서 강제로 명령을 발동하여 그러한 외따로 떨어진 두메집들을 모두 철거시키어 산 너머 옥당리에 집결시키었다. 군 작전상 산 위 사람들을 산 아래도 몰아낼 이유가 생겨서 그렇게 되었다. 이때에 이 부락이 독가들을 긁어모아 마을을 이룬 것이라 해서 독가촌이라 하였던 것이다. 그런데 국어학자가 아니더라도 '독가'가 '촌'이 될 수 있다니, 이 '독가촌'이라는 게 이리 따져보든 저리 따져보든 도대체 말이 되지 않는 것이었다. 독가촌이란 마을의 생김새나, 그 바닥에 끼겨 있는 사람들이 모두 엉망에 진창인 것이 마치 이런 이유 탓인 듯하였다.

(민음사, 1986)

□ 박태순 「무너진 극장」

맑은 날씨였으나, 시내의 풍경은, 우리가 전혀 낯선 도시에 마악 닿았을 적에 받은 서먹서먹한 인상을 우리에게 줄만큼 바뀌어 있었다. 군인들이 거리마다 도열해 서 있었으며, 곳곳에 바리게이트가 쳐 있었다. 불타버린 건물들, 탄흔이 남아있는 포도에서 우리는 마치 전쟁이 한바탕 휩쓸고 지나가기라도 한 듯한 느낌이었다. 그래서 태양은 더욱 뜨겁고 하늘은 더욱 맑고 푸르게 느껴졌다. 사람들은 무관심한 표정 속에 흥분을 감추고 있었다. 서로들 경계심을 풀지 않으면서도, 비상시의 사람들답게 날카로운 호기심과 분노에 떠는 표정을 간간이 지어 보이고 있었다. 거리에는 계엄사의 포고문이 붙어 있었고, 노대통령의 담화문도 게시되어 있었다. 집총한 군인들은 호각을 불며 시민들이 혹시 대열을 지어 데모라도 벌일까 봐 경계하고 있었다. 민간인들은 군인들이 시선을 피하여 우울하게 하늘을 올려다보곤 했다. 태양은 직접 도시의 상공으로 접근해 왔으며, 바람은 더운 기운을 내뿜고 있었다. 이윽고 우리는 도심지대를 벗어났다.

(나남, 1989)

□ 박태순 「환상에 대하여」

담배 연기는 황혼녘의 핏빛 공기와는 달라서 약간 파란 기를 내포한 진회색으로 뿜어 올라갔다. 열아홉 살의 조맹지는 담배 연기 속에다가 턱을 괴어 사색을 묻었다 조금씩 어두움이 방 안을 침식해 들어가고 있었다. 그러나 핏빛 공기는 어두움을 빨아들이지 않았다. 담배 연기가 아지랑이처럼 하늘거렸다.

(민음사, 1986)

□ 박태순 「단씨의 형제들」

단기호는 이상하게 삭막하고 고독한 표정으로 거리를 훑어보고 있었다. 워낙 더운 날씨여서 사람들은 길거리에 오리의자를 내다 놓고 앉아 있었다. 자동차 소리, 어린애들 떠드는 소리, 술꾼들의 고함 소리가 정신을 차리지 못하게 했다. 한여름 밤의 후끈한 열기 속에서 닥지닥지 이어 붙은 상점, 술집, 다방의 간판들이 풍기는 강렬한 사람 냄새가 포함되어 있었다.

*　*　*

똑같은 형태의 골목이었다. 대문 생긴 것도 같고, 대문 위에 철조망이 쳐놓은 모양까지도 같았다. 그리고 번지수도 똑같았다. 번지 밑에 붙은 호 번호가 백 단위로 그대로 계속되고 있었다. 대략 어느 방향에 최성술의 집이 있으리라는 것은 예상 할 수 있었다.

그러나 더 이상 캐 들어가 보면 그것은 아리송하였다. 똑같은 길, 똑같은 싸전가게를 일정한 속도로 뱅글뱅글 돌고 있는 형국이었다. 그는 주소를 적은 종이쪽지를 들고 이번에는 벌판으로 나갔다. 한쪽에는 집들이 세워지고 있었고, 그 옆에는 한창 단지(團地) 조성 공사가 이루어지고 있었다. 그리고 그 앞에는 논이 펼쳐져 있었다.

* * *

날이 밝아질수록 안개는 뿌옇게 끼어 들었네. 저 아래 동네를 내려다보자면 마치 하나의 커다란 호수를 바라보고 있는 것만 같았네. 좁은 골목길, 누추한 판잣집들은 호수처럼 보이는 스모그 공해(公害) 밑에 타 눌리어 그 속에 수장(水葬)되어 있는 것처럼 보였으며, 이미 사람들은 그러한 생활에 충분히 침수되어 버린 물고기처럼 하느작거리고 있는 게 아닌가 하는 생각이 들었네.

(동아, 1995)

□ 박태순「한오백년」

이윽고 움직이기 시작했으며, 그는 창으로 스쳐 지나가는 바깥의 풍경을 바라보고 있었다. 밤 열시 반이 조금 넘은 시각인지라 도심 지대의 거리 전체가 술에 취해 버린 것처럼 지저분했다. 이에 비해 볼 때 외촌동행 버스는 어느 시골로 떠나는 게 아닐까 착각될 정도로 초라한 입성에 피로하고 시달리고 따분한 표정을 짓고 있는 사람들로 꽉 차 있었다.

* * *

오래간만에 밤 버스를 타고 있노라니 승객들이며 창 바깥의 풍경이며가 눈여겨 보이는 것은 이 때문이었다. 신문을 사라고 올라오는 애들, 검은 안경을 쓰고 있는 사내와 하얀 한복 차림의 맹꽁 하고 새침스런 여자, 여차장과 버스 계원과의 희롱질 등, 윤지노는 그런 모든 사람들을 눈여겨 보았다.

* * *

어느덧 버스는 외촌동 종점으로 들어서고 있었다. 지금까지 암흑의 벌판이었던 곳에 불빛이 나타났다. 불빛과 불빛의 간격이 차차 좁아지더니 네온사인이 보였고 아크릴 간판이 드러났으며, 이윽고 버스는 커브를 돌아 멈추어 섰다. 외촌극장에서 틀어 놓고 있는 이미자의 노랫소리가 치그럭치그럭 들려 왔다.

* * *

뽀빠이는 시커먼 판자로 담을 쌓고 거적대문을 만들어 붙인 안으로 쑥 들어가 버렸다. 윤지노도 들어섰다. 전깃불이 들어오지 않는다는 것을 알 수 있었다. 그 안은 토굴이나 마찬가지로 음험한 어둠에 감싸여 있었다. 마치 시꺼먼 수렁 속과 같았다.

문이 열리자 채 한 칸이 되지 않을 듯한 방안으로부터 불빛이 새나왔다. 그래서 방 안 풍경을 볼 수 있었다. 한쪽 가녘에 이부자리가 얹혀 있었다. 거기에 지후가 꼼짝 않고 앉아 있었다. 살림 도구는, 그야말로 아무 것도 보이질 않았다.

(동아, 1995)

□ 박태순 「모기떼」

야산 중턱에 세워진 바라크 집들이 꼭 다리 잘린 메뚜기떼 같고 깜박대는 전기 불빛이 그 메뚜기 시체를 파먹고자 달려든 모기떼 같아 보였는데 그래서 그런지 앵앵거리는 소리마자 들리고 있는 것 같았다. 그 여자는 최서춘과 함께 살았던 방을 눈짐작으로 찾아 그 방에 불이 켜 있는지 어떤지 살펴보고자 했다. 그러나 앵앵대는 소리와 가물대는 불빛이 어지러워 잘 찾아낼 도리가 없었다. 하지만 여자가 걷는 골목길은 낯이 익었고, 이미 열한시가 돼 가고 있는 시간의 느낌이 이 동네에서 항상 이렇기 마련이었다는 것도 선명하게 살아 올랐다. 만화가게에는 돈을 내고 텔레비전을 보기 위해 몰려든 어린이들로 바글거렸고, 쌀가게 주인은 심부름 다니는 녀석과 함께 수첩 장부를 들여다보면서 막 화를 내고 있었다. 수도 시설이 돼 있지 않은 골목길에서는 퀴퀴한 냄새가 나고 있었고, <막글리>라고 써 붙인 토담술집의 할배와 할망구도 아직 죽지 않고 살아 있었다. 그래서 그런지 그 여자는 마치 고향에라도 찾아드는 기분이 들었다.

* * *

열쇠가 거기에 있는 것으로 봐서는 최서춘이 아직 이 방에 여전히 그런 나름으로 살고 있다는 것이 확실했다. 그 여자는 방문을 땄다. 성냥이 어디 있는지를 찾아 헤매노라니 퀴퀴한 어둠의 냄새가 났다. 최서춘은 성격이 게을러서 도무지 목욕을 하는 법이 없었고 그에게서는 항상 땀내가 풍기었던 것인데(그리고 모가지에는 여드름과 함께 때가 끼여 있기도 했지만) 이방에서는 바로 그러한 퀴퀴한 냄새가 났다. 이불도 개켜놓지 않았다. 쨍그렁 하고 발밑에 채이는 것을 보니 아마도 라면을 끓여먹은 뒤 치울 생각도 하지 않은 채 어딘가 쏘다니러 나간 것에 틀림없었다. 당장 버르장머리를 고쳐 놓도록 해야지.

(나남, 1989)

□ 박태순「낯선 거리」

하늘은 여전히 한가로운 느낌을 주는 푸른 빛깔을 띠고 있었다. 공동묘지는 성숙한 봄의 한가운데에, 별로 무덤이라는 느낌을 주지도 않으며 그렇게 방치되어 있었다. 그럼에도 거기에는 죽은 사람들의 고단한 혼백이 닥지닥지 붙어 있었다. 죽음은 다만 광물성의 의미밖에는 가지고 있지 않은 듯 했다. 부정 선거와 오도된 민주주의를 규탄하다가 죽어버린 스물한살짜리 청년의 시체가 그 가운데에 있으리라는 증거를 발견할 수는 없었다.

* * *

아침이 찾아온 극장의 내부는 더욱 처참하게 보였다. 아침은 지나간 밤의 광포했음을 너무도 선명하게 증언하고 있었다. 새날의 출발은 비참한 상처에서부터 비롯되고 있는 것 같았다. 과거의 번창했던 극장은 여지없이 망가져 버리고, 그 파괴된 폐허에서 새날은 우뚝 그 밝음을 드러내고 있는 것이었다.

* * *

나는 볼기를 맞고 있는 그러한 사람의 자세로서 객석 위의 넓은 공간을 응시하고 있었다. 기다란 어둠의 장막이 거기에 깔려 있었다. 어둠에서는 아무런 냄새도 나지 않았고, 아무 소리도 들리지 않았고, 아무 형태도 포착할 수 없었다. 어둠은 마치 안개인 양 몽롱하기만 했다. 그 몽롱한 어둠 속에 미래가 서려 있을 것만 같았다. 나는 어둠 속에서 거울을 들여다보는 사람처럼 그 희부연 속을 들여다보고 있었다.

* * *

광득이의 방은 그 전과 마찬가지로 하나도 변하지 않았다. 앉은뱅이책상 위에는 그의 애인인 공숙이의 사진이 걸려 있었다. 체신부에서 주관했던 전기기사들의 기술경연대회에서 그가 삼등으로 입상했을 때 받았던 상장과 트로피가 놓여 있었고 <인간은 노력하는 동물이다> 따위의 경구가 붙어 있었다. 그리고 재떨이에 담배꽁초가 수북이 쌓여 있음을 본 기억이 났다.

* * *

모든 것이 시꺼멓게 물들어 버린 탄광지대의 삭막한 풍경 속에서도 햇빛만큼은 유난히 하얀 색깔로 떨어져 내리고 있었다. 그래서 햇빛을 받고 있는 곳과 그늘이 진 장소는 유별나게 분별이 되고 있었다. 조그만 공터

비슷하게 자리를 잡은 버스 정류소에는 그런데 머물고 있는 차가 한 대도 없었다.

* * *

ㅁ자형의 뙤새집이 구름처럼 들앉아 있었다. 대문과 중문이 세워져 있었고 신주를 모신 사당과 커다란 사랑방, 지체 높은 집안임을 가리켜 주기에 족하리 만치 큼직한 툇돌과, 튼튼한 재목을 써서 세운 문지방에 대청이 번듯하니 넓었다. 집 앞으로는 조그만 동산을 가지고 있어서 그 동산에는 1백 년쯤 된 느티나무가 부군 나무로 지정이 되어 동네 사람들의 위함을 받고 있었다.

* * *

산 날망에 이르기까지 마치 피사의 사탑처럼 위태롭게, 무너지고 말 듯 비탈에 세워진 시민 아파트들, 산 중턱으로 퍼져 있는 빈민촌들, 터널을 뚫어 연결시킨 고가도로 위를 공중 곡예 하듯 지나다니는 차량들, 그리고 눈 높이 쪽으로는 그 고가도로를 세우기 위해 행길 가녘쪽으로 밀어붙여 옮겨놓은 <독립문>이 있었다. 그 독립문으로부터 오른쪽으로 시선을 이동시키면 흔히 현저동 101번지라는 주소를 제2의 별칭처럼 갖고 있는 <서울구치소>의 우중충한 철재 출입문과 외압적인 담벼락이 있었다.

* * *

오망골을 밤나무, 감나무에 둘러싸여 있는 50여 호 정도의 조그만 촌락이었다. 지도를 펼쳐 놓고 보면 황해의 가녘에 백령도라는 점을 발견할 수 있다. 그 백령도에서 시선을 오른쪽으로 조금 이동시키면 부서진 삽자루 모양으로 삐죽이 튀어나온 지형을 발견하게 된다. 이것이 소위 옹진반도이다. 옹진읍은 옹진반도의 아래에 동그라미로 표시되어 있다. 옹진 읍에서 북쪽으로 빨간 줄이 뻗어가 있는데, 그것은 38도선을 나타내는 까만 줄과 교차하여 그 위쪽으로 태탄이라는 곳에 연결되고 있다.…(생략)… 긴 등에서 왼쪽으로 십 리쯤 들어가면 삼괴정이라는 마을이 나오고, 오른쪽으로 5리쯤 꼬부라져 들어가면 오망골이 되는 것이다.

* * *

낡은 석산 아파트, 저 왜정시대에 유곽이었다면 그 아파트에서 바라보는 도시는 더욱 노랬다. 그렇다고 그게 황토흙의 단내 나는 초콜릿 빛깔의 황색은 아닌 것이다. 부황이 나고 어지러움증이 생기고 허기가 지고 피곤하고 소증이 생겨서 일어나는 진노랑이다. 그 노랑은 또한 고요한 것이 아니다. 온갖 소음이 그 빛깔 속에 껴묻어 있다. 그것은 끊임없이 무너질 듯 흔들려 대고 있는 노랑이다. 그것은 그가 동양극장에서 보았던 영화, 칙칙거리며 돌아가는 낡은 필름의 화면처럼 쉬지 않고 제 살갗을 뜯어내고 있는 노랑이다. 목조건물인, 유곽이었다던 난민 아파트의 삼 층에서 그는 가뭄으로 망친 가을 벌판의 쭉정이 벼떨기 대하듯 이렇게 노란 도시를 바라보고는 한다.

(나남, 1989)

□ 박태순 「사민」

그의 가족들은 해방촌에서 벗어나 낡은 적산 아파트로 이사를 가게 되었다. 낡은 적산 아파트, 저 왜정시대에 유곽이었다면 그 아파트에서 바라보는 도시는 더욱 노랬다. 그렇다고 그게 황토 흙의 단내 나는 초콜릿 빛깔의 황색은 아닌 것이다. 부황이 나고 어지러움증이 생기고 허기가 지고 피곤하고 소증이 생겨서 일어나는 진노랑이다. 그 노랑은 또한 고요한 것이 아니다. 온갖 소음이 그 빛깔 속에 껴묻어 있다. 그것은 끊임없이 무너질 듯 흔들려 대고 있는 노랑이다. 그것은 그가 동양극장에서 보았던 영화, 칙칙거리며 돌아가는 낡은 필름의 화면처럼 쉬지 않고 제 살갗을 뜯어내고 있는 노랑이다. 목조건물인, 유곽이었다던 난민 아파트의 삼 층에서 그는 가뭄으로 망친 가을 벌판의 쭉정이 벼 떨기 대하듯 이렇게 노란 도시를 바라보고는 한다.

* * *

밤새도록 나무로 된 복도가 삐걱거린다. 아래층으로 내려가는 나무 계단 중에는 썩고 닳은 데다가 못이 빠져 헐러덩거리는 층계참이 있다. 조심해서 딛지 않으면 고꾸라지는 수가 있을 뿐 아니라 충치로 썩은 이빨 잘못 건들면 온몸이 찌르르 울리듯 목조 건물 전체로 고약한 음향을 뿌려 쌓게 되는 것이다. 차라리 듬성듬성 뽑아먹은 옥수수 모양으로, 그도 아니라면(구호물자 주는 예배당에서 그가 보았듯) 건반 한 개 달아난 풍금처럼, 또는 헐러덩거리다가 마침내 빠져 버린 그의 앞 이빨처럼 아예 그 층계참을 뽑아 버리기라도 했으면 싶지마는 이 낡은 목조 아파트에는 그런 일에 관심을 두는 어른은 하나도 없다.

(나남, 1989)

□ 박태순 「끈」

사일구 묘지를 왼쪽으로 바라보면서 위로 솟는 길이었다. 큼직하게 자리 잡은 묘역을 넘어서니 사람들이 흔히 <물역 가게>라 부르는 건재상점이 나왔다. 건재상점 근처에 초로의 영감들이 여남은 명 앉아 떠들고 있었다. 백 원 빵이니 오백 원 빵이니 푼돈을 걸어 화투를 치는 중이었다. 영감님들 모여 노는 옆댕이에는 늙수그레한 아주머네 하나가 리어카에 김밥 국수 따위에 소주까지 곁들여 놓고 있었다. 산 밑이라 아카시아 나무 따위가 우그러들었고 약수 같은 것도 하나 있나 보았다.

* * *

산중턱까지 진격해 올라오던 주택가는 여기가 맨 마지막이었다. 여기로부터는 그대로 산이 산으로 남아 있었다. 다만 두부모 썰 듯이 산을 판판하게 깎아내려 집터를 들여놓았다가 미처 주택을 세우지 못한 채 버려 놓은 땅이 보기 싫게 전개되어 있다. 아마도 그린벨트 지역 고시가 내려지는 줄도 모르고 땅장사 집장사로 한몫 잡으려다가 녹지대로 지정이 되는 바람에 왕창 손해를 보고 그 뒤로 그렇게 방치해 두고 있을 것이었다.

(나남, 1989)

□ 박태순「정든 땅 언덕 위」

외촌동은 지난 봄철에 급작스럽게 생긴 동네였다. 서울시 도시계획에 따라서 무허가 집들을 철거한 시 당국은, 판자촌에서 살던 사람들을 위하여 새로이 동네를 만들어 증정했던 것이다. 시 당국은 '재건 토목주식회사'에 처우를 맡겨서 날림으로 공영주택을 지었다. 적당히 블록으로 칸을 막아 가면서 닭장 짓듯이 잇달아 지은, 겉으로 보자면 길다란 엉터리 강당과 같은 모습이었다. 또는 반듯하게 죽어있는 길다란 뱀과 같은 형국이었는데, 그렇게 본다면 형형색색의 비늘을 가지고 있는 이 뱀은 세 마리가 될 것이다. 즉 세 줄의 가동이 개울 이 쪽을 달리고 있었는데, 뱀의 비늘이라고나 할 가동의 옆구리에는 먼저 복덕방이라든가, 막걸릿집, 상점들이 들어차기 시작했다. 그 내부를 볼 것 같으면, 방의 골격을 갖춘 것 세 개마다 부엌 형태가 하나씩 달렸고 그것이 엉성하게 하나의 가옥 형태를 이루고 있었다.

*　　*　　*

외촌동은 몰라볼 만큼 발전되어 있었다. 버스 노선이 외촌동에까지 들어왔다. 버스 앞 차창에다가 '외촌동' 표지를 달고 시내를 질주했으니 외촌동은 이제 어느 동 못지 않게 서울의 중요한 동네의 이미지로서 서울시민의 뇌리에 부각되었는지 모른다. 그리고 외촌동의 발전을 위해서 반드시 해결해야만 할, 저 외촌교 다리 공사도 끝이 났다.

그리고 전기 공사가 끝이 나서 엉터리 강당과도 같은 각 방으로는 전등이 커졌다. 그리고 앰프 시설도 구비되어 있어서, 시설비 2백 원에 매달 40원씩만 내면, 날마다 열두 개의 연속 방송을 사람들은 들을 수 있었다. 그리고 세 개의 약방이 생겼고, 두 군데의 정육점 양복점도 하나 생겼고, 이발소 두 개, 미용소 세 개가 들어찼다. 대봉산을 우뚝 세워 놓은 산맥은 대략 동서쪽으로 뻗고, 그 산맥에서 잘려 나온 산줄기가 이 동네의 뒷덜미를 이루고 있었는데, 잔잔한 파도처럼 돌기하여 있는 그 산줄기에 지난번 부동 화재 때의 재민들이 천막을 치고 수용되어 있었다. 그럼에도 산은 언제나 산의 냄새를 풍겼고, 그리고 뻐꾸기도 울었고, 내려온 개울에는 아낙네들의 빨랫방망이 소리가 늘 들려 왔고, 그래서 노인들의 얘기인즉슨, 산천과 경개가 사람 살기에 좋은데다가 금상첨화 격으로 서울 시내이고 하니, 사위 돈만 있으면 어느 별장지대 못지않다는 얘기였다. (하긴 별장을 지겠다고 하는 재벌이 있다는 풍설이 돌기도 했다.) 그리고 이 동네의 발전과 직결되는 것으로서는 아무래도 교회당이 두 군데나 생겼다는 것을 빼놓을 수 없다. 비록 구호금품을 바라고 몰려갔던 사람들이 구호금품이 안 나오자 적이 실망했지만. 어린애들과 학생들은 찬송가를 부르고 다녔고, 안경을 쓴 젊은 목사는 주 예수를 믿으라고 가가호호 방문을 다녔고, 병에 걸린 사람이 있으면 반드시 찾아가서 기도를 올려 주곤 했다. 그리고(이것이 이 동네의 발전을 위해서 무엇보다도 중요한 것이지만) 파출소가 드디어 하나 생겼다. 끊임없이 도난 사고가 발생하고, 한번은 동아일보를 위시해서 각 신문에 보도가 되었지만 살인사건도 있었던 것이었기에 파출소가 동네에 대하여 가지는 비중은 실로 무거운 바 있었다.

(나남, 1989)

□ 방현석 「당신의 왼편 1」

길을 건너 교보 앞을 거쳐 중앙청 쪽으로 걸었다. 미대사관 앞을 지나자, 미국과 똑같은 문화를 만들고 싶다는 열망을 과시하듯이 미대사관 건물과 똑같은 모양을 한 문화체육부 청사는 이마에다 '21세기 앞으로 344

일'이라는 전광판을 붙인 채 번쩍번쩍 거리고 있었다.

*　　*　　*

택시에서 내린 곳은 그가 다닌 대학가였다. 와본 지 1년이 넘었지만 별로 변한 것이 없었다. 술집 골목으로 들어서자 견디지 못할 만큼 술을 토해내는 녀석들이 더러 눈에 띄었고, 걸음걸이가 풀린 대학생들은 한둘이 아니었다. 술이 거의 깬 것 같은 조은주는 어떤 술집으로 데려가는지 한번 보겠다는 표정으로 건들건들 따라왔다.

걸어가던 큰 골목길에서 오른쪽 작은 골목길로 발길을 돌렸을 때 '왕개미집'이라는 반쯤 깨진 간판이 보였다. 강의실이나 도서관보다도 더 많은 시간을 보낸 그 술집은 20년이 가까워 오는 그 세월에도 깨진 아크릴 간판 속의 알형광등을 내보이며 의연히 그 자리를 지키고 있었다.

(해냄, 2000)

□ 배수아 「바람인형」

오래되고 낡은 호텔이었지만 객실이 많지 않고 돌로 만든 기둥이 로비에 있었다. 실내는 어둡고 알지 못하게 어두운 바람이 불었다. 방은 모두 다 커다란 창이 달려 있어서 시청 건물과 공원과 거리와 강아지를 데리고 산책하는 사람들과 그리고 바다로 가는 기차를 지나가는 길이 보였다. 갤러리 환타는 높은 곳에 있었다.

(문학과지성사, 1996)

□ 배수아 「프린세스 안나」

길고 어두운 마루의 끝에는 반쯤 말라버린 넓은 잎을 가진 식물의 화분이 놓여 있고 닫지 않은 좁은 창으로 희미한 빛이 들어오고 있다. 오랫동안 수리하지 않아 마루는 삐걱거리는 소리가 나고 금이 간 벽돌담 위로는 야생으로 자란 강낭콩과 담쟁이가 쓸쓸한 바람에 흔들린다. 마루의 끝을 돌아서면 그곳은 정말 빛이 들지 않는 모퉁이다. 자라난다는 것은 그런 모퉁이를 소리 없이 돌아서는 것과 같다. 찬란한 오후의 마지막 진한 햇빛은 어두운 마루의 음울 속으로 가라앉고, 아무도 알지 못하는 사이에 좁은 창가의 화분은 천천히 시들어 버린다. 아이의 뺨은 여위고 마루의 난로는 아무도 치우는 사람이 없다.

(문학과지성사, 1996)

□ 배수아 「검은 저녁 하얀 버스」

처음에 집을 지은 사람은 이층의 방문을 모두 하얀빛으로 칠해놓고 올라가는 계단에는 전등을 달지 않았다. 전등이 없는 어두운 계단을 올라가면 반쯤 열려 있는 내 사촌의 방문이 보인다. 아직 밖의 거리는 완전히 어두워지기 전이고 넓은 커다란 이파리들이 저녁 바람에 흔들리고 있는 것을 창 밖으로 그대로 볼 수 있지만, 처음에 들어온 집 안은 밤의 한 가운데인 것처럼 아무 것도 보이지 않고 오랫동안 청소하지 않은 창가의 화분이 있던 자리나 낡은 소파를 치워버린 마루가 쓸쓸하게 드러난다. 마루에는 사촌이 아직도 학교에 다닐 때 공부하던 책들이 아무렇게나 가득 꽂혀있는 커다란 책장이 있을 뿐이다. 책장의 가장 위에는 사촌과 나이 차가 많이 나는 오빠가 학교 때에 찍은 사진과 앨범이 있다. 사촌은 아직 거기까지는 손이 닿지 않는다. 사촌이 가끔 사다 보곤 하는 잡지들은 가장 아래쪽에 있다. 사촌은 잡지 말고는 읽지 않는다. 그것도 아주 가끔 뿐이다.

(문학과지성사, 1996)

□ 배수아 「철수」

시청 앞에서 지하철을 내려 플라자호텔 뒤편으로 걸어들어 가면 거기 대학의 근무가 끝난 저녁에 내가 일했던 식당이 있다. 식당의 낡은 나무대문을 밀고 들어서면 마당에는 기괴스러울 정도로 정교하게 비틀어진 채 자라난 소나무가 있고 날카롭게 깨진 자갈이 깔렸으며 신발을 벗고 올라서야 하는 마루가 있고 흰 종이를 바른 문이 닫힌 방들이 있다. 전체적으로 초라하고 궁상맞아 보이는 표정을 하고 호텔의 뒤편에 늙은이처럼 들어앉은 그 식당에서 사람들은 밥을 먹거나 술을 마시고 금요일 밤이면 방을 빌려 포커를 치고 가끔 대마초 정도를 피우기도 했다. 나는 설거지를 하거나 음식을 나르기도 하고 마루를 닦거나 담배 심부름을 하기도 했다. 가끔 천 원 정도를 팁으로 받는 경우도 있었다.

(작가정신, 1998)

□ 배수아 「심야통신」

건전한 부르주아의 도시는 공원을 중심으로 활주로 모양의 도로가 격자와 방사선을 절충해서 뻗어 있으며 60만이 넘는 인구가 살고 있다. 밤이 되면 아늑하고 따뜻한 불빛 아래에 사람들이 각각의 집으로 모여들고 주정뱅이나 변태 성욕자나 주거 부정의 불량배들이나 광적인 부두교 신자들이나 기생충에 감염된 불면증 환자는 없는 것이다. 건전한 부르주아의 도시는 블랙리스트리트를 자생시키지 않는 구조를 갖고 있다.

* * *

당신은 어느 날 차를 타고 그곳을 지나가게 될 것이다. 안개가 온 거리를 물처럼 흐르고 있고 공원으로 가는 길은 온통 가을 낙엽으로 덮여 있다. 당신은 집으로 돌아가는 길에 건전한 부르주아의 도시를 우연히 지나가게 된 것인지도 모른다. 새벽 3시에 만나는 낯선 고요함에 끌려 당신은 안개 속으로 차를 몰고 들어간다. 마치 밤의 동물원 같아, 하고 당신의 옆자리에 앉은 여자가 말할지도 모른다.

* * *

식모아이가 유리의 남은 물건들, 유리가 사용하던 타올이나 면도기를 내 방에다가 던져 넣었고, 그리고 밖에서 문을 잠갔다. 내 방은 이제 아무데도 쓸모없는 물건을 넣어두는 창고가 되었다.

* * *

나는 조용하고 홀로 쓸 수 있는 방을 갖고 있었고 방에는 화분이 놓인 창틀에 흰 구름이 한눈에 들어오는 유리창이 있었다. 유리창은 경사진 채 하늘을 향해 있었고 배와 구름과 번개와 깊은 밤이 인생처럼 한눈에 들어왔다.

(해냄, 1998)

□ 배수아 「부주의한 사랑」

강원도로 남자아이의 어머니를 찾아 여행했을 때 우리가 같이 들어갔던 중국 요릿집이 생각난다. 비닐의자는 삐걱거리고 커다란 밀가루 반죽 덩어리가 테이블을 차지하고 있었다. 물 컵은 더러웠고, 고양이가 새끼들을 데리고 테이블을 돌아다니고 있었다. 그래도 배가 고팠던 남자아이와 나는 접시를 깨끗이 비웠다. 남자아이가 어머니에 대해서 말했다. 나는 모령을 보았다는 얘기는 하지 않았다. 남자아이가 중국 요릿집의 테이블을 손가락으로 톡톡 두드렸다. 고양이가 야옹 하고 울고 주방에서는 지독한 기름 냄새가 나고 있었다.

(문학동네, 1996)

□ 배수아 「다큐채널, 수요일, 자정」

부산은 이상한 도시였습니다. 어쩌면 그렇게 하염없이 길기만 한지, 어쩌면 그렇게 높은 벼랑에 집들을 짓고 마을을 만들어 놓았는지, 우리가 내린 곳은 하역작업을 하는 부두였습니다. 좁은 바다가 흐르고 있고 그 위로 붉은 다리가 놓여져 있었습니다. 버스에서 내리자마자 바닷물 냄새와 선박 기름 냄새가 뭉클거리며 달려들었습니다. 이마에 검은 땀방울을 흘리는 사람들이 돌아다니고 있었습니다. 벽돌을 깐 길은 시커먼 기름이 흐르고 있고 부둣가에는 컨테이너들이 끝없이 들어서 있고 그늘 하나 없었습니다. 우리는 걸어서 붉은 다리를 건너기로 했습니다. 다리 위에는 트럭들이 질주하고 뿌연 먼지가 앞이 잘 보이지 않았습니다. 내가 다리의 난간에 기대자 손과 티셔츠에 붉은 녹가루가 묻었습니다. 그렇지만 나는 다리 난간에 기대야 했습니다. 토해야 했기 때문입니다.

(문학동네, 1999)

□ 배수아 「랩소디 인 블루」

마루에는 유리로 만든 커다란 문이 마당을 향해서 있고, 마당에는 잔디와 붉은 흙이 있고 꽃나무들이 있었다. 비가 내리고 있는 마당에 늦게까지 피는 붉은 장미나무가 꽃을 피우고 있었다. 정이는 마루에 앉아서 전화를 받았다. 말린 과일을 넣고 끓이는 차의 달콤한 향기가 주방으로부터 마루로 가득히 퍼지고 있었다. 정이의 어린 여동생이 하얀 푸들 강아지를 안고 마루를 쿵쿵거리며 뛰어다니고 마루의 정면 벽에는 오래 된 것으로 보이는 시계가 저녁 다섯 시를 알리는 종소리를 내었다.

* * *

나는 다시 극장 안으로 들어와 어두운 좌석 사이로 들어갔다. 극장은 반쯤은 비어 있었고 나머지 반쯤의 사람들은 졸고 있었다. 쉰 목소리의 여자가 찢어지는 음성으로 노래를 부르고 있었다. 남자가 그 노래를 듣고 있고 화면 안은 담배 연기로 자욱하였다. 사랑의 장면 같았다.

* * *

모두들 맥주를 마시러 간 곳은 이미 불이 꺼져 있는 어두운 입구를 한참이나 더듬거리며 내려가야 하는 지하 카페였다. 담배 연기가 자욱하고 텅 비어 있는 큰 창고 같은 곳이었다.

* * *

영화의 마지막 장면은 언제나 가장 처음의 장면과 닮아 있고 길은 영원히 계속될 것만 같이 하얗고 건조하고 하루를 내내 걸어도 모퉁이를 돌면 또 다른 작은 마을이다. 산기슭의 옥수수 밭과 그 너머의 강물. 항상 같은 것으로만 느껴지는 흐린 초록빛 버스들. 버스를 올라타면 날카롭고 진한 초록의 잎을 가진 겨울나무들이 가까운 길 위에도 그리고 멀리 있는 산 위에도 영원히 싫증내지 않는 연인들처럼 변함없이 그렇게 서 있다. 모퉁이를 여러 개 돌아서 어두워질 때까지 국도를 달려가면 어느덧 푸르른 밤사이로 나는 달빛처럼 스며든다.

* * *

네 아빠는 결혼하면서 너에게 주려고 집을 사 두었다. 댐 근처에 있는 아주 좋은 곳이야. 네가 결혼하게 되면 그 집에서 살아도 좋아. 도시보다는 공기가 좋아서 두통도 사라질 거고 마음만 먹으면 쇼핑할 서울로 나오기도 좋은 것이지. 때로는 가든파티를 열어도 좋을 거라고 우리들은 생각했었다. 첼로 연주를 들으면서 말이야. 할머니의 시골 과수원보다 더 꿈같은 무엇이 있다. 나는 한번도 보지 못한 곳에 가고 싶기도 하다.

* * *

오빠는 오래 전에 아버지가 건네준 키를 가지고 청평에 있는 집을 찾아가 보았다고 한다. 집은 작년 가을의 홍수로 밀려들어온 진흙과 돌멩이가 마루까지 흩어져 있고 작은 마당은 잡초들이 무릎까지 올라온 채로 돌멩이와 쓰레기가 널려 있었다고 하였다. 문의 경첩은 녹이 슬었고 유리창은 깨져 있었다.

(고려원, 1995)

□ 서기원 「이 성숙한 밤의 포옹」

서까래가 썩어 들어가는 고옥의 뜰 아래를 세든 그의 방에 대해 나는 그것이 쓰레기통이라는 말 밖에 할 수가 없다.

어쩌면 우리들은 너무나 깜찍스럽게 정돈된 방에 반발을 느끼는 반면 어처구니가 없을 만큼 나태(懶怠)스런 방엔 유쾌한 공감을 느끼고 공범자의 갈채를 보내는 것인지도 몰랐다.

방 안에는 칠이 벗겨진 철 침대와 그 위에 깐 꾀죄죄한 매트리스와 군대용 담요 밖에 도무지 가구라고 이름 붙일 물건이 없었다.

(삼중당, 1979)

□ 서영은 「살과 뼈의 축제」

벽에는 고흐의 <소로(sorrow)>란 데생화가 걸려 있는가 하면, 조립식 책꽂이에 책의 크기에 맞춰 쭉 고르게 문학 전집 따위가 꽂혀 있고, 그 맨 아랫단엔 전축이 비치되어 있다. 그리고 그 사이사이 빈 공간엔 인형이니 시계니 사진틀 같은 데커레이션이 놓여 있다. 그밖에, 창문 곁으로 낡은 테이블이 하나 놓여 있는데 그 위엔 전연 아무 것도 없다.

(둥지, 1997)

□ 서영은 「유리의 방」

그때 그는 문득 유리창 안을 들여다본다. 그 순간 현관으로 들어설 때 느꼈던 그 알 수 없는 위축감이 되살아난다. 안은 마치 바깥과 아무런 막힘도 없는 것 같이 남김없이 속을 드러내 보이고 있다. 진초록 리놀륨 바닥, 잿빛 알루미늄 집기들, 책상 위에 어지러이 널려 있는 서류들, 방금 물을 주어 잎사귀에서 물방울이 뚝뚝 떨어지고 있는 화분, 재떨이에 걸쳐진 채 저 혼자 타오르고 있는 담배 등, 모든 것이 손만 뻗치면 닿을 것 같다.

(둥지, 1997)

□ 서영은 「뿔 그리고 방패」

넓은 편집국 안에 열댓 남짓한 사람들만이 자리를 지키고 있을 뿐 나머지 의자들은 모두 비어 있었다. 회전의자를 벽 쪽으로 돌려 깊숙이 파묻혀 있는 국장의 대머리 주위에서 파리 한 마리가 한가로이 배회하고 있었다. 어떤 책상 위엔 전날치의 신문이 펼쳐진 채 흩어져 있는가 하면, 또 어떤 책상 위엔 시커멓게 커피 자국이 말라붙은 빈 잔과 꽁초로 가득 찬 재떨이가 놓여 있기도 했다. 책상 밑바닥엔 하염없이 되풀이되다만 낙서 조각, 구겨진 파지 따위들이 널려 있었다.

* * *

편집국 안의 빈 자리는 어느새 꽤 많이 메워져 있었다. 신문 올 시간이 가까워졌기 때문이다. 손을 씻고 들어오는 사람, 나가는 사람, 전화로 퇴근 후의 약속을 하는 사람, 손가방과 여느 짐들을 챙기는 여기자들, 부장의 책상에 기대어 무언지 심각하게 의논하는 사람 등등, 어딘지 어수선한 분위기였다. 불빛이 휘황해 보이는 것은 주위가 그만큼 어두워진 탓이리라.

* * *

큰길 건너에 형광등 불빛이 을씨년스러워 보이는 여관이 하나 있었다. 현관 옆방의 조그만 유리문을 통해 꾸벅꾸벅 졸고 있는 더벅머리 총각의 모습이 들여다보였다. 덩그렇게 거울이 걸려 있고, 신발장이 놓여 있을 뿐 황량하기 그지없는 실내를 둘러보며 도희는 서먹한 표정으로 동호의 등 뒤로 숨었다.

* * *

편집국 안엔 때아닌 먹구름이 가득히 낀 무거운 분위기였다. 농담은 물론 커피를 마시거나 귓속말을 주고받는 사람조차도 없었다. 모든 사람들이 묵묵히 제자리를 지키고 앉아 있었다. 이따금 간부 회의가 진행 중인 유리벽 저쪽 방을 넌지시 지켜보다가 고개를 돌리는 사람도 있었다. 팽팽하게 긴장된 입술 사이에 담배를 밀어 넣는 사람도 있었다. 여기저기서 피워 대는 담배 연기가 인공의 먹구름처럼 사람들 머리위로 자욱하게 흐르고 있었다. 전화벨 소리가 연방 자지러지게 울려 댔다.

* * *

버스에서 내려 집으로 들어가는 길목에는 작은 상점들이 줄지어 있었다. 어느 전파상에서는 요즘 유행하는 가수의 노래가 흘러나왔고, 순대와 튀김 닭과 찐빵 만두를 파는 가게 안에선 노동자 차림의 남자 서넛이 소주를 마시고 있었다. 잡화 가게에 푸짐하게 괴어 놓은 사과 배 바나나 포도 감 따위들이 동호의 맘속에서 멀리 뒷전으로 밀려났던 사소한 즐거움을 자극했다.

〈둥지, 1997〉

□ 서영은 「술래야 술래야」

입국자 출입구 앞에 흩어져 웅성거리던 사람들은 통로 양쪽에 놓인 쇠가로 막대 앞으로 다가들었다. 마중객들 중에는 염색한 머리를 파마하고 양장을 한 환갑 여인도 있었고, 청바지 차림의 여대생, 운전사를 동반한 쥐색 세무반코트에 금테 안경을 쓴 젊은 여인도 있었다. 여인은 운전사의 팔에 안겨 금방 울음을 터뜨릴 듯 입을 비죽거리는 갓난아기를 어르고 있었다. 또 이들의 곁엔 검정 두루마기에 중절모를 쓴 키 작은 촌로가 어르고 있었다. 또 이들 의 곁엔 검정 두루마기에 중절모를 쓴 키 작은 촌로가 얼굴이 검게 탄 상고머리 청년의 한쪽 팔을 붙잡고 있었다. 청년은 박진수란 이름이 쓰인 피켓을 들고 있었다. 맨 앞에 서 있으면서 피켓을 팔

자라는 데까지 머리 위로 쳐들고 있는 그의 고지식함이 시골사람다웠다. 어찌어찌 해서 외국에 나가 살게 된 그의 누나가 인편으로 부모님께 드릴 청심환이라도 사 보낸 것일까.

*　*　*

미옥이 먼저 집으로 들어가서 불을 켰다. 용호는 뒤따라 들어가서 나머지 불들도 마저 켰다. 큰방 작은방 화장실 부엌의 순서로. 불이 켜질 때마다 말끔하게 정돈되어 있는 집 안 구석구석이 그의 눈앞에 하나 가득 펼쳐졌다.

*　*　*

실내는 다소 어두운 편이었다. 작은 전구들로 이루어진 조명등에서 노란 빛깔의 수많은 십자가들이 떨어져 내리는 듯했다. 창문에는 정교한 포도덩굴 무늬의 황금색 쇠창살이 이중으로 장식되어 있었고, 식탁 위에는 금빛 나는 금속 식기들이 가지런했다. 두 개의 식탁 위에는 이미 포도줏빛 파라핀유에서 불이 타오르는 중이었고, 식기들이 부딪치는 소리, 소곤대는 말소리, 웃음소리가 났다.

(동아, 1995)

□ 서정인 「분열식」

고모 집은 큰길가에 있었다. 길에 연해 있는 일찍이 사랑채였던 것은 벽이 헐리어 가게가 되었다. 옛날 어려서 세배 왔을 때 앉았던 곳은 변하여 디피이가 되었다. 그 옆에 식품 구멍가게와 수리전문 양복점이 나란히 자리 잡고 있었다. 나는 '사진 재료'라고 쓴 가게 문 바로 옆의 대문을 밀고 집 안으로 들어갔다.

*　*　*

나는 방안을 살폈다. 한쪽 구석에 때가 낀 누런 비닐 여행 가방이 배가 홀쭉해서 놓여 있었고, 그 옆에 바닥만 찬 쌀자루가 아가리를 풀어헤친 채 놓여 있었다. 내가 등을 기대고 있는 벽 중간쯤에는 트랜지스터 라디오가 제 덩치만큼 큰 전지를 짊어지고 걸려 있었다. 나는 사과 궤짝에 드리운 모조지 자락을 들춰보았다. 한쪽에는 책이 열권쯤 쌓여 있었고 그 옆에는 양은 그릇 포개서 엎어놓은 것과 간장병과 숟가락 짝들과 반쯤 먹어 없앤 마가린 덩어리와 양푼에 먹다 남은 찬밥 따위가 잘 정돈되어 있었다. 마가린은 파는 것과 그것을 먹는 것 사이에는 무엇이 있을까. 시간과 운반이 있겠지. 책은 '경제원론', '헌법대의', '국사 정해' 등이 있었는데 나머지는 종이로 싸여져 있었다. 나는 다시 벽에 기대앉았다. 그리고 담배를 피워 물었다.

(민음사, 1986)

□ 서정인 「물결이 높던 날」

수많은 간판들과 그 뒤로 숨은 초라한 건물들, 웅크리고 서 있는 옷 많이 입은 노점상들, 구루마와 광주리와 사과 궤짝과 금세라도 찌그러들 듯한 허술한 판매대들, 값싼 사탕과 더럽혀진 과자들, 먼지 낀 치약들과 소복이 쌓여 있는 탐스러운 귤들, 그리고 그 앞으로 종종걸음 치는 화사한 다리들, 빗줄기처럼 소리 내며 엇갈리는 수많은 다리들, 발들, 구두들…….

(동아, 1963)

□ 서정인 「강」

'서울집'이라는 옥호가 엷은 송판에 아무렇게나 씌어져서 걸려 있다. 길 위에는 사람들이 별로 보이지 않는다. 아마 그들은 집안에서 닷새마다 한 번씩 돌아오는 장날을 기다리고 있는 모양이다. 농협지소는 창고 같다. 면사무소와 경찰관 파출소는 사이좋게 붙어 있다. 납작한 이발소 안에서 틀림없이 한 달 전에 제대를 했을 촌스럽게 생긴 젊은이가 고개를 쑥 뽑고 내다본다. 약포도 있고 미장원도 있다. 신부화장도 하는 모양이다. 격에 맞지 않게 널찍한 구멍가게에서는 트랜지스터가 연속방송극을 재탕해주고 있다. 그 옆은 빈 터이고 그 뒤로 창고 같은 건물이 있는데 아마도 동회당인 모양이다. 두어 장단에 한 번씩 삼천리 방방곡곡을 돌다돌다 갈 데가 없어진 필름이 들어오면 원근의 사람들이 이리로 모여들 것이다.

(문학과지성사, 1987)

□ 서정인 「붕어」

그 길이 항상 그렇게 운이 좋은 것은 아니었다. 검은 길바닥 위에 하얀 분무 물감이 사고위치를 요약하기도 했고, 기름이 인도에까지 엎질러져 있기도 했다. 무서운 속도로 달리는 차들은 흰색 빗금들로 표시해놓은 횡단보도를 사람들이 건너가는 것이 보이면 멈추거나 늦추는 것이 아니라 귀청을 찢는 경적을 연거푸 울려댔다.

* * *

영화 관람이라. 그래, 집에서 영화 좀 보면 안되냐? 집에서 못 보면 나가서 본다. 요즘 영화관들이 작아지면서 많이 더러워졌다. 찌그러진 의자에 앉아 있으면 관객들한테서 떨어진 과자 부스러기 줏어 먹으려고 쥐들이 어둔 곳을 횡행한다. 정면 양쪽에 금연이라고 불을 밝혔는데도 여기저기서 칙칙 성냥 그어대고 부싯돌 쩰깍거려 연기를 뿜어 올린다. 그것도 이마에 쇠똥도 덜 벗겨진 어린것들이 그런다. 그들은 쌍쌍이 와서 끌어안고 옆에 사람들이 없는 듯이 떠들어댄다. 영화 끝과 시작 사이 쉴 시간에 외국 유행가들이 한도 끝도 없이 귀청을 찢는다.

* * *

대전행이었다. 논산 금마 여산 대전이라고 앞 유리창에 써 붙여 있었다. 간이 정류소는 광장 한 복판을 차지했다. 매표소와 차량진열로 세 가닥들이 있었고, 갓은 주차장과 길이었다. 세 가닥들 중에서 첫 둘은 이리, 군산이었고, 마지막이 논산 유성 대전 공주 서울이었다. 그들은 마지막 차선에 세워진 푯말 곁에 서 있었다.

(세계사, 1994)

□ 서정인「후송」

같은 간격에 같은 모양으로 늘어선 같은 크기의 둥근 퀀셋 병실주위에는 푸른 옷을 입은 환자들이 흩어져 있었다. 창문으로 내다보는 사람도 있었다. 그들도 역시 구경하고 있었다. 더러는 손잡이가 긴 깡통식기를 들고 식당으로 가기도 했다. 야전삽이라 불리는 강철제의 커다란 수저로 시기를 꽹과리로 만드는 사람도 있었다.

* * *

이튿날 날이 밝자 제 50야전병원에 대한 성중위의 첫인상은 수정되었다. 그것은 그가 보았던 것과는 다른 딴 것으로 나타나 있었다. 무거운 쇠줄을 늘어뜨리고 정문을 지키고 있는 집총한 위병과 그들의 위병소, 부대를 둘러싸고 있는 높은 철조망, 그 철조망 밖으로는 아스팔트 깔린 국도가 연변의 점점 작아지는 가로수들과 함께 멀리까지 뻗쳐있었고, 그 안으로는 쓰레기 무덤과 푸른 옷을 입은 창백한…… 창백한, 머리 깎은 사나이들, 그리고 단조로운 단층의 암갈색 막사들이 떠오르는 태양광선 속에서 깨어나고 있었다.

* * *

새 건물들은 모두 같은 크기에 모양이었고 서로의 간격도 일정하였다. 한 편에는 기초공사가 진행 중에 있었다. 파헤쳐진 구덩이 크기는 같은 건물이 세워질 것을 예상케 했다. 난민 정착용 집단 주택들 중의 임의의 하나에 들어가는 듯한 기분으로 성중위는 장교 병실에 들어섰다. 건물 한 채가 방 하나를 만들고 있었다. 들어선 문 저쪽 끝에는 같은 모양의 문이 또 있었고 양쪽에는 낮고 큰 창문이 대칭을 이루면서 나 있었다. 그 아래 야전침대의 병사들이 두 줄로 가운데에 복도를 만들면서 배열되어 있었다. 우선 그를 당혹케 한 것은 많은 사람들이었다. 조용히 누워 있는 대신에 군데군데 바둑과 장기판을 벌이고 거기에 요란한 훈수까지 곁들여 있었다. 더욱 요란하게 보인 것은 사람들이 일정한 환자복을 입지 않고 각기 제멋대로의 가지각색 잠옷을 입고 있었기 때문이었는지도 몰랐다. 성중위는 피로를 느꼈다.

(문학과지성사, 1989)

□ 서하진 「책 읽어주는 남자」

먹지를 걷어내면 그 뒤의 하얀 종이가 나타나듯이 아침은 그렇게 왔다. 딩동 하는 벨소리에 이어 기장의 목소리가 들렸다. 굿모닝, 레이디스 앤 젠틀맨. 기장의 음성은 막 잠에서 깨어난 사람처럼 가라앉아 있었다. 날짜 선을 통과했으니 시계를 맞추십시오. 아침, 오전 아홉 시 삼십 분이었다. 깜깜한 어둠 속을 날다가 불현듯 다른 세계로 접어드는 느낌. 매번 나는 날짜 선을 지날 때면 이상한 나라의 엘리스라도 된 듯 어색한 시선으로 주변을 돌아보곤 했다. 창 밖의 무리 진 구름들은 탈색되어 하얗게 빛나고 사람들은 무심히 시계를 돌려 맞추고 부석거리며 일어나 화장실을 다녀온다. 어젯밤 내내 데미 무어와 톰 크루즈의 군복 입은 모습을 보여주던 앞쪽의 화면에서 금발의 여자가 아침 운동을 시작하고 있었다. 자아, 스트레치를 하세요. 팔을 위로 깍지껴서 올리고 발끝을 쭉 펴고, 좋아요, 잘하고 있어요. 그녀는 사람들의 움직임이 눈에 보이는 듯이 말하면서 긴 다리와 팔을 경쾌하게 움직이며 릴렉스, 후웁, 릴렉스를 반복했다.

(문학과지성사, 1996)

□ 서하진 「비밀」

　오후. 정수는 사우나실을 나와 마사지실로 간다. 얼굴에 하얀 팩을 쓴 여자 하나가 구석 침대에 누워 있다. 흰 수건으로 가린 긴 몸. 강민주다. 이쪽으로 오세요. 흰 가운을 입은 여자가 가리키는 침대에 누우며 정수는 눈을 감는다. 스팀과 얼음에 재운 수건이 차례로 정수의 얼굴에 덮인다. 올리브 오일 냄새. 단단하고 마른 손가락이 정수의 얼굴을 문지르기 시작한다. 미간과 광대뼈, 콧망울과 눈자위를 춤추듯 오르내리는 손가락. 관리를 너무 안 하시나 봐, 피부가 많이 상하셨어요. 여자의 음성은 손가락의 움직임처럼 가볍고 탄력적이다. 여기랑, 여기, 이런 점은 쉽게 뺄 수 있는데, 이것만 없어도 금방 달라 보일 텐데 제가 깔끔하게 시술하는 집 소개해 드려요? 정수는 누운 채 고개를 저으며 왜 이 방에 들어왔을까 생각한다. 벗은 등에 닿는 침대가 딱딱하고 거북스럽게 느껴지기 시작한다. 마사지를 받아본 것은 단 두 번이었다. 결혼식 전날과 어쩌면 그보다 더 먼 듯한 어느 날 오후.

　　　　　　＊　　＊　　＊

　문이 열리는 소리, 엷은 불빛이 잠깐 스몄다 사라지는 기척이 느껴진다. 강민주의 침대가 비어 있다. 한참을 기다리다 정수는 문을 열고 나간다. 노래방. 사우나실. 모든 방의 불이 꺼져 있다. 현관을 지나 밖으로 나간 정수는 등나무 아래로 간다. 그곳 벤치에 앉은 강민주의 뒷모습이 보였다. 그믐밤, 무성한 잎들 사이로 어둡고 괴괴한 바람이 지난다. 풀숲 여기저기서 밤벌레가 울었다. 나방 한 마리가 머리 위로 날았지만 강민주는 미동도 하지 않는다. 어둠에 묻혀 강민주의 어깨는 더 여위고 초라해 보였다. 화려한 조명 아래 피어나던 여자, 사랑받는 일을 신기해하던 여자는 이제 어디에도 없다.

(푸른사상, 2002)

□ 선우휘 「불꽃」

이 때아닌 만세 소리에 문을 열고 내다보는 군중들의 눈은 휘둥그레졌다. 어떤 사람은 놀란 표정을 하고 황급히 문을 닫았다. 어떤 사람은 저도 모르게 밖으로 뛰어나와 뒤를 따라가며 마구 미친 듯이 만세를 불렀다. 창백한 얼굴, 찢어진 입부리, 휘청대는 다리와 다리. 감동과 공포에 찬 눈, 눈, 눈.

경찰서 가까운 사전가게 앞에 군중들이 밀려갔을 때 목에 서 찢어진 만세 소리는 마치 울음처럼 들렸다. 경찰서의 담장 위에는 밀물 같은 이 군중들을 기다리는 싸늘한 총구가 햇빛에 번득이고 있었다.

* * *

사르르 바람이 일기 시작했다. 바위에 돋은 풀잎사귀가 하늘거렸다. 그리고 뒤이어 풀숲에서 벌레 소리가 들려왔다. 갑자기 외로움이 현의 가슴에 흘러들었다. 현은 외로움을 누르려는 듯이 두 팔을 가슴 위에 얹었다. 뚝하고 동굴 천장에서 떨어지는 물방울 소리가 났다. 그는 가만히 고개를 돌려 어두운 동굴 안을 들여다보았다.

(신구문화사, 1966)

□ 선우휘 「망향」

어젠가 이장환이 밤이면 밤마다 설치는 쥐가 역겨워 쥐틀을 놓으러 천장으로 올라가 보았더니 곰팡이 냄새가 쿡 코를 찌르는데 부걱부걱 발이 빠지도록 먼지가 앉아있었고 조심스레 걸어가도 미식미식 소리를 내는 판자는 가끔 그의 체중에 못 이겨 버석버석 떨어져나가는 소리를 냈다. 모양 없이 기다랗기도 하고 덩그레 큰 부엌 밑바닥에는 검은 흙이 자이상 굳게 깔려 있었는데 동리 사람들 가운데는 그것이 무슨 약에 쓰인다고 조금씩 얻어 가는 일이 있었다.

* * *

집 둘레는 풍수학의 좌청룡 우백호랄 수 있듯이 뒷산에서 뻗어 내린 그렇게 높지 않은 능선이 멀찍이 감싸 흘렀고 그것이 들로 빠져드는 한쪽에서 또 다른 한쪽까지의 들을 마치 싸리 담인 양 미루나무 숲이 가로지르고 있었다.

(일지사, 1974)

□ 성기조 「생시동거(生屍同居)」

구멍 난 바닥에서 질커덕질커덕 물이 들어오는 구두도 신었다. 연탄아궁이의 바람구멍을 꼭꼭 막아야 했다. 언 손을 호호 불고 밥사발에 붙은 밥풀도 핥아먹었다. 이런 생활이 팔년이 지나고 동구는 실로 아내의 끈질긴 힘으로 지금 살고 있는 집을 마련하게 되었다.

방이 세 개, 대청이 하나, 그런대로 목욕탕과 부엌이 달린 아담한 집이었다. 제법 뜰도 있어 사철마다 심심찮게 꽃이 피었다.

집을 사들여 이사 오던 날의 아내의 기분은 그야말로 하늘 끝까지 올라갈 것 같은 모양이었다. 평소에 말수가 적던 아내가 그날만은 여간 말을 많이 하는 게 아니었다. 날마다 부르던 <여보>가 그날은 발음이 다분히 콧소리로 되어 나왔다. 그리고 입가에는 미소가 떠나지 않았다.

집안 주위를 쓸고 닦기 이년—마치 몰래 감추어둔 보물을 닦고 챙기듯이 알뜰하게 가꾼 집은 하루하루 모양이 달라져갔다. 엉성하게 버려져 있던 곳은 말끔하게 치워지고 흠집이 생기면 금방 고치는 것은 모두 아내가 할 일이었다.

(동아, 1992)

□ 성기조 「노도」

잠이 올 리가 없었다.

온통 벽이며 천장에 있는 잡다한 무늬들이 돈으로만 보였다. 도배한 지가 아득한 옛날, 지저분하게 낡은 벽지, 그 위에 애들의 콧물이며 파리똥들이 엉겨붙어 얼룩덜룩 무늬가 져 우중충했다. 그것들이 전부 지폐에 그려져 있는 그림으로 보였다. 잠이 오지 않았다.

(동아, 1992)

□ 성석제 「첫사랑」

흙먼지가 커다란 꽃처럼 피어올랐다. 빵 공장에서 트럭들이 쏟아져 나왔다. 트럭은 빵 공장에서 나갈 때는 보름달 빵처럼 부풀었다가 돌아올 때는 러스크 빵처럼 납작해졌다. 길가로는 흰 머릿수건을 하고 하늘색 제복을 입은 처녀들이 소리 없이 지나다녔다. 정자나무 아래에 노인들이 죽은 듯이 잠을 자고 있었다. 매일이 똑같았다. 빵 틀에서 똑같은 빵이 찍혀 나오듯이 오늘은 어제와 같고 내일도 오늘 같을 것이다.

* * *

딴 세상에서 온 사람들이 가버리고 나면 지옥에는 어둠과 먼지와 소란과 냄새, 연탄가스, 뚱뚱한 누나들만 남았다. 또 있었다. 견딜 수 없는 것, 그것, 끔찍한 것, 사람 머리, 머리통, 머릿수였다. 어떤 짐승보다도 사람이 더 많은 땅, 내 머리만한 면적에 내 머리칼 수 보다 사람이 많은 세상, 지옥.

* * *

바위 위에서 내려다보이는 교정은 너무도 조용했다. 플라타너스들은 장난감 병정처럼 씩씩했고 어디선가 노랫소리가 들려오는 것 같기도 했다.

(강, 1996)

□ 성석제 「꽃 피우는 시간」

k는 바닷가에 있는 항구 도시다. 대부분의 항구 도시가 그렇듯 바다를 제외한 삼면을 산이 둘러싸고 있어 자루 같다는 느낌을 준다. 자루의 주둥이에 해당할 바다에선 파도가 밀려오듯 바다 건너, 또는 바다 그 자체의 신선하고 새로운 유행이 밀려들어온다. 배를 타고 오고 전파를 타고 오며 바람에 실려 온다.

(문학과지성사, 1999)

□ 성석제 「조동관 약전」

똥간의 집은 은척의 근대화의 상징이라 할 만한 기차역 바로 앞에 있었다. 기차역 주변은 은척에서 가장 번화하고 시설이 잘된 곳인데도 불구하고 사시사철 수챗물이 질질 흐르는 도랑이 곳곳에 복병처럼 숨어 있었고 바지도 입지 않은 새카만 아이들이 누런 똥을 뻐득뻐득 싸대곤 했다. 비가 오면 진창이 되는 도로 옆에 야트막히 처마를 잇닿아 지은 가게들에선 매일 먼지와 파리가 날아다녔고 그 뒤 가난의 꿀물이 졸졸 흐르는 골목골목에서는 아침저녁으로 이놈아, 날 죽여라, 살려라 하는 고함과 악다구니, 배곯은 아이들의 울음소리로 하루도 조용할 날이 없었다.

(민음사, 1997)

□ 성석제 「새가 되었네」

몇 동인지 확인하려고 올려다본 아파트 단지의 건물 벽마다 예외 없이 수십 가닥의 갈라진 틈이 있었다. 일부러 그렇게 하기도 어려울 정도로 그는 천천히 걸음을 옮겨 어느 아파트에서 늘어뜨린 덩굴식물 아래를 지나갔다. 빗소리만 빼면 철거 직전의 아파트 단지 전체가 침묵의 광산처럼 고요했다. 계단 난간은 뿌리가 썩은 이빨처럼 위태롭게 흔들거렸다. 그 바람에 비틀하며 그는 생각했다.

(강, 1996)

□ 성석제 「금과 은의 왈츠」

약수터에서는 산 아래 약수터 거북과 똑같이 생겼으나 크기는 반 만한 돌거북이 입에서 물줄기를 내뿜고 있다. 그 옆에 달린 호스에서 또 하나의 물줄기가 뿜어져 나오는데 거북의 입에서 뿜어져 나오는 물에 비해 세기도 약하고 양도 적다.

(강, 1996)

□ 성석제 「고수」

내가 중학교 때 다니던 기원도 목욕탕 옆 건물이었다. 그 기원은 인근의 다른 이층 건물처럼 시커먼 목조계단을 거쳐 안으로 들어가게 되어 있었고 바깥의 달팽이 계단 한 구석에는 엉성하게 소변기가 달려있었다. 새로 마주친 달팽이 계단 어딘가에서도 소변기 하나에 호스만 달랑 달린 임시 변소가 숨어있는지도 모른다. 거기에서 누군가 흘린 오줌이 바람에 날려 내 머리 위에 떨어진 것일 수도 있었다.

(민음사, 1997)

□ 손소희 「남풍」

역에서 이 킬로쯤 가면 가네다 온천이 있고, 다시 사 킬로쯤 올라가면 오꾸 온천이 있다. 오꾸 온천에는 더운 폭포가 쏟아져서 흐르는 더운 시내가 있고 백계로인인 양꼬우스끼씨의 사슴 사육장이 있어서 그것으로도 유명했다. 흔히 멀리서 휴양차 이 온천을 찾아오는 대부분 사람들은 오꾸 온천에 가서 머문다고 들었으나 세영은 역에서 가까운 가네다 온천에 머물렀다. 가네다 온천 중에서도 시설이 그 중 낫다는 선장에다 그는 여장을 풀었던 것이다.

선장에는 모래찜과 인공 못이 있었으나 넓은 벚나무 숲이 있어서 봄에는 벚꽃이 볼 만 하다는 정평이 있었다. 세영은 길을 더듬어 올랐다.

(을유, 1963)

□ 손숙희 「사랑의 아픔」

방 안 가득 펼쳐져 있는 이불이랑 개다리소반에 올라앉은 반찬과 빈 밥공기, 그리고 소주 병이랑 신문지…… 방안의 풍경은 마치 공사판 뒷풀이의 그것처럼, 아니 지하철의 공중변소처럼 지저분하고 더럽기조차 했다. 그 속에서 쏟아져 나오는 냄새 때문에 현기증마저 날 지경이었다.

* * *

골목 안은 온통 난장판이었다. 여기저기서 개들이 왕왕 짖어대었고 담 너머로 고개를 빼고 시끄럽다고 소리치는 사람들 소리랑 그가 질러대는 욕지꺼리가 한꺼번에 뒤섞여 좁은 골목은 마치 싸움판 같았다.

* * *

부엌은 여전히 추웠다. 높은 지대와 허술한 문짝 때문일 것이다. 적어도 부엌의 온기가 바깥바람을 이겨낼 수 있을 정도가 되려면 사월이나 되어야 하겠지. 화장품도 벌써 봄 상품이 판매되기 시작했고 옷가게마다 봄 옷을 전시하고 있고 그리고 한낮의 햇볕도 담장에 기대어 해바라기를 하고 싶을 만큼 따뜻하다. 하지만 이 부엌 안까지 봄이 올려면 아직 한 달이나 기다려야 했다.

* * *

　주뼛거리며 파출소 안으로 들어서도 어느 누구하나 나에게 관심을 가져주는 사람은 없었다. 제복을 입은 사람들은 책상 위에 머리를 파묻고 서류를 작성하고 있지 않으면 누군가를 심문하는 소리를 질렀다가 짜증스럽게 컴퓨터를 치고 있거나 했다. 또 한쪽에서 술에 취해 떠들어대거나 서로 삿대질해가며 싸우는 소리에 나는 잠시 현기증까지 느꼈다.

* * *

　클럽으로 차를 몰았다. 그리고 수영복으로 갈아입고 텅 빈 수영장 안으로 들어갔다. 파란 젤리처럼 보이는 물 속으로 깊이 잠수했다. 가자미처럼 납작 엎드린 나는 천천히 앞으로 나아가기 시작했다. 투명한 천장을 통과해서 수면을 뚫고 들어온 햇빛이 푸른 풀장 바닥을 어른거리고 있어 물 속은 마치 오팔반지 속 같다. 붉은색인가 하면 초록의 빛이 떠오르고 초록인가 하면 어느새 푸른빛이 띠는 오팔.

* * *

　하지만 방은 이제 갓 시집 온 신혼부부의 살림처럼 깔끔했고 아기자기하게 꾸며져 있었다. 작은 옷장이랑 서랍장, 거울, 그리고 전화기. 그것들이 키 순서대로 올망졸망 나란히 놓여 있었고 먼지 하나 없이 잘 닦여 있어서 그 물건들조차 주인을 닮은꼴처럼 보였다.

* * *

　우리는 길을 건너 식물원 있는 쪽으로 갔다. 그곳에는 봄나들이 나온 사람들로 가득했다. 카메라 앞에서 희극적인 표정을 짓는 한 무더기의 여자 아이들. 비둘기 떼에 모이를 주느라 앉은 한 가족. 노란 모자에 노란 유니폼을 입고 견학 나온 유치원생들.

* * *

희끄루레한 그림자를 만들어내던 골목은 불빛들을 모두 삼켜버린 뒤라 암담한 어둠만 있었다. 어둠의 건너편 먼 산등성이는 다닥다닥 붙어있는 불빛들 때문에 마치 거대한 크리스마스 트리처럼 보였다.

* * *

여전히 버스 안이었다. 바깥에는 다박다박 붙은 집들이랑 논이랑 나즈막한 산들이 빠르게 뒤로 물러서고 있었고 버스 안에서는 후덕지근한 공기가 떠돌고 있었다.

(새로운사람들, 1999)

□ 손장순 「불타는 빙벽」

별안간 쏜살같이 몰려드는 깊은 가스에 싸여 시야는 오 미터 이내. 함박꽃 같은 덩어리 눈이 땅에서 솟는지 측면을 타고 바람에 얹혀 오는지 알 수 없이 종횡으로 난무하고 있다. 한없이 넓은 백설 광야가 고산의 준봉 위에 하늘에 펼쳐져 있는 듯하다. 마치 가엾이 백설 광야에 개미만한 인간들이 움직이고 있는 것 같은 왜소함과 무력감. 주위는 백색 일체다. 다만 곳곳에 매어 둔 표지기의 붉은 빛만이 영롱한 석류 알처럼 눈에 띌 뿐이다. 광활한 자연 속에서 이 백색과 적색의 대비는 후딱 나에게 고독의 영상을 안겨준다.

* * *

오늘은 부리간다기강을 따라 지그재그로 연결된 협곡을 수없이 건너야 한다. 구십도 암벽에 가느다란 참나무를 걸쳐놓고 수없이 거듭되는 곡예. 발 아래엔 천길 절벽 아래 시퍼런 강물이 흐르고 앞길에는 험상궂은 바위가 가로막는다. 암벽을 붙잡고 살금살금 걷는데 높은 폭포가 왼쪽에 나타났다. 그런가 하면 바른쪽에는 우람한 폭포가 천둥소리를 내며 강심으로 떨어지고 있다.

* * *

알렉산드리아 해변에서 새우를 숯불에 구운 것을 까먹고 돌아가는 길에 갑자기 사막의 모래 바람이 회오리치면서 천지를 잿빛으로 뿌옇게 뒤덮는다. 마치 지구가 터져서 땅 속으로부터 모래가 끓어오르는 것 같다. 눈을 뜰 수도 없고 앞뒤와 옆을 분간할 수 없는 것은 마치 산에서 폭설을 만난 것과 같다. 차가 움직일 수도 없고 밖에 그대로는 더욱 설 수가 없다. 사정없이 몸을 난타해 오는 모래 바람의 기세가 점점 커지기 때문이다.

(서음, 1977)

□ 손장순 「잠자는 난쟁이」

k마트 밖에 넓은 광장에는 즐비해 있는 차들 위로 햇빛이 쨍하게 반사되어 미국 특유의 풍경을 실감나게 한다. 햇살의 빛깔과 감도에서. 거대한 슈퍼마켓 앞에서 미국의 물질문명의 풍요로움이 식곤증처럼 목구멍을 기어 올라온다.

(문화공간, 1997)

□ 손장순 「정상이 보인다」

별안간 쏜살같이 몰려드는 깊은 가스에 싸여 시야는 다시 이미터 이내다. 한없이 넓은 백설원과 빙하와 빙봉들이 하늘에 펼쳐져 있는 것 같은 착각을 준다. 백설 광야에 개미만한 것들이 두세 개 움직이는 것이 그의 눈에 들어온다. 그것은 마치 두세 개의 점들이 움직이고 있는 것 같다. 그 사이사이에 주야 겸용의 적색 표지들까지 희끄무레한 선을 그으며 움직이는 것 같다.

(문화공간, 1997)

□ 손창섭 「비오는 날」

　동욱이가 들어 있는 집은 인가에서 뚝 떨어져 외따로이 서 있었다. 낡은 목조 건물이었다. 한 귀퉁이에 버티고 있는 두 개의 통나무 기둥이 모로 기울어지려는 집을 간신히 지탱하고 있었다. 나중에 들어 알았지만, 왜정 때는 무슨 요양원으로 사용되어 온 건물이라는 것이었다. 전면은 본시 전부가 유리 창문이었는데 유리는 한 장도 남아 있지 않았다. 들이치는 비를 막기 위해서 오른편 창문 안에는 가마니때기가 드리워 있었다. 이 폐가와 같은 집 앞에 우두커니 우산을 받고 선 채, 원구는 한 동안 움직이지 않았다. 이런 집에도 대체 사람이 살고 있을까? 아이들 만화책에 나오는 도깨비 집이 연상됐다. 금시 대가리에 불이 돋은 도깨비들이 방망이를 들고 쏟아져 나올 것만 같았다. 이런 집에 동욱과 동옥이가 살고 있다니 원구는 다시 한번 쪽지에 그린 약도를 펴 보았다. 이 집임에 틀림없었다. 개천을 끼고 올라오다가 이 집임에 틀림없었다. 개천을 끼고 올라오다가 그 개천을 건너서 왼쪽 산비탈에는 도대체 집이라고는 이 집 한 채 뿐이었다.

(일신사, 1957)

□ 송기숙 「오월의 미소」

　나는 라면을 끓이며 방안을 한번 둘러봤다. 책장 옆 문갑 위에는 뱃속에 수류탄을 담은 도자기가 시치미를 떼고 있고, 권총은 책장 뒤에 깊숙이 숨어 있었다. 권총은 그 속에서 종이 부스러기를 뒤집어쓰고 있으므로 책장을 몽땅 들어내지 않으면 손전등을 비춰도 보이지 않았다.

*　　*　　*

어둠에 묻혔던 섬들이 한 꺼풀씩 장막이라도 벗듯 소안도 산줄기가 드러나고 동네가 희미하게 모습을 드러냈다. 미역발과 김발을 띄우고 있는 스치로폴 부통들이 물새처럼 허옇고, 섬과 섬 사이에 전선을 늘어뜨린 철탑들도 우뚝우뚝 모습을 드러냈다. 육지에서 섬으로 문명을 전달하고 있는 철탑은 그 높이만큼 오만한 모습들이었다.

* * *

고개를 드는 순간 입에서 저절로 탄성이 튀어나왔다. 앞산 잘록한 등성이 너머로 아득히 불빛이 반짝이고 있었다. 붉은색과 파란색이 어울려 어지럽게 반짝거렸다. 유흥업소거나 러브호텔일 것이다. 불빛은 숨 가쁘게 반짝이고 있었다. 나는 황홀한 기분으로 네온사인을 보고 있었다. 천박해 보이던 네온사인이 너무도 아름답게 반가웠다. 지옥에서 인간세상을 본다면 저런 모습일까?

* * *

낚싯대를 늘어뜨린 배들이 서너 척 떠 있었다. 봄날처럼 잠포록한 날씨라 낚싯배들이 여간 한가해 보이지 않았다. 고성댁은 멀리 바다 끝에 눈길만 띄우고 있었다. 소안도가 가까워지며 나무와 바위들이 모습을 드러내고 섬과 섬 사이에 전선을 늘어뜨리고 있는 철탑도 철골 형강 구조가 드러나기 시작했다.

* * *

굿판에는 길쭉한 넋대가 껑충하게 서 있고 한쪽에는 오색기가 한데 묶여 색색으로 나부끼고 있었다. 종이고깔을 쓴 당골이 바다를 향해 징을 두들기며 넋두리를 하고, 남자 당골은 장구를 치고 있었다. 구경하는 여자들 뒤에는 조그마한 장의차가 멈춰 있었다.

(창작과비평사, 2000)

□ 송기숙 「은내골 기행」

시내가 내려다보이고 멀리 산들이 보였다. 오래 기승을 부리던 장마가 끝나기는 했으나 오늘도 하늘은 우중충했다. 비 맞은 차일같이 무거운 하늘 아래 빽빽하게 들어찬 집들이 오늘따라 더 숨이 막힐 것 같았다.

* * *

뒤에 치솟은 산봉우리에서 양쪽으로 뻗어내려 푸근하게 동네를 싸안고 있는 산줄기가 외지에서 오는 자기들까지도 대번에 안아주는 것 같았다. 동네 앞에는 당산나무가 풍성하게 가지를 늘어뜨리고 있었고 당산나무 아래 정자에는 동네 사람들이 허옇게 앉아 있었다.

* * *

그날 따라 은내골 동네가 한결 아늑하게 보이고 정자나무도 더없이 푸근하게 느껴졌다. 정자에는 그날도 동네 사람들이 가득히 앉아 있었다. 마치 다른 세상에라도 온 것 같았다. 비행기가 폭격을 하고 인민재판이 벌어지고, 그런 세상과는 전혀 상관이 없는 곳 같았다.

* * *

절로 가는 길은 울창한 숲 속으로 나 있었다. 아름드리나무들이 가지를 길 위로 빽빽하게 엇질러 마치 굴속을 걷는 것 같았다.

* * *

큼직한 미륵이 절벽을 등지고 편편한 좌대에 덩실하게 앉아 있었다. 절벽아래 예삿집 마당 크기로 널찍한 도량 한가운데 앉아 있는 미륵은 앉은 키가 어른 키만 했다. 울퉁불퉁 투박한 게 머슴이 깎았다는 말이 맞는 것 같았다. 도량은 정갈하게 쓸려 있고 좌대 양쪽에는 촛농이 여러 겹으로 더뎅이져 있었다. 좌대 앞에는 기왓장처럼 납작납작한 돌이 깔려 있었다.

* * *

네 칸 크기의 대웅전이 넉넉하게 앉아 있고 들어가는 쪽에는 살림하는 요사 채가 앉아 있었다. 정갈하게 쓸려 있는 마당에는 햇볕이 눈부시게 내리쬐고 요사채 섬돌 위에는 흰 고무신이 한 켤레 가지런히 놓여 있었다. 깨끗하게 닦은 고무신이 여간 정갈해 보이지 않았다.

* * *

법당 안을 들여다보던 명호는 눈이 휘둥그레졌다. 좌대 한가운데는 황금으로 휘황찬란한 부처님이 덩실하게 앉아 있고 부처님 양쪽으로 불상들이 수십 명 오밀조밀 앉아 있었다. 불상들은 생김새가 모두 비슷비슷했으나 손 모양이 조금씩 다른 것 같았다.

* * *

혜선이 집이 있던 쪽에는 집이 없고 시커먼 흙벽만 서 있었다. 동네 한쪽에는 집이 남아 있었다. 그러나 사람은 하나도 보이지 않았다. 정자도 텅텅 비어 있고 동네를 둘러싸고 있는 산줄기도 숨을 죽이고 있는 것 같았다. 하늘에는 아직 길을 떠나지 않은 제비들만 어지럽게 날고 있었다.

* * *

산줄기에 안겨 있는 동네는 언제 보아도 안온하기만 했다. 정자에는 옛날처럼 사람들이 가득 앉아 있고 당산나무는 어미닭이 병아리 품듯 푸근하게 정자를 안고 있었다.

* * *

슬레이트로 바뀐 동네 지붕들이 이 동네서는 새삼스럽게 낯설어 보였다. 그러잖아도 초라한 시골집들이 사과상자처럼 앙상하고 지붕을 씌워놓은 하얀 슬레이트는 따가운 여름 햇볕을 프라이팬처럼 튀기고 있었다. 골목으로 흘러내리는 쇠지랑물 냄새가 코에 알큰했다.

* * *

중년 사내 셋이 젊은 여자 두 사람과 술판을 벌이고 있었다. 상에는 닭고기며 수박 껍질이 너저분하고 러닝셔츠만 걸친 사내들은 얼굴이 불쾌했다. 스님 곁에는 스물 예닐곱쯤 되어 보이는 여자가 굳은 얼굴로 그들을 노려보고 있었고, 작년에 보았던 할머니는 부엌 앞에서 어쩔 줄을 모르고 쩔쩔매고 있었다.

* * *

정자에는 노인들은 아직 나오지 않고 아이들만 떠들썩했다. 들길에 나서자 벼들이 소리라도 지르듯 파도를 치고 있었다. 논두렁에 대우콩도 벼들과 얼려 히히덕거리듯 이파리를 너울거리고 제비들은 온 하늘이 제 세상인 듯 위아래로 어지럽게 미끄러졌다.

* * *

외얽이 산자밭이 촘촘한 지붕에는 벌건 황토가 반나마 덮여 있고 마당에는 황토가 서너 무더기 쌓여 있었다. 밑자리를 널찍하게 잡고 펑퍼짐하게 쌓여 올린 황토 무더기는 꼭대기 물구덩이에 물이 밭아가고 있었다.

(창작과비평사, 1996)

□ 송병수 「쑈리 킴」

바로 언덕 위, 하필 길목에 벼락 맞은 고목나무가(가지는 썩어 없어지고 까맣게 그슬린 밑동만 엉성히 버틴 나무)가 서 있어 대낮에는 이 앞을 지나가기가 께름하다. 하지만 이 나무기둥에다 총 쏘기나 칼 던지기를 하기는 십상이다. 양키들은 그런 장난을 곧잘 한다. 쑈리는 매일 양키부대에 가는 길에 언덕 위에 오면 으레 이 나무에다 돌멩이를 던져 그날 하늘

'재수보기'를 해봐야 했다.

그런데 오늘은 세 번 던져 한 번도 정통으로 맞지 않았다. 아마 오늘은 재수 옴 붙은 날인가 보다.

재수 더럽다고 침을 퉤 뱉고, 쑈리는 언덕 아래로 내려갔다. 언덕 아래 넓은 골짝에 양키 부대 캠프들이 드문드문 늘어서 있다. 저 맞은 쪽 한길 가에 외따로 있는 캠프는 엠피(MP)가 있는 곳이고, 그 옆으로 몇 있는 조그만 캠프는 중대장이랑 루테나(루테넌트: 초급 장교)랑 싸징(서전트: 하사관)이랑 높은 사람들이 서 있는 곳이다. 캡틴 하우스보이인 딱부리 놈이 바로 게 있다. 이쪽 바로 언덕 아래에 여러 개 늘어선 캠프엔 맨 졸때기 양키들뿐이다. 쑈리가 늘 찾아가는 곳은 이 졸때기 양키들이 있는 곳이다. 거기엔 밥데기(쿡), 빨래꾼(세탁부), 이발장이 절뚝이랑 몇몇 한국 사람도 있지만, 쑈리는 그들보다 양키들하고 더 친했다.

(신구문화사, 1967)

□ 송병수 「탈주병」

조립식 야전용 책상 앞에 심문 기록을 맡은 앳된 하사가 단정히 앉아 있었다. 그는 이따금 중위가 지시하는 대로 받아쓰면서 한서를 바라보곤 했다.

중위는 책상 옆자리에 난로를 사이에 둔 한서를 마주 볼 수 있게 앉아 있었다. 그는 심문을 멈추고 한참 조서기록을 지시했다.

이글이글 달아 오른 오일 난롯가에 야전 침대를 바싹 펴놓고, 상사는 거의 눕다시피 크게 자리 잡고 있었다. 그는 후방에서 위문용으로 보내 온 묵은 잡지의 여배우 사진을 보면서 느닷없이 한서를 쏘아보곤 했다.

한가운데의 천막 기둥에 높이 달려, 마주 보면 눈이 부실만큼 높은 촉광을 내고 있는 휘발유 가스램프에서 고공(高空) 비행음 같은 소음이 나고 있었다. 또 멀리서 야전포의 발사음이 끊임없이 울려오곤 했다. 엷게 지각(地殼)을 흔드는 그 소리를 땅바닥에 꿇어앉은 한서는 더욱 실감 있게 들을 수 있었다.

(동아, 1995)

□송상옥「광화문과 햄버거와 파피꽃」

딸이 다니는 대학의 캠퍼스는 번잡한 시가지와 격리된 자그마한 전원도시나 다름없다고 한 표현대로, 전제가 거대한 뜰 같았다. 그리고 그 안에 공원이 몇 개씩이나 들어 있는 것 같기도 했다. 헬리콥터라도 타고 높은 데 올라가면 그렇게 보일 게 틀림없었다. 넓이로 치면 서울의 보통 대학 캠퍼스가 대여섯은 들어앉을 것 같았다.

* * *

한 블록이라고는 하나, 그 사이 집이 다섯 채밖에 되지 않는 가까운 곳이었다. 그동안 지나다니면서 본 낯익은 집이었으나, 그는 한국 사람이 사는 집인 줄 몰랐다. 가족들은 교회에라도 갔는지, 집안에는 아무도 보이지 않았다. 같은 단층이긴 해도 그의 집보다 훨씬 크고 깨끗해 보였다.
"좋은 집입니다."
그의 말에,
"지진 때문에 조졌습니다. 허허, 하지만 여기서 좋은 집 지니고 살면 뭐 하겠습니까. 외딴 섬에 사는 것 같아서, 원."
하고 강씨는 웃었다. 뒤뜰 쪽에 벽돌로 쌓아올린 굴뚝 꼭대기 부분이 마치 공룡이 이빨로 물어뜯기라도 한 듯 잘라진 형상이었고, 집안에서 뒤뜰로 나가는 문의 유리창이 깨져 거기이다 베니어판을 붙여놓았다.

* * *

거리는 한낮인데도 한적하기 이를 데 없었다. 일요일이면 집 앞에 사람들이 나와 있곤 했는데, 이날은 그렇지가 않았다. 무너진 벽돌과 블록담은 무너진 그대로 둬두고 있었고, 집 앞 잔디밭에는 두어 군데 빈 천막만 보였다. 조용한 주택가가 어느새 황량해진 느낌이었다.

*　　*　　*

국경 검문소를 지나 들어오면 곧 완만한 고개에 이른다. 그다지 높지 않은 밋밋한 산을 양쪽에 끼고 있는 이 고개를 넘으면 바로 넓은 들판이었다.

끝없이 펼쳐진 들판은 뜨겁게 내리쏟아지는 햇살과 함께 언제나 누런 색깔로 희붐히 그의 눈 가득히 들어왔다. 황량하기 그지없었다. 그러나 그 한가운데 질러가는 길 가까이 제법 푸른색을 띤 잡초들이 듬성듬성 나 있는 곳도 있었다.

이런 메마른 들판도 주인이 따로 있는지 곳곳에 낮은 철망이 쳐져 있었다. 저 멀리 보이는 구릉, 그 앞쪽으로 마치 사람들이 쌓아놓은 듯한 큰 흙더미 산들…… 서부영화에서나 볼 수 있었던 풍경이었다.

(창작과비평사, 1996)

□ 송지영 「벼랑에 핀 꽃」

고개 밑 주막에서 달밭을 가자면 반쯤 조금 못 미쳐 들 한복판을 언덕이 평지에 흙덩어리처럼 자리 잡고 있어 멀리서 바라보면 꼭 황소가 엎드린 것 같다고 하여 와우강이라 부른다.

이 와우강 머리에 아마도 일이 백년은 실히 넘겼음직한 밑동이 탁 퍼진 몇 아름드리의 느티나무 한 그루가, 맨 윗가지는 사슴의 뿔처럼 앙클하니 잎새 하나 붙어 있지 않고 중간쯤서 뻗은 가지가 쫙 퍼져 제법 그늘을 이루었고 그 그늘 밑에 성냥갑 같은 사당이 한 칸 외롭게 서있다.

해마다 봄 가을 두 차례씩들 주변 몇 마을이 모여 지신제를 지내는 곳이다. 제삿날이면 으레 큰 소를 한 마리 잡게 되고, 온 종일 술이 물처럼 흐르는가 하면 밤늦도록 춤과 노래가 벌어지고 하여 일 년 중 큰 명절의 하나나 다름없는 날로 되어 있다. 그래서 와우강에 자라나는 나무들은 이 근처 사람 치고 누구나 가지하나 건드릴 생각도 하지 않고 사당 뒤에 기개를 뽐내 듯 서 있는 느티나무도 제사 때면 밑동에 새끼줄을 감고 흰 종이를 접어 꽂고 하여 애 어른 할 것 없이 예삿나무로 대하지 않아 꼭 무슨 지킴신이 붙어 있는 것으로 알고 있다.

와우강에서 서쪽으로 밭두렁을 몇 건너 기다랗게 이랑지은 참외밭이 바야흐로 제철을 맞아 얼기설기 퍼진 넝쿨마다 탐스러이 열매가 디룽거리며 밭 한 끄트머리엔 원두막이 뾰족한 지붕을 이고 덩그라니 서 있다.

(조선일보, 1991)

□ 송영 「금토일 그리고 월화수」

눈을 뜨자, 그는 그곳이 서울에 있는 아파트의 자기 방이 아니란 걸 금방 알았다. 방은 꽤 널찍했고 사면이 깨끗했다. 길다란 거울 하나와 캘린더가 벽에 걸려 있을 뿐, 정말 주인 없는 방답게 장식이라곤 거의 없는 방이었다. 그는 머리맡에 놓아 둔 팔목시계를 보았다. 벌써 열 시를 지나고 있었다.

*   *   *

법주사로 가는 도중에 그는 왼쪽 언덕 위에 서 있는 호텔 건물을 보았다. 속리산 관광호텔은 생각보다 규모가 크고 사치스런 건물이었다. 그 호텔과는 백여 미터쯤 떨어진 아래쪽 언덕 위에도 규모가 약간 작은 또 하나의 호텔이 서 있었다. 그는 잠시 호텔의 커피숍에 들러서 품질이 좋은 커피 한잔을 마시고 갈까 하다가 그냥 그곳을 지나쳤다. 사실은 커피맛 때문에 그런 생각을 했던 게 아니고 이처럼 깊은 산계곡에 의젓하고 우아한 모습으로 서 있는 호텔 건물이 마치 그림 속의 그것처럼 느껴져 가까이 가 보고 싶은 충동을 느꼈던 것이다.

고찰의 입구는 노폭 오 미터 가량의 길다란 오솔길로 시작되고 있었다. 노송과 잡목들이 길 양 켠에 늘어서 있었고 그 사이로 걷고 있는 여행자들의 모습이 간간이 보였다. 대부분 원색의 등산복 차림이고 어깨에 카메라를 메고 있는 사람들이 많았다. 여행자들은 모두가 이삼 인씩 짝을 지었으며 십여 명 이상이나 되는 단체 여행자들도 더러 보였다. 윤구는 절의 주문(柱門)으로 들어가서 천천히 구경하기 시작했다. 법주사 미륵불상, 쌍사자석등, 오 층의 팔상전 등을 그는 차례로 돌아보았다. 경내가 넓고 또 그 넓은 경내의 구석구석에 희귀한 풍물이 많았기 때문에 고찰의 경내를 한 차례 순례하는 데에는 시간이 많이 소모되었다. 그래도 여기서는 누구하나 시간을 다투거나 서둘러 대는 사람이 없었다. 절간에 오래 괴어 있는 적막이 사람들의 발걸음을 느리게 하는지도 몰랐다. 처마의 풍경소리가 이따금 그 깊은 적막의 순간순간을 사람들에게 알리는 듯 들려왔고 어디선가 목탁소리와 염불소리가 끊임없이 들려 왔으며 거대한 미륵불상 앞에서는 소복을 한 여인들이 합장하는 모습도 보였다.

＊　　＊　　＊

여섯 시가 다가오자, 그는 여관에서 나와 호텔을 향해 걸어갔다. 아직 석양의 노을이 하늘에 남아 있었다. 벌써 한적한 거리풍경이 낯이 익었다. 마치 그가 일 년이나 여기에서 살아 온 기분이었다. 그는 천천히 걸어서 호텔 입구까지 도착했다. 언덕 위에 우뚝 솟아 있는 흰색의 호텔 건물도 이제는 낯선 건물이 아니었다. 그것은 여전히 변방에 있는 어느 영주의 성곽처럼 적적하고 배타적인 인상을 주었지만 어제 그가 처음 여기 왔을 때보다는 한결 친밀하게 느껴졌다.

그는 계단을 올라갔다. 호텔 입구에는 사람이 보이지 않았다. 그녀는 아마 일층의 커피숍이나 식당에 앉아 있을 것이다. 설마 방에서 그를 기다릴 것 같지는 않았다. 기묘하게도 그는 503호를 기억해 냈다. 어떻게 그 숫자를 기억하고 있는지 그 자신도 알 수 없었다. 박 연수는 커피숍에도 식당에도 없었다. 그는 결국 그녀가 503호에서 기다리고 있다고 생각했다. 그러나 선뜻 엘리베이터 속으로 들어갈 수가 없었다. 순간 좁은 밀실에서 그녀와 둘만 앉아 있는 모습을 상상하자, 가슴이 마구 뛰기 시작했다. 그는 프런트를 지나서 다시 계단 쪽으로 나왔다. 어떻게 해야 할지 당황했기 때문이다. 호텔 현관 앞에서 그는 저물어 가는 하늘과 어둠이 내리고 있는 주위의 산 풍경을 둘러보았다. 그리고 그 때 계단의 왼쪽에 있는 정원의 잔디밭 위를 서성거리고 있는 여자를 발견했다. 그녀는 녹색의 투피스를 입고 있었는데 돌아서 있었기 때문에 앞모습은 보이지 않았다. 그러나 윤구는 그녀가 박 연수라는 걸 곧 알았다. 그는 계단을 빨리 내려가서 그녀가 있는 잔디밭으로 들어갔다.

* * *

박 연수가 숲으로 난 길을 손으로 가리켰다. 법주사로 들어가는 길이었다. 지금 그 길에는 행인이 하나도 없었다. 그는 머리를 끄덕이고 잔디밭을 그녀와 함께 걸어 나왔다. 숲길은 노폭이 좁고 양쪽으로 잡목이 무성해서 한층 어둡게 보였다. 여자라면 이맘때 그런 길로 들어서기를 겁내는 게 마땅하다. 그런데도 박 연수는 겁도 없이 앞장서서 으슥한 숲길로 들어갔다. 우뚝 솟은 노송들이 장승처럼 불쑥 그들 앞에 나타나곤 했지만 그녀는 거침없이 깊은 오솔길 속으로 자꾸만 들어갔다. 어둠은 편리한 때가 있었다. 이미 주위는 상대의 표정을 읽을 수 없을 만큼 깜깜해졌다.

(삼성, 1991)

□ 송원희 「목마른 땅」

유난히 긴 횡단보도를 건너 울퉁불퉁한 넓은 도로변을 지나면 비스듬한 언덕이 있고 다시 내리막길에서부터 판자촌이 납작한 바라크 집들이 다닥다닥 붙어 있고 그 사이사이에 서로 얽혀진 몇 개의 골목길이 있다. 한 골목에서 키가 늘씬하게 큰 미군 하나가 자기 허리춤에도 오지 않는 여자를 끼고 나오고 있었다. 이런 광경은 귀가 길에 늘 보는 것이므로 선임은 조금도 낯설지 않았다.

* * *

　바라크를 조금 지나 좀 더 내려가면 지붕에 몇 개의 기와를 얼기설기 올려놓은 집들과 간간히 초가집이 섞여 있는데 이 곳 토착주민들이 살고 있는 보광동이다. 해방 전부터의 집들이지만 무허가 주택들이어서 그런지 골목길이라는 것이 겨우 두 사람이 어깨를 부딪치며 지나갈 수 있을 정도로 비좁고 판자 울타리에다 하수도 시설이 없어 집집마다 마당에 버리는 물이 길가로 흘러나와 길옆으로 개천 같은 하수가 흐른다. 겨울이면 하수가 골목길의 복판까지 흘러 얼어붙어서 빙판을 이루고 여름이면 악취가 코를 찌른다.

* * *

　시장 안에 들어서니 부산한 분위기로 가득했다. 시장 길거리에는 잡판들이 무질서하게 널려 있었고, 물건을 옮기는 사람들도 부산히 움직이고 있었다. 황씨의 자리에는 잡판만 덩그러니 남겨져 있었다. 선임은 새 건물 안으로 들어갔다. 축축한 습기와 시멘트 내음, 페인트 냄새가 가득한 속에서 점포를 정리하는 망치소리도 요란했다.

* * *

　보도에는 군데군데 사람들이 운집해 있었고, 우마차의 행렬이 차도를 메우고 있었다. 버스와 차들은 우마차를 피해 보도에 바짝 붙여서 우마차의 움직임에 맞추어 아주 서서히 가고 있었다. 교통순경은 태연한 얼굴로 수신호를 하며 있었다.

* * *

　이튿날 아침 선임은 아무에게도 말을 하지 않고 의정부행 버스에 올라탔다. 버스가 시외행이라서인지 승객들은 시골 사람들이 많았다. 사람마다 보따리를 하나씩 가슴에 안고 있었다. 미아리를 벗어나자 서울의 변두리는 시골 풍경이었고 버스가 정차하면 총대를 멘 헌병이 두 명씩 올라와 승객 하나하나를 불쾌한 시선으로 훑었다. 의정부 종점에 와보니 바로 그 자리에 동두천행 버스가 대기하고 있었다. 의정부에서 동두천으로 가는 길은 을씨년스럽고 황량했다. 찻길에 오고가는 차들은 거의 다 군 트럭이나 지프여서 마치 일선을 달리는 기분이었다.

* * *

면회는 한 시간 후에 이루어졌다. 안에 유치장이 있는지 통제구역과 그 옆에 면회실이 있는 어두컴컴한 복도에는 면회 온 가족들이 긴 의자에 앉아 있었다. 그들의 무릎 위에는 조그만 보따리가 놓여 있었다. 보따리에 들어 있는 것이 옷과 간식이라는 것을 선임은 짐작할 수 있었다.

* * *

날씨는 덥고 거리에는 행인들도 별로 많지 않았다. 구석구석에 시위하던 군중들이 떨어뜨리고 간 옷고름짝, 신발짝, 학생들의 모자들이 뒹굴며 짓밟히고 있었다. 행인들의 얼굴에는 핏기도 없었고, 어깨는 하나같이 축 쳐져 있었다. 거리를 활보하는 사람들은 일본 순사들과 요란스럽게 말굽소리를 내는 일본 헌병대뿐이었다. 대한문과 창덕궁 앞에서도 무장한 일본군들이 줄을 서 있었다.

* * *

황씨는 자신이 손수 운전하는 시발차로 공장에 안내했다. 차가 멈춘 곳은 그가 말한대로 허술한 어물창고 같았다. 바로 옆에서는 철썩거리는 바닷물 소리가 끊이지 않았다. 안에 들어가기 전부터 생선비린내가 코를 찔렀다. 기름내음도 역겨웠다. 공장안에 따라들어 가서 제조실을 둘러보았다. 많은 양철통이 쭉 줄지어 놓여 있었다.

(청림, 1987)

□ 신경숙 「깊은 숨을 쉴 때마다」

첫날, 유도화가 피어 있는 여관 제성장에서 밤을 보내고 가방을 호텔로 옮길 때 눈길을 끌던 집이었다. 그 집 앞에 서서 나는 유도화가 여관에 피어 있었던 게 아니라 피아노집의 유도화가 여관으로 넘어와서 그렇게 보였다는 것을 알게 됐다. 엄습해 보이는 옆 뜰에 유도화를 울타리로 해서 동화 속에나 나옴직한 낮은 키의 나무 두 그루가 평화롭게 옆으로 가지를 퍼뜨리고 있고, 다시 그 안쪽으로 사철나무며, 종려나무가 나란나란 자라고 있었다. 낮은 담장. 집터가 다른 집들보다 약간 낮아 피아노집은 오목하게 들어가 앉아 있었다. 그래서 여관의 유도화인 줄 알았던 모양이다. 유도화가 피어있는 피아노집은 야릇한 향수가 느껴졌다. 고운 여자가 한 사람 가만히 살고 있는 것 같은 그런. 갈색 목조로 되어 있는 집벽이며 소담스런 지붕이며 파란 배추가 자라고 있는 뒤뜰이며 낮은 담장 위에서 깨끗하게 말라가고 있는 흰 운동화 한 켤레 같은 것들 때문이었을 것이다.

(현대문학, 1995)

□ 신경숙 「기차는 7시에 떠나네」

목탑 주변은 슬럼가를 연상시킬 정도로 침울했다. 노상의 중국이 남자들은 햇볕에 타서 얼굴이 검붉었고 비좁은 골목엔 짐자전거들이 따르릉 소리를 울려대며 서로 비켜가고 있었다. 웃통을 드러낸 중국인 남자가 힘겹게 끌고 가는 짐자전거 위에서 햇볕에 달궈진 녹색 수박 한 덩이가 쩍 갈라져 버리는 순간까지도 나는 광활한 우주를 향해 퀴퀴한 냄새를 풍기며 우뚝 솟아 있는 목탑 주변 하늘을 어지럽히고 있는 게 새 떼라는 걸 모르고 있었다.

* * *

언니와 전화통화를 하고 현관 밖에 놓여 있는 트렁크와 문밖에 쌓인 우편물들을 안으로 들여다 놓고 신발을 막 벗으려다가 나는 멈칫했던 것 같다. 신발장 옆에 서서 안으로 통하는 문을 밀고서는 마치 남의 집을 들여다보듯 잠시 거실을 들여다봤던 것 같다. 조용하게 내려져 있는 블라인드. 꽃병에 꽂혀 있는 시든 장미. 의자 위에 권태롭게 걸쳐져 있는 여행을 떠나가 전까지 입고 있던 셔츠와 바지. 읽던 페이지가 포스트잇이 붙여진 채로 엎어져 있는 책. 벽에 걸려 있는 거울 속으로 거실을 들여다보고 있는 내 모습이 힐끗 비쳤을 때 나는 갑자기 모든 것을 포기하고 싶은 마음이 스쳤던 것 같다.

* * *

아직 풀지도 않은 트렁크가 거실에 덩그렇게 놓여 있길래 잠시 서성였다. 창문이라도 좀 열어둬야 하는데, 여행을 떠나기 전에 마셨던 녹차 잔에 쌓여 있는 먼지. 인기척을 그리워하는 쓸쓸한 의자. 흐트러진 방석이나 쿠션들. 바닥 여기저기 찍혀 있는 내 발자국들.

* * *

우물은 뚜껑이 내려져 있고 담장 한 켠이 완전히 무너져 있었다. 대문이 좁아 마당으로 들어 올 수가 없으니 담장을 무너뜨려 포클레인이 들어올 길을 만든 모양이었다. 꽃밭이 아니라, 빨랫줄이 아니라, 포클레인이 마당에 들어앉아 있는 모습은 생경했다. 감나무, 자두나무, 치자나무가 먼지를 뒤집어쓰고서 울적하게 서 있었다. 이미 방안의 장롱이며 식탁이며 아버지의 책상이며 다탁들도 사슴 우리 곁에 세워진 천막으로 옮겨져 있었다. 집은 지붕이 걷어지고도 안이 텅 빈 채로 그 동안 자신이 품고 있던 정다웠던 마당에 입을 쩍 벌리고 들어앉아 있는 포클레인을 울적하게 내려다보고 있다.

* * *

집은 이제 거의 다 완성이 되어 있었다. 현관문을 제외하곤 문틀이 앉을 자리만 비어 있었다. 설계 도면으로 볼 때는 모르겠더니 완성을 눈앞에 두고 있는 새집의 모습은 옛집과 거의 닮아 있었다. 방향도 같은 서향. 방이 들어앉아 위치도 같은 위치. 옛집에서 마루를 없애고 새로 개조한 집 같다. 부엌에는 벌써 원목으로 짜여진 싱크대가 놓여 있다. 언니는 집을 둘러보더니 생기 있는 얼굴이 되었다. 꾸미고 모으기 좋아하는 언니는 벌써 30여 년 동안 어머니가 쓰던 발재봉틀을 거실 코너에 내놓고 콘솔로 이용하면 되겠다고 한다. 문턱은 원목으로 둘러주고, 바닥재는 우드 데코로 깔고.

* * *

단청은 빛이 바래 눈에 띄지도 않는다. 백일홍나무가 울적하게 서 있고 담벼락 쪽으로 사루비아가 붉게 피어 있을 뿐 어떤 기척도 느껴지지 않는다. 대웅전에 내려져 있는 대발만이 방문자를 이윽히 쳐다보고 있을 뿐이다. 나는 발소리를 조용히 해 걸어 대웅전 안을 들여다보았다. 붉은 꽃이 바쳐진 부처님 전에 향이 타고 있고 바닥에 붉은 방석이 단정히 놓여 있다. 나는 대웅전에서 내려와 절 마당을 십여 분 서성였다. 여전히 기척이 없었다.

(문학과지성사, 1999)

□ 신경숙 「딸기밭」

무슨 바람이 그렇게 부는지요. 모과나무가 뽑혀 날아가고 현관문도 떨어져 나가고 지붕도 걷어져 날아가고 이 방과 저 방에 각자 침묵을 지키고 있는 남편도 저도 다 날아가고 종래엔 집 전체가 날아가 버릴 것만 같은 밤이었습니다.

* * *

해 저물녘의 종암동 골목. 나무 궤짝들이 쌓여 있고 간혹 일년초들이 자라고 있는 화분들, 열린 대문으로 들여다보이던, 마루가 없는 어두운 집들. 디근자 집 좁은 마당 가운데에 고무호스를 매달고 있던 수도꼭지들, 폐수가 흐르는-하천을 따라 그 남자의 집을 기웃거리고 있는 스물세 살의 나.

* * *

여름 뒤끝에 몰아닥친 태풍에 부러진 나무들이 많았나보다. 쌓여 있는 나뭇가지는 이 밤, 화목으로 쓰고도 남을 만큼 수북했다. 산국화 뿌리며 마른 통나무까지 섞여 있다.

* * *

모과나무 옆엔 등나무가 자라고 있었다. 그 아래 흥이 있었다. 등나무 줄기가 시원스럽게 감아 올린 나무 그네에, 모기향이 나른하게 연기를 피워 올리며 유실수들 사이로 퍼지고 있었다. 흥은 아내의 손톱에 꽃 찧은 것을 얹어 놓고 비닐 랩으로 말아서 흰 실로 꼭꼭 매듭을 지어 주고 있는 중이다.

* * *

사막에서 시작하여 숲과 호수와 늪지대. 파타고니아로 들어가는 길의 만년설 봉우리들. 지구상의 풍경이라고는 여겨지지 않은 불모의 외길들. 엄청난 분지 속에 칠레에서 가장 오래되었다는 마을이 있었다. 인구가 채 천명도 안 되는 조그만 마을에 구석기 시대의 유적이 남아 있었다. 햇볕에 말린 벽돌로 지은 납작한 지붕. 작디작은 창문, 특이하게 그곳에 박물관이 있었다. 박물관에는 머리털과 이빨까지 그대로 붙어 있는 여러 구의 미라가 있었다. 구석기인들이라 했다.

* * *

나는 그에게 해야 할 말이 텔레비전 위나 방바닥 위에 떨어져 있기나 한 듯이 불빛 아래 드러난 방안을 휘휘 둘러보았다. 맥주 캔이 텔레비전 위에 놓여 있다. 비디오테이프 서너 개가 아무렇게나 흩어져 있다. 맥주와 차를 같이 마셨던 것인가. 뚜껑에 열린 녹차 잔이 방바닥에 놓여 있다. 아, 저 녹차는 그저께 밤에 마시던 것이다. 아마도 반은 그대로 담겨져 있으리라. 막 벗어 던진 브이네크 셔츠 침대 바로 밑에 떨어져 있다.

* * *

그와 나 사이에 침묵이 너무 오래 지속되어서 서로가 어색해지려고 할 때마다 그는 삼청동엘 갔었는데요, 종로 2가 뒷골목엘 갔었는데요, 마포엘 갔었는데요, 하면서 말문을 열었다. 옛날에 <여학생>이라는 잡지가 있었잖아요. 그 길을 따라 쭉 가면 정독도서관이 나오고요. 정독도서관 언덕을 넘어가면 가회동이죠. 그 도서관에서 좌측으로 가면 작은 골목이 나와여. 대문이 열린 집안을 들여다보고 문간방이 있는 한옥이에요. 마당에 화분들이 있고, 쪽마루도 있고, 빨랫줄도 있고요. 골목을 더 들어가니까, 양복점 진열장엔 가봉을 준비중인 바느질이 덜 된 웃옷이 진열되어 있데요. 언제나 그 옷이 진열되어 있데요. 골목골목 사이로 들어가니까 오래된 여관이 나왔어요. 좁은 골목 사이에 여관으로 들어가는 길은 로맨틱하게 돌을 쌓아 내놓았어요. 어이없게도 아름드리 느티나무가 턱하니 서 있더군요. 그 느티나무가 내다보이는 방에서 그 날 밤을 묵었네요.

* * *

발작적으로 문단속을 하는 날들은 어디에나 먼지들이 진을 치고 있다가 내가 걸어가면 우우, 일어날 지경이었다. 싱크대를 스쳐간 행주 자국이 그대로 얼룩이 되어 있기 일쑤였고, 식탁 위에 얹어놓은 찻잔이 열흘도 넘게 그 자리에 꼼짝 않고 있는 것도 예사였다.

* * *

여름 햇살이 찬란히 머리 위에서 부서지고 냇가 너머로 펼쳐지는 들판엔 파란 벼들이 쌕쌕거리며 성장해가고 있던 여름날들. 호박잎새 사이로 애호박이 새파랗게 자라나고 있던 날들. 호박뿐인가. 오이며 가지며 고추들도 장마 지난 여름 볕에 쑥쑥 자라나는 그런 여름. 그 볕에 내 귀밑도 빨갛게 익어서 아팠는데도 그 물 속에 들어가는 일은 매번 신비롭고 부드러웠다. 허리께까지 차 오르는 물. 그 부드러움. 메기며 붕어들이 숨어 있던 수풀. 우리가 피리라고 불렀던 날씬한 은빛 물고기들이 물 속에서 툭툭, 거릴 때면 언니, 저기…… 하며 웃던 목소리.

* * *

송전탑 위로 헬리콥터가 지나갔다. 부대 앞 서행. 인제에서부터 다시 단풍이 지고 있다. 사고 다발 지역. 붉은 단풍은 후루루후루루 날아다녔다. 교통사고 잦은 길. 언제부턴가 내 머릿속엔 모든 생각이 끊겼다. 속도를 줄이시오. 오로지 단풍만이 눈에 가득했다. 가볍기도 해라. 눈이 질끈 감아졌다. 저속 차량 우측으로. 나는 눈을 번쩍 떴다. 무릎에 놓인 노트를 가만히 내려다봤다. 무덤이 스쳐 지나간다. 단층집들. 기찻길 물.

(문학과지성사, 2000)

□ 신달자 「겨울 속의 겨울」

느리게 하나씩 층계를 밟았다. 눈을 감고 내려가도 어디가 끝인지 알 수 있는 익숙한 층계였다. 층계뿐만이 아니었다. 병원 입구에서 수위실, 병원 현관, 진찰권을 발급하는 안내, 약을 타기 위해 줄줄이 앉아 있는 사람들, 낡은 나무 의자, 번호판이 켜지는 작은 전구, 코를 찌르는 소독 내음, 링거를 꽂은 채 바퀴가 달린 침대에 누워 옮겨지고 있는 환자들, 긴 복도, 얼굴 전체에 붕대를 감은 사람, 환자, 환자, 환자.
　작은 백화점처럼 물건을 쌓아 놓은 매점, 청진기를 주머니에 넣고 바쁘게 다니는 의사, 우는 여자 앞에서도 깔깔거리며 웃는 간호사, 고장이 너무 잦은 공중전화, 그리고 병원 주변의 음식점까지 나에게는 너무나도 익숙한 것들이었다. 그것들은 내 생활의 일부로써 자연스럽게 자리하고 있었다. 나는 문득 그 익숙한 것들을 머리에서 사납게 지워 내며 몸을 떨었다. 그 떨림은 오랫동안, 층계를 다 내려갈 때까지 나를 비틀거리게 했다.

(추천사, 1993)

□ 신달자 「사랑에는 독이 있다」

하늘의 붉은 색은 정말 대단했다. 잘 익은 꽈리빛이 저랬을까 아니면 용광로의 타오르는 무더기의 불덩어리를 하늘에 풀어놓으면 저 빛깔이 될까 어머니의 일생에서 분노와 원망, 그리고 서러움만 걸러낸다면 저런 빛깔이 쏟아져 나올까

어머니의 그 외로운 가뭄의 수분마저 완전 고갈돼 쩍쩍 갈라진 고독의 내면을 알고 보면 저런 빛깔이 숨어있지나 않을까 그리고 또 하나의 하늘빛이 서서히 부옥 앞으로 다가온다.

* * *

기내는 점점 산만해지기 시작한다. 화장실을 드나드는 사람이 늘고 자리에서 일어나 왔다 갔다 하며 다리운동을 하고 있는 사람도 보인다. 이제 더는 버티지 못할 한계에 도달한 것일까. 아직은 제법 시간이 남았는데도 사람들은 팔을 뒤로 넘기며 한껏 기지개를 펴고 있다. 지나가는 승무원에게 농을 거는 사람도 있다. 어떤 방법이 가장 지루하지 않게 시간을 보낼 수 있는지 어느 누구도 그 해답을 가지고 있는 사람은 없는 듯하다. 기내에서 가장 유용한 시간을 보내고 있는 사람은 잘 먹고 잘 자는 사람이다. 독서를 하거나 음악 감상을 하는 것도 괜찮지만 무조건 먹는 일이 끝나면 잘 수 있는 사람만이 시간 이용이 확실하다고 볼 수 있다.

옆 사람은 비행기를 타는 생활에 잘 적응하고 있는 모양이다. 아직은

별로 흔들림이 없어 보이고 자세가 흐트러져 보이지도 않는다.

(문학수첩, 1997)

□ 신달자 「성냥갑 속의 여자」

이사 와서 처음으로 내가 살고 있는 아파트의 전경을 바라보는 것이었다. 키가 똑같은 19층 아파트들이 넓은 공간을 인심 좋게 남겨 둔 채 우뚝우뚝 서 있었고 넓은 공간에는 아직 자리 잡지 못한 소나무와 단풍나무, 벚나무들이 서 있었다.

놀이터가 보이고 전화 부스가 보이고 나무 아래는 띄엄띄엄 벤치들도 놓여 있는 게 보였다.

이제 겨우 입주가 끝난 새 아파트라는 것을 어디를 봐도 느낄 수 있었다. 흰 줄이 얌전히 쳐진 줄 안으로 가지런히 자동차들이 서 있었고 오고 가는 사람들은 어디서 왔는지 오래된 아파트처럼 많다는 느낌이 들었다.

* * *

나는 가슴 안이 얼어 오는 허전함을 안고 501호의 문을 열었다. 낯설다. 이젠 이 방에서 혼자 살아 내어야 할 텐데 빈 아파트는 내게 압박감과 두려움만을 줄 뿐이었다.

열흘이 지났건만 풀지 않고 놓여 있는 트렁크 두 개와 핸드백이 오직 나와 함께 동거할 식구처럼 거실 한 가운데 놓여 있었다.

방안에는 아무도 보이지 않았다. 담요 하나가 덮여 있는 침대 하나와 그 아래 무질서하게 내가 먹고 버린 빵 껍질과 몇 개의 소주병만이 있을 뿐이었다. 그것은 방안이었음에도 황폐한 산악지대를 보는 느낌이었다. 빈집이 주는 공포감과 좌절감이 한꺼번에 나를 쓰러뜨릴 것 같았다.

* * *

동애 때문이리라. 집안 분위기는 무거웠고 그 무거운 분위기 때문에 더욱 추위를 느끼게 하고 있었다. 마루 한 켠에 석유스토브 하나가 붉은 열을 겨우 뿜어내고 있음에도 얼른 열기가 느껴지지 않았다. 아마도 코끝을 스치는 석유 냄새로 보아 내가 온다는 전화를 끊고 곧바로 스토브에 불을 댄 듯싶었다.

(자유문학사, 1993)

□ 신달자 「눈뜨면 환한 세상」

준엽은 대학 시절 자주 찾던 한 전통 찻집으로 수화를 데려갔다. 좌석은 몇 안 되지만 편안한 느낌을 주는 곳이었다.

3월이라 해도 가기 싫은 겨울의 흔적들이 까탈을 부리던 터라 실내 공기를 덥혀 주는 스토브가 한결 안락한 느낌을 자아냈다.

(포도원, 1995)

□ 신달자 「노을을 삼키는 여자」

방송국의 휴게실은 사람들로 북적대고 있었다. 초여름의 더위가 30도를 육박하고 있는 변태적인 날씨 때문인지 휴게실의 북적거림이 더욱 갑갑하게만 느껴지고 있었다. 아침 시간인데도 사람들에게서 오후의 나른한 피로가 얼굴에 덕지덕지 묻어나게 보이는 것은 순전히 한여름 같은 땡볕이 창 너머로 쏟아 부어지고 있기 때문일 것이다.

그러나 언제 보아도 갓 씻어낸 싱싱한 과일같이 풋풋한 가원이는 북적거리는 사람들 속에서 평풍처럼 가볍게 뛰어오르듯 내 앞에 앉아 내 눈을 싱그럽게 해준다.

*　　*　　*

그러나 마지막 밤을 보낸 에메랄드 레이크 산장만은 영원히 잊을 수 없는 장소로 남을 것 같았다. 그곳은 지상에 있는 집이라고 말할 수 있는 곳이 아니었다. 그곳은 신비요, 놀라움이요, 아름다움의 극치, 그 자체였다.

이름 그대로 에메랄드 빛 호수 아래는 에버그린 숲이 반쯤 내려와 초록 그림자를 만들고 몇 척의 작은 하얀 배가 그 위를 떠가고 있었다. 그 호수 앞에 에메랄드빛의 산장을 밴프의 스프링 호텔과 전혀 다른 적막한 분위기를 가진 집이었다. 호수 가까이에 띄엄띄엄 앉은 산장, 그 중에서도 가장 경관이 뛰어난 산장을 동빈은 예약해 두었단다. 그 산장은 그야말로 언어가 필요 없는 한 편의 아름다운 서정시였다.

(자유문학사, 1991)

□ 신상성 「거북이는 토끼와 경주하지 않는다」

나는 가랑비가 갈걍거리는 역전 쪽으로 어슬렁거리며 다가갔다. 늘 범죄와 음모가 꿈틀거리는 역전, 어느 역전이든 쫓는 자와 쫓기는 자가 뒤섞이고, 가는 사람과 오는 사람의 기쁨과 슬픔이 살아 숨 쉬는 곳이 역전이다. 옛날에는 파발마라고 했던가. 나는 바람도 쏘일 겸 이국적인 정서를 자아내는 안개빛 가로등 밑으로 가 기대어 서서 담배를 꺼냈다. 어디선가 풍물패의 장단소리가 들리는 것도 같다. 또 운동권 대학생들의 시위소리일까 하고 귀를 기울였다. 그것은 또 머리를 풀어헤친 무당의 칼춤 추는 소리 같기도 했다. 환청일까? 아무리 두리번거려도 그럴만한 패거리들은 보이지 않고 밤안개를 몰고 다니는 빗소리만 아스라이 들렸다.

* * *

몰려다니는 먹장구름이 싹 걷혔습니다.

아침의 공원은 우윳빛이어서 좋았습니다. 일요일이어서 그런지 사람들이 별로 없었습니다. 내 또래 초등학교 남학생들이 자전거를 쌩쌩하고 달렸고, 신혼부부 하나가 아기차를 밀고 천천히 산보하고 있었습니다. 우리 동네는 말하자면, 신흥도시로서 전원도시니 계획도시니 떠벌리지만 시골 같은 느낌은 거의 없습니다. 아주 어린 시절 엄마의 치맛자락을 붙잡고 따라다니던 황토길 같은 것은 어디에도 없었습니다. 그러나 주위에 토끼같이 엎드려 있는 동산들이 많아 서울에 살 때보다는 그래도 숨통이 터지는 것 같습니다.

*　　*　　*

봄날 같은 겨울날이다.

창밖으로 멀리 보이는 고잔 뜰은 노랑나비 날개같이 아늑하게 펼쳐져 있다. 밝은 황토밭 따뜻한 온돌방 아랫목 같아 달려가 뒹굴고 싶다. 대단위 아파트 공사를 위해 논밭들은 뒤엎고 땅가죽을 벗겨 정지작업을 하고 있다는 사실만 아니면 봄 햇살같이 부드러운 빛깔이다. 지난해까지만 해도 어머니 젖가슴 같은 이 대지를 콩콩 뛰어다니면서 협궤열차가 달리기도 했다.

그 공사장 한 켠에서 마지막으로 버티고 있는 낚시터 주변에는 그림 같은 겨울 강태공들의 머리가 멀리 보였다. 낚시터 옆으로 야산이 있었고 그 야산을 베개로 머리에 이고 살던 조그만 어촌도 있었는데 홍수가 씻겨 나가듯 깡그리 불도저에 밀려나 버렸다. 근처에는 서해안으로 달려 나가는 '사리'라는 항구가 있어서 그 어부들이 가난한 등허리를 맞대고 살던 어촌이었다.

(명동비지네스, 1997)

□ 신상웅 「심야의 정담」

시커먼 판잣집들로 턱을 괴고 고고하게 앉은 세브란스 병원의 빨간 벽돌집 병동들이 눈에 들어오자 버스는 이내 서울역 앞을 미끄러져 나가 염천교 가는 길섶 골목으로 꺾어져 들어갔다. 거기도 역시 변함없는 판잣집 가게들로 빼곡하게 둘러쳐져, 저마다 입을 벌리고 손님을 찾느라 아귀다툼질이었다.

* * *

　크리스마스 캐럴이 질펀하게 울려 퍼지는 방 안을 벗어나자 다방 입구 계단 위에 색전구가 명멸하는 크리스마스 나무 하나가 세워져 있었다.

* * *

　일요일의 안양 국민학교 교정에는 아침부터 공을 차는 아이들이 있었다. 미풍에 실려 오는 아카시아꽃 내음을 맡으며 여남은 아이들이 넓은 운동장을 몰려다녔다. 그러나 쉴 새 없이 재잘거리는 아이들의 떠드는 소리들은 교실 창틀 밑에 가서나 알아들을 수 있을까. 휴일의 나른한 권태감을 즐기며 교사 뒤뜰로 나와 선 사나이는 우선 기지개부터 켰다. 그러고 나서 그는 어슬렁어슬렁 강당 쪽을 향해 걸어갔다. 숙직에 걸린 3학년 5반 담임 김인덕이었다. 요요한 정적 속에 잠긴 뜰에 모기 소리같이 들리는 아이들의 떠드는 소리가 간간이 넘어오고 있었다.
　동편 모퉁이를 돌아 교사 정면으로 나서자 우선 길게 뻗은 화단으로 눈길이 닿았다. 패랭이, 금잔화, 베고니아, 채송화, 분에 담긴 튤립이 온통 한데 어울려 아침 이슬을 반짝이며 피어 있었다. 유리창이 부서지는 5월의 붉은 태양은 눈을 뜰 수가 없을 지경이었다.
　자물쇠를 따고 문을 열자 강당은 걸레질 친 먼지 냄새를 풍기며 휑하니 넓은 자리를 드러냈다. 야트막한 걸상들이 쪼르름히 놓인 저 앞으로 융단보를 쓴 교탁이 덩그렇게 일어서서 이쪽을 내려다보고 있었다. 모든 준비는 완료되어 있는 셈이었다. 김인덕은 걸레 냄새를 내쫓기 위해 강당 창문을 하나하나 열어 젖혔다. 창문을 열어 젖힐 때마다 싱그러운 아카시아꽃 향기가 코를 찌르며 몰려 들어왔다.

(동아, 1995)

□ 신석상 「아름다운 유산」

내가 한강로의 영감네 집으로 하숙을 옮긴 것은 작년 가을 맑게 갠 어느 일요일이었다. 전에 있던 명륜동의 하숙집은 뭣보다 조용하여 좋았는데 집주인 아저씨가 무슨 귀신이 들렸는지 갑자기 증권시장에 몇 달 드나들더니 그만 왕창 망해버리자, 수유리의 국민주택으로 이사한 것이다. 그 바람에 나도 갑자기 하숙을 옮긴 것이 영감네 집이었다. 복덕방 영감쟁이들의 말은 으레 허풍이 많아서 처음부터 믿지 않고 있었지만, 영감네 집으로 나를 소개해준 점잖게 생긴 아저씨는 영감네 집이 하숙비가 싸고 조용하기 때문에 학생이 공부하기에 딱 알맞다고 했다. 나는 몹시 급하기도 하고, 그 소리가 그 소리인 너절한 얘기를 오래 듣고 있는 것이 따분해서 자세히 보지도 않고 정하곤 그날로 짐을 옮겼던 것이다.

한강로 ×가 일대에서는 그런대로 괜찮은 영감네 집이었다. ㄷ형으로 된 작은 한식집이었지만, 널따란 두 개의 방 사이에는 깨끗한 대청과 부엌이 끼여 있었다. 식구라고는 영감과 그의 딸뿐인데 각각 방 하나씩을 차지하고 있었다.

(금성, 1987)

□ 심훈 「상록수」

오늘 저녁은 각처에서 모여든 대원들을 위로하는 다과회가 그 신문사 누상에서 열린 것이다.

오륙 백 명이나 수용할 수 있는 대강에는 전조선의 방방곡곡으로 흩어져서 한여름 동안 땀을 흘려가며 활동한 남녀 대원들로 빈틈없이 들어찼다.

* * *

흙바닥에다가 그냥 거적때기를 깔았는데, 눈에 새뜻하게 띄는 거라고는 하나도 없다. 웃목에 놓인 책상에도 학교에 다닐 때 쓰던 노오트 몇 권이 꽂혔고, 신문잡지가 흐트러졌을 뿐이요 아랫목에는 발길로 걷어차서 두를 말아놓은 듯한 이불 한 채가 동그마니 놓였다. 참 한 가지 잊어버린 것이 있다. 그것은 마분지로 도배를 한 벽에 붙은 사기 등잔인데 그것도 오늘 지나다니며 들여다본 다른 농가의 것과 조금도 다른 것이 없다.

* * *

양철 지붕에 송판으로 엉성하게 지은 조그만 예배당은 수리를 못해서 벽이 떨어지고 비만 오면 천정이 새는데, 선머슴 아이들이 뛰고 구르고 하여서 마루창까지 서너 군대나 빠졌다.

* * *

예배당 벽을 의지하고 송판 쪽으로 가설한 무대 좌우에는 커다란 남포를 켜고 검정 장막을 내리쳤다. 흙방 속에서 면화씨만한 등잔불에 눈이 어두운 사람들은 전등이랑 구경도 못하였지만 이 남포불만 하여도 대명천지로 나온 것만큼이나 눈이 부시도록 밝았다.

(범우사, 1990)

□ **심상대「맹춘(孟春)」**

하이힐 소리를 내며 한 단 한 단 층계를 올랐다. 김씨 총각의 집은 삼층 오른쪽 302호였다. 마스터키 뭉치에서 고른 302호 키로 문을 열자 총각 냄새가 흘러 나왔다. 방안은 잘 정돈돼 있었다. 거의 사용치 않은 싱크대까지 가지런히 정돈돼 있어서 총각 혼자 사는 집 같지 않았다.

책상과 책꽂이가 거실 한쪽에 놓여 있고, 작은 소파와 테이블, 무거워 보이는 바둑판이 그 한가운데 놓여 있었다. 총각 말대로 욕실은 환하게 전등빛으로 밝혀져 있었다. 환풍기 돌아가는 소리도 계속되고 있었다. 혜선은 전등과 환풍기 스위치를 모두 내리고 돌아섰다. 이제 총각이 당부한

임무는 끝난 셈이다. 혜선은 그러나 좀더 보살펴주고 싶었다. 도시가스 밸브도 잠금 위치에 놓여 있었고, 컴퓨터나 텔레비전 따위 가전제품도 전원으로부터 분리돼 있었기 때문에 더 이상 손볼 데가 없었다. 옷걸이가 선 작은방도 말끔히 정돈돼 있어 자칫 손을 댔다가는 침입자의 흔적만 남길 정도였다. 혜선은 가만히 손잡이를 돌려 총각이 침실로 쓰는 큰방의 문을 열었다. 태평양 한쪽에 위치한 땅콩 모양의 산호섬과, 그 섬을 둘러싼 수심 얕은 바다 풍경이 담긴 커다란 사진이 침실 한쪽 벽에 붙어 있었다. 바다는 그야말로 스며들 듯한 파란색이었다. 그밖에는 아무 것도 없었다. 침대 곁 방바닥엔 벗어 던진 양말 한 켤레가 떨어져 있고 침대 위에 헝클어지고 구겨진 담요와 시트가 놓여 있었다. 그러나 혜선은 그 어느 것도 손대지 않았다. 뒷걸음질로 침실을 나왔다.

(솔, 1999)

□ 심상대 「망월(望月)」

　논 가운데 있는 마을을 다 빠져 나와 큰길 못미처 주유소 가까이 다가갔을 때 달빛이 사위었다. 구름장이 온통 하늘을 뒤덮고 있다. 주유소 마당을 비켜 국도로 나서자 길 양쪽에 선 가로수 때문에 길은 더욱 어두워진다. 아낙은 어두운 길 가장자리로 걸어간다. 달은 오래도록 나타나지 않는다. 길 이쪽저쪽에 펼쳐져 있는 담양(潭陽) 들판은 시작도 끝도 가늠할 수 없는 짙은 어둠 속에 엎드려 있다. 소형 승합차 한 대가 불빛을 쏟으며 빠른 속도로 지나쳐가고, 또 막막한 어둠이 이어졌다. 약국과 농협과 철물점, 슈퍼마켓, 식당이 있는 네거리에 와서야 훤해졌다. 찻길을 건너 왼쪽으로 접어들어 초등학교 교문에 이르렀을 때 비로소 달은 먹장구름 속에서 퉁겨나와 휘영청 밤하늘 한가운데 떠올랐다. 초등학교 담벼락을 지나자 이내 낮은 담 너머로 중학교 교사가 보인다. 길 건너편으로는 늘씬한 송전탑과 대밭을 배경으로 선 수북(水北)교회의 십자가가 가로등 불빛에 말끔히 드러나 보인다.

* * *

아이가 먼저 몸을 일으킨다. 말도 없이 뒤도 돌아보지 않고, 비척대는 걸음으로 담양들 노래비를 돌아 다리로 올라선다. 얼른 함지를 이고 아낙이 그 뒤를 따른다. 하천은 물은 적으나 폭이 너르고 길이도 끝을 알 수 없다. 달빛 번들거리는 물줄기며 허연 모래펄이며 풀밭의 정경이 대낮처럼 훤하다. 양쪽 둑방에는 붉은 칠을 한 수문이 간격을 맞추어 박혀 있다. 하천변에 우거진 갈대밭은 검푸른 더미를 통째 흔들며 일렁인다. 두 사람은 말없이 걸어간다.

다리를 건너 포장된 차도로 나서자 고추와 참깨 모종이 이랑 지어 심긴 길다란 밭이 오른쪽에 나타났다. 삐걱대며 자전거 한대가 지나간다. 어린 여학생이 온몸으로 힘주어 자전거 페달을 밟으며 두 사람 곁을 지나쳐 앞서간다. 서행을 지시하는 노란색 신호등이 깜박인다. 깜박이는 신호등 아래로 아이가 가고 그 뒤를 함지를 인 아낙이 따라간다. 언덕배기로 올라서자 광주광역시 북구 태령동이라 적힌 입간판이 서 있다. 차나무로 울을 두른 사당이 그 아래에 있다. 고개를 넘고 대밭 그늘을 벗어나 내리막으로 내려서자 길 양쪽으로 논이 펼쳐진다.

(솔, 1999)

□ 안수길 「신이 잠든 땅 1」

어둠을 찢어발긴 몇 발의 총성과 수선스런 호루라기 소리, 그것을 멀리 두고 어느만큼 달려온 기차는 이제 비탈진 어느 고갯길에 이르러 숨을 헐떡이며 안간힘을 쓰고 있었다. 치익 치익 푸욱. 무개화차 위의 네모진 하늘에서 그대로 쏟아지듯 비쳐드는 별빛을 바라보면서, 키대로 길게 드러눕거나 혹은 웅숭그리고 앉아 있는 장정들 역시 비탈을 기어오르는 기차처럼 무덥고 맥 빠진 한숨을 토해내고 있다.

　　　　　＊　　＊　　＊

　차츰 안개가 걷혀가자 넓어지는 시야 속에 논밭이 드러나고 거기 한창 커 가는 곡식과 열매들이 두 사람의 마음을 더욱 들뜨게 하였다. 무논엔 벼포기가 자라고 밭에는 싱싱한 콩잎들, 깻잎들이 소담스럽게 자라고 있었다. 서속밭(조밭)에는 키가 훤칠한 수숫대궁이 통통하게 알을 밴 채 서 있었다.

(하나로, 1997)

□ 안수길 「북간도」

　가을하늘이 높푸르다. 높푸른 하늘 밑 운동장에는 큰 학생 몇이 내일 준비를 하고 있었다. 느린 동작으로 횟가루를 뿌려 금을 긋는 학생, 국기를 달고 만국기를 늘일 나무때기를 세우는 학생들도 있었다.

(동아, 1995)

□ 안수길 「제3인간형(第三人間型)」

　토요일 오후였다. 대청소(大淸掃)를 한다고 빗자루며 물이 담겨 있는 바께쓰며, 이런 것들을 들고 다니며 떠들던 아이들도 이미 물러간 뒤였다. 따로 떨어진 일 학년 교실에서, 고등학교 합창부의 이부합창 연습하는 소리가 풍금의 멜로디에 섞이어 제법 곱고 우렁차게 전해 온다. 운동장에서 오륙 명 아이들이 셔츠 바람으로 땀을 흘리면서 바스켓볼 연습하는 외에, 천 오백여 명이 날마다 생선 떼같이 펄펄 뛰던 교실도, 교정도 한적하기 짝이 없었다.

(을유, 1955)

□ 안장환 「산그늘」

　시외버스 종점인 주차장 주변에는 가게와 식당들이 밀집해 있었다. 그러나 주말이 아니고 평일이기 때문일까, 등산객이나 여행자들은 그리 많지 않았다. 등산복에 배낭을 멘 젊은이들 몇 명이 주차장에서 서성이고 있었고, 술집에서는 사내들의 게걸스럽게 떠드는 소리와 노랫소리가 들려 왔다.

　　　　　　＊　　＊　　＊

　선우는 권씨네 집에서 나와 뱀사골 입구인 주차장 쪽으로 향했다. 주차장 바로 위에는 6·25 때의 지리산 전투를 기념하는 전쟁기념관이 있고, 여기에서 달궁으로 통하는 길이 잘 포장되어 있었다.

(신원문화사, 1996)

□ 안장환 「타인들」

　영은은 말없이 언덕을 걸어 내려갔다. 텐트 앞에까지 간 그녀는 텐트 안을 들여다보았다. 사나이가 사용하던 물건들이 어수선하게 널려 있었다. 술병과 책과 그릇들……. 그것은 마치 전쟁이 끝나고 난 전장터에 잔해로 남아있는 야전 천막촌의 풍경처럼 비참하고 을씨년스러움을 느끼게 하는 것이었다.

(신원문화사, 1996)

□ 안장환 「아버지의 영토」

　김포국제공항 뒤편의 K동. 이 마을이 지금은 부천이나 인천으로 통하는 길이 시원스럽게 뚫리어 자동차가 쉴새 없이 통과하는 서울특별시이지만, 마을은 마치 시골의 조그만 장터거리처럼 초라했고, 길 양쪽으로 술집과 가게들이 늘어서 있는데 손님도 없이 썰렁했다. 그리고 공항 때문일까. 높은 건물이 들어서지 못했다. 그래서 기존의 낡은 건물과 장사가 되지 안아서 닫아버린 가게들이 죽은 도시를 연상케 했다. 인구가 얼마 되지 않는 마을에 장사가 될 리가 없었다. 하루종일 계속되는 비행기의 폭음, 마을사람들은 그 소리를 귀가 닳도록 들어서 이제는 바람소리나 천둥소리로 들릴지 모르겠지만, 그 요란스러운 폭음을 들어본 사람이면 이 마을로 이사를 올 사람은 아무도 없을 것이다. 그리고 내놓은 집이 팔리지 않아서 마을을 떠나갈 수도 없었다. 그래서 가난한 토박이들 아니면, 도시에서 밀려난 소시민들만이 모여 사는 소외된 마을로 바뀌어갔다.

(신원문화사, 1996)

□ 안장환「까마귀 울음」

산골 탄광촌의 장터이지만 가게에는 여러 가지 물건들이 많았다. 그 어느 곳보다도 소비성이 심한 곳이 탄광촌이었다. 돈을 벌기 위하여 각처에서 모여든 사람들, 거기는 검은 합중국이었다. 가난해서, 농사 지을 땅이 없어서, 먹고살기 위해 각처에서 모여든 사람들이 살고 있는 고장이어서 더욱 복잡했다. 내일을 모르고 사는 광부들이어서 그런지 그들은 잘 먹고, 잘 마셨다. 그래서 장터에는 술집도 많고 여자들도 많았다. 어쩌면 그 당시에는 환경이 그랬는지도 모른다. 아직 전기가 들어오지 않는 마을이 많은 산간 벽지였지만, 이곳 탄광촌만은 전기가 흔해서 전깃불이 불야성을 이루었다. 그리고 석탄을 캐내는 산지여서 겨울이면 그들은 연탄을 풍부하게 피워서 따뜻한 겨울을 보낼 수가 있었다.

* * *

날마다 흙바람이 부는 4월이었다. 이곳 탄광촌에는 흙바람이 아니라 석탄 먼지바람이었다. 산과 마을과 개천과 주위를 둘러싸고 있는 모든 것들은 검은 안개와도 같은 흙바람에 흐려 있었다. 그러나 뒷산과 앞산에는 진달래가 잊지 않고 피어났다. 멀리 높은 산중턱에는 개살구꽃도 구름처럼 피어났다.

* * *

나는 옛날 내가 살던 광부 사택 앞에 와 서 있었다. 이제 와서 보는 그 사택의 건물들은 너무도 납작하고 초라해 보였다. 나는 골목으로 들어섰다. 문짝들이 떨어져 나간 빈집들은 마치 도깨비가 나올 것처럼 어수선했다. 골목에는 무성하게 자란 잡초가 말라죽어 있었다.

(신원문화사, 1996)

□ 안장환「갈대꽃」

그렇게 말하면서 창선은 윤혜의 손을 잡고 현관으로 들어섰다. 규모가 작기는 하지만 아주 아담한 호텔이었다. 창선에게 이끌려 들어가고 있는 윤혜는 그가 언제 이런 데까지 와 봤을까 하는 생각을 하는 것이었다.

그들은 로비를 지나서 이층 계단으로 올라갔다. 바로 계단 뒤쪽에 맥주집이 있었다. 실내는 조용한 분위기였다. 중앙에 둥글게, 그리고 사방 벽면을 향하여 길게 자리가 만들어진 스탠드바였다. 손님들도 그리 많지 않았다.

그들은 구석진 자리에 가서 앉았다. 긴 탁자 곳곳에는 컵에 짙은 빨간 장미가 한 송이씩 꽂혀 있었다. 윤혜는 이상하게도 이곳에 들어오자 장미와 술 향기에 젖어드는 것 같았다. 피아노 멜로디가 조용하게 흘러나왔다. 그제서야 윤혜는 한쪽 스테이지에서 여자가 피아노를 연주하고 있는 것을 발견했다. 새까만 머리를 길게 늘어뜨린 아가씨가 조는 듯 앉아서 피아노를 치고 있었다.

(한라, 1989)

□ 양귀자 「숨은 꽃」

　기차 안에서의 세 시간 동안 내가 만난 글자는 홍익회 판매원의 밀차에 담긴 군것질감의 상표와 앞자리 등받이에 새겨진 피로 회복이 솟구친다는 광고 문구는 어느 좌석이건 간에 다 흰 천의 등받이에 녹색 잉크로 인쇄되어 있었다.
　그러니까 기차 안 이곳저곳에 내가 찾는 글자가 널려 있기는 한 셈이었다.

* 　 * 　 *

　나는 비어 있는 황녀의 잔에 술을 채운 다음 이제는 단소의 가락을 들어야 할 시간이 되었다는 것을 넌지시 일깨웠다. 나 같은 위인한테는 궁지에 몰렸을 때 어떻게 장면 전환을 해야 하는지 정도는 저절로 떠오르는 법이니까.
　가만, 악기를 꺼내 오는 수고를 저한테 맡겨 주시면 영광이겠나이다.
　김종구는 그 큰 덩치를 흔들며 방의 윗목으로 갔다. 그들이 기거하는 이 방에 유일하게 가구가 있다면 그것은 낡은 텔레비전을 받쳐 놓은 허름한 서랍장이었다. 그것 외에는 몇 개의 종이 상자와 벽을 따라 주욱 걸린 옷들, 그리고 커다란 소쿠리에 담긴 황녀의 화장품 몇 개 외엔 볼 만한 세간이라곤 없었다.

(문학사상사, 1992)

□ 양귀자 「모순」

　우리 집에서의 외식은, 물론 그것마저 일 년에 몇 차례 불과한 일이지만, 망설임 한 번 없이 단호하게 돼지 갈비집이었다. 고기 타는 연기가 식당 바깥까지 자욱하고, 맛 좋기로 소문났다는 어머니의 자랑처럼 방마다 사람들이 가득 찬 그곳에서는 먹는 일도 노동이었다. 쉴새없이 고기를 뒤

적이고, 연기를 피해 이리저리 자리를 옮기고, 볼이 미어지게 싸 넣은 상추쌈으로 격렬한 입 운동이 격렬한 거기. 남동생과 나와 어머니는 전쟁터 속의 병사들처럼 묵묵히, 그러다 죽을 힘을 다해 돼지고기와 싸우다 거의 지쳐서 식당을 나오곤 했었다.

하지만 여기 이모네 외식은 달라도 한참 달랐다. 예약석으로 자리를 안내하는 웨이터의 달착지근한 향수 냄새가 풍겼고, 어딘가에서 직접 연주하는 듯한 잔잔한 피아노 음은 우아한 선남선녀들이 앉은 테이블 사이를 나지막하게 흘러 다니고 있었다. 티끌 하나 묻지 않은 식탁보랄지 꽃처럼 접혀진 냅킨같은, 세련된 테이블 세팅에 대해서는 더 이상 말하고 싶지 않다.

(살림, 1998)

□ 양귀자 「한계령」

나는 온 몸으로 노래를 들었고 여가수는 한순간도 나를 놓아주지 않았다. 발 밑으로, 땅 밑으로, 저 깊은 지하의 어딘가로 불꽃을 튕기는 전류가 자꾸 쏟아져 내리는 것 같았다. 질퍽하게 취하여 흔들거리고 있는 테이블의 취객들을 나는 눈물 어린 시선으로 어루만졌다. 그들에게도 잊어버려야 할 시간들이, 한줄기 바람처럼 살고 싶은 순간들이 있을 것이다. 어디 큰오빠 뿐이겠는가. 나는 다시 한 번 목이 매었다. 그때, 나비넥타이의 사내가 내 앞을 가로막고 정중하게 고개를 숙였다.

"테이블로 안내해 드릴까요?"

웨이터의 말대로 나는 내가 앉아야 할 테이블이 어딘가를 생각했다. 그리고는 막막한 심정으로 뒤를 돌아다보았다. 뒤는, 내가 돌아본 그 뒤는 조명이 닿지 않은 컴컴한 공간일 뿐이었다. 아마도 거기에는 습기 차고 얼룩진 벽이 있을 것이다. 나는 웨이터에게 무언가를 말하려고 하였다.

(문학사상사, 1992)

□ 양귀자 「희망」

자, 그럼 이제 나머지 두 개의 방에 대해 말할 차례이다. 이 두 개의 방은 나와는 거의 무관한 방이라고 말해야 옳다.

나성 여관이 자랑하는 특실이 바로 그 방들이었다. 나성여관이 한창 손님들을 끌어 모으던 삼년 전쯤에 마당 한쪽을 도려내고 새로 지은 특실 두 칸은 명칭과는 달리 사실상 행랑채가 앉은 모양새와 흡사했다.

그래도 손님들은 행랑채의 그 특실들을 좋아했다. 물론 이런 손님들은 안채의 떠버리꾼들과 달리 대개는 여자를 거느린 수상한 사내들이기가 십상이었다. 우선은 대문과 가까워서 소리없이 빠져나가기가 좋다는 이점이 있었다. 물론 어머니는 방을 배정함과 동시에 숙박료를 받아 채는 만큼은 어김없이 시행하는 타이프이므로 손해 보는 일은 결코 없었다.

손님들이 특히 특실을 좋아하는 또 하나의 이유는 거기에 달린 부대시설 때문이기도 하였다. 그 두 개의 방에는 따로 용변을 해결할 수 있는 공간들이 달려 있었다. 말이 여관이지 실제는 여인숙보다도 시설이 조잡한 우리집에선 그것만도 정말 대단한 배려였다.

굳이 화장실이라거나 욕실이라는 이름을 붙이기는 좀 그렇지만 그래도 어머니는 눈 하나 깜짝하지 않고 "욕실 딸린 방이 있다우" 하는 말로 손님들을 혹하게 만들었다. 썰렁한 외등 하나로 밝혀놓은 양철 간판의 때묵은 옥호나, 천장이 높으면 큰일이나 난다는 듯 납작하게 땅바닥으로 고개를 숙이고 있는 썩은 기와지붕이 수준으로 보아서는 여인숙 요금도 과하지 싶어 자신만만하게 들어섰던 가난한 데이트족들은 덤으로 욕실가지 얻게 된 기쁨에 아주 좋아하는 것이었다.

어쩌다 욕실을 따낸 데이트족들과 마주치는 경우도 종종 있었다. 욕실이 있다는 말에는 우선 여자 쪽이 반색을 하게 마련이었다. 여자가 좋아하는 것을 보면 남자는 으레 어깨에 힘을 주며 주머니에서 돈을 꺼내었다. 그러면 어머니는 비호같이 그 돈을 나꾸어 채 손금고 속에 집어넣었다.

 하지만 그 욕실이란 곳의 모양은 실로 가관이었다. 용변만을 겨우 해결할 수 있을 정도로 좌식변기 하나만을 앉혀 놓은 채 더 이상은 몸을 좌우로 움직일 수 없도록 사방 벽을 밀착시켜 놓은 거짓부렁이래도 수도꼭지 하나쯤은 있어야 합당했다.

*　　*　　*

 내가 노인을 따라 그 어두침침하고 냄새나는 방에 들어간 것은 정말이지 딴 생각이 있어서가 아니었다. 나는 단지 눈 앞으로 다가온 자유의 시간을 여유있게 가기 해서였다. 오랫동안 기다리던 것을 마침내 얻게 된다고 하면 누구나 조금쯤은 늑장을 부려보는 법이었다.
 방은, 것도 방이라고 할 수 있다면, 정말 가관이었다. 나는 이런 꼴의 방을 본 적이 없었다.
 우선 방이 네모 반듯하지 않고 세모꼴인 것이 더 웃겼다. 방은 직사각형이거나 정사각형이라고 믿었는데 그게 아니었다. 방은 때로 마름모꼴일 수도 있고 아예 세모일 수도 있다.
 윗목으로 갈수록 점점 좁아지는 방의 모양새는 그렇다 쳐도 살림살이라고 놓여있는 것들은 한 가지도 성한 게 없으니 신기하기조차 했다. 그것은 마치 뒤지다만 커다란 쓰레기통 같았다. 세모꼴의 쓰레기통.
 쪼개서 불쏘시개나 해도 아깝지 않을 서랍장은 군데군데에 생살이 드러나 있었다. 어쩌면 장작으로 쓰려고 패다가 말았는지도 모를 일이었다. 서랍장 위로 대충 구겨서 얹어 놓은 이불의 꼬락서니도 대단했다. 코를 들이밀지 않아도 지린내가 하늘로 솟을 것이 틀림없었다.
 그 옆의 고리짝은 위에 낡은 흑백 텔레비전을 이고 있었는데 여닫는 문짝의 아귀가 맞지 않아 속에 들어 있는 옷가지들이 비죽 빠져 나와 있다. 텔레비전을 빼고 나면 더 이상은 봐줄 물건이 없다. 방바닥의 비닐은 그나마도 찢어지고 모자라서 군데군데 테이프로 땜질을 해놓았다. 벽이라고 다를 게 없다. 아랫목 쪽은 달려 뒷장으로, 천장은 회푸대 종이로 갖가지 무늬로 박아놓았으나 땟국물이 지독해 그나마도 원래 벽지의 무늬는 간 곳이 없다.

(살림, 1990)

□ **염상섭「삼대」**

방에 들어서니 발밑에 닿는 방바닥이 얼음장이다. 이때까지 들쓰고 누웠던 이부자리는 어디가 안이요 어디가 겉이죽인지 알 수가 없다. 발바닥에서부터 찬기운이 스며 올라오건마는 퀴퀴한 기름때 같은 사내 냄새가 코를 찔러서 비위를 뒤흔들어 놓는다.

(동아, 1995)

□ **오탁번「불씨」**

나는 이불 밖으로 나와 창문을 열고 밖을 내다보았다. 손에 잡힐 듯이 동대문실내스케이트장이 내려다보였다. 그 뒤쪽으로 여관·목욕탕·병원 등의 핏빛 네온사인이 유령의 눈알처럼 번뜩이고, 창을 흔들며 매서운 겨울바람이 줄행랑을 쳐대고 있었다. 고가도로를 달려가는 자동차 소리에 잇달아 더럽고 거대한 도시가 잠을 청하는 끝없는 소음이 웅웅거리며 들려왔다. 부스럼투성이의 흉측한 거인이 하루의 숨을 끝내면서 몸을 뒤채는 소리가 온갖 악취와 더불어 퍼져나고 있었다.

(금성, 1987)

□ **오탁번「인형의 교실」**

버스는 어둑어둑해져서야 신대리(新垈里)에 닿았다. 읍에서 떠난 지 반시간 만이었다. 읍에서 신대리까지는 그만그만한 산들이 일정한 간격을 두고 막아서 있었다. 고개를 하나 내려와서 평지인 듯한 길을 잠시 달리다가는 곧바로 고개로 다시 접어드는 걸 보면, 정말 일정한 간격으로 산을 하나씩하나씩 만들어 놓은 것 같았다. 산은 그다지 높지 않았지만 아마 신대리까지 여남은 개는 실히 되는 모양이었다.

고개에서 내려온 버스가 평지인 듯한 길을 한참 달려도 다시 고개로 올라가는 낌새가 보이지 않자, 혜숙이는 오히려 이상한 기분이 들었다. 고개를 넘고 또 넘어서, 어둠에 조금씩 젖는 산비탈의 수목들도 물결처럼 일렁여 보여, 마치 큰 파도를 타고 가는 듯하다가 평지를 한참이나 달리는 버스 속에 앉아 있자니 꼭 물 속으로 튜브가 가라앉는 듯해서 혜숙이는 궁둥이를 자리에서 들었다.

(금성, 1987)

□오성찬 「단추와 허리띠」

굴 주변은 함몰된 구릉처럼 둘러싸여 있고, 구실잣밤나무, 녹나무, 동백, 구름비나무들이 난대림대를 이루어 좀체 드러나지 않는 장소였다. 거기다 여기는 인적지구와 상가가 먼 외따른 곳이었다.

* * *

짭짤 사내의 뒤를 따라 구불구불 숲 사이를 돌아가자 우줄우줄 나무들이 선 서너 길 낭떠러지 밑에 직경 사오 미터는 될 구멍이 뻥 뚫려 있었다. 암벽 속에서 하얀 수증기가 무큰무큰 피어오르고 있었다. 굴 천장에서는 이제도 굵은 물방울이 뚝뚝 떨어지고 있었다.

(지성문화사, 1988)

□오성찬 「덫에 치인 세월」

줄달음치는 여인을 따라 처형장소인 <파힌비석>으로 갔다. 바다가 내려다 보이는 언덕, 듬성듬성한 소나무 아래 널브러진 시체들이 허옇게 흩어져 있었다. 뒤집어진 짚세기, 검은 고무신……엎어져 죽은 사람, 갈라진 사람, 나무 밑둥에 기대고 앉은 듯 죽은 사람, 마당만한 밭에 죽은 사람이 쉰 명은 될 것 같았다. 그 시체들 사이에서도 남편을 찾아내는 일은 어렵지 않았다. 옆구리에 총을 맞은 남편은 입꼬리께에 피를 약간 흘리며 반듯이 갈라져 누워 자는 듯 가볍게 눈을 감고 있었다.

(지성문화사, 1988)

□ 오성찬 「종소리 울려 퍼져라」

절벽을 따라 굽이굽이 돌아 들어간 천연수 폭포. 이무기가 살았다는 신비한 푸른 색깔의 폭포 아래 웅덩이 물은 여자를 삼키고도 여유작작 시침을 떼고 있었다. 다만 그 주변에 관광 나와 있는 두어 그룹의 원색 옷을 입은 관광객들이 사건이 있었던 것을 아는지 모르는지 배회하고 있고, 제복 입은 사내들이 보초 선 가운데 잠수복을 입은 스쿠버 다이버들이 물안경 속에서 표정으로 이야기하며 신중하게 물 속에 들어갔다 나왔다 하는 모습이 보였다. 나는 히히덕거리며 사진 찍기에 바쁜 관광객들의 사이를 헤치고 잠수부들이 작업을 하는 쪽 둑가로 다가갔다.

* * *

어쩌면 이 도시는 시 쓰는 사람들 누구도 적응할 수 없는 조건이 있는지도 모른다는 생각을 나는 순간적으로 했다. 그 두 개의 사안이 이상케 하나로 뭉뚱그려져 용해되는 기분이었다. 시인이 건전하게 살 수 없는 도시, 그렇다면 도시 자체에 문제가 있는 것은 아닐까. 도시 자체가 뿌옇게 용액에 싸여 있는 듯한 느낌을 나는 받았다. 살모사의 새끼가 휩싸여서 나온 양막 같은 용액 말이다.

* * *

어쨌거나 추억의 빛깔은 진주처럼 영롱하고 아름답게 인상지워져 있는 것이 아닐까. 고향의 거리에 서면 나는 아직도 천진한 소년 시절로 돌아가는 느낌이었다. 그 시절 거리는 S자로 굽어 있었으나 굽이마다 정답고, 나직나직 엎드린 초가와 양철지붕들도 한량없이 정겹기만 했다. 어디에 담뱃집이 있었고, 어디에 석유 배급집이 있었고, 어디에는 양꼬빵을 만드는 빵집이 있었다. 그리고 모퉁이 하나를 돌아가면 빨간 우체통이 서있는 우체국이 있었지. 사랑하는 소녀에게 크리스마스 무렵이면 떨리는 가슴으로 산타 클로스 할아버지가 그려진 카드를 보내곤 했었지. 첫사랑의 소녀에게는 차마 자기를 밝히지 못하여 익명으로 카드를 보냈는데 그녀는 그 때 나의 정체를 바로 알아 맞추기나 했을까.

조금 자라서 우리는 어울려 문학동인회도 만들고, 빵집보다는 다방과 술집 출입이 잦았었지. 다시 모퉁이 하나를 돌아가면 자리잡고 있던 '빈 터'라는 이층 다방. 시도 때도 없이 들르던 우리의 '본부'였던 이 다방에서는 주머니가 비어서 차를 시키지 못하니까 그때 한창 유행이던 설탕 탄 슈가 냉수만 시키면 하루종일 앉아 있곤 했지. 그래도 오지랖 넓은 그 다방의 주인 마담은 늘 막판에 공짜 차를 내오고, 우리를 괄시하지 않았어. 가끔 시선이 젖어 있곤 하던 큰누이처럼 푸근하던 여자. 그녀도 지금쯤은 어디서 할머니가 되어서 숱한 손주들의 사랑을 받으며 남은 생을 보내고 있지나 않을까.

술이 얼큰히 오른 탓인지 오랜만에 걸어보는 옛날의 거리는 흔들리며, 한결 더 정다워 보였다. 그러나 가면서 보니까 도로를 넓히느라고 길 가장자리는 파헤쳐지고 돌담들은 허물어져 있었다. 어느새 길가에 빼빼하게 세워놓은 차들도 옛날의 정서와는 어울리지 않는 장애물들이었다. 그런데 아, 모퉁이 하나를 더 돌았을 때 거기 우리들의 본부였던 '빈 터' 다방의 건물은 다소 변형이 되어 있긴 했으나 그대로 남아 있었다. 그리고 그 이층은 이제 같은 이름의 까페로 변하여 옛날의 모습을 다소는 유지하고 있었다.

　　　　　＊　　＊　　＊

 아 됐다. 일단 이렇게 되면 성공이다. 나는 마당에 서 있던 시간이 꽤 길었다는 것을 그때야 의식하며 성큼 문간으로 들어섰다. 응접실의 뒷문 쪽에 뒤주 같은 고가구가 놓여있고, 문이 반만 열려있는 한쪽 방에 있는 상, 그 위에 죽은 고이삭의 영정이 약간 비뚜름하게 놓여 있었다. 대학 생활 초기에 찍은 것인 듯 생머리를 뒤로 모아 묶어 가르마가 반듯하게 드러난 모습이 매우 차게 느껴지는 인상이었다. 그녀는 은은하게 미소를 짓고 있다기보다는 비웃고 있다는 표현이 옳을 모습이었다. 나는 그녀의 영정 앞에서 잠시 묵념했다. 미안하다. 나는 지금 네게도 네 어머니에게도 솔직하지 못한 게 사실이다. 그러나 나는 네게 약속할 수가 있어. 나는 짧은 순간에 재빠르게 뇌까렸다. 그러자 내가 이제부터 들어서려는 미지의 세계에 대해 헝궁같은 느낌이 들며 약간의 떨림과 불안감마저 있었다.
 "이리 들어와 앉으십서. 요새 나가 이렇게 정신이 없수다."
 여인이 맞은 쪽 구들의 문을 열고 들어가며 바닥에 깔려 있던 담요를 한켠으로 밀어내고 대신 방석을 깔아주며 내게 말했다. 나는 그 구들로 들어가면서도 민감하게 분위기를 그러모으는 걸 놓치지 않고 있었다. 벽 쪽으로 오래된 자개장, 그 한편으로 커튼에 가리워진 공간이 있었다. 저 가리워져 있는 안에 작은 불상이라도 모셔져 있는 건 아닐까. 대체로 이 방 안이 분위기는 그랬다. 나는 방석 위에 앉아서 다양한 무늬의 천장과, 방의 모서리와, 밀기름을 먹인 장판 등을 눈여겨보며 무슨 말부터 어떻게 실타래를 풀어갈 것인가 머리를 굴리고 있었다. 그런데 그 실마리가 영 잡히질 않는 것이었다.

　　　　　＊　　＊　　＊

 날씨는 늦가을치고는 안온한 편이었고, 높직한 데서 내려다보이는 편편한 작은 섬은 평화롭게까지 보였다. 그러나 그것뿐, 도시는 이미 옛날에 소박하고 멋드러진 아름다운 전원도시는 아니었다. 군데군데 길을 넓히느라고 파헤쳐진 구렁, 도로 양편에 빈틈없이 세워진 차량들, 여기저기 길바닥에 그려진 일방통행의 표시들, 이미 도시는 만신창이가 되고, 지금도 몸살을 앓고 있었다. 몸살이 중증이었다.

*　*　*

　나는 사건이 일어난 장소와 상황 등을 알 수 있는 껏 취재하고 그 피비린내 나는 것 같은 형사계를 벗어났다. 경찰서 밖으로 나왔을 때 밤은 기온 탓만은 아닌 것 같았다. 한기가 몸 속으로 파고드는 것은 밤의 기온 탓만은 아닌 것 같았다. 가로에 벗은 플라타너스들이 오소소 춥게 느껴졌다. 시가지는 거의가 소등하고 있었으나 드물게 불이 켜진 창들도 보였다. 이 늦은 시각 저 불빛의 창안에서는 무슨 일들이 벌어지고 있을까.
　나는 가끔 한 시각을 놓고 그 시각에 세계 도처에서 일어나고 있는 상황들을 떠올려 볼 때가 있다. 아니, 세계 도처라 할 것도 없이 바로 이 도원시, 우리 바로 가까이에서 일어나고 있는 사건들은 어쩔까. 가령 아침나절 같은 때 도회의 16층 정도 고층아파트에서는 바로 직선으로 연결된 위아래의 공간 안에서 좌변기 위에 올라앉아 똥 누는 사람, 다시 똥 누는 사람 위에 똥 누는 사람이 그래도 포개질 때가 드물지 않을 것이다. 또 지금처럼 야심한 시각에는 남자 위에 여자, 여자 위에 남자가 서로 맞붙어서 요분질치는 그런 모습들이 층층이 연결되는 경우도 없지 않을 터이다. 그리고 어느 집에서는 오순도순 정답게 가족사를 의논하는 모습도 없지 않을 터이나 어떤 공간에서는 사람을 죽이거나 해치기 위한 모의들을 벌이는 경우도 없지 않을 것이다. 헐고 뜯고 찢어발기고, 맹수가 자기 먹이를 물어뜯듯이 상대를 헐뜯는 사람들도 없지 않을 터이니 사람들의 삶이란 얼마나 다양하고 복잡다단한 것인가. 십 억이 넘는 인구가 저마다 자기의 생각들을 가지고 자기 방식대로 세상을 살아가고 있으니 이것을 관리하고 있는 조물주도 참 골치 아프고 못해먹을 짓이겠다. 그만 책임을 벗어 팽개치고 싶은 땐들 왜 없겠는가.

* * *

포구 안으로 깊숙이 들어온 만을 에돌아 낡은 다리 하나를 건너면 거기 방파제 끄트머리에 이제는 형태만 남은 고래공터가 있었다. 우리는 소년기의 후반쯤에 겨울방학을 이용하여 소인극을 할 때 무대를 설치할 소용으로 이 건물의 꺽음쇠들을 뽑아다가 사용한 적이 있었는데, 카페 '빈터'에서 내다보면 비스듬히 보이는 이 건물에 대해서 유독 친근감이 가는 것도 그 때문일 것이다.

기억력이 보통쯤의 독자라면 내가 이 이야기의 시초에 조선시대 한 고기잡이 갯촌으로 터잡기 시작한 이 해변도시가 일제가 한창 식민지 정책을 펴던 시기에 남해안의 한 수산기지로 갑작스럽게 불어났다고 전제한 사실을 기억할 것이다. 그러니까 이 고래공장은 그 무렵에 이 섬 인근 바다의 고래들을 잡기 위해서 세워진 전초기지였던 것이다.

* * *

여자와 함께 거리에 나선다는 것은 이런 작은 도시에서는 부담스러운 일이었다. 나는 두어 발 앞서고, 그녀는 모자로 얼굴을 가리우고 뒤따라서 걸었다. 걷다가 앞쪽에서 사람이 오는 게 보이면 한 발짝쯤 더 뒤쳐지고 호젓한 굽이에 이르면 거리를 좁혀 다가서서 걸었다. 사람들 손으로 돌을 날라 쌓았을 옛날의 방파제가 마치 정물들처럼 낚배 대여섯 척이 밀물의 수면 위에 떠서 궁글리고 있었다. 그 옆에 아직도 오색 헝겊이 매달린 작은 신당이 있고, 그 옆에는 썩어 가는 굵은 나무 둥치가 있었다.

그래 맞다. 여기에 몇 해 전까지만 해도 벼락 맞은 늙은 소나무가 한 그루 있었지. 아름드리 그 소나무는 군데군데 헌 데가 있고, 성한 부분은 겹겹 껍질을 쓰고 있었지.

* * *

우리가 에돌아간 고래장터는 내가 소년기에 와봤을 때보다도 더 형편없이 황폐해 있었다. 지붕과 천장을 지탱하고 있던 나무 받침들은 이미 어디로야 갔는지 없어지고 이제 남아 있는 건 벽이었던 사각의 시멘트 담벼락뿐이었다. 그나마 군데군데 무너져 있는 담벼락 밑동엔 방가지똥과 모시풀 같은 잡초들이 무성하게 자라고 있어 더 을씨년스러웠다.

* * *

나는 몇 년 전에 취재차 사이판에 들은 적이 있었다. 어디를 가나 나지막한 구릉의 이 섬은 열대의 특성답게 군데군데 원색의 꽃들이 무더기져 피어 있었다. 거기다 프레임 트리, 번역하면 불꽃나무라고나 해야 할 땅아땅아나무의 붉은 꽃은 그야말로 먼데서 보아도 불꽃처럼 현란했다. 그런데 문제는 사이판 섬 온 천지가 이 꽃 일색이라는 데 있었다.

* * *

그 낡은 건물에 대해서는 나도 아는 바가 있었다. 아는 바 있는 정도가 아니라, 전쟁이후 적산인 이 집은 화려한 요정의 시대를 거쳐 최근에는 아무나 드나들 수 있는 민속식당으로 바뀌어 있었으므로 나도 일행과 어울려 몇 번 가본 적이 있었다. 그런데 이런 건물의 구내 어디쯤에 그런 엄청난 조형물이 있단 말인가. 나의 두뇌는 잽싸게 오랜 정원이 있던 그 집 뜰을 훑었다. 그러나 내가 그곳을 찾았던 때는 거의가 저녁때이거나 밤이었던 게 생각났다. 나는 스스로 고개를 끄덕였다. 내가 그 구내에서 그 조형물을 한번도 눈여겨보지 못한 것은 어쩌면 내가 찾았던 때가 언제나 밤이었던 데 연유했다. 그렇긴 해도 그것이 변명의 여지가 될 수는 없었다. 나는 보다 유심히 그 시절에 대해 관심을 가졌어야 했고, 이미 그 이전에 그 조형물을 찾아냈어야 했다. 아니, 이 섬 주민은 그 누구라도 벌써 이전에 그 조형물에 대해 눈을 떴어야 옳았다. 아아, 무엇에나 눈뜬다는 것은 이리도 힘이 드는 것이로구나.

* * *

  닭의 우리같은 좁은 동네 안이라 형네 패거리를 찾는 일은 그리 어렵지 않았다. 게다가 그런 패거리들이 모이는 장소란 특별한 경우를 제외하고는 대개 몇 군데에 한정돼 있었다. 유리문이 달린 바깥방에 박하사탕이나 피운 쌀 봉지들을 놓고 아이들에게도 장사를 하고, 어른들을 상대로는 소나무 피죽 긴 의자를 놓고 삶은 돼지고기에 고소리술을 파는 윤이네 가게 안방. 여기 젊은이들이 노상 모이는 것은 몸집이 펑퍼짐하고 가끔은 헐렁하게 입은 저고리 앞섶으로 풍만한 젖통이 드러나기도 하는 윤이네 어머니가 헤프기 때문이라고 나는 치부하고 있었다.

* * *

  관광공사를 나오는 길로 나는 차를 달려 도원시의 외곽에 위치한 시립병원 쪽으로 갔다. 병원의 응급실은 입구에서부터 부상자의 가족들이 엉켜 북새통이었다. 가장이나 가족이 다쳤다는 소식을 듣고 달려온 부상자 가족들도 안으로 들어가지 못하고 바깥에서 울부짖거나 이미 울다 지쳐서 기진해 있었다. 전경 둘이 응급실 양가에 버티고 서 있는 걸 보면 이곳 정리의 어려움을 대번에 알아 볼 수 있었다. 나는 그들에게 다가가 신분을 밝힌 다음 비집고 응급실 안으로 들어섰다. 사건 현장에서 이제 코에 익은 피비린내와 약품 냄새들이 뒤섞인 야릇한 냄새가 코를 자극했다. 대체로 중상을 입은 부상자들은 이제도 응급실 가득 침대에 누워있고 치료를 하는 의사와 간호사들이 뒤엉켜 부산을 떨고 있었다. 나는 가까이 있는 사람들 몰래 카메라를 들고 침상들을 향하여 번쩍번쩍 몇 컷을 찍었다. 그리고는 급히 응급실을 빠져 나왔다.

(답게, 1999)

□ 오영수 「갯마을」

서(西)로 멀리 기차 소리를 바람결에 들으며, 어쩌면 동해파도가 돌 각담 밑을 찰싹대는 H라는 조그만 갯마을이 있다. 덧개덧개 굴딱지가 붙은 모 없는 돌로 담을 쌓고, 낡은 삿갓 모양 옹기종기 엎딘 초가가 스무집 될까말까? 조그마한 멸치 후리막이 있고, 미역으로 이름이 있으나, 이 마을 사내들은 대부분 철따라 원양출어(遠洋出漁)에 품팔이를 나간다. 고기잡이 아낙네들은 썰물이면 조개나 해초를 캐고, 밀물이면 채마밭이나 매는 것으로 여느 갯마을이나 별다름 없다. 다르다고 하면 이 마을에는 유독 과부가 많은 것이라고나 할까? 고로(古老)들은 과부가 많은 탓을 뒷산이 많이 갈라져서 어찌어찌 돼서 그렇다느니 앞바다 물발이 거세서 그렇다느니들 했고, 또 모두 그렇게들 믿고 있다.

(삼중당, 1975)

□ 오영수 「은냇골 이야기」

뼘질로 두 뼘이면 그만인 하늘밖에는 어느 한곳도 트인 데가 없다. 깎아 세운 듯한 바위 벼랑이 동북을 둘렀고 서남으로는 물 너울처럼 첩첩이 산이 가리웠다. 여기가 국도에서 사십여 리 떨어진, 태백산맥의 척추 바로 옆골미창 은내(隱川谷)라는 골짜기다.

(동림, 1974)

□ 오정희 「완구점 여인」

어둠이 빛을 싸안고 안개처럼 자욱이 내려 덮일 때의 교실은 무덤 속을 연상시키기도 한다. 낡은 커튼으로 배어든 약한 빛은 속에서 머무르던 갖가지 숨결과 대화는 어둠이 깃드는 것과 동시에 죽어 버리는 것이다. 소리를 지르면 그대로 터엉 울려 올 듯 공허해지는 것이다.

* * *

검게 번들거리는 거울 면에 나의 몸이 비쳐 있고 그 뒤로 가득하게 교실 전체가 담겨 있다. 내 손이 한 번씩 거쳐 간 책상들은 완전히 먼저의 질서를 잃고 있었다.

* * *

붉고 푸른색 등이 실내를 밝히고 있고, 열대어들이 끊임없이 물방울을 만드는 커다란 어항이 있고, 사랑을 하는 남자와 여자가 자리를 채우고 있어도 나는 항상 여인이 있던 자리를, 목발이 있던 자리를, 저마다 살아 있던 장난감들이 놓였던 자리를 또렷이 알 수 있었다.

(동아, 1995)

□ 오정희 「옛우물」

오래 전 내가 앉았던 자리, 강이 맞바로 내다보이는 창가의 탁자 위에 담배 갑과 반쯤 마시다 만 찻잔, 몇 개의 열쇠가 매달려 있는 열쇠고리가 무심히 놓여 있었다. 그리고 재떨이에 걸쳐진 담배에서 피어오르는 연기. 의자는 비어 있었다.

* * *

한낮인 탓에 찻집 안은 손님이 하나도 없이 조용했다. 그 언젠가와 꼭 같았다. 연극 무대에서 흔히 사용하는 방법, 추억을 상기시키는 하나의 장치처럼 모든 것이 그대로였다. …(생략)… 모든 것이 그대로인 채 조금씩 낡아가고 가라앉아 가고 있었다.

(문학과지성사, 1995)

□ 오정희 「산조(散調)」

　원형무대의 중간을 가로질러 검은 막이 쳐져, 양분된 무대의 전(前)면은 화문석이 깔렸다. 무대와 객석이 너무 밀착되어 있었지만 그것도 본래의 분위기를 살리려는 배려로 친다면 대체로 전번의 공연 때와 어긋남이 없었다. 무대와 객석은 말끔히 비워져 있었다.

＊　＊　＊

　꽹과리, 호적의 삘리리 가락이 한데 어울려 자지러지면 남사당 검은 막 위로 달이 둥실 솟는다. 낮에 뜨는 달은 언제나 둥글다. 초승이 지나고 삭망을 넘겨 다시 그믐이 되어도 달은 그 붉은빛의 한 귀를 헐지 않는다.
　영기가 멎는 곳의 가까운 산머리에는 보얗게 바람꽃이 피고 사당패들의 요란한 짓거리에 삼삼히 흥이 당겨지면 모여드는 사람들은 신들메를 조인다. 열두 발의 상모는 열두 개의 달로 뜨고 해를 감는다. 돌림이 급해질수록 열두 개의 달은 조야한 빛을 헝클어 열두 발 둘레의 하늘이 되고 천재를 채우는 건 누르고 붉은 빛, 바람 소리 뿐이다.

＊　＊　＊

　무대 뒤는 사뭇 가설극장이다. 각종 공연이 있을 적마다 쓰여지고 버려진 소도구들 눈이 덮인 초가지붕과 잎이 무성한 플라타너스, 은종이와 금종이의 달과 별이 붙어있는 막이라든가 스프링이 주저앉은 낡은 소파가 잡동사니를 이루고 있는 사이로 담배를 피우며 서성거리는 사람들의 모습이 유령처럼 음산하게 보인다. 쉴새없이 뿜어 대는 연기가 무리무리 운무를 만들어 흐르고 한 것 입을 벌려 방치된 트렁크에서 꼭두각시들이 비죽비죽 고개를 내민다.

(동아, 1995)

□ 오정희 「유년의 뜰」

어머니가 시집올 때 해왔다는 등신대(等身大)의 거울은 이방에서 유일하게 흠 없이 온전하고 훌륭한 물건이었다. 눈에 보이게 또는 보이지 않게 남루해져 가는 우리들의 가운데서 거울은, 어머니가 매일 닦는 탓도 있지만 나날이 새롭게 번쩍이며 한구석에 버티고 있었다. 그 이물감 때문에 우리의 눈에는 실체보다 더 커 보이는 건지도 몰랐다.

*   *   *

활짝 열린 방문으로, 툇마루 앞마당에서 풍구를 돌리고 있는 할머니가 보였다. 저녁 지을 불을 피우고 있는 것이다. 한 손으로는 풍구질을 하면서, 불이 잘 피지를 않는지 할머니는 연신 화덕 밑 불구멍에 얼굴을 대고 푸우푸우 입으로 바람을 불어넣었다. 하얗게 사윈 재가 화덕 위로 날았다. 햇빛 때문에 불티는 보이지 않았다.

(동아, 1995)

□ 오정희 「직녀(織女)」

개천은 꽤 물이 많고 빛이 짙어 그 위에 걸린 나무다리는 흔들릴 듯 가늘게 뵌다. 본래의 다리는 어느 해의 장마에 휩쓸려 떠내려갔거나 아니면 애초부터 놓여있지 않았는지 지금의 다리가 있었음직한 위치를 짐작할 수도 없다. 두 팔을 한껏 벌려 세 발은 족히 되고도 서너 뼘이 남을 듯 폭이 넓은 개천에 걸린 다리는 근처 주택공사장에서 빌려온 듯 건축 자재용 각목이고, 그 양끝이 겨우 개천 둑에 닿은 채 달리 괴어 놓은 표시도 없어 엉성하기 짝이 없으나 그런 만큼 즉흥적인 멋도 없지 않아 다리는 그 자체 안에 허무함이랄까, 건들건들한 조롱기마저 지니고 있는 듯 하다. 때문에 다리를 건너는 남자의 지나치게 조심스러워하는 태도도 다분히 작위적인 것으로 느껴진다.

* * *

　창을 열 때 내 눈의 위치에서부터 대략 육십도 각도로 비스듬히 내려가 시선이 닿는 곳에 개천이 흐르고 있다. 다시 시선을 거슬러 개천 위에 삐뚜름히 걸린 각목의 검게 박힌 옹이 자국쯤을 꼭지점으로 하여 눈 위의 위치와, 내 가슴께에서 걸리는 창틀의 어느 지점과 직선을 긋는다면 부등변삼각형의 구도가 마련되고 그 삼각형의 공간에는 수많은 빛의 미립자들이 부드럽게 움직이고 있다.

* * *

　이웃과 경계한 블록 담의 한 귀퉁이 무너져 있다. 여러 날을 두고 퍼붓던 비에 견디어 내지 못한 것일 게다. 허물어진 틈 사이로 이웃집의 정원이 보인다. 한쪽 바퀴가 빠져 달아난 세 발 자전거가 방치되어 있고 부스러진 블록의 잔해 위로 홍도화의 줄기가 솟아 있다. 그 꽃나무는 가지마다 진홍의 꽃들을 무더기로 달고 있어 나무 전체가 불꽃같아 보인다.

(동아, 1995)

□ 오정희 「불놀이」

　붉은 슬레이트의 작은 집 앞으로 마당이 제법 넓었다. 모가 진 마당 귀퉁이에 텃밭을 일구어 상치와 쑥갓 따위가 퍼렇게 자라고, 장독대 아래에서 똑같이 쌍갈래 머리를 땋고 똑같이 빨간 원피스를 입은 계집애 둘이 소꿉놀이를 하고 있었다. 목욕을 하고 있는 사내아이의 누나쯤 되어 보였다. 계집애 중 하나가 텃밭에서 상치를 두어 이파리 뜯자 사모님이 소리쳤다. 선경아, 아니 후경아, 아까운 푸성귀는 왜 자구 뜯니. 그러면서 잠깐 눈을 돌린 사이 튀어 달아나려는 사내아이의 등을 철썩 철썩 때렸다. 아이는 집이 떠나갈 듯 울음을 터뜨렸다.

* * *

찢어지게 밝은 달빛으로 밝은 거울처럼 환히 드러나고 앙상한 나무 그림자가 흰 땅위에 비죽비죽 누워 쓸쓸히 얹힌 까치집이 덩그라니 내려앉았다. 노간주나무 울타리 위로도 서릿발이 차 오르고 있었다. 여름에 할머니는 뜨거운 햇빛 아래 땀흘리며 개울가의 돌을 볏단 나르듯 들어 옮겼다.

(동아, 1987)

□ 오정희 「불의 강」

나는 방 한구석에 놓인 의자에 앉아 방안을 둘러보았다. 햇빛이 벽면에 대각선을 가르고 커다란 직사각형을 이룬 한 부분에 사진틀과 그림이 드러났다. 사진틀은 액자 속에 여러 장의 사진을 빈틈없이 채워 넣은 것으로 유리 면에는 까맣게 파리똥이 앉아 있었다. 그것과 약간의 간격을 두고 붙여진 그림은 잡지나 달력에서 찍어낸 듯한 것이었는데 고양이와 어린이가 꽤 정밀하게 그려진 그림의 복제 사진이었다. 얼마나 오래 붙여져 있었는지 그것은 기름을 먹은 듯 눅눅하고 찐득거렸다. 그러나 아이의 장밋빛 볼만은 생생하고 부드러운 색채로 남아 있었다.

* * *

찻길을 건너면 다닥다닥 낡은 헝겊을 기워 붙인 듯한 난민 부락과 그것을 야금야금 먹어 들어가며 터를 닦는 주택지가 있고 어린이 놀이터가 있다. 그 뒤로는 송충이들의 극성으로 벌겋게 타 들어가는 솔밭과 머지않아 메워지게 될 꽤 넓은 웅덩이가 있다. 공사장의 인부들은 더위 탓인지 마치 산역(山役)을 하듯 느리게 움직이며 부옇게 흙먼지를 피워 올려 자갈과 모래와 시멘트를 이기고, 벽돌을 쌓고 있다.

(문학과지성사, 1999)

□ 오정희 「주자(走者)」

 발 밑에는 동강동강 허리 부러진 성냥개비가 수북하고 다방은 네 벽이 모두 개방된 듯 휑덩그레하다. 때문에 불현듯, 나는 조금도 보호를 받지 못한다는 생각을 했다. 빈 테이블 위로 혹은 군데군데 자리를 채우고 있는 사람들의 머리통에 가까스로 부딪치며, 그들의 엉성한 다리 사이로, 내 곁에 있어 줘요, 니그로의 음성이 움직이고 있다. 시종 부르짖음으로 일관하는 노래는 묘하게도 짙은 원시성이 배어 있다. 채희의 발이 테이블 밑에서 일정한 간격을 두고 흔들린다. 그러한 몸짓이 무료를 나타내는 것이라고 생각되면서 이내 그것은 내 탓인 듯 어쩔 수없이 불안해진다.

                 *   *   *

 그가 들어 있는 집은 개인소유의 아파트였고, 그것은 강을 끼고 돌아앉은 낡은 목조 건물이었다. 모든 것이 마찬가지였다. 내가 그를 마지막 방문했을 때로부터 퍽 많은 시간이 지나갔는데도 변한 것은 없었다. 여전히 가난하고 불결했다. 골목은 질척거리고 생활이 박테리아처럼 끈질기게 서식하고 있었다. 아파트의 열린 창마다 여인네들의 갈라진 음성이 튀어나오고 벌거벗은 아이들이 몰려다녔다. 골목과 건물 가득 들어선 방마다에선 아이 우는소리, 아이들 때리는 여자들의 소리가 요란했다. 이곳에서 허용되는 것은 오르지 식욕과 성욕뿐이듯 했다. 목조건물의 가라진 틈사귀마다 생활의 냄새가 역겹게 풍겼다.

(동아, 1987)

□ 오정희 「새」

 장선생의 진료실로 쓰이는 문간방에는 간이침대가 두 대, 침통과 알코올 솜, 책이 몇권 꽂인 책꽂이와 철제 책상이 있다.
 위통을 벌거벗은 남자가 엎드려 침을 맞고 있었다. 거의 엉덩이까지 바지를 내리고 허리로부터 등줄기까지 꽂은 굵은 침을 보자 우일이가 흠짓 몸을 떨었다.

* * *

청바지를 입고 머리칼에 빨간 물을 들인 오빠가 우리를 불렀다. 나는 창고 안을 흘긋흘긋 들여다보며 그들에게 갔다. 어둠침침한 속에 여기저기 널린 매트리스와 이불, 석유 곤로와 냄비 따위들이 눈에 들어왔다. 창문이 없이 뻥 뚫린 구멍으로 햇빛이 들어와 뿌연 먼지들을 떠올리고 있었다.

(문학과지성사, 1996)

□ 유금호 「속눈썹 한 개 뽑고 나서」

고고학 박물관답게 1층 입구에 들어서면서 람세스 2세와 멘카우라 왕, 미야우와 상카프라 왕자상, 나무로 만든 카페르 동상을 지나면서 난 그저 관광객의 기분이었다. 잠시 원에 대해서, 그의 죽음에 대해서 잊고 있었던 셈이었다. 그러나 32호실 중앙에 아름답게 채색된 1미터 가량 높이의 라헤테프와 네펠트 좌상을 지나면서 나는 의도적으로 한켠에 덮어두었던 원의 부재를 다시 떠올렸다.

* * *

입구에서 곧장 2층 계단을 올라가 북쪽 끝방인 4호실 중앙의 유리관 속에 투탄카멘의 미이라 얼굴을 덮고 있던 황금의 가면이 놓여 있었다. 나는 그 가면 속에 수분이 빠져나가 뒤틀려 말라 있었을 젊은 왕의 미이라를 연상하며 섬뜩한 한기를 느끼고 있었는데……사실 그랬다. 고대 이집트인들이 그토록 정성들여 만들었던 미이라들이 현대인들의 호기심 앞에 왜 노출되어야 하는지……죽음은 그게 아닌데, 그런 생각에 잠겼었다. 이집트가 아닌 런던에서도 변색되어버린 아마포에 싸여, 북어처럼 말라 굳어있는 옛 이집트인들의 미이라 수십 구를 본 적이 있었다. 대영박물관이었는데 이집트의 햇볕 강한 모래무덤 속에 누워있어야 할 그들이 습기 축축한 영국의 안개 속에서 왜 부식되어가야 하는지 그때도 그런 상념에 젖었었다.

(큰산, 1996)

□ 유금호 「내사랑 풍장」

낡고 커다란 벽시계나 서툰 붓글씨체의 메뉴표도 항상 그 자리에 그대로 붙어 있었다. 세월의 변화와는 상관없이 두부구이, 돼지 머리고기와 순대, 그리고 파전, 뚱뚱한 몸피하고는 다르게 여섯 개의 탁자와 혼자 살림방으로 쓰는 그 집 특별석인 작은방 사이를 부지런히 움직여 다니는 환갑이 조금 넘은 주인 아줌마, 한번도 우리가 웃는 얼굴을 본적 없는 비슷한 나이 또래의 역시 혼자 산다는 깡마른 주방 아줌마 한 사람. 그것은 하나의 정물화였다.

* * *

그날은 학교 곳곳에 검은 만장이 휘날리기 시작했고, 광장 한쪽에 분향소가 만들어지고 있는 것이 창문으로 내다보였다.

합판 더미를 실은 트럭과 무대를 만들기 위해 쌓아놓은 교단 수십개가 초여름의 초록색 교정을 공사 현장처럼 만들어갔다.

* * *

현관 밖에는 수십년 묵은 히말라야 시더들이 음울하게 무거운 가지를 내려뜨리고 있고 그 아래로 몇 개의 벤치가 몇 날씩 낙엽을 바람에 쓸리면서 놓여 있다.

* * *

고향의 바닷가였고 갈매기들이 무수히 날고 있었다. 어머니는 혼자 멀리 이어진 갯벌을 걸어가고 있었다. 갯벌은 번들거리며 윤이 났고 아스라하게 바닷물에 닿아 있었다. 나는 바닷가 둑에 앉아 있었고, 어머니가 그 갯벌을 바닷물이 이어져 있는 끝까지 걸어 들어가서 다시 내게로 되돌아오지 못할 것같은 불안감으로 안절부절못하고 있는 그런 풍경이 흑백으로 전개되었다. 그리고 정말 그 흑백의 화면은 거기 둑 위에 소년 하나만 남겨 놓은 채 갯벌로만 가득 채워져 버렸다.

* * *

왼쪽 우르밤바 강줄기를 따라 띄엄띄엄 원주민 마을과 계단식 밭들이 보였다. 오른쪽으로는 깎아지른 안데스 산맥의 봉우리들이 머리 꼭대기에 흰눈을 인 채 겹겹으로 계속되었다.

(개미, 1999)

□ 유익서 「마지막 영웅 빅토르최」

빅토르 무덤 앞의 추모비는 다른 무덤의 추모비와는 외양도 다르고 크기도 비교할 수 없을 만큼 웅장하다. 상아빛 대리석 받침대 위에 검은 오석의 기둥이 세워져 있고 그 위에 그의 초상을 조각한 브론즈가 상징적인 반원 모양을 하고 올려져 있다.

(예음, 1973)

□ 유익서 「키노의 전설 빅토르최」

삐에로의 뿔모자처럼 뾰족하게 치솟아있는 중앙첨탑의 십자가에 구름이 걸릴 듯 말 듯 지나가고 있었다. 그 둘레로 삼각추 사각추 다이아몬드 모양들이 섬세하게 모자이크된 여덟 개의 양파머리 지붕들이 높낮이를 달리하며 호위하듯 서있다. 지붕뿐만이 아니었다. 창문도 난간도 벽체도 하나같이 같은 모양 같은 무늬 같은 색채의 것은 보이지 않았다.

모양과 높낮이를 달리하는 둥근 양파머리 지붕들은 대칭으로 일정한 간격을 두고 잘 조화되어 있는 것이 아니었다. 하늘을 향해 서로 뽐내듯 불균형하게 솟아있었다. 그 불균형과 부조화가 도리어 묘한 입체감을 불러일으키며 조화를 이루는 것처럼 보였다.

* * *

주로 여인들이 한사람씩 들어앉아 전포를 끊어주는 동화속 난쟁이 집 같은 철제 박스로된 카사(계산대)는 역사 한 군데에 고집쟁이처럼 앉아있었다.

(세훈, 1993)

□ 유재용 「태양 아래서」

다방 '태양'의 창가에서는 거리의 흐름이 손에 닿을 듯 가까웠다. 뱃전을 스쳐 가는 물살처럼 창가를 스쳐갔다. 다방은 흐름 위에 두둥실 떠 있는 것 같았다.

철만은 창가에 바짝 붙어 앉아 있었다. 맞은 편에서 청우의 애인, 진희가 앉아 있었다. 진희 옆에는 청우가, 청우 맞은 편에는 철만의 애인, 진영이 앉아 있었다. 그들은 소음을 보태기 싫다는 듯이 입을 다물고 있었다. 거리에도 다방 안에도 소음이 가득 차 있었다. 소음은 티끌처럼 먼지처럼 끝없이 뿜어져 올라 떠돌았다. 무수한 차들과 사람들의 움직임이 자기 나름의 의미있는 소리를 만들어 내고 있었고, 그것들은 금세 메마른 먼지처럼 부서져 흩어졌다.

(작은책, 1990)

□ 유재용 「생존방식(生存方式)」

아침식사 시간이 끝났음을 알리는 나팔소리가 울렸다. 우리들은 비장한 심정이 되어 집합장소로 나갔다. 손에는 수건에 싼 주먹밥을 하나씩 들고서. 막사별로 다시 한번 정렬, 점호를 하고는 작업장을 향해 출발했다. 통나무 막사 4동, 그러니까 2백 명 내외의 사나이들이 일렬 종대로 길게 늘어서서 황야를 건너가기 시작했다.

이야말로 황야였다. 벌판은 벌판이었지만 널려 있으니 돌밭이었고 여기저기 볼성사납게 패인 흙구덩이나 웅덩이가로 시덥잖은 관목과 잡초들이 듬성듬성 뿌리를 박고 있을 뿐이었다. 서쪽으로 황야 저 너머에 나직하고 긴 구릉처럼 숲이 보였다. 이십리 길이었다.

(한겨레, 1990)

□ 유재용 「화신제」

윤관은 한양구를 따라 집 안으로 들어갔다. 마당에서부터 집주인의 자상한 집안 가꾸고 꾸미기 취미가 드러나 보였다. 시골집답게 널찍한 정원이 갖가지 수목과 화초와 수석들로 오밀조밀 맵시있게 꾸며져 있었다.

벽돌로 된 양옥 단층집 내부도 그랬다. 니스를 칠한 마루는 노르끄레하게 길들어 반들거렸다. 장식장 선반에 앉힌 도자기들과 벽에 걸린 그림, 그리고 탈이 제법 운치가 깃든 분위기를 이루어 놓고 있었다. 한양구를 따라 들어가 본 방 안의 모습은 또 달랐다.

대형 오디오 기기와 비디오 기기 등 값진 전자제품이 한쪽 벽을 가득 메우다시피 했다. 없는 것 없이 갖추어 놓고 사는구나, 하는 생각이 들면서, 혹시 이렇게 꾸미고 사는 모습을 보여주고 싶어 나를 불러 내린 것은 아닐까, 하는 의심이 잠깐 머릿속을 스치기까지 했다.

(한겨레, 1990)

□ 유재용 「고향길 칠백리」

박성도 노인이 아들네 식구와 함께 휴전선 바로 밑에 자리잡고 산지 벌써 삼십여 년이 되었다. 이북 땅 고향을 떠나 남쪽으로 피난 와서 처음 자리잡은 곳은 충청도 어느 시골이었다. 고향만은 못해도 산 좋고 물 좋고 인심 후해 살기 좋은 고장이었지만, 휴전이 되자 박성도 노인은 식구들을 이끌고 부랴부랴 휴전선 가까운 곳으로 자리를 옮겼다. 한 발걸음이라도 고향땅 가까운 곳에 가 있다가 통일이 되면 누구보다도 먼저 고향으로 달려가려는 생각에서였다.

(작은책, 1990)

□ 유재용 「접붙이기」

이윽고 방송국에서 연락이 왔다. 김한보 노인 내외와 두 딸은 경준이를 만나러 나갔다.

이산가족 상봉을 위해 마련된 방이었다. 텔레비전 카메라들이 극적인 장면을 잡으려고 외눈을 커다랗게 벌려 뜨고는 지키고 있었다.

이윽고 마흔 살쯤 되어 보이는 남자가 방송국 사람에게 안내되어 들어와 김한보 노인 가족의 맞은 편에 앉았다.

(작은책, 1990)

□ 유재용 「꽃은 피어도」

준은 아가씨가 어깨의 눈을 털어 주는 동안 실내를 둘러보았다. 잘 정돈된 크고 작은 분화초와 절화가 남국에라도 온 듯 이역의 냄새를 풍기고 있었다. 한기에 마비되었던 후각이 제 기능을 되찾으며 싱그러운 화초의 향기가 은은하게 콧속으로 스며들었다. 조그마한 면적, 조그마한 공간이었다. 이 지극히 적은 공간이 유리로 성을 쌓고 노여움을 쏟아 붓고 있었다. 조밀하게 다가선 수억의 눈송이들이 화살처럼 날아와 유리성에 부딪고 부서져 떨어지고, 또 날아와 부서져 흩어졌다. 부서지고 흩어져도 눈송이들은 끊임없이 날아와 육탄처럼 부딪쳤다. 싸움의 노고인 양 유리에 진

서리가 물렸다.

(작은책, 1990)

□ 유현종 「달은 지다」

버스가 멎었다. 모두 내리라고 호송관이 명했다. 한 줄로 늘어서서 차 밖으로 나갔다. 밖에는 교도관 두 명이 머릿수를 세고 있었다. 교도소에 도착하자 곧 감방 배정을 받고 입방(入房)을 하게 되었다.

* * *

두 평 남짓한 좁은 방에 열 명이 널브러져 자고 있었다. 어디로 발을 디뎌야 할지 알 수가 없었다. 잘못하면 머리통을 밟거나 아니면 다리를 밟게 될 듯해서였다.

(샘터, 1996)

□ 유현종 「유리성의 포로」

자옥은 자기 방으로 돌아왔다. 결혼을 한 뒤 이 방은 쓰지 않고 있었다. 자봉틀이니 쌀통이니 잡동사니 살림이 차지하고 있었다.

낡은 침대만은 그대로 있었다. 고등학교 일 학년 때부터 대학, 그리고 시집가기 전까지 썼던 침대였다. 어느 쪽이 불편하고 어느 쪽이 편한지 몸을 가져다 대기만 해도 잘 아는 침대였다. 그전처럼 편안하게 벽을 보고 누웠다. 아늑하다. 그런데도 외롭고 쓸쓸해지는 마음은 안개처럼 피어오른다.

* * *

동굴 속에 들어온 것처럼 깜깜하기 이를 데 없다. 꽤 넓어 보이는 홀에 앉아 있는 손님은 별로 없고, 올챙이 때 마냥 플로어에 몰려 서성이고 있었다. 춤을 추는 게 아니라 서성거리고 있었다. 오인조의 밴드는 기성을 질러대고 있었고 강렬하게 반짝이며 되쏘는 조명 불빛이 손님들의 몸뚱이를 잘게 썰고 있었다.

(신원문화사, 1987)

□ 유현종 「대조영」

요동성 밖 20여 리 된 곳에 대장 군막을 설치한 이세적은 요동성 공략 작전에 임하고 있었다. 요동성은 난공불락의 견고한 성채였다. 수양제 때부터 당태종에 이르기까지 수십 차례의 공격을 받아왔고 혈전장이 되었던 곳이라 고구려에서는 성벽을 이중으로 쌓고 완전한 대비를 거듭하여 성문을 걸어 닫으면 대군을 가지고도 어찌해 볼 도리가 없었다.
벌써 일곱 차례나 갖가지 방법으로 공격을 해봤지만 진척이 없었다. 성문을 열고 나와서 응전을 해야만 승부가 나겠는데 고구려군은 문을 닫은 채 그냥 버티고 있었던 것이다.

(태성, 1990)

□ 윤대녕 「지나가는 자의 초상」

그녀와 나는 도로를 오른쪽에 두고 보도를 따라 마포 방향으로 무작정 걸어 내려갔다. 비는 자정이 지나면서부터 더욱 거세게 퍼붓고 있었다. 보도 왼쪽엔 공사중인지 거대한 콘크리트 원통이 여기저기 굴려 있었다. 비가 내리는 깊은 밤에 어울리는 풍경이다.

(중앙일보사, 1996)

□ 윤대녕 「피아노와 백합의 사막」

친구와 나는 수업이 끝나면 플라타너스가 진한 그늘을 드리우고 있는 스탠드에 앉아 해가 기울면서 운동장이 보랏빛으로 변해 가는 것을 바라보곤 했다. 야구 명문이었던 우리 학교는 도에서 가장 큰 운동장을 가지고 있었다. 전국 체전 때도 육상경기가 펼쳐지던 곳이었다. 아무튼 어스름이 깔리는 보랏빛의 저녁 운동장은 미국 뉴멕시코 주 남쪽 툴러로사 분지 안에 있는 석고사막 화이트샌즈의 석양 무렵을 떠올리게 했다.

* * *

부엌을 통해 허리를 구부려야 들어갈 수 있는 단칸방은 겨우 세 평 남짓했다. 게다가 어떻게 '빨간딱지'를 모면했는지 모르지만 밀수품처럼 보관하고 있는 낡은 피아노 한 대가 방의 반쯤을 차지하고 있었다. 어머니가 생선 소쿠리를 들고 곧 도착했다.

* * *

나는 방문을 열고 나가 주방에서 물을 마신 다음 벌써 새벽 세시 삼십분인 벽시계를 멍하니 올려다보고 있다가 다시 침실로 들어갈 양으로 거실을 대각선으로 가로질러갔다. 그때 청자 항아리가 검푸른 빛을 발하고 있는 장식장 위의 비디오 세트가 눈에 걸려들었다. 최면에 걸린 사람처럼 나는 장식장 앞으로 어기적어기적 다가갔다. 그리고는 슬그머니 손을 뻗어 비디오 케이스를 열고 '살아있는 사막 나미브'를 꺼내든 다음 플레이어에 집어넣었다.

(중앙일보사, 1995)

□ 윤대녕 「사막의 거리, 바다의 거리」

그곳은 너비 2미터가 채 안 되는 좁은 골목인데다 보도블럭이 여기저기 볼썽사납게 튀어나와 있는 이른바 재개발 지구였다. 아직도 막걸리를 파는 닭장 같은 집들이 서로 힘겹게 어깨를 기대고 있고 비가 오면 어김없이 신발 뒤축에서 흙덩이가 튀어 오르는 그런 곳인 것이다.

　　　　　　＊　　＊　　＊

　열세 평쯤 될까. 방 두 개. 식탁 겸용으로 보이는 커다란 흰색 책상과 원목 책장이 차지하고 있어 주방이 딸린 거실은 매우 비좁았다. 한쪽 구석엔 미니 컴포넌트 오디오 세트가 놓여 있고 벽엔 시냐크가 그린 '석양의 조각배'란 황금빛 그림이 왼쪽으로 약간 삐딱하게 걸려 있었다. 그대는 서두르는 기색 없이 커피를 끓이고 마늘빵을 쟁반에 담아 내 앞에 갖다 놓은 다음 마리 라포네의 목소리를 작게 줄여놓았다. 그러자 마리 라포네는 문밖 멀리로 쫓겨 달아난 느낌이었다. 아직 초봄이어서 썰렁한데도 거실엔 온기가 느껴지지 않았다. 커피를 마시면서 나는 이런 곳에서 혼자 사는 그대는 도대체 어떤 여자일까라는 생각을 하고 있었다.

　　　　　　　　　　　　　　　　　　　　(열림원, 1997)

　□ 윤대녕 「불귀」

　녹슨 철대문을 밀고 들어서자 초상집 마냥 불 밝혀 놓은 대청마루에 부연 모습들로 앉아 있는 식구들의 모습이 보였다. 작년에 시집을 간 누나는 막 백일이 지난 조카에게 우유병을 물리고 있었으며 시청에 다니는 바로 아래 여동생은 수돗가에 앉아 그릇을 닦고 있었고 아버지는 벽을 향해 갑충처럼 몸을 구부리고 앉아 연신 담배만 죽이고 있었다. 짐작했던 것보다 식구들의 표정은 무섭도록 산만했다. 모든 일상은 수레바퀴는 완전히 멎어 있는 상태였다.

　　　　　　＊　　＊　　＊

　격자문의 검게 녹슨 문고리를 열어보았으나 여진이 쓰던 방엔 손거울 하나만 달랑 벽에 걸려있을 뿐이었다. 방구석엔 착착 개켜놓은 눅진한 이불 한 채, 그리고 거기 이십 년 전 여진의 모습이 다시금 환영인 듯싶게 떠올라왔다. 매양 방구석에 몸을 말아 붙이고 앉아 한없이 머리카락을 뽑고 있거나 손톱의 거스러미를 뜯고 있거나 귓병이 도질 때까지 귀지를 파내고 있던 그 애, 여진의 모습이……

(문학동네, 1994)

□ 윤대녕 「은어낚시통신」

얼핏 눈가늠으로 보기에 십여 명쯤 돼 보였다. 술잔을 들고 누워 있거나, 혹은 벽면 모서리에 반라가 되어 서로 껴안고 있거나, 아까는 미처 듣지 못했지만 기타를 치고 있거나, 혹은 촛불 밑에서 책을 읽고 있거나, 또 혹은 책상 위에 앉아 커피를 마시고 있거나 아무튼 제각각 풀어져 있는 그들의 모습이 동공 깊숙이 빨려 들어왔다.

* * *

그녀와 내가 앉아 있는 장소는 의자가 세 개뿐인 작은 카페 모양의 음습한 곳이었다. 촛불 하나가 중간 탁자 위에 덩그러니 놓여 흐린 빛을 발하고 있었으나 안은 어둡기 짝이 없었고 기이한 냉기마저 감돌았다. 방금 내가 있던 지하창고와 맞닿아 있는, 내가 수 년 만에 그녀를 만난 장소는 그렇게 폐업한 술집 같은 모양을 하고 있었다.

* * *

한동안 계속되던 낯선 콘크리트길. 사방으로 낮게 잇대어져 있는 지붕의 처마들. 복도와도 같이 좁고 어두웠던 골목길들. 나를 가로막는 자세로 내 앞을 걸어가고 있던 그녀의 고른 발자국 소리. 그러다 갑자기 눈앞에 나타난, ㄱ자로 구부러진 지하계단의 희미한 윤곽. 가슴 속에선 차가운 피가 소용돌이치고 얼핏 돌아다본 뒷전에 내려앉고 있던 단단한 어둠.

(문학동네, 1994)

□ 윤대녕 「소는 여관으로 들어온다 가끔」

기차가 강촌역을 지날 때부터 가랑비가 내리기 시작했다. 들녘은 봄날 오후의 차디찬 우수를 담고 덜 마른 수채화처럼 번지고 있었다.

산은 연두색으로 막 부풀어 오르면서 조산 운동을 하듯 꿈틀대고 있었다.

춥다. 라는 느낌이 듦과 동시에 나는 앞에 앉아 있는 여자에게로 눈을 돌렸다.

(문학사상사, 1994)

□ 윤대녕 「달의 지평선」

그날 오후에 나는 떨리는 손끝으로 간신히 현관문을 열어 보았다. 그러자 며칠 묵었던 빛이 먼지를 가득 일으키며 안으로 쏟아져 들어왔다. 햇빛에 타고 있는 아파트 단지의 건너편으로 도시의 형물이 벽장에 처박아 둔 액자 속의 그림처럼 희게 바래 보였다. 나는 과거를 반추하는 기분에 사로잡혀 얼마간 30도쯤 비껴있는 문틈에 끼여 서 있었다.

중력이 느껴지지 않는 상태로 나는 오후의 햇빛 속을 느릿느릿 걸어 보았다. 나무, 집, 자동차, 식당, 치과, 슈퍼마켓, 꽃집 하는 식으로 중얼거리며, 나는 문득 머리가 하얗게 세어 버린 느낌에 빠져 안경점의 쇼윈도 앞에 지팡이도 없이 우두커니 서 있기도 했다.

* * *

사무실 문 앞에 '빠삐 커뮤니케이션'이란 손바닥만한 아크릴 간판이 붙어 있었으나 무슨 일을 하는 곳인지는 짐작할 수가 없었다. 직원이라 봐야 고작 네댓 명밖에는 되지 않았는데 모두가 인형 같은 얼굴로 컴퓨터 모니터를 들여다보고 있거나 어딘가로 부지런히 팩시밀리를 보내고 있었다. 나는 수족관 모양의 유리관 속에 납작하게 엎드려 있는 초록색의 이

구아나에 눈을 박은 채 옆방에서 들려오는 개 짖는 소리를 듣고 있었다. 저 발칙하게 생긴 애완견은 아직도 나를 보고 짖고 있음이 분명했다. 찾아오는 사람마다 저렇게 짖을 리는 없을 텐데 라고 생각하며 나는 왠지 취조실에 앉아 있는 기분에 막막히 사로잡혀 있었다.

* * *

나는 탁자 밑에 웅크리고 앉아 빤히 나를 올려다보고 있는 정신병을 앓고 있는 개와 일식집 주방장을 하다 어느 날 갑자기 환경 관리 사업으로 직업을 바꾼 강 선생과 대낮부터 두꺼운 커튼이 쳐진 호텔 방에 단둘이 앉아 있다는 사실이 아직도 비현실적으로 느껴졌다. 한데 여긴 오랫동안 쓰지 않고 닫아 둔 방송국의 분장실처럼 어딘가 모르게 칙칙하고 음습하지 않은가.

* * *

밖에 주름주름 어둠이 내리고 있다는 것이 방안 공기의 무게로 감지될 즈음 줄곧 입을 다물고 있던 그가 지친 소리고 말했다. 소리의 방향으로 보아 소파에 앉아 있는 모양이었다. 텔레비전은 이미 꺼져 있었고 빠삐도 어느 구석에 숨어 잠이 들었는지 잠잠했다.

* * *

나는 먼지에 두텁게 쌓인 미라가 되어 멀리서 들려오는 웬 남녀의 흐느낌 혹은 기묘한 웃음소리에 귀를 던져두고 있었다. 이 호텔엔 어떤 사람들이 들어와 있는 걸까. 그리고 나는 왜 여기에 이런 모습으로 있는 걸까.

열쇠로 문을 따는 소리를 들은 것은 강 선생이 상가에 가고 나서 약 삼십 분이 지난 후였다. 문이 열리는 순간 희미하게 계속되고 있던 남녀의 기묘한 흐느낌이 귀에서 감쪽같이 사라졌다. 나는 잔뜩 긴장한 채 귀를 열어 놓고 발자국이 다가오는 소리를 엿듣고 있었다. 바닥에 카펫이 깔려 있었으므로 발자국의 무게와 탄력은 감지하기가 힘들었다. 다만 미세하게 출렁거리기 시작한 공기의 흔들림……고요히 켜를 이루고 내려앉아 있던 방안의 공기가 이내 맞은 편 창문 쪽으로 떠밀리며 파, 하고 흐트러졌다. 그 진동 속에서 얼굴께로 몇 가닥의 냄새가 풀어져 왔다. 장미 속으로 빨려 들어갔다.

* * *

발리, 아직도 기억이 생생하다. 눈이 멀어 버릴 듯이 밝은 햇빛과 울트라 마린 블루의 바다. 비가 내린 뒤에 남는 사방의 붉은 꽃잎. 그렇게 한번 키 큰 사랑을 해봤으면 좋았을 사방의 종려나무 혹은 야자수. 보들레르의 '상응'이란 시가 생각나는 이끼로 뒤덮인 힌두의 사원과 탑들, 지친 밤의 테라스 카페에서 혼자 마시던 맥주, 끈적한 잠. 아, 그리고 내 잠시의 적막과 고요를 틈타 여지없이 되살아나는 열대 우림의 그 향기! 마리화나를 팔던 열일곱 살의 작고 불행한 여자, 그리고 나는 저녁이 되어 맨발의 그녀가 호주에서 온 키 큰 사내를 따라 호텔로 들어가는 뒷모습을 보았다. 그리고 햇빛에 화상을 입고 돌아오는 비행기 안에서 나는 눈만 하얀 안경 원숭이가 되어 밤바다에 떠 있는 달을 내려다보고 있었다.

* * *

방에는 탁자와 재떨이와 전화기 한 대가 전부였다. 아니, 탁자 밑에 음란 서적으로 분류되는 잡지들이 몇 권 속옷을 걷어쥐고 빠끔히 얼굴을 내밀고 있었다. 전화가 걸려오길 기다리는 동안 나는 빵과 우유를 창고에 사는 늙은 쥐처럼 성급히 먹어 치웠다. 그리고 나서 어둑한 방에 앉아 담배를 피우고 있자니 아닌게 아니라 갑자기 누군가와 얘기를 나누고 싶다는 생각이 들었다. 큰바람이 불어 가는 새벽이나 비 내리는 저녁나절에 등짝이 춥게 깨어나 가슴으로 밀려드는 외로움을 목도하고 있을 때면 여지없이 그 같은 생각이 들곤 했었다.

*　　*　　*

도로 양쪽엔 하얀 귤꽃이 지천으로 피어 있었고 감자밭, 당근밭, 마늘밭, 밀밭, 양파밭들이 현무암 담을 넘어 융단처럼 아름답게 깔려 있었다. 그러나 차가 이십여 분을 달려갔을 때 그것들은 시야에서 차츰 사라지고 말았다. 사방 시정 거리 불과 십여 미터 안팎의 두터운 안개가 모여 들고 있었던 것이다. 운전사가 전조등을 켜며 뜬금없이 김영삼 정권이 어떻고 국회의원이 어떻고 하며 거친 말을 내뱉는 사이 급기야 앞 유리창에 비까지 흩뿌리기 시작했다. 안개비였다.

*　　*　　*

그 붉은 빛의 덩어리는 '해미(海味)'라는 횟집의 입간판이었다. 어차피 저녁 참이어서 나는 가방을 끌고 횟집 안으로 들어가 서귀포 사무실에 돌아온 그를 전화로 불러냈다. 노부부가 하는 썰렁한 음식점 의자에 앉아 친구를 기다리는 동안 나는 자리라는 생선을 안주로 찔끔찔끔 소주부터 마셨다. 안개는 문밖까지 바투 몰려와 무엄하게 안을 넘보고 있었다. 그리하여 지척인데도 바다는 눈에 보일 리 없었고 환청인 듯 파도 소리만 어디선가 틈입해 들어와 무딘 마음의 언저리에서 철썩거렸다.

*　　*　　*

신촌 가치역 앞에 내려 그녀와 나는 횡단보도를 건너 '오래된 정거장'으로 갔다. 입구의 장미가 비를 맞으며 떨고 있었다. 얼마 만에 와 보는 곳인가. 페인트 껍질이 떨어져 내리고 있는 폐허의 문 앞에 당도한 기분에 사로잡혀 나는 냉큼 안으로 들어가질 못하고 잠시 장미넝쿨을 올려다보고 서 있었다. 염두에 둔 일이 아니었는데 내가 왜 이곳으로 오게 됐을까. 어쩌다 신촌에 나오게 되면 주미와 나는 여기 '오래된 정거장'에 앉아 밤이 이슥하도록 옷불에 흔들리며 이야기를 나누곤 했었다. 골목 입구에서부터 바라다 보이는 아치형의 장미 넝쿨이 여태도 아름다운 집이었다.

의자가 두 개밖에 없는 작은 창가다. 빨간 창틀 너머에서 안을 기웃거리고 있는 빨간 장미, 장미는 비에 떨고 있고 식탁엔 야자수 모양의 양초가 타고 있다. 그리고 앞에는 오늘 공항에서 만난 낯선 여자가 창 밖을 고양이처럼 내다보고 있다.

* * *

집으로 돌아오니 자정이었다. 열흘이나 비운 집의 문을 열고 들어가자 눅눅한 냄새가 휘장처럼 온몸을 싸안았다. 그 축축한 공기에 휩싸여 나는 불도 켜지 않은 채 현관에 잠시 우두커니 서 있었다. 어째 느낌이 좋지 않군, 누가 다녀가기라도 한 듯 공기가 제멋대로 뒤엉켜있어. 그 사이 집에 무슨 일이 일어났던 것일까.

* * *

그녀와 나는 표를 사고 사람들 틈바구니에 끼어 입구로 들어섰다. 들어서자마자 인공폭포 앞에 설치된 대형 스피커에서 꽝꽝거리며 음악이 흘러나왔다. 동물 가죽을 뒤집어쓴 사람들이 야외무대에서 어린이 뮤지컬을 공연하고 있는데 초입부터 고막이 터질 지경이었다. 그녀는 곧 양산을 접어들며 고개를 절레절레 흔들었다.

(해냄사, 1998)

□ 윤정모 「딴나라 여인」

길쭉한 트라이앵글형의 홀, 넓고 둥근 지점은 춤추는 스테이지, 꼬리처럼 길게 빠진 부분 한 면에 탁자와 키 높은 의자, 반대편엔 술을 파는 바텐더 자리, 우리는 가운데쯤, 요코의 의도대로 가장 좋은 자리를 잡은 셈이다.

*　*　*

　나는 곁눈질로 빠르게 실내상황을 점검한다. 모르는 사이에 내린 눈처럼 사람들이 제법 모여들었다. 내 눈빛을 쏠 수 있는 사정거리에는 스패니신지 이탈리안인지 분간할 수 없는 세 명의 남자가 둘러서서 온몸을 흔들며 이야기하고 그들 뒤엔 흑인이 혼자 서서 이쪽을 주시하고 있다.

*　*　*

　나는 스툴에 올라앉아 다시 실내를 점검한다. 자리를 잡은 사람들은 주로 남녀 쌍쌍이고 술병을 들고 서서 이야기하는 사람들은 남자들이 많다. 바텐더 곁에 서 있는 세 명의 백인, 시끄러운 음악에도 상관없이 저희들끼리 다정하게 웃고 있는 것이 동성연애자들인지도 모르겠다. 그 옆엔 국적을 알 수 없는 두 명의 남자가 주위를 힐끔거린다. 사냥감을 차고 있는 것이다. 그러나 내게로 끌려오는 맞춤한 고기는 눈에 띄지 않는다.

*　*　*

　비치 타운엔 언제나 볼거리가 많았다. 별별 놀이기구가 다 있었고 내가 탔으면 딱 알맞을 커다란 풍선도 곳곳에 둥둥 떠 있었다. 아저씨는 물가 쪽 테이블을 잡은 후 삶은 게를 사와 내가 먹기 좋도록 나무망치로 게 다리를 깨뜨려주었다. 그 때쯤이면 갈매기가 살점을 얻어먹으려고 우리 주위를 빙빙 선회하거나 아예 탁자 옆 난간에 걸터앉기도 했다.

*　*　*

　김 여사가 옷을 갈아입으려고 드레스 룸으로 들어간다. 교습생들을 위한 드레스룸, 책상을 놓아 사무실로 쓰는 방, 작은 침실, 그리고 넓은 거실을 스테이지로 이용하는 이 집은 내가 세 들어 사는 한강변 아파트다.

*　*　*

별안간 실내가 빈다. 그녀는 눈을 크게 뜨고 두어 번 꿈벅이다가 천천히 고개를 돌린다. 열수통 앞 식탁 위엔 사발면 빈 용기들이 어지럽게 널려 있다.

* * *

이 지역은 외국인 아파트가 있고 특히 여러 인종들이 다양하게 모여 사는 곳이다. 물론 하이츠나 빌라, 고급 아파트에 사는 한국인이 더 많지만 그런 한국인이라 해도 외국에서 살다 온 사람들이 적지 않고 그래서인지 서양요리 전문점이나 일식, 중식, 노바다야키 집이 한 집 건너만큼씩 있다.

* * *

차들이 움직였다. 섰다를 반복했다. 그녀 시선은 그 창의 지붕을 징검다리처럼 건너다니다가 맞은 편 인도로 간다. 더위 탓인지 버스 정류장 주변에도 사람이 없다. 가끔 나와서 커다란 성기를 내놓고 서 있던 정박아 사내도 보이지 않고 텅 빈 보도블록 위로는 오직 노란 햇살만이 비처럼 죽죽 흘러내리고 있다.

* * *

야식 손님이 밀려온다. 사람 수가 많다. 주말인데도 오늘은 일이 많을 모양이다. 그녀는 바삐 스캐너를 들이대고 손님들은 물을 받아 식탁에 둘러서거나 벌써 먹기 시작한다. 이럴 때는 감시화면을 보지 않아도 좋다. 식품류는 카운터 옆으로 길게 놓여 있고 손님들은 열수탕 주위만 맴돌 뿐이므로, 그녀는 아픔도 잊고 길게 고개를 빼 사발면은 동이 나지 않았나 살펴본다.

손님들이 다 빠져나가자 순찰을 돌던 경관 둘이 들어오며 저희들끼리 '너무 이르지 않을까'라고 말한다.

"괜찮아. 안개가 이렇게 지독한데."

경관들이 들어온 걸 보니 벌써 거리에 사람이 없는 모양이다. 경관들은 배가 고팠던지 사발면을 단숨에 비우고 나간다. 그러자 실내는 또 털어낸 듯이 텅 비어진다.

* * *

그는 그녀 학교에서 도피하고 있었고 그가 머문 곳은 분실물을 보관하는 뒷방이었다. 그 방에는 책, 라면, 커피포트, 휴대용 가스레인지 등이 정돈되어 있었고 한쪽 벽에는 잘 다려진 검은 양복도 걸려 있었다.

* * *

그녀는 자신의 작은 카페를 떠올린다. 하얀 탁자보를 씌운 다섯 개의 테이블, 매일 꽃을 갈아 꽂은 작은 예쁜 유리병, 나무로 둥글게 만든 바텐더 자리…… 장식장에 놓인 갖가지의 양주병, 칵테일을 만드는 깨끗한 스텐병, 잭 다니엘과 레몬수를 적당량으로 섞어 스무 번쯤 흔들어서 유리잔에 따르면 미세한 탄산방울로 변한 양주가 유리잔에 들러붙어 톡톡 터지듯 차 오른다.

(열림원, 1999)

□ 윤후명 「나비의 전설」

그제서야 나는 절 경내를 휘둘러보았다. 생전예수재(生前豫修齋)니 호마(護摩)기도니 낯선 글자들이 씌어 있는 플래카드가 걸린 종무소 한옆으로 보리수나무 두 그루가 꽃을 피우고 서 있었고, 뜰을 가로질러 맞은쪽으로 한눈에도 꽤 오래되었음직한 3층 석탑과 타원형 모양의 부도탑 같은 것이 보였다. 나는 그쪽으로 나비떼를 헤치며 걸어가서 안내판을 들여다보았다. 3층 석탑은 고려시대의 것이었는데, 부도탑은 태고(太古) 보우(普愚)의 것이었다. 부도탑 자체는 아무 것도 없는 형태였지만, 그것을 기념

하는 탑비에 그의 이름이 적혀 있다고 안내판은 설명하고 있었다.

(푸른사상, 2002)

□ 윤후명 「돈황의 사랑」

감숙성의 돈황 현성(懸城)에서 동남쪽으로 50리쯤 떨어진 곳에서 모래 언덕으로 이루어진 명사산(鳴砂山)이 길게 자리잡고 있다. 북경에서 4천 킬로미터, 잇수로 따져 꼭 1만 리다. 적막하고 웅장한 명사산은 모래언덕이기 때문에 밟으면 모래가 허물어지나 산마루는 날카롭고 올라가면 윙윙 산이 울리는 소리가 난다. 사막지대 한 가운데에 자리잡고 있는 이 명사산 동쪽 기슭에 열 개의 왕족과 1천 년의 세월에 걸쳐 갖가지 양식으로 만들어진 석굴의 무리가 막고굴이다. 천불동(天佛洞)이라고도 불리는 이 막고굴은 처음에는 서역으로부터의 영향을 짙게 나타내다가 점차로 중국화되어 당나라 대는 중국예술의 정수로 나타난다. 이곳이 처음 탐험된 것은 1905년의 일이었다.

(문학아카데미, 1995)

□ 윤후명 「새의 초상(肖象)」

배의 조수라고 짐작되는 청년이 좌우를 바라보며 대답했다. 일 미터의 파도 높이에도 상당한 경사를 이루며 기울어지곤 했다. 멀리서 보면 마치 환초같던 가까이 갈수록 험한 바위섬의 모습을 확연히 들여냈다. 섬의 바위덩어리들은 미증유의 거대한 짐승의 머리뼈 같았다. 군데군데 음영이 드리워진 채 바닷물에 해맑게 씻겨진 머리뼈. 그리고 그 정수리에는 주검의 머리에서도 얼마 동안 자란다고 하는 머리털처럼 쭈뺏쭈뺏 자라고 있는 짙은 녹색의 나무들 어느덧 배가 엔진을 멈추는가 하더니 다시 '퉁 퉁 퉁 퉁' 역스크루를 돌렸다. 속력을 줄여 접안하려는 것이었다.

섬은 예전의 일본군의 중대가 주둔했다고 하듯이 천년의 요새였다. 턱

뼈처럼 돌출된 바위벽의 옆을 파고 섬의 위쪽으로 오르는 길은 몹시 가파랐고, 마치 부서진 머리뼈의 일부를 복원해 놓은 듯 시멘트로 덮여 있었다. 같이 타고 온 승객들이 서둘러 사라진 뒤 나는 어슬렁거리며 그 길을 따라 올라갔다. 벼랑 아래로 햇빛이 바닷물에 부딪혀 눈부시게 반사되었다. 벼랑에 붙어서 산나리꽃이 피워 있었다. '경고. 이 지역은 풍취 지구이므로 어로 행위 및 해산물 채취 행위를 금함.' 빛바랜 경고판으로부터 갑자기 숲이 우거지면서 하늘까지 가려진 굴속같이 뚫려나갔다. 섬에 도착하기 전 배에서 바라다 본 느낌과는 달리 숲은 울창했다. '이런 숲이라면 팔색조가 깃들일 만도 하군.' 나는 팔색조가 깊은 숲속에 산다고 한 사실을 상기했다. 한참을 올라가자 대나무숲을 지나고 드디어 동백나무숲이 나타났다. 어느새 기울어 가는 오후의 햇빛에 그 잎사귀들은 무디게 반짝이고 있었다. 어떤 동백나무는 바오밤나무처럼 꼬불꼬불 가지를 벌리고 아름드리로 자랄 수도 있음을 나는 처음 알았다.

* * *

그 섬은 우리나라 섬 가운데서 몇 째쯤 가는 큰 섬으로서 조금만 안으로 들어가면 산협이 꽤 깊었다. 그것은 그 섬이 화산도가 아님을 알려주는 한 특징이기도 했다. 화산도라면 커다란 분화구를 정점으로 능선이 기슭까지 길게 늘어뜨려진다. 그 기슭에 바닷물이 찰랑거린다. 그래서, 알기 쉽게 말하자면, 화산도는 커다란 따개비 모양이라고 할 수 있다. 그런데, 그 섬은, 어렵게 말하자면, 습곡인지 융기인지 하여튼 그런 종류의 지각 운동으로 생긴 섬인 것이었다. 따라서 섬 안쪽은 깊은 내륙의 한 부분으로 여겨질 만한 곳이 많다.

그러나 나는 그 섬의 이름을 굳이 밝히지 않기로 한다. 밝히지 않아도 알 만한 사람은 알 수 있을 것이며 또 모른다고 해서 지금 하고자 하는 이야기에 아무런 지장도 주지 않을 것이라 믿기 때문이다.

섬에 의외로 깊은 내륙 같은 곳이 많다고 했다. 그렇다면 태고의 모습을 간직하여 이른바 자연 보호가 잘된 곳이라는 뜻이 되었다. 물론 섬 안쪽은 이미 말한 대로 내륙의 오지 같아서 자연은 글자 그대로 자연으로 남아있다. 하지만 섬의 바깥쪽에 있는 한 포구야말로 섬의 안쪽과는 너무나 다른 모습을 하고 있는 것이다. 게다가 이 포구, 얼토당토않게 들떠 있으며 섣부른 도시화로 얼룩진 이 포구의 처음 발을 들여놓았을 때 나는 놀라지 않을 수 없었다.

그것은 내가 상상했던 그런 포구와는 거리가 멀었다. 갈매기가 끼룩끼룩 날며 섬 아낙네가 조개를 줍는, 그리고 작고 아늑한 백사장에 고깃배가 와 닿는 그런 포구가 아니었다. 그러나 이것은 내 상상력의 허구 때문이었는지도 모른다. 왜냐하면 그 폭우에는 갈매기도, 조개도, 그리고 고깃배도, 내가 상상했던 포구대로 있을 것은 다 있었기 때문이다. 그럼에도 불구하고 그것은 내가 상상했던 포구가 아니었다.

왜 그랬던 것일까. 그것은 아마도 선창 앞에서부터 줄지어 늘어서 있는 이른바 요상한 술집들 탓이었을 것이다. 그 술집들은 야단스러운 그 이름에서부터 '이곳은 예사 동네가 아닙니다.'라고 말해주고 있었다. 낮에 술집 앞을 지나노라면 하늘하늘한 얇은 천으로 된 긴 잠옷을 걸친 호스티스들이 아무 거리낌없이 문 밖까지 들락거렸다. 그저 걸쳤다는 의미뿐으로, 속살이 훤히 들여다보이는 그 잠옷 속에서 여자는 자꾸 까만 브레지어와 역시 작고 까만 팬티 차림이었다. 포구에 대한 내 상상력은 여지없이 깨어져 버렸다. 이를테면 바닷가 모퉁이 백사장을 홀로 거닐며 알지 못할 어떤 그리움으로 눈물짓는 국민학교 분교 여선생 대신에 까만 팬티 차림의 접대부!

그리고 아예 영문자로만 쓰이어진 감탄에서부터 은좌, 황태자, 귀빈, 성좌, 목마, 러브, 파인트리, 준, 돌고래, 모두랑, 무랑루즈, 석등, 천궁회관 등등 요란한 이름의 술집들. 그러니까 그 포구를 찾아간 것부터가 잘못이라고 할 수 있었다. 어쩔 도리가 없었다. 나는 그 곳에서 여름을 지나며 그곳에 관한 어떤 보고서를 작성하도록 되어 있었다. 먹고 살기 위해서 맡은 일인만큼 좋으나 싫으나 여름 동안 그 포구는 내 일터였다.

(문학과지성사, 1997)

□ 윤흥길 「낫」

무쇠의 벽과도 같이 사방을 단단히 에워싼 험한 산지 안에 음팍 들어앉아 있는 가마솥 형상의 자세였다. 그런 산서땅 안에 맨 처음 몸을 담을 때 그 이는 벌써 산 채로 부글부글 삶아지는 형벌이라도 당하는 듯 지레 주눅이 들어 있음에 틀림없었다.

* * *

그는 고개를 길게 뽑아 괴이쩍으리만큼 인적이 끊긴 길거리 쪽을 흘깃 내다보았다. 실신한 듯 알몸으로 누워 있는 비포장의 시골 도로 위로 강철심 같은 햇살이 허옇게 내리 꽂히고 있었다.

(문학동네, 1995)

□ 윤흥길 「양」

넓은 마당에 말뚝을 박고 새끼줄을 쳐 노무자로 끌려갈 사람과 면회 온 가족 사이를 갈라놓았고, 그 둘레에 총을 든 헌병들이 사방에서 지키고 있었다. 인파 틈에 끼어 새끼줄 밖에서 아버지를 찾았다. 돈도 없고 빽도 없고, 없는 돈만큼이나 재수도 없는 수많은 사람들이 길게 줄을 서서 보리가 많이 섞인 주먹밥 한 덩이씩을 탈 차례를 기다리고 있었다. 그들은 수염이 까칠하고 옷차림이 한결같이 추저분한 것 말고는 우선 눈에 띄는 공통점으로 아랫도리가 흘러내릴까 봐 앉으나 서나 괴춤을 단단히 쥐어 잡고들 있었다. 도망가지 못하게끔 허리띠를 모조리 압수한 모양이었다.

* * *

뺨에 와 닿는 가을 바람이 한층 산산하게 느껴지는 밤이었다. 집모퉁이를 돌아가면 마을 뒷산은 바로 지척이었다. 해마다 복날만 되면 개를 매달아 불에 그을리던 솔숲이 어둠 속에서 어렴풋이 가늠되었다. 그곳에서 화톳불이 활활 타오르는 광경을 나는 그저 멀거니 바라보고 있었다. 치솟는 화광 위를 우리 운봉이는 티끌이 되어 연기가 되어 냄새가 되어 어지럽게 흩날리고 있었다.

* * *

소문으로 듣던 것보다 한산해 보이는 풍경으로 미루어 파장에 가까운 시간인 듯했다. 그러나 여기저기 무더기로 남겨진 쓰레기의 양, 당장 눈에 띄는 건 아니지만 그래도 아직 미지근하게 살아 주위에 감도는 시장바닥 특유의 어쩐지 술렁이는 분위기가 조금 전만 해도 이곳 경기가 자못 흥청거렸음을 잘 말해주고 있었다. 한꺼번에 많은 수효가 올라서서 패션쇼를 하듯 전후좌우로 거닐며 선을 보이도록 마련된 대규모 목조 판매대 위엔 아직도 팔리지 않은 노예 몇몇이 한군데 우부룩이 몰려서 있었다. 대개가 노약자 아니면 젖먹이가 딸린, 다시 말해서 아무래도 상품가치가 희박한 것들이었다.

(솔, 1996)

□ 은희경 「새의 선물」

우리 집은 마당 안쪽으로 들어앉은 살림집 두 채와 대문 쪽에 자리잡은 가겟집 한 채까지, 다 합해서 세 채의 집으로 되어있다.

살림집 중에서 왼쪽 집은 장군이네가 세 들어 살고 있는 곳으로, 방 두 개 가운데 한 방에는 장군이 모자가 살고 다른 한 방은 최선생님과 이선생님이 함께 하숙을 하는 방이다. 그 오른쪽에 있는 집이 주인집인 우리 집인데 부엌과 가까운 안방은 할머니와 이모와 내가, 가운뎃방은 삼촌이 쓰고 있다. 대청마루를 지나서 좀 후미진 곳에 돌아서 있는 조그만 뒷방은 빈 방이다.

　가겟집은 네 칸 모두 세를 주었다. 가장 넓은 칸이 '뉴스타일양장점'이고 그 옆이 '광진테라'와 '우리미장원', 그리고 뉴스타일 양장점 지붕 위로 올린 반쪽짜리 이층은 '문화사진관'이다.

　그리고 이 세 채의 집 한가운데에 우물이 있다.

　그 우물이야말로 장군이네 집과 우리집, 그리고 가겟문은 행길 쪽으로 나 있지만 살림하는 방의 문은 모두 우리 집 마당으로 향해 있는 가겟집들까지, 모든 식구들의 끼니 준비며 세수며 설거지며 빨래, 그리고 정보교환이 이루어지는 곳이다. 위치로 보아서도 컴퍼스로 그리면 꼭 중심이 되는 삶의 구심점이었다. 몇 년 전 바깥채를 헐어버리고 가겟집을 새로 들일 때에 인부들이 뒤란에 펌프를 하나 설치해 주긴 했지만 우리 집 사람들은 눈에 번연히 보이는 물을 두레박으로 퍼 쓰는 것에 익숙해져서 안 보이는 물을 뿜어 올려야 하는 펌프질을 낯설어했고 그러다 보니 펌프는 녹이 슬어 쓸 수가 없게 되었던 것이다.

　밖에서 들어올 때면 나는 대문을 들어서자마자 습관처럼 우물 쪽을 먼저 쳐다보곤 한다. 집에 사람이 있다면 으레 그곳에 있게 마련이므로 그런 것이다. 이따금 우물가에 아무도 없는 것을 보고 마음을 놓았다가 대문 바로 옆에 있는 변소에서 누군가가 불쑥 나오는 바람에 깜짝 놀라는 일도 있긴 했지만 어쨌든 우물가는 우리 집의 모든 소문과, 그리고 비밀의 샘터이기도 했다.

(문학동네, 1995)

□ 은희경 「그녀의 세 번째 남자」

　그녀는 신문을 읽고 있었다. 오후의 햇살이 비쳐들어 사무실 안은 나른했다. 그녀의 책상이 있는 곳은 창가 바로 아랫자리였다. 열어 놓은 창으로 바람이 들어와 신문지 귀퉁이가 펄럭거렸다. 신문 오른쪽 면을 향해 고개를 돌린 채 그녀는 손바닥으로 왼쪽 귀퉁이를 쓸어 냈다. 바람이 세지 않은데도 신문은 자꾸만 들쳐졌다. 그녀는 귀찮다는 듯이 아예 신문 위에 왼손을 올려놓고 읽었다. 넷째 손가락에서 장식 없는 반지가 햇빛을 받아 반짝였다.

책상 오른쪽에는 연필꽂이와 메모지, 슬라이드 필름이 끼워진 원고, 그리고 필름을 확대해서 보는 루페가 놓여 있었다. 왼쪽에는 화면 보호 상태인 컴퓨터 모니터가 지루한 궤도로의 우주여행을 반복하고 있다.

(문학동네, 1996)

□ 은희경 「그것은 꿈이었을까」

식당에는 간소한 음식이 준비되어 있었다. 그러나 사람은 전혀 보이지 않았다. 백 명이 넘는다는 수련생들은 밥도 먹지 않는지 알 수 없는 노릇이었다. 편식이 오십 명이고 설사가 오십 명이라고 치지 뭐. 근데 주방에까지 사람이 없다는 건 좀 이상하지 않아? 내가 지적했다. 글쎄. 진의 목소리가 낮아졌다.

식당 안은 물청소를 마친 텅 빈 양계장처럼 환하고 조용했다. 천장에는 창백한 형광등이 박쥐들처럼 일렬로 매달려서 우리를 내려다보고 바닥에는 빈 식탁만 줄을 맞춰 늘어서 있었다. 숟가락을 내려놓을 때마다 그 소리가 건너편 벽에 부딪쳐 크게 울리곤 했다.

*　*　*

창 밖에는 아직도 비가 뿌리고 있었다.

빗속에 마을이 내려다보였다. 전날 밤 우리가 검은 물에 잠겨버렸다고 생각했던 그 개 짖는 마을인 모양이었다. 이끼색의 양철 지붕도 있었고 슬레이트 지붕, 회색 시멘트집, 그리고 흙집, 바라크집, 붉은 벽돌집－전부 합해야 스무 채도 안 되어 보였다. 기와집은 딱 한 채였는데 멀리서 보기에도 정갈했다. 그 집의 처마 밑 하얀 화벽에는 자전거가 한 대 기대어져 있었다. 집 사이의 길은 좁고 구불구불했으며 드문드문 우물과 장독대가 보였다. 뒤쪽으로는 일주도로가 하얀 띠처럼 마을을 둘러싸고 있었다. 그 뒤로는 산이었다. 그것은 그림으로만 남아있는 아주 오래 전의 마을 같았다. 가느다란 빗줄기에 감싸인 아득한 풍경들이 실재하지 않는 어떤 허상 같기도 했다. 아주 가끔 산 아래쪽에서 자동차가 나타나 일주도로를 돌아 산 너머로 사라지곤 했는데 그제서야 나는 마을이 액자 속의 정물화도 허상도 아니란 것을 깨닫곤 했다.

사람의 모습이 전혀 보이지 않아서 그렇게 보이는 건지도 모른다. 나는 특히 자전거가 기대어진 기와집 마당을 오랫동안 쳐다보았다. 마치 자전거의 주인이 나타나기를 기다리듯. 그러나 한참이 지나도록 사람은 나타나지 않았다.

* * *

그녀는 뜨거운 아스팔트 위에 서 있었다. 조그만 챙이 있는 흰 모자를 더 썼을 뿐 언제나처럼 초록색 옷이 흰색 천 운동화 차림이었다. 그녀를 태우고 나는 강 쪽으로 차를 몰았다. 휴가를 떠난 사람이 많아서 도로는 한산한 편이었다. 조정 경기장의 표지판을 지나치자 얼마 안 가 유원지의 팻말이 보였다. 강을 사이에 두고 한쪽에는 긴 잔디밭이, 그리고 반대쪽에는 숲이었다.

잔디밭에는 나들이 나온 가족들이 무리를 지어 흩어져 있었다. 어른들은 배드민턴을 치고 술을 마시고 화투를 치고 수박을 쪼개 먹었다. 조금 큰 아이들은 오리 모양의 유람 보트를 타기 위해 줄을 서고 작은 아이들은 공놀이를 했으며 캠코더를 든 부모들이 그 뒤를 따라다녔다. 화장실이나 아이스크림 파는 노점을 향해 힘차게 뛰어가는 아이들도 있었다. 연인들은 지나가는 사람을 붙잡고 카메라의 셔터를 눌러달라고 부탁했다.

(현대문학, 1999)

□ 이경자 「혼자 눈뜨는 아침」

그리고 찬찬히 마흔 평은 될 아파트의 구조를 살펴보았다. 대충 놓여야 할 가구들이 제자리에 있었고, 깨끗한 침대와 몇 개의 화분 그리고 옷장에는 50이 다 된 남자의 옷이 있었다. 주방에도 웬만한 살림에 불편이 없을 만큼 여러 가지 요리 기구와 그릇이 놓여 있었다. 냉장고에서 김치 냄새가 진동을 했다. 먹다 남은 반찬들, 장조림과 나물 무침이 그대로 들어 있었다. 태경은 그런 것은 꺼내어 랩을 씌우고, 어떤 것은 버렸다.

* * *

검은색의 벽과 천장을 바라보고 눈높이로 쌓인 책과 직사각형의 커다란 회의용 책상과 책상 위에 놓인 설계도면이며 흙으로 대충 만져서 애벌구이 한 진흙 빛의 재떨이, 그 속에 넘치도록 쌓인 꽁초들. 그리고 지금 담배를 피워 문 방 주인과 검은 책상 끝에 걸쳐진 그의 커다랗고 하이얀 왼손…… 여자들에겐 이런 분위기가 낯설지만 흥분되는 것이었다.

* * *

불도 켜지 않은 거실은 어둡고 휑뎅그렁했다. 태경은 거실의 형광등과 스텐드 따위를 한꺼번에 모두 켰다.
식탁 위는 지저분했다.
나박김치의 무쪽 하나가 식기 운두에 걸쳐 있고 먹다 만 밥그릇엔 밥이 굳어가고 있었다. 조기는 살 깊은 가운데가 서툰 곡괭이질에 아무렇게나 패인 웅덩이처럼 패여 있었다.

* * *

육교는 저만큼 위에 잘못 놓여진 구조물처럼 걸려 있었다. 하늘엔 석양빛에 물든 구름이 몇 점 떠 있고 턱없이 넓은 길은 저녁인데도 한적했다. 건너편 아파트촌 입구로 장꾸러미를 든 아낙네 두엇이 걸어가고 있었다.

* * *

　서쪽으로 기운 햇살이 빌딩 사이로 한달음에 달려와서는 빌딩 벽과 유리창들에 무더기로 붙어 있었다. 빛은 만져지지 않는 몸을 뒤섞으며 반짝여서, 우연히 와 닿는 사람들의 시선을 눈부시게 만들었다.

* * *

　방은 네 사람이 앉아서 식사하기에 알맞은 크기였다. 귀퉁이가 떨어진 막상이 한켠에 비켜 있고 다른 쪽엔 낡은 군인 담요가 아무렇게나 접혀 있었다. 더욱이 머릿속엔 웬 연기가 자욱해지는 듯하더니 어지럼증까지 생겼다. 정신을 가다듬지 않으면 곧장 쓰러질 것 같았다.

* * *

　한계령엔 앞이 보이지 않도록 눈발이 휘날렸다. 휴게소 앞에는 눈구경을 하려는 승용차들이 서 있고, 하얗기만 한 산을 뒤에 두고 사진을 찍는 젊은 사람들도 보였다. 바퀴에 쇠사슬을 감은 버스와 화물차 그리고 승용차들이 눈을 뒤집어쓰고 눈 속을 느릿느릿 조심스럽게 한계령으로 기어올랐다. 하늘과 땅이 온통 눈에 덮이고 눈에 가리웠지만, 그래서 한계령의 우렁차고 고고한 골짜기와 산들이, 그리고 오랜 세월을 살아낸 나무와 바위산과 절벽들이 희뿌옇게 가리웠지만, 그래도 거기 그것들은 모두 제자리에 있을 것이다. 오색의 천불동 계곡이며 선녀탕도 거기 있을 것이고 산허리를 쳐서 만든, 설악산과 대관령으로 이어지는 2차선의 포장국도는 눈을 맞으며 그대로 있으리라.

* * *

　태경은 택시를 탔다. 볕은 따사로웠으나 바람에는 눈기운이 섞여서 싸늘했다. 태경에겐 택시의 속도가 지루하고 답답했다. 거리는 봄과 겨울이 뒤섞인 듯 지저분하게 보였다. 볕이 닿은 쪽은 질척거렸고 후미진 데는 음산하게 얼어 있었다. 사람들의 차림도 그랬다. 두터운 겨울옷을 섣불리 벗어 던진 사람, 여전히 오리털 파카를 걸친 사람. 길바닥엔 널부러진 비닐과 종이조각.

* * *

태경에게 일류 호텔은 천장의 높이만으로도 위압적이었다. 태경은 집을 잃은 아이만큼이나 당황한 꼴로 기다란 로비에서 커피숍을 찾았다. 그러나 정작 한쪽에 박혀 있는 커피숍은 소박하고 한적했다.

(푸른숲, 1994)

□ 이경자 「사랑과 상처」

시월 보름달은 벌써 떠서 천지가 훤했다. 뒤란에 붙은 대숲, 대숲 위의 큰서낭재 등허리의 소나무, 맨 가지만 남은 아카시아, 큰집의 용마루, 햇짚내가 나는 김치 헛간, 큰집의 방앗간…… 나는 달빛에 비치는 풍경들이 갑자기 멀리 달아나는 것만 같은 환상 때문에 그 자리에 사그러들듯 주저앉았다.

* * *

우리는 당고모가 살고 있는 영등포 도림동에 터를 잡았다. 논밭 군데군데에 판잣집 같은 것이 드문드문 있는 곳이었다. 토박이는 거의 없고 우리같이, 어떻게든 살아보려고 조선 팔도에서 모여든 '촌뜨기'들이 대부분이었다.

(실천문학사, 1998)

□ 이기영 「신개지」

달내장은 수륙의 두 길목을 겸하여서 촌장으로는 제법 크게 섰다. 육로로는 서울로 직통하는 대로가 예전부터 뚫려 있고 수로로는 또한 강으로 흐르는 달내강을 끼고 있기 때문에 어람시수에 하나도 부족함이 없는 자고로 살기 좋다고 이르는 곳이다. 그래서 삼거리에는 오륙십 호의 주막집과 황화전이 길가의 좌우로 벌려 있고 달내골 상중하 세 뜸의 마을사람들은 농사를 짓는 한편 직접 간접으로 이 장터를 뜯어먹고 사는 사람들이 많았다 한다. 그러던 것이 기차가 개통된 뒤로부터는 읍내가 대처로 발전하는 반면에 달내장터는 차차 쇠잔해 들어갔다.

* * *

왕년에는 우수한 시장으로 해륙의 물화가 폭주하고 그만큼 융성을 자랑하던 삼거리는 어느덧 역사의 옛 페이지로 사라진 동시에, 지금은 십 호 안팎의 앙상한 주막집이 오직 그 시절의 번화하던 자취를 조상하듯 쓸쓸하게 남아 있을 뿐이다.

* * *

사통오달한 큰 길이 여기저기 뚫리고 공중에 거미줄을 친 전봇대가 병정처럼 늘어섰다. 어디가 어디인지 도무지 향방을 모르겠다. 그 사이로 크고 작은 집들이 빈틈없이 시루에 콩나물 박히듯 즐비하게 들어섰는데 거리에는 개미떼같이 헤진 사람들이 사방으로 쑤알거린다.

* * *

그것은 마치 두메 속에서 살던 계집이 대처로 나와 보자 그들의 자태를 닮으려고 치장에 골몰하듯이 그와 같은 서투른 구석이 보여서 어딘지 모르게 어울리지 않고 자리가 덜 잡혔다. 초가집 틈에 기와집이 들어앉고 바라크와 벽돌집이 그 사이로 점철한 것은 마치 조각보를 주워 모은 것처럼 빛깔조차 얼쑹덜쑹하다. 붉고 희고 검고 푸르고 누런 지붕을 뒤덮고 섰는 집들이 뚝딱거리는 건축장과 하천정리의 제방공사와 또는 거기로 모여드는 노동자떼 하며 그리고 그들을 생계로 하는 촌갈보 술집들의 난 가게가 한데 엄불린 데다가 하루에 몇 차례 발착하는 기적 소리의 뒤를 이어 물화가 집산되는 대로 상공업은 흥왕하고 인구는 불어간다. 따라서 사회적 시설도 템포를 빨리 하여 나날이 발전하는 이 지방은 어느 곳이나 신개지에는 공통된 현상으로 볼 수 있는 신흥 기분에 들떠 있다.

* * *

윤수는 그 길로 달내골을 올라가서 자기 집을 찾아 들어와 보니 과연 추측했던 바와 같이 집안은 비참하게 퇴락하였다. 동리 개들은 낯선 사람인 줄 알고 보는 대로 자지러지게 짖는다. 지붕은 몇 해째 못 이었는지 산골짜기처럼 고랑이 지고 게다가 집이 쏠리어서 금시로 넘어질 것 같다.

* * *

달내강은 차차 하류로 흐르면서부터 넓어지며 청산을 끼고 돌다가 삼거리 장터에 와서는 앞이 툭 터졌다. 좁은 산협을 뚫고 흐르는 달내강 상류는 달내골 윗말까지 바위 너덜 사이를 격류를 흘러내리다가 삼선봉 절벽 밑을 탁 치고 한 번 핑그르 커브를 돌아나간 강줄기가 반여울의 무서운 여울을 이루고는 별안간 잔잔한 물결 속에 꼬리를 감추고 잠기었다. 거기를 범바위 소라고 일컫는데 호수 같은 강물은 다시 일직선으로 흘러내리다가 차차 안께가 넓어진 것이다. 그 강은 무네미에서 내려 흐르는 샛강과 삼거리 밑에서 합류하자 넓은 강변에는 갈밭과 백사장이 드러나고 그 아래로 읍내 뒷들이 펼쳐 있다. 삼거리는 길로만 삼거리가 아니라 물로도 삼거리다. 게서부터 뒷강이라고 부른다. 강물을 읍내 뒷들을 활등처럼 휘돌아서 한나루 큰강으로 장대같이 내뻗었다.

* * *

저택을 지어놓고 보니 미상불 경치가 아름답다. 앞뒤로 산을 끼고 동향으로 앉은 이 집은 왼편으로는 옥녀봉의 울창한 송림이 쳐다보이고 바른 편으론 달내강의 푸른 물결이 백사장 밑으로 내다보인다. 안산을 넘어서 삼선봉 위로는 달이 떠오르고 그럴 때마다 은파는 월색을 번득이며 용궁의 선경을 강 위에 이루었다. 앞산에는 일산 소나무 한 주가 우뚝 섰다. 달빛은 낙락장송의 가지 틈을 새어서 흐른다. 산밑으로는 옥녀봉 골짜기에서 내리꽂히는 한줄기 석간수가 쫄쫄 흐른다. 그런가 하면 후원에는 대밭이 무성하고 그 뒤로 장원을 둘러싼 울 밖에는 다시 송림이 우거진 산록이 막아 있다.

* * *

미상불 누구나 그의 굉장한 저택을 와서 보면 궁전같이 으리으리한데 발길이 서먹해진다. 동구의 초입인 언덕 위에는 천년 고목의 느티나무가 동구를 막아섰는데 십여 길 되는 언덕을 석축으로 쌓아 올리고 그 안의 넓은 광장만은 정원을 꾸몄는데 무엇보다도 한가운데에 연당을 판 것은 규모도 크려니와 천연으로 된 것처럼 경치가 아담하다. 주위로는 수양버들이 늘어지고 연못 속에는 석가산을 쌓아 올렸다. 거기에는 조그만 육모정을 지었다. 육모정으로 들어가는 다리를 놓고 육모정 주위로는 꽃나무를 돌 틈에 심어 놓고 그 밑으로는 낚시터를 만들어 놓았다. 연못에는 양어를 해서 잉어와 붕어가 굼실굼실한다.

* * *

퇴락한 큰 집은 개축을 안 해서 앙토가 떨어진 서까래 밑으로 빗물이 새어 흐른 자국이 군데군데 드러난 것은 이 집의 몰락한 운명을 유표하게 상징함이 아닌가? 그들의 거처와 음식과 의복이 불성모양이다. 그런데 허술한 큰 집만 텅 비었다. 자기가 어릴 적만 해도 광이나 헛간에 곡식이 가득 차고 마당가에는 나뭇짐이 덤불로 쌓였던 것이 지금은 어디나 쓸쓸한 빈 구석만 보이었다.

　　　　　*　　*　　*

　상견례의 식장은 하감역 집 안채의 큰 대청과 넓은 안마당이었다. 또 마당에는 큰 차일을 치고 대청 위에는 오색줄을 늘이고 만국기를 달았다. 그 밑으로 테이블을 놓고 그 좌우로는 차례대로 좌석을 정하였다. 상좌에는 물론 하감역의 노부부가 좌정하고 그 담에는 하상오이하, 항렬대로 들어앉게 하였다. 그리고 관람자는 차일 안팎으로 꽉 둘러쌌다.
　탁자 위 화병에는 연당에서 꺾어 온 연꽃을 꽂아 놓았다. 이 철의 꽃으로는 연꽃밖에 별로 없기도 하지마는 다만 그래서만은 아니었다. 연꽃은 더러운 시궁흙 속에서 피면서도 제일 깨끗하다. 그것은 참으로 오늘 이 좌석을 연상케 하는 제일 좋은 상징이 되기 때문이다.

(풀빛, 1989)

□ 이규희 「속솔이뜸의 댕기」

　세 채의 토담집들이 미끄러져 내릴까봐 납작 붙당겨 있는 언덕 아래로, 골패쪽 같은 논 밭 떼기들이 저편 봇둑모양 둘러있는 푸른 산밑까지 다작다작 이어져 나갔다. 푸른 산너머엔 님 빛, 그 저편엔 보라빛 산줄기가 아련히 흐려지면서 하늘과 닿아 있었다.

　　　　　*　　*　　*

　문살에 푸름한 줄기가 그어졌다. 흙천장의 서까래가 꾸불꾸불 드러나기 시작했다. 제일 낮은 가생이에서부터 커다란 삿갓을 씌워 논 모양 뾰죽하게 올라간 곳에 가느다란 들보가 가로 질려 있었다. 지붕의 맨 꼭대기가 되는 그 들보는 아직 어둠 속에 묻혀 잘 보이지 않았다.

　　　　　*　　*　　*

　그녀는 초조해서 공연히 방안을 둘러보기만 했다. 그러노라면 무슨 좋은 생각이 나줄 것만 같았다. 웃목, 옷장 겸 이불 상으로 쓰는 궤짝 옆에 나란하게 놓인 항아리 세 개를 그녀는 물끄러미 훑어보았다. 정말 어머니는 항아리를 쥐들이 뚫을까봐 저렇게 방에 들여다 놓았나 보다는 생각을 했다.

(법원사, 1985)

□ 이균영 「멀리 있는 빛」

공단의 담벽과 아스팔트길을 사이에 둔 이쪽 켠에는 공단의 사람들이 살기에 불편이 없는 모든 시설물들이 자리잡고 있었다. 종합병원, 오락장, 목욕탕, 백화점, 학교, 슈퍼마켓과 시장, 다방, 술집…… 갖가지 가게들, 산은 그 뒤에서부터 시작되고 산을 깎아내려 3만 세대의 사원주택이 세워져 있었다.

*　　*　　*

사원주택은 온통 산을 깎아내려 세워진 것이어서 그녀에게 좋은 안식처가 되었다. 자잘한 바위들이 널려 있었고 이름을 알 수 없는 키작은 나무들이 가지를 퍼뜨려 관목숲을 이루고 있었다.

(정음사, 1986)

□ 이균영 「나뭇잎들은 그리운 불빛을 만든다」

이곳의 모든 것은 문곡이 접한 장성, 철암, 황지와 극명한 대조를 이루고 있었다. 그곳에는 일제시대에 지은 선탄장 건물에서 석탄을 나르는 증기 기관차, 길고 짧은 수많은 화차들이 검고 무거운 코트를 입은 군인들처럼 빽빽하게 도열해 있었다. 화차에는 흰 페인트로 칸마다 제각기 다른 네 자리 여섯 자리 번호들이 쓰여 있었다. 석탄 폐수를 거르는 죽탄 침전지. 장성에서 철암은 수 킬로미터의 굴이었다. 광업소의 차를 타고 그 굴을 지나갈 때의 막막한 절망감, 아련히 향수를 불러 올 법한 증기 기관차의 기적 소리가 어찌나 큰지 아이 가진 여자들이 조심스럽게 피해야 할 상대였다. 컬러용 필름으로 찍어도 흑백 사진인 곳이었다.

* * *

역전의 풍경은 달랐다. 칙칙한 어둠, 골목길의 취객들, 고함소리와 다투는 소리, 냄비와 같은 그릇들이 부딪치는 소리, 밤에 피는 여자들의 꽃자주색, 남색, 노랑 나비색의 한복들이 스치고 겹치고 흔들리며, 그것들은 화려한 색깔에도 불구하고 어둠을 더 깊은 어둠으로 만들어 놓곤 했지만 이제는 없다. 포주, 펨프 아주머니들, 아이를 들쳐 업은 창녀들에 끌리던 동정심과 호기심과 택시와 자가용 영업차들이 호객하는 외침들이 역전을 풍성하게 했던 30년, 20년, 10년 전의 풍경은 없다. 정돈되고 깨끗하다. 그 변화 속에 지난 시간이 있고 지난 시간 속으로 젊음이 가버린 것인가.

* * *

공식 일정이 끝나자 관광이었다. 그들은 러시아 경제 박물관, 붉은 광장의 아름다운 건축물들, 레닌 묘지, 아르바트 거리, 톨스토이의 집, 고리키 박물관, 국립 도서관을 관광했으며 연극, 볼쇼이 발레 공연을 관람했다.

* * *

방안은 정돈되어 있고 빨랫감은 깨끗이 세탁되어 길가로 난 판자 담 위에 널려 있었고, 책상 겸 밥상으로 쓰는 사과 궤짝 위에 저녁이 차려져 있었다. 김치와 된장국, 돼지고기에 통나물, 두부를 넣고 맵게 끓인 찌개를 보았을 때 석우는 옥순의 얼굴을 떠올렸다. 남편과 자식을 황지나 장성, 철암의 광산에 보내는 대부분 여자들이 특별한 밥상에 차려내는 것이었다.

* * *

그들은 밖으로 나와 무허가 판자촌들이 등을 대고 줄지어 선 방죽을 걸었다. 멀리 번화한 도시의 불빛들은 조는 듯 깜박이고 있었고 차량들의 경적소리, 브레이크 밟는 소리가 통행금지가 임박한 시각을 느끼게 했다.

* * *

좁은 셋방에 살림살이가 있을 리 없었지만, 문턱, 창틀 할 것 없이 모든 게 구석구석 빛이 났다. 그녀가 온 후 네 집이 함께 쓰는, 늘 불결했던 화장실은 어느덧 깨끗해졌다. 나프탈렌을 사다 걸고 지나간 해 달력의 그림들을 오려 종이 상자 위에다 붙여 벽에 건 것이었지만 그럴 듯 했다.

* * *

그들이 앉은 다실의 창을 통해 역 광장이 보였다. 광장 한켠을 차지한 군고구마 군밤 장사는 미처 쉴 새도 없이 손님들을 맞았다. 군밤을 산 젊은 남녀 한 쌍이 각기 껍질을 까 동시에 서로에게 건네주려다 마주 보며 웃었다. 남자가 여자의 어깨를 감싸며 역광장의 저편으로 사라졌다.

* * *

박석우 씨는 푸른 수은등이 비추는 시멘트 난간에 걸터앉았다. 그의 옆에 기름에 절은 침목들이 쌓여 있었다. 그 틈새로 민들레꽃들이 만발해 기름에 절어 잃어버린 수목의 본질을 일깨우고 있었다. 불빛이 부서지는 철길이 하얗게 빛나고 있었다.

* * *

기차가 H시에 도착한 것은 저녁 7시경의 어두울 녘이었다. 시외 버스 터미널은 역 광장에서 20여 분 걸음걸이에 있었다. 역 광장 한켠에 시외를 뛰는 택시들이 줄지어 있었지만 현서는 천천히 그곳을 걸어 나왔다.

오가는 차량과 사람들, 건물들과 밤의 불빛이 서울 어느 거리와 다름없었지만 현서는 그곳에서 중소 도시가 주는 한결 여유 있는 정취를 느꼈다. 터미널 옆 상설 시장은 그대로였다. 옛 압곡 사람들이 집안 대소사를 앞두고 큰 장을 봐야 할 때면 찾던 곳이었다.

* * *

터미널 귀퉁이에 H시의 관광 안내도가 터미널을 들고 나는 뭇 인간 군상들을 관광하듯 푸른 수은등의 불빛을 되쏘이며 덩그렇게 서 있었다. 인접 고을인 압곡의 볼 만한 곳들이 거기 함께 들어 있었다. 남해의 리아스식 해안이 깊숙한 곳을 만들어 압곡을 바다로 이었지만 압곡은 일찍이 첩첩 산으로 유폐된 곳이었다.

* * *

경찰서 유치장에서는 상상도 못 할 만큼 좋았다. 크기는 여섯 척, 여덟 척이니 한 평 세홉이었는데 두 명이 있었지. 마루에는 다다미가 갈려 있었다. 세면기 두 개, 타구 한 개, 걸대 두 구, 물주전자 1개에는 컵이 달려 있었고, 책상 겸 밥상이 하나 있었는데 사과 궤짝 같은 것이 아니라 목공이 만든 쓸 만한 것이었다. 옻칠을 한 위에 니스까지 칠한 것이었지. 이불은 한 사람 앞에 한 채씩이었다. 감옥이라는 것 빼면 당시엔 밖에서도 보기 드문 숙소였지.

* * *

박용태의 집은 사랑채 헛간이 반쯤 타다 남아 있었고 본채는 몇 개의 기둥뿐이었다. 이웃 다섯 가구 역시 화재였으나 박용태의 집 같지는 않았다. 불길의 진원지는 우리 집이다! 고 박용태는 확신했다. 불길이 내비치는 한 집의 담 밑에 몸을 붙이고 사립 대문 안을 살핀 후 그는 안으로 들어갔다. 불빛이 새나오는 문간방 마루에 그는 큰기침을 하며 "어이, 천행이!"하고 불렀다. 화들짝 대살 방문이 열리며 "이밤중에 뉘여!" 조심스런 목소리더니 맨발로 토방으로 내려서며 박용태의 손을 잡아끌었다.

* * *

따뜻한 늦가을 날씨였다. 마당가 감나무의 단감은 무서리를 맞고 보시로 귀천할 날 기다리듯 붉게 익었고 마당가 그 아래엔 피기 시작한 국화 화단. 마당가 텃밭에는 푸른 대궁이며 활짝 넓은 잎의 토란들이 아직 생생하고 그 아래 가을 갓, 파가 자라고 있었다. 텃밭에 잇대인 밭을 들깨는 베어 말릴 때에 이르렀고 그 옆 고구마도 캘 때가 되었다. 어느 모로 보나 전형적인 시골의 여느 조선집 풍경은 토방 목제 화분대 위에 층계를 만들어 놓아둔 분재 때문에 개어졌다. 기이한 형태의 수십 종이 넘는 분재들이 그곳에 있었다. 박용태의 노년의 여가가 그곳에 있었다.

* * *

그는 지하철을 타고 가다 우연히 내려서 반대편 지하철을 기다렸다. 두 여자와 한 남자가 그에게 다가오며 다정하게 말을 걸었다. 한 여자와 한 남자가 그에게 다가오며 다정하게 말을 걸었다. 몽고인들이었다. 지하철 안에서 칠순이 넘은 노인들이 작은 활자의 문고본 같은 책들을 읽고 있었다. 여자들은 손뜨개질을 했다. 그는 한 인형과 같은 그녀의 뒤를 따라 내렸다. 도심지인 듯 했다. 사람들이 물결쳤다. 길가에 꽃장수들이 줄을 이어 있었다.

(민음사, 1997)

□ 이광수 「무정」

"안으로 들어오시랍니다" 하는 어멈의 말을 따라 새삼스럽게 가슴을 두근거리면서 중문을 지나 안대청에 오르다. 전 같으면 외객이 중문 안에를 들어설 리가 없건마는 그만하여도 옛날 습관을 많이 고친 것이라. 대청에는 반양식으로 유리문도 하여 달고 가운데는 무늬있는 책상보 덮은 테이블과 네다섯 개 홍모전 교의가 있고, 북편 벽에 길이나 되는 책상에 신구서적이 쌓였다.

* * *

방 한편 구석에는 십자가에 달린 예수의 화상이 걸리고, 다른 한편에는 주인 김장로의 사진이 걸렸다 아마 그 두 사진을 꽃으로 장식함은 선형, 순애 양인의 솜씨인 듯 십자가에 달린 예수는 머리에 가시관을 쓰고 로마 병정의 창으로 찔린 옆구리로서는 피가 흘러내린다. 그 고개가 왼쪽으로 기울어지고 그 눈을 하늘을 향하였다. 십자가 밑에는 치마 앞자락으로 낯을 가리고 우는 자도 있고 무심하게 구경하는 자도 있고 십자가 저편 옆에는 병정들이 예수의 옷을 가지려고 제비뽑는 양을 그렸다.

* * *

저편 방으로서 뚱뚱한 노파가 나오는 것을 본 형식은 한걸음 방 앞으로 갔다. 번쩍하는 화류자개 함롱이 보이고 아랫목에는 분홍빛 그물 모기장이 걸리고 오른편 구석에는 아롱아롱한 자루에 넣은 가얏고가 비스듬히 벽에 기대어 섰다.

* * *

안개비에 길이 녹녹하게 젖었다. 아까보다 사람도 많이 다니고 구루마도 많이 다닌다. 상점에서는 널쪽 덧문을 열고 어떤 사람은 길가에 나와 앉아서 세수를 하며 어떤 사람은 방안에 앉아서 소리를 내어 신문을 본다. 찌국찌국 하고 오던 물지개들은 모로 서서 좁은 골목으로 들어간다.

* * *

길가에는 쓰러져 가는 집들이 섰다. 철도가 생기기 전에 지나가는 손님도 있어서 술도 팔고 떡도 팔고 하더니 지금은 장날이나 아니면 사람 그림자도 보기가 어렵다. 문 밖에는 문짝 모양으로 만든 소위 '평상'이란 것을 놓고 그 위에는 다 떨어진 볏짚 거적을 폈다.

　　　　　＊　　＊　　＊

　강원도 바로 구름산이 떠올랐다. 그것이 처음에는 불길과 같다가 점점 식어서 거뭇거뭇 하여짐을 따라서 장안을 덮은 장막도 점점 짙어져서 자줏빛이 되었다가 마침내 회색이 된다. 그러다가 그 속에서 조고만 전등들이 반딧불 모양으로 반작반작 눈을 뜬다.

　　　　　＊　　＊　　＊

　김장로의 서재는 양식으로 되었다. 그가 일찍 미국 공사로 갔다 와서부터는 될 수 있는 대로 서양식 생활을 하려 한다. 방바닥에는 붉은 모란 무늬있는 모전을 깔고 사벽에는 화액에 넣은 그림을 걸었다. 그림은 애개 종교화다. 북편벽으로 제일 큰 화액에는 겟세마네에 기도하는 예수의 화상이 있고 두어 자 동쪽에는 그보다 조곰 작은 화액에 규유에 뉘인 예수를 그린 것이요 서편 벽에는 자기의 반신상이 걸렸다.

(동아, 1995)

□ 이광수 「재생」

　젖빛같이 하얀 천장, 까무스름하고도 누르스름하게 칠한 벽이며, 짙은 초록 문짝과 눈같이 흰 자리며, 그것을 비치는 조그맣고도 밝은 전등하며, 쿵쿵쿵하고 차바퀴 굴러가는 소리도 말할 수 없이 봉구에게는 유쾌하였다.

　　　　　＊　　＊　　＊

　식탁 위에 놓인 기명들이 모두 은인 것과 주전자와 술잔 같은 데는 모두 금으로 아로새긴 것이며 그 기명에 담긴 이름도 알 수 없는 음식도 순영에게는 놀라웠거니와 방에 깔린 보료와 방석에 모두 일월 무늬가 뚜렷뚜렷한 모본단인 것이며 이 구석 저 구석에 놓인 화루문갑 화류 탁자에 오색이 영롱하게 자개로 아로새긴 것이며 갑창에서 잠깐 삐죽 내어 민 겹미닫이며 초록빛하며 이런 모든 것이 수 없는 바늘 모양으로 순영의 신경을 폭폭 찔렀다.

* * *

여섯 칸은 될 듯한 네모 번듯한 방이 서창으로 광선이 비스듬히 흘러 들어와서 방 안은 마치 옥등피를 끼운 큰 전등에 비치인 듯이 은은하고도 맑다. 장이며 평풍이며 보료방석이며 사람의 몸만 들어오면 사람 살 수 있도록 차려 놓았고 방 윗목에는 예쁜 서양 테이블과 수수한 비단 의자 둘을 놓고 테이블 위에는 탁상전화와 조그마한 화병이 있으나 꽃은 없었다.

* * *

몇 굽이를 지나고 또 화초 심은 몇 조그마한 마당을 지나서 환한 안마당이 보이는 곳에 다다랐다. 안마당은 네모 반듯하게 되고 저쪽 산으로 향한 곳에는 두어 길이나 될 듯한 화초담이 쌓이고 거기서 좀 위로 아주 산꼭대기를 향한 곳은 툭 터지었는데 수 없는 길 굽이가 노송과 바위틈으로 번득거리고 마당 한가운데에는 조그마한 연당이 있고 거기에는 맑은 물이 다 마른 연 줄기를 흔들고 있는데 그 연당이 안방 마루에서는 한 서너 길이나 떨어져서 있는 듯이 까맣게 보인다. 그리고 층계는 전부 대패로 민 듯이 깎은 화강석들이다.

* * *

거기는 별 장식은 없으나 역시 한번 들어가 앉고 싶게 차려 놓았고 가장 눈에 띄는 것은 앞 창에 파르스름한 서양 문창을 친 것과 뒤구석 한편에는 가야금, 또 한편에는 거문고를 세워 논 것이다. 그리고 벽에는 여러 가지 그림과 글씨 족자를 걸었으나 그것은 그다지 순영의 맘을 끌지는 않았다. 건넌방을 보고는 다시 마루로 나와서 안방 쪽으로 뒷문을 열면 더 조그마한 마당이 있는데 그것은 바로 큰 바위와 노송을 건너 뒷산으로 연하였고 유리 분합을 드린 복도로 얼마를 걸어가면 거기는 돌로 지은 조그마한 양실이 있다. 순영은 양실에 들어가서는 더욱 안 놀랄 수 없었다. 대개 방은 여덟 칸쯤 되어 보이는데 방안이 온통 비단으로 도배를 해 논 까닭이다. 응접실 식으로 가운데 테이블이 있고 의자 넷이 들려 놓이고 사방에는 눕는 교의, 기대는 교의, 앞뒤로 흔들리는 교의가 놓이고 한편 구석에는 대리석으로 만든 서양 아궁이요 나머지 세 구석에는 여러 가지 모양으로 생긴 화류 탁자를 놓고 그 탁자 위에는 소나무와 국화분이 놓였는데 국화는 아직 피지는 아니하였으나 수 없는 꽃봉오리가 달린 줄기가 수양버들 가지 모양으로 거의 방바닥까지 나직이 늘어져 있다. 그보다도 놀라운 것은 벽을 온통 초록빛 비단으로 발라서 흙이나 돌이나 나무는 조금도 보이지 아니하고 천장에서는 금빛 같은 전등대가 마치 꽃나무 가지 모양으로 네다섯 개 꽃 전등을 달고 늘어진 것이다.

* * *

문이라는 것은 찌그러진 문틀에 칡으로 이리저리 서너번 어리고는 게다가 베 헝겊과 종이로 발랐는데 통나무를 가로놓고 세로 놓아 지은 집이 그것도 한편으로 찌그러져서 문을 열어 잡았다가 놓기만 하면 덜컥하고는 그 탄력으로 서너 번 찌국찌국 소리를 내다가야 가만히 있게 생겼다.

(우리 문학사, 1996)

□ 이광수 「유정」

나는 택시 하나를 불러 내 아내와 정임과 순임을 뒤에 앉히고 나는 운전수 곁에 앉아서 지극히 유쾌한 기분으로 육조 앞으로 황토마루로 자동차를 몰아 조선호텔 현관으로 달려들었소. 진실로 이날같이 기쁜 날, 몸이 가뿐한 날을 나는 그때까지 삼사년 내에 경험한 날이 없었소 우리 식당은 조그마한 별실이었소. 밝은 전등에 비친 고전식 붉은 방 장식과 가핏과 하얀 식탁보와 부드럽게 빛나는 은칼과 삼지창과 날카롭게 빛나는 유리 그릇과, 그리고 온실에서 피운 가련한 시클라멘, 모두가 몽상과 같고 동화의 세계와 같았소.

* * *

이 병실은 이층으로 대학 정원을 바라보게 된 방인데 북향이지마는 넓고 깨끗하고 침대도 주석으로 되고 간호하는 사람이 잘 만한, 펴놓으면 침대가 될 만한 걸상과 가족이 있을 만한 부실까지도 붙었소 양복장, 테이블, 우단으로 싼 교의까지 유리창에 커튼까지 있는 아주 훌륭한 방이오. 흠이라면 바닥에 깐 리놀륨이 더러운 것일까. 침대에 깐 시트도 새롭고 희어서 얼룩이가 없었소.

* * *

"자, 이게 우리 집이오."
하고 그가 마차에서 뛰어내리는 양이 보이오. 내려보니까 달이 올라오오. 굉장히 큰 달이, 붉은 달이 지평선으로서 올라오오. 달빛에 비추인 바를 보면 네모나게 담—담이라기보다는 성을 둘러쌓은 달 뜨는 곳으로 열린 대문을 들어서서 넓은 마당에 내린 것을 발견하였소.

* * *

이 집은 통나무를 우물정자로 가로놓고 지붕은 무엇으로 했는지 모르나 눈이 덮이고, 문 하나 창 하나를 내었는데 문은 나무껍질인 모양이나 창은 젖빛 나는 유리창인 줄 알았더니 뒤에 알아본즉 그것은 유리가 아니요, 양목을 바르고 물을 뿜어서 얼려놓은 것이었다. 그리고 통나무와 통나무 틈바구니에는 쇠털과 같은 마른 풀을 꼭꼭 박아서 바람을 막았다.

　문을 열고 들어서니 부엌에 들어서는 모양으로 쑥 빠졌는데 화끈화끈 하는 것이 한증과 같다. 그렇지 않아도 침침한 날에 언 눈으로 광선 부족한 방에 들어오니, 캄캄 절벽이어서 아무 것도 보이지 아니하였다.

* * *

　방안의 공기는 숨이 막힐 듯하였다. 그 난방 장치는 삼굿의 원리를 이용한 것이었다. 돌멩이로 아궁이를 쌓고 그 위에는 큰 돌멩이들을 많이 쌓고 거기다가 불을 때어서 달게 한 뒤에 거기 눈을 부어 뜨거운 증기를 발하는 것이었다.

(문학과 현실사, 1994)

□ 이광수 「사랑」

　순옥은 벽돌 대문 앞에 섰다.

　'安賓內科小兒科醫院'이라는 흰 페인트, 검은 글씨의 간판이 붙고, 다른 기둥에는 '醫學士 安賓'이라는 칠도 아니한 나무쪽 문패가 붙어 있었다.

　건물은 심플한 벽돌 이층으로 동남쪽으로 발코니를 넓게 한 것이 아마 환자의 일광욕용인 듯하여 걷어올리고 내릴 수 있는 캔버스 차양을 하였고, 뜰에는 오동나무 한 그루와 소나무 한 그루가 있어서 오동나무의 퍼렇고 널따란 잎이 탐스럽게 집 벽을 슬쩍슬쩍 스치고 있었다. 집의 전체의 인상은 병원이라기보다는 검소한 산간의 주택인 것 같았다.

* * *

　순옥과 인원은 창으로 뜰을 바라보았다. 그 창 밖에는 바로 아까 밖에서 보던 오동나무의 퍼런 몸뚱이와 넓적넓적한 잎이 모였다. 맞은편에 보이는 돌담은 옛날 유물인 듯하여서 담쟁이덩굴이 성하였다.

　　　　　＊　　＊　　＊

　순옥과 인원은 대청에 올라갔다. 삼간 대청에 북창이 열리고 뒤에 송림도 보여서 서늘할성싶으나 워낙 짓무르는 날이라 바람 한 점 들어오지 아니하였다.
　순옥은 손길을 펴서 부채질을 하면서 문들이 활짝 열린 안방과 건넌방을 들여다보았다. 보통 살림집이요 특별한 것은 없었다.

　　　　　＊　　＊　　＊

　안빈이가 가족을 위해서 얻은 것은 송도원 바닷가에 있는 별장이었다. 바로 문 앞이 바다요 백사장이 있고 담을 둘러막은 뜰까지도 있었다. 이층에도 큰 방이 하나 있고 밑층에는 응접실까지도 있어서 상당히 사치한 집이었다.

(하서, 1994)

□ 이광수 「흙」

　한선생의 집은 익선동 꼬불꼬불한 뒷골목에 있는 조그마한 초가집이다. 대문이 한 칸, 안방이 반 칸, 건넌방이 한 칸, 그런데 웬일인지 마루만은 넓어서 삼 칸, 그리고는 광이라고 할 만한 것이 뒷간 아울러 두 칸, 그리고 장독대, 손바닥 만한 마당 부엌이 있을 것은 말할 것도 없다. 익선동 조그만 초가집이라면 한선생 집이다.

　　　　　＊　　＊　　＊

　붉은 등, 푸른 등, 등은 많으나 어둠침침한 기운이 도는 방에는 객이라고는 한편 모퉁이에 학생인 듯한 사람 하나, 웨이트리스 하나를 끼고 앉아서 이야기를 하고 있을 뿐, 아직 손님은 많지 아니하였다.

* * *

열 시가 넘은 겨울의 한강 인도교에는 짐마차와 노동자, 늦게 집으로 돌아가는 농부들밖에 별로 다니는 사람이 없었다. 영산, 삼개에 반짝거리는 전통, 행주산성인가 싶은 산머리에 걸린 반달, 그것이 모두 쓸쓸한 경치를 이루었다.

* * *

겨울밤의 종로 네 거리. 붉은 이맛불을 단 동대문행 전차가 호기있게 소리를 내고 달아난 뒤에는 고요해졌다. 가끔 술 취한 손님을 실은 택시가 바닷가에 나와 도는 갈게 모양으로 스르륵 나왔다가는 스르륵 어디로 사라져 버리고 만다.

* * *

아침에 눈을 뜬 때에는 방은 캄캄한데 (그것은 겹창을 굳게 닫은 탓이었다.) 전기난로의 마찰음이 들릴 뿐이었다. 유월이가 새벽에 들어와서 피워 놓은 것이었다. 방은 마치 이른 여름과 같이 유쾌하리만큼 온화한 기후다. 이 공기를 뉘라서 대소한 서품의 아침 공기라 하랴.

* * *

서울의 밤은 깊어 간다. 서울의 밤에는 소리 없이 눈이 내린다. 덕수궁 빈 대궐의 궁장에 소복소복 밤눈이 덮인 열 시 넘어가 될 때에는 이화학당의 피아노 소리도 그치고 소비에트 연방과 북미합중국 영사관도 삼림과 같이 고요한데 오직 마당에 나무들만이 하얗게 눈을 무릅쓰고 섰을 뿐이다.

서울에 금년에는 눈이 적었으나 눈이 오면 반드시 아름다운 경치를 보였다. 오늘 밤 눈도 그러한 아름다운 눈 중의 하나였다. 음산한 찬바람에 날리는 부서진 눈이 아니라 거침없이 사뭇 내려오는 송이눈이었다. 성난

가루눈이 아니요, 눈물과 웃음을 머금은 촉촉한 눈이었다. 그들은 사뿐사뿐 지붕과 나뭇가지와 바위와 길에 굴러다니던 쇠똥 위에까지도 내려와서 가만히 앉는다. 가는 가지, 연한 잎이 그 무게를 견디지 못하여 고개를 흔들면은 놀란 새 모양으로 땅에 떨어지지마는, 그러하지 아니한 동안 그들은-눈송이들은 하느님의 둘째 명령을 가만히 기다리고 앉아 있다. 언제까지든지.

* * *

회나무는 난지가 몇 백 년이나 되는지 아무도 아는 이가 없다. 살여울에 배가 올라오던 시절에 이 나무에 닻줄을 매었다. 하나 그 배 올라오던 시절이 어느 때인지는 누구나 아는 사람이 없다. 지금은 배 올라오는 데를 가자면 여기서 남쪽으로 시오리는 가야한다. 옛날 산에 나무가 많을 때에는 달래강에 물이 깊어서 배가 살여울 동네 앞까지 올라왔을 법도 한 일이요, 이 동네에 처음 들어온 시조들이 배를 타고 이리로 올라왔을 법도 한 일이다. 그때에 이 살여울 동네에는 산림이 무성하고 노루 사슴, 호랑이가 들끓었을 것이리라. 그 조상들은 우선 나무를 찍어 집을 짓고 땅을 갈아서 밭을 만들고 길을 내고 우물을 파고 그리고 동네 이름을 짓고 산 이름을 짓고 모든 이름을 지었을 것이다. 물이 살 같이 빨으니 살여울이라고 짓고 강에 달이 비최었으니 달래강이라 짓고 달래가 가운데 흐르니 이 점과 꿀이 솟는 벌을 달래벌이라고 하였을 것이다. 그때에 이 골작이 그것을 두른 산 달래강. 거기 나는 풀과 나무와 고기와 곡식과 개구리 소리, 꽃향기가 모두 이 사람들의 것이었다. 아무의 것이라고 패를 써 박지 아니하였지마는 패를 써 박을 필요가 없었던 것이다.

이 회나무도 그 나무가 선 땅이 근년에 몇 번 소유권이 변동되었지마는 이 나무는 말없는 계약과 법률로 이 동네 공동의 소유였다.

동네에 사는 이는 누구든지 이 나무 그늘의 서늘함을 누릴 수가 있었다. 사람뿐 아니라, 소도 말도 개도 병아리 거느린 닭들도 이 회나무 그늘 밑에서 놀든지 낮잠을 자든지 아무도 금하는 이가 없었고, 혹시 지나가는 사람이 이 늙고 점잖은 회나무 그늘을 덮고 아픈 다리를 쉰다 하드래도 누가 못하리라 할 리가 없었다.

이 말이 믿어지지 아니하거든 이 경력 많은 회나무더러 물어보라. 그는 적어도 사오백년 동안 이 살여울 동네의 역사를 목격한 증인이다. 이 동네에서 일어난 기쁨을 아는 동시에 슬픔도 알았다. 더구나 이 동네 수염 센 어른들이 짚광석을 깔고 둘러앉아서 동네 일을 의논하고, 잘못한 이를 심판하고, 훈계하고, 하는 입법, 행정, 사법의 모든 사무가 처리된 것을 이 회나무는 잘 안다. 비록 제일조 제이조 하는 시끄럽고 알아보기 어려운 성문률이 없다 하더라도 조상적부터 입에서 입으로 전해 오는 거룩한 율법이 있었고 영혼에 밝게 기록된 양식률이 있었다. 그들은 어느 한 사람의 이익을 위하여 어느 한사람에게 손해를 끼치는 것은 말할 것도 없거니와 무릇 왼 동네의 이익이라든지 명예에 해로운 일을 생각 할 줄 몰랐다. 그것은 이 회나무가 가장 잘 안다. 개인과 전체, 나와 우리와의 완전한 조화―이것을 이상으로 삼았다. 이 회나무는 그 그늘에서 일어난 수 없는 연회를 기억한다. 혹은 옥수수, 혹은 참외, 혹은 범벅치룽을 결어가며, 꾸리를 결어가며, 어린애를 달래가며, 고양이까지도 참석을 시켜가며 즐거운 연회를 한 것을 잘 기억한다.

면할 수 없는 주검이 이 동네 어느 집에 찾았을 때, 이 회나무 밑에서 왼 동네의 뜨거운 눈물의 영결식을 하든 것도 아니 볼 수 없었지마는, 정월 대보름달 곱땋게 차린 계집애들이 손길을 맞잡고 큰 바퀴를 만들어 가지고,

"어딧 장차?"

"절라도 장차"

"어느 문으로?"

"똥대문으로"

하고 치운 줄도 모르고 웃고 노는 양을 더 많이 보았다.

간혹 이 그늘에서 "이놈, 저놈" 하고 싸우는 소리도 날 때가 있지마는

그러한 충돌은 "아서라" 하는 동네 어른의 점잖은 소리 한마디에 해결이 되는 것이었다.

(학원출판공사, 1993)

□ 이무영 「농민」

뒤뜰에서 앞마당으로 가자면 널따란 터가 있고 거기에 큰 감나무가 서너 개에 배나무가 두 개, 앵도가 여남은 폭 미연이가 손수 심은 것으로 작년까지는 헛꽃만 핀 오얏나무 한 주-이렇게 조그만 과목밭이 되어 있다.

밖으로는 기와를 덮은 높다란 토담이 둘러 있고 담 밖은 바로 밤나무밭이 되어 있다. 탄탄한 평지나 이 밤나무갓을 승지네 집에서는 뒷동산 뒷동산하고 부른다.

(동아, 1995)

□ 이무영 「제1과 제1장」

덜크덕 덜크덕-퍼언한 신작로에 소마차 바퀴 소리가 외로이 울린다. 사양에 키만 멀쑥하니 된 가로수 포플러의 그림자가 느른하니 길을 가로막고 있을 뿐 별로이 행인도 없는 호젓한 신작로다. 동리 앞에는 곰방대를 문 영감님이 벌거숭이 손자놈을 데리고 앉아서 돌장난을 시키고 있다. 약삭빠른 계절에 뒤떨어진 매미 소리는 마치 남의 나라에 갇힌 공주의 탄식처럼 청승맞다.

*   *   *

안채 위쪽으로 달린 골방이 치워졌다. 바람이 잔뜩 든 벽하며 벽흙을 앉고 자빠진 종잇장이며, 비워 두었던 탓인지 곰팡내가 펄쩍 한다. 색지를 붙인 궤짝이며 주둥이도 없는 단지, 도깨비라도 나와 멱살을 잡을 듯싶은 방이다. 횃대에 걸린 헌 옷은 흡사 죽은 사람같이 늘어졌다.

(동아, 1995)

□ 이문구 「장한몽」

상배가 묻기로 한 '와우 여관'은 마포강이 귀밑으로 흐르고 창 너머로 내다보면 처가집 지붕 한 모서리가 솟을대문만 하게 보이는, 통반만 다른 한 동네였다.

* * *

무덤들만 이웃 이웃해 이뤄진 무덤 부락 틈틈으로 들어선 이들 흙벽돌집 여남은 가구는 불만 끈 밤이면 뉘집 따로 없이 무덤들과 달리 보이지 않던 것이다.

(양우당, 1993)

□ 이문구 「김탁보전」

갈머리 마을 뒷산 공동묘지 턱밑에는 곳집과 이웃하여 납작한 뗏집 한 채가 다 기울어져 가고 있다. 터도 없이 꺼진 용마루와 여러 갈래로 골이 팬 지붕에선 띠풀과 쇠비름 몇 포기가 씨를 여물리고, 뜯어 땐 지 오래인 울타리 자리엔 쑥대가 키를 재려하고 있었다. 마당이건 뜰팡이건 집 둘레엔 호랑이가 새끼를 쳐도 모르게 풀이 무성하고, 문짝없는 부엌이며 허물어진 굴뚝이 누가 봐도 나간 집이었다.

(삼중당, 1995)

□ 이문열 「미로의 날들」

현관 구석에 수북이 쌓여 있는 유리 조각들, 응접실의 진열장 유리를 끼워 넣는 인부, 부산히 집 안을 돌아다니며 흐트러지고 넘어진 가구나 집기들을 바로잡는 가정부 아주머니, 아침부터 자리를 깔고 누워 있는 재종 이모—집안은 누가 보아도 한눈에 알아볼 수 있을 만큼 격렬한 내전의 흔적으로 가득했습니다.

　　　　　＊　　＊　　＊

넓은 바다에 떠 있는 아름드리 원목들, 반영구적으로 지은 커다란 현장 사무소, 군데군데 붉은 깃발이 꽂힌 공사장을 넓게 두르고 있는 은빛 철조망 울타리, 거기다가 십리 전부터도 눈에 띄는 거대한 신축공장 조감도—누가 보아도 거기서 곧 거대한 공사가 벌어지리라는 것만은 의심하기 어려웠을 것입니다.

(둥지, 1993)

□ 이문열 「사과와 다섯 병정」

찾고 있는 참봉댁 과수원의 위치는 마을과는 좀 떨어진 강가의 산부리 아래였다. 그 과수원과 강둑 사이에는 울창한 아카시아 숲이 싱싱한 초목의 향기와 함께 짙은 그늘을 드리우고 있었다. 그는 그 아카시아 숲 사이로 난 폭 좁은 도로를 따라 들어갔다. 우마차나 경운기가 간신히 드나들 정도의 폭이었는데, 곧게 나 있어 멀리서도 산 밑 과수원과 댓자 울타리와 목재 대문이 보였다.

　　　　　＊　　＊　　＊

대문은 반쯤 열려 있었지만 집 안은 텅 빈 듯, 가까운 과수 아래로 사람 그림자는 비치지 않았다. 다만 늙은 개 한 마리가 툇마루 밑에서 졸고 있다가 머뭇머뭇 들어와서는 그를 보고 게으르게 눈을 떴다. 그러나 별로 갖고 싶은 생각이 없는지 귀만 한번 쫑긋하더니 이내 스르르 눈을 감아 버렸다.

(한겨레, 1988)

□ 이문열 「귀두산에는 낙타가 산다」

그밖에 있으나마나한 무슨 조합이나 단체의 친목회, 각종의 동류항으로 묶여진 계모임, 사세가 뻔한 직장의 단합 대회며 이런저런 이름의 야유회도 그 산의 인파를 늘리는 중요한 원인인 것 같았다. 대개는 열두시도 되기 전에 취하기 마련인 그들은, 가까운 공단이나 이른바 꼬방동네에서 모여든 가난한 여인들과 그렇고 그런 젊은 남녀며, 갈 곳 없는 인근 주민들과 뒤섞여 그 산을 온통 끓는 죽솥같이 만들고 있었다.

*   *   *

그는 오래잖아 귀두산 주봉 입새에 들어섰다. 귀두산 주봉, 다시 말해 좁은 뜻으로의 귀두산은 두 개의 험준한 능선과 그 사이를 흐르는 내암천 맑은 물로 원래는 제법 쳐주는 서울 근교의 명산이었다. 그러나 몇 년 전 도심에서 밀려난 말썽 대학교의 캠퍼스가 그 왼쪽 능선 무릎께에 자리잡게 되면서 천지개벽을 만났다. 귀두산의 두 줄기 능선은 말썽 대학교를 경계로 그 허리가 잘리고, 이로부터 상사목이에 이르는 구릉과 계곡은 허리고 메워졌다. 그리고 그렇게 생겨난 평지 위에는 기다렸다는 듯이나 집들이 들어서 서울특별시의 일부로 편입돼버린 것이었다.

따라서 귀두산은 두 다리를 잘리고 허리께까지 말썽 대학교의 캠퍼스에 침식당한 채, 개발이 불가능한 주봉만이 덩그렇게 남고 말았는데 그마저도 옛날의 시퍼렇던 서슬은 흔적도 없이, 근년에는 그저 가난한 시민들의 무료 유원지나 아침저녁의 가벼운 등산 코스로 전락되어 있었다.

멀리서는 그래도 퍼렇게 살아 있는 듯 보이는 귀두산이라 한가닥 기대를 가지고 찾아든 그는 아직은 산다운 산으로 남아 있는 주봉 입새에 이르자 까닭 없는 안도감을 느꼈다. 그 높은 산 중턱까지 따라오는 그 갑갑한 도회의 내음이 이제는 사라지겠거니 하는 데서 오는 것일 터였다.

(문학과지성사, 1987)

□ 이문열 「우리들의 일그러진 영웅」

그 전학 첫날 어머님의 손에 이끌려 들어서게 된 Y국민학교는 여러 가지로 실망스럽기 그지없었다. 붉은 벽돌로 지은 웅장한 3층 본관을 중심으로 줄줄이 늘어섰던 새 교사(校舍)만 보아온 내게는, 낡은 일본식 시멘트 건물 한 채와 검은 타르를 칠한 판자가 교사 몇 채로 이루어진 그 학교가 어찌나 보이는지 갑자기 영락한 소공자(小孔子)의 비애(悲哀)같은 턱없는 감상에 젖어들기까지 했다. 크다는 것과 좋다는 것은 무관함에도 불구하고, 한 학년이 열 여섯 학급이나 되는 학교에서 공부해 온 탓인지 한 학년이 겨우 여섯 학급밖에 안 된다는 것도 그 학교를 까닭없이 얕보게 했고, 남녀가 섞인 반에서만 공부해온 눈에는 남학생반 여학생반이 엄격하게 나누어져 있는 것도 촌스럽게만 보였다.

거기다가 그런 내 첫인상을 더욱 굳혀준 것은 교무실이었다. 내가 그때껏 다녔던 학교의 교무실은 서울에서도 손꼽는 학교답게 번들거렸고 선생님들도 한결같이 깔끔하고 활기에 찬 이들이었다. 그런데 겨우 교실 하나 넓이의 그 교무실에는 시골아저씨들처럼 후즐그레한 선생님들이 맥없이 앉아 굴뚝같이 담배연기만 뿜어대고 있는 것이다.

(문학사상사, 1987)

□ 이문열 「젊은 날의 초상」

내가 강진에 도착한 것은 그해 사월 어느 날의 저녁 으스름이 깔리기 시작할 무렵이었다. 그곳의 첫인상을 강렬하게 만든 것은 우선 안개와 갈대였다.

이제 막 넓은 강수면으로부터 피어오르듯 포구를 자우룩히 덮어오는 저녁 안개는 그것이 거의 사철 피어올라 아침햇살에 으스라질 때까지 마을을 포근히 감싼다는 것을 아직 모르는데도 그곳의 한 중요한 표지가 되리라는 걸 대뜸 느끼게 해 주었다. 마찬가지로 갈대도 이제 겨우 보리만큼이나 자랐을까 말까였지만, 손바닥 만한 논밭을 제외하고는 어디든 한없이 펼쳐진 갈대밭과 지난해 미처 베어내지 못한 그루들의 높은 키는 머지 않은 여름의 무성함을 충분히 짐작할 수 있게 했다.

(민음사, 1996)

□ 이문열 「어둠의 그늘」

그런데 언제부터인가 감방 안은 이상한 분위기에 젖어들고 있었다. 애조띤 가락처럼 우리들의 마음을 슬픔으로 흥건히 젖게 하는 어떤 것이었다.

취한 중에도 그걸 느낀 듯 돌연 김광하씨가 얘기를 중단했다. 그러고 보니 감방 안에서 그때까지 떠들고 있었던 것은 우리 두 사람뿐이었다. 나머지 모두의 시선은 한 곳에 집중돼 있었다.

김광하씨와 내가 의아한 눈으로 바라보니 달이었다. 어느새 중천으로 솟은 보름달이 창틀에 환하게 걸려 있었다. 방안에 켜져 있는 희미한 백열등 때문에 그 빛이 새어 들어오지 않아, 얘기에 열중한 두 사람만 깨닫지 못했던 것이다.

한번 그 달을 보게 되자 내게도 야릇한 감개가 밀려왔다. 원인 모를 슬픔으로 콧등이 시큰해졌다. 그러고 보니, 몇몇의 눈에는 정말로 눈물이 번쩍이고 있었다. 사십대의 노름꾼, 그는 도박에 미쳐 그동안 팽개쳐둔 처자라도 생각한 것일까?

(나남, 1995)

□ 이문열 「새하곡」

텐트를 들치고 들어간 이 중위는 우선 감탄했다. 텐트 안에는 군용갓을 씌운 백열등이 켜져 있었고, 구석에는 조그만 전기곤로가 발갛게 달아있었다. 그리고 텐트 한가운데 놓인 등산용 고체연료 위에서는 무엇인가가 한참 기분 좋게 끓고 있었다. 그 곁에는 소주병도 두어 개 보였다.

(한겨레, 1988)

□ 이문열 「아가」

 녹동댁 외양간은 한창 형세 좋을 때의 그 집 살림에 어울리는 규모로 지어진 것이었다. 기와를 덮고 흙벽을 바른 별채로, 말을 위한 마구간이 한 칸에 소를 위한 외양간이 두 칸 이어져 있고 그 끝에 다시 마구와 여물을 넣어두는 헛간이 달려 있었다. 그때는 이미 말이 없어지고 소도 한 마리뿐이어서, 헛간에는 보습과 길마 같은 농구에 여물로 쓸 짚과 콩깍지 따위가 쌓여 있었는데 당편이는 바로 그 짚더미 위에서 거적을 뒤집어쓰고 자고 있었다.

* * *

 그래서 뒷날 <당편이 방> 이라고 이름 붙은 독특한 헛간방이 생겼다. 짚더미 위에 멍석을 깔아 일본식 다다미 비슷해진 바닥에다, 틈새를 종이로 바를 판자문이 하나뿐이어서 밤낮없이 어두컴컴한 방이었다. 원래 바닥은 겨울이 오면 그들을 놓아주기로 했으나 당편이가 질화로로 난방을 스스로 해결해 가을마다 깔린 짚을 갈아주는 것으로 구들을 대신했다.

* * *

 어느 날 당편이와 장군이 안동으로 나갔다가 돌아오는 길에 날이 저물어 가랫재 아래 주막에 들게 되었다. 그 주막에서 길손을 받을 수 있는 방은 온돌이 이어진 두 칸 장방을 미닫이로 가로질러 만든 작은 방 둘 뿐이었다.

* * *

 그때 우리가 주로 모이던 곳이 도가 안채 사랑방이었다. 그 방은 원래 구계 어른이라고 불리던 윗대 어른 내외가 쓰던 방이었으나 여러 해 전 구계 어른이 세상을 뜬 뒤로 퇴계 십사 세손을 사랑하는 구계 할머니 혼자서 쓰고 있었다. 방이 넓고 깨끗할 뿐만 아니라 바깥어른이 없어 마음 편한 데다, 또 그 할머니는 유별나게 젊은 우리가 거기 모여 노는 것을 보기 좋아했다.

* * *

그때 녹동댁은 비운 지 오래인 데다 그 종손에게는 아직 옛집을 돌볼 여력이 없어 폐가처럼 되어 있었다. 문중 마을로 돌아온 당편이는 처음부터 작정이나 한 듯 그 녹동댁으로 갔다. 그리고 비어 있는 온전한 방은 두고 예전에 자신이 거처하던 외양간 곁 헛간 방을 치운 뒤 거기 들어앉았다.

* * *

고향 초등학교 정문 맞은 편에 향군회관이라고 불리는 건물이 하나 있었다. 60년대 후반 울진 삼척 지구 공비침투로 향토예비군의 활동이 한창 왕성할 때 지은 것인데, 거창한 이름에 비해 건물의 내용은 빈약하기 짝이 없었다. 외겹으로 시멘트 벽돌을 쌓아올린 벽에 슬레이트 지붕을 덮고 미장과 도색만 그럴듯하게 처바른 여남은 평의 한일자 날림 집이었다.

* * *

고향과 가장 가까운 어촌은 고향 면소재지에서 대략 백 이십 리 길이 된다. 그러나 그것은 산 만나면 산 피하고 물 만나면 물 피해 구불구불 돌아가는 신작로로 가면 그랬고, 샛길로 재를 넘으면 칠십 리를 크게 넘지 않았다.

(민음사, 2000)

□ 이국자 「콜롬비아 아리랑」

거리의 상점들을 구경하듯 이리 기웃, 저리 기웃 하다가 갑자기 어느 가게 안으로 빠르게 들어갔다. 가게 안으로 들어가니, 한 콜롬비아인이 그를 알아보고 그를 데리고 뒷문으로 나갔다. 그 콜롬비아인은 그를 또 다른 상점으로 데리고 들어갔다. 또 다른 사람이 그를 데리고 안으로 들어갔다가 다시 뒷문으로 나왔다. 뒷문 앞에는 자동차가 대기해 있었다. 그를 차에 태우자마자 승용차는 좁은 거리를 요리조리 피하듯 빠져 달아났다. 그런 식으로 열 번도 넘게 릴레이식으로 그를 안내했던 사람은 어디까지 가면 없어지고 그 다음 사람이 그를 또 다른 곳으로 데려갔다. 마지막으로 그를 데리고 간 곳은 허름한 술집이었다. 술집 안으로 깊이 들어가니까 밖하곤 다르게 잘 꾸며진 내실이 있었다. 입구에 건장한 체격의 장정 몇이 버티고 있었다. 기원을 데리고 간 안내인이 뭐라고 스페인어로 말하자, 그들은 그를 안으로 안내했다. 기원이 집 내실 같은 곳으로 들어가니, 커다란 테이블을 가운데 두고 한 사내가 버티고 앉아 있었다. 얼굴은 검게 탔으나, 동양인의 얼굴이었다.

* * *

스페인풍의 콜롬비아 대통령궁 뒤쪽엔 하원 의사당과 그 옆에 상원 의사당이 있고 하원과 상원의 건물 사이엔 복도로 연결되어 있다.

앞쪽에 자리잡고 있는 보고타 시청 앞에 넓다란 광장이 있다. 광장 한 가운데엔 동상이 우뚝 서 있었다. 콜롬비아를 독립시킨 시몬 볼리비에 장군의 동상이었다.

콜롬비아는 어느 거리, 어느 마을을 가든지, 크고 작은 광장들이 있었다. 마치 로마광장 같았다. 광장에는 많은 사람들이 모여 있었다.

술병들을 모아 놓고 두들기며 연주하는 사람과 라틴음악이 흐르고 사람들은 흐느적거리며 몸을 흔들어댔다. 옷은 남루하고 얼굴엔 땟자국이 꾀죄죄하지만, 그들은 사람 좋은 무념한 표정으로 흐르는 리듬에 몸을 맡기고 있었다. 시청 맞은편에 있는 폭격 맞은 것처럼 흉하게 앞쪽이 뻥 뚫린 건물이 있었다. 그 건물은 유서 깊은 대법원 건물이었다. 홍석은 그 건물을 올려다보다가 눈을 감았다. 그 처참했던 장면을……

* * *

대통령궁을 중심으로 한, 다운타운 7번가 도로에는, 지금은 비록 가난한 민중과 마약 피우는 히피들과 좀도둑들이 이 거리를 메우고 있지만, 건축양식만은 무척 아름답고 다양했다. 한때, 남미의 아테네로 불리웠던 스페인 영주들의 집이었다.

지금은 빛바랜 건물들이지만, 한때 영광을 누렸던 건축물들이 즐비하게 바둑판처럼 짜여져 있고, 건물 사이사이로 옛날(스페인 점령 때)엔 성장한 백인 귀부인과 신사들을 태운 마차가 다녔다던 좁은 거리엔 지금은 빈민층들이 거리거리에 넘쳐나고 있었다.

보고타의 고지대(상류층) 사람들은 이 거리를 내려오지 않았다. 몇 년에 한번씩 선거 때나 경호원들을 대동하고 방탄차를 타고 다닐 정도였다.

(『시대문학』, 1999)

□ 이국자「꿈꾸는 불기둥」

나는 병원을 빠져 나와 고수부지 쪽으로 방향을 돌렸다. 고수부지는 가로등 불빛으로 밝았고 초여름 밤의 야기는 무척 부드러웠다. 두어 군데 젊은 학생들이 잔디밭에 앉아서 오손도손 이야기를 나누고 있었다. 나는 가만히 벤치에 앉아 강물을 바라봤다.

오른쪽에 원효대교가 있고 왼쪽엔 마포대교가 있었다. 나는 그 한 가운데에서 강을 바라보고 있었다.

원효대교와 마포대교의 수은등들이 물속에 거꾸로 꽂혀서 마치 불기둥들이 강물 속에 꽂혀있는 듯했다.

강물의 파장에 따라 불기둥들은 보석처럼 갖가지 색들을 뿜어내면서 찬란하게 출렁인다. 뭐라고 표현할 수 없는 새로운 세계였다. 나는 물속의 불꽃놀이를 보면서 짙은 슬픔을 느꼈다. 이곳엔 그 동안 내가 잊어버렸던 세계가 있었다.

(『월간문학』, 1993, 가을)

□ 이국자 「아름다운 이별」

저녁엔 그와 그의 아내와 함께 서부식 레스토랑에 갔다. 그는 커다란 맥주잔에 가득 담은 맥주 4잔과 스테이크를 시켰다. 이 레스토랑은 너무나 시끄러웠다. 시끄러운 음악이 흘러나오고, 한쪽에선 큰소리로 웃으며 식사를 하고, 한쪽에선 서부식 춤을 추는 무리들이 있었다. 전형적인 서부식 레스토랑이라고 했다. 한번쯤은 가볼 만한 곳이었다.

* * *

그날 우리들은 세도나에서 묵기로 했다. 그는 이왕이면 더 아름다운 곳에서 묵자고 숲이 아름답게 물들은 곳으로 차를 달렸다. 그러나 이상하게도 그 넓은 곳에 별장들은 아름답게 있지만 가도가도 호텔 간판은 보이지 않았다. 나는 우리나라의 명승지들을 생각했다. 한집 건너 호텔 아니면 모텔이 커다란 간판을 다는 것도 모자라서 만국기나 팔랑개비까지 요란하게 달아서 전국 팔도강산 어디를 가나 호텔이 많은데 이렇게 아름다운 곳에 호텔이 보이지 않았다. 내 마음은 안타까웠다. 이곳에서 하룻밤 묵고 싶은데 호텔이 보이지 않기 때문이었다. 그가 조금 더 달리더니 소리쳤다.

"저 집에 가보자."

나는 아무리 봐도 호텔 간판이 보이지 않았다.

"어디로 가는데?"

내가 물었다.

"이 앞에 표시판이 있잖아."

나는 그가 손가락으로 가리키는 표시판을 보았다. 작은 나무 조각에 연습처럼 쓴 글씨로 호텔이라고 쓰고 화살표를 해 놓았다.

"저게 간판이야?"

"간판이 무슨 필요가 있어. 지나가는 사람들이 알아볼 정도면 되지. 이렇게 아름다운 자연 속에 커다란 간판을 걸어봐. 어울리나……"

나는 정말 그렇다고 고개를 끄덕였다.

화살표를 따라가니 숲 속에 작은 집들이 대여섯 채 정도 서로 머리를 맞대고 적당한 간격으로 지어져 있었다. 집 앞뜰에는 이쁜 꽃들이 자연스럽게 피어있었다. 너무나 아름다워서 우리들은 탄성을 질렀다. 마치 크리스마스카드에 나오는 집 같았다. 그는 그 중 한 채를 빌렸다. 들어가 보니 예쁜 커튼이 있는 창이 있고 거실엔 탁자와 소파들이 놓여 있고 더블 침대 방이 하나 있고 거실 한켠에 싱글 침대가 두 개 나란히 놓여 있으며 밤 해 먹을 수 있는 부엌이 있었다. 그리고 벽난로가 있었다. 벽난로 옆으로 식탁이 놓여져 있었다.

(『한국소설』, 2001, 여름)

□ 이범선 「학마을 사람들」

마을은 변했었다.

학나무는 흠싹 타 새까만 뼈만, 앙상하게 서 있었고 또 이쪽 이장네 집과 봉네네 집터에는 아직 녹지 않은 흰 눈 가운데 깨어진 장독이 하나 우뚝하니 서 있을 뿐이었다. 그리고 딴 집들은 다행이 그대로 남아 있었으나 단 두 사람 남겨 두고 갔던 바우 어머니와 박훈장은 보이지 않았다. 완전히 빈 마을은 눈 속에 잠겨 있었다.

*　　*　　*

자동차 길엔 가재도 오르는 데 십리, 내리는 데 십리라는 영을 구름을 뚫고 넘어, 또 그 밑의 골짜기를 삼십리 더듬어 나가야 하는 마을이었다.

강원도 두메의 이 마을을 관에서는 뭐라고 이름지었는지 몰라도 그들은 자기네 곳을 학마을이라고 불렀다.

무더기 무더기 핀 진달래꽃이 분홍 무늬를 놓은 푸른 산들이 사면을 둘러싼 가운데 소복이 일곱 집이 이 마을의 전부였다. 영마루에서 내려다 보면 꼭 새 둥우리 같았다. 마을 한 가운데는 한 그루 늙은 소나무가 섰고, 그 소나무를 받들어 모시듯, 둘레에는 집집마다 울안에 복숭아 꽃이 활짝 피어 있었다.

* * *

해가 떴다.

이윽고 그들은 긴 목을 쑥 빼고 뾰족한 주둥이를 하늘로 곤추 올렸다. 맨 큰 학이 두 날개를 기지개를 켜듯 위로 들어 올리며 슬쩍 다리를 꾸부렸다 하자 삐-르 긴 소리를 지르며 훔씰 가지에서 푸른 하늘로 솟아올랐다. 그러자 다음 다음 다음 차례로 뒤를 따랐다. 그들은 멋지게 동그라미를 그으며 마을을 돌았다. 한 바퀴 또 한 바퀴 점점 높이 올랐다. 이젠 까마득히 하늘에 떴다. 그래도 삐르 삐르 소리만은 똑똑히 들려 왔다. 마을 사람들은 꺾어져라 목을 뒤로 젖혔다. 두 손을 펴서 이마에 가져다 햇빛을 가리고 한없이 높고 푸른 가을 하늘을 쳐다보고 있었다. 반짝반짝 다섯 개의 은빛 점이 한 줄로 늘어섰다. 마지막 바퀴를 돌고 난 학들은 그리던 동그라미를 풀며 방향을 앞으로 잡았다. 하나, 둘, 셋, 넷, 다섯. 점이 하나씩 하나씩 남쪽 영마루를 넘어 사라졌다. 마을 사람들은 한참이나 그대로 말없이 그 학들이 사라진 곳을 쏘아보고들 서 있었다.

* * *

그날 밤 하늘엔 어스름 달이 떴다. 남은 한 마리의 학은 미쳐 울었다. 끼역끼역 긴 목에서 피를 토하듯 우는 학의 소리는 온몸에 소름이 쪽쪽 섰다. 무엇에 놀라는 것처럼 꽥 외마디 소리를 지르며 푸르르 공중으로 솟아오르기도 하였다. 그리고는 밤하늘을 훨훨 날아 마을을 돌며 슬피 슬피 우는 것이었다. 다시 학나무 위에 와 앉아도 보았다. 꼭 거기 아직 같이 있을 것만 같은 모양이었다. 그리고는 달을 향하여 긴 주둥이를 들고 무엇을 고하듯 또 울었다. 마을은 고요하였다. 저주하는 듯 애통한 학의 울음소리만 삐르 삐르 밤하늘에 퍼져 나가 맞은편 산에 맞고는 길게 되돌아 울어 왔다. 누구 하나 이웃을 나오는 사람도 없었다. 그렇다고 자는 것도 아닌 모양으로 밤이 깊도록 이집 저집에서 기침 소리가 들려 왔다.

(책세상, 1989)

□ 이범선 「사망 보류」

수원역에서였다. 마지막 기차가 역에 닿자 죽은 버러지에게 달려드는 개미떼처럼 피난민들이 매달렸다. 제각기 앞을 다투어 화물차 꼭대기로 기어올라 보따리를 끌어올리기 시작하였다. 용산역을 떠날 때에 벌써 많은 사람들을 채 다 못 태우고 온 화물차였다. 그러니 어디 감히 발을 붙일 자리도 없었다. 그래도 어떻게 기어 오른 사람들은 빈대 모양 달라붙어 있는 사람들 등이건 발이건 마구 밟으며 보따리를 끌어올리기에 결사적이었다. 철이네 네 식구가 이불을 둘러쓰고 쪼그리고 앉아 있는 바로 뒤에도 한 사람이 기어올랐다. 그는 미리 한끝은 보따리에 매고 한끝만을 입에 물고 올라온 밧줄로 짐짝을 끌어올리고 있었다. 힘을 쓸 때마다 무릎으로 철의 등을 마구 내리눌렀다. 철은 돌아다보나마나 그저 그때마다 등에 마구 힘을 줄 뿐이었다. 그러자 지금까지 철과 등을 맞대고 앉아 있던 애꾸눈 청년이 버럭 소리를 질렀다. 어디 끼일 데가 있느냐는 것이었다. 그러나 수원서 올라온 그 사람은 들은 척도 않고 두레박을 끌어올리듯이 보따리가 달린 밧줄만 열심히 당기고 있었다. 이윽고 보따리가 화물차 꼭대기로 올라왔다. 바로 그 애꾸눈이의 등 위에 올려졌다. 애꾸눈이는 또 한번 소리를 질렀다. 뿐만 아니라 그는 벌떡 일어나며 다짜고짜로 등

위의 보따리를 저만치 기찻길에 굴려 떨어뜨리고 있었다. 서로 욕지거리가 났다. 그 바람에 밧줄마저 놓친 보따리 임자는 다시 플랫폼으로 내려갔다. 또 입에다 밧줄을 물고 기어 올라왔다. 애써 보따리를 다시 끌어 올렸다. 그러자 애꾸눈이는 재차 굴려 떨어뜨렸다. 또 욕지거리였다. 그러나 보따리 임자의 처지로서는 언제 기차가 떠날지 모르는 판에 싸우고만 있을 수는 없는 노릇이었다. 그는 하는 수 없이 또 플랫폼으로 내려갔다. 이러기를 세 번째 애꾸눈이는 보따리를 집어 던졌다.

* * *

사과 상자 위에 까만 보자기를 펴고 그 위에 찐 고구마를 늘어놓고 팔고 있었다. 조금 큰 놈은 두 알, 좀 작은 놈은 세 알 혹은 네 알 그렇게 몫을 지어서 쌓아 놓았다. 그 옆에 부대를 깔고 앉아서 어린애에게 젖을 물리고 있었다. 철이 발을 멈추자 눈물부터 그렁하며 앞자락을 여미고 일어섰다. 단돈 십만 환만 있어도 이렇게까지는 않고도 될 텐데, 그게 없노라고 했다. 그건 변명도 애원도 아니었다. 그저 정말 안타깝고 기막힌 하소연이었다. 철은 더 오래 마주 서 있을 수가 없었다.

(책세상, 1989)

□ 이범선 「피해자」

나는 한번 교회 안을 둘러보았다. 가을이라고는 하지만 아직 낮에는 제법 더운 탓인지 고개를 수그리고 있는 교인들 가운데는 졸고 있는 사람이 꽤 많았다.

강단 바로 밑에, 일반 교인들의 걸상과는 달리 벽에 대어서 세로 놓인 걸상에 나란히 걸터앉은 네 사람의 장로들도 무척 지루한 표정들이었다.

맨 앞쪽에 그의 아버지 최장로가 까만 두루마기 앞자락을 쭉 펴서 여미고 마치 나무를 깎아 만든 사람처럼 까딱도 하지 않고 앉아 있었고, 그 옆에 구공탄공장 주인인 강장로가 다갈색 양복에 유난히 굵은 테 안경을 복면처럼 쓰고 앉았고, 그 다음에 시장에서 해산물 장사를 하는 김장로가 포개고 앉은 한 다리를 뚱뚱한 몸집에 어울리지 않게 아까부터 잠시도 쉬지 않고 한들한들 떨고 있고, 또 그 옆에 그러니까 맨 안쪽에 앉은 의사 박장로는 언제나 그렇듯이 목이 부러진 것처럼 고개를 푹 수그려 가슴에 턱을 묻고 앉아 있었다. 그런데 그 박장로가 두 손으로 움켜쥔 성경과 찬송가책이 슬며시 무릎 위에서 흘러내리려고 하다가 다시 그의 손에 붙들려 제자리로 끌려 올라가고 끌려 올라가고 하는 것으로 보아서 분명히 그는 졸고 있는 것이었다.

(책세상, 1989)

□ 이범선 「갈매기」

섬 안은 그대로 한 집안이다. 그러기 어느 집안에든지 잔치가 있거나 또는 상사가 생기면 이렇게 밤새도록 전등이 들어오는 것이다. 시장에서 생선장사를 하는 상이군인이 새색시를 맞던 날도 그랬다. 읍장님의 어머니 진갑날도 그랬다. 고아원에서 어린애가 죽던 날도 그랬고, 일전 파도가 세던 날 나갔던 어선 한 척이 돌아오지 않던 밤도 그랬다.

* * *

훈은 오른편으로 눈을 돌린다. 벼랑 밑 돌길을 더듬을 필요도 없이 포구를 엇비슷이 가로 건너 거기 빤히 집이 보인다. 동백나무가 반짝거리는 산을 지고 바로 물가에 선 아담한 기와집, 선생들이 감나무장이라고 부르는 집이다. 마당에는 흰 빨래가 걸렸고, 돌담 밖에 채소밭 가운데는 쭈그리고 앉은 아내 앞에 선 종의 빨간 스웨터가 빤히 보인다.

* * *

지극히 단순한 생활.

아침 자리에 일어나 앉으면 안개 낀 포구가 유리창에 그대로 한폭의 묵화다. 칫솔을 물고 마당으로 내려간다. 마루 밑에서 기어 나온 바둑이가 신고 선 그의 흰 고무신 뒤축을 질근질근 씹어 본다. 뒷산 동백나무 잎이 아침 햇빛에 유난히 반짝거린다. 어디선가 까치가 운다. 마당 한구석에 돌각담을 지고 코스모스가 상냥스레 피어 웃는다. 추석도 머지 않은 거기 감나무에는 주홍빛 감이 가지마다 세 개, 다섯 개, 네 개 탐스럽게 달렸다. 빨갛게 열매를 흉내 낸 감나무 잎이 하나, 누가 손끝으로 튀기기나 한 것처럼 툭 가지 끝에서 튀어난다. 팽글팽글 팽글팽글 허공에 원을 그리고 사뿐히 땅바닥에 내려앉는다. 부엌문 앞을 돌아 나오던 흰 암탉이 쪼르르 달려온다. 쿡 하고 지금 떨어진 감나무 잎을 쪼아 본다. 핏빛 면두가 흰 머리 위에서 흔들거린다.

* * *

학교가 끝나고 교문을 나서면 훈이 선 지점은 바로 정확하게 포구 중앙 지점인 것이다. 거기서 훈은 한참 바다를 바라본다. 호수처럼 동글한 포구 한가운데는 경찰서 수상 경비선이 하얀 선체를 한가히 띄우고 있고, 왼쪽 시장 앞에는 돛대 끝에 빨간 헝겊을 단 어선이 네 척 어깨를 비비고 머물렀다. 그리고 저만치 앞에 두 대의 흰 등대. 그 등대 허리에 가는 수평선이 죽 가로 그어졌다. 바로 그의 발밑에서 넘실거리는 바다가 아득히 수평선을 폈고, 그 선에서 다시 또 하나의 바다, 맑은 가을 하늘이 아찔하니 높이 피어올랐다.

* * *

땅거미가 내리깔리자 등대에 불이 켜졌다. 오른쪽에는 빨강 등, 왼쪽에는 파랑 등. 긴 물댕기가 가물가물 움직인다. 달이 뜬다. 그 청홍 두 개의 등 바로 가운데로 수평선에 달이 끓어오른다. 멀리 아주 멀리 금빛 파도가 훈의 가슴을 향해 달을 굴려 온다.

(책세상, 1989)

□ 이병주 「마술사」

문을 열자 방안에서 터져 나오는 듯한 이상한 악취가 코를 쏘았다. 비좁은 방에 10여명의 사람이 하나의 노인을 가운데 두고 꽉 둘러 서 있는 광경, 그것을 한쪽 벽에 매달려 있는 호롱불이 아슴푸레 비추고 있었다. 뒤에 생각한 것이지만 그건 수호지의 어떤 장면을 방불케 하는 장면이었다.

* * *

카타의 그라파니의 집은 원주민들의 집과는 전연 딴판인 현대식 건물이었다. 붉은 슬레이트에 하얀 벽, 이름 모를 꽃들이 만발한 화단에 둘러싸인 그윽한 향기 속의 꿈처럼 아담한 집에서 크란파니의 마누라 인레는 남편의 신상에 무슨 일이 일어났는지도 모르고 꽃처럼 살고 있었다.

(삼성, 1972)

□ 이병주 「소설 알렉산드리아」

밤이 깔렸다. 짙게 깔려진 밤을 바탕으로 수백만의 전등불이 알렉산드리아의 밀도와 지형 그대로의 현란한 수를 아로새긴다. 밀집한 성좌와 같은 그 현란한 등불의 수는 중천에까지 하레이션을 서리우고 하레이션 저편엔 어두운 허공, 그 위에 드높이 천상의 성좌가 고요하다.

* * *

영하 20도라고 한다. 감방은 영락없이 냉동고다. 천장만 덩실하게 높은 이 비좁은 감방에 세 사람이 웅크리고 앉았는데 그 입김이 유리창에 서려

하늘로 통하는 유일한 창구는 하얗고 두툼하게 얼어붙었다. 조금 받아 놓은 물도 돌덩이처럼 얼어붙었다. 방 한구석에 놓인 변기통도 얼어붙었다.

　　　　　　＊　　＊　　＊

정연한 전등불이 화려한 점선을 치고 해안선을 달리고 있는 편은 파로스 섬의 동단에 유난히 거대한 광망으로 깜박거리고 있는 대등대다. 짙은 잉크 빛깔의 마레오티스호는 언저리를 금실로 수놓은 빌로도의 감촉으로 밤을 고였다.

시심으로 눈을 옮기면 한결 휘황하게 빛나고 있는 세실호텔의 네온사인, 이에 질세라 15층 건물의 높이 넓이에 꽉 차게 이중의 명멸장치를 갖춘 '카바레 안드로메타'의 전기 간판이 가로세로 뚜렷뚜렷하게 글자 하나하나를 밤하늘에 부각시키고 있다.

　　　　　　＊　　＊　　＊

다락방은 글자 그대로 다락방이었다. 키가 작은 내가 꾸부려야 들어갈 수 있는 문. 키가 큰 말셀은 앉아 있어도 머리가 닿을까 말까 할 정도로 낮은 천장. 불향으로 철제 침대가 놓였고, 벽은 세월의 이끼가 끼어 거무스레 낡았다. 장식이란 흔적조차 없는 그저 초라하다는 한 마디로써 족한 방의 모양이었다. 그러나 남으로 트인 창을 통해서 알렉산드리아의 시가와 앞바다가 일몰에 모여드는 것만이 장관이었다.

　　　　　　＊　　＊　　＊

호화로운 페르시아 융단, 묵직히 드리운 진홍색 커튼, 사향의 냄새가 풍기는 방, 마호가닉 침대, 핑크색 덧이불, 그 위에 놓인 꽃무늬가 산산이 흐트러지는 풍정으로 희랍의 조각을 그대로 혈육화한 것 같은 남녀의 정사. 천장이 낮고 벽지 위엔 빈대피가 가로 세로 혹은 비스듬히 흔적을 남긴 어수선한 방, 값싼 담배 냄새, 독주 냄새가 야릇하게 풍기는 방, 삐걱거리는 침대 위에서 이루어지는 서원과 매춘부의 정사.

* * *

엄지손가락만 한 쇠창살이 10센티 가량의 간격을 두고 세로 일곱 줄 박혀 있는 넓이의 창, 이 창살을 30센티의 폭으로 석 줄의 쇠창살이 가로질러 있다. 그 쇠창살 안으로 각각 여섯 칸의 사각형으로 나눠진 유리창문 두짝이 미닫이 식으로 달려 있다.

* * *

안드로메타의 대홀에는 루이 왕조풍 샹들리에가 수없이 달려 있다. 탁자가 놓인 언저리엔 진홍색 융단, 벽엔 페르시아의 자수가 놓인 태피스트리, 그리고 조명은 탕아의 주름살과 유녀의 화장이 거침이 보이지 않을 정도로 어둡고 필요한 동작을 하기엔 불편하지 않을 정도로 밝음을 나타내고 있다. 이 홀 한가운데에 원형의 무대가 마련되어 있다.

(범우사, 1997)

□ 이 상 「날개」

그 33번지라는 것이 구조가 흡사 유곽이라는 느낌이 없지 않다. 한 번지에 18가구가 죽─어깨를 맞대고 늘어서서 창호가 똑같고 아궁지 모양이 똑같다. 게다가 각 가구에 사는 사람들이 송이송이 꽃과 같이 젊다.

해가 들지 않는다. 해가 드는 것을 그들이 모른 체하는 까닭이다. 턱살 밑에다 철줄을 매고 얼룩진 이부자리를 널어 말린다는 핑계로 미닫이에 해가 드는 것을 막아버린다. 침침한 방안에서 낮잠들을 잔다. 그들은 밤에는 잠을 자지 않나? 알 수 없다. 나는 밤이나 낮이나 잠만 자느라고 그런 것을 알 길이 없다. 33번지 18가구의 낮은 참 조용하다.

조용한 것은 낮뿐이다. 어둑어둑하면 그들은 이부자리를 걷어 들인다. 전등불이 켜진 뒤에 18가구는 낮보다 훨씬 화려하다. 저물도록 미닫이 여닫는 소리가 잦다. 바빠진다. 여러 가지 내음새가 나기 시작한다. 비웃 굽는 내, 탕고도란내, 뜨물내, 비눗내……

그러나, 이런 것들보다도 그들의 문패가 제일로 고개를 끄덕이게 하는 것이다.

이 18가구를 대표하는 대문이라는 것이 일각이 져서 외따로 떨어지기는 했으나 있다.

그러나, 그것은 한번도 닫힌 일이 없는 한길이나 마찬가지 대문인 것이다. 온갖 장사아치들은 하루 가운데 어느 시간에라도 이 대문을 통하여 드나들 수가 있는 것이다. 이네들은 문간에서 두부를 사는 것이 아니라 미닫이만 열고 방에서 두부를 사는 것이다. 이렇게 생긴 33번지 대문에 그들 18가구의 문패를 몰아다 붙이는 것은 의미가 없다. 그들은 어느 사이엔가 각 미닫이 위 배인당이니 길상당이니 써 붙인 한곁에다 문패를 붙이는 풍속을 가져 버렸다.

내 방 미닫이 위 한곁에 칼표 딱지를 넷에대 낸 것 만한 내 – 아니! 내 아내의 명함이 붙어 있는 것도 이 풍속을 좇은 것이 아닐 수 없다.

(문학사상사, 1996)

□ 이순원 「낮달」

갑자기 눈앞이 아득해져 왔다. 암실작업을 끝내고 바깥으로 나왔을 때 순간적으로 느끼는 현기증과도 같은 눈부심이다. 햇빛이 이마 깊숙이에까지 쐐기처럼 박혀들었다. 어느새 사수가 내 뒤를 돌아와 출입문을 떠민 것이었다. 오늘 처음 당하는 일도 아니었다. 사수는 그걸 졸병의 빠진 군기를 채우기 위한 낮닦음이라고 했다. 사진반은 세면장과 이발소로 가는 길목에 위치하고 있어 사람들의 통행이 많았다. 힐끔힐끔 낯선 시선이 닿을 때마다 나는 심한 모욕감을 느끼곤 했다. 어쩌면 그런 감정조차 내겐 사치스러운 것인지 모른다. 똑딱, 하고 사수가 볼펜의 스프링을 조이는 소리가 들렸다. 사월, 화사한 봄날이었다. 그러나 봄은 피부로만 느껴질 뿐

가슴에 채워지지 않았다. 의미가 없는 봄은 봄이 아니다. 지난 식목일에 심은 앞뜰 화단의 팬지꽃도 하나의 정물로밖에 보이지 않는다. 이번엔 멀리 연병장 건너편으로 시선을 돌렸다. 섰을 때보다 안계(眼界)가 좁게 차단된 탓도 있겠지만 가랑이 사이로 고개를 처박고 바라보는 세상은 요지경 속과 같았다. 길게 둘러진 방호벽 속에 흙무덤으로 엄폐한 교환대 벙커와 얼룩무늬로 위장도색한 통신정비실 건물의 한쪽 끝이 공중에 떠 있는 느낌으로 와 닿았다. 방향감각도 지형의 높낮이도 낯설었다. 유선중대의 케이블 야적장 훨씬 뒤쪽에 본부대와 통신대가 합동으로 관리하는 탄약고가 하늘과 맞닿아 있었고, 그 위에 낮달 하나 창백하게 떠 있었다. 몸을 움직일 때마다 총을 멘 두 명의 보초가 가랑이 사이로 잠시 모습을 나타냈다간 사라지고 사라졌다간 다시 나타나곤 했다. 송글송글 땀이 맺히며 땅에 손을 짚는 횟수가 잦아졌다.

(동아, 1995)

□ 이순원 「수색, 그 물빛 무늬」

전화를 끊고 나서 그것을 갖다 놓으려 안방 쪽을 바라보자 평소엔 늘 비좁게 느껴지던 집 안이 내 방에서 아내가 있는 안방까지가 너무도 아득하게 느껴졌다. 아니, 그냥 아득하게만 느껴지던 것이 아니라 무언가 돌덩이처럼 무거운 것이 천장으로부터 거실 공간 전체를 짓누르듯 무겁고도 막막해 보였던 것이 아닌지 모르겠다.

*　*　*

아침에 아이가 뚫어놓은 창호지문 구멍을 통해 들어온 겨울 햇빛 사이로 부산스레 먼지가 솟아올랐다. 그 모습이 꼭 그 부분에만 먼지가 있는 것처럼 보여 마치 먼지 하나 없이 깨끗한 방에 그런 먼지를 가득 담은 햇빛 투명관을 문 구멍을 통해 비스듬히 방 안에 걸쳐놓은 것 같이 보였다.

(민음사, 1996)

□ 이순원 「강릉 가는 옛길」

며칠 후 나는 4학년 교실 창문마다에 하늘색 커튼이 쳐져 있는 걸 보았다. 우리 반 교실로 가는 골마루에서 언뜻 안을 들여다봤을 때 철판에도 줄을 당기면 가운데에서부터 양쪽으로 여닫을 수 있는 같은 색의 커튼이 쳐져 있었다. 창문엔 몰라도 뭐 칠판에까지 다냐 했더니 쉬는 시간 아이들이 교실을 돌아칠 때 분필 가루가 날리지 말라고 그렇게 한 것이라고 했다. 그러고 보니 4학년은 쉬는 시간마다 당번이 다음 시간에 말대가리가 쓸 분필을 종이로 반씩 감고 있었다. 그때로선 참 별난 선생님도 다 있구나 생각했다.

(중앙일보사, 1996)

□ 이순원 「그대, 양진을 아는가」

그림 속의 사내는 울고 있었다. 아니, 웃고 있었다. 무엇인가 원한에 가득 찬 절규하듯 벌린 입, 입안에 그려진 잠자리와 나비의 날개, 떴는지 감았는지조차 알 수 없는 눈, 깡마르게 일그러진 몸뚱이도 팔다리도 없이 두 개의 목발이 받치고 있었고, 머리엔 가늘고 긴 칼이 코밑 깊숙이에까지 박혀 있었다. 흰 벽 위에 피보다 붉은 색 페인트로 그린 그림이어서 더욱 섬뜩하게 느껴졌는지도 모른다. 그리고 그 주변에 만화의 인물들과 같이 그를 향해 웃고 있는 작은 얼굴들이 선 굵은 연필로 무수하게 그려져 있었다. 그림 아래 당숙이 이름 대신 쓰는 '行'이라는 암호 같은 글자가 아니더라도 첫눈에 그의 자화상임을 알 수 있었다.

(동아, 1995)

□ 이순원 「얼굴」

엠602 트럭에 아마 시체인 듯 가마니로 덮어씌운 것을 총을 들고 지키고 선 얼룩무늬의 공수부대원, 한 청년의 바지 뒤춤을 잡고 발길질하며 그를 연행하는 또 다른 공수부대원, 시가지를 행진하는 군인들, 여러 모습들이 어지러운 가운데 셔터가 내려진 어느 가게 앞에 꿇어 엎드린 한 청년의 공포에 질린 얼굴, 그 옆에 그를 지키고 선 방독면을 쓴 공수부대원의 모습, 거리 곳곳에 얼룩진 피, 피, 피 두 손을 머리에 얹고 피를 흘리며 공수부대원에게 끌려가고 있는 청년들의 모습, 그 가운데 옷을 벗기어 흰 팬티만 걸친 맨발의 청년, 화면, 계속 어지럽게 움직이는 가운데 비명 같은 단말마, 잡지 마세요, 군인들, 잡지 말라니까! 간헐적으로 들리는 총소리, 비명 소리 자동차 소리, 자욱한 최루탄 안개……

리어카에 실려 있는 처참한 시신의 모습, 허리께에 붉게 핏물이 들어 있는 흰 옷, 시신을 덮은 태극기, 따르는 사람들……

(동아, 1995)

□ 이외수 「황금비늘」

나는 창밖을 내다보고 있었다. 밤이었다. 도시의 어두운 하늘위로 핏빛 십자가들이 숲을 이루며 무성하게 자라 오르고 있었다. 도시는 발광하고 있었다. 건물마다 휘황한 네온들이 어둠을 향해 발악적으로 빛살을 난사하고 도로마다 수많은 차량들이 눈알을 부릅뜬 채 어디론가 떼지어 진군을 계속하고 있었다. 취객들이 뇌를 절제당한 유인원처럼 휘청거리는 걸음걸이로 거리를 방황하고 있었다.

(동문선, 1997)

□ 이윤기 「나비넥타이」

우리 학교 강당의 무대 대기실은 무대 뒤에 있는 것이 아니고 무대 밑에 있었다. 나는 그를 격려하기 위해서 무대 밑에 대기실로 들어가 보았다. 대기실 분위기는 노수의 기를 꺾기에 충분했다. 오래된 강당이라 판자

틈새가 벌어져 있어서, 무대 밑에서 있는데도 무대 위에 선 연사의 바짓자락이 보였다. 청중석에서는 대기실의 연사들이 보이지 않겠지만 대기실에서는 무대 정면의 틈새를 통하여 바닥에 앉은 무수한 알대가리들을 볼 수도 있었다. 위에서 들리는 천둥 같은 연사의 포효, 앞에서 들리는 우레와 같은 청중의 함성과 박수는 대기실에서 기다리는 연사의 기를 꺾어놓기 십상이었다.

* * *

노수와 내가 어린 시절을 보낸 고향의 두메 마을은, 기차나 자동차를 보려면 십 리를 걸어 나와야 했다. 그만큼 외진 산골이라 우리 마을 사람들은 휘발유나 경유나 윤활유 같은 석유 계통의 기름 냄새를 대체로 싫어했다.

(민음사, 1998)

□ 이윤기 「뱃놀이」

신혼부부가 보트 타고 늦여름 오후를 느긋하게 즐기게 될 터인 연지는 술모산 자락에 펼쳐져 있는 거대한 저수지의 별명이다. 실용성을 앞세운 정식 명칭은 술모산 담수 저수지이지만, 이 긴 본명은 관청 사람들 입에나 오르내릴 뿐, 시민들 사이에서는 거의 쓰이지 않는다.

그 까닭은 연지 방축을 걸어보면 누구나 알게 된다. 연지라는 별명으로 불려 그 소리 울림과 함께 저수지 남쪽 방축에 면해 펼쳐져 있는 아름답다 못해 종교적이기까지 한 연밭 모습이 떠오른다. 소나기 온 뒤 연지 방축 거닐어 본 사람은 소나기조차도 연잎이나 연꽃에는 그 흔적을 남기지 못한다는 것을 잘 안다.

억수에게는 견디어도 가랑비는 새어 들어가는 데가 연밭이라던가. 그에게는 연지 방축을 걸을 경험이 풍부하다. 비 온 뒤 연지 연밭의 선명한 초록색 연잎은 가슴이 철렁 내려앉게 할만큼 아름답다. 무지개 구경이라도 얻어 걸리는 날에는 어른 아이 할 것 없이 낯색이 연꽃빛 될 만큼 행복해지곤 하는 곳이 바로 비 갠 다음의 연지 방축이다. 연지는 실용적인 이름으로 불리지 않을 때 성큼, 그 지방 사람들 마음의 고향 자리로 오른다.

(민음사, 1999)

□ 이은성「동의보감 (상)」

지리산의 3월초

마을의 돌담각 사이로 비어져 나온 개나리의 노란 빛깔들이 가지마다 화사하게 피어나고 마을 근처 야산의 양지바른 비탈에는 분홍빛 진달래가 무리무리 어우러져 벌떼를 부르건만.

그 듬성이와 골짜기 너머 지리산의 중턱위로는 진달래가 겨우 꽃눈만 튼 앙상한 맨 가지인 채 거센 바람 속에 떨고 있었다.

(창작과비평사, 1990)

□ 이규정「퇴출시대 (1)」

나는 조심스럽게 그 방으로 들어갔다. 아무도 없는 방으로 들어서자 나는 무심코 사방을 휘둘러보았다. 방의 삼면 벽이 온통 책꽂이로 둘러져 있었다. 책도 온갖 분야의 것이 함께 꽂혀 있었다. 불교 경전에 관한 책이 가장 많았다. 하지만 법학·문학·역사·철학·정치·경제·사회학·한문학·동양고전·한의학 서적에다 특히 두터운 원서도 헤아릴 수 없을 만큼 꽂혀 있었다. 또 한쪽 구석에는 온갖 종류의 외국어 사전도 가지런히 꽂혀 있었다. 나는 그 중 독일어 사전 한 권을 빼내 아무 데나 펼쳐 보았더니 빨강 밑줄이 군데군데 쳐져 있었다. 중국어 사전도 그랬고, 일본어 사전도 그랬다. 사전을 도로 꽂고 옆으로 걸음을 옮기다 나는 한 자리에 얼어붙은 듯 서고 말았다. 마치 전신에 쥐라도 난 것처럼 꼼짝할 수가 없었다. 책꽂이 기둥 한 곳에 책꽂이 색깔과 얼른 식별되지 않는 십자고상(十字苦像)이 걸려 있었던 것이다.

(지평, 2000)

□ 이규정「퇴출시대 (3)」

성모상은 성당건물보다 좀더 높은 곳에 모셔져 있었다. 성모상으로 오르는 계단은 자연석으로 되어 있었다. 아니, 그 자연석은 계단뿐만 아니고 성모상 주변을 온통 성곽처럼 둘러싸고 있었다. 지붕이 있는 성곽이었다. 그러니까 성모상은 자연석으로 축조된 동굴 같은 곳에 있었다. 성모상 앞에는 큰 촛대가 있었고, 촛불은 활활 타고 있었다. 경제적으로 이렇게 어려운 고비에 있는 어두움의 세상에, 주님께서 오심으로써 희망으로 밝아질 것을 약속이나 하듯이 촛불은 바람도 타지 않고 활활 타고 있었다.

*   *   *

나는 사람들을 따라 성당으로 들어가기 전에 성당 구내의 여기 저기를 기웃거리며 구경했다. 꽤 오래된 나의 습관이었다. 우리 성당의 좁은 강당, 좁은 교리실, 초라한 사제관과 수녀원 등을 머리에 떠올리며 처음 가보는 성당이면 으레 살펴보곤 하는 버릇이었다. ㄱ시의 그곳 ㅂ성당은 우리 성당보다는 규모가 컸다. 사제관인 듯 싶은 깨끗한 건물은 2층이었는데, 그 아래층에 많은 교리실이 복도를 중간에 두고 양쪽으로 가지런히 줄지어 있었다. 방마다 청년 학생들로 붐비고 있었다. 조금 전 수녀님께서 나오던 건물은 사제관 아래쪽 맞은편에 있었다. 역시 2층 건물이었는데 아래층은 사무실이 있었고, 성물 판매소와 또 다른 교리실 같은 작은 방들이 세 개나 더 있었다.

이윽고 나는 성당 건물로 들어갔다. 성당 아래층은 온통 강당이었다. 강당에는 연극이 한창이었다. 높다랗게 꾸며진 무대 위에는 허연 수염을 단 노인이 나와 있었고, 노인 앞에는 남루한 차림을 한 걸인이 엎드려 있었다. 관객들은 입추의 여지없이 강당을 메웠는데 너무 시끄러워서 무대 위의 출연자들이 무슨 대사를 외고 있는지를 잘 알아들을 수가 없었다.

 나는 떠들썩한 강당을 나와 성당으로 올라갔다. 문 앞에서 성수를 찍어 천천히 성호를 그었다. 성당 안 까마득한 정면 놓은 벽, 주님을 매단 십자가는 검은 천으로 가려져 있었다. 지금 예수님은 부활하시기 전이 아닌가.

 성당 안은 일러서인지 아직까지 빈자리가 많았다. 나는 성당의 사면 벽을 빙 둘러보았다. 예수님께서 고통 받으시고 재판받고, 십자가를 지고 가시고, 숨을 거두시고, 부활하시도록까지의 14처의 투박한 조각이 돌아가면서 벽에 붙어 있었다. 어느 성당에서나 볼 수 있는 14처인데도 나는 마치 그런 것을 처음 보기나 하듯 감회로운 눈길로 돌아보았다. 처음부터 이날은 별스러운 일이었다.

(지평, 2000)

□ 이규정 「퇴출시대 (5)」

 그 집 주인은 어찌 된 셈인지 이 어려운 때에 녹지대다 호화주택을 지었던 것이다. 집안에는 풀장도 있고, 잔디밭에는 골프 연습장도 있다고 했다. 높은 담에는 철조망까지 마치 허공에 수를 놓듯 멋진 무늬 모양으로 쳐 놓았다. 대문은 항상 굳게 닫혀 있었고, 담장의 네 귀퉁이마다 있는 깨끗한 개집에는 무서운 도사견이 갇혀 있었다. 그러다 대낮에도 낯선 사람이 얼씬만 해도 입에 게거품을 물고 발광하듯 짖어대곤 했다. 네 마리나 되는 개가 한번 짖기 시작하면 온 산비탈이 아주 작살이나 나는 듯했다.

(지평, 2000)

□ 이규정 「첫째와 꼴지」

 약을 달이는 곳은 안채와 떨어져 있는 제2수위실 밑 지하실이었다. 그

지하실은 본래 차고로 쓰려고 길에서 언덕을 더 깎아내어 만든 것이었으나 안채와 너무 거리가 멀어 차고로는 적당하지 않아 셔터가 내려진 채 버려져 있는 곳이었다. 그 차고 지붕이 바로 제2수위실 바닥이었고, 제1수위실은 제2수위실 아래쪽으로 한참이나 더 내려간 곳에 커다란 대문과 함께 있었다. 대문을 들어서면 온갖 수목이 마치 국립공원처럼 우거진 가운데로 폭 4.5미터의 아스팔트길이 곧장 비스듬한 경사로 올라오다가 제2수위실 앞을 지나게 되어 있었다. 그 수위실을 지나면 이제 넓은 잔디뜰이 펼쳐지고 한쪽엔 아담한 차고가 별도로 마련되어져 있었다. 그 차고에서 10여 미터 떨어진 곳에 저택이 버티고 서 있었다.

(해성, 1992)

□ 이규정 「당신 손에 맡긴 영혼」

한 시간 정도 달리다 차는 이제 우회전해서 인가도 없는 후미진 산골짜기 길로 접어들었다. 소형차 한 대가 겨우 다닐 만한, 바닥이 온통 울퉁불퉁해서 차를 몰기가 아주 힘든 그 길은 약 2km나 위로 뻗어 있었다. 그 길이 끝난 곳에 허름한, 그러나 입구에 아치형의 정문이 있는 요양원이 있었다. 그야말로 세속과는 격리된 외진 곳이었다. 그러니까 그 길은 순전히 요양원을 위해 나 있는 길이었다. 아치를 받치고 있는 두 기둥의 오른쪽에 예의 '龍井市癩瘋病療養院'이란 세로 글씨의 현판이 걸려 있었다.

나는 입구에서 차를 내려 택시를 대기하게 하고 혼자 조심스럽게 안으로 들어갔다. 요양원은 아래쪽을 향해 ㄷ자 형으로 앉아 있었는데, 요양원 뒤쪽은 야트막한 산이 병풍처럼 요양원을 감싸고 있었다. 제법 너른 흙마당에는 분수대 시설이 되어 있었으나 물은 말라 있었다. 그때는 한국에서도 가물 때였다. 다만 분수대 주변, 그리고 마당가에는 돌아가면서 금잔화 같은 노란 색깔의 꽃이 피어 있어 그나마 황량하고 을씨년스런 요양원의 분위기를 조금 밝게 해 주고 있었다.

* * *

건물의 거의 대부분이 환자의 침실이었다. 실내로 들어가자 맨 먼저 달려든 것이 역겨운 냄새였다. 진한 소독약을 쳤는지 소독 냄새와 악취가 뒤섞인 것이 코 안으로 파고 들었다. 순간 고개를 돌리고 싶었지만 나는 그런 나의 내심을 애써 감추면서 담담한 표정으로 실내를 둘러보았다. 침실이라고는 했지만 한국의 여느 병원 입원실을 상상하면 큰 오산이다. 잘 되면 5평쯤 되는 방에는 낡고 허물어진 침대가 창문 쪽에 직선으로 두 개씩 맞물려 있었다. 누더기 같은 이불이 침대의 발치에 개키지도, 그렇다고 펴진 것도 아닌 채 아무렇게나 구겨진 채로 놓여 있었고, 칠이 벗겨진 거칠고 투박한 나무 창틀에는 물 컵이며 약병, 주전자 같은 것들이 얹혀 있었다. 두 침대의 대각선 방향에는 스팀 라지에터가, 그것도 녹슬고 삭아서 언제 폭삭 내려앉을지 모를 형상으로 벽에 붙어 있었다. 나머지 공간에는 환자들의 사물인 남루한 옷가지, 낡은 잡지 같은 것들이 그래도 질서 있게 벽의 못에 걸려 있거나 선반 같은 곳에 정리되어 있었다.

(박이정, 2002)

□ 이인직 「치악산」

달 밝고 이슬차고 베짱이 우는 청량한 밤이라. 소소한 바람이 홍 참의 집안 뒤꼍 오동나무 가지를 흔들었는데, 오동잎에서 두세 방울 찬 이슬이 뚝뚝 떨어지며 오동 아래 담장 위에서 기와 한 장이 철썩 떨어진다.

* * *

본래 단구역말은 넓은 벌판 한가운데 있는 동네인데. 홍참의 뒷담 밖은 너른 들이고 안에는 단구역말 대촌이라. 홍참의 집 안뒷담에는 조그마한 평중문이 있는데, 그 문을 열고 나가면 치악산이라. 그때는 깊은 가을인데 농가에서 추수 다 하여 들인 후이라. 보에 물 뚝 떼고 논에 물 한점 없는 때라.

(범우사, 1992)

□ 이제하 「강설」

건물 이층 중앙에 있는 사장실에서 고함치는 소리가 쩌렁쩌렁 울려오고 있다. 광고, 경영직 사원 50여 명쯤이 그 곁방에서 사무를 보고 있는 이 건물의 일층이나 여타의 공간은 창고 비슷이 대부분 회사 기자재나 제품을 채워져 있어, 출판부는 버려지듯이 가장 끝머리 부분의 방 세 개를 차지하고 있을 뿐이었으나, 고함 소리가 들리기는 마찬가지다.

(동아, 1995)

□ 이제하 「용」

근 30여 년만에 다시 밟는 땅은 아닌게 아니라 세월이란 과연....하는 생각부터 들게 했다. 온갖 것이 옛 모습의 3분의 1쯤으로 줄어들어 있었다. 연기와 땟국에 절은 채 망가진 장난감처럼 기울어진 정거장, 재를 폭삭 뒤집어쓴 듯이 퇴락해서 바닥으로 납작 엎던 지붕들과 골목, 장대질을 하던 부근의 그 나무들은 겨우 눈높이 밖에 안 되는 난쟁이들이 되어 있었고, 손바닥만해 보이는 역전 마당은 그나마 군데군데 깨지고 패여 돌자갈들이 얼굴을 내민 새로 어디한군데 빠짐없이 흥건히 구정물들이 괴어 있었다. 못 대궁이도 10년이면 사그라든다고, 아무리 심리적인 문제라기는 해도 하긴 3분의 1정도가 아니었을 것이다.

포장은 돼 있었으나 햇빛에 내몰린 지렁이처럼 발밑으로 졸아든 길의 한끝을 밟고 서서 나는 이것이 그렇게나 멀게, 그렇게나 넓게 생각되던 신작로였던가 싶어, 한동안 머뭇거리고 있었던 듯하다. 산업화다 공해다 뭐다 하고 다른 데서는 아우성들인데 하다못해 집들이라도 좀 더 들어서지, 저주라도 받지 않았으면 여기는 아직도 왜 이 모양인가 하는 해괴한 느낌마저 들었다.

낯익은 강의 다리를 건너서, 암벽을 끼고 휘도는 신작로를 반 마장쯤 걷다 모퉁이로 돌아서자, 마모산(馬牟山)이 보였다.

거기서부터 길은 급한 내리막으로 바뀌면서 동네 초입이 된다. 5백 미터 남짓 상거한 옛동네가 자욱한 수풀과 습기와 웅크린 나무들에 뒤덮여 십리 저쪽으로 물러난 듯이 아슴아슴해 보였다. 동네로 들어설 것을 단념하고 나는 걸음을 멈췄다.

* * *

내리막길을 다시 평지로 바뀌는 그 부근에 있던 석교(石橋)만은 예 그대로의 모습으로 방치돼 있었다. 작은 둑 사이에 꽉 낀 전장 5미터가 못 되는 그 다리는 밀려든 개펄과 잡초에 휘감겨 단번에 박아놓은 말뚝처럼 양쪽 뿌리마저 허리 부근까지 시퍼런 펄에 묻혀 있었고, 엉겨붙은 지각으로는 갈대가 비죽비죽 머리를 내밀고 있는 게 보였다. 강으로 이르던 그 아래의 작은 길도, 다리 위의 콘크리트 깃대도, 도로꼬의 레일도 물론 흔적이 있을 턱이 없었다. 작은 둑은 양단이 된 채 못 보던 또 한 갈래의 길 앞에 버려진 자식처럼 누워 있었고, 그 잘린 부분에서만은 곧 묻어날 듯이 아직도 붉은 빛이 내배고 있었다.

* * *

둘은 바싹 암벽에다 붙어진 채 나머지 덜렁한 두 개의 기둥만이 앞으로 받쳐져 있는 비각 속으로 들어가서 비스듬히 기울어진 지붕을 떠받치고 있는 막벽의 바위를 찬찬히 들여다봤다. 암벽에는 얼기설기 엉터리로 새기다 만 관음상 같은 것이 두드러져 있었고, 그 아래 울퉁불퉁한 굴곡들은 관음이 딛고 선 용의 모습인 것 같았다. 밑에는 제단 같은 넓적한 바위층이 있기는 했으나, 어설퍼 보이기는 마찬가지였다. 누가 기둥을 한 번 세게 건드리기만 해도 사람 키의 두 길도 못 되는 폭삭 낡은 이 비각은 자욱한 재흙더미를 쏟으면서 허물어지고 말리라.

(문학과지성사, 1985)

□ 이동희 「땅과 흙 (1)」

수경은 명운에게 의사를 묻지도 않고 차를 남산으로 몰았다. 차가 꾸불꾸불한 남산길을 돌아 산마루에 이를 때까지 수경은 아무 말도 하지 않았다. 차를 대기시켜 놓고 그들은 넓은 밤의 시가가 내려다보이는 돌의자에 앉았다. 불빛의 바다다. 번쩍이는 네온 불빛, 수은등, 명멸하는 작은 불빛, 달리는 자동차 헤드라이트 빛줄기, 그 많은 불빛들이 한데 어울려 남산 위까지 환히 비치게 하는 것이었다.

* * *

낮에 그들이 정한 방은 바로 바닷가여서 해진 후에는 을씨년스러웠다. 그래 그들은 좀 안으로 들어가서 있는 건물의 여관에 들었다. 거기서 저녁 식사를 하고 장어회에 맥주를 마셨다. 방은 두 개를 얻었다. 그러나 수경은 그녀의 방에서 샤워를 하고 짐만 두고 명운의 방으로 건너온 후 가지 않고 이불 개어 놓은 곳에 비스듬히 천장을 바라보고 누워서 노닥거렸다.

* * *

실은 이번에 짓는 회관에는 방을 세 개나 만들어 하나는 마을 전체 회의를 할 수 있는 강당을 만들고 자그마한 방이 하나, 사무실이 하나가 되도록 하였다. 작은 방은 소규모의 회의 같은 것을 할 수도 있지만 야학이나 토론 같은 것을 할 수 있는 장소로 쓰려고 한 것이다.

학생 아이들이 참여를 하기 시작한 후부터는 일이 부쩍부쩍 줄었다. 스스로 일을 찾아서 해찰하는 일 없이 쉴 참도 없이 일을 하여, 시키는 사람이 필요 없었다.

슬레이트로 지붕이 이어지고 벽을 바르고, 안쪽으로는 백회를 칠했다.

그리고 천장을 베니어 합판으로 막았다. 바닥은 마루로 하였고 곧 전기가 들어올 것을 예상하고 천장 속에 전기 공사도 해 놓았다.

* * *

읍내에서 버스가 하루 두 번 다니는 산골짜기 숲뫼에서도 삼십여리나 산모퉁이를 돌아 들어간 벽지 학교에 순이는 근무하고 있는 것이었다. 가난하다는 뜻인지 궁벽하다는 것인지 마을 이름도 궁촌(窮村)이다. 물물어서 찾아 저녁나절이나 되어 멀리 보이는 궁촌 분교장을 찾을 수 있었다.

(빛샘, 1998)

□ 이동희 「한 시인의 행복」

한 번은 선생의 집엘 가게 되었다. 동대문 밖 보문동 골목의 높직한 나무대문이었다.

ㄷ자로 된 한식 목조건물은 옆과 뒤가 막히고 앞으로만 튀여 있는데 협소한 마당은 전부 콘크리트가 되어 흙 한 점 볼 수가 없었고 울담 위로는 철책이 높직히 쳐져 있었다. 그리고, 집 기둥들마다 초서를 한 쉿귀를 쓴 현판들이 주욱 붙여져 있었다. 조그만 방이 두 개, 안방이 하나, 대청 이쪽으로 응접실이자 서재가 있었다. 서재에는 책상이 두 개 있었고, 몇 개의 서가에 책들이 꽉 들어차 있었다. 주로 시집이 많았고 국내외의 문학전집류, 사전류, 그밖에 잡지류들이 빼곡이 들어차 있었다.

(풀길, 1994)

□ 이동희 「욕망의 배」

집의 면모가 완전히 바뀌어 새 집이 되었다. 양옥이 한옥으로 바뀌기도 했고 정원이 잘 꾸며졌다. 남향받이에 잔디를 입히고 듬성 듬성 꽃나무를 심었다. ○이 갖다 준 등나무도 제법 흙내를 맡아 잎이 너울거리고, 무엇보다도 자그마한 분수가 눈을 끌었다. 마당쪽으로 위치한 조금 높이 턱이 진 곳에 물줄기가 가느다란 분수는, 이 공해 속의 뜰을 한결 시원하게 해 주는 듯했다. 그 물방울을 맞고 있는 비스듬히 누운 향나무와 핑크빛 전등은 제법 운치를 돋구었다.

(풀길, 1994)

□ 이동희 「소이작도(小伊作島)·여름」

이번 여름휴가에는 번번히 미루기만 하던 소이작도엘 다시 다녀왔다. 이름처럼 자그마한 섬이다. 대이작도가 있고 소이작도가 있는데, 해도(海圖) 상에는 그 위치가 바뀌어져 있을만큼 미미한 섬이라고 할까, 대체로 봐서 서쪽의 끝 경기도의 제일 남쪽의 위치한 겨자씨 두 알만한 섬 중의 그 작은 하나이다. 인천에서 정기선이 하루 한 번씩 경유하는데 3시간 내지 4시간 가량 걸리는 거리다. 그 소이작도에 내려서도 산길을 10여리 걷거나 배로 1시간 이상을 저어가야 되는 목섬이라는 곳에 조그만 국민학교 분교가 있다. 배를 타려면 적어도 두 세 시간 전에 부두에 나와 줄을 서야 승선이 가능한 곳이어서 가는 데만 하루를 잡아야 한다.

(풀길, 1994)

□ 이승우 「검은 나무」

그의 집 현관문은 오른쪽으로 두 번 돌리게 되어 있었다. 잠글 때 왼쪽으로 두 번이므로 열 때는 오른쪽으로 두 번이었다. 그는 문고리를 잡고 오른쪽으로 두 번 돌렸다. 아니, 돌리려고 했다. 그러나 문고리는 한 번도 돌아가지 않았다. 혹시 착각을 해서 왼쪽으로 돌려야 할 것을 오른쪽으로 돌린 것이 아닌가 싶어 얼른 반대쪽으로 두 번 돌리고 문을 밀었다. 문은 밀리지 않았다. 착각을 하지 않았다는 증거였고, 그러니까 그 문은 오른쪽으로 두 번 돌려야 열리게 되어 있는 문이 맞았다. 오른쪽으로 두 번 돌려야 열리는 문을 왼쪽으로 두 번 돌렸으므로 잠긴 것이었다. 그제서야 잠긴 것이었다. 그렇다면 지난 밤에 문단속을 하지 않고 잠들었단 말인가. 그랬다고 밖에 할 수 없었다. 그리고 문단속을 하지 않는다고 반드시 강도나 도둑이 들어온다는 법도 없었다.

(푸른사상, 2002)

□ 이제하 「나그네는 길에서도 쉬지 않는다」

암말 말고 이리 따라오우, 하는 중늙은이가 그를 이끌고 간 곳은 샛문 뒤의 한 방이었다. 식당은 그러니까 원래는 헛간 같은 것이었는데 앞쪽으로 달아 낸 모양으로 쪽문을 들어서자 처마가 납작한 작은 고가(古家)의 뜰이 바로 이어져 있고, 부엌이 따로 없는지 툇마루와 뜰 여기저기에 을씨년스런 그릇들과 김을 내는 솥 같은 것이 걸려 있었다.

(동아, 1995)

□ 이제하 「강설」

버스 바닥으로 질척질척 구정물이라도 괴어오르는 느낌 속에서 나는 멍하니 차창 밖을 내다보았다. 여일한 콩나물시루의 차 속은 불 나간 한증막처럼 차라리 후텁지근하고, 산이 그린 사회파(社會派) 리얼리즘풍(風)의, 마디를 특히 강조한 그 흡사한 손(手)들이 허공의 버스 손잡이에 무수히, 결사적으로들 매달려 있다.

(동아, 1995)

□ 이제하 「풍경의 내부」

동회나 사무실 벽에 걸려 하릴없이 짜증이나 자아내던 국기가 이런 연출을 할 수도 있다니 싶어 나는 망연히 서 있었다. 국기 바닥에는 예의 그 돌덩이가 놓여있고, 방바닥에 흩어져 있던 책들은 말끔히 닦인 책상 위에 가지런히 포개져 있었다.

* * *

방문 맞은 쪽 바람벽에 큼직한 녹색의 천이 내려뜨려지고 그 한복판에 태극기 하나가 붙어 있었다. 국기는 미싱으로라도 박았는지 가장자리가 빈틈없이 천에 누벼져 있었으나 오래된 느낌인 대로 바탕은 어딘가 깨끗해 보였다. 벽면 한복판에 나 있던 쬐그만 네모잽이 들창이 그러니까 천과 국기로 가려져 버린 것이다.

(작가정신, 2000)

□ 이철호 「이제마 (1)」

우람한 산봉우리와 깎아지른 골짜기에도 잔설이 남아 있었지만, 그것들과 잘 어우러진 산은 한 폭의 거대한 묵화였다. 아득했던 산기슭으로부터 사행으로 굽이진 산길은 거기서 또다시 두 길이었다. 갈림길 앞에서 이제마는 걸음을 멈췄다.

왼쪽으로 가면 회색봉·사랑봉·동백산·문암산·황초령 등이 솟아 있고, 깊은 골짜기를 따라 장진강이 흐르는 장진(長津) 땅이었다. 오른쪽으로 가면 백산·옥련산·명당봉·천불산 등 역시 고산준령과 개마고원의 중심부를 이루는 부전고원이 우뚝 솟아 있는 신흥(新興) 땅이었다.

* * *

하늘로 통하는 길인양 황초령의 높은 봉우리가 머리 위에 우뚝 솟아 있었고, 그 경건한 자태의 산자락에는 하늘을 떠받치고 있는 기둥처럼 침엽수림이 빽빽이 들어차 있었다. 함경도 함흥 땅과 장진 땅의 경계를 이루며, 장진강과 동성강의 분수령이기도 한 황초령이었다. 신라 22대 진흥왕이 고구려를 침략해서 영토를 확장하고, 친히 영내를 순행한 후 그 지역을 표시하기 위해 세웠다는 황초령 순수비가 서 있는 곳이다. 이제마는 그 봉우리들을 바라보며 걸음을 빨리했다.

*　　*　　*

　노인이 성큼성큼 토담집 안으로 사라졌다. 이제마와 돌쇠는 잠시 눈짓을 교환하고 노인의 뒤를 따라 안으로 들어섰다.
　허리를 한껏 굽히고서야 겨우 들어설 수 있는 초라한 방이었다. 맨바닥으로 된 바닥에는 안쪽에 두 사람이 겨우 누울 만한 돗자리가 깔려 있었다. 그 위에 짐승가죽 몇 장이 펼쳐져 있고, 통나무를 깎아 만든 연상이 놓여져 있었으며, 그 왼쪽으로 서등·화로·장죽·거문고 등이 보였다. 또 책상 오른쪽에는 벼룻갑·필통·사기 연적이 있었고, 벽에는 도롱이·삿갓 등이 걸려 있었다.

*　　*　　*

　어둠이 몰려드는 골짜기를 빠져 나와 장진으로 이어지는 평지에 이르자, 저만큼 초가집 한 채가 보였다. 흙으로 벽을 쌓고 짚으로 지붕을 얹은, 초라하기 그지없는 그런 집이었다. 초가 옆으로는 자그마한 냇물이 흐르고 있었고, 냇가에는 이슬 맞은 갈대가 무성했다.

(명문당, 1997)

□ 이청준 「인문주의자 무소작씨의 종생기」

　그 바다 이야기가 너무 길어진다 싶었을 때 소작씨는 다시 그 바다 너머 먼 뭍세상의 기이한 일들로 이야기를 옮겨갔다. 겨울도 눈도 없는 상하의 푸른 대륙, 그래서 나무들은 잎을 떨굴 줄 모르고 겨울잠도 자지 않는 땅 이야기를 하였고, 반대로 몇 달씩 해가 뜨지 않은 채 흰 눈과 추위뿐인 얼음덩이 대륙과, 그런 중에도 노래하듯 박자를 맞춰 더운 분수를 아름답게 뿜어내는 간헐천과 옛 해적의 후손들이 세워 가꾼 먼 북유럽 오로라나라들의 이야기도 했다. 그리고 물론 그렇듯 낯설고 이상한 땅에 사는 이상한 사람들의 이야기도 했다. 옷을 입지 않고 벌거벗고 지내는 사람들, 그 몸이나 얼굴에 얼룩덜룩 물감칠을 하고 뽐내는 사람들, 콧구멍이나 귀를 뚫어 갖가지 쇠붙이 장식을 자랑스럽게 매달고 다니는 사람들, 옛날 옛적엔 입으로 불을 뿜어 말을 했다는 사람들, 혹은 오지 않을 내일을 위해 언제나 오늘의 희생을 즐겨 감수하며 내일만을 위해 사는 사람들, 세상 사는 목적을 오직 자식 출세에 걸고 이웃간에 모이기만 하면 자식 자랑만 일삼으며 지극정성 평생토록 자식의 종으로 살아가는 사람들, 허구한 날 서로간에 지난 일을 허물하고 헐뜯는 재미로 살아가는 사람들, 죽은 사람의 집을 살아 있는 사람보다 크게 짓고 한평생 그 죽은 사람의 이름만 부르며 살아가는 부족 등등, 그 낯설고 이상한 나라의 이상한 사람들에 대한 그의 이야기는 끝없이 이어져갔다.

(열림원, 1994)

□ 이청준 「흰 옷」

하지만 종선씨의 그런 지레 걱정은 실상 지나친 기우였다. 그는 쓸데없이 동우의 주위를 흐트리지 않기 위해 굿마당을 넓게 둘러선 구경꾼들 사이에 끼어 서서 굿판의 진행을 지켜보고 있었는데, 이날의 행사에 대한 동우의 마음채비는 예상보다 훨씬 사려 깊은 데가 있었다. 이날의 위령굿은 무엇보다 녀석이 미리 다짐한 대로 어느 한쪽 혼령들만을 위한 굿판이 아니었다. 시간이 흐르면서 차근차근 살펴보니, 아이들이 앙증스런 춤사위를 섞어가며 원을 지어 돌아가는 굿판 위쪽, 차양막이 둘러쳐진 긴 제단 위로 이날의 주인공격인 망자들의 영좌가 마련되어 있었다.

'고 이 열 교장선생님 영위', '고 전정옥 선생님 영위' 식으로 표기된 망자들의 영좌중엔 당시 회령리에서 희생된 두 선생님은 물론 나중에 의경으로 자진 입대 토벌전 중에 전사했다는 옛 군수 아들 '허성철 선생'과 다른 '무명씨'들의 지방이 함께 나란히 마련되어 있었다. 그것은 이날의 위령굿이 옛 이 열 교장이나 전정옥 선생 같은 좌익성 유관인사들뿐 아니라, 군수 아들 허성철 선생을 포함하여 이름을 남겼든 못 남겼든 당시 그 혼백들을 한자리에 불러 모셔 혼 씻김을 해드리겠다는 동우의 속 맘가짐을 똑똑히 말해주고 있었다.

게다가 그 제단 앞 차양막 밖 한가운데쯤엔 조랑박 술잔을 띄운 누런 막걸리 동이 곁으로 주렁주렁 흰 벳가래로 마디를 지어 묶은 큰 청 대가지 하나가 가는 흙을 가득 채운 대형 오지 시루 복판에 반듯이 꽂혀 서 있었고, 거기서 몇 발짝 떨어진 굿마당 앞 멍석 위엔 이날의 신관(제관)격인 흰 두루마기 차림의 동우를 중심으로 그의 학교 동료교사인 듯한 젊은이 몇 사람이 묵묵히 줄을 지어 앉아 있었다.

한 맺힌 고혼들의 아픈 저승길 형상을 형용하고 있음이 분명한 그 흰 벳가래 맺음들은 물론 동우가 제나름대로 궁리해낸 것이겠지만, ─그마저 모든 것이 원래의 씻김굿 치레와는 거리가 많았지만- 그것은 그 흙 시루의 청 대가지나 흰 소복 차림의 풍물꾼 아이들과 함께 그런 대로 제법 또 진짜 씻김굿 분위기를 자아내고 있었다.

(열림원, 1994)

□ 이청준 「서편제」

전라도 보성 읍 밖의 한 한적한 길목 주막. 왼쪽으로는 멀리 읍내 마을들을 내려다보면서 오른쪽으로는 해묵은 묘지들이 길가까지 바싹바싹 다가앉은 가파른 공동묘지─그 공동묘지 사이를 뚫어 나가고 있는 한적한 고갯 길목을 인근 사람들은 흔히 소릿재라 말하였다. 그리고 그 소릿재 공동묘지 길의 초입께에 조개 껍질을 엎어놓은 듯 뿌연 먼지를 뒤집어쓰고 들 앉아 있는 한 작은 초가 주막을 사람들은 또 너나없이 소릿재 주막이라 말하였다. 곡성과 상여 소리가 자주 지나는 묘지 길이니 소릿재라 부를 만했고, 소릿재 초입을 지키고 있으니 소릿재 주막이라 이를 만했다.

내력을 모르는 사람들은 아마 그쯤 짐작을 하고 지나칠 수도 있었으리라. 하지만 이 소릿재와 소릿재 주막에는 또 다른 내력이 있었다. 귀가 밝은 읍내 사람들은 대개 다 그것을 알고 있었다. 보성 고을 사람이 아니더라도 어쩌면 이 소릿재 주막에 발길이 닿아 하룻밤쯤 술 손 노릇을 하고 나면 그것을 쉬 알 수 있었다.

*　*　*

　과원 수림은 면소 마을을 북쪽으로 병풍처럼 둘러싸고 있는 산줄기들의 한 낮은 기슭에 안겨 들어 있었다. 과수원이라기보다는 그저 아무 것이나 손에 잡히는 대로 묘목들을 얻어다 꽂아 가꾼 자연 수림에 가까운 것이었다. 배나무, 밤, 복숭아나무들 같이 진짜 경제성을 엿볼 만한 과수들이 있는가 하면, 감이나 유자, 석류들 같이 남도 사람들이 흔히 계절이나 즐기자고 집안에다 한두 그루씩 심어 기르는 가용과수들까지 여기 저기 뒤섞여 있었다. 심지어는 그 과수 묘목들을 심기 전부터 원래 그 자리에서 자라났음직한 키 큰 소나무와 동백나무들까지 되는대로 가지를 드리우고 있었다.
　무질서한 조림상태나 절반 이상 낙엽이 지고 만 썰렁한 계절의 느낌 탓도 있겠지만 어찌 보면 오랫동안 사람의 손이 가 닿지 않은 빈 폐원처럼 보이는 곳이었다.
　하지만 그를 처음 끌어댄 것은 바로 그 폐원 같은 수림이었다. 면소 마을로 들어가고 있던 그의 발길이 자신도 모르게 그 수림쪽으로 먼저 이끌리고 있었던 것이다. 수림 사이에 깊이 파묻힌 초가집 한 채를 발견한 때문이었는지도 모른다. 그리고 그 수림 속의 집에서 문득 잊혀진 꿈 같은 것이 되 살아났기 때문이었는지도 모른다. 그는 오히려 그 조락을 거의 끝내가고 있는 황량스럽고 무질서한 수림의 풍경에서 이상하게 아늑한 휴식감 같은 걸 느꼈던 것이다.
　그는 알 수 없는 휴식감에 이끌려 자신도 모르게 그 폐원 같은 수림의 입구로 다가갔다. 그리고 그 숲 속의 초가로 뚫린 통로 입구에다 시늉만 얽어 한쪽으로 밀어 붙여놓은 나무틀 문 앞에 이르렀을 때 비로소 그 사내를 보았다.

*　　*　　*

아이는 바닷가 외딴 산기슭 밭가에서 태어났다, 라고 하는 것은 세월이 지나 아이가 자란 다음까지 가장 오랜 기억이 그 바닷가 산기슭에 밭머리 시절이었기 때문이다.

눈부신 여름 햇빛, 그 한낮의 볕발 아래 길고 긴 밭이랑이 푸른 지열기에 흔들리며 산허리를 빗겨 넘어갔다. 드문드문 수수가 점 섞인 더운 콩밭을 아이의 어머니 금산댁은 그 아지랑이 속을 떠도는 작은 쪽배처럼 하루종일 오고가며 김을 매었다. 우우 우우 노랫가락도 같고 바람소리도 같은 이상한 소리를 몸에 싣고 오가며 돌을 추리고 돌을 매었다.

아이는 날마다 그 금산댁을 기다리며 밭 귀퉁이 무덤 가에서 해를 보내곤 하였다.

밭머리 한쪽에는 언제부턴가 잔디 푸른 무덤 하나가 누워 있었다. 나무꾼들이 산을 오르내리며 지게를 쉬고 가는 길목 무덤 터였다.

아이는 그 무덤가 잔디에서 울음을 참으며 어머니를 기다렸다. 이마를 불태우는 햇 덩이를 동무 삼아 하염없는 원망 속에 어머니를 기다렸다. 목이 타면 근처 도랑물로 목을 축이고 배가 고프면 언덕에 피어 익은 산딸기 열매를 따먹으며 하루 종일 이제나저제나 어머니를 기다렸다. 이따금씩 하얗게 콩잎을 이랑 치며 굴러가는 바람기, 일된 수수 모개를 타고 앉아 간들간들 위태로운 곡예를 피우다가 푸르륵 홀연 환청 같은 날개짓 소리를 남기고 사라져 가는 멧새, 오래오래 하늘을 아껴 흘러가는 구름덩이, 그리고 산 아래론 물 비늘 반짝반짝 눈부신 바다 위에 어이 어이 어여루먼 뱃노래 소리 한가로운 돛배들의 들고 남…… 그 한가롭고 절절한 적막감 속에서 아이는 무료스레 어머니를 기다리곤 하였다.

금산댁은 그러나 아이의 기다림에는 아랑곳없이 무한정 밭이랑만 오가고 있었다. 우우 우우 그 노랫가락도 같고 울음소리도 같은 암울스런 음조를 바람기에 흩날리며 조각배처럼 느릿느릿 밭이랑을 오고 갔다. 소리가 가까워지면 어머니가 어느새 눈앞에 와 있었고, 그 소리가 어느 순간 종적을 멎고 보면 그새 그녀는 저만큼 이랑 끝에 아지랑이를 타고 하늘로 올라가 버리기라도 할 듯 한 점 정적으로 멀어져 있었다. 뒷산 봉우리의 게으른 구름덩이가 모양새를 몇 번이나 갈아 앉고 있어도, 눈 아래 바다의 한가로운 돛배들이 셀 수 없이 섬들을 감돌아 나가고 있어도, 그리고 아이의 도랑물길 다리가 더위와 허기에 지쳐 덜덜 떨려 오도록 금산댁은 내처 언제까지나 밭이랑만 무한정 떠돌고 있었다. 그러면서 무슨 필생의 업보처럼 여름 밭 김매기로 긴긴 해를 보냈다. 점심때도 없었고 휴식도 없었다. 점심때가 기울면 금산댁은 어쩌다 콩밭 무우 뿌리로 제 허기를 달랬고, 아이에겐 일된 수수 모개를 잘라다 꽁대기의 풋 여물을 훑어 씹게 하였다. 이따금은 밭가로 걸어나온 금산댁이 땀에 밴 무명 천 치맛 말 속에서 아이에게 노란 밭 딸 한두 개를 꺼내 주기도 하였다. 금산댁이 아이에게 해 주는 노릇이란 종일 가야 그 정도가 고작일 뿐이었다. 그리고 그렇게 진종일 아이를 기다리게 했다가 해가 기울고 산그늘이 어둑어둑 밭이랑을 덮어 내려와야 금산댁은 비로소 소리를 그치고 머릿수건을 벗어 털며 아이에게로 돌아왔다……

아이의 기억 속에 뒷날까지 살아 남은 생애 최초의 세상 모습이자 그 여름의 나날의 경험이었다. 아이는 이를테면 그 여름 밭가의 무덤 터에서 생명이 태어난 셈이었고, 그 하늘의 햇덩이와 구름장, 앞 바다의 물 비늘과 돛배들을 요람으로 삶의 날개가 돋아 오른 셈이었다.

(열림원, 1993)

□ 이태준 「복덕방」

심심해서 운동삼아 좀 다녀보면 거리마다 짓느니, 고층 건축물이요, 동네마다 느느니 그림 같은 문화주택들이다. 조금만 정신을 놓아도 물에서 금방 튀어나온 미역귀처럼 미낀미낀한 자동차가 목덜미에서 소리를 꽥 지른다. 돌아다보면 운전수는 눈을 부릅떴고, 그 뒤에는 금시계들이 번쩍거리는, 살찐 중년신사가 빙그레 웃고 앉았는 것이었다.

(글벗사, 1936)

□ 이호철 「서울은 만원이다」

남해의 어두운 밤바다가 보이기도 하고 여름 저녁 파도 소리가 들리는 선창 가에 길게 이어져 있는 주막집들의 발 친 너머로, 촉수 낮은 불빛 밑에 와자지껄한 선술집 풍경이 보이기도 하였다. 수염이 시커멓고 얼굴이 시뻘건 뱃놈들이 마구 두드리고 고함을 지르고 하였다. 제법 근처에는 퀴퀴한 냄새는 나지만 목욕탕도 있고, 이발소도 있었다.

* * *

미경이의 방에는 웬 남자가 와 있었다. 다다미 껍데기를 방 앞의 줄에 널어 햇볕을 가리고, 방문은 반쯤 열려 있어 언뜻 시원해 보였다. 오렌지색 타월을 겹씌운 이인용 긴 베개에 둘이 가지런히 누워 있었다.

* * *

천장이 낮고 좁은 방의 사방 벽에는 외국 잡지에서 떼어 낸 울긋불긋한 배우 사진들이 여럿 붙어 있었다. 큼직큼직한 모란꽃 무늬의 담홍색 커튼이 색이 바랜 채 한 귀퉁이에 뭉텅이져서 걸려 있었다.

* * *

서울 집치고 뜰 하나는 넓어서 좋았으나 검정색 페인트칠을 한 부잣집 서넛을 U자형으로 이어 놓은 집이어서 볼품없고 멋대가리라곤 없었다.

* * *

골목길을 꼬불꼬불 들어서면 들어온 입구가 어딘지 출구가 어딘지 가히 짐작이 안되는 그 근처는 큰길의 소음도 전혀 안 들리고 대낮에는 놀라울 만큼 한적하였다.

때로 근처 집의 문 여닫는 소리나, 어느 집 안방 라디오에서 나오는 구봉서의 목소리, 혹은 골목길에 너저분하게 깔린 연탄재를 밟고 가는 행인의 발소리가 들리고, 게다가 사철 지린내가 비릿하여 흡사 시골 항구 거리의 뒷골목 같았다.

* * *

방도 뜰도 널찍널찍해서 좋았다. 안 뜰은 늘 차락차락 젖어 있고 꼬부라진 단풍나무와 이름 모를 여러 종류의 나무들이 심어져 있고, 포도 덩굴까지 있었다.

* * *

여염집보다 조금 큰 교회당이었다. 지붕 위의 십자가도 이 근처 서민촌답게 장난감처럼 초라하기 짝이 없었다. 바로 옆은 솜틀집이어서 굴러덕 둘러덕 솜 트는 소리가 그치지 않고 교회당 안은 천장도 비가 새는 듯 얼룩얼룩하고 창틀도 색이 바래고 낡았으나, 그래도 마루는 윤기가 자르르 돌게 닦여 있고 한구석에는 쬐끄만 오르간도 하나 있었다.

* * *

낡은 고리짝 하나에 꾀죄죄한 이부자리 하나뿐, 좁은 방안은 습기가 차 있고 휑하였다. 구들 바닥도 낮게 패여 있고 천장도 낮았다.

　　　　　　＊　＊　＊

　여관은 지은 지 몇십년이나 되었는지 나무 기둥이 다 삭아 버리고 문설주도 삭아 버린 왜식 목조 이층집인데 퀴퀴한 된장 냄새 같은 것이 늘 코를 찌르고 한낮임에도 찝찌름한 습기가 차 있고는 하였다.
　이층이라지만 삼조방이나 될까. 두 사람이 누우면 주전자 하나 놓을 자리도 없어 보였다. 이부자리도 볼품없이 얄팍하고 아죽아죽 때가 끼어 있었고, 베개라는 것도 둘을 포개 놓아야 보통 베개 하나 푼수여서 꼭 조금 큰 바나나처럼 생겨 있었다.

　　　　　　＊　＊　＊

　침대도 없어지고 전축도 팔아 치웠는지 없고, 천장만 휑하게 높은, 칸막이를 한 방에 미경이는 몰라볼 정도로 수척해져서 누워있었고, 그 곁에는 이곳으로 와서 언니 동생 사이로 새로 사귄 사이인 듯 십 칠팔 세쯤 났을까, 앳되어 보이는 계집애가 쿨쩍쿨쩍 울고 있었다.

(문학사상사, 1994)

□ 이호철 「소시민」

　어떻게 된 셈일까. 잠이 깨었을 때는 낯선 방에 누워 있었다. 휘영청하게 천장이 높고 전등불이 훤하였다. 넓은 창문 너머로는 중앙 부두의 환한 불빛이 가까이 내다보이고, 근처의 장사치 소리가 들려오고, 부두 쪽 소리에 온 방 안이 육중하게 진동을 하였다. 누워 있는 곳은 더블 침대였고 옆에는 천안 색시가 잠들어 있었다.

(동아, 1995)

□ 이효석 「메밀꽃 필 무렵」

　여름 장이란 애당초에 글러서 해는 아직 중천에 있건만 장판은 벌써 쓸쓸하고 더운 햇발이 벌려놓은 전 휘장 밑으로 등줄기를 훅훅 볶는다. 마을 사람들은 거지 반 돌아간 뒤요, 팔리지 못한 나무꾼 패가 길거리에 궁싯거리고 있으나 석유병이나 받고 고깃마리나 사면 족할 이축들을 바라고 언제까지든지 버티고 있을 법은 없다.

* * *

   조선달 편을 바라는 보았으나 물론 미안해서가 아니라 달빛에 감동하여서였다. 이지러는 졌으나 보름을 갓 지난 달은 부드러운 빛을 흐뭇이 흘리고 있었다. 대화까지는 팔십리의 밤길, 고개를 둘이나 넘고 개울을 하나 건너고 벌판과 산길을 걸어야 된다. 길은 지금 긴 산허리에 걸려있다. 밤중은 지난 무렵인지 죽은 듯이 고요한 속에서 짐승 같은 달의 숨소리가 손에 잡힐 듯이 들리며 콩포기와 옥수수 잎새가 한층 달에 푸르게 젖었다. 산허리는 온통 메밀밭이어서 피기 시작한 꽃이 소금을 뿌린 듯이 흐뭇한 달빛에 숨이 막힐 지경이다. 붉은 대궁이 향기같이 애잔하고 나귀들의 걸음도 시원하다. 길이 좁은 까닭에, 세 사람은 나귀를 타고 외줄로 늘어섰다. 방울소리가 시원스럽게 딸랑딸랑 메밀밭께로 흘러간다. 앞장선 허생원의 이야기 소리는 꽁무니에선 동이에게는 확실히는 안들렸으나, 그는 그대로 개운한 제 멋에 적적하지는 않았다.

(집현전, 1992)

□ 이효석 「화분(花粉)」

   오월 접어들면 온통 녹은 속에 싸여 집안은 푸른 동산으로 변하였다. 삼십 평이 넘는 뜰 안에 나무와 화초가 무르녹을 뿐 아니라 사면 벽을 둘러싼 담장으로 해서 붉은 굴뚝만을 남겨놓고 집 전체가 새파란 치장으로 나타난다. 모습부터가 보통 문화 주택과는 달라 남쪽을 향해 엇비슷하게 선 방향이며 현관 앞으로 비스듬히 뻗친 차양이며 그 차양을 고이고 있는 푸른 기둥이며—모든 자태가 거리에서는 볼 수 없는 마치 피서지 산비탈에 외따로 서 있는 사치한 산장의 모양이다. 현관 앞에 선 사시나무와 자작나무도 깊은 산석의 것이라면, 뜰을 십자로 갈라놓은 하이얀 지름길도 바로가 산장인 것이다. 생명력의 표정인 듯도 한 담쟁이는 창기슭을 더듬어 오르고 현관을 둘러싸고 발가스름한 햇순이 집안까지를 엿보게 되는 —온전한 집이라기보다는 풀 속에 풀로 결어놓는 한채의 초막이라는 감이 있다.

원체 집들이 듬성한 주택 지대인지라 초목 속에 싸인 그 푸른 집은 이웃과는 동떨어지게 조용하고 한적하게 보인다. 한편으로 도회의 거리를 멀리 바라볼 뿐 뒤와 옆으로 모란봉의 가까운 자태가 솟아 울창한 산기슭에 달이나 비낄 때에는 그곳이 도회의 한귀퉁이가 아니라 짜장 산 속의 한모퉁이인 듯한 느낌이 난다.

(어문각, 1973)

□ 이효석 「노령 근해」

살롱 갑판에서 몇 길 밑 쇠줄사다리를 타고 내려간 곳에 기관실이 있다.

흰 식탁 위에 술이 있고 해가 비치고 뻥끼 냄새 새로운 선창에 푸른 바다가 보이고 간혹 달빛조차 비끼는 살롱이 선경이라면 초열과 암흑의 기관실은 온전히 지옥이다—육지의 이 그릇된 대조를 바다 위의 이 작은 집합 안에서도 역시 똑같이 노골적으로 드러내놓고 있다.

어둡고 숨차고 보일러의 열로 찌는 듯한 이 지옥은 이브를 꼬이다가 아흐레 동안이나 아래로 아래로 떨어진 사탄의 귀양 간 불비 오는 지옥에야 스스로 비길 바가 아니겠지만 그러나 또한 이 시인의 환영으로 짜놓은 상상의 지옥이 이 세상의 간교로 짜놓은 현실의 지옥에야 어찌 비길 바 되랴.

(동아, 1995)

□ 이효석 「약령기」

실습을 폐하고 총회는 오후부터 즉시 시작되었다. 사월에 열어야 할 총회가 일이 바쁜 까닭에 변칙적으로 오월에 들어가는 수가 많았다.

새로 선 강당은 요란하게 불어 올랐다. 학생들은 하룻동안 실습이 없어진 그 사실만으로 벌써 흥분하고 기뻐하였다.

천장과 벽과 바닥의 새 재목빛에 해가 비쳐 들어와 누렇게 반사하였다. 그 속에 수많은 얼굴이 떡잎같이 누르칙칙하게 빛났다. 재목 냄새와 땀 냄새에 강당 안은 금시에 기가 막혔다. 발 벗은 학생이 많았다. 가끔 양말을 신은 사람이 있어도 다 떨어져 발허리만에 걸치고 있는 형편의 것이었다. 냄새가 몹시 났다. 맨발에는 개기름과 땀이 지르르 흘러 무더운 냄새가 파도같이 화끈화끈 넘쳐 밀려왔다.

여러 번 창을 열고 공기를 갈면서 회가 진행되었다.

(동아, 1995)

□ 이효석 「성화」

일등 선실과도 같은 등대의 탑 안은 어두컴컴하고 탑 꼭대기 등불까지에는 두 층으로 나뉜 긴 층대가 섰다. 이십 해리를 비추는 사만 팔천 촉광의 위대한 백열등—그것은 땅 위의 태양이다. 그 태양으로 오르는 층대는 마치 천당으로 통하는 길과도 같이 좁고 험하여 겨우 한 사람만이 통하게 되었다. 길은 외통이요 오를 사람은 둘이다. 층대 어귀에 서서 (나는 유례에게) 길을 사양하였다.

(동아, 1995)

□ 이혜경 「노래하는 여자 노래하지 않는 여자」

부신 불빛 아래, 큰언니라고 소개받은 여고생이 내 머리맡에서 가위질을 하고 있었다. 단발머리가 흘러내려 반쯤 가려진 옆얼굴. 벽에 붙어 있던 달력이 바닥에 내려와 있고, 달력이 붙어 있던 자리에는 떼올라 누래진 벽지에 직사각형 그림자만 하얗게 남았다. 금박 화려하게 먹인 한복, 봉황이 요란스럽게 수놓인 한복을 입은 문희와 윤정희, 남정임이 배경에서 빠져 나와 방바닥에 널린 채 웃고 있었다. 맨 위에 놓인 문희의 슬픈 눈은 어지러운 가윗밥 속에서 웃는 입매와 달리 촉촉했다. 꽉 다문 입매가 인상적이던 큰언니의 그림자가 불빛에 기괴하게 일렁였다.

(민음사, 1998)

□ 이혜경 「가을빛」

사거리에서 건널목을 지나 건너편 보도에 올라섰을 땐, 내가 선 쪽의 차도는 아직 신호가 바뀌지 않아 텅 비어 있었다. 8차선 너른 차도의 한편이 텅 비어 있고 다른 편엔 브레이크 등을 빨갛게 켠 차량들이 줄지어 서 있다가 막 바뀐 신호를 받고 달려나가는 참이었다.

(민음사, 1998)

□ 이혜경 「그 집 앞」

밤이면 교실 안은 퀴퀴했다. 저녁 도시락의 반찬 냄새, 마룻장이 습기와 먼지로 삭아 내리는 냄새. 형광등은 창백한 빛을 뿌리다가 이따금 황량함을 완성시키는 효과음처럼 찌이익, 소리를 내기도 한다. 책에 눈을 주다가 문득 고개를 들면 교실 안의 정체가, 고요히 갇혀서 부패하는 공기가 조여드는 느낌이었다.

(민음사, 1998)

□ 임철우 「개도둑」

담뱃불을 비벼 껐다. 하행선 플랫폼으로 열차가 막 들어오고 있었다.

불빛으로 하얗게 표백된 객실 안에서 승객들이 유령처럼 하나 둘 일어서는 모습이 보였다. 나는 매표구 쪽을 힐끔 바라보았다. 서울행 특급 열차의 티켓을 사려는 사람들이 아직도 길게 열을 지어 차례를 기다리고 있었다. 벽시계는 22시 8분이었다. 발차 시각까지는 20여분이 남아 있었다.

(동아, 1995)

□ 임철우 「사평역」

역장은 손바닥을 비비며 창가로 다가가더니 유리창 너머로 무심히 시선을 던진다. 건널목 옆 외눈박이 수은등이 껑충하게 서서 홀로 눈을 맞으며 희뿌연 얼굴로 땅바닥을 내려다보고 있다. 송이 눈이다. 갓난아이의 주먹만한 눈송이들은 어둠 저편에 까맣게 숨어 있다가 느닷없이 수은등의 불빛 속에 뛰어 들어오면서 뚱그렇게 놀란 표정을 채 지우지 못한 채 땅바닥으로 곤두박질치고 있다.

* * *

모두들 돌아가 버린 텅 빈 강의실은 관속처럼 고요했다. 창 틈으로 비껴 들어온 일몰의 잔광이 소리없이 부유하는 무수한 먼지의 입자를 하나하나 허공으로 떠올리고 있었다. 미처 덜 지운 칠판의 글자들, 분필가루 냄새, 휴식중인 군대의 대오마냥 흐트러져 있는 책상들, 강의실 바닥의 얼룩 ……. 그런 오래 친숙해 온, 사물들 속에서 그는 노 교수의 나직한 음성과 친구들의 웅성거림, 그들의 체온과 호흡과 웃음소리와 함성이 아무도 없는 그 순간에 또렷하게 되살아 나오고 있음을 놀라움으로 지켜보고 있었다.

(문학사상사, 1989)

□ 임철우 「그들의 새벽」

희고 검은 빛깔의 물고기 형상을 하고 균일한 분포로 판박이 된 천장의 사방연속 무늬가 어슴푸레 공중에 가려 있는 게 맨 먼저 시야에 들어왔다. 현관 바깥에 달린 외등에서 가느다란 불빛이 유리창으로 새어 들어와 맞은편 벽면으로 날이 잘 다듬어진 비수처럼 음험한 그림자를 드리우고 있었다. 그녀는 메말라 껄끄러운 눈꺼풀을 몇 번인가 깜빡거리며 눈의 초점을 맞추려 애를 썼다.

*　　*　　*

실내는 칠한 지 얼마 지나지 않은 페인트 냄새가 엷게 배어 있었다. 한 달 전에 세워진 파출소 건물 전체가 어딘지 신장개업한 가게에서와 같은 생경험과 아직 틀이 잡혀있지 못한 느낌을 갖게 했다. 하긴 이정도의 사소한 사건에까지 미처 눈 돌릴 겨를이 없는 지도 몰라. 한 쪽에서는 분주히 철제 캐비닛 속에 서류 다발을 챙겨 넣고 빼고 하는 모양을 보며 그녀는 생각했다.

(동아, 1995)

□ 임철우「등대 아래서 휘파람」

그러나 그런 느낌은 중심가로 들어서는 순간 금방 경이로움으로 변했다. 성냥갑 모양의 굵은 건물들이 늘어나고, 넓은 신작로 위로 수많은 자동차들이 굴러 다녔다. 자전거를 탄 사람들, 짐을 가득 실은 손수레, 네거리 한 가운데서 삑삑 호루라기를 불어 대며 춤추듯 팔을 내젓는 교통 순경도 있었다. 그 엄청나게 많은 상점들과 별의 별 간판들. 약국, 식육점, 식당, 양장점, 책방 그리고 북적이는 시장통……가끔은 사층, 오층짜리 커다란 건물들 때문에 우리는 한껏 목을 뒤로 꺾기도 했다. 거리를 걸어 다니는 도시 사람들은 우리와는 전혀 다른 세상의 사람들처럼 여겨졌다. 배추 다발을 가득 싣고 가는 손수레 꾼, 길가에서 풀빵 틀을 돌리고 있는 애기 업은 아줌마까지도, 트럭 위에 웅크리고 앉은 우리들의 눈엔 마냥 존경스러울 뿐이었다.

* * *

　모두 합하면 이삼백 호나 될까. 너나없이 지독히도 못사는 사람들만 사는 동네였다. 거의 대부분이 거무튀튀하게 썩어 가는 낡은 판잣집, 혹은 미장도 채 입히지 못한, 블록으로 대충 쌓아 올려 엉성하기 그지없는 가건물들이 태반이었다. 동네 초입으로는 기찻길이 나 있었는데, 우리 동네의 집들은 그 기찻길을 중심으로 마치 밥주걱에 엉겨붙은 보리알처럼 올망졸망 널려 있는 꼬락서니였다.
　찰을 벌린 듯 둥그렇게 마을을 감싸고돌아 나간 그 철길을 통해 하루에도 몇 차례나 순천이나 여수, 부산행 기차들이 길고 새까만 몸뚱이를 꿈틀거리며 숨가쁘게 지나다녔다. 꽤액꽤액 굉장한 비명을 질러 대면서 밤낮없이 쿵쾅 쿵쾅 요란스레 달려 지나치는 그 기차들 때문에 하루도 조용한 날이 없었다.

* * *

　다리 건너편 공원으로 올라갔다. 커다란 벚나무 아래서 사람들이 쉬고 있었다. 앙상한 나무들이 메마른 잎새를 이따금 사람들의 머리위로 소리 없이 떨어뜨리곤 했다. 사일구 탑이 있는 공터에서 쿵죽쿵죽 장구 소리가 들려왔다. 한복을 차려 입은 여자들이 노래를 불렀고, 모여 앉은 구경꾼들 사이를 돌아다니며 약장수들이 약을 팔고 있었다. 나는 책가방을 등에 감춘 채 어른들 틈에 앉았다.

(한양, 1993)

□ **임철우 「아버지의 땅」**

　우리는 걷기 시작했다. 작전도로 우측으로 엎드린 낮은 언덕바지에 택시 한 대가 간신히 드나들 수 있을만한 좁은 샛길이 나 있었다. 길 어귀엔 허리 높이로 세워놓은 콘크리트 표지판이 서 있고 거기에 새마을 송공

부락이라는 초록색 글자가 흰 페인트 바탕에 엉성하게 적혀 있었다. 둘은 샛길을 접어들어 그다지 가파르지 않은 언덕을 걸어 올랐다. 길 아래로 흐르는 작은 시내는 바짝 말라붙어 있었다. 떡갈나무며 오리나무 같은 관목들이 드문드문 깔려 있는 후미진 어귀를 돌아 언덕 등성이를 마악 올라섰을 때였다. 별안간 눈앞에서 무엇인가 여러 개의 시커먼 덩어리들이 한꺼번에 푸다다닥 허공으로 솟구쳐 올랐으므로 우리는 약속이나 한 듯 움찔 뒷걸음질을 쳤다.

* * *

쫓겨가는 한 마리 딱정벌레처럼 트럭은 저만치 들판 한가운데로 난 황톳길을 따라 느릿느릿 기어가고 있었다. 고르지 못한 노면에서 바퀴가 튀어 오를 때마다 덜컹대는 쇳소리가 들려왔고 꽁무니로 부옇게 마른 먼지가 피어올랐다.

덮개 없는 트럭의 뒤칸에 홀로 쭈그려 앉은 채 실려 가고 있는 녀석의 모습이 유난히도 자그맣게 오므라들어 있어 보였다. 뒤칸에 적재된 알루미늄 식깡들이 이따금 섬뜩하리만큼 차가운 금속성의 광선을 되쏘곤 했다. 풀잎들이 저마다 윤기를 잃어가고 있는 들녘과 차츰 잿빛으로 퇴색해 가기 시작하는 야산의 정지된 풍경 속에서 그것은 안간힘을 쓰며 집요하게 꿈틀거리고 있는 단 하나의 운동체였다.

* * *

저만치 옹기종기 모여 앉은 인가가 눈앞으로 성큼 다가왔다. 대략 삼십여호나 될까. 산골자기를 타고 내려와 마을 앞을 돌아 흐르는 실개천 둑 위엔 이파리를 모두 덜구어 낸 껑충한 미루나무들이 듬성듬성 서 있었다. 이즈음엔 어딜 가 보나 그렇듯 허름한 집채 위에다가 슬레이트나 함석 따위만 덜렁 씌워 놓고서 거기에 원색 페인트를 덕지덕지 개어 바른 탓으로 오히려 생경하고 조악해 보이기까지 하는 그런 모습을 그 마을도 예외 없이 지니고 있었다. 강원도 산간치고는 비교적 평탄한 인근의 밭뙈기를 일구며 그럭저럭 살아가고 있는 눈치로 첫눈에도 가난에 찌든 벽촌의 모습이었다.

* * *

외딴집 하나를 지나쳤을 때 담장도 없는 허름한 그 집 토방에서 개 한 마리가 불쑥 튀어나오더니 우리를 보고 깽깽 짖어 댔다. 바싹 마르고 못생긴 잡종 개였다. 마을 초입을 들어서니 작은 구멍가게가 눈에 띄었다. 아마도 유일한 가게인 모양으로 담배라고 쓰인 양철 표지가 기둥에 붙어 있고 그 옆에 빨간 우체함도 걸려 있었다. 우선 거기서 물어보는 게 좋을 것 같았다.

(동아, 1994)

□ 임철우 「그 섬에 가고 싶다」

머리맡에 벗어 두었던 잠옷을 찾아 입고 나는 조용히 안방을 빠져 나와 내 방으로 들어갔다. 서재로 쓰고 있는 아주 작은 방이었다. 나는 전등을 켜지 않은 채 북쪽으로 난 쪽창으로 다가가 창문을 열고 밖을 내려다보았다.

도시는 아직 잠에서 깨어나지 않고 있었다. 새벽이 가까워 오는 무렵이었지만, 도시의 머리 위를 까맣게 누르고 있는 밤은 여전히 그 짙고 깊은 어둠의 덩어리로 단단히 뭉쳐진 채, 쉽사리 뒷걸음질을 치지 않으려는 듯 완강히 버티고 있을 뿐이었다.

* * *

아파트 십삼층에서 내려다보이는 차도는 텅 비어 있고, 희미하게 드러나 보이는 아스팔트 길 위엔 어둠이 아교처럼 끈적끈적하게 엎드려 있었다. 이따금 호루라기를 불어대며 두 사람씩 짝을 지어 순찰을 돌던 방범

대원들도 이젠 하루 일과를 거의 마치고 연신 하품을 터뜨리며 지쳐빠진 걸음으로 돌아가고 있거나, 아니면 벌써 파출소 안에서 구두끈을 풀어놓고서 느긋하게 담배에 불을 당기고 있을지도 모른다.

사실 하루 중 인간이 가장 피곤함을 느끼는 시각이 바로 해뜨기 두어 시간 전인 이 무렵일 것이다. 무슨 까닭에선가 밤새 엎치락 뒷치락 몸을 굴리며 불면에 시달리던 사람들도 대게 이 즈음이면 비로소 가늘게 코를 골기 시작하고, 더러는 꿈속에서 자기만이 아는 사람들을 만나 저마다의 이야기를 홀로 엮어내기도 하는 것이다.

어쩌면 어느 병원 입원실 침대에선 밤늦도록 열에 들떠 고통스런 신음을 토해내던 환자들이 이때쯤이면 거의 탈진상태가 되어 어느 사이엔가 살풋한 잠에 빠져들고 있는지도 모른다.

또 어느 후미진 골목 여관 구석방에 모여 앉아 뿌연 담배연기를 뿜어가며 화투판을 벌이고 있을 노름꾼들의 눈에도 이맘때쯤이면 벌겋게 핏발이 오르기 시작해서, 자꾸만 무겁게 처져 내리는 눈두덩을 손등으로 밀어 올리며, 소나기처럼 퍼붓는 졸음과 싸우랴 바닥에 어지러이 깔린 울긋불긋한 화투패를 확인하랴 한참 마지막 안간힘을 쓰고 있을지도 모른다.

어디 사람뿐이랴. 가난한 집 천장 위에서 쉴 새 없이 숨바꼭질을 해대느라 방 주인을 미치도록 성가시게 만들던 새앙쥐들도 이즈음엔 어지간히 지쳐 잠자해 지고, 밤새 사냥감을 찾아서 지붕과 담벼락 사이를 부지런히 달려 다니던 도둑고양이 녀석도 포근한 제 자리를 찾아 슬그머니 꼬리를 내린 채 어슬렁 되돌아가는 게 바로 이맘때쯤인 것이다.

*　　*　　*

우리 마을의 봄은 언제나 빨래터에서부터 시작된다.

빨래터는 마을 서쪽 산기슭에 있었다. 골짜기를 타고 흐르는 실개울은 평지와 잇닿는 지점에 움푹 패어 들어간 작은 물구덩이 하나를 만들어 놓았다. 실개울은 늘 바닥이 보일락 말락 했지만 비가 내린 다음엔 제법 수량이 넘쳐흐를 정도로 많았으므로 그런 날은 동네 아낙네들이 한꺼번에 몰려 나와 거기서 그 동안 밀린 빨래를 해치우는 것이다.

간밤엔 모처럼 봄비가 촉촉히 내렸다. 오늘은 아침 설거지를 마치자마자 여기 저기 빨래함지를 머리에 이고 빨래터로 향하는 발걸음들이 눈에 띄기 시작한다.

* * *

동네 빨래터란 곳이 본디 여자들만 모여드는 자리라서 으레 언제나 잔칫집 뒤끝처럼 시끌벅적 요란스러운 터이다. 마을 여자들은 한데 모이기만 했다 하면 너나없이 수다스럽고 시끄러워지게 마련이라, 위 아래 별로 나이 가리는 법 없이 서로가 짓궂고 고약스런 농지거리를 주고받곤 하는 것이다.

(살림, 1991)

□ 원재길 「그 여자를 찾아가는 여행 (상)」

경사가 급한 골목길을 올라가면 곧바로 2층 출입구와 연결되었다. 출입구로 들어서기 전에 왼쪽으로 건물을 돌아가는 자리에 3층으로 오르는 철계단이 있었다.

* * *

여러 회사의 연구소가 들어선 이후로 소읍 전체가 변한 듯 했다. 우리 회사의 연구소는 멀리 오른 쪽 산자락에 자리잡고 있었다. 전국이 무더위에다가 갈수록 심해지는 공해에 시달리고 있지만, 소읍은 흐린 날씨인데도 먼 산의 숲이 나무 수를 헤아릴 수 있을 정도로 고스란히 눈에 들어왔다. 차를 몰고 지나가는 길거리는 담배꽁초나 휴지쪽 하나 보이지 않았다.

오가는 자동차와 행인 모두가 낯빛이 밝고 평온해 보였다. 길가의 건물과 뒤켠의 주택, 아파트, 드문드문 눈에 들어오는 밭뙈기가 아늑하고 평화스러운 풍경을 만들고 있었다.

* * *

나선을 그리며 경사진 길을 돌아내려 갔다. 비바람이 요란하게 불어갔다. 시야를 제대로 가늠하기 힘들었다. 호수를 왼쪽에 끼고 조금 더 달리자 포장도로가 끝났다. 자갈길로 들어서며 돌아보니 바람이 어찌나 거센지 아름드리 나무들이 좌우로 길게 흔들렸다. 바람맞이여서 중간에서 허리가 부러져 기역자로 쓰러진 나무도 보였다.

(문학동네, 1994)

□ 원재길 「그 여자를 찾아가는 여행 (하)」

아파트로 달려 들어가니 집안이 엉망이었다. 식탁과 거실 소파 위에 소주병과 맥주병이 아무렇게나 뒹굴고 있었다. 적어도 서너명이 모여서 먹은 것처럼 빈병 숫자가 많았다. 온통 술냄새와 퀴퀴한 냄새뿐이었다. 베란다 창이 열린 채였는데 며칠째 청소를 안 했는지 손 짚는 자리마다 먼지 투성이었고 쓰러진 병에서 흘러나온 술 때문에 바닥이 미끄러웠다.

* * *

가까이 다가서서 방문을 마저 열려고 하는데 침대에 누운 두 여자가 눈으로 빨려 들어왔다. 방안에는 환한 불을 그대로 켜둔 상태였다. 그들은 그냥 쉬기 위해 침대에 누워 있는 것이 아니었다. 웃옷은 그대로 입고 있으나 치마와 팬티를 다 벗은 상태였다. 하나는 스타킹마저 벗었고 다른 하나는 스타킹이 발목에 둘둘 말려 있었다. 그대로 드러난 두 사람의 하얀 엉덩이 때문인지 방안이 대낮같이 환했다.

(문학동네, 1994)

□ 원재길 「모닥불을 밟아라」

갑자기 다리 건너편의 밤하늘에서 퍽퍽 소리를 내며 불꽃놀이가 벌어지기 시작했다. 허공으로 줄기를 길게 뻗으며 올라가서 만개한 꽃처럼 폭발한 불꽃은 찬란한 빛깔로 온갖 희귀한 식물의 영상을 연출했다. 흥행사와 난 사이 좋게 어깨동무를 하고 입을 벌린 채 불꽃을 향해 걸어갔다. 입 속으로 달콤한 꽃가루가 날아 들어왔다.

(문학동네, 1997)

□ 원재길 「오해」

노인의 설명에 따르면 그 동네에 외지 사람들이 모여들어 집을 짓기 시작한 건 불과 오륙년 전이었다. 물맛 좋고 순간순간 들이쉬는 공기에서 영양분이 느껴지는 곳. 곡기를 끊고 매일 맹물만 들이키고도 살 수 있으리라 여겨지는 곳. 사시사철 물떼새와 휘파람새, 산까치를 포함한 온갖 새가 길게 목을 뽑으며 울고 각양각색의 꽃이 향기를 뿜내며 다투어 피어나는 곳이었다. 그곳에 깨끗한 양옥집이 십여 채 들어서 있었는데, 그렇다고 이전과 달리 주위 환경에 커다란 변화가 생긴 건 아니었다. 자연은 가슴팍을 활짝 펼쳐서 서른 예닐곱 명에 달하는 사람들은 기꺼이 포용했다. 부대 시설이나 특수한 편의 시설이 없는 게 흠이라면 흠이여서 구멍가게 수준의 수퍼와 유아방의 존재는 한층 보석처럼 두드러졌다.

(민음사, 1996)

□ 장용학 「역성서설」

넓은 마당에서 그래도 옛날 모습을 지니고 있는 것은 소나무뿐이었다. 한구석을 높직하게 차지하고 있는 동산은 사면(斜面)이 푹 패어 나갔고 그 흙에 덮여 그 아래 반도 모양의 못은 흔적도 없이 되었다. 고려시대의 유물이라고 하는 한 쌍 석등(石燈)은 각(脚)이 나서 꽃밭 속에 뿔뿔이 뒹굴고 있었고 화초들은 꽃봉오리를 맺은 채 벽돌 무더기에 깔려 그을리다가 꺼무스름하게 숨을 거두고 있었다.

(『사상계』, 1958)

□ 장용학 「원형의 전설」

자세히 다시 살펴보니, 모든 건물은 지은 것이 아니라 통째로 새겨낸 것이었습니다. 동상을 조각하듯이 말입니다. 거리 전체를 파내고 다듬고 해서 새겨 낸 거대한 하나의 예술작품과도 같은 지하 도시였습니다. 하늘이 뚫린 그 구멍으로 빛은 물처럼 흘러들어서 땅 속에 파란 하늘을 이룩해 놓았던 것입니다. 7

* * *

문이 하나밖에 없고 골방처럼 조그만 방인데, 거미줄이 그리워질 방 냄새에 어울리지 않게, 화려한 붉고 푸른 치마저고리가 벽에 걸려있는 것이 아득한 나라에 와 있는 것 같은 느낌을 주었습니다.

* * *

한가운데는 분수가 솟는 못이 있고, 거기에 실개천 같은 물이 굽이굽이 흘러들어서는, 흘러나가고 있는데, 높다란 소철나무 따위가 바닥에 아주 뿌리를 박고 여기저기에 서 있는 것이 지붕에 있을 뿐인 정원과 같았습니다. 한쪽 벽은 옛날 애급(埃及)의 벽화를 흉내 내서 훤한데, 반대편은 짙게 회색 칠을 한 벽에 칙칙한 추상화가 커다란 것들이 무질서할 정도로 되는대로 걸려 있어서, 그 사이에 앉아 있노라면 무슨 계곡에 들어선 것 같았습니다.

* * *

바닥은 울긋불긋한 양탄자로 깔렸는데, 침대가 있고 화장대가 있고 옷장이 있고 테이블이 있고 탁자가 있고, 소파, 안락의자, 교의, 의자 따위는 세어 보니 일곱 개였습니다. 없는 것은 피아노뿐이랄까. 텔레비전이 있고 전축이 있고, 라이터가 있고 전화가 있고 철 늦은 선풍기가 있고, 어항, 소상, 화분, 벽엔 사진, 유화, 배우들의 브로마이드. 보통 집에서라면 서너 방에다 나누어서 차릴 것을 한곳에 집합시켜 놓은 잡동사니였습니다. 침실도 되고 거실도 되고 응접실도 되고, 한구석에는 각종 양주병이 진열되어 있는 스탠드까지 마련되어 있는 것입니다.

* * *

손을 뻗어 더듬어 보니 벽도 바닥도 거칠거칠한 널이었습니다. 거칠거칠한 그 감촉이 망설이던 불안을 불러냈습니다. 자리에서 내려 손을 가지고 살펴보니, 그런 침상을 두개 놓으면 거의 차버릴 만한 공간인데 사면이 모두 거친 널로 된 벽이고, 창이나 문은 끝내 없었습니다. 팔을 위로 뻗쳐 보니 역시 널로 된 천장이 손바닥에 닿는 것입니다.

(동아, 1995)

□ 장용학「비인 탄생」

공기를 떨리는 이 불안스러움은 도시가 풍겨 내는 냄새, 그 숨소리에서 오는 것인지도 모른다. 저 지붕 뚜껑들을 훌렁 벗겨 놓고 보면 그 속에서는 무엇이 꼼지락거리고 있을 것인가……모함 공갈 아부 나태 시기 교만……. 이런 병균이 생(生)이라는 뽕잎을 쓸어 먹으면서 와글거리고 있는 것이다. 맑은 눈빛, 순진한 웃음, 부드러운 숨결이 과연 몇 방울이나 거기서 섞여 있을 것인가…….

악덕의 분지(盆地). 거기다 비단이불을 펴놓고 시민들이 코고는 소리가 여기에까지 풍기어 오는 것 같다. 낯이 화끈해지는 것을 느낀다. 자기도 모르게 손이 얼굴을 만지는 것이다.

* * *

　머리를 좀 숙이면서 들어서면 양쪽 벽에 각각 침대가 대어 있는데, 그 사이를 사람이 지날 수 있을 만한 넓이에, 머리맡이 되는 안쪽 구석에 짐이 두세개 놓여 있을 만한 정도의 깊이를 가지고 있는 것이 굴집의 용적이다. 침대라지만 벽돌조각을 서너 무더기씩 쌓아 놓고 그 위에다 널을 깐 것이다. 한쪽 구석에 예닐곱장 되는 캔버스가 기대어 있는 것이 좀 이채롭다. 그는 화가였다.

(어문각, 1975)

□ 전경린 「내 생에 꼭 하루뿐인 특별한 날」

　여직원은 대답 대신 나를 잠시 보더니 눈을 돌려 부엌 너머 거실을 한 바퀴 휘둘러보았다. 한바탕 웃음을 터뜨린 얼굴이 이상스럽도록 서늘했다. 거실 창 아래엔 도자기로 만든 커다란 앵무새가 이쪽을 향해 서 있었다. 크림색 천 소파 세트 곁에 설치한 크리스마스트리의 장식 전구가 반짝였다. 집은 단순하고 큼직큼직한 오크 가구들로 꾸며졌고, 잘 청소되어 반짝거렸고 오후에 구운 쿠키 냄새가 은은하게 배어 따스하고 안정되어 보였다.

* * *

　홀의 테이블에는 늘 이제 막 손님이 빠져나간 것처럼 국수 그릇들이 널려 있고 벽에는 라면, 국수, 김밥이라고 쓴 메뉴판이 붙어 있었다. 그 아래 길고 좁다란 테이블엔 커피 머신과 어묵과 인스턴트 죽 종류와 삶은 계란과 슬러시 기계와 핫바, 어묵국과 만두 등이 든 보온 유리 박스들이 놓여 있었다.

* * *

휴게소 뒷길에 트레일러가 세워져 있는 것이 보였다. 폭우가 쏟아지는 휴게소는 더욱 낡고 남루해 보이고 거의 사람이 살 수 없는 폐가 같았다. 비치파라솔과 함부로 놓인 플라스틱 의자들과 공중전화 부스와 무궁화 꽃이 핀 울타리와 짙푸른 잔디밭에 흙물이 고여 있었다. 철 구조물 위를 뒤덮은 초록 넝쿨은 빗방울이 떨어질 때마다 고개를 빳빳하게 세운 뱀처럼 꿈틀꿈틀 거리며 순간순간 뻗어 나오고 있었다.

* * *

냉방이 되고 있었고 매끄러운 바닥엔 깨끗하게 물걸레질이 되어 있었다. 그리고 캐비닛만큼이나 키가 큰 벤자민나무는 초여름 상추처럼 싱싱해 보이는 초록빛이었다. 좁다란 로비의 창문 역시 초록 창틀인데 바깥의 장식 살을 따라 나팔꽃 넝쿨이 타고 올라 바람에 살랑거렸다. 창문 곁에 녹슨 철제 팔걸이 구식 비닐 소파가 하나 놓여 있고 어디에 있는지 모를 라디오에서 방송국의 로고송이 끝나자 오래된 기타곡이 흘러나왔다. 실내의 빛은 전체적으로 연한 배춧잎 같은 푸른빛을 띠었다. 기능적이고 소박하고 청결한 시골의 우체국 실내였다.

* * *

냉방이 잘된 커다란 방, 벽 하나를 다 메운 어두운 색의 무거운 커튼, 티 테이블과 팔걸이가 달린 두 개의 의자. 사이즈가 큰 이인용 침대와 나의 심장처럼 잔뜩 부풀어 오른 베게, 작은 냉장고와 옷을 걸도록 되어 있는 좁다랗고 긴 갈색 장롱, 화장대와 티슈통과 휴지통, 그리고 바닐라 아이스크림 냄새 같은 값싼 남성용 로션의 향⋯⋯. 이런 것이 우리게임의 장소가 될 것인가. 마치 아픈 이빨에 한쪽 손바닥을 대고 치과에 들어선 것 같았다. 내 마음에 회의와 한심스러운 슬픔이 차올랐다.

* * *

안채와 사랑채와 별채와 광들과 축사들을 가진 무척 큰 집이었다. 누가 떼내어 갔는지 방의 문짝들도 하나도 남아 있지 않았다. 활짝 열려 있는 광 안엔 쇠스랑 호미, 가래 같은 농기구들이 녹슬어 넘어져있고 안방엔 한쪽 귀퉁이가 깨어진 낡은 자개장롱이 세워져 있고 마루 아래엔 사람이 살기라도 하는 듯 흰 고무신과 낡은 운동화들이 먼지를 뒤집어 쓴 채 가지런히 놓여 있었다. 책이 흩어져 있는 방, 장작과 마른 나뭇잎이 뒹구는 검게 그을린 부엌, 커다란 장독들이 남겨져 있는 장독대. 집 뒤엔 내던져진 바구니들과 솥과 단지들.

조용한 빈집의 풍경 중에서 가장 놀라운 것은 나무들의 모양이었다. 그것들이 유일하게 살아 있는 생명체여서일까……. 나무들이 하나같이 스스로를 쥐어뜯으며 비명을 지르고 있는 듯한 느낌이었다. 이젠 적막과 뿌리 뽑히는 것에 대한 공포에도 지쳐버린 피폐한 함구의 표정이었다. 그가 힘겹다는 듯 긴 숨을 내쉬며 나의 손을 꽉 잡았다. 그이 손바닥이 내 손바닥에 닿자 그 단순한 접촉에도 가슴이 뭉클해지며 조용히 피가 떨렸다.

* * *

우리는 큰 집 사이의 좁다란 골목으로 들어갔다. 여름 동안 발목까지 자란 풀들이 먼지에 덮여 푸슬푸슬 시들고 있었다. 그곳 집들은 앞집들과 달리 슬레이트를 얹은 안채가 전부인 가난하고 허술한 집들이었다. 문짝들은 주저앉고 벽지는 길게 찢겨져 검푸른 곰팡이가 자라고, 내려앉은 방바닥엔 젖어진 장판사이로 풀이 올라왔고 여기저기 내던져진 살림살이들은 마치 오래 전에 드러난 짐승의 내장처럼 녹슬고 부패한 채로 함부로 뒤엉켜 있었다. 그런 비릿하고 황폐한 풍경 속에서 내 시선을 끄는 것이 있었다. 잎사귀마저도 함부로 자라난 감나무 가지에 적요하게 걸려 누군가를 기다리는 듯 정지해 있는 굴렁쇠 하나. 날카로운 가을빛이 녹슨 굴렁쇠에 부딪쳐 새하얗게 빛났다.

* * *

집 안은 낡았지만 꼼꼼하게 수리되고 정돈되고 깨끗하게 청소되어 있었다. 응접실 벽에는 아버지가 장식한 박제 사슴의 머리와 박제 새와 글자가 씌어진 액자들이 그대로 걸려 있고 은행나무 등걸을 잘라 만든 테이블 위엔 자개 담뱃갑과 검은색 유리 재떨이와 사진 액자들이 놓여 있었다. 그리고 처녀 시절에 언니가 썼던 방에 언니와 나와 여동생의 책과 이불과 장식 이형과 조화들과 그림 액자 같은 소녀 취향의 낡은 물건들이 그대로 보관되어 있어서 어느 땐 살림하는 집이라기보다는 마치 떠난 사람들의 기념관 같은 느낌이 들었다.

* * *

나는 그 방 안으로 들어섰다. 방 안 네 벽에는 그곳에 살았던 사람들의 음성과 냄새와 기척이 배어있어서 웅얼거리는 울림이 가득한 것 같았다. 긴장되어 몸이 휘청거렸다. 벽엔 시슬레의 풍경화가 들어있는 액자가 걸려 있고 낮은 찬장 위엔 도자기로 만든 값싼 인형 두 개가 올려져 있었다. 그리고 찬장 속엔 장미꽃 무늬 커피 잔 세트와 제법 고운 도자기 접시들이 포개져 놓여 있고 흰 도자기 주전자 속에는 소국 모양의 조화가 꽂혀 있었다. 아래 칸은 나무문인데, 반쯤 열린 채여서 쌓아놓은 제사 그릇이 보였다. 희뿌연 유리문을 미니 스르르 문이 열렸다. 나는 찻잔 하나 꺼내었다. 윤기가 없고 무겁고 두꺼운 도자기 잔인데 장미꽃 무늬가 애잔했다. 입이 오목한 모양과 멋부린 손잡이가 고풍스러웠지만 싸구려였다. 접시들에는 한결같이 노란 얼룩이 먼지와 뒤섞여 있었다. 나는 커피잔을 접시 위에 올리고 찬장 문을 닫았다.

* * *

마을 하나가 불길에 다 타버린 연기였다. 집과 마을의 길들과 장롱과 농기구들과 소여물과 옹기들과 신발들과 낡은 가방들이 그대로 물에 잠기는 줄로 알았는데 알고 보니 불에 태워서 재로 만들어 버린 것이다. 불길은 이미 사위었고 바람이 불 때마다 짐승이 갈라진 뱃속 같은 붉은 속물이 들어 났다가 덮였다가 했다. 마을은 이미 온데간데없었다. 나는 잿더미 속에서 규와 처음으로 입맞춤을 했던 마을 뒤의 늙은 느티나무가 있던 자리를 가늠해 보았다. 그러고 보니 부희의 집도 무너지고 없었다. 지붕이었던 슬레이트 조각과 나무 기둥만 뒤집혀진 붉은 흙 속에 반쯤 묻혀 있을 뿐이었다. 감나무 세 그루와 라일락만이 담장가의 그 자리에 전처럼 서 있었다.

* * *

호텔의 특실은 넓고 가구들은 커다랗고 무거워 보였으며 카펫과 커튼은 두꺼웠고 비수기에 접어든 탓인지 칼칼한 먼지 냄새가 났다. 화장대 위에는 옅은 주홍색 글라디올러스가 세 줄기 꽂혀 있었다. 나의 상처 때문에 방 안에서 저녁을 시켜 먹었다. 글라디올러스와 텔레비전에서 보내주는 클래식 연주 프로그램이 위안이 되어주었다. 하이페츠가 바흐의 바이올린 협주곡을 끝내고 뒤이어 비탁리의 사콘느를 연주했다. 세상에서 가장 슬픈 곡 같았다. 웨이터가 그릇들을 내간 뒤에 그가 잔뜩 웅크린 나의 몸을 만지며 씻겨주겠다고 했다.

* * *

논둑 길을 지나니 다시 산길이었다. 산길을 올라서니 바로 고인돌 무덤이 나왔다. 철제 울타리가 쳐져 있고 낮게 돌이 괴여 있을 뿐 몹시 허술했다. 주위엔 누가 내던진 듯 바위들이 많이 뒹굴고 있었다. 어쩌면 허물어졌을 뿐 그 뒹구는 돌들도 모두 고인돌 무덤인지도 모를 일이었다.

(문학동네, 1999)

□ 전광용 「꺼삐딴 리」

차가 브라운 씨의 관사 앞에 닿았다.

성조기(星條旗)를 보면서 이인국 박사는 그날의 적기(赤旗)와 돌려온 시계를 생각했다.

응접실에 안내된 이인국 박사는 주인이 나오기를 기다리면서 방안을 둘러보았다. 대사관으로는 여러 번 찾아갔지만 집으로 찾아온 것은 이번이 처음이다.

삼년 전 딸이 미국으로 갈 때부터 신세진 사람이다.

벽쪽 책꽂이에는 이조실록(李朝實錄), 대동야승(大東野乘)등 한적(漢籍)이 빼곡이 차 있고 한쪽에는 고서(古書)의 질책(帙冊)이 가지런히 쌓여져 있다.

맞은편 책장 위에는 작은 금동불상 곁에 몇 개의 골동품이 진열되어 있다. 십이 폭 예서 병풍 앞 탁자 위에 놓인 재떨이도 세월의 때묻은 백자기다.

저것들도 다 누군가가 가져다 준 것이 아닐까 하는 데 생각이 미치자 이인국 박사는 얼굴이 화끈해졌다.

(동아, 1995)

□ 전광용 「흑산도」

손바닥 오그린 모양으로 오붓하고 아늑하게 생긴 좌청룡 우백호에 감싸인 마제형의 형국이라는 나루였다.

펑나무, 누럭나무, 재뻬나무가 우거진 속 용왕당이 버티고 있는 당산 기슭에 감아붙어 갯밭에 오금을 괴고 조개껍질처럼 닥지닥지 조아 붙은 마을 한기슭으로 뒷주봉 나왕산 골짜기에 꼬리를 문 개울이 밀물을 함빡 삼켰다가 썰물에 구렁이처럼 갯벌로 꿈틀거리고 흘러내리는 것이 희미한 달빛에 비늘처럼 부서진다.

갯가에서는 마을 장정들의 흥겨운 노랫소리가 꽹과리, 장구 소리에 섞여 당산까지 울렸다가는 숨죽은 듯 고요한 바다 위로 다시 퍼져 흩어진다.

인실이네 마당에서는 큰 애기들이 손에 손을 잡고 둘레를 돌면서 메기고 받는 강강수월래가 그칠 줄을 모른다.

(학원출판공사, 1991)

□ 전영택 「김탄실과 그 아들」

　백두산 천지에서 흐르는 물은 두 줄기로 갈라져, 하나는 동으로 내려가다가 두만강으로 흘러들고 하나는 서편으로 흘러들어 압록강 줄기를 들어간다. 사람의 운명도 같은 처지에 나서 같은 환경에서 자랐지마는 그럭저럭 세월이 흘러서 십 년 이십 년 지나는 동안에 서로 거리가 엄청나게 멀어져서, 아주 딴 세상 사람이 되어 버리는 수가 있다. 두 사람이 이웃에서 태어나고, 혹 형제로 태어나고, 한학교에서 한책상 한걸상에서 같은 선생에게 공부하고 자랐으나, 몇 십 년이 지나간 다음에 한 삶은 비참한 자리에 빠져서 인제 두 사람이 같은 처지에서 자랐던가를 의심하게 되는 일이 있다.

(소담, 1995)

□ 전영택 「크리스마스 전야의 풍경」

　우선 미도파의 쇼윈도와 출입문의 좌우쪽이 크리스마스 장식으로 덮였고 잠깐 안쪽을 슬쩍 들여다보아도 커다란 전나무 가지에 은방울 금방울 금실 은실로 늘이고 솜으로 흰 눈 모양을 만들어 덮은 크리스마스트리가 모두 무척 눈에 거슬렸다.

(소담, 1995)

□ 정길연 「사랑의 무게」

　조심스럽게 방문을 열고 거실로 나설 때의 기대는 곧 무너져 버린다.

자신의 옷가지는 물론 대용으로 걸칠 만한 그 어떤 천조각도 그녀의 눈에 띄지 않는 까닭이다. 현관과 신발장에는 오래 신어 가죽이 낡은 그의 랜드로버와 테니스화, 여름용 스포츠 샌들, 앞뒤가 트인 슬리퍼, 그리고 도르르 말아 단추로 채워둔 검정색 우산뿐이다. 그녀는 욕실과 나란히 붙은 방의 손잡이를, 이미 자포자기나 다름없게 된 심경으로 비틀어본다. 손잡이는 돌아가지 않는다. 아마도 그녀의 의복과 구두와 가방은 그 닫힌 창문 안쪽에 들어 있을 것이다.

* * *

'소울'은 두꺼운 천으로 커튼을 갈아 끼운 것 이외에 그다지 달라진 것은 없었다. 회명이 들어서자 들여다보고 있던 책에서 눈을 떼고 조용한 미소로 알은 체를 할 뿐인 주인 여자. 결코 어둡지 않으면서도 물 속 깊은 바닥에 이른 빛의 흔적처럼 착 가라앉은 듯한 분위기를 내는 조명. 구석진 곳 마른풀 냄새를 내며 바구니 가득 꽂혀 있는 들꽃 다발들. 무엇보다 주방 쪽과 입구 쪽을 제외한, 마주보는 두 벽면의 온통 희고 온통 검은 색상의 극명한 대비.

* * *

바야흐로 잎이 지기 시작하는 느티나무와 산벚나무와 아가위나무들의 오롯한 숲길이었다. 둘씩 셋씩 사락사락 소리 나는 그 길을 거닐거나 드문드문 한 인조목 벤치에 앉아 해질녘 가을의 정취에 잠긴 학생들로 오솔길다운 한적한 맛은 사라지고 없었다. 게다가 퓨전에 가까운 고음의 바이올린 선율이라니 기악과 연습실 뒷창에 면한 숲길이어서인지 평소에도 성량과 음역이 제각각인 선율이, 때로는 불협화음으로 새어나오곤 했으니 새삼그럽게 탓할 일은 못 되었다.

(이룸, 2000)

□ 정비석 「제신제」

 방에는 이미 남표가 켜져 있었고, 창가 화병이 놓였던 피아노 위에는 가을 국화가 한 분 아담히 놓여 있었다. 반만큼 핀 흰 국화가 몹시도 사람을 반기는 듯하였다. 나는 잠시 국화를 허심히 바라보다가 문득 순실에게는 이렇게 국화를 가꾸는 아취가 있었던가고 혼자 놀랐다.

*　*　*

 차 안은 동굴처럼 공허하다. 여름철은 피서객으로 와실와실 들끓던 이 철도건만 늦가을인 시방 와서는 승객의 수효는 초저녁의 별보다도 희한하다. 텅 빈 좌석의 여기저기에 엉기성기 외로이들 앉아 있는 승객은 대개가 탕건에 갓 받쳐 쓴 시골 늙은이가 아니면, 당꼬바지에 지카다비 신은 뜨내기 철로 공부들뿐이다. 함구령이라도 내린 듯이 모두들 잠잠해서, 차체를 통하여 울려오는 엔진 소리만이 리드미컬한 소란을 계속하고 있다.

(백수사, 1971)

□ 정비석 「귀향」

 우거진 오리나무숲 사이에 옹기종기 널려 있는 초가집들이 무릉도원처럼 아름다워 보였다. 지붕 위에 새빨간 고추가 자잘편히 널려 있는 것도 옛 풍습 그대로인 것이 반가웠다.

(어문각, 1973)

□ 정비석 「고고(孤高)」

 팔월 가위를 지낸 지도 이미 열흘―음력은 구월 머리로 접어들려는 시절이 시절인지라 수목은 벌써 단풍에 물들어 산 전체로가 크낙하고 다부지게 핀 꽃송이처럼 불그레하다.

어디서 불려 오는지 나뭇잎 한 조각이 방글방글 바람세 따라 허공에서 맴을 돌며 법당 뜰 앞에 내려앉는다.

맞은 산봉우리에는 상기 노을이 찬연한데 이 용흥사에는 이미 구석구석에 모색이 창연하다.

일년을 두루 가야 별로 찾아오는 이도 없는 절인지라, 법계에조차 잡초와 다래넝쿨이 얼크러질 대로 얼크러져서 다래넝쿨 밑에서는 몇백 년의 긴 세월이 그대로 묵어나고 있는가 싶다.

*   *   *

대웅전 앞에 돌조각으로 묻어 놓은 화단에서만 아직도 몇 포기의 백일홍과 맨드라미가 피어 있기는 하나, 그것조차가 찬바람에 시달려서 싱싱한 것은 한 송이도 없고 그저 간들간들 연명이나 해 가는 셈이다. 멀리 산 아래로 아득히 굽어보이는 두루 산병풍 속에 갇힌 용읍마을은 지금은 쇠락했으나 옛날에는 그래도 원님이 사시던 곳으로 우물이 아흔 아홉－백 개에 하나가 모자라서 왕 도읍지가 못 되었다는 전설이 시방도 이 마을 사람들의 자랑거리거니와, 용흥사의 흥망도 저 용읍의 성쇠와 운명을 같이하여 시방은 명색이 절일 뿐이지 은성하던 옛날의 자취는 찾아볼 길조차 아득하다.

성안 백성들의 저녁 인심과 새벽잠을 놀라게 하던 인경과 법고 소리도 울기를 그친 지 이미 오래며, 산천만이 의구한 채로 회고에 잠겼을 뿐 말없음이 더욱 애달프다.

(백수사, 1971)

□ 정연희 「사막을 향하여」

시장은 높직한 현대식 건물로 세워져 2층부터는 공판장인 듯했고 넓은 아래층에는 어시장 한옆으로 빵이며 치즈 등 식료품 도매 가게가 엄청난 크기로 자리 잡고 있었다. 가게의 규모뿐이 아니었다. 그 물량과 종류라니…… 인간의 삶은 어느 사이에 이렇도록 조직적이고 치열한 것이 되었을까. 놀랍도록 차곡차곡 치쌓여 있는 식품들 사이를 걸어가노라니 문득 자신이 거쳐왔던 삶이나 경험이 갑자기 너무도 허술하지 않았던가 느껴질 정도였다. 식품점 골목을 벗어나니 이건 또 천연색의 향기로운 감동이었다. 남쪽나라의 과일이 제가끔 내노라고 모여 있었다. 파파야, 멜론, 바나나, 아보카도, 블루베리, 딸기, 수박 등, 흙 한 가지 속에서 어떻게 이렇도록 선연한 색깔의 열매들이 쏟아져 나왔을까.

* * *

몇 가지 스시와 문어 찐 것을 1회용 접시에 담아 들고 나간 자리는 선창이었다. 일정한 간격으로 파라솔과 식탁이 있어, 닿는 곳에 앉으니 마치도 큼직한 선박의 덱크에 올라앉은 것 같았다. 정박한 배들이 바다 위에서 눈부신 빛으로 일렁거리며 낮잠을 자고 있었다. 사람이 나타난 것을 보더니 갈매기들이 오후의 나른함을 툭툭 날개짓 하듯 여러 마리가 날아들었다.

* * *

선창가의 갈매기들이 박진우의 웃음을 깃발처럼 부리에 물고 흔들던 것처럼, 벼룩시장의 가지각색 물건들이 여자의 덧니와 미소를 담고 그를 곁눈질하고 있었다.

* * *

시드니의 여름 햇살이 느릿하게 빗겨 가는 마당에는, 인생사 지지고 볶던 것들이 하나도 남김없이 모여든 듯했다. 더러는 차일 아래, 어느 사람은 맨땅에 좌판을 벌이고 제가끔 들고 나온 물건들을 늘어놓았다. 오래된 유화, 빅토리아조 때의 도자기처럼 보이는 그릇들, 타피스트리, 장신구, 입던 옷, 신발, 갖가지 장식 등, 그리고 손톱만한 양념단지에서부터 가구에 이르기까지 없는 것이 없었다. 어느 것은 값이 호된 것도 있었으나 대개는 어이가 없을 만큼 싼값이었다.

* * *

왼편으로 해안을 끼고 오른쪽으로 이어지는 숲과 몇 개의 다리를 건너자 선창이었다. 짙푸른 녹색의 섬들이 무겁게 가라앉아 가고 있었다. 어지간히 기울기 시작한 여름 해에 밀려 섬들은 물 위에 떠 있는 것이 아니라 물 속으로 잠겨 들고 있었다. 반도형으로 갑을 이룬 해안선은 무겁게 잠겨 있는 섬들을 두고 바다가 아니라 호수를 여러 개 이루고 있는 것처럼 보였다. 기나긴 선창에는 수백 개의 요트가 날개를 접은 나비처럼 조용하게 매어져 있었고, 선창가 주차장에는 번호가 매겨진 자리에 섬마을 사람들의 자동차가, 충직한 머슴처럼, 섬에서 건너온 주인을 기다리고 있었다. 여자가 차를 대는 자리에 흙먼지를 뒤집어 쓴 랜드로버 한 대가 서 있었다.

* * *

통나무집 내부는 쓸만했다. 부엌도 편리했고 거실도 전망이 좋았다. 무엇보다도 원목으로 만든 널찍한 테라스가 시원했다. 숲을 뚫고 바다가 내려다 보였다. 비치 파라솔과 데크 췌어, 그리고 바비큐 테이블에 등나무 의자들이 있었다.

(지혜네, 1999)

□ 정연희 「오, 카라얀!」

설거지통 속의 물이 산뜻했다. 물이 차다고 느껴지자 물 속에 잠긴 손가락이 가느다랗게 야위어들었다. 부엌 개수대에는 회오리바람처럼 휘두르고 달아난 식구들의 아침 밥그릇이 치쌓여 있다. 그는 그릇을 씻으려다 말고 물 속에서 두 손을 마주 잡아보았다. 갑자기 가늘어진 것 같은 손가락과 손가락이 시리디 시린 마음으로 얽혀 있었다. 그는 물통에서 손을 건져내며 창 밖을 바라보았다. 청정한 가을 햇살이 눈부셨다. 햇살이 나무도 투명하여 무엇을 마련없이 들킨 듯도 했고 주부로서의 그의 근면한 일상의 배신을 당한 것 같은 느낌이 들기도 했다.

* * *

그는 하릴없이 눈길을 떨구고 뒤뜰 울타리 그늘과 잔디를 둘러보았다. 틈을 내어 매어주어도 끊임없이 날아오는 잡초씨로 해서 잔디를 가꾸는 일도 큰일 중의 하나였는데, 돌볼 틈 없이 며칠을 보냈더니 잡초가 건성드뭇 눈에 띄었다. 그는 습관처럼 쭈그리고 앉아 잡초를 뽑았다. 한여름 길길이 무성하던 잡초는 이미 그 기승하던 기운을 잃고 있었다. 무심하게 잡초를 더듬던 손등으로 눈이 갔다. 그리고 팔목은 이미 중년 여자의 허물어진 손이었다. 마디가 굵어지고 주름지고 힘줄이 얽혀 튀어나온 손이었다. 문득 독 묻은 화살 같은 허무의 화살 하나가 그의 가슴 깊은 곳에 꽂혔다. 그는 도둑질하다가 들킨 사람처럼 화급하게 그 손을 행주치마 주머니에 감췄다. 그러나 그 동작은 손잡이 없는 칼날이 되어 그의 깊은 곳을 다시 한 번 찔러 왔다. 그는 도망치듯 집안으로 달려들어갔다.

부엌을 거쳐, 설거지가 쌓여 있는 쪽을 외면하며 식당으로 나갔다. 식탁에는 남편이 마신 찻잔과 조간이 널려 있었다. 식탁 의자에 앉을까 하다가 그게 남의 자리 같아서 거실로 나갔다. 남향받이 유리창 가득한 앞뜰은 이드막하게 올라온 아침햇살로 찰랑거렸다. 가을이 사방에서 달려들고 있었다.

* * *

그는 엉거주춤하게 서서 방을 둘러보았다. 안방에는 남편의 잠옷과 가운이 한 옆에 밀어붙여져 있고, 고등학교 2학년짜리 큰 아들방과 중학교 3학년짜리 둘째 아들 방은 침대 커버와 함께 뒤엉킨 옷가지가 그대로 치쌓여 있고 책상 위는 어지러웠다. 중학교 2학년인 막내이자 고명딸의 방은 차분하게 정돈이 되어 있었다.

* * *

수증기 자욱한 목욕탕에 여자들의 허연 나신이 부유하고 있다. 그득그득 물을 떠올려 몸에 끼얹는 여자, 샤워기 밑에서 신나는 물줄기에 전신을 맡긴 여자, 때밀이에게 몸을 맡기고 퍼저누워 멀뚱멀뚱 때를 밀리우는 여자, 사우나에서 튀어나와 냉탕으로 첨벙 뛰어드는 여자. 그는 목욕탕 안을 둘러보다가 진저리를 치며 눈길을 돌렸다.

*　　*　　*

하룻밤만에 그가 생각해 낸 것은 졸업한 지 20년이 넘는 대학 모교였다. 아, 그랬었지. 여름 방학이 시작되는 날 기숙사는 달콤하고 쌉쌀한 분위기로 들떴었다. 다정하던 친구, 의지하던 선배, 서로 주소를 확인하고 무엇인가 남겨주고 싶어 안달을 하며 짐을 꾸리고, 기숙사 창밖으로 혹은 현관에서 손을 흔들고…… 그 여름은 그렇게 푸르름으로 가득 찼었다. 멀고 먼 곳에서 파도의 흰 갈기를 잠재우며 몰래 안고 온 바다내음 같은 향기로 학교 뜰을 뒤흔들던 오동나무 꽃향기며, 순백의 꽃잎을 땅속에 묻어버리고 힘찬 푸르름으로 발돋움하던 목련, 깊은 그늘의 플라타너스, 은행나무 등, 그 푸르름은 젊음에 박차를 주던 향기로운 함성이었다.

(지혜네, 1999)

□ 정연희 「꽃잎과 나막신」

골란고원, 옛땅을 회복하고 나라를 찾은 이스라엘의 꼴을 그저 보아 넘길 수 없었던 주변 국가들이 이스라엘을 쫓아내 보려고 불집을 건드리듯 전쟁을 걸었다가 끝내는 이스라엘에게 점령당한 땅이다. 지금은 시리아인가 하는 나라가 그 땅을 다시 찾으려고 외교적으로 아양을 떨기도 하며 호시탐탐 노리는 노른자와도 같은 땅이지만, 모세 때에는 므낫세 지파를 위한 도피성으로 쓰였던 곳이다. 원념없이 부지중에 오살한 사람을 피신케 했던 지역이다. 모세의 율법에 눈에는 눈으로 이에는 이로 원수를 갚으라 했지만, 실수로 살인을 저지른 사람이 복수를 당하지 않도록 보호해 주던 법도 있었다.

* * *

젊은이는 한숨을 쉬었다. 골고다에 세워진 기념 교회는 보석덩어리가 아니던가. 희랍 정교회가 세운 기념 교회, 로만카톨릭이 세운 기념 교회 등 메스꺼울 만큼 기교를 다한 장식과 보석으로 휘갑을 친 그 언덕에는 이제 십자가를 꽂을 만큼의 빈자리도 없지 않던가, 보석으로 뒤범벅이 된 왕관을 쓴 예수는 비참했다.

* * *

갈릴리 호반 서남쪽에 자리잡은 디베리아 항구에 이른 것은 아직 해가 어느 만큼 남아 있던 시간이었다. 그러나 닿는 곳마다 사진을 정신없이 찍었어도 필름만 보고는 어디가 어디인지 알 수가 없을 만큼 숨차게 장소와 장면을 바꾸어 대느라고 가이드조차 지쳐있었다. 1년 사철 끊이지 않는 관광객을 치러내는 호텔의 식당은 얼른 보아 화려했으나 사료를 생산하듯 만들어낸 음식임이 분명한 뷔페가 입맛을 미리 질리게 만들었다. 갈릴리 바다를 발치에 둔 호텔 식당의 테라스는 낙조로 물들어 있었다.

* * *

해변을 발치에 두고 길고 긴 테라스처럼 이어진 길에는 파라솔을 세워 놓은 곳도 있었고, 밀짚 발을 차일로 쳐 둔 객주집도 있었다. 한낮의 찬란했던 천연색 풍경은 차츰 흑백 사진처럼 가라앉아 갔다. 사람들이 밤이 무르익기를 기다리고 있어서 그런지 물가의 객주집들은 거의 비어 있었다.

* * *

젖과 꿀이 흐르는 가나안 땅. 어디에 젖이 있고 어디에 꿀이 있던가. 전 세계의 이목이 집중되어 있고 아랍 연합국이 눈에다 쌍심지를 돋우어 이를 악물고 에워싸고 있는 이 볼품없는 땅 어디에 그런 것들이 있다는 말인가. 땅뙈기라고 크기나 한가. 그나마 어디를 둘러보아도 사막이다. 누런 구릉이 끝도 없이 이어진 광야. 그늘 한 점, 물 한 줄기 보이지 않는 땅이다. 그런데 그 사막 한가운데를 달리다 보면 기적처럼 시퍼렇게 살아있는 밭들이 뼈젓하게 에워지고 있었다. 마치 사람의 신경이나 실핏줄처럼 가닥가닥 물줄기를 뿜어 땅을 적시는 물 파이프를 안고 있는 밭이었다. 그것은 경작지가 아니라 공장이라고 해야 할 만큼 치밀하고도 거대한 구조물이었다. 토마토 밭이 그랬고, 수박밭이 그랬으며, 오렌지나 왜호도인 피칸나무 숲은 정글이라고 불러주고 싶을 정도였다. 몇천 년 전 모세가 이스라엘 민족을 이끌고 이집트를 떠나서 이곳에 이르렀을 때는 정말 이 땅에서 젖과 꿀이 흐르고 있었을까. 몇천 년이 지나는 동안 이 땅은 세월의 이빨에 물어뜯기며 이렇게 사막화된 것이 아닐까. 아니, 실제로 이 땅에 젖과 꿀이 흐르고 있었던 것이 아니라 이 땅이 그렇다는 것을 믿고 갈아엎는 동안 그 약속을 믿는 자들의 가슴 속에 젖과 꿀이 흐를 것이라는 뜻은 아니었을까.

* * *

내리막길 숲에 덮여 건물도 물빛도 보이지 않는 길에 야트막한 쇠울타리가 둘러쳐져 있고 입구는 여염집 출입구처럼 좁고 허술했다. 사람들이 벅적대던 자리는 그 쇠울타리를 의지하고 천막을 친 초라한 가게 앞이었다. 감람나무로 깎았다는 낙타며 십자가, 베드로의 물고기를 그려 넣은 조약돌, 카톨릭 신자들의 로자리오 묵주 등 갖가지 물건들이 오밀조밀 쌓여있었다. 키가 작달막한 주인은 앞가슴에 덥수룩하게 난 흰 털을 드러내고 입에 거품이 일도록 열을 올려 떠들고 있었다.

* * *

갈릴리 호수에 발을 담가 세워진 교회는 수줍을 만큼 작은 건물이었다. 눈부신 빛을 반사하고 있는 건물의 흰색을 잠잠히 품고 있는 것은 수령이 수백 년은 실히 됨직한 무화과나무였다. 그 무화과나무 아래로 쪽빛 갈릴리가 한 뼘쯤 드러났다. 마치 무화과나무가 갈릴리 호수를 장식처럼 매달고 있는 듯했다. 한 나무의 녹색과 갈릴리 호수의 물빛이 어떻게 그렇게 어우러져 영겁의 평화를 숨쉬는 듯했을까.

(지혜네, 1999)

□ 정연희 「순결」

LCI 클럽의 문짝 한 겹 그 속은 별천지였다. 감미로운 선율로 가득찬 공간, 흥겨운 출렁거림으로 느슨해진 공기. 실내의 공기는 이미 독특한 취기로 몽롱해져 있었고…… 광하는 그 안에서 왕자 같았다. 전쟁의 상처도 죽음의 그림자도 지워져 있고 모든 슬픔을 노곤하게 만드는 기인한 세계였다. 때로…… 까닭 모르게 목 메이는 우리들이 삶과 목숨이 겪는 갖가지 슬픔을 잊게 만들어 주는 마취제를 스프레이로 해 놓았을까. 어딘가 상한 듯한 냄새도 배어있는 퇴폐적인 마력이 있었다. 그 공기는 한 번 쏘이면 중독이 될 듯한 위험성도 있었다.

* * *

아직 새벽 달빛이 빗겨 있는 성당 뜰은 물 속 같았다. 새벽미사를 드리러 오는 사람들을 따라 성당 안으로 들어가니 제대 위에 밝혀진 촛불이 흐느끼듯 흔들리고 있었다. 신부님의 제의가 성당 안의 무거움 침묵 속을 조용하게 흔들며 지나가고 제대 맞은편에 걸려있는 십자가 고상이 눈앞으로 확대되어 왔다.

(문화마당, 1999)

□ 정연희 「바위눈물」

여염집일까. 함부로 들어가서는 안 될 것만 같은 조심성도 생겼으나, 나그네를 위하여 저러한 물두멍과 바가지를 챙겨주는 주인이라면 잠깐 들러 수인사를 건네어도 크게 허물이 되지는 않을 인심일 게다…… 안심이 되어, 숫된 솜씨로 안마당까지 길을 낸 나무판과 길을 조심조심 밟았다. 생나무 울타리 아래로는 아직 싹이 올라오지 않았지만 이자기한 꽃들이 심겨져있음직 했고, 한 옆으로는 고사목을 얻어 장작으로 장만한 나무광이 있었다.

* * *

아침 햇살이 가득 들어찬 안마당은 그 또한 수줍은 솜씨의 정원이었다. 매화 몇 그루, 천리향, 철쭉과 아직 줄기뿐인 능소화가 지붕에까지 휘감아 올라가 있었다. 언덕을 기대어 앉힌 집터에, 잘생긴 바위 등걸이며 자생한 오리나무가 그늘을 이루고 여러 개의 벌통이 보였다. 저쪽으로 짚을 이어 올린 모정이 있었고, 어느 음료회사의 홍보용 플라스틱 의자들이 두어 죽 둘려 있어, 적잖은 손님들의 발길이 닿은 흔적도 있었다. 그는 그제야 굵직한 생나무 기둥에 전각으로 '관향'이라 새겨진 현판이 걸려 있는 것을 보았다. 그것이 옥호라는 것을 짐작하기 전에, 뜨겁고도 섬뜩한 무엇이 그의 가슴 한복판을 훑고 지나갔다.

* * *

차를 천천히 마시면서 앞산도 바라보고, 제법 넓은 마루에 앉아 있는 물건들을 둘러보니 지난번에 미처 눈에 띄지 않던 목각들이 곧 많아 보였다. 다소 서툰 대로 모자상, 여인상, 소를 탄 소녀상 등 완성된 것도 있었고 깎다가 그만 둔 것도 보였다.

* * *

해가 뉘엿이 넘어가고 있어, 집 그림자가 마당 가득한 시간에 그는 관향으로 들어섰다. 쑥 냄새가 길가에까지 흘러나왔다. 전신이 싱그러워졌다. 장작불이 훨훨 타는 아궁이 방에서 쑥을 말리는 모양이다.

* * *

그는 화구가 들어 있는 가방을 들고 방으로 들어갔다. 콩댐먹이 장판방이었다. 아자 무늬의 창호지 바른 문짝과 덧문이 있었고 창호지로 도배를 한 벽이 시원했다.

(지혜네, 1999)

□ 정연희 「냉이」

교도소 담장에는 흰 페인트가 칠해져 있었다. 그러나 그 색깔은 흰빛이라기보다 회칠에 먼지에 붙어서 부푼 듯 푸석해 보였다. 면회조차 허용이 되지 않을 때, 아들이 있는 근처에라도 가보게 해달라던 준호 어머니의 성화에 못 이겨 처음 찾아왔을 때 이 담장은 묽은 벽돌이 있었다. 처음에 그 담장은 세상 끝까지 이어져 있는 듯 아득해 보였고 그 높이는 절망적이었다.

*　*　*

그렇게 자주 다닌 요량해서는 교도소의 담장이 그저 그런 것이겠거니 보일 만한 때도 되었건만 교도소의 담장은, 때마다 민재의 숨을 막히게 만들었다. 그 붉은 벽돌 담장은 여남은 살에 전쟁을 겪고, 대학교에서 4.19를 주도하고, 미처 숨돌릴 겨를없이 5.16 군사 혁명에 갇혀버린 민재의 세대에게는 젊음과 희망과 가능성과 미래를 무자비하게 끊어 가로막은, 무너뜨릴 방법이 없는 절망이었다.

*　*　*

민재는 한숨을 눌러 끄고 다시 담장을 바라보았다. 준호의 면회가 허용된 뒤였던가, 교도소 담장에 시멘트를 덧입혀주었다. 덧입혀진 시멘트는 금방 매연에 찌들어 벽돌 색깔만도 못하게 더러워져 갔다. 그리고 한동안 잊은 듯이 지내더니 이번에는 그 위에다 흰 페인트칠을 해댔다. 그러나 푸석하게 들뜬 흰빛은 오히려 무슨 음모를 감추고 있는 듯 먼저보다 더 꺼림칙했다.

*　*　*

휴게소는 정말 가벼운 소요가 일어난 것처럼 술렁거렸다. 사람들마다 개걸스럽게 마시고 먹고 또 싸지르기 위해서 화장실이라고 쓴 곳으로 달려들었다.

* * *

그렇게 중얼거리면서 안락의자에 앉던 준호와 민재의 시선이 동시에 가 닿은 것은 칼라 사진이 큼직하게 게재된 석간이었다. 마치도 누구인가가 준호에게 일부러 보이기 위해서 그렇게 새놓은 것처럼 두 가지의 석간은 정치면 일면이 활짝 펼쳐져 있었다. 한떼의 시위 군중이 레닌 동상의 목에 밧줄을 걸어, 오른팔을 번쩍 치켜 든 쇳덩어리의 레닌이 기우뚱 넘어가는 순간을 포착한 사진이었다.

극단적인 폭력으로 하루아침에 의회를 해산시키고 다른 좌파정당을 비롯한 일체의 반대파를 무자비하게 없애버린 레닌. 마르크스주의를 '유일무일한 진리'로 제도화시켜 공산당 1당 체제를 진짜 민주주의라고 주장하며 공산당의 권력 독점을 서슴지 않았던 레닌. 불행했던 성장과정에서 싹트기 시작한 증오와 복수심으로 인류 역사에 이상 열기를 불어넣어 지구의 절반쯤을 붉게 물들였던 인물의 종말이, 하필 준호가 출감한 그날 준호의 눈에 띄다니.

* * *

마치도 제 집인 양 준호가 자랑스럽게 소개하는 집은, 슬레이트를 언제 올렸는지 허옇게 바랜 것이 금방이라도 사그러질 것 같았고, 흙벽은 푸실푸실 흘러내렸다. 그러나 지난번에 들렀을 때 대강 쓸고 닦았는지, 툇마루며 부엌에 제법 깨끗했다.

(지혜네, 1999)

□ 정연희 「날이 기울고 그림자가 갈 때에」

작업실 가까이에 이르자 누에가 뽕잎을 먹은 것 같은 아스라한 소리가 공중에 가득했다. 들릴 듯 말 듯, 그러나 그 소리는 안개처럼 그 주변을 가득 메우고 있었다. 작업실 문이 열려 있었다. 모든 것이 희게 보였다. 우선 방안을 가득 메우고 있는 상여꽃이 그랬고, 상여꽃을 만들고 있는 하얀 노인들의 머리카락 색깔이 그랬고 그들이 입고 있는 옷이 거의 흰색이었다. 작업실 창문 밖으로는 빨갛게 익은 대추를 조롱조롱 달고 있는 대추나무가 보였고, 옥상 저쪽에는 쪽빛 하늘이 걸려 있었다.

* * *

부엌은 기름기 섞인 양념냄새로 가득했다. 일손이 여물어 행사 때마다 음식 만드는 것을 거드는 할머니 몇 분이 김밥을 말고 있고, 그 옆에서 몇몇이서 샐러드감 야채를 썰고 있었다.

* * *

큰 방의 무르익는 분위기는 절정을 이루고 있었다. 슬픔도 아픔도 없었다. 죽음의 그림자 같은 것도 얼씬하지 못하는 자리였다. 살아 있었다. 그곳에는 뜨겁고 힘차고 관대한 생명의 의지가 가득 차 있었다.

(지혜네, 1999)

□ 정연희 「나비부인」

나비부인은 자리에 앉아 안도의 한숨과도 같이 편안한 숨을 내쉬며 커피를 주문한 뒤 실내를 둘러보았다. 희고 높은 천장, 그 아득한 천장에 매달린 샹들리에, 여유있게 배치된 탁자며, 늘상 별로 붐비지 않는 실내가 마음에 들었다.

(지혜네, 1999)

□ 정연희 「순결」

폭격으로 폭삭 무너진 수원역은 복원되지 않은 채였다. 기차를 내리니 그대로 폐허요 벌판이었다. 정거장 근처에는, 서로 의지하듯 어리가리 얽어맨 판자집이 즐비했다. 더러 시멘트 빛깔 그대로의 불록 집들이 있었고 그 근처는 마구 흘려낸 개숫물로 진창을 이룬 길이었다. 판자집에도 여인숙 간판이 매달려 있었고 시멘트 담장 집에는 여관 간판이 걸려 있었다. 군인들이 외출을 나와서 들리기도 하고 외출에서 돌아오는 길에 들려서 가기도 하며 떠돌이들이 몸을 의지하는 곳. 그 근처에서 몸을 파는 여자들도 건성드뭇 보였다. 비오는 날 진창길에서 튕긴 흙탕으로 범벅이 된 벽과, 짝이 맞지 않거나 찌그러진 문짝이 비스듬하게 매어달려 있는 허술한 집 근처를 배회하는 여자들…… 음식점, 다방, 구멍가게, 밑천이 몸뿐인 여자들…… 전쟁 속에서 살아 남은 사람들의 애환의 흔적. 그래도……

* * *

찻집 마돈나는 길에서 돌아앉은 골목 안쪽에 있었다. 오래된 왜식 건물 아래층을 개조했고 출입문을 생나무로 꾸며서 산뜻해 보였다. 중간 문에는 여름에 쓰던 왕골 가리개가 그냥 있어서 조금 쓸쓸해 보였지만 실내로 들어서니 아늑했다. 흔해빠진 싸구려 다방이 아니었다. 베토벤의 피아노 쏘나타 8번이 잔잔하게 방안의 공기를 흔들고 있었다. 아, 이런 곳이 있었던가. 실내 장식으로는 베토벤의 데드 마스크가 하나 벽에 걸려 있었고 주방 겸 음향기기를 조정하는 탁자 위에 커다란 백자 항아리와 거기에 한 아름 하얗게 피어서 담겨 있는 억새풀이 전부였다. 주인인 듯한 여인은 사람이 들어가도 탁자 위에 앉아서 얼굴도 들지 않았다. 공군 사병 몇 사람과 간부후보생인 듯한 젊은이가 몇 있을 뿐 토요일인데도 손님이 별로 없다. 책을 읽고 있는 듯 고개를 숙이고 있는 여인의 화장기 없는 이마가 정결하고 반듯했다.

* * *

초야를 위한 방은 아늑하고 고즈넉했다. 고통스럽고 정결한 그 방은 수줍음과 비밀한 향기로 가득 채워져 있었다. 그 방은 결혼 첫날밤, 그 방에 들어설 사람들은 숨죽여 기다리고 있었다. 그 공간을 가득 채우고 있는 시간은, 서로가 지켜온 육체의 순결과 순결의 만남과 순결끼리의 결합과 그 결합으로 이루어지는 새로운 세계, 두 사람이 하나가 되는 세계를 숨죽여 기다리고 있었다.

* * *

문갑, 사방탁자, 시간을 담아 두고 있는 듯한 백자 항아리 몇 개, 그리고 오래 묵었을 먹빛의 족자 등, 장판이 알른알른한 방은 비어있던 집 같지 않게 따뜻했다. 보장된 안락함. 침범당하지 않을 품위. 누구도 건드릴 수 건드려서도 안되는, 두 사람만을 위한 완벽한 공간이 준비되어 있었다. 방으로 들어서자 광하는 독수리처럼 나를 낚아채었다.

* * *

수원 10전투 비행단 안에는, UN휴전 감시 위원회 단원들이 머물러 살던 집이 있었다. 휴전 후에 그들은 떠났고 그 집에는 결혼한 조종사들이 입주했다. 한 채에 두 살림을 할 수 있도록 만든 연립식으로, 기혼자 두 가정이 입주해서 살기 편하게 마련되어져 있었다. 가건물처럼 지어지기는 했지만, 물자 풍성한 미군이 지은 집이라 구조며 실내 모양은 서양집의 편리와 멋을 제법 살린 건물이었다. 총각 조종사들은 그 집에 살기 위해서라도 장가를 서둘러 가야겠다고 할만큼, 전쟁 직후의 그 가난과 피폐를 겪지 않고 지낼 수 있는 여건의 집이었다.

* * *

숙소에 딸려 있는 거실이었다. 원목의 오래된 나무의자 몇 개와 모서리가 닳도록 오래된 탁자 하나. 그리고 찻잔 몇 개가 들어있는 유리문의 찬장이 전부였다. 낡고 닳아빠진 살림이었으나 모든 것이 고요한 빛을 내고 있었다. 티끌 한 톨 먼지 하나 보이지 않도록 반들반들 하게 닦여져 있는 실내였다. 아무 것도 덧 얹혀진 것이 없었다. 실내의 공기조차 청정했다. 군더더기 없는 삶의 현장이었다. 이것이……주님, 그분께 드려지는 삶의 모습이겠구나. 자그마한 연탄난로 위에 얹혀진 구리 주전자에서 물이 끓고 있었다. 찻잔을 꺼내고 있는 수녀님의 뒷모습을 지켜보면서 문득 눈물이 솟구쳤다. 때묻지 않은 거룩함. 내면에서 조용하게 비추어지는 한줄기의 빛, 고통과 갈등을 갈고 닦으면서 드러나는 순연한 빛. 이러한 삶이 있었구나……

(문화마당, 1999)

□ 정을병 「솔잎」

그래도 비닐하우스 안에는 미스트 시설까지 다해 놓고 있어서, 손잡이만 틀면 비닐하우스 안이 온통 물안개로 가득 찼다. 마치 분수들을 모아 놓은 것처럼 멋지게 안개가 품어져 나왔다.
바닥에는 가운데에 통로가 있고, 양쪽으로 이쑤시개만 한 묘목들이 줄을 서서 가지런히 숨겨져 있는 것이, 마치 장난감 병정들이 분열식을 하고 있는 것 같았다.

(진화당, 1980)

□ 정을병 「천혜향초」

그의 방은 좁은 현관 입구의 왼쪽에 붙어 있었다. 낡아빠진 일본 책이 방바닥에서 천장까지 지저분하게 쌓여 있었다. 적어도 근자에 발간된 한국말의 책은 한 권도 보이지 않았다. 최근에는 독서같은 것을 할 수 있는 경제적인 여건이나 마음의 여유도 없었던 것으로 보였다. 방바닥에는 복덕방에나 있는 그런 지저분하고 딱딱하게 다져진 방석이 두어 장 깔려 있었다. 더러운 담배 재떨이와, 다리가 하나 없는 돋보기와 법랑으로 된 찻잔이 하나 뒹굴고 있었다. 적어도 주부의 손길 같은 것이 와 닿아 본 흔적은 하나도 보이지 않았다.

(진화당, 1987)

□ 정을병 「피임사회」

　병실은 아래쪽 반쪽에 회색 그 위쪽에 흰색을 칠한 조그마한 방이었다. 벽 쪽으로 침대가 놓여 있고 매우 호화스럽게 생긴 응접세트가 한 벌 교환전화 시집 비슷한 책들과 인스턴트 음식들 그리고 생화와 화분들이 약간 시들어서 생기는 없어 보였지만 그런대로 풍성하게 놓여져 있었다.

＊　＊　＊

　의식을 차렸을 때는 그는 이미 경찰서의 유치장에 처박혀 있었다. 그는 온몸이 찢기는 것 같은 통증을 느끼며 주위를 휘둘러보았으나 그곳에도 순주도 깡패들도 온데간데없고 그는 지저분한 잡범들과 마구잡이로 섞여 있었다.

＊　＊　＊

　그들은 식당으로 통하는 좁은 골목으로 들어섰다. 골목은 간신히 두 사람이 어깨를 나란히 할 수 있을 만큼의 좁은 골목이었다. 식당 안은 떠들썩했다. 시멘트 바닥에다 여러 개의 식탁을 늘어놓고 장삿군 비슷한 사람들이 잔뜩 모여 식사를 하고 있었다.

(삼성, 1974)

□ 정을병 「백년을 더 사는 인간」

　감사장은 아무 문패도 없는 집 철문의 손잡이를 틀었다. 문이 아무 저항없이 열렸다. 현관으로 들어섰다. 가재도구나 가구도 놓이지 않은 헌칠한 마루가 눈앞에 들어왔다.
　그들은 바로 문간방으로 갔다. 감사장이 경의를 가득 품고 깊숙하게 인사를 했다. 방 안쪽에 부처처럼 생긴 노인이 정좌를 하고 있었다. 넓고 커다란 앉은뱅이책상을 앞에 하고 가만히 앉아있었다. 이미 육십 고개에 들어선 사람 같았다. 책상에는 몇 권의 책이 있고, 여자 손님들이 몇 사람 앉아 있었다.

당암 선생은 대단히 신경질적으로 보였다. 그러나 평범한 사람 같지는 않았다. 날카로운 눈빛과 그 나름대로의 어떤 확신에 차 있는 것 같았다. 신이 들렸다고 까지는 말할 수 없지만, 그에 가까운 영력을 가지고 있는 사람으로 보였다.

(진화당, 1983)

□ 정을병「겨울나무」

나에게 주어진 방은 제법 아담하다. 있을 것이 다 있는 호텔방과 같은 것이다. 좁기는 하지만 콘크리트 바닥에 일인용 침대가 음탕하거나, 세속적으로 놓여 있는 것이 아니라, 약간 살벌해 보이고 지저분하게 보이도록 놓여 있다.

현관 쪽으로는 조그마한 세면대가 있고, 수돗물이 나오며, 수염도 깎을 수 있게 거울도 벽에 못으로 박혀 있었다.

그 안쪽은 욕조가 있는 목욕탕이나 있을 것은 다 있다. 수도꼭지는 하얀 페인트칠이 되어 있지만, 그게 스텐레스가 아닌지 빨간 녹물이 산 속에 있는 샘물가처럼 흘러내리고 있었다.

* * *

평범한 아버지에 평범한 어머니, 그리고 평범한 농촌, 십여 호가 사는 조그마한 마을. 그 앞에는 넓은 들판이 있고, 그 들판 끝은 잔잔한 바다이다. 그 바다는 바다 저쪽에 활처럼 뻗은 산줄기가 있기 때문에 아무리 태풍이 불어도 파도가 거세게 일어나는 법이 없었다.

거울같이 잔잔한 바다 위에 장난감처럼 아기자기한 동양화에서나 나올 수 있는 아름다운 섬이 물 위에 하나 떠 있었다.

* * *

한 사람이 와서 나를 데리고 다시 다른 방으로 갔다. 아까의 방과는 별로 다르지 않았다. 벽에는 흰색인지 검정색인지 분간이 가지 않을 정도의 낡은 칠판이 걸려 있고, 의자나 책상 같은 집기는 매우 낡아 있었다.

* * *

쇠창살이 공작의 둥근 날개처럼 펼쳐져 있는 복도를 몇 번 돌아서 걸어갔다. 그러는 사이에 나는 이미 이곳이 지상에 있는 것이 아니고 지하에 만들어진 것이라는 인상을 받았다. 아마 개미집을 확대해 놓으면 이런 모양이 될 것이다.

나는 다시 공작 날개처럼 벌려진 쇠창살 앞에 이르렀다. 거기에는 방금 모여온 것 같은 사람들이 일반복을 입고 시멘트 바닥에 쭈그리고 앉아 있었다. 안쪽에는 회색 옷을 입은 사람들이 몇 사람 있어서 여기에 모인 사람에게 사무 처리를 하고 있는 것 같았다. 드럼통을 잘라서 구멍을 뚫고 만든 화로에는 벌겋게 무연탄이 타고 있었으나, 사무실 같지 않아서 곁에 있는 사람이 아니고서는 도저히 불기를 느낄 수 없었다.

* * *

나는 다시 직원의 안내를 받고 거기를 떠났다. 컴컴한 미로를 돌아서 다른 공작 날개 쇠창살이 있는 방을 지나, 길다란 복도가 있는 곳으로 갔다. 반들반들하게 물기가 있게 닦은 콘크리트 복도를 한참 걸어갔다. 복도 양쪽에 바둑판 무늬의 쇠창살이 즐비해 있었으나, 타브로이드판 정도의 흰색과 검은색이 섞여 있는 칠판 밑에 낮은 책상 하나를 놓고 앉아 있는 직원이 있었다. 그도 역시 까만 복장을 하고 있었고, 둥그렇고 납작한 제모를 쓰고 있었다. 그가 앉아 있는 곁에는 역시 드럼통을 잘라서 만든 화로가 하나 있었으며, 그 안에는 연탄이 벌겋게 타오르고 있었다.

* * *

밖에서 문이 둔탁하게 소리를 내며 잠겼다. 나는 천장을 쳐다보았다. 의아하게도 다다미 두 장 정도밖에 안 되는 방인데도 천장이 엄청나게 높앉는데 그게 서양의 관 뚜껑처럼 둥글었다. 꼭 무스림들의 무덤 속 같은 느낌이 들었다. 한발이나 되는 길다란 거미줄이 주렁주렁 내려와 있어서 마치 석굴 같은 인상이었다. 벽의 끝에는 손바닥 두 개만한 구멍이 나 있고, 14촉쯤 되는 밝기의 전등 하나가 두 개의 방을 비춰주고 있었다.

　방 구석에는 내가 입은 것 같은 이불이 두 장 있었는데, 만져보니 내 저고리보다도 더 크고 험악하게 솜이 뭉쳐져 있었다. 마치 심한 꼽추의 등을 만져보는 것 같은 느낌이다. 그리고 한쪽 구석에는 둘레가 1미터쯤 되는 비닐 통이 하나 놓여 있었다. 다가가서 뚜껑을 열어보니 검은 액체 같은 것이 들어 있었다.

＊　＊　＊

　직원이 나와서 방의 문들을 열심히 열어주고 있었다. 입구 쪽이 아니라, 이번에는 꼬리쪽의 문이 열렸다. 큼직한 탱크를 설치한 트럭이 꼬리 부분을 건물 입구 쪽에다 갖다 대었다. 그와 함께 고향에서나 맡아 볼 수 있는 향긋한 냄새가 온 복도 안에 진동을 했다.

＊　＊　＊

　마당의 남쪽을 향해서 빨간 벽돌 건물은 톱날모양 방사선으로 쭉쭉 뻗어 있었는데, 모두가 이층집이었다. 그래서 좀 못생기고 낡아 보이기는 했지만, 언뜻 보면 낡은 아파트촌 같은 느낌을 주었다.

　마당의 맨 남쪽에는 또 하나의 조그마한 벽돌집이 있었는데, 그 안에는 사람이 사는 것 같지 않았으며, 북쪽에는 아치형의 출입문이 하나 있었으나, 나무로 만들어진 문은 굳게 잠겨져 있었다.

(삼우당, 1987)

□ 정을병 「그래서 아름다운 선택」

　마당에 나가서 나무에 물을 줘 본다. 금방 파릇파릇하게 생기가 도는 것 같다. 마당의 후덥지근한 바람이 시원한 새 바람으로 바뀐다. 그러나 하루 종일 물을 주고 있을 수는 없다. 잡초를 뽑다가 배추벌레를 잡는다. 이것도 한참 하고 나면 싫증이 난다. 이웃집 영감이 찾아 와서 바둑이라도 한판 두었으면 좋겠는데 얼른 오지 않는다. 그렇다고 데리러 갈 수는 없다.

부엌에서 음식 찌꺼기를 가져다가 쓰레기통에 넣고, 브이케이라는 부숙제를 뿌려준다. 진돌이가 갈겨 놓은 똥을 삽으로 떠서 함께 썩힌다. 좋은 거름이 된다. 그래도 시간이 가지 않는다. 혼자서 바둑책을 보며 공부를 한다. 싱겁기 짝이 없다.

지겨운 한나절이 지나고, 오후로 접어들면 그제사 시간이 활기있게 지나가는 것이 눈으로 보인다. 나뭇가지 아래로 그늘이 길어진다.

마당 한구석에다 나무로 불을 피우며 돼지고기를 굽기 시작한다. 냄새를 맡고 동네 사람들이 하나씩 모여든다. 처음에는 아주머니들이 오다가, 소주판이 벌어질 무렵이 되면 남자들이 몰려온다. 그들은 처음에는 내키지 않는 듯이 아주 조심스럽게 술잔을 받지만, 몇 순배 돌고 나면 자제력은 완전히 사라져 버리고 즐거움만 충만해진다.

* * *

마을에는 조그마한 집들이 옹기종이 모여 있었다. 전부가 단층 독립주택들이었다. 마당이 넓어서 나무와 화초들이 마당 가득히 심어져 있었고, 개나리와 장미, 감나무와 복숭아나무, 그리고 대추나무 등은 담 속에서 넘쳐 나와 하늘로 높이 올라가고 있었다. 라일락도 흰색과 보라색이 있었고, 자귀나무는 길다란 가지를 엄청나게 뻗어서는 보라색 밤송이 같은 환상적인 꽃을 피웠다. 마당바닥에는 시골처럼 봉숭아, 붓꽃, 색색의 채송화가 잔뜩 피어 있었다. 어떤 집에는 양귀비까지 피어 있었다.

* * *

나는 논두렁길에 들어서기 전에 구멍가게에서 소주 두 병과 담배 한 보루를 샀다. 우리는 독일창포와 모란꽃이 요란하게 피어 있는 밭을 가로

질러서 비닐하우스 안으로 들어갔다. 밀짚모자를 쓴 키가 커다란 영감이 일꾼들을 데리고 일을 하다가 우리가 오는 것을 보고, 얼굴에다 만면의 미소를 짓고는 이쪽으로 걸어왔다.

우리는 허름한 응접세트에 앉아서 소주를 깠다. 노인은 소주도 좋아했고, 담배도 좋아했다. 우리는 나무와 꽃과 인생이야기를 하면서 즐거워했다. 시간 가는 줄을 몰랐다. 비닐 하우스 안에는 화초만 잔뜩 심겨져 있기 때문에, 인간이 만든 시간이라는 관념은 그 속으로 지나갈 수가 없었다.

(훈민정음, 1996)

□ 정소성 「추락인(墜落人)」

버스를 내리면 연화의 집으로 이르는 첫 번 관문이랄 수 있는 장면을 따른 좁은 길이 오른쪽으로 나 있다. 해가 질 무렵 시내를 쏘다니다가 이 길로 접어들 때면 오후의 햇살이 강의 수면에 내려와 당신을 향해 달려드는 듯했다. 잔잔한 물살을 이루는 강의 수면은 찬란한 반사광을 발했다. 한참을 그렇게 걷다가 커다란 하수구를 바라보면서 다시 오른편으로 꺾인다. 좁다란 골목이 뱀구멍처럼 뚫려 있다. 비가 조금 세게 오면 이 동네는 물 속에 잠긴다. 여름 장마철치고 이 동네가 물 속에 잠기지 않은 예는 썩 드물었다. 어디 강물뿐이랴. 온종일만 시가지에 비가 쏟아지면 이 동네는 하수구에서 쏟아지는 물에 잠기게 된다. 서울의 최저지대에 연화는 살고 있었다. 그녀가 그곳을 떠나지 못하는 이유는 뭐니뭐니 해도 싼 방값 때문이었다. 연화는 꼭 그렇지만 않다고 했다. 고층 맨션아파트군이 들어선 강변에는 냄새나는 이 하수구 꽁무니 근처를 제외하고는 어디 한 군데라도 자기 같은 가난뱅이가 흐르는 강의 수면을 바라볼 수 있는 집이라곤 없다는 것이었다.

(금성, 1987)

□ 정준 「안토니오 꼬레아」

 초여름을 맞은 숲은 싱싱하고 풋풋한 먹거리를 많이 갖고 있었다.
 짙은 청록색 수풀사이로 붉은 산호 같은 산딸기가 소담스럽게 익어 있었고, 하늘을 가리는 큰 잎새 아래에는 열매들이 주렁주렁 매달려 있었다. 이끼가 새파랗게 낀 고목의 밑동에 오롱조롱 솟아 있는 향긋한 버섯도 아주 좋은 식량이 되었다.
 가냘픈 석양빛이 짙푸른 나뭇잎 사이로 맥없이 스러지는 가파른 산자락을 오르던 현민은, 산허리 부근에서 자연 동굴을 하나 발견했다. 커다란 바위로 이루어진 동굴은 한 사람이 간신히 누울 정도로 비좁았는데, 다행히도 짐승이 살지 않는 빈 동굴이었다.
 산골의 해는 무척 짧았다. 엷어지던 낙조는 순식간에 숲 속으로 모습을 감추고, 어둠의 장막이 그 자리를 대신 메우기 시작했다.
 먹물처럼 짙은 어둠이 숲 속 곳곳에 진하게 배어들자, 거대한 산은 맹수들의 사냥터로 변하기 시작했다.
 깊은 동굴 속에 거꾸로 매달려 있던 박쥐들은 힘차게 날개를 퍼덕이며 숲으로 날아들었고, 부엉이들은 캄캄한 나뭇가지 사이를 소리없이 옮겨다녔다.
 깊은 계곡에서는 물을 찾아 나선 곰의 울음소리가 들려왔고, 달빛이 하얗게 부서지는 산봉우리 너머에서는 먹이를 찾는 이리의 울부짖음이 스산하게 들려왔다.
 온산이 먹이를 찾아 배회하는 야수들의 울음소리를 시끄러운 그 순간에도, 현민은 아무 것도 모른 채 깊은 잠에 빠져 꿈속을 헤매고 있었다.
 그곳은 화사한 봄을 맞은 지리산이었다.
 화개장터에서 벽소령으로 오르는 화개 골짜기는 아름다웠다.
 한겨울에도 꽃이 핀다고 해서 '화개천'이란 이름을 갖고 있는 이 계곡은 흡사 봄이 무르녹는 무릉도원 같았다.

하얀 용이 크게 몸부림친 것처럼 굽이굽이 뒤틀린 화강암 위엔 수정처럼 맑은 계곡물이 춤을 추듯 부드럽게 흘러내렸고, 물위엔 봄바람에 날려 온 꽃잎들이 떠다녔다.

계곡을 따라 비스듬히 휘어진 오솔길 좌우엔 아름드리 나무들이 봄옷을 갈아입고 있었고, 여린 나뭇잎 사이로 산새들의 노래 소리가 울려 퍼지고 있었다.

(청운, 1994)

□ 조경란 「가족의 기원」

실내는 직사각형으로 길쭉하고 서른 평쯤 돼 보이게 넓었다. 오래 환기를 시키지 않아서인지 공기는 탁했고, 찌든 음식 냄새까지 배어 있었다. 거실 블라인드를 걷어올리고 창문을 열었다. 먼지들이 날아올랐다. 식탁 위에 잔뜩 쌓여 있는 우편물이며 싱크대 한쪽에 세워져 있는 우편물이며 싱크대 한쪽에 세워져 있는 터진 쓰레기봉지, 가스대 위에 올려져 있는 기름투성이인 프라이팬, 비데가 설치되어 있는 욕실 바닥에 떨어져 있는 검은 머리카락들……

* * *

망설이다가 반쯤 열려진 안방 미닫이문 사이를 비집고 안으로 들어가 보았다. 여주인의 방 일터였다. 트윈 침대에는 쥐색 침대보가 덮여 있었고 바닥에는 교자상이 놓여 있었다. 교자상 위에는 두꺼운 한자사전이 올려져 있었다. 움직이기 어려운 가구들만 제외하고는 대충 짐을 꾸려놓은 것 같았다. 방바닥에는 옷 보퉁이들이 서너 개 쌓여 있었다.

* * *

놀이터 가장자리, 녹색 페인트가 칠해진 벤치에 앉아 있었다. 반바지 입은 남자아이들 일곱이 발야구를 하고 구름다리를 건너고 모래바닥에 주저앉아 아이스크림을 먹고 있었다. 흰 운동복을 입은 남자애, 초록 모자를 쓴 아이, 무릎까지 오는 긴 양말을 신은 아이, 깡패처럼 이빨 사이로 찍, 침을 뱉어내는 아이…… 초록 모자를 쓴 아이일 것이다. 나는 아이들에게서 고개를 돌리고 미적지근해진 포카리스웨트 캔을 땄다. 아이들 함성이 쏟아질 때마다 아파트 입구를 향해 양쪽으로 죽 늘어서 있는 보리이삭들이 출렁출렁거렸다.

* * *

여주인이 안방 문을 밀었다. 어둠 속에서 수신을 알리는 전화기의 빨간 불빛만 깜박거리고 있었다. 퀴퀴한 먼지 냄새가 코를 막았다. 여주인의 딸애가 올라오는 금요일까지 일주일 내내 안방문을 닫아 두었다. 여자애가 빠져나간 침대보는 구깃구깃했고 시트는 발 쪽으로 몰려 한 대 뭉쳐져 있었다. 불도 켜지 않은 채 시트를 펼쳐져 반듯하게 접어두었다.

* * *

콘도미니엄은 긴 원통처럼 세워진 이십 층 건물이었고 우리가 투숙하게 된 방은 십칠층이었다. 거실 창 안쪽에서는 충주호 일부와 호수를 가로질러 놓인 녹색 난간의 가늘고 긴 다리와 굴곡이 완만한 숲이 한눈에 내려다 보였다. 유리문을 밀어보았으나 헛힘만 들어갈 뿐이었다. 거실 한 면이 유리로 되어 있긴 했지만 열고 닫을 수 있는 창문은 없었다. 펼친 손수건만한 창문에는 촘촘한 창살이 질러져 있었다.

(민음사, 1999)

□ 조경란 「식빵을 굽는 시간」

지도를 펴놓고 서울에서 정동쪽으로 직선을 그으면 동해안에서 작은 마을을 만날 수 있어요. 동해안 7번 국도를 타고 강릉 쪽에서 남쪽으로 가면 정동진이라는 이정표가 나와요. 바다에 가장 가까운 곳에 위치해 있으면서 기차역이 있는 마을이기도하죠. 바다와 소나무, 한적한 역사와 기차…그것 말고는 아무 것도 없는 마을이에요

* * *

　대합실은 하루에 여섯 번, 비둘기호가 들어올 때만 개방되곤 하죠. 지금도 그런지는 모르겠지만. 마을 안에 있는 굴다리 밑으로 백사장 가는 길이 나 있고 백사장은 곧장 역내로도 연결돼 있어요… 역에 들어서면 해안선을 따라 끝없이 그려진 철로를 만날 수 있지요. 철길과 백사장 사이에는 소나무들이 서 있어요. 운 좋은 날이면 열차가 지나치면서 내는 기적소리, 파도소리, 그리고 갈매기 소리를 한꺼번에 들을 수가 있죠. 노을이 질 때면 넋을 잃을 만큼 아름다운 풍경이에요. 하지만 삭막한 곳이죠. 그것 이외엔 아무 것도 없는 곳이니까요.

(문학동네, 1996)

□ 조세희 「내 그물로 오는 가시고기」

　한여름 한낮의 햇볕이 건물과 가로수, 느릿느릿 달려가는 자동차들 위에 뜨거운 기운을 뿜었다. 거리의 사람들은 한 시 반의 짧은 그림자를 끌고 걷다 그늘이 나타나면 재빨리 들어가 이미 젖어 버린 손수건을 꺼내 얼굴과 목을 닦았다. 많은 사람들이 서울을 버리고 떠났다. 차도 많이 빠졌다. 법원 소송 관계인 휴게실 맞은편에 차를 대고 내리자 훅하는 열기가 숨을 막아 왔다. 휴게실에서 나온 회사 비서실 사람들이 공판장을 향해 걸어가는 것이 보였다. 그들이 지나가는 왼쪽 나무 그늘 속에 공원들이 서 있었다. 숙모와 사촌은 아직 보이지 않았다. 함께 새벽같이 왔다 각기 돌아간 뒤의 두 사람을 사흘 동안 보지 못했다. 내가 지나갈 때 나무 그늘 속의 공원들은 꼼짝도 하지 않고 서서 보기만 했다.

(문화공간, 1991)

□ 조정래 「태백산맥 (1)」

　벌교에 비해 순천은 한결 살벌한 분위기였다. 역에서는 접총한 군인들이 통행증을 조사하고 있었다. 역사(驛舍)의 바깥 유리창은 말할 것도 없고 안쪽 유리창들까지도 성한 게 거의 없을 지경이었다. 미처 유리를 갈아 끼우지 못해 깨진 위에 종이를 덧붙여 바람막이를 해놓고 있었다. 어떤 유리창 중앙에는 총탄이 꿰뚫고 지나간 구멍이 빠끔하게 나 있기도 했다. 총격전이 벌어졌던 난장판의 현장을 그대로 보여주고 있다.

  * * *

언제 떠올랐는지 모를 그믐달이 동녘하늘에 비스듬히 걸려 있었다. 방마다 스스로의 몸을 조금씩 조금씩 깎아내고 있는 그믐 달빛은 스산하게 흐렸다. 달빛은 어둠을 제대로 사르지 못했고, 어둠은 달빛을 마음대로 물리치지 못하고 있었다. 달빛과 어둠은 서로를 반반씩 썩어 묽은 안개가 자욱히 퍼진 것 같은 미명을 만들어 내고 있었다. 그 어슴푸레함 속으로 바닷물이 실려있는 포구의 햇솜 같은 흰 꽃의 무리를 이루고 있는 갈대밭이 아득히 멀었다. 바닷가를 따라 이어지고 있는 긴 병죽위의 길은 희끄무레한 자취를 이끌려 뻗어나가고 있었다. 그 끝머리에 읍내가 잠들어 있었다. 읍내 너머의 들녘에나 동네는 켜켜이 싸인 묽은 어둠의 장막에 가려 자취가 없었다. 끼룩, 끼룩, 끼룩……

문득 기러기떼의 울음소리가 정적을 깨며 파문을 일구었다. ㅅ자를 옆으로 누인 대형을 이루며 기러기떼가 동쪽으로 날아가고 있었다. 그다지 높게 뜨지 않은 것으로 보아 철교쯤의 갈숲에서 날아오를 모양이었다. 어느 사냥꾼의 위험스런 그물을 피해 새벽잠을 팽개친 피난길인지도 모른다. 기러기떼는 유리알처럼 맑고 투명한 음향의 울음을 허허한 공간에 수미없이 뿌리며 지혜롭게 느껴지는 대오를 정연하게 지어 날아가고 있었다.

갈숲이 희디힌 꽃더미로 나부끼고, 그 속에 기러기며 또 다른 철새가 깃들이면 어느덧 가을은 깊어져 있었다. 그때쯤이면 병죽을 따라 질펀하게 펼쳐진 들녘도 황금의 옷을 빼앗기고 황량하게 변하게 마련이었다.

* * *

지하실 천장에는 촉수 낮은 알전구 하나가 붉으스레한 빛을 담은 채 매달려 있었다. 흡사 충혈된 눈 같은 알전구의 탁한 불빛은 지하실의 어둠을 간신히 밀어내고 있었다. 역겨운 냄새가 가득 찬 지하실의 구석구석에는 회색빛 어둠이 도사리고 있었다. 지하실 벽면에는 말라붙은 피얼룩들이 색깔의 감도를 달리하여 낭자하게 찍혀 있었고, 바닥은 피와 물이 섞여 축축하게 젖어 있었다.

* * *

등잔 불꽃이 그을음을 긴 꼬리로 남기며 가물가물 타고 있었다. 등잔 불빛은 온기 없는 반딧불처럼 허전하고 미약했다. 그 불빛은 세 사람이 넉넉하게 자리잡기에도 비좁은 느낌의 방안 어둠을 사르는 것도 힘겨운 듯 싶었다. 등잔 주위만 가까스로 밝혀졌을 뿐 천장 구석구석에는 묽은 어둠이 그대로 도사리고 있었다. 그런 불빛마저 새어나가는 것을 저어했음인지 지게문에는 남루한 이불이 무겁게 처져 있었다. 미동도 없이 바짝 쪼그리고 앉은 세 사람의 그림자만을 터무니없이 크고 진하게 찍어내고 있었다. 그들의 그림자는 세 벽을 가득가득 채운 채 불꽃이 흔들릴 때마다 괴물스럽게 일렁이고는 했다. 늪처럼 잠겨드는 방안의 침묵은 무슨 견고하고 무거운 물체처럼 그들을 압박하고 있었다.

(해냄, 1995)

□ 조정래 「아리랑」

군산 부두에는 포근한 햇살과 함께 봄바람이 하늘거리고 있었다. 4월인데도 배에 실릴 쌀가마니들은 여전히 줄을 잇대고 있었다. 노동자들은 쌀가마니를 하나씩 어깨에 올리고도 무거운 기색이라고는 느껴지지 않게 가뿐가뿐한 뜀질을 하고 있었다. 오히려 빈 몸으로 걷고 있는 노동자들의 어깨가 처져 내리고 발걸음이 무거운 것 같았다. 그럴 수밖에 없는 것이 하역장에서 배까지 쌀짐을 떠메고 뜀질을 해냈으니 숨은 숨대로 차고 어깨는 뻑적지근하고 다리는 후들거렸다.

＊　＊　＊

초록빛으로 가득한 들녘 끝은 아슴하게 멀었다. 그 가이없이 넓은 들의 끝과 끝은 눈길이 닿지 않아 마치도 하늘이 그대로 내려앉은 듯 싶었다.

그 푸르름 속에서 일하고 있는 사람들은 움직임을 느낄 수 없는 채 멀고 작은 점으로 찍혀 있었다. 초록빛 싱그러움을 뒤덮으며 들판에는 갯내음 짙은 바람이 불고 있었던 것이다.

거칠게 휘도는 바람을 앞세우고 탁한 회색빛 구름이 바다 쪽에서 몰려오고 있었다. 시꺼먼 먹구름은 하늘을 금방금방 삼켰다. 그리고 그 두껍고 칙칙한 구름덩이들은 서로 얽히고 섥켜 꿈틀대고 뒤척이며 뭉클뭉클 커져가고 있었다. 순간순간 그 형상이 변하고 있는 먹구름은 무슨 살아 있는 괴물처럼 흉물스럽기도 했고, 무슨 액운을 품고 있는 것처럼 음산하기도 했다. 그 구름떼는 아우성치며 몰려오는 것 같기도 했다.

먼 바다는 이미 보이지 않았다. 먹장구름 아래로 퍼져 내리고 있는 안개구름에 휘감겨 바다는 하늘보다 먼저 그 자취를 감추고 말았다. 바다는 구름보다 앞질러 몰려오고 있는 바람에 자신의 흔적을 실어보내고 있을 뿐이었다. 바람에서 유난히 진하게 풍기는 갯내음이 그것이었다.

먹구름의 험상궂은 기세만큼 바람결도 거칠고 드셌다. 바람은 넓은 들녘을 거칠 것 없이 휩쓸어대고 있었다. 바람이 휩쓸 때마다 벼들은 초록빛 몸을 옆으로 누이며 시달림을 당하고 있었다. 그러나 벼들은 꺾이거나 부러지지 않았다.

허리가 반으로 휘어지는 고초를 당하면서도 서로서로 의지해 가며 용케도 다시 허리를 세우고는 했다. 그 슬기로움은 험한 기세로 몰려오고 있는 먹구름도 그다지 두려워하는 것 같지가 않았다.
 거친 바람과 함께 끈끈한 갯내음을 들이켜며 세 사람이 들판 가운데를 부산하게 걷고 있었다.

* * *

 기름진 땅에서 햇빛을 풍족하게 받으며 맘껏자란 사탕수수는 마치 키 큰 나무 같았다. 사람 키 두길 높이로 웃자란 티에 한 팔 길이의 긴 잎을 치렁치렁 달고 있는 사탕수수는 싱싱하게 돋아오르는 진초록색이었다. 키가 큰만큼 굵은 줄기는 대나무처럼 곧게 뻗어 있었다.
 그런 사탕수수는 혼자 서 있는 것이 아니었다. 긴 잎들이 서로 얼크러지고 설크러지며 촘촘하게 밀집되어 있다. 길고 억센 잎들이 어찌나 무성하게 얽혀 있는지 몇 걸음도 헤집고 들어갈 수 없을 지경이었다.
 그렇게 밀집된 사탕수수들이 십리고 이십리고 질펀하게 펼쳐져 있었다. 끝이 어슴푸레하게 보일 정도로 넓고 넓은 사탕수수밭은 그대로 초록빛 바다였다. 그 초록빛 싱그러운 바다는 별들이 싱싱하게 자라난 8월의 들판과 흡사했다.
 그러나 짙은 초록빛과 아득하게 넓은 것만 닮았을 뿐 그 전체적인 감도는 같지가 않았다. 벼들이 가득한 들판이 포근하고 아늑하고 보드라운 느낌이 든다면 사탕수수들이 질펀한 벌판은 두껍고 묵직하고 거칠거칠한 느낌을 주었다. 바람이 불면 벼들은 소리없이 잔물결을 이루는데 사탕수수들은 서걱거리는 소리를 내며 큰 물결을 이루었다.
 바람을 탄 사탕수수 잎들이 서로 몸을 부비대며 서걱거리는 소리들은 마치 대지의 읊조림처럼 신비스러웠고, 큰 물결을 짓는 수많은 잎들이 햇빛을 되쏘아내 드넓은 초록빛 벌판은 눈부시게 현란했다. 그 넓은 벌판을 사람의 손으로 이루어냈다는 것은 얼핏 상상하기도 어렵고 믿기도 어려울 지경이었다. 그러나 그 광활한 초록빛 벌판 사이사이로 핏빛으로 붉은 길들이 곧게 뚫려 있었고, 그 길로 연장을 든 사람들이 작은 모습으로 오가는 것을 보게되면 그제서야 그 벌판이 사람의 손으로 이루어졌다는 것을 새삼스럽게 깨닫게 되는 것이다.

하와이의 붉은 땅은 사탕수수들의 초록빛으로 더욱 선연한 핏빛으로 돋보였고, 사탕수수들은 땅의 붉은색에 대비되어 더욱 싱싱한 초록빛을 띠었다. 검붉을 정도로 진한 붉은 땅에 뿌리발을 한 사탕수수가 붉은 모습이 아니라 정반대의 진초록빛으로 치장하고 있는 것이 신기할 정도였다.

* * *

군산 부두에는 포근한 햇살과 함께 봄바람이 하늘거리고 있었다. 4월인데도 배에 실릴 쌀가마니들은 여전히 줄을 잇대고 있었다. 노동자들은 쌀가마니를 하나씩 어깨에 올리고도 무거운 기색이라고는 느껴지지 않게 가뿐가뿐한 뜀질을 하고 있었다. 오히려 빈 몸으로 걷고 있는 노동자들의 어깨가 처져 내리고 발걸음이 무거운 것 같았다. 그럴 수밖에 없는 것이 하역장에서 배까지 쌀짐을 떠메고 뜀질을 해냈으니 숨은 숨대로 차고 어깨는 뻑적지근하고 다리는 후들거렸다. 그러나 그들은 다시 어깨에 쌀가마니가 올려지면 언제 맥빠지게 걸었냐 싶게 또 몸 가벼운 뜀질을 시작했다.

(해냄, 1995)

□ 정종수 「고향 까마귀들」

방에 셋이 들어가 술상에 둘러 앉았다. 강석철은 대폿잔을 두어잔 거푸 들이키고 나서 방안을 유심히 살펴 보았다. 아까 곰보와의 술도 미처 깨지 않은 상태에서 또 잇달아 술이 들어가니 취기가 취기답게 되살아났다. 해가 졌다. 전등불이 켜졌다. 주차장은 한결 으시시해진다. 부릉부릉 엔진 소리도 낮과는 달리 숨죽은 듯이 고요했다. 어쩌다가 한 번씩 회오리 바람이 주차장을 휘몰아쳤다. 겨울은 아직 멀었고 늦가을이라 바람도 점차 삭풍의 기세를 띠고 있다.

밤이 깊지도 않은데 이곳 주차장에서 생계를 이어가는 운전사와 정비공들이 정화식당으로 몇이 몰려들었다. 김주호도 함께 끼었다. 강석철은 계속 눈길을 정화 방의 세간에서 떼지 않았다. 냉장고, 대형 체경, 선풍기, 석유난로, 비디오가 붙어 있는 텔레비전, 화장대, 그릇장의 온갖 놋그릇, 사기그릇 세트 등 이루 헤아리기 힘든 가제 도구가 즐비해 있었다.

(글마당, 1998)

□ 조창인 「가시고기」

강원도 사북이었고, 아이의 나이쯤까지 그곳에 있었다. 하늘도 땅도 물도 온통 새까만 곳이었다. 사람들은 천지간 새까만 곳에 의지해 살아갔고, 아버지 또한 그 중 하나였다.

그날이 언제인지 분명한 기억은 없었다. 다만 몹시 추운 새벽이었던 것 같았다. 그날이 언제인지는 몰라도, 그곳이 어딘지는 정확히 떠올릴 수 있었다. 국화빵 틀에서 찍어낸 국화빵처럼 똑같은 블록 벽에 슬레이트 지붕을 얹은 집들이 산비탈에 기대 늘어져 있었다. '나-12'라는 노란 글씨가 지붕 절반을 차지한 곳이 그의 집이었다.

* * *

제천역 근처 여인숙에서 하루 밤낮을 보낸 뒤였다. 아버지는 줄창 그를 외면한 채 벽을 향해 돌아누워 있었다. 군데군데 쥐 오줌이 번진 천장에선 쥐들이 우르르닥닥 걸음을 쳤고, 그의 배에서는 연신 꼬르륵 소리가 났다.

* * *

그렇게 시작한 산중 생활이었다. 맑고 신선한 공기, 바위틈에서 솟아오르는 약수, 감염의 원인이 되는 사람과 부대낄 까닭이 없다는 점에서 만족스러웠다. 그들을 위해 마지막으로 예비해 둔 안식의 땅인 양 여겨졌다.

　　　　　＊　　＊　　＊

　교회 안은 어둡고 고요했으며 예배자의 모습은 보이지 않았다. 중앙 강대 오른편에 커다란 십자가가 걸려 있었고, 촛수 낮은 조명이 천장에서 십자가를 겨냥해 내려비췄다. 의자 사이의 통로를 따라 십자가를 향해 걸어갔다. 걸음을 옮길 때만, 바닥에 신발 끌리는 소리가 고요한 실내에 울려 퍼졌다.

　　　　　＊　　＊　　＊

　사흘 전에 무균실로 옮겨왔습니다.
　몇 개의 문을 지나자 유리로 된 방이 나타났어요. 유리방 가운데 침대가 있고, 침대 주위는 비닐 커튼으로 빙 둘러싸여져 있지요. 커다란 비닐 봉투 속에 침대가 들어 있는 것과 비슷해요.

(밝은세상, 2000)

□ 조해일 「갈 수 없는 나라」

　동희는 마 기자와 함께, 유리로 된 자동 개폐식의 호텔 현관을 들어서면서, 그리고 넓고 호사스런 현관 로비를 지나 엘리베이터까지 걸어가면서 여지껏 쉽게 경험해 보지 못한 심한 위화감을 맛보지 않으면 안 되었다. 그 곳은 그녀가 이제껏 경험한 어떤 공간하고도 같지 않았던 것입니다.

　　　　　＊　　＊　　＊

　거기서도 동희는 마 기자의 양보를 받으면서 여지껏보다 훨씬 조명이 은근해진 클럽 안으로 들어섰다. 입구로부터 상당한 거리를 둔 저 앞쪽에 무대 비슷한 것이 눈에 띄었고 무언가 매우 부드러운 음악을 연주하고 있는 7, 8명의 밴드맨도 눈에 띄었다. 그리고 무대 앞의, 그다지 좁아 뵈지 않는 공간에서는 여러 쌍의 남녀가 춤을 추고 있는 모습도 보였다. 달라

진 조명에 눈이 익자. 차차 테이블을 차지하고 앉은 사람들의 모습도 보이기 시작했고

(고려원, 1982)

□ 조해일 「아메리카」

그것은 클럽의 경우에도 마찬가지였다. 새로 맞추거나 자기가 가진 것 중에서 제일 자신 있는 옷으로 성장하고, 가장 공들여 화장한 얼굴을 쳐들고 나타난 여자들이 들뜬 표정으로 잠시도 서 있지 못하고 들락거리는가 하면 미군들이 클럽으로 채 밀려들기도 전인 초저녁부터 성급한 동작으로 자기네들끼리 춤추기 시작했고 플레이어 홍씨는 초장부터 계속해서 빠른 음악만 틀어 대고 있는가 하면 춘식이는 아직 더럽혀지지도 않은 클럽 바닥에 10분이 멀다 하고 작대 달린 물걸레질을, 그리고 장씨는 수시로 냉장고의 상태를 점검하는 등 완전한 명절맞이로 들어간 듯했다. 여자들이 자기네들끼리 시작한 춤은 미군들이 하나 둘 나타나기 시작하자, 동작이 한층 크고 활발해져 갔으며 시간이 얼마쯤 지나 미군들이 본격적으로 밀려들고 춤판으로도 끼여들게 돼서는 이제 춤이라기엔 우아함이 너무 모자라고 그냥 몸짓이라기엔 너무나 율동적인, 뒤엉킨 한 무리의 격렬한 율동의 소용돌이로 바뀌었다.

또 한편 춤판에 끼여들지 않는 미군들과 여자들은 테이블을 차지하고 앉아 맥주를 마시거나 성급히 살갗을 즐겁게 하기 위한 유희를 벌이고 있었으며, 아직 여자와 짝이 되지 못했거나 여자에게 별 흥미를 느끼지 못하는 미군들은 스탠드에 팔꿉을 기대고 맥주를 마시거나 소음이나 다름없는 음악에 귀를 맡기고 있었고, 아직 미군을 유혹하지 못했거나 미군들이 자신에게 흥미를 표시해 오지 않음에 기가 죽고 속이 상한 여자들은 빈 테이블에 앉아 풀기 없이 앉아 있거나 끈질기게 새로 들어오는 미군들의 표정을 살피고 있었다.

* * *

　안채는 살림살이란 인상보다는 여관이나 그 밖의 소규모의 아파트 같은 것을 연상케 하는 많은 수의 방을 가진 2층 슬라브집이었다. 방마다 그 방의 호수를 나타내는 듯한 플라스틱 숫자판이 붙어 있는 게 눈에 띄었다. 마당 한가운데에 펌프가 있었고 거의 벗다시피 얇은 옷만 걸친 여자들이 그 둘레에서 빨래를 하고 있다가 낯선 사내의 출현에 잠시 일손을 멈추고 이쪽을 바라보는 모습이 보였다. 그리고 마당 저쪽으로는 이집의 뒷문인 듯한 작은 철문이 보이고 그 밖은 바로 철둑길인 듯 그때 막 요란한 바퀴 소리를 내며 지나가는 기차 소리가 아주 가깝게 들려왔다.

* * *

　클럽은 30평 남짓 되어 보이는 홀과 서양 영화 같은 데서나 구경해 본 적 밖에 없는, 스탠드를 갖춘 카운터와 사이키델릭 음악을 주로 트는, 유리상자 같은 레코드 음악 재생실로 되어 있었다. 홀 한복판에 춤출 수 있을 만한 장소만 남겨 놓고는 테이블과 의자들이 차지하고 있었으며, 카운터는 뒷면의 유리로 된 진열장에 맥주병과 각종 음료수병, 깡통, 셀로판 봉지에 든 감자튀김, 땅콩 같은 것들이 늘어 놓인 외에 '군표는 받지 않습니다' '담배나 식사는 팔지 않습니다'와 같은 말들이 영문자로 쓰인 종이쪽지들이 붙어 있었다.

* * *

　산기슭에다 아무렇게나 묻어버린 무덤들이 있었고, 차츰 걸어 올라감에 따라 약식 비명들이 쓰인 팻말들 사이사이에, 서투른 솜씨로 쓰인 '장미화의 묘, 1959년 4월 3일 24세의 꽃다운 청춘을 두고' '홍쥬리의 무덤, 면사포 한 번 못 써보고' '양춘실의 무덤, 다음 세상엔 좋은 팔자 타고나기를' '현수지의 묘, 1969년 8월 16일 영면'등등의 혹은 바래고 혹은 아직도

•무대 장소 묘사편　445

먹자국이 선명한 각종의 묘비명들이 눈을 끌었다. 이웃 야산에서 떠다 입힌 모양인 듯 무덤들마다 떼를 입힌 흔적이 남아있었으나 거의가 뿌리를 박지 못하고 고사하여 그 말라빠진 형해를 붉은 흙 위에 드러내 놓고 있었다. 나는 그 무덤들 사이를 더듬어 올라가면서 가장 최근의 것일 한기옥의 무덤을 찾았다. 그녀의 무덤은 떼가 비교적 제대로 입혀진 좀 번듯한 무덤 곁에 있었다. 묘지 전체가 거의 한눈에 내려다 보이는 비교적 어색하지 않은 장소였다. 새로 만들어진 무덤임을 쉽사리 알아볼 수 있었고 떼도 비교적 단단히 입혀져 있었으나 솜씨의 서투름은 감춰지지 않아 그 무덤은 모든 딴 여자들의 무덤과 더불어 아기의 무덤처럼 초라했다. 대패질한 지 오해지 않은 좀 굵은 각목 하나가 그 앞에 세워져 있었는데, 서툴지만 정성들인 붓글씨로, '한기옥의 새 집, 1969년 8월 28일 이 새집으로 이사오다'라고 씌어 있었다.

(동아, 1995)

□ 조해일 「매일 죽는 사람」

충무로까지 한참을 걸어야 하는 거리다. 그러나 그는 이 길을 싫어하지 않고 있었다. 자동차 부속품 상점들이 찌든 어깨를 맞붙이고 있는, 세기극장 건너편 길, 한낮에도 항상 그늘이 져 있는 것 같은 이 길을 그는 좋아한다고 할 수 있었다. 도시의, 저 마비에 가까운 활기의 주인공인 자동차들이 힘을 쓰지 못하고 해체된 부분품으로만 오글쪼글 모여 있는 곳, 물론 일시적이라곤 해도, 극성스러운 속도와 그 속도가 가지는 폭력을 잠시 보류 당하고 있는 곳, 그는 이 길을 지날 때마다 기묘한 안도감 같은 것을 얻곤 했다.

*　　*　　*

대강대강 요점만 공조한 흔적이 여실한 페인트칠과 임시 용도를 위한 엉성한 조립으로 도무지 실감이라곤 나지 않는, 이 빈약한 의장의 주막거리에는 그래도 마침 장날을 재현하기 위함인 듯 여기저기 서투른 목수질의 좌판들이 늘어 놓이고, 그 좌판들 위에는 각종의 가난한 상품들, 예컨대 포목류, 어류들이 올려 놓이고, 땅바닥에는 곡물류, 나뭇짐, 갓, 지필묵 같은 것들이 놓여 있었다.

그리고 미루어 주무대가 될 모양인 주막의 대문간에는 특별히 멋들어진 붓글씨가 쓰여진 기둥이 하나 외로이 걸려 있었다.

따가운 가을 햇볕에 몸을 맡긴 채……

* * *

아침서부터, 점심도 먹지 못한 채 혹사당하여 어느 덧 저녁이 다가오고 있었는데 그는 백여 명의 다른 사람들과 함께 그 날의 마지막 작업을 위해 거기 시체가 되어 누워 있었다. 그것은 개활지 전체가 시체로 뒤덮여 있는, 한 마디로 말해서 처절을 극한 장면일 것이었는데 이제 이날의 주인공인 박도식이 자기의 칼 한 자루에 쓰러져 나간 이 무수한 시체들 사이를, 일말의 수심 띈 표정으로 천천히 걸어 지나감으로써 대단원의 막이 내려질 것이었다. 그리고 이때의 화면에는 아마 석양에 비낀 외로운 주인공의 그림자가 길게 음영을 질 것이었다.

그는 그때 자갈 투성이의 땅바닥에 등을 붙이고 누워서 감독의 '레디고' 소리가 떨어지기만을 기다리고 있었다. 조감독들이 시체들 사이를 누비면서 마치 정말로 시체들을 다루는 태도로 발로 툭툭 차서 자세를 고쳐주고 나간지도 벌써 한참이 지났다. 감독은 아마 해가 좀 더 기울기를 기다리고 있는 모양이었다. 여름날, 해 떨어질 무렵의 무더운 개활지 전체를 삶아 버릴 듯이 가득 짓누르고 있었고 종일을 굶은 그의 위장은 자갈 때문에 고통을 받고 있는 등뼈와 공모하여 반란이라도 일으킬 기미를 보이고 있었다. 처음에 그는 선무 정책으로서 조금만 더 기다려 달라고 이들에게 호소했으나 마침내는 중앙집권체제를 강력히 재인식시킴으로써 이들의 반란태세를 누르는 수밖에 없었다.

(동아, 1995)

□ 차현숙 「틈입자」

정인의 집으로 향하는 둔덕진 언덕길은 지난 가을과 조금도 달라진 것이 없다. 단지 추위에 얼어 있다는 것만 빼고는. 마구 부서진 연탄재와 음식 찌꺼기들로 범벅이 된 골목길 하며 오랜만에 햇빛에 속살을 드러내는 납작납작한 집들……그러기에 더욱 초라하게 느껴져 오는 풍경들은 그녀를 잠시나마 서글픈 감정으로 몰고간다.

(문예진흥원, 1996)

□ 천운영 「눈보라콘」

절 안은 생각보다 훨씬 넓다. 빽빽이 찬 나무들이 빛을 가로막고 서 있어 아직 해가 지지 않았는데도 어스레하다. 바람소리와 새소리만 들릴 뿐 정적이 흐른다. 선연한 주홍빛의 능소화 한 떨기가 담그늘에 서 있는 돌부처의 어깨 위에 내려앉아 있다. 몸통을 기괴하게 꼰 향나무들과 담벼락에 치렁치렁 매달린 능소화가 묘한 분위기를 자아내고 있다. 하봉과 나는 밀치거니 주춤하니 하면서 점점 더 깊숙이 들어가기 시작한다.

소풍 때 통도사나 범어사에서 보았던 탑이나 법고 따위는 찾아볼 수 없다. 울창한 나무와 작은 법당이 하나 있을 뿐이다. 법당의 문은 잠긴 채이고 움직임을 느낄 수 있는 그 무엇도 없다. 법당에 매달린 풍경만 간간이 흔들리며 정적을 몰아낸다. 법당 뒤로 돌아 눈을 부라린 괴물들의 그림을 훑어보고 다시 돌부처를 마주할 때까지 산 것의 흔적은 보이지 않았다. 잘 가꾸어진 정원수가 아니라면 이미 오랜 전에 버려진 곳이라 여겨질 정도였다.

* * *

나는 복천사로 향하고 있다. 딱히 무슨 계획이 있는 것은 아니었다. 어머니와 짐을 쌀 때까지만 해도 당장 복천사로 달려가 불결한 중에게 비극적인 죽음을 선사하리라는 생각이 들기는 했다. 하지만 복천사 문 앞에 이르자 이상하리 만치 마음이 편안해지는 것이었다.

문은 안쪽에서 빗장이 질려져 있다. 나는 고양이처럼 몸을 구부리고 복천사 담을 넘는다. 바람이 불 때마다 빽빽한 나무들이 파도소리를 낸다. 털고무신 한 켤레가 놓인 방문 앞에 서서 잠시 숨을 고른다. 방문을 열고 안으로 들어간다. 엷은 향냄새가 맡아진다. 이불을 턱까지 올리고 자는 중의 모습이 어렴풋이 보인다. 어둠은 두렵지 않다. 늙은 중도 두렵지 않다. 나는 중의 얼굴이 선명히 들어올 때까지 머리맡에 서서 좀처럼 사라지지 않는 어둠을 노려보았다.

(푸른사상, 2002)

□ 채만식 「탁류」

금강(錦江)……

이 강은 지도를 펴놓고 앉아 가만히 들여다보노라면, 물줄기가 중동께서 남북으로 납작하니 째져 가지고는—한강이나 영산강도 그렇기는 하지만—그것이 아주 재미있게 벌어져 있음을 알 수 있다. 한번 비행기라도 타고 강줄기를 따라가면서 내려다보면 또한 그림직할 것이다.

저 준험한 소백산맥이 제주도를 건너보고 뜀을 뛸 듯이 전라도의 뒷덜미를 급하게 달리다가 우뚝…… 또 한번 우뚝……. 높이 솟구친 갈재와 지리산 두 산의 산협 물을 받아 가지고 장수로 진안으로 무주로 이렇게 역류하는 게 금강의 남쪽 줄기다. 그 놈이 영동 근처에서 다시 추풍령과 물까지 받으면서 속리산의 물까지 서북으로 좌향을 돌려 충청 좌우도의 접경을 흘러간다.

그리고 북쪽 줄기는, 좀 단순해서, 차령산맥이 꼬리를 감추려고 하는 경기·충청의 접경 진천 근처에서는 청주를 바라보고 가느다랗게 흘러내려 오다가 조치원을 지나면 거기서 비로소 오래 두고 서로 찾던 남쪽 줄기와 마주 만난다.

이렇게 어렵사리 서로 만나 한데 합수진 한 줄기 물은 게서부터 고개를 서남으로 돌려 공주를 끼고 계룡산을 바라보면서 우줄거리고 부여로 ……. 부여를 한 바퀴 휘돌려다가는 급히 남으로 꺾여 단숨에 논메, 강경에까지 들이 닫는다.

여기까지가 백마강이라고, 이를테면 금강의 색등이다. 여자로 치면 흐린 세태에 찌들지 않은 처녀적이라고 하겠다.

*   *   *

백마강은 공주 곰나루에서부터 시작하여 백제 흥망의 꿈자취를 더듬어 흐른다. 풍월도 좋거니와 물도 맑다.

그러나 그것도 부여 전후가 한창이지, 강경에 다다르면 장꾼들의 흥정하는 소리와 생선 비린내에 고요하던 수면의 꿈은 깨어진다. 물은 탁하다.

예서부터가 옳게 금강이다. 향은 서서남으로 빗밋이 충청·전라 양도의 접경을 골타고 흐른다.

이로부터서 물은 조수까지 섭쓸려 더욱 흐리나 그득하니 벅차고, 강넓이가 훨씬 퍼진 게 제법 양양하다.

이름난 강경벌은 이 물로 해서 아무 때고 갈증을 잊고 촉촉하다.

낙동강이니 한강이니 하는 다른 강들처럼 해마다 무서운 물난리를 휘몰아 때리지 않아서 좋다. 하기야 가끔 홍수가 나기도 하지만.

이렇게 에두르고 휘돌아 멀리 흘러온 물이, 마침내 황해 바다에다가 깨어진 꿈이고 무엇이고 탁류에 얼러 좌르르 쏟아져 버리면서 강은 다하고, 강이 다하는 남쪽 언덕으로 대처 하나가 올라앉았다.

이것이 군산이라는 항구요, 이야기는 예서부터 실마리가 풀린다.

(문장, 1981)

□ 채만식 「인형의 집을 나와서」

사흘 후에 야학이 시작되었다.

웃목에는 조그마한 칠판을 걸어놓고 주최측에서 석유 한 양철과 같이 가져온 큰 램프를 방한가운데 걸어놓았다.

책상도 걸상도 없었다. 매우 불편할 줄 알고 무슨 도리가 없을까 하여 여러 가지로 궁리하여 보았으나 필경 어찌하는 수가 업었다.

다만 선생용으로 조그마한 교탁 한 개를 칠판 앞에 놓고 그 위에다 출석부와 분필갑을 올려놓았다.

*　*　*

저편 솔숲에서 꿩이 한 마리 푸드득 날더니 자지러지게 놀란 소리로 울고 지나간다. 등 뒤에서 송아지가 운다.

산꼭대기는 바람이 좀 산산하나 높은 데 올라서니 가슴에 툭 트이고 속이 시원하다.

선바위 근처에는 진달래가 많이 피었는지 근처가 불그레하다. 어렸을 때 꽃을 꺾으러 많이 오던 곳이다.

산 밑 오막살이는 예나 지금이나 다름없이 오도카니 한 채 잊어버리고 간 것같이 놓여 있다.

빨래터에 흰 빨래가 널려 있다. 향교의 붉은 담과 흰 벽이 은은히 보인다. 멀리 오성산 너머로는 강물이 조금 넘겨다 보인다. 축성산도 뾰족한 채 날개를 좌우로 펼치고 있다. 서편으로 군산시 기선이 떠나는지 들어오는지 우 하고 길게 운다. 남쪽으로는 조선서 제일이라는 김만경 평야다. 거침새 없이 넓은 들이 한없이 뻗어 나가다가 전주 남원과 부안 변산 등지의 암암한 산밑에 사라진다. 들 가운데로 낮차가 장난감같이 아물아물 기어간다. 일본 사람의 농장이 있는 곳에는 햇볕이 생철지붕 위에서 번득인다. 만경강이 띠처럼 들 가운데 굽이져 있다. 이렇게 높은 데 올라서서 확 터진 넓은 산천을 바라보노라니까 답답하던 가슴이 시원하게 트이는 듯 싶었다.

(창작사, 1987)

□ 천승세 「낙월도」

까마득 멀리 칠성도의 당귀산이 뭉실구름을 겹겹이 두르고 상투 끝처럼 쏘옥 솟았고, 그 중간쯤에 온통 물거품에 휘말려 스르르 스르르 떠흐르는 듯한 용바위만 아니면, 삼면이 허한 바다에 달랑 들어앉은 낙월도였다.

쪽달이든 만월이든 간에 말발굽 형상으로 양허리를 바싹 죄어 파인 구강진 속으로 뚜욱 떨어져 감기는 달만 아니라면, 섬의 꼬락서니에 맞지 않게 낙월도란 분 넘치는 이름도 못 가졌을 것이, 마른땅 휘젓다 뻗은 누에처럼 거칠거칠 돌아간 섬 생긴 꼴에다 기껏 육십여 호 되는 움막 같은 초가집들이 당복한 허리춤까지 다 헤집고 올랐다.

멀리서 바라보면 섬꼴이 꼭 죽어 뻗은 누에가 잔뜩 불개미 떼를 얹고 있는 형상이라던가, 그토록 잡목들은 어느 섬보다 유독 무성하게 깔렸다.

(예술문화사, 1993)

□ 최기인 「어머니의 자우산」

그 방안 창가에 서서 들을 수 있는 것은 오디오 가게에서 가로수를 타고 돌아오는 음악 소리였고, 볼 수 있는 것은 프라타나스와 구멍 난 하늘이 전부였다. 음악은 그 주일의 베스트곡으로 바뀌었고, 가로수는 무성한 잎사귀가 하늘을 메웠다가 가을이면 옷을 벗긴 채 목이 잘리기까지 하였다. 겨울을 안전하게 나도록 감싸주기 위해서였다. 이렇게 계절에 따라 음악도 변하고 가로수도 변하지만 그의 생활만은 변화가 없었다. 집을 비워서는 안 된다. 가게에 내려가서도 안 된다. 전화를 써도 안 된다. 모두가 금지인 벽안에 갇혀 살고 있었다.

(남양문화사, 1998)

□ 최기인 「숨은 손님」

그나마 낡은 암치 건물인 소재창 영업점은 어둡고 지저분했다. 건물주는 돈이 없어 임차료를 올려주지 않으면 세금도 감당하지 못한다는 사람이었다. 건물주가 부담해야 될 웬만한 시설도 세를 들어서는 은행에서 손을 보지 않으면 안되었다. 남의 건물에 큰 돈을 들여 손질을 할 수 없는 일이었다. 영업대며 집기까지도 때가 까맣게 덮여 있었다.

* * *

그런데 소재창 영업점 환경은 안팎으로 꼴불견이었다. 영업점 앞 길바닥은 전국에서 몰려온 소채가 쌓이고, 경매가 붙여져 팔려가고 나면 순식간에 쓰레기장으로 변했다. 소재창 사람들은 농촌에서 흙덩이까지 묻은 소채를 가져다가 벗겨내어 길바닥에 던지는 게 습관이 되어 있었다. 그 뒤로 차바퀴가 지나가고 나면 깔린 이파리가 죽이 되어 버렸다. 여름에는 냄새가 진동하여 코를 두를 수도 없었다. 청소차가 와 빨리 치우지 않으면 통행마저 불편할 정도였다. 해가 둥둥 뜬 대낮에도 장화를 신은 사람이 행세를 하는 곳이었다.

(남양문화사, 1998)

□ 최기인 「시바」

칠산 고모가 빠져나간 넓은 마당과 울 안은 휑한 사막이었다. 집터가 넓은 것만을 자랑으로 삼던 시절의 인정이 넘치던 훈기가 느껴지지 않았다. 비록 호랑가시나무와 홍도회 같은 고급 관상수 대신 두엄자리에 소가 메어져 있고 앞집과의 사이에는 지푸라기 울타리가 쳐 있었지만 집집마다 서는 사람들의 소리가 넘나들었다.

* * *

    토방에 신발이 몇 켤레 놓여 있었다. 마루에 올라서서 인기척을 하며 격자 덧문을 열고 들어서자 환자를 둘러싸고 방 가운데 있던 사람들이 정적에 갇혀 있다가 눈인사를 하였다. 경하 내외와 옆에 사는 당숙 내외 그리고 중조모가 눈으로 보듬어서 인사 치레를 하였다. 칠산 고모가 아는 병이니 염려하지 않아도 된다고 하였지만 환자는 미동도 하지 않았다.

(남양문화사, 1998)

□ 최명희 「혼불 1」

    마당의 넓은 차일 아래에는 십장생이 그려진 열 폭 병풍이 붉은 해푸른 산, 흐르는 물과 상서롭게 웅크린 바위, 그리고 그 바위가 승천하여 떠 있는 구름이며 바람 소리 성성한 솔과 소나무 아래 숨은 듯 고개 내민 불로초, 불로초를 에워싸고 노니는 거북이·학·사슴들이 온갖 자태와 빛깔로 호화롭게 펴져 있다.

* * *

    북쪽에서 소리가 먼저 들리더니 이윽고 검은 석탄 연기를 온 하늘에 뿜어 올리면서, 시커먼 기차 화통의 대가리가 역 구내로 미끄러져 들어온다. 들어오던 기차가 치이익 칙 포오옥 폭, 가쁜 숨을 내쉬며 멈추어서자 화통은 쐐액, 하는 소리를 낸다. 그 소리에 부연 증기가 터져 나온다. 강모는 김에 어리어 안개 속에서 보이는 승강구로 올라섰다.

(한길사, 1996)

□ 최명희 「혼불 4」

    반촌이라면 반궁, 즉 성균관을 중심으로 그 근처에 있는 주변 동네를 말하는데, 이를 반중이라고도 하였다.

반촌은 큰 길을 경계로 동·서 반촌으로 나뉘었다.

동반촌 언덕 위에는 유생들의 선비다운 기상 배양을 위하여 숙종조 에서부터 의논되어 영조 원년에 이루어진 승절사가 있었다. 이곳은 불의에 저항하여 높은 기상과 절개를 보여 준 중국의 모범 태학생인 서진의 동양과 당의 하번, 송의 진동, 그리고 구양철을 숭모하여 제사하던 곳이었다.

(한길사, 1996)

□ 최명희 「혼불 5」

버석, 버스럭.

창호지 구겨지는 소리가 음습한 주홍의 등잔 불빛이 번진 방안에 오싹할 만큼 커다랗게 울린다. 그것은 불빛이 구겨지는 소리 같기도 하였다. 무명씨 기름으로 밝힌 등잔의 불빛은 그 주홍에 그을음을 머금고 있어, 됫박 만한 방안의 어둠을 환하게 밀어낸다기보다는 오히려 벽 속에 스민 어둠까지도 깊이 빨아들이고 있는 것만 같았다.

그래서 주홍을 내쉬고 어둠을 삼키는 등잔불 혓바닥이 제 숨결을 따라 팔락, 파르락, 흔들린다.

그 불빛을 받으며 등잔 아래 숨을 죽이고 앉아 무엇인가를 창호지로 싸고 있는 당골네 백단이의 손이 자기도 모르고 후드르르 떨어진다. 어두운 그림자가 흰 창호지에 검은 손가락 무늬를 드리운다.

버스럭, 버스럭.

뭉치가 흩어지지 않도록 단단히 싼 것을 다시 한번 더 겹으로 싸는 그네의 주홍비친 얼굴에 긴장된 날이 파랗게 돋는다.

(한길사, 1996)

□ 최명희 「혼불 7」

그것이 어느 해 정초였던가, 청암부인은 큰방에 그득히 모여 앉은 문중의 부인들과 담소하며 그렇게 말했었다.

며느리 율촌댁이 담옥색 명주 저고리에 물 고운 남빛 끝동을 달아 자주 고름 길게 늘인 데다 농남색 치마를 전아하게 부풀리고 단정히 앉아 시어머니 청암부인을 가까이 모신 좌우에 담호아색 저고리, 등록색 치마, 진자주 깃 고름에 삼회장 저고리, 짙고 푸른 치마에 담청색 은은한 저고리며 북청색 치마에 녹두 저고리, 앵두색 저고리에 은회색 치마, 흑자주 긴 옷고름들이 이만큼 다가앉고 저만큼 물러앉은 방안은, 묵은 해 벗고 새해를 맞이한 정초의 첫나들이 세배길이어서도 그러했고, 모처럼 일가친척 문중의 부인들이 한자리에 모두 모인 홍겨움에 상기되어서도 그러했고, 너나없이 새옷이면 더욱 좋겠지만 입던 옷이라도 새로 빨아 혹 물을 다시 들이거나 깨끗하게 손질하여 푸새와 다듬이질, 홍두깨질, 어느 하나 소홀히 하지 않은 손끝으로 바느질 정성껏 한 설빔들을 꾸미고 떨쳐입었는지라, 그 어느 날보다 화사한 빛깔로 방안이 가득하였다.

그 자리에는 새앙머리 예장을 앙징맞게 한 계집아이가, 깐치동(색동)저고리에 꽃분홍 치마를 받쳐입고 어른들 틈바구니에 끼어 앉아 고개를 이쪽 저쪽 갸웃거리며 눈을 반짝여, 하는 말들 담아듣기 바쁘기도 하고, 꾀꼬리색 저고리에 가지색 치마 다소곳이 여미어 한쪽에 조아린 새댁도 있었다.

(한길사, 1996)

□ 최미나 「태양의 흑점」

그녀는 방심한 듯한 눈초리로 방안을 휘이 둘러 본다. 한칸 방이 어쩔 땐 사막처럼 휘엉하게 넓을 때도 있다가 때로는 사과궤짝에 갇힌 듯 숨이 턱에 닿도록 답답하고 막막하였다.

옷이라야 집을 뛰쳐나왔을 때 걸치고 있던 투피스와 갈색 코우트가 걸리어 있을 뿐 방안은 아무 것도 없었다.

벌써 두 달 가까이 이 방에 기거를 하면서도 그녀는 언제나 어떤 시골 간이역 근처에 있는 무허가 여인숙에 들어서는 착각에 사로잡히곤 했다. 빛이 바랜 벽지, 쥐오줌이 번진 지저분한 천장, 시어머니에게서 물려받은 삼층 화류장이며 오동나무 문갑, 이런 저런 것들이 제자리를 지키고 그 자질구레한 세간 사이엔 그녀의 손때가 묻어 반들거렸다.

(동녘, 1989)

□ 최서해 「탈출기」

콧구멍 만한 부엌방에 가마를 걸고 맷돌을 놓고 나무를 들이고 의복가지를 걸고 하면 사람은 겨우 비비고 들어앉게 된다. 뜬 김에 문창은 떨어지고 벽은 눅눅하다. 모든 것이 후줄근하여 의복을 입은 채 미지근한 물 속에 들어앉은 듯하다.

(혜원, 1998)

□ 최서해 「박돌의 죽음」

컴컴하던 집안에 성냥 불빛이 가물가물 하다가 힘없이 스러지는 것이 대문 틈으로 보였다. 다시 성냥불빛이 번득하더니 당그랑 잴랑 하는 램프 유리의 부딪치는 소리와 같이 환한 불빛이 문으로 흘러나와 검은 땅을 스쳐 대문에 비치었다. '에헴'하는 사내의 기침 소리가 들렸다. 칙칙거리는 어린애 울음소리가 난다. 불빛이 번뜩하면서 문으로 여인이 선잠 갠 하품소리를 '으앙'하며 맨발로 저벅저벅 나와서 대문 빗장을 뽑았다.

*   *   *

이웃집 닭은 세 홰나 운지 이슥하다. 먼지와 그을음에 거뭇한 창문은 푸름하더니 훤하여 졌다. 벽에 걸어놓은 등불 빛은 있는가 없는가 하리만치 희미하여지고, 새벽빛이 어둑하던 방 안을 점점 점령한다.

* * *

서까래가 보이는 천장에는 까맣게 그을은 거미줄이 얼키설키 서리고 넌들넌들 달렸다. 떨어지고, 오리이고, 손가락 자리, 빈대 피에 장식된 벽에는 누더기가 힘없이 축 걸렸다. 앵앵 하는 파리 떼는 그 누더기에 몰려들어서 무엇을 부지런히 빨고 있다. 문으로 들어서서 바로 보이는 벽에는 노끈으로 얽어 달아 매놓은 시렁이 있다. 시렁 위에는 금난사기 사발과 이빠진 질대접 몇 개가 놓였다. 거기도 파리 떼가 웅성거린다. 부엌에는 마른 쇠똥, 짚부스러기, 흙구덩이에서 주워온 듯한 나뭇가지가 지저분하다.

(혜원, 1998)

□ 최서해「고국」

신회령역을 지나 이제야 푸른빛을 띤 물버들이 드문드문한 조그마한 내를 건넜다.

진달래 봉오리 방긋방긋하는 오산을 바른편에 끼고 중국사람 채소밭을 지나 동문고개에 올라섰다.

그의 눈에는 넓은 회령시가가 보였다.

고기 비늘 같은 잇닿인 기와지붕이며 사이사이 우뚝우뚝 솟은 양옥으며 거미줄 같이 늘어선 전봇줄이며 푸 푸 푸 푸하는 자동차, 뚜 뚜하는 기찻소리며, 이전에 듣고 본 것이건만 그의 이목을 새롭게 하였다.

(어문각, 1990)

□ 최인석「노래에 관하여」

하늘은 어둑어둑 저물어오고 있었다. 드넓은 A 연병장 가득 바람이 불

때마다 꾸물꾸물, 살아 있는 짐승처럼, 어쩌면 저주처럼, 저녁 어스름은 밑바닥으로만 밑바닥으로만 파고들었고, 그리하여 곧 연병장 안을 가득 채웠다. 연병장 가장자리에 높다랗게 서 있는, 잎을 다 떨군 미루나무들은 늙고 병든 노인의 손가락처럼 앙상한 가지들을 하늘로 치켜올려 매운 북풍이 불어올 때마다 하늘을 할퀴었다. 마침내 저녁놀도 없이 산 너머에서 적군처럼 어둠이 덤벼들어 순식간에 연병장을 점령하였다.

연병장은 텅 비어 있는 것처럼 보였다. 사열대는 목을 길게 뽑은 마이크 하나 서 있을 뿐, 텅 비어 있었고, 그 사열대 양쪽 옆으로 트럭들이 연병장 한쪽 끝에서 반대편 끝에 이르기까지 일렬횡대로 늘어서 있었다. 소리하나 들리지 않았다. 차디찬 바람이 우우, 울부짖는 소리만이, 나뭇가지들이 무력하게 그 바람과 하늘을 할퀴는 소리만이 그 정적 속에 파문을 만들었으나, 파문은 곧 바람 소리에 지워지고 말았다. 연병장 가득 병사들이 띄엄띄엄 사이를 두고 늘어서 있었다. 그들은 그 바람에 고스란히 몸을 맡긴 채 꼼짝 못하고 부동자세로 굳어 있었다. 얼룩무늬 군복에, 녹색의 모자, 번쩍이는 검은 군화, 일부는 자동화기를 들고 있었고, 다른 일부는 곤봉을 쥐고 있었다. 그들의 시커먼 얼굴을 바람이 얼어붙이고 있었다. 그들은 그렇게 선 채로 텅 빈 사열대만을 주시하고 있었다. 바람, 바람, 쉴새없이 바람이 덤벼들어 그들의 코와 귀를 떼어낼 듯 물어뜯었다.

(문예진흥원, 1996)

□ 최수철 「고래 뱃속에서」

그 방은 다섯 평 남짓한 넓이였고, 동북방으로 창이 나 있었으며, 바닥에는 열기에 들떠서 쭈글쭈글해진 비닐장판이 깔려 있었다. 그 방은 여느 여관방과 하등 다를 바가 없었다. 그러나 그곳은 어딘가 사람을 짓누르는 듯하면서도 다른 한편으로는 무한히 막막한 기분을 느끼게 하는 곳이었다. 말하자면, 그 곳은 마치 고래 뱃속같은 분위기를 지니고 있는 곳이었다.

* * *

　가까운 주변에는 건물의 옥상들만이 널려 있었다. 그는 얼마 떨어지지 않은 삼층 건물의 옥상을 바라보았다. 그곳만은 유일하게 붉은색 기와로 덮여 있었고, 그곳은 한 귀퉁이에서는 색이 하얗게 바랜 운동화 한짝이 방심해 있는 듯이 보였으나, 앞부분이 위쪽을 향하고 있는 탓에 당장이라도 지붕 위쪽으로 성큼성큼 걸어 올라갈 것 같은 느낌을 가지게 하는 구석도 있었다.

* * *

　둥근 탁자 주변에는 여전히 네 개의 의자가 산만하게 늘어서 있었으나 그곳에는 아무도 남아 있지 않았다. 그 잔들의 임자는 아무도 남아 있지 않았으나, 그들이 남긴 지문은 지나간 시간의 추억처럼 그 주변의 도처에 어려 있었다.

* * *

　어깨가 드러난 검은색 티셔츠와 스판덱스 바지를 입은 사내는 거의 파격적이라고 할 수 있는 몸짓과 율동을 보이다가 허공으로 두 발을 솟구쳐 올리며 바닥에 등을 대고 뒤집혀진 풍뎅이처럼 빙글빙글 돌아갔다. 그러다가 한 순간 풀쩍 도약을 하여 한쪽 발로만 균형을 잡고 섰다가 꼿꼿이 옆으로 쓰러지는 듯하더니 두 팔로 바닥을 짚었다가 이내 팔의 반동을 이용하여 몸을 뒤집고 힘껏 뛰어올랐다.
　그때 거울로 된 벽 쪽에 붙어 서서 춤을 바라보고 있던 사람들 중에서 사내가 음악의 박자에 맞추어 손뼉을 치기 시작하였고, 그러자 무대 주변에 서 있던 사람들은 물론이고 테이블에 앉아 있던 사람들까지도 그 소리에 따라 손바닥을 부딪치고 발을 구르고 소리를 질러댔다. 춤추는 사내는 더욱 열렬한 움직임을 보여주었고 실내는 삽시간에 낯선 열기로 마구 들

떠 올랐다. 무대에 오르지 않고 주스를 마시고 있던 짧은 머리의 여자도 다른 사람들의 박자를 따라서 발을 흔들고 손바닥으로 탁자를 두들기고 있었고, 동행한 여자의 어깨를 안고 있던 남자의 손이 약간의 어둠을 타고 미끄러져 내려와서 그녀의 젖가슴을 어루만졌다. 여기저기에서 술잔들이 치켜올려지면서 찰캉차캉 소리를 내고 있었다.

* * *

문을 밀고 안으로 들어서자 실내에는 다시 유연한 블루스 곡이 벽에 뿌려진 물방울처럼 첨천히 미끄러지면서 바닥으로 흘러내리고 있었다.

* * *

실내에는 여전히 흡혈박쥐가 날카로운 소리를 지르고 날개를 퍼득이며 종횡무진 날아다니다가 이쪽 저쪽의 벽에 머리를 부딪히고 있었고, 현란한 조명들은 서로 얽혀 들어 포스터칼라 물감처럼 번지면서 그로테스크한 한 장의 그림을 완성시키고 있었다. 그 모습은 마치 채 마르기도 전에 비를 맞은 수채화와 흡사했고, 혹은 눈물을 흘리고 있는 짙은 화장을 한 동양 여인을 연상시키고 있었다.

* * *

그곳은 온갖 종류의 상점들이 밀집해 있는, 특히 번화하고 번잡한 거리였기 때문에 차량통행은 금지되어 있었고, 대신 그리 넓지 않은 길들 위에는 사람들의 물결이 몇 개의 자체적인 흐름을 이루어 서로 맞부딪치기도 하고, 몸을 부벼대며 스쳐 지나가기도 하고, 그러다가 때로 흐름들끼리 서로 휩쓸리거나 갑자기 역류를 하여 혼란스러운 소용돌이를 일으키기도 하고 있었다. 그 속에서 자연히 그는 걸음을 떼어놓으며 끊임없이 사람들과 어깨를 부딪치고, 옆으로 밀리고, 자주 우뚝 걸음이 멈춰져서 뒤에서 걷던 사람들에 의해 밀려 다시금 앞으로 걸어나가게 되기까지 뻣뻣하게

서 있어야 했다.

* * *

사위는 완전히 어둠으로 덮혀 있다. 이윽고 열쇠로 자물쇠를 푸는 금속성이 울린다. 그 소리는 쉽게 그 정체를 알 수 없을 정도로 미세하면서도 의외로 울림이 크다. 곧 이어 문이 조심스럽게 열리는 소리와 함께 소음을 한껏 죽인 발자국 소리가 청각적으로 어둠을 밝힌다. 실내의 바닥에 깔려 있는 양탄자를 밟는 구두굽 소리, 그러니까 털이 많은 두꺼운 천에 구두의 바닥이 스치는 소리가 천천히 규칙적으로 들린다. 그리고 잠시 후 문이 닫히는 소리가 들린다. 발자국 소리가 있은지 한참 후인 점으로 보아 아마도 문을 통과한 사람은 한 명이 아닌 듯하다.

문이 닫히고 나서 한동안 모든 움직임이 중단되고 따라서 소리도 어둠도 인기척도 전혀 일어나지도 들리지도 않는다. 하지만 이내 그 정적은 한 사내의 목소리에 의해 한 귀퉁이부터 부드럽게 무너져 내린다. 그 목소리는 말하는 내용보다는 그 자체의 음색으로 인해 사람들의 신경을 곤두서게 하기에 충분했다.

* * *

방안은 제법 넓은 편이며 거의 정사각형에 가깝다. 어둠 속에서 언뜻언뜻 드러나는 모습으로만 판단하자면 실내에는 여러 가지 가재도구들이 놓여 있고 다른 방으로 통하는 문들은 세 개로 추산된다.

* * *

사람들이 무질서하게 흩어져서 택시에 합승을 하기 위하여 이리저리 뛰어다니고 있었다. 그들 대부분은 차도에 내려서서 그냥 지나쳐 버리기 일쑤인 자동차들을 향해 소리를 지르거나 손을 흔들고 있었는데, 그들 중 술에 취한 듯한 세 명의 남자는 위태위태한 몸짓으로 차도 위 멀리까지

나아가 차들의 주행을 방해하고 있었다. 그들로 인해서 몇 대의 차량이 요란하게 경적을 울려대면서 핸들을 급하게 꺾어야 했고, 또 다른 몇 대의 차량은 진로를 차단 당한 채 열린 차창으로 경적보다 더 시끄러운 운전자들의 욕설을 뱉어냈다. 그러나 취한 사내들은 전혀 막무가내였고, 오히려 더욱 거칠고 험한 몸짓으로써 반격을 가하고 있었다.

* * *

제법 밝고 깨끗한 화장실에는 정장을 한 종업원이 입구 쪽에 서서 취객들의 시중을 들고 있었고, 각 변기들 앞에는 방광이 술로 가득찬 사람들이 몰려 서 있었다. 담배 연기가 화장실 안에 뽀얗게 들이차 있었고, 취객들 중에 어떤 이들은 술기운을 이기지 못하여 맞은 편 벽에 머리를 기대고서 소변을 보고 있었으며, 또 어떤 이들은 함부로 침을 뱉아대며 피우고 있던 담배를 변기 안에 집어던지고 있었다. 때로 술을 토하는 소리도 들렸고 몇몇 사람들은 한쪽 귀퉁이에 몰려 서서 언쟁을 벌이듯 큰 소리를 마구 질러대고 있기도 하였다.

* * *

그곳은 고속버스터미널 부근에 위치하고 있어서 실내가 굉장히 넓었고, 그만큼 많은 사람들로 붐비고 있었다. 그곳에서 사람들 틈에 끼여 옷을 벗으면서 그는 자신을 포함한 다른 사람들의 모습을 보면서, 문득 붉은 포장육과 매끌거리는 나무인형, 개스실, 바닷속, 발바닥에 닿아 미끌거리는 진흙탕 등등을 연상하지 않을 수 없었다.

(문학사상사, 1989)

□ 최 윤 「집방문벽들장몸길물」

시장 모퉁이를 돌면 왼쪽으로는 높은 한옥의 담벽 밑에 야채장사들이 줄지어 있다. 길의 반대편, 낮은 지붕에 슬레이트를 이어 늘린 상가에는 만두·찜빵집, 기름가게, 철물점, 만화가게, 속옷가게……기껏해야 폭 삼사 미터, 길이 이삼백 미터밖에 안 되는 작은 시장길. 야치전이 차려지는 오른쪽 길의 중간쯤 작은 골목길 성균관대학교 뒷산으로 이어지고 그 교차지점에 어물전이, 그리고 그 밑으로는 양복점이 있다. 거리는 좁고 상점들은 거의 겹쳐지듯이 붙어 있다. 쌀가게 주인과 생선가게 주인은 늘 사이가 좋지 않고 (생선을 물어가는 고양이, 그렇지만 시장거리의 쥐를 없애는 고양이), 대부분 산동네의 무허가 건물에 기거하는 야채상들은 주눅이 들어 있다. 이 시장거리로 박수의 대열, 문둥이, 팔 끝에 쇠갈고리를 단 상이군인들, 전후의 불행한 흔적들이 줄지어 시장거리를 지나 끝이 빤히 보이는 산동네로 사라진다. 너는 산동네, 끝, 산동네 너머에는 아무것도 없음을 알고 있다. 드문드문 헌데처럼 내려앉은 천막집, 그리고 줄기를 꺾으면 짙은 쓴 냄새의 수액이 나오는 야생화 말고는.

(민음사, 1994)

□ 최인석 「아름다운 나의 귀신」

그 달동네 꼭대기에는 거대한 송전탑이 하나 시커멓게 곤두서 있었다. 민둥바위와, 찰기라고는 전혀 없는 메마른 흙, 사람들이 오랜 세월 동안 갖다 버린 온갖 쓰레기들, 망가진 세발 자전거나 구멍난 양동이, 소주병들, 담배 꽁초, 본드가 말라 붙은 비닐 주머니, 찢어진 만화책과, 고무신짝, 운동화짝, 빈 음료수통과 더러는 죽은 개나 고양이의 시체 따위가 널린 가운데에 소나무가 말라 죽어가고, 그 자리에 아카시아가 가시를 드러내고 끈질기게 뿌리를 틀어내리기 시작하는 빈터 쓰레기밭 한가운데였다. 그리고 그 밑에는 마치 오래 전에 누가 갖다 버린 커다란 쓰레기인 듯 집 한 채가 납작하게 엎어져 있었다. 판자 울타리에는 여기저기 기울고 쓰러져 밖에서도 집안이 들여다 보였고, 대문간에는 대나무 가지 끝에 높다랗게 하얀 깃발이 매달려 바람이 불면 바람에 나부끼고 비가 오면 비에 후줄근히 젖어들었다. 무허가이기는 그 동네의 다른 집들도 마찬가지였으나,

그 집은 방 세칸, 마루 한 칸, 부엌 한칸의, 그 동네에서는 제법 규모가 있는 집이었다. 이를테면, 마루 끝에 부엌 살림살이들을 늘어놓고 다섯 식구가 방 한 칸에 복닥이며 사는 우리집과는 천양지차였다.

* * *

영등포역에서 내렸을 때 마주친 바다처럼 넓은 거리, 그 바다를 뚫고 우뚝우뚝 버텨 서 있던 괴물 같은 건물들, 그 괴물들에게서 달아나려고 발버둥치듯 그 거리에 가득 차 있던 분주함, 빼곡이 들어 차 있던 차들과 사람

* * *

그 동네의 밤은 하늘에서, 산 너머에서 오지 않았다. 날이 저물면 그 느티나무가 뭉클뭉클 어둠을 뿜어냈다. 굵은 나뭇가지들이 달동네의 하늘을 가리고, 거기 피어난 무수한 이파리들은 밤바람을 타고 박쥐떼처럼 소란스러워졌다. 어둠의 대군을 거느린 나무는 육중한 몸뚱이로 온 세상에 맞서는 듯 당당히 버텨 서서 수많은 울퉁불퉁한 팔을 들어올려 이제 당장이라도 천둥처럼 외칠 듯했다.

* * *

도로 건너편의 논과 밭, 구릉과 야산은 깎이고 돋워져 주택지로 개발되었다. 도로가 깔리고 상수도 하수도가 연결되었다. 민둥산 마을이 있는 곳 아래쪽의 산기슭 숲도 포클레인과 삽차에 깎여 나가고 벗겨져 나가 도로가 연결되고 네모반듯한 택지로 조성되었다. 그 와중에 이 수천은 시늉뿐인 물줄기만을 남기고 복개되어 그 위로는 휑한 도로가 뚫렸다. 어느 날, 사람들이 꾸역꾸역 민둥산으로 기어오르더니, 민둥산 꼭대기에 거대한 송전 철탑을 세운 것이 그 무렵이었다.

(문학동네, 1999)

□ 최인호 「사랑의 기쁨 (상)」

　Y대학교의 넓은 교정과 마주한 이곳은 주택가가 끝난 곳에서부터 아카시아나무를 비롯한 여러 잡목들로 숲을 이루고 있다. 대학교 측에서는 학교와의 경계를 위해서 숲길을 따라 철조망을 치고 있지만, 워낙 듬성듬성하게 쳐 놓았으므로 마음만 먹으면 얼마든지 동네 사람들이 철조망을 뚫고 들어가서 숲 속에서 노닐 수 있을 정도이다.
　다행히 대학교의 숲이 자연적으로 그린벨트 역할을 하고 있어서 이 언덕길은 수십 년 전이나 다름없는 그냥 그대로의 모습을 지니고 있다.
　큰길가에 면하고 있는 거리는 차츰차츰 상가들이 먹어 들어와 약국, 간이 음식점, 패스트푸드 전문점, 24시간 문을 여는 체인점 등 각종 상가들이 성시를 이루고 있지만 언덕길 위에서부터는 옛 그대로 전혀 변함이 없었다.
　연립 주택들 몇 채가 주택가를 허물고 세워지기도 했지만 이 거리는 세월을 비켜간 듯 옛 모습 그대로이다.

*　　*　　*

　방안이 어두웠으므로 채희는 벽면을 더듬어 스위치를 올렸다. 그러자 방안의 불이 들어왔다.
　엄마의 방.
　벌써 오래 전에 병원에 입원하셨다가 다시는 돌아오지 못했지만 그러나 주인 잃은 방은 방금 엄마가 외출 나간 뒤끝처럼 깨끗하게 정리되어 있었다. 엄마가 쓰던 침대는 이불보가 깨끗이 개켜진 채 그대로 놓여 있었고 엄마가 작업을 할 때 쓰던 책상도 잘 정돈되어 있었다.
　엄마는 번역 일을 할 때 타이프라이터를 쓰고 있었는데 구식 타이프라이터에는 이제라도 막 일을 시작하려고 준비를 해두고 있는 것처럼 흰 용지가 그대로 끼워져 있었다.

커튼이 닫혀 있는 창문 곁에는 행운목나무가 커다란 화분에 담긴 채 서 있었는데 화분 속에는 제주도 바닷가에서 함께 주웠던 조개껍질들과 형형색색의 조약돌이 널려져 있었다.

책상 위 머리맡에는 사진 액자가 하나 놓여 있었고 액자 속에는 채희의 대학 졸업식 날 학교의 본관 건물 앞에서 엄마와 단 둘이 팔짱을 끼고 찍은 사진이 끼워져 있었다. 채희는 검은 학사모를 쓰고 있었고 엄마는 가슴이 한가득 꽃다발을 안고 있었다. 그 액자 속에는 꽃다발은 한가득 안고 서 있는 엄마의 모습을 보자 채희는 순간 가슴이 찢어지는 것 같은 슬픔을 느꼈다.

(여백, 1997)

□ 최인호 「산문」

법당 안에 종무소가 있었다. 절의 사무를 맡아보는 승당이었는데 살림 규모가 작아서 종무소라기 보다는 신도의 명부가 적혀 있는 주소록이나, 서류 등이 비치되어 있는 작은 나무 문갑에 전화기 한 대가 놓여 있는 것이 고작이었다. 그나마 절에 손님이 찾아오면 앉으라고 준비한 소파와 접대용 탁자가 한 세트 놓여 있을 뿐이었다. 주로 주목이 그곳에 앉아서 사무를 맡아 하고 있었는데 아직 그의 모습이 보이지 않는 것으로 보아 부재중인 모양이었다.

(현대문학사, 1993)

□ 최인호 「저 혼자 깊어 가는 강」

식사를 끝내고 설거지마저 해치운 뒤 우리는 나란히 마루에 앉아 지는 햇볕 속에서 커피를 나눠 마셨다. 분위기는 고즈넉하여 차츰차츰 햇볕이 지고 어둠이 다가오고 있었다. 눈에 보이는 모든 물건이 지는 햇볕을 받아 황금으로 변하고 긴 그림자를 끄을고 있었다. 아주 잠깐 사이에 빛은 침몰하고 다소 쌀쌀한 바람이 불어왔다. 어디선가 호루라기 소리가 났다. 물처럼 스며드는 어둠 속에 여송연 냄새가 묻어 있었다. 마치 연기로 그슬러 소독을 한 소시지 겉면에서 풍기는 연기 냄새가 어둠 속에 묻어 있었다. 밤은 연기로 그을린 훈제 소시지의 냄새를 풍기면서 다가왔다. 누구도 불을 켜려 하지 않았다. 우리는 나란히 어둠 속에 묻혀 앉아 있었다.

(청맥, 1987)

□ 최인호 「미개인」

그곳은 한마디로 요란스런 동리였다. 언제나 땅은 질퍽이고 있었고, 사람들은 생선 장수처럼 장화를 신고 거리를 돌아다니고 있었다. 한편에선 불도저가 윙윙거리며 산턱을 깎아 내리면서 단지를 조성하고 있었고, 그런가 하면 한쪽에선 농촌 특유의 분뇨 냄새가 풍겨지고 있는 거리였다. 거리 양옆에 간이 막사 같은 건물들이 들어섰으며 그곳엔 삐꺾이는 의자가 있는 다방이 있기도 했고, 석유를 파는 노점이 있는가 하면, 유난히 정결한 느낌을 주는 주유소가 아직 이장이 끝나지 않은 때문인가 묘지들이 드문드문 양지바른 곳에 누워있었다. 나는 그곳에서 매우 엄중한 문구로 몇 월 며칠까지 연고자가 없어 이장되지 않는 묘지는 여하한 일이 있더라도 책임지지 않는다는 경고판을 보았다. 그 경고 판은 산 비탈길에 우뚝 서서 위엄을 떨치고 있었다. 거리 옆으로는 고속도로가 개통되었다. 시원하고 넓은 고속도로 위로 매끈한 차들이 씽씽이며 대전으로, 부산으로 달리고 있었다.

(민음사, 1992)

□ 최인호 「이 지상에서 가장 큰 집 (황진이)」

나무 위는 그가 어릴 때부터 꿈꿔 온 지붕 밑의 다락방이었다. 밤하늘에 뜬 달은 그의 다락방을 비추는 형광램프였으며 별들은 그의 다락방 벽을 바른 벽지에 새겨진 사방 연속 무늬의 문양이었다. 가지에 무성히 자란 나뭇잎들은 그의 다락방 창문에 펼쳐진 커튼이었으며 험하게 뻗어 내린 나무 줄기는 다락방으로 올라가는 계단이었다. 가끔씩 나뭇가지로 기어오르는 뱀과 물구나무서서 잠든 박쥐와 새들은 그가 가지고 노는 장난감들이었다.

튼튼해 보이는 나뭇가지에 누워 잠을 청하려 하면 무르익은 달빛에 전구처럼 반짝이는 과일들이 보였는데 그럴 때면 그는 하나하나 과일들마다에 이름을 지어 주곤 했었다.

(청아, 1997)

□ 최인호 「깊고 푸른 밤」

방문을 열고 나서자 채광이 좋은 거실로 은가루 같은 오전의 햇살이 한가득 흘러내리고 있는 것이 보였다.

거실은 난장판이었다. 탁자 위에는 마시다 남은 위스키 병과, 술잔, 엎질러 진 술, 피우다 함부로 비벼 끈 담배꽁초, 레코드판의 잔해들, 기타 먹다 남은 빵 부스러기들, 씹다 버린 치즈조각, 그리고 탁자 위에는 마리화나를 가득 담은 담배 함이 놓여 있었다. 온 거실에 술 냄새와 담배 냄새 그리고 밤새워 피웠던 마리화나의 독한 풀 냄새가 뒤범벅이 되어 구역질 나는 냄새로 가득 차 있었다.

대여섯 병의 사람들이 거실 바닥에 뒤엉켜져 잠들어 있었다. 유리창을 통해 들어온 햇살의 무차별한 공격에도 그들은 곯아 떨어져 있었다. 안색이 몹시 나쁜 그들의 얼굴은 마치 물 속에 가라앉은 익사해 죽은 시체를 끌어올린 형상을 하고 잠들어 있었다. 머리칼이 긴 여자는 커다란 곰 인형을 부둥켜안고 있었다. 그는 준호가 어디 있는가 둘러보았다.

*　　*　　*

준호는 갑자기 탄성을 울리며 크랙슨을 울렸다. 그는 차창 밖을 목을 빼어 바라보았다 몬터레이 관광지대로 넘어가는 언덕 위로 바다가 보였다.

해안선을 따라 수많은 요트와 배들이 부두에 매어져 있는 것이 보였다. 바람을 타고 바다 냄새가 비릿하게 풍겨 왔다. 인근 도시에서 차를 타고 온 주민들이 바닷가 부두에 차를 세우고 해바라기를 하고 있는 것이 보였다. 아직 본격적인 바다는 시작되지 않고 있었다. 갈매기들이 종이 연처럼 바람에 쓸려 날리며 부둣가에 세워진 요트의 돛과 보트의 마스트 위로 솟구치고 있었다. 제방에서 나이 든 할아버지 하나가 갈매기들에게 먹이를 주고 있었다. 수많은 갈매기들이 노인의 주위로 새까맣게 모여들고 있었다.

갈매기들은 인간에게 익숙해 있는 것처럼 보였다. 노인의 머리 위에도, 어깨 위에도, 손바닥 위에도 갈매기들은 서슴지 않고 앉아서 그가 나눠주는 먹이를 날카로운 부리로 쪼아 대고 있었다. 도시로 흘러 들어온 바닷물은 파도도 없이 잔잔해서 거대한 호수처럼 보였다. 정오의 햇살이 프라이팬 위에서 끓는 기름처럼 부서지고 있었다.

(나남, 1993)

□ 최인훈 「귀성」

그는 한길을 건너서 골목으로 들어서 그대로 걸어갔다. 세탁소며 이발소 같은 집들이 늘어선 골목이었다. 어떤 이층집 창턱에 속옷만 입은 여자가 한쪽 다리를 세우고 걸터 앉아서 거울을 들여다보고 있었다.

* * *

자리를 넉넉하게 잡은 좋은 집들이 들어앉은 골목으로 그는 들어서고 있었다. 높고 야하지 않게 색칠한 담넘어로 잘 가꾸어진 나뭇가지가 넘어올락말락한 그 속에서 이루어지는 삶에 대하여 그는 시골 출신다운 어떤 놀람을 느끼는 것이었다. 오늘 처음이 아니라 가끔 이런 골목을 지나가게 될 때 그는 까닭없이 무게를 느끼는 것이었다.

*　　*　　*

다행스럽게도 그런 창문은 없었다. 생긴 모양들도 다르고, 크고 작은 차이도 있었지만 그것은 같은 지역에 자리잡고 있다는 것 말고도 비슷한 인상들을 주는 집들이었다. 넉넉하게 잡은 터며 잘 손질이 된 뜨락 나무며 감때 사납게 보이기는 하지만 그럴만한 삶이길래 그런다는 듯이 벽돌 담 위에서 밖으로 뻗친 꼬챙이 울타리며가 고등학교까지는 지방에서 마친 그에게 압박감을 주던 때가 있었지만 지금은 그렇지 않았다.

(민음사, 1995)

□ 최인훈 「만가」

노인들 방에 가 앉는다. 대단찮은 가구들이 잘 닦아 놓은 곱돌솥처럼 참하다. 시렁에 얹혀 놓은 산차 꾸러미가 언뜻 보기에 시래기 널어놓은 모양이다.

*　　*　　*

부엌에 가본다. 반지르르한 솥뚜껑을 들어본다. 찐고구마, 찬밥이 들어 있다. 뚜껑을 닫는다. 찬장을 열어본다. 고사리 접시가 하나, 도라지 무친 것이 하나, 이름 모를 산나물이 두어가지 더 있고, 말짱하게 씻은 그릇들. 어디 한군데 손댈 데가 없다.

(민음사, 1995)

□ 최인훈 「웃음소리」

문을 열고 홀 안에 들어섰을 때 그러한 느낌은 줄기는커녕 한층 심해졌다. 벽에 밀어붙여서 쌓아 올린 의자들이 위쪽 것은 거꾸로 한 다리를 앙상하게 천장을 향하여 뻗치고 있고, 스크린이 이 의자더미를 성벽처럼 들러치고 남은 빈자리는 전에는 기름이 잘 먹어 검고 육중하게 빛나던 마루답지 않게 희뿌옇고 을씨년스러웠다. 그녀의 눈길을 맞은 맨 처음 것은 이 빈자리였고, 그 저편에 스크린으로 가려진 의자의 산을, 그리고 그 봉우리에 솟은 삐죽삐죽한 쇠붙이의 다리들을—이런 순서로 알아보았던 것이다.

* * *

두 겹으로 된 나들문은 그나마 유리가 아니었고, 위 아래로 길쭉한 창에는 두꺼운 커튼마저 가려져서 홀 안은 한결 어두웠다. 그녀가 앉아 있는 어두운 곳에서 보면 창문으로 들어오는 햇빛이 커튼에 배어서 밖은 마치 검은 안경을 쓴 남자의 동공처럼 보였다.

(민음사, 1999)

□ 최인훈 「광장」

알루미늄이 번들번들 윤나게 손질이 된 그 방에서, 낮은 테이블을 사이에 두고 등을 구부리고 머리를 조아린 한 무리의 사람들은, 어찌 보면 퍽이나 오손도손해 보인다.

* * *

집에는 벌써 손님들이 들끓고 있다. 영미의 남녀 친구들이 방에서 들락날락하는 모양이, 넓은 뜰을 넘어 바라보인다.

* * *

우스운 일이 있는지 와자하니 떠드는 소리가 가을저녁 산들바람을 타고 건너온다. 창을 닫는다. 넓은 뜰을 가운데 끼고 ㄷ자로 세워진 일본집, 가파르게 기운 놓은 지붕 중턱에 비죽이 내민, 창이 달린, 이층 4조 반짜리가 그의 방이다. 그는 이 방을 좋아했다. 창을 열면 밖이 모두 기와다. 갇히고 치우친 맛이 좋다. 이런 지음새가 원래 왜식은 아닐테고, 그림에서 눈익은 서양식이겠지. 아무튼 밖에서 볼라치면 생김새가 재미있고 속에 들면 아늑한 맛이 있다. 뜰은 왜식 그대로다.

*　*　*

윗목에 놓인 책장에 마주선다. 한 번 죽 훑어본다. 얼른 뽑아보고 싶은 책이 없다. 4백권 남짓한 책들. 선집이나 총서, 사전류가 아니고 보면, 한 책씩 사서는 꼬박 마지막 장까지 읽고 꽂아놓고 하여 채워진 책장은 한대 그에게는 모든 것이었다. 월간 잡지가 한 권도 끼지 않았다는 게 자랑이다. 그때그때, 입맛이 당긴 책을 사서 보면, 자연 그 다음에 골라야 할 책이 알아지게 마련이다. 벽 한쪽을 절반쯤 차지하고 있는 이 책장을 보고 있으면, 그 책들을 사던 앞뒷일이며, 그렇게 옮아간 그의 마음의 나그네 길이, 임자인 그에게는 선히 떠오르는 것이고, 한권 한권은 그대로 고개마루 말뚝이다.

*　*　*

정선생은 옆방으로 들어간다. 그 방은 선생의 침실이다. 침대가 좋인 쪽과 맞은편과 벽을 온통 가린 휘장을 걷자, 그 위에 또 한 대의 침대가 놓이고, 명준은 그 위에 누운 사람의 모습을 본다. 미이라였다. 칠한 물질의 겉이 가는 실처럼 금이 갈라져 있고, 통틀어 모습이 몸의 어디건 지나치게 모가 진 느낌이다. 여자인 미이라인 것은 팔목과 가슴, 허리의 모양으로 짐작이 가지만 부드러워야 할 턱, 어깨, 허리 언저리도 일부러 그렇게 다듬은 듯 반듯반듯 모가 졌다. 말하자면 진짜에 한꺼풀 입힌 조각일텐데, 사진에서 보는 그리스 조각과는 사뭇 다르다. 그리스 조각의 선은 따뜻이 굽이쳐 흐르는 곡선인데, 이쪽은 얇은 판대기를 수없이 쌓아서 높낮이를 만든 것 같은 솜씨이다.

* * *

그들이 다다른 곳은, 왼편에 마을이 보이는 언덕진 땅 생김이 분지를 이룬, 움푹한 자리다. 오른편으로 멀리 바라보여야 할 선창과 거리는, 막아 선 늙은 느티나무의 한 무리 때문에 보이지 않았고, 앞으로만 트인 눈길앞에, 선창의 붐빔을 금방 보고 온 눈에는 기이할 만큼 빈 바닷가에, 모래만 기운 한낮의 햇살을 되비치고 있다.

* * *

그 소리를 따라 뱃간으로 옮긴다. 31명이 들어서니 방안은 빼곡하다. 안쪽으로 명준과 김이 기대어 서고, 바로 앞 두어 줄은 마루에 앉고, 나머지는 문 가까이까지 들어선다. 앉은 사람들과 선 사람들의 눈알들이, 명준을 똑바로 쳐다보고 있다. 빌붙는 눈초리가 아니라, 도리어 짜증스럽게 무엇인가를 윽박지르고 있었다. 어처구니 없다는 생각에 앞서서 숨이 막힌다.

* * *

한바탕 와글거린 후 처음보다 더 무겁게 말문이 닫힌다. 다시는 아무도 입을 열지 않는다. 천장에 매달린 샹들리에 전등에서 비치는 불빛이, 연기가 자욱한 방안을 어슴푸게 밝힌다. 발전기의 힘이 고르지 못한 탓으로, 불빛은 시간에 따라 밝기가 한결같지 못하다. 김은 옆에 앉은 사람과 아까부터 열심히 속닥거리고 있다.

* * *

광장에는 맑은 분수가 무지개를 그리고 있었다. 꽃밭에는 싱싱한 꽃이 꿀벌들 윙윙거리는 속에서 웃고 있었다. 페이브먼트는 깨끗하고 단단했다. 여기저기 동상이 서 있었다. 사람들이 벤치에 앉아 있었다. 아름다운 처녀가 분수를 보고 있었다. 그는 그녀의 등뒤로 다가섰다. 돌아보는 얼굴을 보니 그녀는 그의 애인이었다.

* * *

사원들이 돌아가고 난 널찍한 편집실에는, 명준까지 쳐서 다섯 사람이 남아 있었다. 편집장은 그대로 앉고, 다른 사람들은 좌우로 두사람씩, 편집장 책상 바로 앞 책상으로 다가 앉았다. 편집장이 일어서서 말을 꺼냈다.

* * *

1950년 8월

공산군이 들어온 서울. 원래 S서 자리 지하실에서, 이명준은 책상하나를 사이에 두고 영미의 오빠 태식과 마주앉아 있다. 방에서는 냄새가 코를 찌르고 불빛도 어두웠다. 서 건물은 내무성 직속 수사기관인 정치보위부에서 쓰고 있었다.

* * *

낙동강 싸움터 어두운 밤에 비가 내린다. 이명준은 귀를 기울여 발자국 소리를 들으려고 했으나, 어둠을 적시는 빗소리뿐, 다른 소리를 가려 낼 수는 없었다. 눈을 크게 뜨고, 제가 앉아 있는 이 동굴에 이르는 좁은 오르막길에서 그럴싸한 모습을 어림해 보자고 애써도, 헛일이었다. 빗소리와 어둠만이 가득 차 있었다.

* * *

비옷을 두르고 있는데다 지금 그가 앉아 있는 동굴은, 입구에서부터 3미터쯤 한 지름을 가진 반달 모양의, 모랫기가 승한 자연굴이었기 때문에, 밖에서 내리는 비는 거기까지는 뿌리지 않았다. 그는 동굴의 안쪽이 아니고 입구 가까이에 자리잡고 있었다.

* * *

방 안 생김새는, 통로보다 조금 높게 설득자들이 앉아 있고, 포로는 윈

편에서 들어와서 바른편으로 빠지게 돼 있다. 네 사람의 공산군 장교와, 국민복을 입은 중공 대표가 한 사람, 합쳐서 다섯 명. 그들 앞에 가서, 걸음을 멈춘다.

(동아, 1995)

□ 최일남 「시작은 아름답다」

이른봄의 날씨가 노상 그렇듯, 동호리로 가는 길은 메마르고 추웠다. 다방을 나와 아직은 버스도 들어가지 않은 동호리를 찾아 나섰을 때까지만 해도, 어떻든 가보기로 작정하고 나선 길이 멋대가리 없이 황량한 탓으로 조금 후회가 되었다. 산간지방 특유의 종소리도 스산하게 들렸다. 시야가 좀 트인 논밭에는 도무지 사람의 그림자도 얼씬거리지 않고 휑뎅그렁하게 비어 있었다.

* * *

논두렁이 쥐불을 놓았던 시꺼먼 자리가 인기척을 나타내어 고작 봄이 오고 있음을 알리고는 있었으나, 봄의 실체는 아직 오리무중이었다. 해질녘이 다 돼서야 당도한 동호리라고 해서 별 다를 건 없었다. 암탉들을 거느리고 있는 장닭의 형세로 마을 복판에 과히 의젓해 뵈지 않는 기와집이 한 채 나래를 펴고 있을 뿐, 주변에 웅성거리고 있는 초가집들은 궁기가 흘렀다. 아주 농촌도 아니요 도시는 물론 아닌, 심심치 않을 정도로만 사람들의 훈김이 스치는 읍내거리 출신의 그는, 가당찮게도 산골마을을 경멸하고 살아온 편이었다.

(해냄, 1988)

□ 최일남 「하얀 손」

일정한 행정 업무를 추려 나가는 규격 잡힌 사무실도 아니요, 그렇다고 응접실 같은 분위기를 풍기는 것도 아닌 방안에는 몇 사람이 더 서성거렸다. 여러 개의 캐비닛과 책상이 실내 공간의 절반을 차지하고 나머지는 소파고 메운 점이 특이했는데, 왼편 구석의 쪽문을 통해 드나드는 별실이 따로 있고, 두 사람은 방에서 대화를 나누는 중이었다.

* * *

평소 같으면 주변에 떠도는 공기마저 추레하게 가라앉아 있을 법한 양로원 분위기가 오늘은 딴판이었다. 아침부터 수런거렸다. 산밑에 자리잡은 데다 의지가지 없는 할머니들만 있는 곳이기 때문에 이름 한 번 번지르르하게 애잔한 민들레 양로원은 항상 조용하기 마련이다. 요새처럼 추운 계절은 더했다. 할머니들은 어차피 나이 한살을 보태고 빼는 일에 무감각해진지라, 문밖 출입의 엄두조차 내지 못하고 방안에 틀어박혀 시간을 저몄다. 이제 연말이 왔으니까 맛있는 과자나 꽃무늬가 고운 스웨터를 얻어 입을지 모른다는 누군가의 중얼거림을 귓전으로 흘리며, 어떤 원생은 아랫목만을 팠다. 실상 아랫목 윗목이 따로 없었다. 연탄 보일러일망정, 방이 골고루 따습도록 파이프를 묻은 까닭에 굳이 그럴 필요가 없는데도, 아랫목을 바치는 오랜 습성을 버리지 못했다.

(문학사상사, 1994)

□ 최일남 「노새 두 마리」

말이 우리지 그것은 방과 바로 잇닿아 있는 처마를 조금 더 달아 낸 곳에 있었다. 그래서 우리집에는 항상 말 오줌 냄새가, 똥 냄새가 가실 날이 없었다. 그뿐 아니라 그 우리의 바로 옆방이 내가 할머니나 큰형과 함께 자는 방이었으므로 나는 잠결에도 노새가 앉았다 일어나는 소리, 히힝거리는 소리, 방귀 소리까지 들을 수 있었다.

* * *

원래부터 있던 허름한 집들과 새로 생긴 집들과는 골목 하나를 경계로 하여 금을 긋듯 나누어져 있었는데, 먼 데서 보면 제법 그럴싸한 동네로 보였다. 일단 들어와보면 지저분한 헌 동네가 이웃에 널려 있지만 그냥 먼발치고만 보면 2층 슬라브집들에 가려 닥지닥지 붙인 판자집 등속이 보이지 않았으므로 서울의 변두리에 흔한 여느 신흥 부락으로만 보였다.

* * *

벌써 거리는 조금씩 어두워지고 있었다. 이미 앞이마에 헤드라이트를 켠 자동차도 있었다. 나는 그런 자동차들이 막 뛰어 다니는 노새로 보였다. 파랑 노새, 빨강 노새, 까만 노새들이 막 뛰어 다니는 것이 아닌가. 바람같이 달리는 놈, 슬슬 가는 놈, 엉금엉금 기는 놈, 갑자기 멈추는 놈, 막 가다가 휙 돌아서는 놈, 그것은 가지가지였다. 그런데도 그 중에 우리 노새는 없었다. 두 귀가 쫑긋하고 눈이 멀뚱멀뚱 크고, 코가 예쁘고, 알맞게 살이 찐, 엉덩이에 까맣게 연탄가루가 묻어 반질반질하고, 우리 사촌이모 머리채처럼 꼬리를 길게 늘어뜨린 우리 노새는 안 보였다.

(나남, 1993)

□ 최일남 「타령」

해거름 시장판은 난장판이었다. 손 안에 쥔 돈지갑에 비해서는 엄청 큰 바구니며 보자기들을 든 여편네나 식모들이 와락와락 몰려들어 머뭇거리다가 걷다가 이것을 집적거렸다가 저것을 놓았다가 두서없이, 그리고 천방지축으로 뒤뚱거렸다. 해가 아직은 쨍쨍한데도 차일을 친 시장 안은 어두웠고, 어찌 된 셈인지 가뭄이 한 달째나 계속되는 마당에 시장길은 팥죽처럼 질척거렸다. 매캐하면서도 조금은 퀴퀴한 냄새가 알싸하게 코를 후비고, 달콤하고 후덥지근한 공기가 사람들의 몸 속에 묻어 나갔다.

* * *

비가 추근추근 내리는 한낮, 시장 안은 눅눅하고 고리타분하게 축 처져 있다. 허연 배때기를 까뒤집고 버렁 누워 있는 가자미란 놈은 눈을 지그시 감은 채 자빠져 있고, 건어물상 처마에 대롱대롱 매어달린 굴비란 놈도 여태 알이 임자를 못만나 누렇게 찌든 채 말이 없다. 깡 마른 놈은 지아비이고 통통히 알이 밴 건 여편네 격이고 조금 작은 건 큰자식뻘 되는 건지 원…… 젓가락에선 퀴퀴하게 꼭 무슨 그런 냄새 같은 냄새가 후텁지근한 공기와 얼버무려져 있다. 배추도 시들고 열무도 파짠지가 되어 있고 그래도 좀 생기가 돌아 보이는 건 푸줏간에 달아매 놓은 시뻘건 고깃덩어리뿐이다.

(나남, 1993)

□ 최의선 「내일밤」

한 여자가 지하철 3호선 구파발역에서 내렸다. 그녀는 종종걸음으로 개찰구를 빠져 나와 북한산 쪽으로 가는 통로로 나왔다.

그녀가 서 있는 방향에서 왼쪽켠 큰길은 통일로로 뻗는 길이고 그 보다 작은 바로 옆길은 북한산 계곡으로 가는 길이다. 그녀는 몸을 오른쪽으로 틀어 기자촌과 진관사로 갈 수 있는 곳으로 향해 걷기 시작했다. 개찰구를 나올 때보다는 느슨한 걸음이었다.

(자유문학사, 1994)

□ 최정희 「천맥」

연이네 모자는 우선 응접실에 안내되었다. 응접실은 테이블 한 개와 보육원 아이들의 하늘빛 샤쓰와 같은 빛깔의 쿠션이 놓인 네 개의 의자와 장의자가 있고 그 외에 아이들의 작품인 듯한 그림과 목조와 인형들이 벽에 붙고 탁자에 놓이곤 했다.

(어문각, 1973)

□ 최정희 「지맥」

그 아이가 안내하는 건넌방에 나는 작고 초라한 그 아이의 이불인 듯한 것과 또 그 아이의 허술한 것들이 어즐부레하게 널린 것을 두루 살피며, 자못 얼마라도 다른데 직업을 구하기까지는 이 을씨년스런 방에 있어야 할 것을 생각하니 마음이 쇳덩어리같이 가라앉았다.

* * *

동경시대나 다름없이 단조한 방 차림새였다. 삼면에 쭉 돌아가서 책이 쌓여 있고 책상이 있고 철필, 잉크병, 재떨이, 이런 것들이 있는 외에 책상 위에 놓인 화병에 하이얀 작은 꽃이 꽂혔을 뿐이었다. 아무것도 없는 방이었으나 아늑하고 마음을 가라앉힐 수 있었다.

(어문각, 1973)

□ 최학 「산행」

해발 1천 2백에 다다르는 운흥산은 영남에서도 손꼽히는 거산이다. 장엄웅대한 연봉이 병풍처럼 천공에 솟고, 구절심곡마다 구슬처럼 맑은 석간수가 새소리보다 요란스럽게 흘러내린다. 울울창창의 수림 속엔 낮에도 햇빛이 들지 않으며 등성이 중간중간에 빠져나온 암벽들은 해살을 받을 때마다 큰 거울처럼 번쩍인다.

(민음사, 1996)

□ 최서해 「홍염」

오늘도 눈보라가 친다. 북극의 얼음 세계나 거쳐오는 듯한 차디찬 바람이 우하고 몰려오는 때면 산봉우리와 엉성한 가지 끝에 쌓였던 눈들이 한꺼번에 휘날려서 이 좁은 산골은 뿌연 눈안개 속에 들게 된다. 어떤 때는 강골 바람에 빙판에 덮였던 눈이 산봉우리로 불리게 된다.

(나남, 1927)

□ 하성란 「당신의 백미러」

폐점시간이 지나고 직원들도 모두 퇴근해 매장 안은 텅 비어 있다. 하지만 사람들의 온기가 남아 있고 하루 종일 매장에 꽉 찼던 소음이 잔향처럼 남자의 귀에 웡웡거린다.

(문학사상사, 1999)

□ 하성란 「치약」

옥상으로 가려면 엘리베이터에서 내려 다시 비상구 계단을 올라가야 했다. 계단마저 끊기고 출입 엄금이라는 글씨가 쓰인 벽이 나타난다. 벽에 쇠다리가 걸려 있다. 천장에 뚫린 사각형의 철제문을 밀치고 머리를 내밀면 거대한 물탱크와 프로펠러가 쉼없이 돌고 있는 환기구들이 널린 옥상이 한눈에 들어온다. 옥상의 사방은 간판으로 가려져 있다. 간판들 때문에 옥상 위는 뚜껑 없는 상자 속 같다. 그림이나 문구가 없는 간판의 뒤는 각목들이 양철판에 가로 세로로 어지럽게 널려 있고 녹슨 대못들이 툭툭 불거져 있다.

(이수, 1999)

□ 하성란 「악몽」

여덟자 여섯자 크기의 방 안은 무균실처럼 깔끔하게 정돈되어 있었다. 여자가 자신을 방어하기 위해 내던진 책들은 어느새 책꽂이에 꽂혀 있었고 뜯겨져 나간 잠옷의 단추들도 제자리를 찾아 단단하게 바느질되어 있었다. 하지만 공기 속에서는 부패의 냄새가 났다.

(이수, 1999)

□ 하성란 「풀」

건물과 옆 건물의 그림자가 교차하듯 떨어지는 그 틈새에 케이크 조각 같은 양지가 있다. 미끄럼틀은 그 작은 양지 속에 서 있다. 미끄럼틀의 양철판이 눈부시다. 놀이터와 골목 하나를 사이에 두고 키 낮은 낡은 양옥들이 줄지어 서 있다. 건물들 쪽으로 뚫린 창마다 커튼이 쳐 있다. 건물 꼭대기 첨탑의 그림자가 놀이터를 넘어 길 밖으로 늘어진다. 뾰족한 첨탑 그림자가 양옥의 옥상에 반쯤 걸친다.

* * *

여자의 시선이 반원을 그리며 미끄럼틀의 응달로 돌아오려는 찰라, 여자가 있는 맞은편으로 낡은 이층 벽돌집 베란다가 눈에 들어온다. 일층은 가게로 개조해 분식을 파는 집이다. 벽돌집 뒤에 얼마 전까지 서 있던 양옥 한 채는 어느새 헐렸는지 옴푹 파인 검은 구덩이에 굵은 관전봉이 육중한 몸을 들어 땅을 내려 칠 때면 여자가 서 있는 바로 앞이 유리창이 파르르 떨린다. 한 사내가 베란다에 나와 서성거리고 있다. 고층 건물의 그림자에 베란다는 그늘져있다. 베란다 가장자리를 따라 키가 작은 화분들이 납작 땅에 붙어 놓여 있다.

(문학동네, 1997)

□ 하성란 「루빈의 술잔」

손톱으로 긁어 성에 낀 유리창 위에 작은 동그라미를 만들었을 때, 그 안으로 붉은 꽃사과 열매 하나가 바듯하게 들려온다. 살얼음이 낀 탓인지 알루미늄 새시는 조금 열리다 말고 날카로운 금속성 소리를 낸다. 실내화 속 맨발이 빠져 나와 미끄러지면서 여자는 허겁지겁 마룻바닥을 짚는다. 손바닥이 뾰족한 무언가에 찔리면서 여자의 명치끝에 낚시 바늘 같은 물음표가 걸린다. 언제 열매가 열렸을까?

일 센티미터쯤 열린 문틈으로 탄산수처럼 싸한 바람이 밀어닥친다. 손바닥을 혀로 핥으면서 마룻바닥을 살핀다. 상자 째 쏟아진 압정들이 바닥 여기저기에 흩어져 있다. 문틀 위에는 여자가 치다만 방충망 자락이 늘어져 있다. 성에가 낀 유리창 위로 맞은편 벽이 거꾸로 고스란히 반사된다. 사방 연속 무늬의 벽지 위에 사절지 크기의 주류회사 판촉용 달력이 천장과 15도 각도로 기운 채 비스듬히 걸려 있다. 노란 비키니 차림이 이국 처녀가 모터보트에 달린 로프를 붙들고 아슬아슬하게 수상스키를 탄다.

(문학동네, 1997)

□ 하성란 「내 가슴 속의 부표」

어느 것 하나 온전한 살림살이를 찾아볼 수 없다. 구식 냉장고와 세탁기, 낡고 찌그러진 냄비들과 불에 눌어 귀퉁이가 찌그러진 멜라민 수지 밥공기가 차곡히 쌓인 찬장 옆으로 다락으로 올라가는 사다리가 비스듬히 서 있다. 나무로 엉성하게 짜 만들어 발을 올려 놓는데 이상한 소리가 난다.

*   *   *

다락의 바닥은 얇은 베니어판 한 장을 깔아놓은 듯 발을 옮겨 밟을 때마다 발 밑이 푹푹 꺼진다. 구멍을 중심으로 한쪽은 가게, 그 반대쪽은 마루와 방은 천장이다. 다락은 좌우로 두 개의 회전창이 뚫려 있다.

(문학동네, 1997)

□ 하성란 「두 개의 다우징」

피렌체, 카페는 도로에서 한참 벗어난 골목 안 끝에 있다. 이층은 천장이 낮아 상체를 반쯤 구부린 채 자리를 찾는다. 벽 가장자리를 따라 테라스처럼 꾸며진 자리 옆으로 고개를 숙이면 아래층 전경이 훤히 내려다보인다. 돔형 천장 가득 누군가 시스티나 성당의 천장 벽화 가운데 아담의 창조 부분을 흉내내어 옮겨 놓았다. 수많은 푸토를 거느리고, 한쪽 팔은 그들 중의 한 명에 의지한 채 이제 막 조물주가 자신의 손을 뻗어 찰흙 덩어리인 아담의 손끝에 생기를 불어 넣을 찰나다.

(문학동네, 1997)

□ 하성란 「곰팡이 꽃」

남자는 지난 겨울부터 지금까지 통틀어 100개가 넘는 쓰레기 봉투를 뒤졌다. 쓰레기를 뒤지는 동안 자연스럽게 이 아파트에 사는 90가구 취향을 조금씩이나마 알게 되었다. 15평의 이 작은 아파트에는 두 부류의 사람들이 산다. 남자처럼 독신이거나 아니면 신혼부부인 한 부류와 자식들을 모두 출가시키고 난 후 큰 집을 되팔고 이사를 들어온 노부부가 그 한 부류이다. 텔레비전에서 선전하는 신제품의 상품들에 민감한 것은 언제나 젊은 사람들이다. 그들에게는 아직까지 모험심이 남아 있다.

* * *

반평 남짓한 다용도실에 들어서자 남자의 양 어깨가 벽 사이에 바듯하게 낀다. 남자가 버린 쓰레기들이 습한 공기 속에서 벌써 역한 냄새를 풍기며 부패하고 있다. 선반에서 플라스틱 양동이를 꺼내든다. 고무장갑을 끼고 플라스틱 양동이를 든 채 발소리를 죽이고 계단을 내려간다. 사람들의 눈에 띄지 않기 위해 계단참 천장에 달린 전등은 일부러 켜지 않는다. 어둠 속에서도 계단은 익숙하다. 여덟 개의 계단과 층계참 그리고 다시 여덟 개의 계단으로 이루어지는 이 기역자 계단은 1층까지 모두 72개의 계단으로 이루어져 있다. 어둠 속에서 발을 더듬거리면서 다른 계단으로 내려서지 않아도 될 만큼 남자의 발폭은 계단에 익숙해질 때로 익숙해졌다. 2층에서 3층으로 올라가는 계단 가운데 두 번째 계단은 유독 다른 계단들보다 깊이가 있다. 처음 얼마 동안은 이 계단 때문에 곤혹스러웠다.

발목을 삔 적도 있었다. 하지만 이제 그 곳에 이르면 남자의 본능이 단번에 알맞게 발을 내딛는다.

* * *

비좁은 목욕탕을 개조하면서 욕조를 들어내지 않은 것이 천만다행이었다. 지은 지 15년 된 이 낡은 아파트로 이사를 들어오면서 남자는 벽지와 장판은 물론 싱크대도 새 것을 갈았다. 도기로 만든 욕조와 변기는 군데군데 금이 가고 깨져 있었다. 짙은 감색의 타일은 어느 것 하나 온전한 것이 없었다. 떨어져 나가거나 움푹 파인 타일 틈에 물때가 끼어 있었다. 세수를 하고 물을 받은 세면대의 마개를 뽑았다. 하수관으로 흘러 내려가야 할 세숫물이 남자의 발 위로 걷잡을 수 없이 쏟아졌다. 배수관의 트랩 이음새가 어긋나 있어 그 사이로 물이 새어 나온 것이었다. 수리공은 때가 잘 끼지 않고 가벼운 플라스틱 소재의 세면대로 바꿔 달면서 욕조를 떼어 내라고 권유했다. 이렇게 작은 목욕탕에 욕조가 굳이 있어야겠느냐고 욕조를 떼어 내고 샤워 시설만 다는 것이 요즘 추세라며 끈덕지게 남자를 설득했다. 하지만 남자는 수리공의 말을 무시하고 욕조를 떼어 내지 않았다. 수리공이 돌아간 그 저녁 남자는 수리공의 말을 듣지 않은 것을 후회했다. 욕조는 터무니없이 작아 평균치의 키인 남자가 들어가 앉아도 물이 흘러 넘쳐 겨우 엉덩이에서만 찰랑거릴 뿐이었다. 게다가 길이도 짧아 뜨거운 물에 몸을 담그려는 생각은 여지없이 깨지고 말았다. 어깨를 물 속에 담그려면 두 발은 욕조 밖으로 내뻗어 벽에 기대어야 했고 두 발을 담그려면 엉덩이를 욕조밖에 걸쳐야 했다. 이 일을 시작하기 전까지 욕조는 수리공의 말대로 골칫덩어리가 되었다.

(동인문학상 수상 작품집, 1999)

□ 하성란 「꿈의 극장」

희망 정육점의 붉은 불빛 앞으로 양곱창과 선지, 간이 든 돼지기름 깡통이 시장길에 나와 누린내를 풍긴다. 정육점의 나일론 차 양옆으로 극장의 간판이 비죽 드러나 있다. 3층 시멘트 건물 옥상의 난간에 동시 상영이라고 쓰인 두 개의 간판이 매달려 있다. 간판 하나에는 녹은 치즈 같은 젖가슴을 가진 금발 여자가 그려져 있다. 지하로 내려가는 극장의 입구에 손으로 휘갈겨 쓴 영화 상영 시간표가 바람에 펄럭인다. 폭이 좁은 계단을 내려가 문을 열고 안으로 들어선다. 형광등이 달린 낮은 천장 아래로 수족관 하나와 스프링이 쏟아져 나온 융단 의자가 벽을 따라 놓여있다. 수족관 안에는 플라스틱 물풀과 물레방아가 들어앉아 있고 얼룩 덜룩한 무늬의 붕어 한 마리가 헤엄치면서 가끔 주둥이로 수족관 유리를 쳐댄다. 페인트가 흘러내린 WC 라고 적힌 화장실 문 옆으로 음료수 냉장고와 먼지 앉은 스넥이 쌓여 있는 매점이 있다. 팝콘 기계 유리틀에는 버터가 흐른 채 굳어 있고 터지지 않은 옥수수 알갱이 몇 알이 달라 붙어있다. 다섯 평 남짓한 극장의 휴게실은 시골 기차역 부근의 지하 다방과 흡사하다.

(문학동네, 1997)

□ 하일지 「경마장 가는 길」

세관을 거쳐 짐수레를 밀며 나오는 그의 앞에 자동개폐식 문이 열렸을 때 홀의 저쪽 맞은 편 유리문을 통하여 광장에 어둠이 깔리고 있는 것이 보였다. 홀은 전혀 붐비지 않았다. 고작 서른 명 가량의 마중객들이 자동개폐식 문이 열림과 동심에 일제히 이쪽으로 눈을 향하고 있었다. 그 사람들 사이에 서 있던 키가 작은 여자 하나가 R의 출현을 이내 알아보고 손을 들어 보였다.

* * *

두 사람이 안내된 방은 맨 꼭대기 층의 복도 맨 끝에 있는 방이었다. 사내가 방문을 열고 불을 켰을 때 R은 형광등 불빛이 너무 밝은 데 놀라는 표정이었다. 방은 필요 이상으로 많은 가구들이 갖추어져 있었다. 아랫목에는 연두색 이불이 단정히 깔려 있었고 보라색 무늬가 있는 베개 두 개가 나란히 놓여 있었다.

*　　*　　*

그녀가 대답하는 동안 그는 벽을 따라 놓여 있는 경대와 경대 위에 얹힌 빨간색 전화통과 텔레비전과 전축과 냉장고 따위를 그리고 벽에 걸린 복사판 동양화가 들어 있는 액자와 한복을 차려입은 여자의 사진이 있는 달력과 천정에 달린 형광등과 아랫목에 깔려 있는 이불과 베개 따위를 돌아보았다.

*　　*　　*

R의 가족들은 두 개의 방과 하나의 부엌을 쓰고 있었다. 아까 R의 누나가 대문을 들어서자마자 정면으로 불과 이 미터 떨어진 곳에 있는 문을 열었는데 그것이 첫 번째 방이었다. 두 번째 방은 이 첫 번째 방을 가로질러가 맞은편 벽에 나 있는 조그마한 사잇문을 열면 된다. 그리고 부엌은 두 번째 방 혹은 속방으로 통하는 이 사잇문과 직각을 이루면서 오른쪽 벽면에 붙어 있는 역시 조그마한 사잇문을 열면 바로 거기다.

첫 번째 방은 약 세 평 남짓한데 문을 들어서면서 왼쪽으로는 커다란 옷장이 하나 거의 벽면 전체를 가리고 있었다. 옷장은 투박하고 조악한 싸구려라는 느낌을 주었다. 왜냐하면 옷장의 네 개의 커다란 문 위에 둥근 조각도로 매화나무 위에 앉은 새 같기도 한 것을 음각으로 파 놓았는데 전혀 정교하지 못하여 그것이 무엇을 재현하고 있는가 하는 것을 얼핏보아서는 잘 알아볼 수 없을 정도이기 때문이었다. 옷장은 온통 고동색이었다.

이 커다란 옷장 위에는 두 개의 커다란 종이 박스, 병풍, 푸른색 커다란 이불 보퉁이, 대여섯 개의 우산, 석유난로 등이 얹혀 있었다. 이러한 물건들은 옷장과 천장 사이의 공간을 가득 채우고 있는데 모두 지독하게 먼지를 뒤집어쓰고 있었다.

이 방의 오른쪽 벽면에는, 그러니까 고동색 커다란 옷장 맞은편에는 냉장고처럼 생긴 쌀통과 검은색 바탕에 자개가 박힌 커다란 찬장과 서랍이 여섯 층이 있는 서랍과 그리고 옷걸이 하나가 구석에 놓여 있었다. 냉장고 모양을 한 쌀통은 본디 연두색이었을 것이나, 이 양철로 된 물건은 너무나 헐었기 때문에 처음의 그 순수한 연두색은 아니었다. 가령 이 쌀통의 허리 부분의 양철은 다소 우그러져 있는데 그 부분의 칠은 떨어져나가고 녹슬어 있었다. 쌀통 위에는 전기밥통 하나가 얹혀 있었다.
　자개가 박힌 찬장의 아랫부분은 검정색 바탕에 자개가 박힌 미닫이문이 두 짝 붙어 있었다. 그 속에는 무엇이 들어있는지 알 수 없었다. 이 찬장의 하반부는 상반부에 비하여 약 십오 센티 가량 앞으로 돌출되어 있었다. 이 찬장의 상반부는 두 짝의 유리가 끼워져 있기 때문에 세 층으로 된 선반을 볼 수 있는데, 유리를 통하여 보이는 선반들 위에는 헌책들이 무질서하게 꽂혀 있었다. 본래 이 공간은 커피잔이나 접시 따위를 모양 좋게 진열해 두기 위한 것이겠지만, 그런 것들은 하나도 없었다. 유리를 통하여 보이는 이 찬장의 내부는 모두 베니어 합판으로 되어 있는데 거기에는 오랜 세월을 두고 먼지와 때가 묻었기 때문에 베니어 합판의 목질을 알게 해 주는 무수한 선들이 뚜렷했다. 그리고 한쪽 귀퉁이는 습기로 인하여 합판의 켜들이 부풀어올라 있었다. 이 찬장의 상반부는 하반부에 약 십오 센티 가량 들어가 있기 때문에 하반부 위에는 십오 센티 가량의 폭을 가진 공간이 있었다. 거기에는 멘솔이 든 병과 약봉지와 코카콜라 빈 병과 구두약과 삔찌 등이 무질서하게 얹혀 있었다. 이 찬장의 상반부 우에는 함석판으로 된 헌 고리짝 하나와 라면박스 하나와 연두색 천에 싸인 선풍기가 하나 얹혀 있었다. 선풍기는 키가 크기 때문에 천정에 완전히 닿아 있었다. 그리고 이 찬장의 상반부는 그다지 폭이 넓지 않기 때문에 그 위에 얹혀 있는 고리짝 하나와 라면 박스는 찬장 위에서 앞으로 약간 돌출해 있었다. 따라서 찬장 위에 얹힌 물건들은 금방이라도 무너져 내릴 듯이 위태롭게 보였다.

찬장과 붙어져 있는 서랍장은 쌀통이나 찬장보다 덩치가 크기 때문에 다른 것들보다 앞으로 많이 돌출해 있었다. 그 때문에 문 밖에서 얼핏보면 방 건너편 오른쪽 구석에 두 번째 방으로 통하는 사잇문이 있다는 것을 알아보지 못하게 될 수도 있었다. 서랍장 위에는 찬장과 붙여 낡은 전축이 있고 전축의 턴테이블 위에는 두 개의 커다란 스피커가 포개어져 있었다. 그리하여 이 전축 스피커들은 찬장 위에 얹힌 고리짝과 같은 높이를 이루고 있었다. 이 전축의 맨 아래층에 있는 카세트를 넣은 부분의 뚜껑은 망가져 있었다. 이 전축은 아마도 고장이 났거나 고장이 나지 않았다 할지라도 오래 전부터 쓰지 않았음에 틀림없었다. 왜냐하면 턴테이블 위에 스피커를 두 개 포개어 얹어놓은 폼이 그랬다.

서랍장 위에 전축 옆에는 전화통과 약병, 그밖에 전화번호를 적어놓은 공책 따위들이 어지럽게 얹혀 있었다.

서랍장과 두 번째 방으로 통하는 사잇문 사이에는 약 오십 센티 폭의 공간이 있었다. 이 오십 센티 폭의 벽 모퉁이에는 옷걸이가 놓여 있었다. 그 옷걸이에는 여러 가지 옷들이 걸려 있어서 실제 옷걸이가 있다기보다는 옷 무더기가 서 있다고 볼 수도 있었다.

앞문이 붙어 있는 쪽 벽면에는 문에서 방으로 들어서면서 왼쪽으로 커다란 창문이 하나 나 있는데 그 창문에는 너무 거추장스럽게 긴 커튼이 양쪽으로 드리워져 있었다.

문과 창문 사이에는 약 오십 센티 폭의 벽면이 있는데 거기에는 긴 직사각형의 거울이 걸려 있고 거울 바로 위에는 건전지를 넣어서 쓰는 직사각형의 벽시계가 하나 약간 기우뚱하게 걸려 있었다. 거울이 걸려 있는 못에는 방 빗자루가 함께 걸려 있었다. 빗자루가 거울의 상반부를 가리고 있기 때문에 거울의 상반부에는 얼굴을 비추어 볼 수 없었다. 그리고 그 거울에는 무질서하게 손자국들이 묻어 있었다.

창문 아래에는 헌 재봉틀이 놓여 있었다. 재봉틀 위에는 곡식이 든 커다란 자루가 얹혀 있었다. 그 곡식자루는 창문의 한쪽 측면을 가리고 있었다.

　이 방에서 유일하게 벽지를 바른 벽면을 볼 수 있는 벽은 문에 들어서면 마주 보이는 벽, 즉 사잇문이 붙어 있는 벽인데, 거기에는 한가운데 눈이 하얗게 내린 들판과 야산 그리고 저만치 눈 덮인 기와집 지붕이 보이는 풍경을 담고 있는 동양화가 있는 커다란 달력이 있었다.
　황색 비닐장판이 깔려 있는 방바닥은 고르지 않고 울퉁불퉁하다는 것은 그 방을 걸어보면 금방 느낄 수 있었다. 특히 옷장이 있는 쪽으로는 심하게 내려앉아 있어서 육안으로도 금방 식별할 수 있었다.

*　*　*

　밖에서 보면 낡은 시멘트 벽면에 주황색 페인트칠을 한 목재 문짝 하나가 있고 그 문짝의 왼쪽 상단에서 약 이 미터 떨어진 벽면에 팔절지 크기만 한 창이 붙어 있었다. 그 창은 밖에서 봐서는 다만 큰 식당 건물 뒤에 붙어 있는 공기구멍처럼 보인다. 이 창 곁에 조그마한 아크릴 입간판이 없었다면 그 주황색 페인트칠을 한 목재 외짝 문이 술집이라는 것을 아무도 식별해 낼 수 없었을 것이다.
　주황색 페인트칠을 한 문을 열고 들어서면 길쭉한 삼각형의 홀이 있는데 그것은 대단히 비좁고 어두운 공간이었다. 삼각형의 오른쪽 구석에 끼어 조그마한 탁자가 하나 있고 찬장이 벽면에 붙어 있었다. 그리고 몇 가지 주방도구들이 보였다. 이 좁은 삼각형의 오른쪽 면은 다른 벽면들과는 달리 벽지 바른 대신 커튼이 쳐져 있었다.

*　*　*

　이 다락방처럼 보이는 공간도 불과 두서너 평밖에는 안 되어 보였다. 청정은 낮고 벽면은 불규칙하게 울퉁불퉁했다. 벽면에는 크고 작은 액자들이 올망졸망 걸려 있고 그 사이사이의 벽지를 바른 벽 위에는 온통 깨알같이 쓴 낙서들로 가득했다. 어떤 부분에는 커다란 붓으로 휘갈겨 쓴

한문도 있었는데 그것은 판독하기 힘들만큼 난삽한 것이었다. 그리고 왼쪽 벽면, 그러니까 골목과 면한 쪽 벽면에는 아까 밖에는 보았던 마치 공기 구멍처럼 보였던 창이 하나 나 있었다. 그러나 이 창은 열 수 있는 것이 아니라 다만 유리 한 장이 끼워져 있는, 다만 빛을 들어오게 하기 위해 내어놓은 구멍이라고 할 수 있었다. 그러나 그 봉창은 채광을 위해서도 충분한 크기가 못 되었다. 게다가 그 봉창의 유리 위에는 창호지가 발려 있고 그 창호지 위에는 연필이나 볼펜 따위로 쓴 자잘한 낙서가 가득했기 때문에 채광 효과가 더욱 감소된다고 할 수 있었다. 그래서 뚱뚱한 사나이는 이 다락방처럼 생긴 공간엘 들어서자마자 우선 천정에 매달린 형광등부터 켜야 했다.

이 좁은 공간의 한가운데에는 탁자 하나가 놓여 있었고 탁자 양쪽으로 헌 송판을 만든 등받이가 없는 긴 의자가 놓여 있었다. 이 다락방처럼 보이는 공간이야말로 이 술집의 홀이고 바깥에 있는 삼각형의 공간의 주방인 듯 했다.

* * *

두 번째 방에는 우선 책상이 하나 더 늘어나 있었다. 그 책상은 철판으로 된 것인데 몹시 낡은 것이었다. 그것은 사잇문을 들어설 때 정면으로 보이는 위치, 경대 옆, 전에는 이불이 쌓여 있던 자리에 놓여 있었다. 그 책상에는 의자 하나가 딸려 있었고, 책상 위에는 두 층으로 된 책꽂이가 얹혀 있었다. 책꽂이에는 여러 가지 동화책들과 국민학교 이학년 교과서들이 꽂혀 있었고, 책꽂이의 빈칸에는 플라스틱으로 만든 인형들과 인형을 위한 여러 가지 소품들, 이를테면 의자와 식탁, 우유병이나 조그마한 머리빗 따위가 있고, 깡통으로 된 저금통이나 연필 깎기 기계 따위가 놓여 있었다. 책상의 한쪽에는 몹시 낡은 동화책들이 약 일 미터 높이로 쌓여 있었다.

책상의 왼편에 있는 경대에도 변화가 있었다. 지금까지 그 경대는 맨 오른쪽에 놓일 짝이 없었는데 이제 그것이 제 자리에 놓여 경대는 완전한 모습을 갖추고 있었다. 그리하여 이제는 사잇문을 열고 들어설 때 맞은편에 보이는 두 번째 방의 벽면은 책장과 경대 그리고 새로 들어온 책상으로 한치의 여유도 없이 가득 메꾸어져 있었다.

경대 위 맨 왼쪽에는 쏘니 전축 세트가 얹혀 있었다. 그 전축에 딸린 두 개의 스피커는 경대의 왼쪽에 있는 책장의 빈칸에 놓여 있었다. 그리고 그 경대의 맨 오른쪽에는 플라스틱으로 된 두 개의 네모난 바구니가 쌓여 있었는데 거기에는 수북하게 장난감들이 담겨 있었다. 거기에 달린 장난감들이란 아이들이 무엇인가를 임의로 조립할 수 있도록 만든 플라스틱으로 된 여러 가지 모양의 자잘한 조각들과 크고 작은 장난감 차들과 로봇들이었다. 그것들은 모두 자루에 넣는다면 적어도 한 말은 될 것이다. 경대의 가운데 짝 위에는 약 스무 가지의 크고 작은 인형들이 놓여 있었다. 개중에는 높이가 거의 일 미터 가까운 곰도 있고 올빼미나 개구리 모양을 한 것도 있었다. 그런데 그 인형들은 하나같이 모두 꼬질꼬질 때가 묻어 있었다. 가령 곰 인형의 경우는 원래 하얀 털을 가졌을 테지만 너무나 오랫동안 방 안에서 굴러다니며 먼지와 손때를 타서 지금은 완전히 본래의 색깔을 잃어버렸다.

쇠창살로 격자가 되어 있는 창문 아래에 놓여 있는, 이 방에 본래부터 있던 책상 위에는 열흘 전에 R이 갖다 얹어 놓은 컴퓨터 단말기와 모니터 그리고 자판이 얹혀 있었다. 그러나 책상 위의 면적은 그것들을 올려놓고 작업을 하기에 충분하지 않기 때문에 R은 처음에 것들을 갖다 얹을 때 기계들을 모두 책상의 오른편으로 몰아 벽면으로 향하도록 돌려놓았다. 이렇게 책상 위의 공간을 최대한 절약하여 컴퓨터를 올려놓았기 때문에 책상 위에는 어느 정도 빈자리가 있었다. 그 빈자리에는 그 사이에 낯선 텔레비전 한 대가 얹혀 있었다. 그리고 그 책상의 아래에 있는 공간에는 레코드판들이 가득히 쌓여 있었다.

책상과 보르네오 옷장 사이의 공간, 전에 냉장고가 있던 자리에 이번에는 아이들이 옷을 넣은 높이 약 일 미터의 흰 비닐을 씌워 만든 옷장이 놓여 있었다. 그 옷장 위에는 다시 두 개의 꼬질꼬질하게 때가 묻은 인형이 얹혀 있었다. 또 첫 번째 방으로 통하는 사잇문 왼쪽에 있는 약간의 빈 벽에는 기저귀 따위의, 주로 유아의 속옷을 넣어두는 천으로 만든 함 같은 것이 걸려 있었다. 그런가 하면 경대의 커다란 거울과 벽면 사이의, 거울이 약간 앞으로 기울어져 약 오도 각도를 이루며 생긴 틈서리에는 어린아이들에게 한글 글자와 영어 알파벳을 익히게 하기 위하여 만든 두루마리로 된 커다란 걸개 그림이 둘둘 말린 채 끼워져 있었다. 그밖에도 방에는 내용물들을 알 수 없는 박스라든가 온갖 잡동사니들이 더 붙어나 있었다. 대부분의 이 새로운 물건들은 몹시 낡은 것들이었다. 기존에 있던 물건들에다가 다시 새로운 물건들이 더 보태어졌기 때문에 방 안에는 정말 서너 사람이 겨우 눕거나 앉을 수 있을 비닐장판이 깔린 방바닥 외에는 한 치의 틈도 없었다.

* * *

노파의 어깨 너머로 들여다보이는 방은 밖에서 보아서는 어두침침해서 자세히 식별할 수는 없지만 거기에는 황갈색의 옷장과 덩치가 큰 서랍장이 얼핏 눈에 뜨이고, 뒤편 벽 상단에는 두 개의 사진들이 눈에 뜨이는데, 왼쪽 것에는 온통 여러 장의 작은 사진들이 빽빽하게 끼워져 있고, 오른쪽 것에는 흰 두루마기를 입은 광대뼈가 툭 튀어나온 칠십대 노인의 커다란 사진이 끼워져 있었다. 그 노인의 사진은 찍은 지가 오래 되어서 색이 바래어 있었다. 그밖에도 방의 한쪽 귀퉁이에는 담홍색 천으로 덮어놓은, 먹다가 밀어놓은 밥상처럼 보이는 것이 얼핏 눈에 들어오기도 했다.

(민음사, 1990)

□ 하일지 「새」

그런데 그때 A는 예상치 못한 풍경을 목격하게 되었다. 그가 쓰러져 있는 엘리베이터 저편으로 정갈하게 보도블록이 깔린 길이 나 있고, 그 길 좌우에는 작은 목로주점들이 즐비해 있었던 것이다. 그 뜻밖의 풍경에 A는 깜짝 놀라며 일어났다. 그리고 그때부터 A는 엘리베이터 안에서 길을 잃어버리고 말았다.

* * *

그렇게 한참을 길을 따라 오르락내리락 하고 있으려니까 뜻밖에도 A의 앞에는 낯선 철로 건널목이 나타났다. 그리고 그때서야, A는 뭔가 좀 이상하다는 생각을 하기에 이르렀다. 그도 그럴 것이 아무리 생가해도 그는 이 건널목을 건너온 기억이 없었으니까 말이다. 게다가 A는 서울에서 무려 이십 오 년을 살았지만 그 건널목에는 처음 와보았으니까 말이다.

* * *

A가 들어간 곳은 어떤 단체장의 집무실처럼 보였다. 넓은 사무실 한가운데에는 커다란 책상이 비치되어 있고, 그 책상 좌우에는 커다란 태극기와 푸른 바탕에 타오르는 횃불이 그려진, 무슨 사회단체의 깃발처럼 보이는 깃발이 걸린 깃대가 비스듬히 세워져 있었다. 그리고 그 책상 앞에는 키는 작지만 몸이 단단해 보이는 오십대 중반의 남자 한 사람이 앉아 있었다.

* * *

그곳은 아름드리 소나무들이 우거져 있는 한적하고 품격 높은 주택가였다. 잘 지어진 큰 집들은 소나무 숲으로 덮여 있었고, 높은 담장을 뒤덮고 있는 줄장미 덩굴에는 갖가지 색깔의 장미가 만발하여 있었다. 이름도 알 수 없는 지방 소도시에 이런 고급 주택가가 형성되어 있다는 것이 믿어지지가 않을 지경이었다.

* * *

그러던 A는 깜짝 놀라지 않을 수 없었다. 그도 그럴 것이 그의 눈앞에는 우선 드넓은 정원이 펼쳐졌고, 그 넓은 정원 한 가운데에는 분수대가 설치된 채 넓은 연못이 있고, 연못 건너 저편에는 하얀 화강암으로 된 삼층 양옥 건물이 키가 큰 소나무 군락에 반쯤 가린 채 서 있었던 것이다.

* * *

공회당은 도시에서도 약간 떨어진 다소 후미진 곳에 위치해 있는 단층 슬레이트 가건물이었다. 주변에는 기괴한 모양으로 자란 늙은 소나무들이 숲을 이루고 있었다. 소나무 군락이 끝나는 곳에는 험준한 바위벼랑이 있었다. 그 벼랑 밑에는 바닷물이 밀고 들어와 이루고 있는 깊은 웅덩이가 있고, 그 건너편으로 도시가 펼쳐져 있었다. 공회당은 그러니까 도시가 한눈에 내려다보이는 절벽 위 소나무 군락지의 다소 넓은 평지에 위치해 있었던 것이다.

다소 음산하게 느껴지는 그 커다란 슬레이트 가건물 안은 아무런 장식이 없는 넓은 홀이었다. 그 홀에는 흡사 기지촌의 나이트클럽처럼 무대가 있고, 무대 아래에는 무질서하게 탁자들이 놓여 있었다. 그리고 전체적으로 몹시 어두웠다.

* * *

엘리베이터 저편으로는 길이 나 있었다. 정갈하게 보도블록이 깔린 길 좌우에는 작은 목로주점들이 즐비해 있었는데 그 길 저만치에는 아까 도쿄호텔 빌딩 안으로 사라졌던 검은 옷을 입은 여자가 가고 있었다. 다소 비현실적으로 느껴질 만큼 정갈하고 아담한 풍경 속으로 걸어가고 있는 여자의 뒷모습을 바라보고 있다가 A는 소리쳤다.

(민음사, 1999)

□ 하일지 「경마장에서 생긴 일」

이윽고 비행기는 구름 밑으로 내려갔다. 구름 밑으로 내려가는 순간 검푸른 바다가 눈에 들어왔다. 그와 동시에 비행기 창유리를 타고 빗물이 흘러내리기 시작했다. 지금 지상에는 비가 내리고 있는 것 같았다.

비행기는 오랫동안 검푸른 바다 위를 비행하다가 이윽고 착륙했다. 활주로는 해안선을 따라 나 있었다. 왼쪽으로 보이는 것은 오직 하얗게 파도가 일고 있는 바다뿐이었다.

비행기가 멎고 승객들이 자리에 일어났다. K도 자리에서 일어나 선반 위에 얹힌 가방을 내렸다.

비행기 밖에는 비바람이 몰아치고 있었다. 승강대를 내려간 승객들은 비바람을 피하기 위하여 몸을 잔뜩 웅크린 채 저만치 보이는 공항 청사를 향하여 줄달음쳤다. K도 그들을 따라 뛰었다. 공항청사는 시골역처럼 작았다.

* * *

K는 자신이 방으로 되돌아왔다. 방은 여전히 썰렁했다. 아까 카운터에 있던 그 키가 작고 얼굴이 둥근 남자는 K가 식사를 하는 동안 방을 청소해 놓겠다고 했는데 청소를 한 흔적도 없었다. 탁자 위에, 경대 위에, 침대 머리맡 탁자 위에 그리고 텔레비전 위에 여전히 먼지가 뽀얗게 앉아 있었다.

그 사이에 누가 다녀간 흔적조차도 찾아볼 수 없었다.

K는 라디에이터로 다가가 그 위에 손을 대어보았다. 여전히 싸늘했다. 혹시 라디에이터 꼭지가 잠겨 있을지도 모른다고 생각했는지 꼭지를 좌우로 틀어 확인해 보았다. 그것은 충분히 열려 있었다.

K는 이제 목욕탕으로 들어갔다. 그리고 더운 물이 나오는 수도꼭지를 틀어보았다. 여전히 더운 물은 나오지 않았다. 수도꼭지에서는 손이 시리

도록 차가운 물만 콸콸 쏟아져 나오고 있을 뿐이었다. 약 오 분 동안 수도꼭지를 틀어놓은 채 기다렸지만 전혀 아무런 변화가 없었다.

K는 이제 수도꼭지를 잠그고 방으로 돌아갔다. K는 몹시 화가 치밀어 오른 얼굴을 하고 멍청히 방 한 가운데로 서 있었다. 그러다가 그는 다시 방을 나갔다. 그리고 곧장 1층 카운터로 내려갔다.

* * *

K는 길을 건넜다. 길을 건넌 뒤 그는 망연히 좌우를 두리번거렸다. 차가 올 것 같지는 않았다. K는 공항 쪽이라고 짐작되는 길을 따라 걷기 시작했다.

공항까지는 약 삼 킬로미터 남짓 될 것 같았다. 길은 모두 아스팔트로 포장이 되어 있긴 했지만 어제 내린 비로 몹시 축축했다. 게다가 음지쪽에는 얇은 살얼음이 끼어 있어서 몹시 미끄러웠다. 그리고 길가를 따라 서 있는 동백나무에서는 잎사귀에 맺혀 있던 물방울이 똑똑 덜어져 내려 K의 머리와 어깨를 적셨다.

K가 공항까지 가는 동안 차는 끝내 한 대도 지나가지 않았다. 차는 고사하고 사람 하나 만나볼 수 없었다. 공항에 도착했을 때 K의 구두는 온통 축축하게 젖어 있었다.

* * *

K는 이제 돌아섰다. 그리고 아까 그녀가 가르쳐준 총무부 사무실로 갔다. 사무실을 열기 전에 돌아보니 그녀는 저만치 어둡고 긴 복도 모퉁이를 막 돌아가고 있었다. 그런데 그녀는 복도 모퉁이를 돌아가기 전에 복도 모퉁이에 놓여 있는 휴지통에다 꾸깃꾸깃 접은 하얀 휴지쪽 같은 것을 집어넣는 것 같았다. 그리고는 곧 복도 모퉁이로 사라졌다.

K는 총무부 사무실 안으로 들어갔다. 사무실 안에는 일전에 곽씨와 함께 왔을 때와 마찬가지로 삼십 명 가량의 사무원들이 각기 자리에 앉아

사무를 보고 있었고 컴퓨터 인쇄기가 종이 위에 글자들을 찍어대고 있는 그 짜르륵 짜르륵 하는 소리가 들려왔다. K가 문을 열고 들어섰지만, 지난 번에 왔을 때나 마찬가지로, 사무원들은 사무에만 열중하고 있을 뿐 K 쪽은 돌아보지도 않았다. K는 약간 위축된 표정으로 좌우를 두리번거리며 사무실 가운데로 난 통로를 따라 가다가 얼핏 돌아보니 저편에는 낯이 익은 얼굴도 끼여 있었다.

(민음사, 1993)

□ 하일지 「경마장의 오리나무」

방의 저편에는 검은 바탕에 자개가 박힌 커다란 옷장이 놓여 있었다. 좌우대칭을 이루고 있는 그 자개장에는 다소 요란스럽게 꽃을 피우고 있는 매화나무가 새겨져 있었다. 그 매화나무가 새겨져 있는 옷장의 좌우 문고리에는 각각 붉은 실과 푸른 실로 짠 노리개가 걸려 있었다. 아내는 틈틈이 기름걸레로 옷장을 닦기 때문에 옷장은 광택을 발하고 있었다.

그 자개장 왼편에는 장식장이 있는데 거기에는 여러 가지 물건들, 가령 나의 가족 사진이 들어 있는 액자, 학사모를 쓰고 검은 가운을 입은 두 아이의 가족 사진이 들어 있는 액자, 갖가지 종류의 조그마한 양주 샘플들, 조그마한 자동차 모형들, 산수화가 그려져 있는 커다란 도자기, 그 밖의 나무로 깎아 만든 두 마리의 원앙새 따위가 놓여 있었다.

나의 등 뒤편에는 새벽 내내 재깍재깍 소리를 냈던 탁상시계가 놓여 있는 경대가 있고 그 경대 위 벽면에는 십자가에 못 박힌 채 고개를 한쪽으로 떨구고 있는 예수가 걸려 있었다. 그 경대 위에는 탁상시계와 함께 여러 가지 모양과 색깔을 한 화장품 병들이 놓여있고 그 곁에는 검은 표지의 성경책과 찬송가책이 놓여 있었다. 그런가 하면 그 성경과 찬송가책 옆에는 한 장씩 뽑아 쓸 수 있도록 되어 있는 납작한 휴지상자가 놓여 있었다. 그 납작한 휴지 상자의 주둥이에는 파르스름한 휴지 한 장이 삐죽이 삐져 나와 있었다.

그 경대의 오른편에는 서랍장이 있고 서랍장 위에도 커다란 사진이 든 액자가 놓여 있는데 액자에 끼워져 있는 사진은 예식장에서 찍은 결혼기념 사진이었다. 그 사진의 왼편에 검은 양복을 입고 흰 장갑을 낀 채 부동자세를 하고 똑바로 서 있는 것은 바로 나 자신이고 그 옆에 흰 드레스를 입고 나의 팔짱을 끼고 서 있는 것은 나의 아내였다. 사진 속의 아내는 화장을 너무 진하게 했기 때문에 얼굴은 온통 하얗고 눈썹은 진했다. 사진 속의 나와 아내의 얼굴에는 아무런 표정이 없었다. 그리고 그 사진에는 나와 아내의 뒤편 중앙에 이마가 벗겨진 오십대 중반의 남자가 서 있는데 그는 결혼식에 주례를 섰던 사람이었다. 그 남자의 얼굴에도 나와 아내의 얼굴에나 마찬가지로 이렇다할 표정이 없었다.

경대의 왼편에는 비단 위에도 수를 놓은 병풍이 하나 펼쳐져 있는데 그 병풍에는 목단화 위에 날아드는 호랑나비, 매화나무 위에 앉은 두 마리의 꿩, 작약꽃 위에 앉은 한 쌍의 원앙새, 또는 장미꽃 옆의 날개를 활짝 펴고 있는 공작새 따위가 수놓아져 있었다. 흰 비단 위에 수놓아진 그 그림들은 어느 것이나 강렬한 색상을 띠고 있었다.

그리고 방바닥에는 연두색 이불이 깔려 있는데 그 이불은 마구 흐트러져 있고 한쪽 자락은 들쳐져 있었다. 그 들쳐져 있는 이불 밑에는 요가 깔려 있는데 그 요 위에는 아무렇게나 벗어서 버려 둔 아내의 손목시계가 놓여 있었다. 그런가 하면 연두색 이불의 발치에는 아내의 브래지어가 있고 이불 밑 요 위와 황갈색 장판 위 여기저기에는 경대 위에 얹혀 있는 그 납작한 휴지 상자의 주둥이에 삐죽이 삐져 나와 있는 것과 같은 색인 파르스름한 휴지가 몇 장 구겨진 채 버려져 있었다. 방 안 공기에는 전체적으로 후덥지근하고 퀴퀴한 편이었다.

* * *

삼계탕집에는 사람들이 많았다. 자리가 없어 잠시 우왕자왕 하고 있을 때 삼계탕 주인이 한쪽 테이블을 가리키며 저 쪽에 자리가 난다고 우리를 향하여 소리쳤다. 삼계탕집 주인이 가리키는 쪽에는 정말 방금 식사를 마친 한 무리의 사람들이 이쑤시개로 이빨들을 쑤시면서 자리에서 일어서고 있었다. 박차장과 우리 일행은 그쪽으로 가 각기 자리를 잡고 앉았다. 우리가 차지한 테이블 위에는 방금 식사를 마친 사람들이 벌여놓은 음식 찌꺼기들이 가득하게 널려 있었다. 탁자는 온통 닭 뼈다귀들과 닭 껍질들과 휴지들과 나무젓가락들과 그리고 닭 국물들로 더러웠다.

* * *

 수평으로 나 있는 연두색 블라인드 틈 사이로 들여다보이는 사무실 중앙에는 길게 창구가 나 있는데 창구 좌우에는 많은 사람들이 분주하게 움직이고 있었다. 창구 왼편에 운집해 있는 사람들은 고객들인데 그들은 대부분 증권 시세판을 쳐다보고 있었다. 그들 중 더러는 창구에 붙어 서서 증권을 사고 파는 사람도 있었다. 그 고객들 중에 더러는 낯익은 사람도 눈에 띄었다.
 창구를 사이에 두고 오른쪽은 회사 직원들이 각자 제자리에 앉아 분주히 일을 하고 있었다. 맨 앞쪽, 그러니까 창구 앞에는 유니폼을 입은 여직원들이 일렬 횡대로 앉아 고객들을 상대하고 있었다. 그녀들의 뒤편에는 흰 와이셔츠에 단정하게 넥타이들을 맨 나의 동료들이 앉아 있는데 그들은 모두 그들 책상에 놓인 컴퓨터 화면을 들여다보느라고 지금 내가 창문에 쳐져 있는 블라인드 틈으로 사무실 안을 들여다보고 있다는 것을 눈치 채지 못하고 있었다. 저만치 보이는 나의 자리는 비어 있었다. 나의 책상 위에는 컴퓨터 모니터와 자판기만 동그랗게 놓여 있을 뿐 아무 것도 없었다. 아마도 아직은 나 대신 다른 사람을 채용하지 않은 것 같았다.
 사무실 저쪽 건너편에는 칸막이로 된 차장들의 방이 있는데 칸막이에 들어있는 차장들도 저마다 자신이 책상 앞에 놓은 컴퓨터 자판을 두들기고 있었다. 그런가 하면 어떤 칸막이 안에는 박차장이 이대리를 상대로 무엇인가 말을 하고 있었다. 그는 아마도 이대리에게 내가 왜 삼 일째 아무 연락도 없이 결근을 하는지 묻고 있는지도 모를 일이다.

*　*　*

그것은 어느 대기업의 기업선전을 위한 광고였다. 광고의 대부분의 지면은 커다란 사진이 차지하고 있었다. 그 커다란 사진에는 영업사원으로 보이는 중년 남자 하나가 이쪽으로 걸어오고 있는 중이었다. 그는 양복을 단정하게 차려 입었고 금테 안경을 썼다. 그는 적당하게 통통한 편이었다. 그는 오른손에 영업사원들이 흔히 들고 다니는 네모난 가방을 들고 있었다. 그는 입을 꼬옥 다물고 약간 고개를 수그리고 걸어오고 있는 중인데 약간 고개를 수그린 자세 때문에 그렇게 보이겠지만 그는 과묵하면서도 근면한 사람으로 보였다.

그의 등뒤로 보이는 사진의 배경은 명동과 같이 다소 화려한 분위기의 상업구역이었다. 그의 등뒤로는 청바지나 미니스커트를 입은 젊은 여자들이 어깨동무를 하고 걸어가고 있고 또 다소 화려하게 차려 입은 행인들이 길거리를 오가고 있었다. 그러나 그의 등뒤로 보이는 사람들은 그 중년 남자에 비하여 대단히 희미하게 처리되어 있었다. 사진은 그 중년 남자에게 핀트가 맞추어져 있기 때문이었다.

*　*　*

여관을 나온 뒤 나는 주위를 한바퀴 휘둘러보았다. 서울의 변두리 지역이었다. 샐러리맨으로 보이는 젊은 남자 하나가 다소 비탈이 진 내리막길을 급하게 뛰어내려가고 있었다. 길가에 있는 어느 건물 이층에 있는 교회에서는 웅성웅성 기도하는 소리가 들려오고 있었다.

*　*　*

내가 들어선 건물의 맨 아래층은 사우나탕이었다. 나는 그러나 사우나탕으로 들어가지 않고 사우나탕 앞에서 왼쪽으로 꺾어 계단을 밟아 이층으로 올라갔다. 이층은 계단 좌우로 다방과 내과병원이 있었다. 나는 거기서도 멈추지 않고 계속해서 올라갔다. 삼층에는 계단 좌우에 당구장가 신문지국 혹은 어떤 사회단체 사무실 같은 것이 있었다. 건물은 처음 길가에서 보았을 때와는 달리 올라갈수록 점점 더 지저분하고 낡아 보였다. 벽면에 칠한 색은 아래층과는 달리 대단히 조악했다. 나는 계속해서 계단을 올라갔다. 사층부터는 여관이었다. 사층 입구는 쇠창살로 된 문이 설치되어 있는데 그 문은 열려 있었다.

* * *

길거리의 상점들과 식당들은 모두 문이 닫혀 있었다. 출근시간이라서 그렇겠지만 사람들은 부산하게 움직이고 있었다. 나는 어제 점심과 저녁 식사를 했던 한식집까지 걸어갔다. 그 집도 문이 닫혀 있었다. 나는 그 한식집 옆으로 난 좁은 길로 접어들었다. 길 모퉁이에는 쓰레기 수거차에서 흘러나오는 스피커 소리가 요란했다. 푸른 작업복을 입은 인부들이 부지런한 손길로 쓰레기들을 차에 싣고 있었다.

* * *

내가 서 있는 제방 오른편, 그러니까 강의 상류 쪽 저 멀리에는 하천을 가로질러 수침교가 하나 놓여 있고, 왼편, 말하자면 강의 하류쪽 저 멀리에는 읍내가 보였다. 그리고 내가 들어 있는 여관이 있는 마을은 나의 등 뒤편 저 멀리 논벌끝에 있었다.

* * *

방문 밖 복도에는 빨간색 추리닝 상의를 입고 발에는 슬리퍼를 신은 군인 몇 사람이 저희들끼리 무엇인가 큰 소리로 대화를 나누고 있었다. 그 오십대 부부 곁에는 군인 세 사람이 둘러앉아 통닭은 먹고 있었다. 또 내가 계단을 내려오고 있을 때에는 방금 자다가 일어난 듯이 머리가 헝클어져 있는 이십대 초반의 얼굴이 하얗고 얄상하게 생긴 여자가 계단을 올라오다가 나를 발견하고는 약간 부끄러워하는 표정으로 얼굴을 옆으로 돌린 채 옆을 지나갔다.

* * *

방 한가운데에는 낡은 소파가 놓여 있고 저편 벽면에 붙어 낡아빠진 침대가 놓여 있었다. 다른 쪽 벽면에는 철제 책상이 하나 놓여 있는데 그 책상 위에는 헌 흑백 텔레비전 한 대와 전화통이 얹혀 있었다. 책상 옆에는 커다란 트렁크와 라면 박스 따위가 쌓여 있었다. 그런가 하면 방의 다른 쪽에는 낡은 옷장과 서랍장이 벽면에 붙여 놓아 있었는데 옷장 위와 서랍장 위에는 온갖 잡동사니가 얹혀 있었다. 그리고 지하실 귀퉁이에는 싱크대가 설치되어 있는데 그 싱크대 위에는 식기들이 얹혀 있었다. 또, 시멘트바닥을 그대로 드러내고 있는 지하실 바닥에는 석유난로 하나가 놓여 있고 석유난로 위에는 물주전자가 얹혀 있었다. 그 밖에도 지하실 방에는 여러 가지 세간들이 구석구석 놓여 있었다. 실내 공기는 약간 습기차고 퀴퀴했다.

(민음사, 1992)

□ 하재봉 「쿨재즈」

그러나 지금 이 시간, 수영장 바 앞의 의자는 신디 크로포드나 나오미 켐벨, 클라우디아 쉬퍼 같은 탄력 있는 히프를 가진 여자들도, 아놀드 슈왈츠제네거, 쟝클로드 반담, 척 노리스 같은 근육질의 남자도 보이지 않고 월급날 직전의 지갑처럼 텅 비어 있다.

수영장 주변 넓은 공간에는 기지개 켜는 봄날 오후의 고양이처럼 백색의 의자들이 길게 펼쳐져 있고 , 그 위에는 젖어 있는 흰 타올과 사우나실이나 헬스클럽에서 입고 들어온 가운들이 흩어져 있다.

＊　＊　＊

　5시에 호텔에서 황진택과 다시 만난 그들은, 저녁을 먹고 롯폰기로 간다. 금요일 저녁이다. 좁은 거리는 사람들로 넘쳤다. 도쿄 시내에 있는 외국인들이 모조리 모인 것처럼 보인다. 머리카락 일부를 노란색이나 붉은 색으로 물들은 펑크족들 몇이 지나가는 여자들에게 수작을 건넨다. 여자들은 한결같이 짧은 치마를 입었거나 등이 푹 파여 상반신이 거의 노출된 옷을 입고 있다.
　그들이 간 곳은 고토빌딩 3층에 있는 <렛싱톤 퀸> 이라는 디스코테크다. 길을 걷다가 아르바이트생들이 나눠주는 할인 카드를 받았다. 한 사람당 천 엔을 할인해 준다고 적혀있었다. 디스코테크가 있는 3층을 올라가는 엘리베이터 안에는 가죽옷을 입은 남녀 두 명이 엉켜서 서로를 더듬고 있다. 서양인과 혼혈인 듯한 남자는 여자를 가슴에 껴안고 눈으로 성지은의 온몸을 훑어본다.
　실내는 어둡다. 담배연기로 가득하다. 플로어는 구정날 서울역 대합실보다 더 많은 사람들로 붐비고 있다. 비트가 강한 레이브과 하우스 뮤직에 사람들은 괴성을 지르며 몸을 비틀어 댄다. 그들은 구석에서 맥주 몇 병을 마시다가 쫓기듯이 나와야 했다. 성지은이 담배연기를 더 이상 참지 못했기 때문이다. 홀 안의 사람들은 따로 숨쉬는 기관이 있는지 기침 한 번 하지 않고 춤을 추는 것이 신기하기만 했다.

＊　＊　＊

　그는 어둠 속을 더듬어 의자에 앉는다. 빈 자리가 별로 없다. 그가 좋아하는 좌석은 뒤에서 두 번째 줄에 있는 의자들이다. 그곳에는 다른 줄과는 다르게 의자 앞에 기다란 탁자가 놓여져 있어서, 가방을 올려놓을 수도 있고 노트북을 켜고 영화내용을 메모할 수 있다.
　길 스튜디오는 25석 정도의 좌석이 준비된, 충무로의 시사회 전문 공간이다. 의자는 양쪽 팔걸이가 있는 소파식이어서 편하게 영화를 볼 수 있다. 우아이피, 콜럼비아, 워너 브러더스 같은 직배사들은 자체건물 안에 시사회실을 갖추고 있지만, 대부분의 영세한 국내 외화 수입업자들은 대한극장 시사실이나 영화진흥공사 시사실, 그리고 길시사실을 빌려 시사회를 갖는다. 개봉 전에 많은 관객들에게 홍보하려고 할 경우에는 특정 극장을 섭외해서, 마지막 회 상영을 하지 않고 초청한 사람들만 대상으로 시사회를 열기도 한다.

* * *

남대문에서 힐튼호텔 쪽으로 올라가는 고갯길에는 수많은 차들이 길 양쪽으로 빽빽하게 주차되어 있다. 남대문 새벽시장에서 물건을 사려는 사람들의 차다. 그는 습관처럼 콘솔박스 속에 넣어둔 8밀리 비디오 카메라를 꺼낸다. 그리고 밖의 풍경들을 카메라에 담는다. 도로 위로 줄지어 서 있는 전세 고속버스들, 승용차들. 커다란 가방을 들고 버스로 오르는 중년의 여자들, 환하게 밝힌 시장 입구.
그의 카메라는 빠르게 풍경을 스쳐 지나가며 그것들을 사각형의 프레임 안에 가두는 것이다.

(해냄, 1995)

* * *

최현주는 2층에 살고 있었다. 2층은 베란다까지 불이 환하게 켜져 있었으며, 늘 굳게 닫혀 있던 커튼도 활짝 젖혀져 있었고, 열려진 창문 틈으로 부산하게 움직이는 사람들이 보였다. C동 입구에는 경찰 패드롤 카의 붉은 등이 느리게 돌아가면서 주위의 어둠 속으로 시뻘건 불빛을 던지고 있었다. 푸주간에서 흔들리고 있는 고기들처럼 빌라 앞의 뜰에 서 있는 나무가 흔들거렸다.

(해냄, 1995)

□ 하재봉「블루스 하우스」

VCR의 디지털 시계는 항상 <AM:12:00>에서 1초마다 깜박거린다. 공중전화부스 앞에서 전화기를 기다리는 사람이 초조하게 눈꺼풀의 열었다 닫았다 닫는 속도로 깜박거리는 저 디지털 시계 글자가 사라지는 0.5초의 짧은 순간, 나는 완벽한 어둠 속에 있게 된다.

신체의 일부가 빛에 노출되면 신비한 동물로 변해버리는 사람이 살고 있는 것처럼, 이 방의 두꺼운 커튼은 꼭꼭 닫혀 있다.

(세계사, 1993)

□ 하재봉「영화」

나는 조심스럽게 눈동자만 굴려서 사면의 유리벽과 유리천장을 살펴보았다. 천장을 코발트 블루빛으로 선팅을 한다고, 그래서 앞으로 햇빛이 비치면 실내는 지중해의 바닷속처럼 청색으로 빛날 것이라고, 외부 사람들은 이 집을 청유리 집이라고 말하게 될 거라고, 김비서께서는 말씀하셨다. 그러나 그의 말은 하나도 믿을 게 못된다.

(이레, 1999)

□ 하재봉「황금동굴」

사무실 한쪽에 VJ룸이 마련되어 있다. 60인치 소니 TV와 VCR이 한쪽 벽에 놓여 있고, 창가 반대편 벽에는 각종 주간지와 월간지가 꽂혀 있는 책꽂이, 중앙에 회의용 원탁 테이블, 창가에는 긴 소파가 있다.

* * *

다음날 나는 기자와 약속한 카페로 나갔다. 청담동의 <궁> 이란 카페였다. <궁>은 흰색으로 된 궁전이다. 하얀 벽과 하얀 천장 하얀 바닥 하얀 의자 하얀 테이블에는 하얀 테이블 보가 깔려 있고 그 위에는 하얀 냅킨이 놓여 있으며 가지런히 정돈되어 있는 포크와 나이프가 하얀 조명을 받아서 하얗게 반짝거리고 있었다.

(이레, 1999)

□ 한말숙「아름다운 영가」

유진이 대문을 들어서자, 마당 텐트 밑에 30여 명의 남녀가 앉아서 부산하게 밥을 먹고 있다. 음식을 나르는 사람이 오가고, 숯불 화로가 몇 개나 마당에 피워져 있다. 숯불 튕기는 소리며, 사람들의 말이 엇갈려 소요스럽다. 안내도 없다. 유진이 들어서는 것을 아무도 쳐다보지도 않는다. 바로 주인 없는 집이었다. 유진은 잠깐 망설이다가 현관으로 갔다. 집안은 온통 불빛으로 환하다.

(인문당, 1981)

□ 한말숙「초컬릿 친구」

그의 방 벽에는 그다지 늙지 않은 두 분이 표정 없이 크고 하관이 빠른 큼직한 아인슈타인의 사진이 걸려 있었다.

언젠가 그의 집에서 영화와 그의 친구 몇 명을 저녁 식사에 초대했었을 때, 영희는 처음으로 찬의 방에 가 보았다. 그의 책장에 자연과학 책이 많은 줄 알았는데, 아리스토텔레스며, 헤겔이며, 칸트 등의 철학 책과 『님의 침묵』을 비롯해서 동서양의 문학서적이 많은 것이 뜻밖이었다. 영희에게는 이과 계통의 책이란, 고등수학 한 권과 물리 한 권, 화학 한 권 해서 모두 세 권뿐인데, 그것도 교과서였다.

찬의 방은 그녀의 방보다 한결 작게 보였다. 책장이 꽉 들어차 있어 그렇게 보였는지 지금 그녀는 확실히 기억 못하겠다.

(풀빛, 1999)

□ 한말숙 「행복」

준은 마루 겸 레슨실로 되어 있는 대청으로 올라갔다. 네 댓 평쯤 되는 대청에 두 개들이 구공탄 난로가 하나 있는데, 그것도 화력이 약한지 실내는 춥다.

실내가 어딘지 누추하고 살벌하다. 제자들도 대개 가정부이지만, 상당한 음악가나 사장급도 있어 언제나 대청이 좁았었는데, 오늘은 왜 텅 비어 있는지 모르겠다.

* * *

계단에는 불이 꺼진 채 있었다. 방문을 열자 K는 깜짝 놀랐다. 병삼이 바로 문 앞에 우뚝 서 있었기 때문이다. 그 옆에 탁자가 있다. 탁자 위에 그 검은 꽃병이 있고, 꽃병에는 시꺼먼 다알리아가 하나 길쭉하게 꽂혀 있다. 몸에서 냉기가 오싹 스쳤다. 빨간 다알리아가 불빛 때문에 검게 보였으리라.

* * *

영희의 방은 대문에서 이 미터쯤 떨어진데 있었고, 마당의 잔디에서 일 미터 반 남짓 높이는 벽돌이고, 그 위에 넓은 유리창이 있었다.

* * *

영희의 집 대문은 활짝 열려 있었다. 언제나 가며 기대섰던 그 창턱 너머로 그녀의 방을 보니 축음기도 예쁘장스럽던 책장도 없고, 영희의 십오년째 친구이던 인형도 없고, 인형이 들어 있던 큰 유리상자만 방바닥에 쓰러져 있었다.

* * *

방에 들어가자 혜영은 커튼을 쳤다. 포코레이터에 커피를 넣고, 목욕실에 가서 샤워를 했다. 수돗물이 미지근해서 무더운 날씨에 몸 씻기 꼭 알맞다. 화장대에 앉아 로션을 바르고 있을 무렵 커피의 향기는 점점 짙어지며 온방을 감돈다. 혜영은 쟁반에 올리브빛 찻잔과 커피포트와 크리포트를 놓아 티 테이블로 가져왔다. 그녀는 씽의 희곡집을 가방에서 꺼내어 겉장을 열다가 도로 책상에 갖다놓고, 티 테이블에 와서 커피를 찻잔에 따르고 크림을 쳤다. 커피의 향기로운 김이 섬세한 곡선을 그리며 천천히 퍼져 올라간다. 방안은 한없이 고요하다. 커튼 밖의 빗소리가 한층 기분을 고요하게 가라앉힌다.

* * *

학생이 설명한 대로, 절벽 바로 밑에 바다가 있는 것이 아니라, 호텔의 건물이 높아서 찻길이 조금만 보이기 때문에 바다가 바로 아래인 것처럼 보였다. 달빛을 받은 파도가 소리 없이 절벽에 부딪치고는 깨어지며 물러가곤 한다. 동쪽 창 멀리 보이는 바다에서는 고기잡이 배인지 너덧 개의 불빛이 달빛 아래 가물가물한다. 한없이 고요하다.

* * *

메인 그릴에 들어가자 그녀는 주춤 섰다. 손님이 꽉 차 있어서이다. 장내를 둘러보는데 창가에서 운전하던 학생이 일어서며 손을 흔들었다. 그들 넷이 한 테이블에 앉아 있었다. 비워 둔 자리에 앉으니까 둥그런 달이 정면으로 보인다. 손님들 중에는 등산복 차림이 많았다. 미스터 윤, 미스터 서, 미스터 박 하고 학생이 친구들을 소개했다. 그리고 저는 미스터 김입니다. 한다. 미스터 서가 그 중노동도 하는 호텔 주인의 아들인 성싶었다.

* * *

나이트클럽 역시 만원이었다. 창가에 앉아야 바다도 달도 본다고 미스터 김이 애를 썼으나 창가에는 빈자리가 없었다. 카운터에 겨우 의자 다섯을 만들어서 앉았다. 음악이 나오는데도 그들 일행은 아무도 춤을 추지 않았다.

가족 동반인 듯한 몇몇 일행이 고고를 추고 있다. 대개는 모두 담소하고 술만 마시고 있다.

*   *   *

응접실은 언제 바꾸었는지 양탄자며 커튼이 모두 녹색 계통이어서 봄 기분에 맞는다. 작년 여름에 왔을 때는 온통 시원한 청색 무드였다.

(풀잎, 1999)

□ 한상칠 「말라깽이」

이거부네 집은 삼양동 버스종점에서 7분이나 걸어 올라가야 있었다. 그리고 집앞에 섰을 때 대뜸, 비둘기집 만하구나, 했을 만치 그의 집은 대지며 건평이 작았다. 일자집으로, 마루를 사이에 두고 옹색한 부엌이 달린 안방과 건넌방이 있었다. 그런대로 집은 갖출 것을 다 갖추고 있었다. 마당 한옆에 나란히 붙어 서서 장독대를 이고 있는 목욕탕과 광, 변소 옆의 손바닥 만한 꽃밭. 그리고 집 지은 사람의 손이 꽤는 야무졌던 것 같았다. 변소, 부엌, 목욕탕의 타일, 시멘트 입힌 마당, 담 따위의 모두가 눈에 벗는 데가 하나도 없었다. 나는 수돗물은 잘 나오느냐는 둥, 세 식구살긴 안성맞춤이라는 둥, 하고 제법 살림꾼 같은 소릴 해가며 다락문도 젖혀보고 건넌방 미닫이도 열어보곤 하였다.

(금성, 1987)

□ 한상칠 「개의 아픔」

마을에서 빤히 올려다 보이는 이 나무에 까치가 날아와 울면 마을 사람들은 그날 아침 좋은 소식이 생길 걸로 말하곤 했다. 가뭄이 들어 들이 벌겋게 마른 해엔 그 나무 밑에 모여 앉아 구름을 살피며 기우제를 의논하기도 했었다. 그 자리에 지금은 원추형의 양철지붕을 얹은 정각(亭閣)이 대신 들어섰다. 기둥과 지붕이 초록색이다. 나는 마을 앞들 쪽으로 눈을 돌렸다. 꼬불꼬불하던 논길이 바르게 잡혔고 경운기가 다닐 만한 길이 나 있다. 냇물가엔 미루나무들이 줄지어 꽂혔다. 나는 마을길로 접어들었다.

산등성이를 올라서자 마을이 한눈에 든다. 하나같이 슬레이트로 바뀌어진 지붕들이다. 군데군데 층층대를 지닌 골목길들도 말쑥하게 손이 갔다. 대부분의 집들은 블록담까지 둘러치고 있었다. 이제도 싸리울과 개나리울타리를 가진 집은 서너 채 뿐이었다. 이 마을 사람들은 대개 담을 치지 않고 지냈었다. 그래서 곧잘 이웃집을 아무 때나 드나들었다. 한집에 어떤 일이 생기면 그것은 곧 모든 마을 집에 알려졌다. 긴긴 겨울밤이면 이야기를 듣다가 그 집에서 그냥 쓰러져 잠들었다. 새끼를 꼬는 사랑방, 목화를 가리는 안방에서 그칠 줄 모르는 이야기는 샘물처럼 마르는 법이 없었다.

(금성, 1987)

□ 한무숙 「역사는 흐른다」

옥 같은 양주 쌀에 양주 명물인 밤-. 가을이 되면 양주읍 장은 더한층 번잡해지고 등짐장사 장돌뱅이 농사꾼들이 구름같이 모여들어 백의의 물결을 일으킨다.

하인들 데리고 제물 흥정을 온 선비, 밤을 팔아서 무명을 끊어 가는 농사꾼, 쌀을 되로 떠서 검불을 바람에 헤치며 멍석을 쏟은 쌀장사, 지게 위에다 독을 얹혀 놓고 손을 기다리는 젓갈 장사, 짚신 장사, 고춧잎 장사, 개떡 장사, 가지각색의 장사꾼들과 흥정하는 사람들이 물끓듯 와글거리는데 누릇누릇해진 수양버들 그늘에서는 아낙들이 화로 위에 번철과 쟁개비를 걸고 김이 무럭무럭 나는 순대국, 군두부, 콩나물 빈자떡 등을 팔고 있다.

그리 흥정할 것도 없으면서 장마다 빠지지 않고 나오는 친구들이 그 앞에 옹크리고 앉아 순대를 안주로 한 잔씩 들이킨다.

* * *

높은 천장에 길다란 유리창문이 넷, 밝은 방이다.

벽을 도려 만든 벽난로, 그 위 벽 높이 십자가 성상, 그 아래에는 겟세마네의 그리스도의 고민의 그림들이 걸려 있다.

여덟 칸 가량 되는 넓은 방에는 푸른 모전(毛氈)이 깔려 있고 창 앞에 놓인 큰 책상 위에는 푸른 등피로 가린 램프, 그 앞에 주부용 의자, 한편 벽에 피아노가 놓였고 방 가운데 가죽으로 싼 묵직한 의자가 넷, 장의자가 하나 놓여 있다.

난로에는 불이 이글이글 타고 찬바람에 얼은 뺨이 확 달았다.

털실로 편물을 하고 있던 주부가 객들을 보고 주름진 얼굴에 애교를 띠우며 손을 내어민다.

객들은 주부와 악수한 후 동양식으로 정중히 읍을 하고 주인이 권하는 의자에 걸터앉았다.

(자유문학사, 1989)

□ 한무숙 「만남」

한층 드높아진 독경 소리 속에서 합장 결가부좌한 혜장의 유해는 네모 관 속에 안치되고 긴 기감(起龕)문이 끝나자, 방감은 경내 다비터로 옮겨졌다. 다비터는 명부전(冥府殿) 뒤를 얼마 올라가지 않은 편편한 곳에 있었다. 넓고 반듯한 반석을 주임으로 황, 청, 홍, 흑, 백의 오색번(五色幡)이 각기 그 빛깔이 상징하는 방위에 따라 세워지고, 반석 위에는 숯을 두껍고 편편하게 깔았다.

* * *

이튿날 점심을 든 후, 그는 표서방을 앞세워 만덕사로 향했다. 강진 앞바다를 향하여 만덕한 기슭에 자리잡고 있는 만덕사는 고려조에 팔국사(八國師), 조선조에 팔대사(八代社)를 배출한 명찰이다. 만덕사는 백련사(白蓮社)라고도 칭하는데, 이는 선종(禪宗)중심으로 신라(新羅)때 백련결사 문을 짓고 백련결사를 한 도량이었기 때문이다.

* * *

만덕사는 난만히 피어 흐드러진 봄꽃 속에 있었다. 평지보다 늦게 찾는 산사의 봄은 두려우리만큼 고요하고, 그 고요 속에서 졸고 있는 것 같은 화창한 하늘 아래 펼쳐진 자연의 향연은 엄숙 장엄한 대가람 마저 엄숙한 수도자의 성소라기보다 일락에 탐닉하는 도화경 속의 화려한 전각으로 보이게 하고 있었다. 뭇소리가 굳게 응고해 버린 것 같은 무서운 정적과 현란한 색조의 대조는 번뇌와 해탈을 동시에 상정하고 있는 것 같은 느낌마저 주는 것이었다.

* * *

다산은 덤덤히 치하하고 그의 뒤를 따랐다. 안내받은 방은 두 칸 가량의 크지도 작지도 않은 방이었다. 신돌도 없는 방문 앞에 신발을 벗고 들어서려다 다산은 쓰게 웃었다. 짐작한 대로의 몰골이었던 것이다. 절망이란 말이 송구스러울 정도로 어지러운 방이었다. 사미의 시중도 마다했던 것이 분명하다. 아랫목에는 아직도 얇다란 이불이 깔린 채고, 치의(緇衣), 버선 할 것 없이 뒤범벅이 되어 구겨진 채 구석에 쑤셔 박혀 있으며 문 옆에는 술병마저 굴러 있지 않은가.

* * *

주막은 논산읍으로 들어가는 길목에 있었다. 제법 큰 집으로 길손도 많고 술청이 있는 봄채에 있는 큰 방도, 부엌에서 'ㄱ'자로 꺾인 넓은 마당에 차일 친 아래 평상을 놓은 자리도 비어 있지는 않았다. 정북으로 공주 길이 되어 서쪽으로 가면 부여가 있고 동으로 마구평을 거쳐 경상도에 이르고 남으로 연무를 지나면 전라도가 되는 교통의 중심지가 있는 지점인 까닭인지도 모른다.

　　　　＊　　＊　　＊

부엌 뒤는 뜻밖에 넓었다. 뒤로 난 부엌문 밖에 돌로 둘레를 싼 우물이 있고 거기 이어 대독이 있는 장독대가 자리잡고 있었다. 거기서부터 꽤 넓은 채마밭이 있고 밭에는 알이 든 배추와 무잎이 싱싱하게 자라고 있었다.

채마밭 넘어가 뒤채였다. 앞뒤가 막히고 옆으로 문을 낸, 들창이 꼭 하나밖에 없는 곡간 형상이다. 사람 키 높이의 싸리담을 집 둘레에 느슨히 둘러쳤는데 울타리 뒤는 무성한 대밭이고 대밭 뒤는 언덕이 되어 있었다.

　　　　＊　　＊　　＊

하상이 잠든 후에도 주모 방의 불은 꺼지지 않았다. 주모 방은 술청에서 곧장 들어가게 되어 있었다. 술청이라고는 하나 별도로 꾸민 것이 아니고 방 두 개 나란히 붙은 앞에 달린 마루를 넓힌 것뿐이다. 그러니까 안방도 옆방도 마루도 손님을 받을 수가 있게 되어 있다. 주모는 안방앞 마루에 술항아리랑 술병, 사발, 대접에 안주 나부랭이를 벌여 놓고 자리를 잡고 앉아 술을 팔았다. 주모가 앉은 마루에 잇대어 평상이 놓여지고 급한 길을 가는 사람이나 주모와 수작질하는 패들은 대개 평상에서 국밥도 먹고 술도 마셨다.

　　　　＊　　＊　　＊

구조가 약간 특이한 집으로 대문이랄 것도 없는 문을 열고 들어서면 바로 툇마루가 달린 방 하나와 흙바닥이 우글퉁 부글퉁한 궁기가 잘 흐르는 부엌이 코를 막는데 방과 부엌 뒤에 방이 또 둘이 있다. 그 방 뒤는 바로 뒷골목이 되어 있고 그쪽으로도 문이 나 있다. 양쪽으로 문이 있는 것이다.

뒷방은 길고 좁다. 천장에는 주렁주렁 약재 주머니들이 매달려 있고 벽장 밑에는 칸이 많은 약장도 있다. 지지리도 가난한 골목에 걸맞는 초라한 약국이다.

* * *

마당은 제법 넓었다. 행랑채는 없고 널찍한 마당 둘레와 가운데는 화단의 모양으로 잎이 떨어진 관목과 모란나무가 보이고 초화를 뽑아 낸 듯한 자리에는 흙이 정갈스럽게 고루어져 있었다. 대추나무인 듯한 키 큰 나무 밑에 장독대가 있는데, 크고 작은 독들이 기름을 바른 듯 반짝거렸다.

문을 열어 준 중년의 여인을 따라 들어간 방도 역시 놀랍도록 깨끗했다. 무거운 놋장식이 달린 감나무관 삼층장이 윗목에 놓여 있고 그 옆에 있는 부쇠자식 꽤 큰 반닫이 위에 개어 앉은 이불을 덮은 이불보가 드물게 고왔다. 예쁘게 오목조목 맞춰 이불조각보였던 것이다.

'ㄱ'자로 꺾이는 집 마구리에 달린 작은 미닫이에 대어 문갑이 있고 사군자가 붙은 다락문 밑에 자주에 남선을 두른 보료가 놓여 있었다. 검소하나 격이 높은 방이었다.

* * *

그래도 삼사를 위해서는 천막이 마련되어 있었다. 만상이 군관이 창군 수십 명을 거느리고 미리 와서 쳐 놓은 것이다. 천막은 천으로 만들고 일산처럼 말고 펼 수 있게 되어 있다. 바닥은 천막을 치기 전에 구덩이를 파고 그 속에 숯을 달구어 넣고 널판을 덮은 위에 털자리와 요를 깔았다. 천막 곁에는 장막을 쳤고 앞에는 판자문을 달았는데, 이것은 곧 몽고의 장막으로 궁려식이며 그 속에는 5~6인이 누울 수가 있다. 병풍도 쳐져 있어 불을 켜고 앉으면 버젓한 방이다. 이런 천막이 삼사를 위하여 10여보 상거로 세 개 쳐져 있다.

　　　　　＊　　＊　　＊

안으로 들어간 곳도 마루가 깔려 있으나 처음 보는 집 제도로 양옆이 벽인데 드문드문 나무판 문이 달려 있다. 보가 보이지 않는 회칠을 한 높은 천장에서 가는 쇠사슬이 내려와 있고 그 끝에 희한한 등불이 달려 있다. 등은 불꽃으로 배가 불룩하고 위 아래가 좁은 유리등으로 가리고 갓을 씌운 것이다.

(을유, 1992)

□ 한무숙 「감정이 있는 심연」

하여튼 환자와의 면회를 청할 양으로 종업원을 찾았으나 일요일인 까닭인지 진찰실 수부 처치실 할 것 없이 사람이라고는 보이질 않았다. 나는 남쪽으로 창이 난 진찰실 소파에 걸터앉아, 포켓 속에서 담배를 더듬어 꺼내어 물고 기다리기로 하였다.

여덟평 가량이나 될까, 꽤 큰 방이다.

복도컨 벽에 돌려 판 조그만 제물장 속에는 알 수 없는 기구들이 들어 있다. 남쪽 창 옆에 자리잡은 커다란 사무 책상 앞에 놓인 대소 두 개의 회전의자에도 깨끗한 카바가 씌워졌고 창으로부터 들어오는 햇살은 그 회전 의자에 까지 뻗쳐 있었다. 밝고 깨끗한 방인데 어째서 여태껏 어둡고 구주주한 것으로만 생각하고 왔던 것인지 알 수 없는 일이었다. 어디서부인지 낮닭 우는 소리가 들리어 그것이 봄을 연상시켰다. 그리고 보니 창넘어 올려다 보이는 언덕 위에 복사꽃이 노을처럼 번졌다. 갑자기 어깨에 걸친 봄 코트의 무게가 느껴져서 소매를 빼려고 일어서는데 그제서야 담배에 불을 붙이는 것을 잊고 있었던 것을 알았다. 나는 담배를 문 입으로 쓰게 웃었다 .이것이 환자의 한 사람이었더라면 어떻게 되었을까ㅡ 빈 방에 우두커니 앉아 제딴으로는 담배를 피우고 있는 모양인데 불도 붙이지 않는 빈 담배를 넋을 잃고 빨고 있었다.

(문학과 현실사, 1993)

□ 한수산 「부초」

하명의 얼굴이 어둠 속에 얼어붙는다. 바람에 실려 문닫는 시장 골목길에서 생선 비린내가 풍겨 왔다. 몇 집 술집에서 목쉰 유행가 소리가 젓가락 장단에 섞여서 들려 오고 있었다.

* * *

손바닥만한 창이 하나 나 있을 뿐, 낮에도 불을 켜야 할 정도로 컴컴한 여인숙의 제일 후미진 방은 밖에서 장사치들이 손님을 부르며 내지르는 목소리로 종일 시끄러웠다. 채소장수들이 몰려드는 소리를 들으면 아직 아침이구나 했고, 생선장수들이 목소리를 높이면 오후였다. 생선장수들이 나오기 시작할 무렵이 되어서야 창으로 들어온 햇살이 창보다 더 작은 크기로 벽 위에 얼마를 머물다가 지나가면 이내 저녁이다. 끝나 가는 겨울이, 헐벗은 작부와 같은 얼굴을 한 늦겨울 날씨가 밤이면 골목을 얼어 붙이며 맵고 찬바람을 쏟아 놓곤 했다.

* * *

새끼로 묶여진 기둥들을 풀고 포장을 접고 도구들을 챙기느라 여기저기 고함 소리는 여전한데 부산하게 움직이는 단원들과는 달리 아이들은 저희들끼리 짐보따리 옆에 모여 앉아 노래를 불렀다. 오호늘은 어어디 가서 뗑깡을 놓고, 내에일은 어디 가서 연애를 거나, 헤이헤이헤이. 태연한 얼굴들이다. 덤블링을 하거나 노래를 부르는 열 살도 안 된 아이들이었다. 바람을 피해 쌓아 놓은 짐 밑에 모여들 앉아서 아이들은 노래를 불러 대다가 주머니를 뒤져 껌을 까 씹곤 했다.

* * *

　명수가 내미는 잔에 술을 따르고, 윤재도 절을 했다. 단체가 장소를 옮길 때마다 천막을 다 짓고 나면 언제나 제일 먼저 치르는 고사였다. 소주 한 잔에 북어 하나가 오를 때도 있었고, 돼지머리에 막걸리가 초롱으로 준비되는 때도 있었다. 추운 겨울, 적자를 감내하면서도 막을 올리지 않을 수가 없어 말뚝을 박을 때도 고사는 없어서는 안 되는 과정의 하나였다. 기원의 특별한 대상이 있는 것은 아니었다. 무대 앞에 이렇게 단원들이 모여 서서 제가끔 흥행의 성공과 위험 많은 곡예에 사고가 일어나지 않기를 마음속으로 비는 것이 전부였다 .이 순간이면 단원들은 한결같이 굳은 얼굴이 되었다. 낯선 마을 낯선 거리에 천막을 치고 나면 그곳이 이슬을 피해 잠을 자야 할 집이 되는, 가설무대에 생활을 건 자신들이 행·불행이 피부에 느껴져서였다. 윤재가 술을 올리고 나자, 마지막으로 전 단원은 다시 한번 허리를 굽혀 큰절을 했다. 고사가 끝나자 돼지머리가 베어져 나오고 단장부터 한 모금씩 술로 목을 적셨다.

(동아, 1995)

□한수산「진흙과 갈대」

　한낮에는 진료객들로 시장처럼 붐비던 외래환자 접수창구 앞은 캄캄하게 어두웠다. 약국 앞, 약이 조제되기를 기다리는 사람들을 위해 설치한 대형 텔레비전도 그 어둠 속에 잠겨 있었다. 지난해에 신축한 병동에도 하나 둘 병실의 불이 꺼져갔다. 건물 뒤쪽 숲이 가득한 어둠과 뒤섞이면서 병실에 켜져 있는 불빛은 마치 숲속에 매단 등불같이 바라보였다. 흩뿌리고 있는 가을비가 그 불빛을 더욱 흐리게 했다.

* * *

비 때문이겠지만 아파트 단지 안이 적막해 보였다. 지나가는 사람의 우산마저 어쩌다 눈에 뜨일 뿐이었다. 사람들은 어디론가 다 떠나가고 버려진 땅처럼 빗속을 바라보는 아파트 단지는 적요했다.

* * *

토요일 오후의 성당에는 아무도 눈에 띄는 사람이 없었다. 고딕식으로 치솟은 성당건물 위에 십자가를 그는 쳐다보았다. 구름이 날리고 있어서 마치 교회 건물이 움직이고 있는 것처럼 느껴졌다. 얼마를 그렇게 서 있다가 전태는 사제관이 있는 뒤편으로 걸어 들어갔다.

* * *

차창에서 논과 밭이 사라지고 집들이 가득 들어서기 시작하면 기차는 섰다. 역은 가을 햇빛 속에 그렇게 다가왔다. 사람들이 내리고 타고 나면 기차는 또 달렸다. 낯선 도시들이 다가왔다. 나무로 이어댄 담장과 솟아오른 굴뚝과 간판과 파마를 한 여인들을, 명주는 거기서 보았다. 가득가득 쌓여 있는 목재더미, 자전거를 탄 사람들, 산처럼 쌓여 있는 석탄도 눈에 띄었다.

(중앙일보사, 1992)

□ 한수산 「모든 것에 이별을」

한낮에 베란다 저편으로 바로 보이는 아파트는 하나의 추상화였다. 몇백 호짜리 커다란 추상화, 수직과 수평의 선들로 이루어진 그 모습을 내다보면서 몬드리안의 그림 같다는 말을 한 것은 경미였다.

* * *

늦은 아침을 먹었다. 호텔 뒤편에 한여름에는 수영복차림의 사람들이 해바라기를 하며 벗은 몸으로 누워 있기도 하고 바다를 내다보며 차가운

콜라를 빨고 있기도 했을 그 자리, 비치 파라솔이 놓여 있던 부근을 나는 걸었다. 비닐 의자며 파라솔들은 어디론가 치워지고 보이는 않았다.

* * *

밖은 이미 어두워져 있었다. 커다란 어둠의 못처럼 누워 있는 덕수궁은 숲과 같았다. 시청 앞의 분수는 꺼져 있었다. 연극 공연만 끝난 것이 아니었다. 덕수궁도 분수도 다 끝나 있었다.

* * *

눈이 내린다. 하염없다. 모든 소리들이 죽고, 그 죽은 소리들이 제가 되어 떨어지듯 눈이 내린다. 앞집 지붕은 이제 기와의 모습이 보이지 않았다. 하얗게 덮인 눈이 크리스마스카드 속의 그림처럼 집들의 모습이 바꿔놓았다. 골목길도, 전신주가 서 있는 구멍가게 앞도 하얀 눈에 덮여있다. 아무도 다니지 않은, 이 세상을 향해 몸을 열지 않은 처녀지 같다. 아이들이 나와 오줌을 갈기고, 고무줄 놀이를 하고, 음식이 담긴 통을 들고 중국집 배달 소년이 오가고, 우사ー안이나 야앙산 고쳐요, 석유곤로도 고쳐요, 하며 자전거를 탄 남자가 지나가고, 일요일이면 성경책을 든 아주머니들이 올라오곤 하던 골목길이 처녀지처럼 누워있다. 자동차의 바퀴 자국조차 보이지 않는다. 과자도 팔고, 빨랫비누도 팔고, 새끼로 엮은 연탄도 낱개로 파는 구멍가게가 눈발 속의 꿈처럼 고즈넉하다. 그 구멍가게에는 간판이 없다. 눈발 속에 서 있는 구멍가게는 과자나 빨랫비누가 아니라 구슬이나 은종이나 사랑이나 햇빛 같은 것만을 파는 집처럼 보인다.

* * *

밤이 깊어가면서 배 안은 차츰 조용해져 갔다. 나이든 승객들은 하나하나 잠이 들고 화투를 치는 사람들이 두드려대는 화투짝 소리와 술을 마시는 사람들의 목소리가 우렁우렁 들려왔다.

(삼진기획, 1997)

□ 한수산 「모래 위의 집」

하나둘 불이 켜지며 거리는 빛과 어둠으로 더욱 선명해져 갔다.

어둠과 함께 하루를 시작하는 업소들과 어둠과 함께 하루를 마감하는 업소들이 한눈에 바라보였다. 보도블록 위를 사람들이 오가고 있다. 만나러 나오는 사람들과 헤어져 돌아가는 사람들, 기다리는 사람들과 끝난 사람들, 등을 보인 사람들과 앞으로 오고 있는 사람들……

* * *

부엌문은 그냥 열렸다. 석유 스토브와 때가 끼지 않고 잘 닦여져 반들거리는 식기들이 거기 있었다. 밥공기는 차곡차곡 포개져 있었고, 수저통 옆에는 행주가 줄에 널려서 마르고 있었다. 그를 이해할 수 있을 하나의 통로로 보는 느낌이었다. 정갈한 부엌 살림이 바로 그의 많은 무질서를 지탱해주는 숨겨진 질서라는 생각도 들었다. 부엌 바닥에는 먹어 치운 빈 소주병들이 벽을 따라 일렬로 세워져서 기역자를 만들고 있었다.

(동아, 1995)

□ 한승원 「포구의 달」

관을 안존하게 놓고 난 장정 두 사람이 장작더미 밑으로 내려섰다. 한 남자가 성냥통을 집어들었다. 사람들이 '나무아미타불 관세음보살' 하는 소리가 격렬해졌다. 장삼에 가사를 걸치고 꿇어 앉은 여자의 목탁 소리도 커지고 빨라졌다. 남자가 성냥을 켰다. 관 밑의 장작더미에 붙였다. 그러고 보니 석유 냄새가 나는 듯 싶었다. 불꽃이 야수의 빨간 혓바닥같이 널름거리면서 번지가 시작했다. 장작더미 전체에 불이 번지고, 그 불이 치솟으면서 관 모서리를 핥았다. 줄곧 떨리던 그의 팔은 몸을 지탱하지 못하고 꺾이었다. 그는 다시 짙은 어둠 속으로 가라앉아 버렸다. 눈을 감았다. 칠흙 같은 어둠 속에서 그는 우지직거리며 타오르는 불 소리와 두들겨 대는 목탁 소리와 아낙네들의 울부짖어 대는 듯한 '나무아미타불 관세음보살' 소리를 듣고 있었다.

(계몽사, 1995)

□ 한승원 「검은 댕기 두루미」

그녀가 열어 놓은 대여섯 평쯤의 공간에는 조리기구, 접대용 탁자 네 개, 의자들 여덟 개, 전화기, 텔레비전, 미니 오디오들이 의좋게 자리잡고 있었다. 동유리창을 통해, 키 작은 소나무 여남은 그루와 억새 흰꽃들과 모래밭과 바다와 섬과 하늘이 그녀의 몸 냄새 어려 있는 그 공간을 훔쳐보고 있었다.

(문학사상사, 1999)

□ 한승원 「사랑」

산 언덕 위에 두 개의 건물이 나란히 서서 바다를 내려다보고 있었다. 유백색의 모래밭을 낀 모퉁이에서 별로 깊지 않은 골짜기를 건너 산허리를 타고 넘어가는 포장도로 가장자리에 그것들은 서 있었다. 하나는 직사각형의 이층 빨간 벽돌 건물이고, 다른 하나는 벽면에 달걀 모양의 돌들을 붙이고 원통형 통유리문들을 단 유리성 같은 이층 건물이었다. 하나는 남성적이고 다른 하나는 여성적이어야 하는데, 그들은 둘 다 수컷이었다.

* * *

넓바우 선창 안으로 들었다. 선창머리에 차를 세웠다. 선창 앞바다에도 까치파도는 널려 있었다. 수억만 마리의 거대한 누에들이 거친 뽕잎 같은 물을 먹어대고들 있었다.

유골가루 든 가방을 손에 들고 차문 밖으로 나갔다. 바람이 그의 옷자락과 머리카락들을 쥐어뜯었다. 넓바우 앞바다는 도끼를 설맞은 성난 황소들의 혼령처럼 미친 듯이 들썽거리면서 아우성치고 있었다.

먼바다에서 달려온 황소떼 같은 파도들이 모래톱을 들이받으며 유백색의 피를 토해냈다. 검은 갯바위에서 솟구쳐 오른 물보라 기둥은 두 가닥으로 나뉘어졌다. 한 가닥은 바다 수면으로 되돌아가고 다른 한 가닥은 보얀 물안개가 되어 산언덕과 하늘로 날아갔다. 그가 서있는 선창머리 쪽으로도 그 물안개들이 날아왔다. 물안개 때문에 얼굴 살갗이 축축해졌다. 입술에 묻은 그것은 짭짤했다.

* * *

개천둑 안쪽 골목길에 있는 건물의 이층 원두커피점으로 갔다. 천장을 묽은 안개 색으로 칠하고 그 속에서 금빛 별떨기 같은 꼬마전구 꽃불들이 반짝거리도록 장식을 해 놓았다. 네 구석에 걸려 있는 확성기들에서 셀린 디옹의 옥을 굴리는 듯한 천구성이 흘러나오고 있었다.

* * *

오층 여관 건물이 부속건물들을 거느린 채 그 정원을 내려다보면서 흉물스럽게 서 있었다. 페인트가 벗겨져 있고, 쓰레기통 하나가 넘어진 채 오물들을 토해내고 있고, 오줌 갈기는 자세를 취하고 있는 동자 상이 두 칸 넓이의 돼지 풀과 미나리아재비 풀 무성한 연못 한 가운데 있는 바위 옆에 쓰러져 있었다. 한쪽 어깨와 머리를 늪 속에 처박은 채, 그 동자 상 옆에 공해에 강하다는 미국생지황풀 몇 그루가 들 솟아 있었다.

* * *

살림집 안으로 들어갔다. 현관문 안쪽에 드넓은 응접실이 있었고, 그 맞은편에 부엌 시설이 있었다.

바닥에는 중국산 양털 카펫이 깔려 있었다. 두 마리의 용이 그려져 있었다. 백화점에서 팔백만 원 주고 들여온 것이라고 그 여자가 말했다. 바른쪽에는 금빛 쌍바라지문이 달려 있는 벽난로가 있고, 그 옆으로 등나무 안락의자들이 놓여 있고, 그것들 너머에 영화관의 거대한 스크린 같은 유백색의 커튼이 걸려 있었다.

(문이당, 2000)

□ 함정임「꿈의 폴라로이드」

미셸. 거기에 가면 언제나 비틀즈가 있었다. 동이가 살던 아파트를 왼쪽으로 끼고 강변 쪽으로 오 분쯤 걸어 올라가면 열차처럼 길다랗게 지어진 오래된 이층 상가 건물이 있었고, 미셸은 그 건물의 맨 안쪽 끝, 이층에 있었다. 미셸에 앉으면 강이 보이지는 않았지만 강변도로를 내달리는 차들의 바퀴소리를 들을 수 있었고, 동이의 아파트, 동이의 방 창문이 보였다. 지수가 앉던 자리가 있었고, 그 앞에 동이가 앉았었다. 내가 미셸에 들어서면 그들은 늘 그와 같이 있었다. 비틀지를 들으려면 미셸에 가라! 언젠가부터 우리는 오래된 경구처럼 그렇게 말하곤 했다. 미셸에는 비틀즈에 관한 모든 버전의 앨범이 다 구비되어 있었다.

미셸은 아직 문을 닫지 않고 있었다. 계단을 올라 문을 밀치자 음색으로 봐서는 비틀즈가 틀림없으나 귀에는 생소한 어떤 노래가 흘러나오고 있었다. 병원에서 미미와 헤어진 후 어떻게 거기까지 가게 되었는지 몰랐다. 주욱 동이 생각을 했고, 문득 마담 전을 떠올렸다. 열한 시가 넘어 있었다. 전체가 회벽칠이 되어 아주 깨끗했고 밝은 전등불 아래 온화한 분위기였다. 천장 한가운데에 거대한 잠자리 날개같이 생긴 바람개비 선풍기가 천천히 돌아가고 있었다. 구식 나무의자에서 푹신한 크림색의 소파로 바뀌긴 했어도 자리는 예전과 같이 배치되어 있었다.

(『라쁠륨』, 1999. 겨울)

□ 허근욱 「내가 설 땅은 어디냐」

설핏한 가을햇살이 사철나무며 울긋불긋 단풍이 지는 낙엽수며 잡목덤불 사이로 흐르고 있었다. 나는 조락이 지는 풀숲을 헤치며 이화 대학에서 연희 대학으로 이어져 있는 동산 언덕으로 걸어 올라갔다. 언덕에는 사람이 살고 있지 않은 황폐한 초가집이 있었다. 자랄 대로 자란 잡초 사이에는 가지각색의 백일홍꽃이 만발해 있었다. 끈질기고 억세어 보이는 백일홍꽃 한 송이는 돋보이는 꽃은 아니었지만 버려진 마당에 가득히 피어 있는 백일홍의 물결에는 소박한 아름다움이 있었다.

나는 삐걱거리는 초가집 툇마루에 앉아 시름없이 뜨락을 바라보고 있었다. 이따금 불어오는 바람에 나뭇잎이 살랑거릴 뿐 주위는 고요했다.

(한문당, 1992)

□ 현길언 「흔들리는 어둠」

분교장 건물을 반쯤 덮고 있는 팽나무 가지가 바람에 움직이면서 어둠이 흔들거렸다. 백선생은 층계를 내려 집들 사이로 난 좁은 골목으로 구씨 뒷모습이 사라지자 몸을 돌렸다. 눈앞에 펼쳐진 인가들이 가슴을 찡하게 흔들었다. 겨우 열평 남짓한 공간에 작은 바닷돌과 부서진 화강암 조각조각을 흙과 같이 쌓아올리고 슬레이트를 덮은 집들이다. 바람이라도 부는 날이면, 그 슬레이트 지붕을 울리는 바람 소리 때문에 잠을 설치던 기억이 새로웠다.

백선생은 잔디밭이 보이는 학교 뒤편으로 갔다. 어둠 속에서도 별빛으로 밭 둔덕 사이로 난 소로를 충분히 구별할 수 있었다. 그 길을 따라 가면 너른 잔디밭이 나온다. 어둠 속에서도 그 끝에 웅크려 앉은 성황당 팽나무숲 윤곽이 드러났다. 건물 외벽에 기대서자 바닷소리가 들렸다. 라디오와 텔레비전 소리도 들려왔다. 별이 뜬 하늘을 보고 소리내는 바다를 생각하니 산다는 것이 막막하였다. 눈을 감았다. 산다는 것이 어린아이 장난 같았다.

* * *

　백선생은 어둠 속으로, 약간 경사진 비탈을 아주 익숙하게 오르고 있는 청년의 뒷모습이 어둠에 묻혀서야 다시 바다로 눈을 주었다. 어둠이 깔린 바다에는 이따금 바위를 때리는 파도의 허연 빛깔이 음흉스런 짐승의 이빨처럼 몸서리치게 하였다. 백선생은 아홉시 이십분쯤에 낚싯대를 챙기고 잡은 고기를 둘러메었다. 그는 청년이 갔던 그 길을 천천히 오르기 시작했다. 이슬이 아랫도리를 적시는 바람에 시린 촉감이 다리를 타고 몸으로 올라왔다. 어깨에 스치는 서늘한 냉기가 머리를 맑게 하였다. 비탈길을 다 오르자 이미 초승달은 져서 사방은 어둑한데 별빛이 어둠을 엷게 흔들어 놓고 있었다. 지척에 있는 사람의 모습도 얼른 알아보기 어려웠다. 모든 것은 짙고 옅은 어둠의 정도로 가늠되었다. 그러나 어둠 속에서도 모든 것은 그대로 윤곽을 드러내주고 있었다. 바다와 섬 벼랑에 부서지는 파도와, 절벽 위에 서 있는 나무들과, 낮은 밭 둔덕에 널려져 있는 잡초들과, 너른 잔디밭과 그 평지가 끝나는 데 있는 팽나무와…… 그리고 경사진 지대에 층층이 옹기종기 모여 있는 집들, 그 집주인들까지도 훤히 알아볼 수가 있었다. 밭과 밭 사이에 난 둔덕길을 지나 잔디밭에 이르러서 그는 잠시 걸음을 멈추고 숨을 몰아쉬었다.

(금성, 1987)

□ 현진건 「운수좋은 날」

　김첨지는 취중에도 설렁탕을 사 가지고 집에 다다랐다. 집이라 해도 물론 셋집이요 또 집 전체를 세든 게 아니라 안과 뚝 떨어진 행랑방 한 간을 빌려 든 것인데 물을 길어 대고 한 달에 일 원씩 내는 터이다. 만일 김첨지가 주기를 띠지 않았던들 한 발을 대문에 들여 놓았을제 그곳을 지배하는 무시무시한 정적—폭풍우가 지나간 뒤의 바다 같은 정적에 다리가 떨렸으리라. 쿨룩거리는 기침소리도 들을 수 없다. 그르렁거리는 숨소리조차 들을 수 없다. 다만 이 무덤 같은 침묵을 깨뜨리는—깨뜨린다느니 보다 한층 더 침묵을 깊게 하고 불길하게 하는 빡빡 하는 그윽한 소리, 어린애의 젖 빠는 소리가 날 뿐이다. 만일 청각이 예민한 이 같으면 그 빡빡 소리는 빨 다름이요, 꿀떡꿀떡 하고 젖 넘어가는 소리가 없으니 빈 젖을 빤다는 것도 짐작할는지 모르리라.

(어문각, 1970)

□ 홍명희「임꺽정」

이승지가 거처하는 큰사랑에 대병풍 소병풍이 둘러치이고 방 윗목에 이른 매화분까지 놓일 뿐이 아니라 안으로 들어가서 아직 주인도 없는 세간이 미비한 것이 없이 갖추었다. 부엌에 큰솥·작은 솥이 늘비하게 걸리고 장독간에 대독·중두리·항아리가 보기좋게 놓이고 대청에 뒤주와 찬장이 쌍으로 놓였는데 뒤주 위에 용중항아리까지 쌍을 지어 놓이고 안방에는 문채 좋은 괴목장과 장식 튼튼한 반닫이가 겉자리 잡아 놓였는데 장 위와 반닫이 위에는 피죽상자·목상자가 주섬주섬 얹혀 있고 이불장 위에는 이부자리가 보에 싸여 있고 재판 위에는 요강·타구·화로뿐이 아니라 놋촛대·유기등경까지도 놓여 있다.

(사계절, 1996)

□ 홍성암「퇴근길」

그들이 들어간 술집은 제법 화려했다. 무대에는 밴드 소리가 요란했고, 몇 쌍의 남녀들이 사이키 조명을 받으며 춤을 추고 있었다. 홀의 천장에는 좁쌀같이 작은 별들이 총총했다. 하늘에서 사라진 별들이 모두 술집 천장에 내려와 있는 것이다.

(새로운 사람들, 1997)

□ 홍성암 「가족」

허술한 골목길을 돌아보니 갑자기 환한 불빛들이 눈을 쏘았다. 말로만 듣던 청량리 588번지였다. 옷을 입었다기보다 벗었다는 것이 어울리는 젊은 여자들이 길거리에 가득 쏟아져 나와 있었다. 길 옆으로 줄이어 있는 상점의 쇼윈도에도 벗은 여자들이 짙은 화장을 하고 진열되어 있었다. 여자들은 딱딱 껌을 씹으며 지나가는 남자들에게 매달렸다.

* * *

그래서인지 병실은 시장바닥처럼 종일 시끌벅적했다. 환자가 여섯이니 그에 딸린 병 문안객도 그만큼 많았다. 거기에다 줄창 켜놓은 텔레비전의 고음까지 왕왕거렸다. 그나마 병실이 조용해지기 시작하는 것은 밤 두 시가 넘어서였다. 그때면 텔레비전 프로그램도 끝나고 환자들도 하나 둘 잠들기 시작했다. 대체로 환자들보다 간병인들이 먼저 잠들었다.

(새로운 사람들, 1999)

□ 홍성암 「어떤 귀향」

멀리서 조업을 하고 있는 배들이 여러 척 눈에 들어왔다. 해가 뜨기 전인데도 부두에는 많은 사람들로 법석였다. 장화를 신은 어부들이 절벅거리며 어판장을 오르내렸다. 함지박을 든 아낙네들과 리어카의 손잡이를 잡은 남정네들이 부두에 늘어서서 배가 들어오기를 기다리고 있었다. 며칠 날씨가 궂어서 출어를 하지 못했던 뒤끝이라 어선이 한 척씩 들어올 때마다 장사꾼들이 큰 기대를 가지고 우르르 몰려들곤 했다.

* * *

어판장은 좀더 많은 사람들로 붐볐다. 고깃배들이 잇달아 들어왔다. 배들은 잡아온 물고기들을 어판장에 부려 놓았다. 어촌계장이 장사꾼 여인네들에게 종이쪽을 나누어주고 입찰가를 적어내게 했다. 어부들은 뒤로 조금 물러서서 그들의 고기가 흥정되는 모습을 살폈다. 선주의 입회하에 어촌계장은 입찰가가 적힌 종이들을 모두어서는 하나 둘 폈다. 그리고 제일 많이 써낸 가격을 찾아내었다.

(새로운 사람들, 1997)

□ 홍성원 「먼동」

햇살이 환히 퍼지면서 눈 아래로 남양 반도의 오목조목한 산과 들이 굽어보인다. 수원 부중에서 비봉을 거쳐 이곳 남양부에 이르는 길에는, 사방 어디를 둘러보아도 높고 장한 산다운 산을 볼 수가 없다. 산이 없으면 그 대신 큰 들이라도 있으련만 개펄과 가까운 이 일대는 시원하게 가슴 트이는 들다운 들도 볼 수가 없다. 산인 듯하면서도 산이 아니고 들인 듯하면서도 들이 아닌, 이른바 비산비야의 올망졸망한 산과 들이 아기자기하게 뒤섞여 있는 것이다.

* * *

바닷물이 많이 썰어 개펄이 넓게 드러났다. 훤히 드러난 개펄 사이에 회색빛 가는 띠 같은 갯골들이 여러 갈래로 뻗어 있다. 마산포를 드나드는 모든 배들은 아마 저 개펄 사이의 갯골을 따라 들고나고 할 것이다. 마산포가 그나마 포구 구실을 하는 것도 실은 저 회색띠 같은 갯골들의 덕인 것이다.

작은 등성이를 타고 내려오자 왼쪽 눈 아래로 배들이 대어 있는 긴 축방이 바라보인다. 갯골로 길게 내민 축방 끝머리에 당두리 중선을 물론이요 낚시거루 야거리에 상고선 너벅선 따위의 온갖 배들이 빼곡하게 들어차 있다.

바다 건너 대국과 가까워서 남양은 예전부터 대국과 왕래가 잦던 곳이다. 배들의 왕래가 잦다보니 청나라 잡상을 통해 서양 박래품도 많이 들어오고 또 그것을 팔기 위해 조선 각처에서 보상 부상도 일년 내내 북적이는 곳이다.

물이 크게 썰어 들어온 배가 없어 뵈건만 축방에 잇대인 이쪽 갯머리에는 많은 짐바리와 패랭이 짜리들이 득실거린다. 주막들이 줄지어 있고 짐 실은 마바리도 더러 눈에 뜨이는 곳은 아마도 상고선 해상들의 여각이거나 물상객주인 모양이다. 이토록 외진 갯가에 이 많은 물화들과 상인들이 득실대다니 낙향 선비 영환에게는 눈앞의 모든 것들이 놀랍고 신기하기만 하다.

　　　　* 　 * 　 *

살갗에 닿는 볕은 따가워도 응달쪽은 냉기가 서늘하다. 볕과 그늘이 뚜렷한 것이 어느새 가을 기운이 완연하다.

논들 밭들을 가까스로 지나오자 작은 등성이 아랫녘으로 자드락길이 비스듬히 뻗어 있다. 가까운 숲에서 매미 소리가 귀청 따갑게 들려온다. 이삭 팬 벼포기 위로는 고추잠자리가 떼지어 날고 있고 층층이 앉은 다랑이논에는 헌 도롱이 둘러쓴 허수아비가 두 팔을 벌린 채 삐딱하게 박혀있다. 그러나 힘겹게 팬 이삭도 오래 계속된 가뭄으로 제대로 여물지를 못해 희끗희끗한 쭉정이가 반이다. 초가을 들녘에 새 쫓는 아이가 뵈지 않을 만큼 금년 한 해 벼농사는 난감한 작황인 것이다.

　　　　* 　 * 　 *

멀리 보이는 수원성 남문밖에 저녁 짓는 연기가 자욱하게 퍼져 있다. 팔달문 높은 누문이 가까운 탑산 그늘 아래 푸르스름하게 잠겨 있고 골목에서 뛰놀던 떠들썩한 아이 녀석들도 지금은 모두 제 집으로 찾아들어 크고 작은 골목들이 휑뎅그레하게 비어 있다. 이제 막 미시가 지났건만 부중은 벌써 모기 발순하는 초저녁을 맞은 것이다.

남문이 멀리 보이자 인섭은 비로소 제게 놀리던 발걸음을 늦춘다. 언제 보아도 수원 남문은 그 자태가 단아하고 웅건하다. 아랫자락에 치마처럼 두른 둥근 옹성도 아름답지만 이층으로 올린 누문의 처마 선도 서울의 투박한 숭례문보다는 한결 날렵하고 장하다는 느낌이다. 들리는 말로는 서울 도성의 숭례문보다 수원성 남문인 팔달문이 높이도 더 높고 크기도 더 장하다는 소문이다. 두 누문의 도설을 살펴보지 않았으니 그 소문의 진위는 가릴 수가 없다고 하더라도, 인섭은 제가 본 눈대중만으로도 일견 고향 땅 수원성의 팔달문이 서울의 숭례문보다 더 크다는 느낌이다. 하긴 고향의 물건이라고 다 크고 좋으라는 법은 없다. 그러나 태어나 자라면서 아침 저녁으로 이십 년을 바라본 누문이라 인섭에게 수원성의 팔달문은 남과는 다른 각별한 느낌으로 마음속에 살아 있다. 늘 보아 눈에 익은 물건에는 사람의 인격과 같은 위의와 자격이 갖추어지는 모양이다. 팔달문도 어느새 인섭의 눈에는 위풍당당한 위의를 갖춘 살아 있는 인격체로 보이는 것이다.

* * *

바투 있는 탑산 그늘이 온 부중에 검게 드리웠다. 엊그제 한차례 궂은 비가 내리더니 가을이 성큼 눈앞에 다가온 느낌이다. 한가위를 며칠 남기지 않았으니 가을은 분명 가을이다. 들에서 영그는 곡식도 그렇게 훌쩍 높아진 쪽빛 하늘도 가을빛이 완연하다.

팔달문 쪽에서 장안문 쪽을 바라고 사내들 셋이 앞뒤로 서서 빠른 걸음으로 길을 따라 올라간다. 길가에 늘어선 수백 채 묵은 초가들이 처마들을 맞대고 들쭉날쭉 기다랗게 잇대어 있다. 성안에서는 가장 크고 번잡한 길이건만, 여러 해에 걸쳐 길가 집들이 넓던 길을 야금야금 갉아먹어 지금은 그 큰길이 하늘만 겨우 보일 정도다. 집들이 이렇게 길을 메우듯 붙어 있으니 걸핏하면 장안에 큰 불이 날 수밖에 없다. 한 집에 불이 나면 그 불이 곧장 이웃으로 옮겨 붙어 불만 한번 났다 하면 수십 채의 집들이 한꺼번에 타는 것이다.

* * *

　주막을 나와 갯가 쪽을 바라보니 그 동안 물이 들어온 개펄에 바닷물이 벙벙하다. 축방에 대어 있던 수십 척 크고 작은 배들이 그 동안 많이 떠나 절반쯤으로 줄어 있다. 남아 있는 여러 척의 배들도 발선할 채비로 돛들을 올리고 고물에 노를 채웠다. 근술의 당두릿배 역시 돛대 두 개에 돛폭이 모두 올라갔다. 배가 이미 나이를 많이 먹어 배 몰골만 흉한 게 아니라 활대 위의 돛폭 안옷들도 덕지덕지 기우고 때워 그 모양이 보기 흉하다. 선두 근술의 타고난 게으름이 몰골 흉한 돛폭안 옷에 그대로 드러나 보이는 듯하다.
　물이 들어 배들이 떠나느라 긴 축방에는 사람들이 꽤 붐비다. 덥지 않은 날씨건만 옷 상할 것을 걱정한 때문인지 짐 져 나르는 뱃군들 역시 몸에 걸친 입성들이 아랫도리나 겨우 가린 고의 한 장이 고작이다. 바다 볕에 그을러 숯덩이 같은 검은 몸들이 다 헤허진 입성과 어울려 그대로 밥 빌어먹는 비렁뱅이 꼴인 것이다.

* * *

　주막거리를 벗어나자 비스듬한 비탈길이 시작된다. 기락로는 해묵은 초가들이 너른 뜰을 사이에 두고 이십여 호쯤 듬성듬성 늘어서 있다. 집집마다 볕바른 양지쪽에 밴댕이 우럭 모치 망둥이 같은 인근 어장의 흔한 생선들을 꿰미에 꿰어 바지랑대에 말리고 있다. 아마 갯가에 어살을 놓아 고기를 잡아 살아가는 어민들인 모양이다.
　한낮이라 어른들은 일들을 나가 집안에는 반벌거숭이 어린 아이들만 쪽마루에 우두커니 앉아 있다. 궁한 살림이라 점심 끼니를 거른 아이들이 허기가 져서 뛰놀지를 못하고 집안에서 어정거리는 것 같다. 거미같이 여윈 갯마을 아이들의 팔다리가 서울 도령 태환에게는 보기에 딱하고 민망

할 뿐이다.

* * *

늙은 솔들이 드문드문 박힌 억새풀이 어우러진 긴 비탈길이 시작된다. 큰 산이 없는 대신에 이 고장에는 작은 등성이가 유난히 많다. 여름내 자란 잡풀과 억새 줄기가 비탈진 좌우 길섶에 사람의 키만큼 훌쩍 자라 있다. 부상들에게 험한 욕을 듣고도 쌍순은 오히려 태환에게 더 가까이 붙어 걷고 있다. 그녀의 도두룩한 가슴과 솜털 뽀얀 목더림를 볼 때마다 태환은 가슴이 뛰어 한차례씩 큰 숨을 쉬곤 한다.

* * *

행랑과 잇닿은 긴 담을 꺾어들자 널찍한 타작 마당에 흰옷 입은 사람들이 장터처럼 붐비고 있다 팽팽히 쳐진 차일 밑에는 큰형인 영환이 마름들 두엇과 함께 서 있고, 멍석들 깔린 차링 앞뜰에는 말질을 하기 위한 벼들이 여러 무더기 수북수북 쌓아있다. 길 쪽에 멀써 우차 넉대가 세워진 것을 보니 작인들이 도조벼를 싣고 새벽길을 떠나 이곳에 닿은 모양이다. 간색 나온 마름들과 작인들 사이에 싸움질을 하는 듯한 높은 말소리가 들려오고, 말질하는 말감고와 농구들 사이에도 가끔씩 거친 말소리가 튀어나온다. 한쪽은 덜 주려하고 다른 한쪽은 더 받으려는 다툼이란 그들의 거친 목소리는 당연한 것인지도 알 수 없다.

(문학과지성사, 1993)

□ 홍성원 「삼인행」

잔뜩 찌푸린 하늘에서 이윽고 한두 송이씩 눈발이 날리기 시작한다. 포구 왼편으로 길게 뻗은 방파제로는 파도가 거칠게 부딪혀 흰 물기둥이 두세 길 높이로 치솟고 있다. 배들로 꽉 들어 찬 선착장 좌우의 부둣가에는 제방에 부딪혀 튀어 오른 포말들이 바람에 까마득히 실려 이슬비처럼 부옇게 날고 있다. 눈발과 포말에 시야가 막혀 바로 코앞에 놓인 우도가 겨우 윤곽만 어슴푸레하게 보일 뿐이다. 다섯시가 갓 지난 초저녁인데도 주위는 어느 틈에 저녁 땅거미가 어슬어슬 내리고 있다.

(동아, 1995)

□ 홍성원 「흔들리는 땅」

다섯 평 남짓한 사무실은 언제 보아도 어수선하다. 바른편 창문앞만 제외하고는 세 벽이 온통 시렁과 진열장으로 빈틈없이 둘러져 있다. 칸칸이 질러진 시렁과 진열장에는 본보기로 내놓은 온갖 물건들이 질서 정연하게 늘어 놓여 있다. 은단, 볼펜, 병따개, 손톱깎이, 수첩, 지갑, 나프탈랜, 드라이버, 회충약, 줄자, 파이프, 옥편, 머리빗, 바늘, 옷핀, 지도, 망치, 크림, 뱀가루, 포켓 사전, 버클, 손칼, 면도날, 소화제…… 그러나 이 많은 물건들은 저마다 독특한 특색을 지니고 있다.

*　　*　　*

차부에는 지금 완급행을 합쳐 도합 스물 세대의 차들이 시동을 건 채 출발선에 대기하고 있다. 행선지는 서울과 인접한 의정부, 광주는 물론이고, 멀리 경상도의 진주와 삼천포, 그리고 전라도의 끝인 목포, 여수까지 전국적이다. 그들은 우선 번잡한 구내 환경에 현혹되어, 차표를 끊어 손에 쥐고도 자기가 타야 될 차가 어디쯤 있는지 알지를 못한다. 용변이 급해 변소를 가려 해도, 그들은 또 변소를 몰라 엉뚱한 매표소나 정비공장으로 허둥지둥 뛰어다닌다.

(동아, 1995)

□ 홍성원 「주말여행」

마침 버스 정류장 맞은편에 맥주와 사이다를 파는 과자점이 눈에 띄었다. 단층집으로 단장이 깨끗했고 집 안이 제법 서늘해 보였다. 우리는 차의 키를 뽑아 들고 느릿하게 과자점으로 향해 걸었다. 햇볕이 몹시 뜨거웠으므로 우리는 그늘 속을 골라 걸었다. 조랑말 한 마리가 땀을 뻘뻘 흘리며 곡식가마를 가득 실은 달구지를 끌고 우리들 앞을 지나갔다. 말은 온몸이 땀에 젖었으며 머리를 기계처럼 상하로 꾸뻑거렸다. 포장이 마구 터진 큰길을 건너서 우리는 곧 과자점에 들어갔다. 상점에는 커다란 선풍기 하나가 천장에 매달려 느릿느릿 돌고 있었다.

* * *

날이 저물고 더위가 가시자 시골 거리에는 갑자기 활기가 찾아들었다. 러닝셔츠에 고무신을 신은 사람들이 넓은 거리를 제 집처럼 활보했다. 처마 밑에는 평상들이 나와 있고 많은 사람들이 그 위에 앉아 부채질을 하며 잡담들을 하고 있었다.

(동아, 1995)

□ 홍성원 「폭군」

눈어림으로 대충 계산해도 강폭은 칠팔십 미터가 착실하다. 수심은 별로 깊지 않았으나 물살은 사납고 매우 급하다. 모랫둑 너머에는 높은 산이 가로막아 모든 것이 컴컴한 산그늘 속에 묻혀 있다. 모랫둑이 끝나는 왼쪽 강기슭에 작은 샛길이 비스듬히 뚫려 있고 길은 왼쪽으로 벼랑을 끼고 곧장 활엽수의 숲 속으로 사라진다.

* * *

차가 타이어로 자갈을 퉁기며 강을 거슬러 위쪽으로 천천히 굴러간다. 해가 그 동안 많이 기울어서 강물이 온통 핏빛이다. 강은 상류로 올라갈수록 강폭이 점점 넓어지고 거기서 다시 위로 가면 자갈밭 끝머리에 모래 섞인 수초밭이 이어진다. 수심이 얕고 물살이 없는 곳에는 제법 두툼한 얼음들이 잡혀 있고 물살에 떠밀린 잡목과 풀줄기가 모래톱 기슭으로 퇴비처럼 높게 쌓여 있다. 물총새 비슷한 들새 두 마리가 차를 피해서 쏜살같이 강심으로 날아간다. 차는 거칠게 자갈밭을 벗어나 살얼음이 잡힌 강가로 접어든다.

* * *

사공막이 분명한 그 초가집은 지붕이 너무 오래 되어 골이 깊게 패어 있고, 그 골에는 마른 박덩굴이 낡은 어망처럼 어지럽게 얽혀 있다. 얼어서 딱딱해진 황톳길 오른쪽은 역시 덩굴진 잡목들이 어둡게 뒤엉켜 있고, 잎들이 진 잡목들의 가지에는 이름 모를 빨간 열매들이 작은 생물들처럼 똘망똘망하게 매달려 있다.

* * *

초가 앞쪽은 강을 향해 넓고 시원하게 열려 있고 그 위에서 굽어보이는 강물은 어둠이 깃든 거대한 계곡 사이를 유유히 흘러간다. 강이편 뒤쪽 산에는 오래 된 침엽수림이 검은 덩어리로 울창하게 덮여 있고 그 사이에 검게 노출된 반점들은 커다란 바위이거나 화강암 절벽쯤이 될 것이다. 산들이 겹겹으로 잇대어 있거나 겹쳐 있어서 주위에는 조그마한 들판도 보이지 않는다.

* * *

층계 양쪽에는 하얀 갈대들이 바람에 쓸려 가지런히 누워 있다. 햇빛에 건조된 갈대 잎과 줄기들이 바람에 불리어 끊임없이 버석댄다. 대여섯 걸음쯤 되는 층계는 곧바로 초가의 뒤뜰과 연결되어 있다.

* * *

높이 십여 길쯤 되는 절벽은 짙은 회흑색이 거대한 화강암으로 되었다. 절벽 중간의 작은 공지에 몇 그루의 키 작은 소나무가 아슬하게 박혀 있다. 절벽을 에워싼 주위의 나무와 숲들은 불에 그을린 듯 온통 까맣게 밑동들만 남아 있다. 심한 산불이 스쳐간 모양으로 골짝 가득히 서 있는 나무 밑동들이 흡사 공동묘지의 모비들처럼 적막하고 서늘하다. 밑동들은 대부분 위로 오를수록 끝이 뾰족해져 마치 거대한 가시밭 같기도 하다.

* * *

마을이 자리잡은 분지형의 길쭉한 들은 산들로 겹겹이 둘러싸여 마치 우묵한 자배기 꼴을 하고 있다. 돌들이 많은 작은 계류가 마을 복판을 사행으로 꿰뚫어 흐른다. 민가는 약 백여호로 개천 양편에 산만하게 흩어져 있다. 바람의 피해를 막기 위해 모든 집들의 지붕 위에 길쭉한 통나무가 가로 얹혀 있고 어떤 집들은 너무 낮아서 지붕이 거의 땅에 닿을 정도다. 산으로 둘러싸인 좁은 하늘에 푸른 별들이 빈틈없이 박혀 있고 달은 번쩍이는 단검의 날처럼 동쪽 산 위에 비스듬히 걸려 있다. 집들은 개천에서 주워 낸 돌들로 대부분 가슴 높이의 얕은 울타리를 치고 있다. 키다리 포플러 몇 그루가 개천 둑을 따라 불규칙한 간격으로 서 있을 뿐 마을은 정적에 잠겨 인기척 하나 들리지 않는다.

* * *

집 주위로는 사람의 키 높이로 육중한 돌담이 튼튼하게 둘러져 있고 이 집 역시 얕은 지붕은 이 고장 특산인 듯한 잡풀 줄기로 엮어 얹었다. 대문이 마침 열려있어서 노인은 넓은 뜰 안으로 조심스레 들어선다. 그러나 막상 집 안을 살펴보니 집 구조가 민가와 다른 공회당 비슷한 건물임이 밝혀진다. 문들이 모두 열려 있고 집 안에는 사람은커녕 변변한 비품이나 가구 하나 보이지 않는다.

* * *

사방을 목책으로 둘러친 돼지우리는 지붕을 역시 볏짚 아닌 이곳 특산의 잡초로 엮어 얹었다. 우리 안에는 돼지의 오물이 짚들과 섞여 질퍽하게 깔려 있고 날씨가 추워 일부의 오물들이 마치 자갈처럼 딴딴하게 얼어 있다. 돼지우리는 토담이 둥글게 둘러진 담장 안쪽에 위치하고 있으며 집과는 불과 네댓 칸의 거리로 뒤쪽은 토담과 가깝게 붙어 있다. 가축에게 밟힌 검은 퇴비들이 우리 옆 작은 공토에 높다랗게 쌓여 있다.

* * *

목책 안쪽에는 오물이 마구 튀어 돼지의 격렬했던 반항의 흔적이 역력하게 남아 있다. 구유가 엎어지고, 목책이 부러지고 돼지가 넘어졌던 둥근 자국까지 남아 있다. 아마 자빠진 앞부분의 목책은 범이 가축을 끌고 갈 때 파괴한 것이 틀림없으리라. 뜰은 잔돌들이 듬성듬성 박힌 퍽 단단하게 다져진 평평한 황토땅이다. 문득 퇴비 더미 바로 앞쪽에 붉은 핏방울이 점점이 눈에 띈다. 핏방울은 황토땅에도 떨어져 표면이 고약처럼 검은 빛깔로 응고되어 있다.

* * *

마을에는 마침 산제 준비로 거의 모든 부락민이 광장에 모여 있다. 공회당 앞뜰이 산제 장소로 지정된 듯 차일이 쳐지고 여러 장의 멍석들이 깔리고 큰 상들이 듬성듬성 놓여 있다. 제단은 약 한 길 높이로 흰 광목천이 눈부시게 덮여 있고 제물이 아직 도착되지 않아 제상에는 떡시루만이 덩그렇게 놓여 있을 뿐이다. 부락민 두 명이 산뽕나무 긴 장대에 청홍의 깃발과 색색의 술들을 달고 있다. 한복을 걸친 아낙네 대여섯 명이 우물 주위에서 털 뽑힌 통돼지를 수세미로 깨끗이 씻고 있다. 이장이 부락민을 지휘하다가 잠깐 노인과 사내를 바라본다. 그는 백색의 흰 도포에 큰 갓을 썼고 발에는 흰 미투리를 신고 있다.

* * *

많은 사람들이 펄럭이는 차일 밑에 어깨를 맞대고 빼곡이 앉아 음식들을 받고 있었다. 그들은 아까와는 달리 장고나 북을 치며 떠들썩하게 노래도 하고 춤도 추었다. 젯상에서 내려진 풍성한 음식들이 여인들의 손으로 이리저리 분배되었다. 마당에는 큼직한 가마솥이 걸리고 솥 안에는 넷으로 토막낸 통돼지 한 마리가 뿌연 증기를 뿜으며 먹음직스럽게 끓고 있었다. 아이들이 손에 음식들을 받아 쥔 채 웃거나 고함을 지르며 차일 주위를 이리저리 뛰어다녔다.

* * *

그곳에는 벼락을 맞아 죽은 큼지막한 고사목이 등걸만 남은 채 기우뚱히 누워있다. 나무는 이미 잔가지가 삭아 없어졌고 등걸 가운데가 움푹 패어 갈색으로 썩어 있다. 그들의 담청색 가는 목에는 눈부시게 흰 목댕기가 둘러져 있고 탄탄하게 균형잡힌 그들의 몸에는 언제나 매끄러운 윤기가 흐르고 있다. 장끼는 긴 꼬리를 빳빳하게 뻗은 채 매끄러운 활강 끝에 맞은편 덤불위로 사뿐히 내려앉는다. 하늘이 터지자 비탈길에 다시 눈들이 모포처럼 푹신하게 덮여 있다. 나뭇등걸이 꾸부정히 누워 있어 그곳에는 눈이 쌓이지 않았다. 범의 족적은 그곳에서 다시 건너편 숲으로 선명하게 찍혀 있다.

(동아, 1995)

□ 홍성원 「무사와 악사」

강당에 막혀 햇볕이 귀한 연구실은 언제나와 마찬가지로 썰렁하고 눅눅한 공기로 가득 차 있었다. 더구나 창문에 커튼까지 늘여져 있어서 방안 공기는 오랫동안 밀폐되어 미생물이 가득 떠다니는 늪과 같은 불쾌한 내음을 전해 주었다. 커튼을 젖히고 창문을 연 뒤 나는 그 때 탁자 위에 놓인 커피잔을 원망스레 바라보고 있었던 것 같다. 지난번에 들러 커피를 끓여 먹고는 그대로 탁자 위에 버려두어서 잔마다 커피 찌꺼기가 타르처럼 말라붙어 있었기 때문이다.

*　　*　　*

식장은 엄숙했다. 식장 상석에 앉은 자들은 저마다 한가락씩 하는 위풍당당한 고관들뿐이었다. 보통 때는 감히 우러러보기도 힘든 자들이 오늘만은 만사를 제쳐놓고 이 식장에 엄숙한 표정으로 나타난 것이었다. 국민의례가 간단히 끝나자 이윽고 기다리던 도지사의 축사가 시작되었다. 우리는 긴장했다. 거사는 도지사의 축사 직후 사방에서 울리는 잔기침을 신호로 결행하기로 되어 있었다. 거사를 모르는 대부분의 학도들은 느닷없이 만세가 터지면 일순 당황할 것이었다. 잔기침을 말하자면 이 당혹감을 없애기 위한 일종의 동지들 사이의 단합 신호나 마찬가지였다. 주위에 서 있는 동지들의 얼굴을 훔쳐보니 그들 역시 해쓱한 얼굴로 땀들을 줄줄이 흘리고 있었다. 두 눈을 조용히 두꺼비처럼 껌벅일 뿐 그의 얼굴에는 땀방울은커녕 물기조차 내비치지 않고 있었다.

(동아, 1995)

□ 황석영 「입석 부근」

머리 위로는 구름이 몇점 보이기는 했지만, 두 절벽 사이로 드러난 좁은 하늘이 협곡을 흐르고 있는 강물처럼 길게 늘어나 있었다.

두 부분의 맞선 절벽은 위로 오르면서 차츰 넓어지고, 왼쪽 옆으로 들어갈수록 좁아지고 있다. T자형 굴뚝 절벽이 시작되고 있는 것이다.

오른쪽으로 넓게 펼쳐진 들과 높고 낮은 산들의 머리가 보였다. 하늘이, 아니면 땅이 움직이는지, 먼 산과 들이 아른거리고 있었다. 곡선을 그리며 뻗어 나간 길과 마을의 점점이 흩어진 지붕들이 핀트를 잘못 맞춰 찍은 사진처럼 희미하게 눈앞에서 흔들렸다. 하늘과 부드럽게 굽어진 능선이 맞닿은 경계선은 말갛고 투명하게 보였다. 건물의 유리창에서 햇빛에 반사된 빛발이 가끔 번쩍! 하고 큰 빛을 내는 것이 보였다. 나무숲들은 온통 한데 어울려 어린 잔디들처럼 포근해 보였다. 지금은 내가 바람 보는 숲 속에 서 있는 것이 아니라, 바람이 숲 위를 스치고 지나가는 모양을 내려다보고 있는 것이다.

*　　*　　*

바위에 붙어 선 자세로 오른손 끝을 어깨보다 좀더 위쪽에 있는 크랙 사이에 넣고, 그 한쪽을 잡았다. 오른발로 뒷벽을 버티고 있을 뿐 몸을 완전히 확보할 위치는 없다. 손끝은 바위틈을 힘주어 잡은 채 몸을 왼쪽으로 내몰았다. 왼발이 재빨리 암벽 위를 더듬어 갔다. 허리에 맨 자일이 몸의 이동에 따라 흔들거렸다. 한참 동안 왼발이 허공을 지나고 있는 것 같았다. 왼발이 멈췄다. 바위벽에 불쑥 나온 홀드를 짚은 것이다. 손끝은 아직 크랙을 꼭 잡은 채 간간이 떨고 있다. 바위의 돌출부는 비스듬해서 그 위에 간신히 얹힌 왼발 끝에 힘이 빠지기 시작했다. 자세가 어지러워지기 전에 다음 자세를 확보해야 한다. 왼발을 뒷벽으로 밀면서 오른발로 홀드를 바꿔 짚는다. 오른손으로 크랙을 잡은 채 왼손을 위로 올린다. 뛰어올라 공을 잡으려는 동작으로 몸을 솟구친다. 왼손 끝에 뱀처럼 꾸물거리며 바위벽 위를 더듬어 올라간다. 손가락 끝에 홀드의 끝이 스친다. 간신히 얹혔던 왼발이 힘을 잃고 밑으로 미끄러진다.

몇 초 허공이다.

두 손끝이 바위를 긁는다.

훑으며 내려온다.

손가락에 무엇이 걸린다.

두 팔이 무거워진다. 몸은 천천히 흔들거리며 멈춰 있다. 얼굴 정면에 발을 짚었던 홀드가 보인다. 그 위에 손끝이 나란히 걸려 있는 것을 알았다. 목 언저리가 따끔따끔하고 아랫배가 새큰한 이상한 쾌감이 지나갔다. 바람이 절벽 사이를 거슬러 올라간다. 주위는 머릿속의 맥박이 뛰는 소리를 크게 들을 수 있을 정도로 고요하다. 뒷벽에 왼쪽 다리를 버티고 오른

발로 앞 벽을 차면서 턱걸이를 한다. 겨우 처음의 자리로 다시 돌아왔다.

* * *

스물 둘을 헤아렸을 때, 오른쪽으로 절벽이 휘어진 모퉁이에 심한 경사를 이룬 바위가 있고, 그곳을 돌아간 뒤로 징검다리 디딤돌만한 발판이 보였다. 오른발을 내밀어 비스듬히 비탈진 바위를 간신히 닫는다. 왼손으로 앞 벽을 받치고 몸을 가누면서 왼발을 마저 짚는다. 몸을 완전히 돌린다. 내 몸은 지금 비탈진 바위 위에 균형을 잃고 엉거주춤 섰다. 바위에 거의 닿도록 허리를 굽힌다. 두 손끝으로 바위 표면을 긁듯이 더듬으며 발을 조금씩 옆으로 내닫는다. 내 몸이 옆으로 옮겨가는 것은 전혀 느껴지지 않는다. 바위 위에 생긴 낙숫물 자국과 이끼가 떨어져 희게 되어 있는 곳이 자세히 보일 뿐이다. 손끝은 그 동안에도 재빨리 볼록한 부분을 찾아 사방으로 헤맨다. 왼발 뒤축이 이상하다, 왼손 끝으로 먼저 활보할 부분을 찾아 놓고 나서 발바닥을 살펴본다. 발뒤축, 한쪽으로 싱싱한 이끼가 밟혀 있다. 발뒤축을 약간 들어본다. 뒤로 밀려나가는 힘에 좀처럼 지탱하지 못한다. 오른발이 그에 따라서 조금씩 미끄러지기 시작한다. 추락의 원인이란, 눈에 보이지 않는 작은 실수로부터 시작되는 법이다. 두 손끝으로 바위부스러기가 튀어나온 부분을 긁는다. 오른쪽 다리 정강이에 온 힘을 기울인다. 발뒤축을 붙잡아 바위 위에 굳건히 세워야 한다. 미끄러져 나갈 것인가. 제발 좀 서라! 발이 주춤, 주춤, 하다가 멈춘다. 내려다 본다. 발뒤꿈치가 바위 표면의 유리알 만한 볼록한 돌기 위에 걸려 있다. 바위에 왼쪽 구두 바닥을 밀착시키면 더 위험할 것이다. 왼발에 힘을 주지 않고 옆으로 조금씩 옮겨간다. 구두 밑에서 무서운 이끼들이 점점 빠져나간다. 됐다! 완전히 이끼에서 벗어 나왔다. 오른발을 옆으로 천천히 이동해 간다. 왼발이 그에 따라서 바위 표면을 더듬으며 쫓아간다. 나는 아무 관계없는 듯이 두 발의 움직임을 내려다보고 있었다. 구두코가 털처럼 하얗게 보풀이 일어나 벗겨진 것이며 밑창이 닳아서 약간 벌어져 있는 것도 보인다. 오른손에 손톱으로 긁어 쥔 바위부스러기가 시원치 않으면, 곧 그 반응이 오른발에 왔다. 오른발 뒤축이 허전해진다. 그러면 왼손, 오른손은 정확하게 바위의 돌출부를 찾아낸다.

(창작과비평사, 2000)

□ 황석영 「섬섬옥수」

나는 먼지가 뽀얗게 일어나는 길 저 편으로 어슷비슷한 산천으로 내다보았다. 추수가 시작되었는지, 낟가리가 묶여서 논두렁에 일렬로 늘어 놓아져 있었다. 버스가 어느 먼지 나는 신작로 위에 섰고 상수를 따라서 나도 내렸다.

(동아, 1995)

□ 황석영 「삼포가는 길」

누군가 밭고랑을 지나 걸어오고 있었다. 해가 떠서 음지와 양지의 구분이 생기자 언덕의 그림자나 숲의 그늘로 가려진 곳에서는 언 흙의 부서지는 버석이는 소리가 들렸으나 해가 내리쪼인 곳은 녹기 시작하여 붉은 흙이 질척해 보였다.

* * *

그들은 일곱 시쯤에 감천 읍내에 도착했다. 마침 장이 섰었는지 파장된 뒤인데도 읍내 중앙은 흥청대고 있었다. 전 부치는 냄새, 고기 굽는 냄새, 곰국 냄새가 풍겨 왔다. 영달이는 이제 백화를 옆에서 부축하고 있었다. 발을 디딜 때마다 여자가 얼굴을 찡그렸다.

* * *

정씨가 회색으로 흐려 가는 하늘을 걱정스럽게 올려다봤다. 산등성이로 올라서자 아래쪽에 작은 마을의 집들이 점점이 흩어져 있는 게 한눈에 들어왔다. 가물거리는 지붕 위로 간신히 알아볼 만한 연기가 엷게 퍼져 흐르고 있었다. 교회의 종탑도 보였고 학교 운동장도 보였다. 기다란 철책과 철조망이 연이어져 마을 위의 온 들판을 둘러싸고 있는 것도 보였다. 군대의 주둔지인 듯 했는데, 마을은 마치 그 철책의 끝에 간신히 매어 달려 있는 것 같았다.

* * *

세 사람은 감천 가는 도중에 있는 마지막 마을로 들어섰다. 마을 어귀의 얼어붙은 개천 위에 물오리들이 종종 걸음을 치거나 주위를 선회하고 있었다. 마을의 골목길은 조용했고, 굴뚝에서 매캐한 청솔 연기 냄새가 돌담을 휩싸고 있었는데 나직한 창호지의 들창 안에서 사람들의 따뜻한 말소리들이 불투명하게 들려왔다.

* * *

그들이 마을 외곽의 작은 다리를 건널 적에 성긴 눈발이 날리기 시작하더니 허공에 차츰 흰색이 빡빡해졌다. 한 스무 채 남짓한 작은 마을을 지날 때쯤 해서는 큰 눈송이를 이룬 함박눈이 펑펑 쏟아져 내려왔다. 눈이 찰지어서 걷기에는 그리 불편하지 않았고 눈보라도 포근한 듯이 느껴졌다. 그들의 모자나 머리카락과 눈썹에 내려앉은 눈 때문에 두 사람은 갑자기 노인으로 변해버렸다. 도중에 그들은 옛 원님의 송덕비를 세운 비각 앞에서 잠깐 쉬어가기로 했다. 그 앞에서 신작로가 두 갈래로 갈라져 있었던 것이다. 함석판에 뺑끼로 쓴 이정표가 있긴 했으나, 녹이 쓸고 벗겨져 잘 알아볼 수도 없었다. 그들은 비각 처마 밑에 웅크리고 앉아서 담배를 피웠다. 정씨가 하늘을 올려다보며 감탄했다.

(푸른나무, 1993)

□ 황순원 「내 고향 사람들」

그 동안 나는 쟁반에 담아내 온 밤과 대추를 씹으면서 방안을 한번 둘러보았다. 아랫목에 사군자 병풍이 쳐 있을 뿐 벽에는 족자 하나 걸려 있지 않았다. 이 조촐한 방안 분위기와 함께 손때가 옮아 반들거리는 오동나무 문갑이라든가 매일같이 잿수세미질을 하는 듯 광을 내는 놋재떨이가 그대로 이 집주인의 꼭 짜인 규모있는 생활을 말해 주는 듯했다.

* * *

김구장네집 옆 담장에 끼고 난 길은 경사가 져 언덕배기를 이루고 있었다. 높은 길목에까지 올라와 김구장네집 후원을 내려다보았다. 후원 이쪽으로는 노가주나무들이 서있고, 저쪽 한옆에 잎이 진 대추나무 한 그루가 서있었다. 윗가지가 용마루를 넘는 큰 나무였다.

* * *

거기 소나무와 상수리나무 숲 사이를 정처 없이 마구 싸돌아다니다 저녁 어스름이 깔리기 시작했다. 그런데 저녁 어스름이 내리기 시작하기 얼마 전 산 속이 석양빛에 환해지는 시각이 있었다. 짧은 동안이긴 하나 주황빛 햇살이 모로 나무줄기 새를 들이비춰 하루의 어느 때보다도 숲 안을 밝게 만드는 것이어서. 그럴 때 주황빛 석양 속에 서서 주위의 나무들과 함께 유난히 홀쭉하고도 긴 그림자를 지우면서 지금껏 싸돌아다니기에 피곤해진 자신을 들여다보는 것이었다.

(일신, 1993)

□ 황순원 「그늘」

언제나 여인이 앉아있는 목로상 안쪽하며, 갖가지 안주감이 들어있는 진열장하며, 구석구석 그늘이 깃들어 있었다. 한가운데 늘이운 십육촉짜리 전등불 하나로는 어쩌지 못할 그늘이었다. 숯불을 피워놓은 큰 화로가 불거우리해 있으나, 이 숯불 역시 그늘을 태운다기보다는 그늘을 피워놓기나 하듯이 화롯가 둘레에는 도리어 짙은 그늘이 서리어있었다.

(일신, 1993)

□ 황순원「카인의 후예」

보안서는 바로 면인민위원회에서 몇 집 떨어지지 않은 곳에 있었다. 순안으로 가는 신작로를 앞에 안고 있었다. 훈이 보안서로 가니 세 사람의 사내가 앉아있었다. 정면 테이블 안쪽에 정복한 서원 하나, 그리고 이쪽 세로 놓인 테이블에 개털오바를 입은 청년 하나, 그리고 그 맞은편 벽 밑에 의자만을 놓고 앉았는 홍수, 이렇게 셋이 솥발 형국을 이루고 앉아있었다.

* * *

밖에서 들어간 훈의 눈에 처음에는 방안의 것이 잘 보이지 않았다. 차차 눈이 익어지면서 이쪽 허공 한점에 눈을 주고 있는 당손이 할아버지의 흰 수염이 드러나고, 그 앞에 회초리 두 개가 아무렇게나 동강이 난 채 널려있는 게 보였다. 당손이는 아랫목에 들어앉아 고개를 무릎 새에 묻고는 어깨를 들먹거리고 있었다.

* * *

선만고무 공장을 왼편에 끼고 길이 나있었다. 틀림없이 사촌동생이 알으켜 준 그 길이었다.

그렇건만 훈은 약도를 꺼내 들었다. 그렇게 함으로써 좀 전의 일본인의 생각을 물리치기라도 하려는 듯이, 웬일인지 집집마다 문패가 하나도 붙어있지 않았다. 그런데도 대번에 그 집을 찾아낼 수 있었다. 대문을 밀었다. 안으로 걸려 있었다. 대문 위로 눈을 주니, 가시철망이 둘러져 있었다.

훈은 이리로 오는 길에서도 집집마다 담장 위에는 위와 같은 가시철망을 두르고, 집 사잇담장에는 석유통같은 것을 달아놓은 걸 본 것이었다. 이것이 시골까지 소문이 퍼진 해방군(소련군)의 행패를 막기 위해 만든 장치란 것인가, 가련한 방어책이 아닐 수 없었다.

*　　*　　*

음식점을 나와 제일관 뒤까지 와서는 옆 골목으로 빠져 큰거리로 나섰다. 사람이 제법 많이 오가고 있었다. 이렇게 많은 사람들 틈에 끼어 기차 시간까지 서성대는 것도 좋을 성싶었다. 한곳에 사람들이 몰려 서 있는 게 보였다. 무슨 공고라도 나붙은 모양이었다. 그리 가까이 걸어갔다. 그런 것이라도 보면서 또 시간을 보낼 참으로, 사람들 어깨 사이로 눈을 주던 훈이 고개를 거두며 돌아서고 말았다. 로동신문이었다. 전날 이 신문에 났다는 자기의 기사가 생각난 것이었다. 걸음을 빨리 했다. 혹시 모여선 사람이나 지나가는 사람 가운데 자기 아는 사람이 있을지도 모르는 것이었다. 뒷골목으로 다시 들어서고 말았다.

(삼중당, 1990)

□ 황순원 「인간접목」

정릉에 있는 갱생소년원을 찾아 나서는 날, 종호는 자기 자신이 어떤 갱생되는 듯한 느낌이 되었다.

정릉치고도 골짜기 맨 안쪽에 있었다. 사격장으로 사용하고 있는 등성이를 오른편으로 끼고 들어가느라면, 왼쪽 계곡을 흐르는 물가에 낡은 정자가 하나 보이고, 여기서도 한참 골짜기를 따라 들어가다 막다른 곳, 거기 오른편쪽에 ㄷ자로 친 천막이 갱생소년원이었다. 서울 시민들이 흔히 소풍 나오는 장소였다. 종호는 과거에 학교에서 오는 소풍으로, 혹은 친구들과 어울려 한두 번 아니게 와 본 곳이었다.

* * *

　천막을 한 바퀴 돌아보기로 했다. 안쪽에 한일자로 천막 세 개를 연달아 친 것이 애들의 살림방이자 교실이었다. 벽은 송판이었다. 그리고 각 천막 출입구 위에 소나무반, 참대반, 매화반 이런 패쪽이 붙어 있고, 거기에 정원 60명이란 숫자도 기입되어 있었다. 땅바닥은 거적이었다. 그리고 방바닥 한쪽 구석에는 담요와 식기의 청소도구가 놓여 있었다.

* * *

　애들이 있는 방 끝 쪽에 천막 하나를 가로 치고 둘로 나누어 큰 쪽은 부엌으로 사용하고 작은 쪽은 도서실로 되어 있었다. 도서실 안에는 대패질도 설친 사푼 송판으로 만든 테이블 두 개와, 그 둘레로 긴 걸상이 몇 개 놓여 있었다. 문 가까이 있는 테이블 위에 표지가 다 떨어져 나간 어린이 잡지 두세 권과 만화책이 몇 권이 놓여 있는데, 지금 조무래기 애 서넛이 만화책을 들여다보는 중이었다.

* * *

　애들의 천막이 있는 다른 한끝에도 기다란 천막이 하나 가로 쳐져 있어, 사무실, 창고, 의료실로 나뉘어 있었다.
　이렇게 해서 전체의 천막이 ㄷ자를 이루고 있는데, 그 주위로 가시철망이 둘리고, ㄷ자의 트인 앞쪽에 대문이 있었다. 종호는 끝으로 의료실이나 들여다보리라 하고 판잣문을 열었다. 오른쪽 한구석에 접었다 폈다 하는 군대용 나무침대가 하나 놓였고, 그 맞은편에 이 소년원 내에서 어느 도구보다도 제일 말쑥해 뵈는 약장이 하나 놓여 있었다.

* * *

　종호는 골목을 나와 버스길로 향할까 하다가 그래도 예까지 온김에 정 교수를 찾아보지 않을 수 없다고 생각했다. 소년원에 취직한 이래 아직 한 번도 와 보지를 못한 것이었다.

공원 뒷문을 오른편에 끼고 동쪽으로 뚫린 길을 조금 가면 큰 한길로 나서게 되는데, 그 세 갈래 길가에 남향해 앉은 단층 기와집이 정 교수의 병원이었다. 아마 문에다 흰 페인트칠을 하지 않고 , 거기 '정외과'라는 간판만 없었던들 여염집으로 밖에 볼 수 없는 그런 집이었다.

* * *

종로 3가에서 버스를 내려 비원 가는 큰길로 얼마큼 올라가다가 한 중 가운데쯤 왼편 쪽 골목으로 접어들었다.

골목 안 저만큼에서 어린 계집애 몇이 고무줄 놀이를 하며 노래를 부르고 있었다. 이상하고 아름다운 도깨비 나라, 방망이로 뚜들기면 무엇이든지, 돈 나와라 뚜욱딱, 돈 나와라 뚜욱딱……

애들이 고무줄 놀이 하는 데서 다시 왼편 좁은 골목으로 꺾이었다. 앞서서 길 인도하던 애가 한 집 앞에 가 서더니 종호쪽을 한번 돌아다보고는 대문을 밀고 들어갔다.

(신원문화사, 1995)

□ 황순원 「일월」

라디오에서 나오는 재즈의 음향만이 귀에 또렷했다. 눈이 익어지는 대로 안을 둘러보았다. 벽이 쥐색으로 돼 있어 다방 안이 한층 어두운 느낌을 주었다. 선풍기가 돌고 있었으나 후덥지근했다.

별로 빈 자리 없이 손님들이 차 있었다.

* * *

세 평 남짓한 방 삼면을 들창이 나 있어서 무척 밝았다. 그러나 그 들창과 문까지 열어 놓았건만 별로 시원치는 않았다. 인철은 남방셔츠 앞자락을 헤치고 슬슬 부채질을 하면서 피아노 치는 애를 바라보고 있었다.

다혜도 피아노 치는 소녀 곁에서 자신과 애를 한꺼번에 부채질해가며 지키고 있었다. 서투른 피아노 소리로 해서 방안은 더 무더운 것 같았다.

* * *

안국동 로터리에 화신 쪽으로 얼마 가지 않아 오른쪽에 나타나는 허술한 이발관. 열시가 좀 넘었을 아침결에 이발사들은 손님이 없어 의자에 파묻혀 졸고 있다. 이 이발관을 끼고 도는 곧지 않은 골목, 좌우의 옛날 그대로의 낡은 집들과 예나 다름없이 행인 드문 좀 좁은 골목안.

* * *

여덟 평 가량의 방안에 꽉 차게 푸르고 두꺼운 양탄자가 깔려 있고, 방 맨 안쪽에 베드가 흰 시트로 덮여져 있었다. 그 발치 쪽으로 베드와 직각적인 위치에 양복장이 놓여 있었다. 그리고 유리창문 가까이에 T자, 삼각자, 콤파스들의 설계도구들이 앉혀 있는 사면 제도대와, 석고로 만든 건축모형이 하나 앉혀 있는 테이블이 나란히 놓여 있었다. 이쪽 옆 방과의 사잇벽에는 그리 크지 않은 책꽂이가 세워져 있고, 그 옆에는 험준한 산협에 빽빽이 들어선 줄기찬 나무들이 흰눈을 무겁게 이고 서 있는 흑백 사진이 하나 틀에도 끼지 않은 채 압정으로 붙여져 있었다.

* * *

대청마루와 건너방을 틔어 만든 서재 안쪽 벽 서가에는 책들이 꽉 들어차 있고, 마루방 구석진 곳에는 자기, 토기, 와당같은 것이 놓여 있고, 그 한옆에 탁본 뜬 화선지 뭉치가 뚤뚤 말려 세워져 있고, ……모든 게 예전대로 제 놓일 자리에 놓여 깨끗하게 치워져 있는 것이었다.

* * *

건물 안은 어두운 편이 아니었다. 사방이 큰 문들이 나 있고, 들창이 둘려 있어 아침 햇볕이 환히 들이비치고 있었다. 그런데도 인철은 건물 안에 벌어지고 있는 광경을 한눈에 분별할 수 없었다. 검은 고무 장화에다 피와 기름이 절어 번들거리는 검은 작업복을 입은 사내들이 묵묵한 가운데 잽싼 동작으로 움직이는 속에서 소들이 여기저기 쓰러져 있고, 금방 쓰러지고, 그 목에서 피가 흐르고, 가죽이 벗겨진 커다란 육괴가 쇠갈고리에 매달려 허공에 떠 있고, 시멘트 바닥에 낸 도랑에는 핏물이 괴어 있고, 창자를 바퀴달린 통에다 담아 뒷문으로 끌고 나가고…… 인철의 눈에는 이러한 부산스러운 광경이 인철의 안막에 아무런 질서도 없이 비쳐왔다.

* * *

트럭이 하나 드나들 수 있을 골목길을 한 이십 미터 들어가니 길 오른편에 소 한 마리가 매여 있지 않은 빈 칸막이 목책우리가 길게 자리잡혀 있고, 그 안쪽에 넓은 공지를 사이에 두고 도수장이 틀림없는 큰 단층 건물이 보였다.

* * *

미아리 큰길에서 차를 내려 동남쪽으로 한참 찾아 들어가니 인가가 드물어지고 논밭이 있는 한 끝에 동대문 밖에서 본 것과 비슷한 단층건물이 두 채 따로 떨어져 서 있었다. 그 뒤로 제법 소나무들이 들어선 높지 않은 산이 있고, 그 한옆에 채석장의 바위가 흰 살결을 드러내놓고 있었다.

* * *

도수장은 동네 오른쪽 한 끝, 공동묘지와는 반대편 골짜기에 있었다. 대여섯 평되는 헛간같은 낡은 집이었다. 함석지붕은 붉게 녹이 나 군데군데 구멍이 뚫리고, 시멘트벽은 금이 가고 떨어져 붉은 속 흙이 드러나 있었다. 안 바닥에 바른 시멘트만은 떨어져 나간 데가 없었으나 피기름을 먹어 꺼멓게 변색해 있었다. 그런대로 이날은 말짱히 치워져 깨끗했다.

* * *

인가가 끝난 데서 오른편에 돌물 소리를 내며 흐르는 조그만 개울을 끼고 계곡을 따라 한 삼마장쯤 들어간 곳에 왼쪽으로 과수원이 나타나고 거기 아치형의 문이 있어 <진리의 동산>이란 글자가 커다랗게 씌어져 있었다. 문을 들어서서 과수밭 사이로 비스듬히 경사진 길을 좀 올라간 길 양편 안쪽에 새하얀 회를 갓 바른 자그마한 집 몇 채가 보였다.

*　　*　　*

지금 그 집은 성균관 동쪽 뒤켠에 있는데, 인가 사이에 꼭 끼어서 외양으론 여염집이나 다름없었다. 아무런 표시도 붙어있지 않은 대문을 들어서면 왼쪽 채에는 사람이 들어있고, 오른편에 단청칠도 다 벗겨진, 그리고 언제 창호를 해보았는지 시커먼 문살만 앙상하게 드러나 있는 게 사당이었다. 살림을 하고 있는 사람의 허락을 받아 사당 안까지 들어가 보았다. 얼마동안이나 치우지를 않았으면 이럴 수가 있을까. 마룻바닥에 먼지가 푹석 거리고 천장 벽 할 것 없이 거미줄투성이였다. 그런 속에 안쪽 벽으로 길게 선반 같은 대가 만들어져 있고, 그 먼지 깔린 대 위에 먼지를 뒤집어쓴 위패 열두 개가 나란히 놓여져 있었다. 위패에는 검정칠을 한 네모난 나무 두 겹이 씌워져 들쳐보았더니, 영의정, 좌의정, 우의정, 판서, 참판 등의 벼슬을 지낸 사람들의 신위가 모셔져 있었다. 뚜껑을 씌워 놓았기 때문에 위패의 글씨만은 변색을 하지 않고 깨끗하게 그대로 남아 있었다.

(학원출판공사, 1992)

가옥 묘사 편

□ 강신재 「상」

 문야는 목소리는 약간 떨렸으나 할머니는 저만큼 옆길에 나타난 퍼런 칠의 목조 건물을 바라다보느라고 대답을 안 하였다. 퍼런 칠을 한 양철 지붕은 양쪽으로 크게 뚫어져 그리로 흰 김이 펄펄 나오고 있었고 벽에는 C온천이라고 커다랗게 쓰인 밑에 온천 마크가 그려져 있었다.

* * *

 그것은 크고 낡은, 한 목조 건물의 앞이었다. 가등은 초록으로 칠하여지고, 이 층인데 곧 무너질 것같이 허술하게 생겨 있었다. 기둥만 있는 넓은 마루방이 꽃밭을 향하고 있었다. 테이블이 놓이고 까만 씨앗 같은 것이 그 위에 흩어져 있었다.

(민음사, 1996)

□ 강신재 「황량한 날의 동화」

 항구의 등불이 차갑고 영롱하게 빛나고 있다. 몇 개씩이나 옆으로 잇닿아져 나가며, 불규칙한 단층을 이루고, 군데군데에 유난히 밝고 흰 빛이며 빨간 등이며 네모진 파란 일루미네이션 등을 섞어 가지고 있다.

(민음사, 1996)

□ 강신재 「절벽」

경아의 오피스는 반도 호텔 안에 있었다. 승강기를 6층에서 내리면 ㄱ자로 두어 번 복도를 꾸부러져 간 곳에 있는 남향 방들이었다. 사무실로 들어가려고 할 때에나 반대로 복도로 나설 때이면 자연 안마당을 격한 건너편 창들이 눈에 띄었다.

(계몽사, 1995)

□ 구혜영 「칸나의 뜰」

홍명회 외과의원은 병원으로 쓰이는 바깥채와 살림집인 안채가 같은 지붕 밑이면서도 완연히 분리돼 있어, 안에서는 병원에서 사람이 죽었건 말건 알 길도 없고 알려지지도 않는다.

* * *

백30만 평 부지에 건립된 공장은 나를 압도하고도 남음이 있었다. 우리의 눈앞에 건립중인 배는 유조선으로 25만 9천 톤 규모라고 했다. 종으로 50미터, 횡으로 3백 미턴 되는 강철이 배의 모습을 지향하며 우뚝 버티고 있었다.

* * *

군대에서 3년만에 돌아왔을 때도, 집은 주름살 투성이의 얼굴에 낯익은 미소를 함지박처럼 지으며 나를 반겨 주었고, 나는 마치 어린아이처럼 그 품속에 뛰어들며 응석을 부렸다.

(카나리아, 1988)

□ 공선옥 「목마른 계절」

아파트는 일렬 횡대로 1, 2, 3동이 늘어서 있다. 일렬 횡대의 1, 2, 3동 앞에 4, 5동이 늘어서 있고, 아파트는 15층이다. 15층짜리 아파트 한 동당 세대수는 한 층에 각20세대씩 총 300호가 들어가 산다.

(풀빛, 1995)

□ 공선옥 「시절들」

집은 아름다웠다. 푸르른 수목과 화사한 꽃들이 잘 어우러졌다. 꽃그늘 밑에는 돌연못이 있었고 연못의 물은 돌을 뚫고 솟아나 신선한 샘물로 차고 맑았다. 돌바닥에는 녹색의 이끼가 깔렸고 물은 그 이끼를 휩쓸고 솟아 나왔다. 숲과 꽃밭을 지나 기와를 얹은 돌담을 따라 여름 아침이면 오이꽃이 만발했다. 오이꽃 순이 닿는 끄트머리에 장독대가 있었다. 장독대 위로 빨랫줄이 지나갔고 어머니는 늘 그곳에 있었다.

*　　*　　*

가족은 아직은 배고픔을 느낄 만큼 참담하게 가난하지는 않았다. 하지만 가난했다. 방은 두 칸이었다. 윗방과 아랫방, 윗방과 아랫방이 미닫이로 연결되어 있는 그런 방을 상하방이라고 불렀다. 식구는 많고 방은 좁았으므로 미닫이문은 떼어냈다. 동네의 집들은 한옥과 왜식 기와집과 양옥이 혼합되어 도시의 어떤 동네보다 깨끗했고 중심부에 있어서 토착 부유층이 밀집해 살았다.

(문예마당, 1966)

□ 공선옥 「오지리에 두고 온 서른 살」

은이가 채옥의 집 앞에 다가섰을 때 집 안은 적막했다. 마당 한가득 쌓인 눈은 치워지지 않은 채였고, 그 눈 위에는 새 발자국 하나 나 있지 않았다. 은이는 발자국 하나 나 있지 않은 눈을 밟기가 미안해서 마당가를 휘돌아 뜰판으로 올라섰다. 예전에는 이 동네에서 상훈네 집 말고 유일한 기와집이었던 채옥네 집은 이제 그 큰 집이 오히려 썰렁해 보이게 퇴색한 모습을 하고 있었다. 넓은 대청마루에서는 지난 가을에 날려 왔을 가랑잎들이 부스스 날아 다니고 있었다. 식구가 많을 때에는 북향집이 오히려 시원한 맛이 있어 좋지만, 사람이 떠난 북향집이란 말 그대로 한 데나 마찬가지였다.

* * *

집안은 사람 소리가 나지 않았다. 솔바람과 햇빛이 사람 없는 빈집에 사람의 숨결과 체온마냥 들어차 있었다.

(삼신각, 1993)

□ 공지영 「착한 여자 1」

볏짚으로 지붕을 이은 다섯 칸 짜리 집. 지난 가을에 새로 볏짚을 이지 못했는지 지붕은 잿빛으로 바래어져 있다. 양은 세수대야가 펌프가에 나동그라져 있고, 초겨울의 엷은 햇살이 빨랫줄에 걸린 붉은 내복 위에서 힘없이 흔들거리고 있는 집마당은 수산해 보였다.

(한겨레, 1997)

□ 김광주 「눈 오는 밤에」

정말 코딱지만한 보잘 것 없는 술집이었다. C로 뒷골목에서 흔히 볼 수 있는 그런 것들로 다른 집 보다 특별난 점이 있기는커녕 쓸쓸하고 허잘 것 없는 술집이었다. 납작한 두쪽 문을 썩 밀고 들어서면, 정면으로 얕으막한 술청이 기억자로 벌려져 있고, 정말 우리집 봉당만큼 밖에 안 되는 서너 평되어 보이는 좁은 공간에 서너 너덧 군데 어린아이들이 소꼽걸상보다 좀 커 보이는 술상이 자리 잡고 벌려져 있고, 호떡집 걸상 같은 것이 너덧 댓 개. 그나마 맨 가운데로 안주 굽는 큼직한 화로에 숯불이 이글이글 피어오르고 그 빈 석쇠나마 걸려 있지 않았다면 정말 이 선술집을 누구나 들어가 볼 맛이 없었을 것이다.

(계용묵 『문장사전』, 1953)

□ 김동리 「무녀도」

이 마을 한 구석에 모화라는 무당이 살고 있었다. 모화서 들어온 사람이라 하여 모화라 부르는 것이었다. 그것은 한머리 찌그러져 가는 묵은 개와집으로, 지붕 위에는 개와 버섯이 퍼렇게 뻗어 올라 역한 흙 냄새를 풍기고 집 주위는 앙상한 돌담이 군데군데 헐리인 채 옛성처럼 꼬불꼬불 에워싸고 있었다. 이 돌담이 에워싼 안의 공지 같이 넓은 마당에는, 수채가 막힌 채 빗물이 고이는 대로 일년 내 시퍼런 물이끼가 뒤덮여, 늘쟁이, 바랭이, 강아지풀 하는 이름도 모를 여러 가지 잡풀들이 그 아래로 뱀 같이 길게 늘어진 지렁이와 두꺼비같이 늙은 개구리 머구리들이 구물거리고 움칠거리며 항시 밤이 들기만 기다릴 뿐으로 이미 수십년 혹은 수백년 전에 벌써 사람의 자취와는 인연이 끊어진 도깨비굴 같기도 하였다.

(어문각, 1972)

□ 김동인 「운현궁의 봄」

서울의 집 제도는 방안에 해가 비치는 것을 허락하지 않는다. 남양으로 마루가 달리고 방이라는 것은 마루를 통하여서야 간접으로 바같과 연하였는지라, 세상을 골고루 비치이는 햇볕도 겨우 이 집의 마루를 스치고 지나갈 뿐, 방안에는 들어올 기회가 없다.

해를 볼 수 없는 방안-이 음침한 방 안에서 시민들은 길고 긴 겨울을 장죽을 벗삼아 기름때 흐르는 얼굴에 눈만 깜박거리면서 언제나 봄이 이를가 고대하면서 지난다.

근방의 산을 모두 뺏겨온 수많은 솔잎이 연기로 화하여 시민들의 웅덩이 아래를 지나서 굴뚝으로 하여 하늘로 사라진다. 이 많고 많은 연기 때문에, 집이란 집, 기둥이란 기둥, 벽이란 벽은 겨울을 지나는 동안은 모두 시꺼멓게 된다. 기다랗고 시껌헌 추녀 아래로 겨우 조곰 내다보이는 하늘을 바라보면서, 어버이, 자식, 오라비, 누이, 할 것 없이, 혈색 나쁜 얼굴이 방에 모여서 우글거리는 모양-그것은 흡사히 그림의 여옥이다. 높은 집을 허락하지 않고 높은 문을 허락하지 않기 때문에, 작다랗고 낮게 지은 집안에는, 비교적 거대한 체격의 주인인 시민들이 들석거린다.

이 시민이 가진 집에는 뜰이 없고, 뜰이 있을지라도 나무가 없다. 이층집에서 생활할 권리가 없는 이 시민의 집들은 만약 어떤 사람이 이어서 굽어본다 할지면, 일면의 검티티한 먹물의 바다일 것이다. 검티티한 개와와 검게 덜민 초가 지붕이 연달리고 또 연달려서 이시민의 가진 좁다란 길이며 좁다란 뜰은 추녀 끝에 가리어서 보이지도 않고 고저(高低)가 없는 평균한 지붕 아래 감추어 있는 이 생활처는 물결도 없는 커다란 먹물 바다일 것이다.

사멸(死滅)의 거리-이 거리에서 아침과 저녁에 불을 때노라고 뭉겨 오르는 연기만 없으면 이 검티티한 먹물바다 아래 '사람의 생활'이 있으리라고는 누구나 뜻도 못할 것이다. 낙타, 백련, 목멱, 인왕, 백악(駱駝, 白蓮, 仁旺, 白岳)의 등걸 속에 보호되어 있는 오십리 평방의 이 먹물 바다-그 안에는 오서(署) 사십 구방(坊), 삼백사십동(洞)이 벌려 있고 이십만의 생명이 그 속에서 사람의 가지는, 희, 로, 애, 락의 온갖 감정을 호흡하며 생활하리라고는 과연 몽상의 일일 것이다.

가늘고 기다란 담뱃대. 가늘고 기다란 목을 가진 술병. 가늘고 고불고불하고 기다란 거리의 길. 이것들은 모두 가늘고 약한 생활을 경영하는 이 시민의 씸볼이다. 막걸리의 힘을 빚지 않고는 마음대로 크게 웃을 권리도 없고 권리가 있을지라도 웃을만한 기꺼운 일도 없고 어둡고 음침한 생활만 계속되는 것이다.

＊　＊　＊

몇 해나 된 집인지 새까맣게 덜미고 토굴과 같은 집도 더러워서 벽과 기둥의 경계선조차 구별하지 못하게 된 그 위에는 수증기와 기름때가 번지로하니 발리어 있다.

문에는 팔각등이 여름 한 빛을 겨우 비최이고 있고(키가 작은 사람이라도 허리를 잔뜩 굽히지 않고 들어갈 수 없는) 낮은 문 밖에는 뵈 장이 느리워 있으며 그 틈으로는 김이 무럭무럭 문이 메게 나온다. 허리가 꺾어지도록 굽흐리고 그 안에 들어서 보면 누린내와 고린내가 코가 쏘게 나는 그안, 왼편에는 지금도 피가 뚝뚝 흐르는 소대가리가 눈을 부릅뜨고 걸려 있고 그 아래 걸린 커다란 솥 안에는 전곰탕이 우글우글 끓고 있다.

막걸리 내음새, 소대가리 삶은 내음새, 김치 내음새, 안주 굽는 내음새, 사람의 땀 내음새, 저 편에서 몰려오는 지린내―이런 가운데 흐리멍텅한 등잔 아래는 평민들이 모여서 그날 하루 진일의 피로를 한잔 막걸리로 잊어버려는―서울 명물의 막걸리집…….

(계용묵『문장사전』, 1953)

□ 김만옥 「올가미」

겨울이면 아이들은 여물솥이 걸겨 있어 항상 따뜻한 종순이네 건넌방에 모이곤 했다. 천장과 벽에 메주가 주렁주렁 걸려 있었고 시렁 위에는 검정물을 들인 광목 이불이며 내용물을 알 수 없는 보퉁이들이 얹혀 있었다. 시렁 아래에는 쌀가마니와 물레와 씨아가 멋대로 놓여 있었다. 삿자리를 깐 방구석에는 콩나물 시루가 꺼면 보자기를 둘러쓰고 있었다.

안방과의 사이에 있는 벽은 천장 쪽에 책장 크기의 구멍을 내어놓고 그 구멍에 알전등을 달아놓아 양쪽 방을 동시에 밝혔다.

(창작사, 1987)

□ 김민숙 「파리의 앵무새는 말을 배우지 않는다」

　아케이드식 상점 거리의 오른쪽 끄트머리에 도리안식 하얀 기둥을 세우고 그 사이에 전면을 유리로 낀 까페가 하나 문을 열고 있다. 겉으로 보기에는 손님이 있을 것 같지도 않다. 뜻밖에도 카페의 이름은 영어로 <해변>이라고 적혀 있다. 카페의 외관은 온통 하얗다. 언제 칠했는지 흰색 페인트가 아직도 칠 냄새를 풍기고 있다. 카페 옆에 꽤 널찍한 나무로 된 데크가 있고 그 위에는 흰 테이블과 의자들이 무려 오십 개는 줄을 서 있다. 질서 정연한 흰 테이블과 의자들. 여름이면 노상 카페 역할을 톡톡히 할 것 같다. 그러나 지금은 단 한사람의 손님도 없이 의자와 테이블의 눈부신 흰색이 오히려 처연하다.

(고려원, 1996)

□ 김성종 「가을의 유서 1」

　그 집은 그야말로 조그만 오막살이였다. 주위에서는 새마을 운동이다 뭐다 해서 지붕을 뜯어고치고 블록으로 담을 쌓는 등 야단들이었지만 그 집만은 마치 버림받은 집처럼 20년 전이나 지금이나 다름없이 똑같은 모습으로 거기에 그렇게 자리잡고 있었다.
　사립짝 문은 활짝 열려 있었다. 그것은 언제나 그렇게 열려 있었다. 나지막한 돌담 위로는 호박 넝쿨과 박 넝쿨이 한창 어우러져 있었다. 지도의 어머니는 해마다 봄이면 담 밑에다 호박과 박씨를 심었고, 그래서 여름이면 그의 집 돌담은 짙은 녹색잎들로 가득 덮이곤 했다.

(해난터, 1996)

□ 김성한 「왕건」

　견훤도 여러 친구들과 어울려 모기내를 따라 걷다가 재매정댁 앞에서 발을 멈췄다. 옛날 김유신 장군이 살던 집, 지금도 그 후손들이 살고 있다는 것이다.
　대단한 집이었다. 몇 천 평이나 될까, 높다란 울타리 너머로 여러 채의 기와지붕과 부채 모양으로 퍼진 노송들이 보였다. 문전에는 초병들이 서성거리고 들리는 이야기로는 말도 수십 필, 종도 수십 명이라고 했다.

(행림, 1999)

□ 김유정 「솥」

　길가에 따로 떨어져서 호젓이 놓인 집이 술집이다. 산모퉁이 옆에 서서 눈에 쌓이어 그 흔적이 긴가민가하나 달빛에 갸름한 꼬리를 달고 있다. 서쪽으로 그림자에 묻히어 대문이 열렸고 그 곁으로 볼이 반짝대는 지게문 하나가 있다.

(문학사상사, 1987)

□ 김유정 「따라지」

　이런 제길헐, 우리집은 언제나 수리를 하는 겐가. 해마다 고친다, 고친다, 벼르기는 연실 벼르면서. 그렇다고 사직골 꼭대기에 올라붙은 깨웃한 초가집이라서 싫은 것도 아니다. 납짝한 처마끝에 비록 묵은 이영이 무데기무데기 흘러 나리건말건, 때문짝 한짝이 삐뚜루 박히건 말건, 장독 뒤의 판장이 아주 벌컥 나자빠져도 좋다. 참말이지 그놈의 부엌 옆에 뒷간만 좀 고쳤으면 원이 없겠다. 밑둥의 벽이 확 나가서 어떤 게 부엌이고 뒷간인지 분간을 모르니. 게다 여름이 되면 부엌바닥으로 구데기가 슬슬 기어들질 않나 이걸 보면 고대 먹었던 밥풀이 고만 곤두서고 만다. 이에 추해

추해 망할 녀석의 영감쟁이 그것을 좀 고쳐달라고 그렇게 성화를 해도-
(어문각, 1970)

□ 김인숙 「핏줄」

바다를 등지고 산이 멀리 바라보이며 제법 그럴 듯한 논더미 위에서 만추가 영글어 있는 그곳, 외딴 마을에 번듯한 기와집 한 채가 서 있었다. 마을의 분위기를 충분히 양도하고 남을 만큼 기와집은 위엄을 갖추고 서 있었고 그 집 문패에는 성몽군이라는 글자가 단정하게 박혀 있었다.
(문학, 1983)

□ 김인숙 「풍경」

그 방과 그 큰대문집을 떠나와 고작 몇 년 뒤, 나는 글쓰는 사람이 되었고…… 글쓰는 사람이 되었던 나, 그 집을 다시 찾아가 본 적이 있습니다. 개발 바람이 불어서 서둘러 처분했던 집, 개발은 되지 않은 채 형편없이 쇠락해 있었습니다. 내 어머니가 매일같이 윤기나게 닦았던 대청마루는 때가 껴 검은색으로 마루청이 올라와 있고, 늘 빗줄기를 얌전히 흐르게 하던 처마 끝 차양은 전부 날라가 버렸습니다. 내 방…… 쥐며느리와 더불어 살던 내 방은…… 누가 쓰고 있는지 가득 쌓여진 연탄재로 입구조차 보이지 않습니다.
(삼문, 1987)

□ 김원일 「환멸을 찾아서」

오영감이 사는 이 일대의 칠십여 가구는 휴전이 된 뒤 주로 함경남도에서 피난 나온 난민들이 정착한 판자촌 마을이었다. 그래서 좁은 골목은 반듯하게 뚫린 길이 없어 미로 같았고, 가옥 구조도 대개 서른 평이 채 못 되는 대지에 방만 서너 개를 얽어, 훤한 마당을 가진 집이 없었다. 당시 모두는 고향땅이 곧 수복되면 쉬 돌아 갈 수 있으리라 믿고 고향 바닥 저 멀리로 보이는 휴전선 턱밑에다 임시 거처 삼아 적당히 판자 울을 치고 루핑 지붕을 얹었던 것이다. 그러나 한 해 두 해가 덧없이 흘러가면서 휴전선의 장벽은 더욱 튼튼해져만 갔다. 육십 연대 중반에 들자 전국적으로 일기 시작한 새마을 사업의 열기를 타고 이곳도 소방 도로를 낸다 어쩐다 했으나 그것도 흐지부지 매듭을 못 지은 채 지붕과 담장만이 시멘트 기와와 시멘트 블록으로 개조되는 데 그치고 말았다. 삼십 년이 흐르는 사이 주민 성분도 많이 바뀌어 함경도 출신이 칠 할, 나머지 의지에서 흘러들어 온 사람들이 삼 할 정도 되었다.

(태성, 1990)

□ 김원일 「악사」

추선생이 사는 블록 집은 대지 이십 평에 햇빛이라곤 손바닥 정도 쬘 마당조차 없었으나 방은 무려 다섯 개나 되었고, 판자를 붙여 막은 간이 부엌이 세 개나 있었다. …(생략)…

추선생의 방은 허리를 펼 수 없도록 낮은데다 크기 또한 한 평 남짓하여 성냥갑 같은 느낌을 주었다. 지난달 장마통에 비가 세어 신문지 벽이 온통 얼룩진 그 방은 북으로 손수건 만한 창이 하나 있었다.

* * *

서른 평 남직한 사각형의 땅에 방 세 개, 부엌 하나로 지은 건평 이십 평, 텔레비전 안테나가 있고, 꽃나무가 섰는 화단이 있고, 아침밥을 짓기 위해 젊은 부인들이 마당을 가로지르는 평화스런 마을.

(삼중당, 1995)

□ 김주영 「야정4」

밀렵꾼으로 가장한 두 사람이 그들 호막촌에 간 것은 해질 무렵이었다. 호막촌 뒤쪽 기슭에는 붉은 벽돌집이 나향으로 너부죽하게 버티고 있었는데, 그 벽돌집 왼편으로 간민들이 기거하는 움막들이 다닥다닥 엎뎌 있었다. 띠로 이엉을 엮어 지붕을 얹었고 문간에는 거적들이 매달려 있었다. 가축들이나 거처할 만한 삭고 삭은 움집들이었다.

(문학과지성사, 1996)

□ 김주영 「아들의 겨울」

그랬다. 이 계절엔 지금 도수장(屠獸場)을 가리키고 있음이 분명했다.

그곳은 마을과는 아득히 멀리 떨어져 있었다. 비봉산으로 오르는 깊은 계곡의 초입에 그 썩어 가는 기와집은 항상 중생대의 거대한 파충류의 뼈대처럼 무서움을 뿌리며 서 있었다.

비바람에 지친 담록색의 이끼가 성긴 기왓장 갈피 사이로 피어 있었고, 그 이끼 속에 씨앗을 내린 잡초가 악바리로 자라나서 바람에 떨었다.

장마 때마다 떨어져 나온 구들장만한 흙벽들이 뜨락의 잡초 위에 흡사 쇠가죽처럼 누워 있곤 했다. 흙벽을 젖혀 보면 그 속엔 도마뱀이 떼지어 살고 있었다.

뜨락 주변엔 말라비틀어진 쇠똥이 뒹굴었고 뒷모퉁이엔 몇 년 전에 죽은 개의 시체가 뼈대를 앙상하게 드러내고 똑바로 누워 있었다.

그 집은 한쪽 귀퉁이로 쓰러져가고 있었다. …(중략)… 그 도수장은 시멘트로 바닥이 되어 있었다. 그러나 그 바닥은 오랜 세월에 켕기어 왔기 때문에 조선지도의 도계(道界)처럼 복잡하게 갈라져 있었고, 그 갈라진 틈 사이로는 바퀴벌레가 떼를 지어 들락거렸다. 스러져간 소들이 남긴 주검의 핏자국이 시멘트 바닥 여기저기에 무명 옷섶자락에 남은 인두자국처럼 선명하게 남아 있었고, 유월 가뭄에 논바닥처럼 갈라진 사방의 나무기둥엔 애벌미세 흙만 남은 흙벽이 넝마처럼 흔들거렸다.

(민음사, 1996)

□ 김주영「천둥소리」

그가 월전리로 발길을 돌린 것은 엿새째가 되던 날 해거름녘이었다. 얼굴을 알고 있는 월전리 사람들도 모색을 자상하게 읽을 수 없었다. 그는 말라 비틀어진 잡초들이 초겨울 바람에 떨고 있는 최씨댁 고가(古家)의 회청색 기왓골을 한동안 멀리서 바라보았다. 산내리 바람에 쫓긴 저녁 연기들이 마을의 초가지붕 위로 푸석푸석 흩어지고 있었다. 온세상이 벌집 쑤셔 놓은 듯 야단법석으로 술렁이고 있는 판국인데도 월전리만은 염해 놓은 시신처럼 미동도 않고 산자락 아래 가만히 엎뎌 있었다. 토담과 울타리에는 가을에 거두지 않았던 호박 덩굴이 앙상하게 걸려 너덜거리고 있었다. 최씨댁 대문은 반쯤 열린 채로였다. 바람에 삐걱거리는 대문소리가 듣기 싫었던지 대문 사이에서 돌덩이 한 개를 받쳐 놓았다. 고샅에서 집안으로 불어드는 바람보다, 마당에서 대문 밖으로 불어오는 바람이 더 차갑게 느껴졌다. 여막(廬幕)으로 변한 사랑방의 궤연(几筵)기둥에는 금줄로 친 왼 새끼타래가 너덜너덜 바람에 부대끼고 있었고, 행랑채 한켠의 마굿간에는 여물통이 엎어진 채로 뒹굴고 있었다. 이런 휑뎅그래한 집에 그나마 사람이 살고 있다는 징조는 있었다. 그것은 궤연으로 쓰는 사랑방의 호지보다 더 새하얀 고무신 한 켤레가 가지런히 놓여 있는 것이 보였기 때문이었다. 병조는 긴뜨락을 가로 질러 선방돌 앞으로 걸어갔다. 선방돌 위에 놓인 고무신 안에는 먼지가 뽀오얗게 가라앉아 있었다.

* * *

길녀는 달구지꾼이 지소해 준 집 토담위로 고개를 삐줌하니 디밀어 올리고 울 안의 동정을 살펴보았다. 방 두 칸이 나란하게 붙어 있는 단집에 연기에 그을은 부엌이 딸린 일자집이었다. 부엌에는 거적문이 매달리고 거적문 곁 말코지에는 땟국 묻은 또아리가 댕그라니 걸려 있었다. 마당 한켠에 싸리로 엮은 어리가 패대기를 친 것같이 몰골없게 찌그러진 채 딩굴고 있었다. 토담을 의지하고 짓눌려 있는 삽짝문도 찌그러지긴 마찬가지였다. 방앞으로 낸 봉당에다 판자를 깔아서 툇마루로 쓰고 있었다. 그 툇마루에는 계집아이를 무릎 위에 엎어 뉘어놓고 머리칼을 헤집으며 서캐를 잡고 있었다. 이미 저녁끼니 지을 때가 맞춤한 시각이었건만 부엌에서는 군불지피는 기미가 없었다.

(민음사, 1986)

□ 김지원 「꽃을 든 남자 1」

그 외딴집은 고옥이었다. 낡았으나 기둥이 굵고 나무가 두꺼운 마루는 오랫동안 길이 잘 들어 있었다. 키 큰 나무가 무성한 잎으로 지붕 한 귀퉁이에 그림자를 던지고 있고 대문은 집 뒤로 지붕보다 높이 댕그라니 솟아 있었다. 화초가 잔뜩 피어 있는 뜰에서 보면 하늘을 뚫고 대문과 지붕이 솟아 있는 듯했다. 대문으로부터 집에 이르는 경사진 길은 돌계단이었다.

뜰에 복덕방 영감과 집주인 노인 내외와 함께 서 있는 남편의 뒤를 따라 여자는 돌계단을 밟아 내려갔다. 여름을 익히는 풍요로운 바람이 불고 매미와 쓰르라미가 울었다. 움직이면 사라져 버릴 것 같은 평화의 느낌이 일순을 찾아들어 여자는 계단 중간에서 잠시 발을 멈추었다.

여자는 눈을 한번 꼭 감았다가 다시 떴다. 채송화 봉숭아 맨드라미 분꽃 잔뜩 핀 저 뜰에서 순이를 데리고 놀리라. 지금 안집 주인애들이랑 소쿠리에 담긴 튀긴 옥수수를 마당에 둘러앉아 먹으며 엄마 아빠 오기를 기다리고 있을 어린 딸이 누구의 눈치도 볼 것 없이 여기 와서 이 넓은 마당과 이 계단을 아장아장 걸을 것을 생각하고 여자는 가슴이 기대로 부풀었다.

집값은 몹시도 쌌다. 기대하지도 않은 친척의 적은 유산을 들고 소망이던 집을 찾기 위해 그들은 발이 부르트도록 돌아다닌 터이므로 그 정도

값에 해당하는 집은 가 보지 않고도 곧 알 수가 있었다. 그 만한 위치에 그만한 크기의 집이 그 값이라면 거의 살기가 불가능할 거라고 상상을 했었다. 그러나 지금 여자의 눈앞에 있는 집은 여자의 눈에 낙원이었다. 집의 한 귀퉁이에는 호수만큼 큰 자연의 연못이 있었다. 그 연못은 그쪽의 울타리 역할을 하여 집은 삼면만 담이 둘러 있었다. 연못은 푸르다 못해 검고 축축한 숲으로 이어 있었다. 연못물은 더러웠다.

(세계사, 1989)

□ 김원우 「산비탈에서 사랑을」

우리집은 그 먹자골목의 한가운데 있고, '느티나무집'으로 통한다. 한가운데에 두 짝 여닫이 나무 대문이 달려 있던 우리집의 행랑채는 삼거리를 끼고 있어서 목이 좋다. 5년쯤 전부터 그 행랑채는 거죽만 깔끔한 2층짜리 삼계탕 전문 식당이 되었다. 그 통에 슬래브집이었던 안채가 너무 푹 꺼져버려서 그것도 이층으로 올렸다. 남쪽에 있던 대문이 없어졌으므로 개구멍 같은 철제 출입문을 동쪽에다 뚫었는데, 들락일 때마다 삼계탕 손님들이 질금거리는 오줌발 소리가 들린다. 나와 현숙이는 가건물 같은 이층에서 거실을 함께 쓰고, 계단을 중심으로 양쪽에 붙은 방 하나씩을 차지하고 있지만, 그 주거 공간만큼이나 널찍한 옥상에는 광과 변소가 혹처럼 불거져 있다. 그 변소는 내가 독차지한다. 현숙이는 알궁둥이를 보란 듯이 까내 놓는 기분이어서인지 아래층에 있는 화장실을 사용한다. 아래층에는 대청을 사이에 두고 큰방과 건넌방이 있고, 입식 부엌으로 개조한 큰방 옆의 명색 주방에는 화장실을 다라 났다. 요컨대 80년대 말에 우리집은 대문 옆에 달렸던 재래식 화장실을 없애고 수세식 화장실 세 개를 만드느라고, 흉물 중의 흉물이 되고 말았다. 그나마 다행한 게 있다면 예전의 재래식 옥외 화장실 앞에 우람하게 버티고 있던 아름드리 느티나무를 나의 강권으로 고이 보존한 사실이다.

(강, 1997)

□ 김채원 「달의 몰락」

찾아들어 간 레스토랑에도 역시 날빛보다 더 화안한 빛이 가득 차 있었다. 크지 않은 아기자기한 공간에 몇 개의 식탁과 의자가 있고 깨끗했는데 오렌지 같은 빛이 그 안에 가득 감돌고 있었다. 식탁보나 꽃병에 꽃혀진 꽃에 오렌지빛이 있는가 D는 유심히 살폈지만 실제 오렌지색은 없었다. 거울은 바깥 길과 바다를 반사하고 있었다.

* * *

눈앞에 고대 그리스의 영광을 상징하는 파르테논 신전이 도리스식 석주에 둘러 쌓인 채 웅장한 모습을 드러내고 있다. (가로 31미터, 세로 70미터, 기둥 높이 10미터). 이 신전은 장장 15년이 걸려 기원전 483년에 완공되었다. 아테네의 수호신인 아테나를 제사지내던 파르테논 신전은 시내 어디서나 볼 수 있는데 모두 가공 대리석을 이용해 지어서 멀리서 보아도 장중하고 냉엄한 느낌이 든다. 그러나 막상 가까이 가서 보면 부드럽게 느껴지는 것은 2,500년 전의 장구한 역사 때문일는지.

(청아, 1995)

□ 김채원 「애천」

산동네는 피난민들이 들어와 지은 판잣집들로 이루어져 있다. 처음 엉성하던 집들이 차차 온돌을 놓고 마루를 늘리고 기와를 올리며 다부지게 집을 만들어 나갔다. 이제는 판잣집 같지 않은 여러 칸의 방과 뜰에 화초를 심은 집들도 보였다.

(청아, 1995)

□ 김채원 「오월의 숨결」

천장에는 비가 새서 도배지들이 너덜거렸고, 도배지가 붙어 있는 곳도 진흙이 내려앉아 그 무게를 감당 못해 곧 터뜨려질 듯했지요. 도배지가 터져 버린 곳에서는 진흙물이 줄줄 흘러내려 방 안에는 늘 물통, 대야 같은 것들이 주렁주렁 놓였지요.

(동아, 1995)

□ 김홍신 「누가 천사를 쏘았는가」

철컥하더니 대문이 열렸다. 마치 철대문이 잠기듯 하는 소리였다. 조심스레 문을 닫고 돌계단을 따라 올라갔다. 넓은 정원에는 꼭꼭 지푸라기로 여민 정원수들이 꽤나 많았다. 색 바랜 잔디마당도 꽤나 넓었고 한 쪽 구석에는 분수대까지 자리잡고 있었다. 한눈에도 만만치 않은 규모라는 걸 알 수가 있었다. 돌멩이 박은 잔디밭 옆길은 오솔길마냥 꾸며져 있었다. 그 길을 따라가면 현관이 떠억 버티고 서 있어 집안 분위기가 어떠하다는 걸 느낄 수 있었다. 현관이 저절로 열렸다. 대리석으로 꾸며진 현관에도 값진 장식이라는 걸 대번에 알 수가 있었다.

(청맥, 1990)

□ 김홍신 「칼날 위의 전쟁 1」

멀리서 보던 것보다는 외관이 허름하게 생긴 별장이었다. 잡초도 많고 아무렇게나 자란 덩굴식물들이 창문이고 지붕이고 가리지 않은 채 멋대로 자라 있었다. 관리인이 기거하는 관리사가 오히려 사람 사는 집처럼 정돈되어 있었다. 잔디밭 건너의 수영장엔 물 한방울도 없는 것이 집주인이 자주 이곳에 오지 않는 듯 했다.

덩치에 비해 순박해 보이는 커다란 개 두 마리가 관리 사 앞에서 낯선 사람들을 보고 컹컹 짖어댔다. 허름한 겉모습에 비해 별장 내부는 호사스럽게 꾸며져 있었다. 장식장에는 제법 오래 된 자기류와 골동품들이 얹혀 있었고 벽에 걸린 고서화며 장식 대에 올려져 있는 조각품들이 여느 작품 같지는 않았다.

주인이 내려온다는 기별을 받은 탓인지 화병에는 싱싱한 장미와 안개꽃이 한 아름 꽂혀 있었다.

(해냄, 1996)

□ 계용묵 「장벽」

그리고 어린 자식 두 남매를 이끌고 옛 소굴을 떠나 자기네의 존재를 모르리라고 인정되는 사십 리 밖인 이 촌중 끝 빈 주막의 쓰러져 가는 한 채의 오막살이를 있는 세간을 다하여 사 가지고 바로 지난 가을철에 이리로 이사를 왔던 것이다.

(학원, 1994)

□ 문순태 「흰 거위산을 찾아서」

탱자나무 울타리에 빨간 슬레이트 지붕의 첫들머리 집은 휑하게 비어 있었다. 방 문짝이 떨어지고 벽 한쪽이 뻥 뚫려 있었다. 폐가가 다 된 것을 보니 사람이 살지 않은 지 오래된 듯 싶었다. 황갈색 겨자 색깔의 먹감이 주절주절 열린 두 번째의 감나무집 역시 사람이 살지 않았다. 맨 웃머리, 두태며 참깨, 고추를 골고루 심어놓은 널따란 밭 귀퉁이 초록빛 슬레이트집만이 사람이 살고 있었다.

(실천문학사, 1997)

□ **민병삼 「화도 (상)」**

집이래야 삐딱하게 기울어진 세 칸 방 초옥이고 허물어진 돌각담에 얼기설기 엮은 삽짝문이 전부였다.

* * *

둔덕 중간중간에 하나같이 초라하기 짝이 없는 가옥이 폐가의 모습으로 들어앉아 있었다. 그런 집에 사람이 살고 있으리라고는 짐작할 수 없을 정도로 낡고 허물어져 밤에는 결국 귀신이나 들락거릴 것이 틀림없다는 단정을 내리는데 부족함이 없는 모양새였다.

* * *

집은 그리 화려하지 않았으나 후원이 매우 아름다웠다. 각종 화초 등 관상수들이 빼곡하게 들어차 있는 가운데 팔뚝만한 잉어들이 한가롭게 노닐고 있는 연못도 있어 그 정취가 매우 아름답고 그윽하였다.

(아세아미디어, 1997)

□ **민병삼 「화도 (중)」**

눈을 소복하게 이고 있는 노인의 초옥은 형편없이 초라하였다. 눈의 무게를 이기지 못해 곧 주저앉고 말 것같이 보였다. 주위에 듬성듬성 자리잡고 있는 이웃의 초가들도 궁색하게 보이기는 마찬가지였다.

* * *

가옥들은 마치 불기둥으로 사정없이 두들겨 맞은 것처럼 처참하게 주저앉아 있었다…(생략)…불에 탄 기둥과 서까래 따위가 숯이 되어 새까맣게 뒹굴고 있었고

* * *

납작하게 들어앉은 이용후 집이 마치 눈에 파묻힌 것처럼 지붕만 겨우 보였고 허물어진 돌각담에 얼기설기 엮은 삽짝문은 그 사이 풍우에 시달려 곧 없어지고 말 것처럼 아슬아슬하게 겨우 지탱만 하고 있었다.

(아세아미디어, 1997)

□ 박경리 「토지 1」

행랑에 묵고 있던 마름들은 해 떨어지기 전에 나귀를 타고 대부분 돌아갔다. 절간의 부엌만큼 넓은 최참판 댁 부엌은 한산해졌다. 간조(干潮)의 바닷가처럼 집안은 휑뎅그렁했다. 어젯밤만

해도 행랑과 부엌 쪽은 밤늦게까지 붐비었다. 상전의 성미도 성미려니와 가족이 적은 적적한 집안이어서 많은 하인들의 행동거지는 조용하게 길들여져 있었으나 워낙 어수선하여 객식구들이 떠난 뒤에도 밤늦게까지 일은 끝나질 않았다. 겨우 고방 문들이 닫혀지고, 쇠통이 채워지고, 열쇠꾸러미가 안방으로 들어가고 이리하여 하루 일이 끝난 것이다. 부엌일은 다소 더디었다. 몸살이 난 참모는 먼저 방에 들어가고 연이가 혼자서 달그락거리며 뒷설거지를 하더니 한참 후 달그락거리던 소리는 멎고 부엌의 불이 꺼졌다. 다음은 계집종들 방의 불이 꺼졌다. 마지막에 윤씨가 거처하는 안방, 봉순네 방에서 거의 동시에 불이 꺼졌다. 집안은 쥐죽은 듯 괴괴해졌다. 시월 중순의 달은 한쪽이 조금 이지러져서 뎅그렇게 떠 있었다. 그늘이 짙은 집채 모퉁이마다 무섬증 나는 냉기가 돈다. 행랑 구석진 방에서 죽을 날을 기다리는 늙은 종 바우의 앓는 소리가 간간이 들려온다. 그러면 역시 늙어서 꼬부라진 간난 할멈이 남편 곁에서 슬퍼하는 넋두리가 들리곤 했다.

* * *

까대기, 외양간이 있는 아래채와 기우뚱한 위채가 마주보는 용이 집 지붕은 햇빛을 받아 한결 싱그럽게 보인다. 바람에 견디게끔 새끼로 엮어

단속이 잘 되어 있었다. 다만 돌과 진흙을 친 울타리의 용마름이 너절했다. 지난 가을, 아니 그 전의 가을에도 이엉을 갈아 씌우지 않았던 용마름의 짚이 썩어서 문적문적 무너지고 그 용마름 위에 마른 박 덩굴이 얽혀서 바람에 흔들리고 있었다. 용이 게을렀던 탓이었던지 아래위채 지붕을 덮다 보니 짚이 모자라서 그랬던지, 그 정도의 짚이라면 이웃에서 꾸어다 집 단장을 끝맺을 수도 있었겠는데, 부엌 쪽의 흙벽 역시 뼈대로 친 수수깡이 앙상하게 드러난 것을 보면 아무래도 용이의 무관심한 탓인 듯 싶다. 부엌 벽에는 마른 약쑥이랑 무청 말린 것이 걸려있다. 그것도 울타리 용마름에 얽힌 박덩굴처럼 흔들리고 있었다.

(지식산업사, 1979)

□ 박경리「토지 Ⅱ」

챙겨놓은 짐을 하인들이 제가끔 행랑으로 옮기고, 그리하여 해가 넘어가기 전에 뒤채는 비게 되었다. 이튿날부터 윤보와 화개에 있는 대목을 불러다가 집수리가 시작되었는데 본시 뒤채는 대숲 근처에 사당이 있어서 사당 가까이 별채로서 지은 집이며 지금 채마밭이 되어 있는 곳은 뜰이었었다. 워낙 식솔이 적어 퇴락한 채 비워둔 집을 김서방 댁이 들고 부터 집 꼴은 더욱 험하게 되었으나 하인이 거처할 성질의 집은 아니었다.

(지식산업사, 1979)

□ 박경리「토지 Ⅳ」

작은 창문에 쇠 덧문이 달린 벽돌집들, 벽돌 빛깔도 그렇고 쇠 덧문의 녹슨 빛깔도 그렇고 우중충한 길하며 암울한 것, 음산한 분위기다. 겨우 마차 정도는 드나 들 수 있는 길 폭인데 송장환이 약도를 그려준 대로 길상이 찾아 간 집은 이웃과 비슷한 눈에 별로 띄지 않는 건물이었다. '아무래도 조선인이 사는 집 같진 않아' 주변을 둘러본다. 이층집도 군데군데 있어서 마치 벽돌더미의 계곡으로 들어선 것 같다. 육중하고 어둠침침한 느낌, 그러나 집들은 비교적 깨끗했고 지나가는 행인도 드물었으며 중류 정도의 사람들이 사는 곳인 듯 하다. 잿빛 지붕의 골이진 기왓장에는 으스름 저녁 빛이 묻어오고 있다.

(지식산업사, 1979)

□ 박경리 「토지 Ⅴ」

울타리가 없기로는 이십 여 년 전과 마찬가지다. 그때와 다른 것이 있다면 거름더미 옆에 한 그루 있던 살구나무가 없어진 것, 찌그러져 가는 오막살이는 그러나 해마다 지붕의 이엉은 갈았을 것이며 더러 썩은 기둥도 갈아 끼웠을 테지만, 그새 사람이 살았으니 망정이지 외딴 곳에 하나 있던 윤보 목수의 오두막처럼 흔적도 없어졌을 것을. 살인 죄인의 아낙 함안댁이 살구나무에 목을 매 죽은 바로 그 장소 인 것이다. 왕시 마을 사람들이 건성으로나마 김위관댁이라 부르기도 했었던 이 집에는 아직도 지난 사건들이 그 잔해를 거두지 않고 있는 것인가. 넉넉한 구석이라곤 없어 뵈는 마당에 칡덩굴로 엮은 어리 하나가 엎어져 있고 어리 빈속에서 삐약거리는 병아리 이외 인적기가 없다. 해는 기우는데 행로에 익숙한 몸짓의 사내가 울타리 없는 마을에 성큼 들어선다.

* * *

근태네 집 앞에 와서 홍이는 걸음을 멈춘다. 키 높이 만한 사립문, 머슴 식구들이 사는 오막살이 담 벽에 잇달린 사립문은 닫혀져 있었다. 엉성한 틈새를 비집고 손을 넣어 문고리만 빼면 들어갈 수 있다. 불빛이 새나온다. 달빛 때문에 희미하게 빛이 새나오는 근태의 거처방을 우두커니 서서 바라보다가 사립문을 민다. 여남은 평의 길다란 마당은 머슴 집 흙벽담에 가려 있고 흙벽담 맞은켠에 마루가 붙은 방, 섬돌 위를 살핀다. '혼자서 와 여태 안 자는고?' 열 때마다 소리가 요란한 대문은 근태가 거처하는 바깥사랑 왼편에, 제법 웅장하게 보인다. 대문을 열고 들어가야 하는 안사람은 대문 왼편이다. 바깥사랑, 안 사랑하니까 대단한 집 규모 같지만 기와집은 아니었다. 명실 하게 높은 아래 위채 두 동과 고방이 초가인데 근태가 거처하는 소위 바깥사랑이란 본시는 머슴방이었던 것을 머슴식구가 불어나면서 오막살이로 나가고 근태의 공부방이 된 것이다. 근태의 부친 허상안은 낫 놓고 기억자도 모르는 자수성가의 부농이다.

(지식산업사, 1980)

□ 박경리「파시(波市)」

집안에는 아무도 없는 모양, 노파 한 사람이 집을 지키고 있는 것 같다. 없는 것은 사람뿐만이 아니다. 집안에는 세간조차 아무 것도 찾아볼 수 없었다. 벌레가 먹어서 곰보처럼 구멍이 뚫리고 칠을 한 흔적도 없는 낡은 기둥과 넓은 마루, 기왓장에는 이끼가 끼어 있고 우묵하게 풀이 돋아나서 뱀이 대가리를 내밀 것만 같다. 꽤 큰집인데 이삿짐을 실어 내가고 비질을 싹 해버린 것 같이 쓸쓸하다. 냉기가 휑하니 돈다. 오래 묵은 집이어서 더욱. 찝찔한 바닷바람이 집 뒤의 솔밭을 스치고 지나가는 소리가 싸하고 들려온다. 미륵도의 높은 봉우리를 사이에 둔 바다와 하늘은 푸르고 황홀하게 아름다웠지만 물결치는 소리는 이곳까지 들려오지 않았다.

서울댁은 부채질을 하면서 작은방 쪽을 힐끔 쳐다본다. 방문이 조금 열려 있었는데 그 안에 무슨 짐짝 같은 것이 쌓여 있는 것 같다. 노파는 뒤안의 채마밭에서 작은 바구니에 고추를 따 가지고 돌아 나온다.

(지식산업사, 1979)

□ 박경리「김약국의 딸들」

봉룡의 집은 완전히 폐가가 되어 버렸다. 잡풀이 우거진 뜰은 쑥대밭이 되었고, 담은 허물어져 뱀과 두꺼비가 드나들 뿐이다. 지난날의 피비린내

나는 사건이 없었다 하더라도 그 집은 마을과 외떨어져 있었고, 문전에 백년을 묵은 느티나무가 있는 데다. 솔바람 소리가 그치지 않는 안 뒤 산의 짙은 숲이 있다. 으시시 떨리는 곳이다. 구름이라도 끼는 날이면 더욱 그렇다.

(나남, 1993)

□ 박경리 「시장과 전장」

고리짝과 이불만 있는 빈 방, 맞은편에 장지문이 또 하나 있다. 그 장지문으로 해서 밖으로 나갔을 때 수채 구멍의 물 썩는 냄새가 코를 찌른다. 하수도가 메워져 수도주변에는 물이 질척질척 괴어 있었다.

(중앙일보사, 1987)

□ 박계주 「순애보」

혜순은 우물이 패이는 볼에 미소를 담으며 이야기를 계속 한다.
"폭포 떨어지는 곳에서 산굽이를 돌아 나오면 양잠하던 집 한 채가 있는데, 아마 집 주위에 뽕나무가 많은 때문인가봐요. 인가라고는 한 채도 없고 그 집마저 지금은 비어 있어서 동화에서 듣던 도깨비의 집 같아 좀 무시무시한 기분을 일으켜 주는 데다가, 어두워서 그 집에 이르러 방안에 촛불 켜들고 들어서자 머리를 툭툭 다치며 방안을 이리 날고 저리 나는 것이 있는 것 아니겠수. 나중에 알고 보니 박쥐들이 놀라서 어쩔 줄 모르며 날아 돌아가는 판이었어요."

(어문각, 1984)

□ 박상우 「돌아오지 않는 시인을 위한 심야의 허밍코러스」

'문통'—우리들이 흔히 그렇게 축약해서 부르는 그 집은 참으로 대한민

국에선 그 유래를 찾아보기 힘들만큼 괴이쩍은 구석이 많은 술집이었다. 광화문통 뒷골목의 다 쓰러져 가는 기와집 뒷마당을 베니어 합판으로 뚝딱거려 칸을 만들고, 집 대문에다 흰 페인트를 칠해 그걸 그대로 출입문으로 삼고, 방으로 쓰이던 서너 평짜리 공간에다 탁자 두어개 놓고, 그 비좁은 공간의 한쪽 구석에다 술과 안주 담은 아이스박스 하나 놓고, 그리고는 소주로부터 양주에 이르기까지 '모든 종류의 마실 것들'을 팔면서, 그러면서도 그 술집의 종류에 관해서 만은 끝끝내 '카페'이기를 고집해, 흰 페인트로 도색한 철문 위에다 굳이 'cafe 문학통신'이라고 쓴 창호지를 내붙여 놓은 집-그 집이 바로 그런 전대미문의 주막이었던 것이다.

(중앙일보사, 1996)

□ 박일문 「아직 사랑할 시간은 남았다」

이십 평이라고 광고 난 오피스텔은 열 평밖에 되지 않았다. 그리고 너무 비쌌다. 오피스텔은 경제성을 위해서 머리를 엄청 돌린 것 같은 인상이 눈에 띄었다. 화장실은 한 사람이 들어서며 숨쉴 공간조차 없었다. 보도 하나를 사이에 두고 닭장들이 다닥다닥 붙어 있었다.

(민음사, 1995)

□ 박완서 「꽃을 찾아서」

그의 집은 바깥채는 초가고 안채는 기와집인 전형적인 송도 가옥이었다. 안뜰은 희고, 마루는 길이 잘 들어 거울처럼 번들댔다. 화강암이 부서져서 된 그 고장 특유의 토질은 도시전체를 조용하고 정결하게 보이게 했지만 그 날 그 집 안뜰은 유난히 희게 보였다. 마치 송악산에서 몇날 며칠 마련한 당목을 길길이 펴놓은 것 같았다. 부엌 앞 긴 돌엔 치자나무 화분이 마련한 당목을 길길이 펴놓은 것 같았다. 부엌 앞 긴 돌엔 치자나무 화분이 놓였었고 동쪽 담장 밑엔 국화꽃이 만발해 있었다. 기둥 서까래까지 매일 기름걸레질을 하는가 싶게 손이 골고루 가보였지만 꽃밭만은 되는대로 내버려둔 양 국화가 마구 덤불을 이루고 엉클어져 피어 있었다. 송이가 꼭 교복 단추만 하면서도 꽃잎의 숱이 많아 도톰하고 빛깔이 담백한 토종국화는 그 집뿐 아니라 그 고장에 지천으로 흔한 것이었음에도 불구하고, 나는 오늘날까지도 토종국화 하면 그 날 그 집 마당의 국화 덤불을 떠올리곤 했다.

(창작과비평사, 1996)

□ 박완서 「그 산이 정말 거기 있었을까」

근숙이 언니 혼자서 찾아 낸 허 사장네는 솟을대문이 드높은 조선기와집이었다. 그러나 안마당에 들어서자마자 보통 살림집하고는 인상이 달랐다. 사랑채에 딸린 툇마루 밑엔 여남은 켤레나 되는 고무신과 운동화가 어지럽게 흐트러져 있었고, 그 안에서는 여러 대의 재봉틀 소리가 들들대고 있었다. 추녀 밑에도 울긋불긋한 옷감이 두루마리 피륙 째로 쌓여 있었고, 큰 상자 속에 꾹꾹 눌러 담은 허섭스레기도 온통 마름질하고 남은 조각들이어서 어수선해 보였다. 그러나 댓돌 위에 높이 솟은 안채는 조용하고 위엄이 있어 보였고, 육 칸 대청의 살림살이는 으리으리하고 반질반질 기름이 흘렀다.

(웅진, 1996)

□ 박종화 「민족」

새 대절의 왕비 처소는 건천궁 곤령합(坤寧閤)으로 정해졌다. 주란화각(朱欄畵閣) 점점이 흐터진 속에 백대의 왕비가 게게승승 계실 집이라 해서 가장 힘 드려 지은 전각이다. 단청은 새로웁고 나무는 향기로웠다. 아로삭인 부연에 첨하는 날을 듯이 학의 날개를 벌렸고 익랑(翼廊) 월대(月擡) 다듬은 돌은 곱고 희어서 화강석이언만 대리석보다도 아취가 높았다.

담마다 수를 놓아 채색이 연연했고 문에다 홍예를 틀어 현관에 달았다.

활짝 트여진 너른 뜰 앞엔 푸른솔 푸른대가 어우러진 속에 울부짖듯 붉은 빛을 뿜는 연연한 외단풍이 더욱히 신기했다. 고석이 높이고 반석이 주저앉고 시내가 졸졸거렸다.

북창을 열어제치면 푸른 비단을 간듯한 후원 록산(鹿山)이 보였다. 백 걸음마다 정자요 천걸음 마다 별궁이었다. 옥 같은 샘물은 용솟음치고 고요한 못물엔 고기가 뛰었다. 황새는 명당을 찾아 기어들고 기이한 산새는 절기를 바꾸어 넘나들었다. 모두다 대원군이 정력을 다하야 지은 집이다.

* * *

가을 바람이, 소슬하여 낙엽 굴르는 소리만 들리는 밤 기러기는 울부짖고 싸늘한 서릿발은 기왓장을 뚫어 찬 기운이 살 속으로 슴여들 때 이부자리는 차거웠고 벼개는 외로웠다.

(계용묵 『문장사전』, 1953)

□ 박태순 「낯선거리」

적당히 블록으로 칸을 막아 가면서 닭장 짓듯이 잇달아 지은, 겉으로 보자면 길다란 엉터리 강당과 같은 모습이었다. 또는 반듯하게 죽어 있는 길다란 뱀과 같은 형국이었는데, 그렇게 본다면 형형색색의 비늘을 가지고 있는 이 뱀은 세 마리가 될 것이다. 즉 세 줄의 가동이 개울 이쪽을 달리고 있었는데, 뱀의 비늘이라고나 할 가동의 옆구리에는 먼저 복덕방이라든가, 막걸리 집, 상점들이 들어차기 시작했다. 그 내부를 볼 것 같으면, 방의 골격을 갖춘 것 세 개마다 부엌 형태가 하나씩 달렸고 그것이 엉성하게 하나의 가옥 형태를 이루고 있었다.

* * *

해방촌은 남산 뒤통수에 있었지만 이 아파트는 남산의 앞이마빡쯤 되는 기슭에 세워져 있다. 그런데 이 목조 건물은 남산 기슭의 낭떠러지에 묘하게 그 건물의 몸체를 기대 놓고 있다. 이러는 말은 이 건물의 삼층으로 오르자며 현관으로 들어서 계단을 통하여 저 아래층에서부터 걸어 올라 올 수가 있지마는 또한 삼 층의 복도를 곧바로 걸어 건물 밖으로 나갈 수가 있다. 이 건물이 기대어 있는 남산의 벼랑이 삼 층과 닿을 수가 있는데 그 벼랑에는 돌계단이 만들어져 있어 저 아래 비탈길 쪽으로 내려가게 된다.

*　*　*

영월옥은 새까맣게 먼지에 뒤덮여 있는 슬레이트 기와집이었다. 애초에는 초가집이었던 것을 지붕만 바꾼 것이 아닌가 싶었다. ㅁ자꼴의 마당에 다시 푸른색 슬라이브로 지붕을 덮었고, 네 개의 구공탄을 넣게 된 부뚜막을 시멘트로 만들고, 그 앞에 오리의자를 주르르 놓아 술도 팔고, 국물도 팔게 돼있는 그러한 식당이었다.

(나남, 1989)

□ 서영은 「틈입자」

철컥 하는 쇳소리를 내며 대문은 양쪽으로 갈라졌다. 갇혀 있던 한 가정의 썩는 냄새가 울컥 밀려왔다. 그것은 대문간에서부터 현관에 이르는 길에 쪽 고른 간격으로 놓인 하얀 디딤돌, 전문가의 손에 의해 일정한 모양으로 전지된 정원수, 담쟁이덩굴, 말갛게 닦인 유리창 너머로 흔들거리는 커튼, 현관의 새하얀 타일 바닥, 가지런히 놓여 있는 신발, 그리고 기름 먹인 호두 껍질처럼 반들거리는 마루로부터 풍겨 왔다.

(둥지, 1997)

□ 서정인 「물결이 높던 날」

　그의 아버지 집은 냉천동에 있었다. 하얀 양회의 높은 담벽 앞에 섰을 때 그의 가슴은 얼마나 두근거렸던가. 철조망이나 유리조각들로 무장되지 않은 그 담벽을 그는 어디선가 똑 본 것만 같았다. 푸르스름한 대문 상단에 초인종의 단추가 있었다. 조그마한 뜰을 격하여 작지만 깨끗한 이층 양옥이 다사로운 햇볕 속에서 하얗게 빛나고 있는 것이 문틈으로 들여다 보였다.

(동아, 1995)

□ 서하진 「책 읽어주는 남자」

　하얀 벽에 붉은 지붕. 혹은 벽돌이 총총한 벽 한가운데 흰 창살이 우아한 집들은 저마다 이름도 아름다운 러브호텔들이었다. 파라다이스, 강변, 풍차, 목신의 오후, 진달래꽃, 첫사랑, 미라보 다리, 샤갈의 마을…… 건물들은 차례로 명희 앞으로 다가와 인사를 할 것 같았다. 부인, 이런 곳에 웬일이십니까? 어서 들어오세요, 모르는 세계를 보여드리지요. 상우가 차를 세운 것은 긴 굽이를 내려간 곳에 자리잡은 동화 속의 성같이 예쁜 집 앞이었다. 힐 하우스라는 이탤릭체 글씨의 간판이 조그맣게 매달린 문을 지나자 꾸르륵 꽉꽉, 새소리가 들렸다. 높다랗게 매달린 은빛 새장 안에 무지개처럼 화사한, 앵무새를 닮은 새가 명희를 내려다보았고 작은 연못에는 유유히 헤엄을 치는 금빛 물고기들이 있었다.

(문학과지성사, 1996)

□ 선우휘 「망향」

　댓돌도 백년래의 그대로여서 거무스레하게 변색해 있었고 군데군데 이끼가 끼여 있었는데 추녀에서 떨어지는 낙수가 오랜 세월을 삭여서 깊숙한 것은 거의 어른의 약손가락이 닿고도 깊이의 구멍이 뚫려 있었다.

* * *

집 모양이 같다는 것뿐만 아니라 지은 지 한 달이 넘지 않은 신축이면서 그것이 몹시도 낡아 보여 너절하게 느껴지는 것조차 비슷하지 않은가.

그리고 나는 알고 있었다. 디근자 집의 서쪽 한 끝에 달라붙어 있는 시골 식 뒷간의 짚으로 둘러싼 울타리 밑의 한 귀퉁이에 나 있을 개구멍을……

그것마저……

집으로 가까이 다가갈수록 나의 감회는 전신을 스치는 파상적인 소름으로 나타났다.

늪을 끼고 도는 좁다란 길이라든가, 개천에 놓인 나뭇조각을 새끼로 묶은 징검다리라든가, 그 조금 밑에 가서 웬만큼 물이 웅덩이라든가, 아아, 그리고 기울어진 외양간의 기둥…….

그 속에 송아지 한 마리가 고삐로 말뚝에 매어져 있었다.

마당에 들어서자 나는 한가운데 버티고 서서 둘레를 한번 휘 둘러보았다.

지붕을 얹은 기와는 새 기와가 아니었다. 어디서 구해 왔는지 추녀도 낡은 양철이었다.

벽이란 벽은 모두 흙으로 발라 있었고 집 한 모퉁이에 굵다랗게 올라간 굴뚝도 흙으로 빚어져 있는데 그 꼭대기는 무슨 상자를 올려놓은 양 나뭇조각으로 엮어져 있었다. 대청이란 것은 없고 댓돌 위 높다란 장소에 나무평상이 놓여 있고 문이란 문에는 모두 우악스러운 쇠고리가 달려 있었다.

(어문각, 1975)

□ 손창섭 「비오는 날」

한 쪽 귀퉁이에 버티고 있는 두 개의 통나무 기둥이 모로 기울어지려는 집을 겨우 지탱하고 있었다. 기와를 얹은 지붕에는 두세 군데 잡초가 반 길이나 무성해 있었다.

(민음사, 1953)

□ 송기숙 「은내골 기행」

돌담 너머로 집터를 건너다보았다. 장광같은 것은 그대로 있고 집만 폭삭 가라앉아 있었다. 마루방으로 짐작되는 곳에 항아리가 몇개 재를 뒤집어쓰고 있을 뿐 다른 것은 형체도 알아볼 수 없었다.

(창작과비평사, 1996)

□ 송기숙 「고향 사람들」

손주 둘에 아들 내외에다 영감 내외까지 내리 삼대 여섯 식구가 궤짝만한 방구석에서 겨울 들쥐들처럼 오물거리며 밤에는 방바닥에 등짝도 제대로 대지 못하고 칼잠을 잤다.

* * *

집은 삼간짜리 오두막이었으나 뼈대가 실해서 나중에는 비록 까대기일망정 방 한 칸을 더 달아냈고 집터서리에 우거진 수풀을 전부 걷어낸 다음 담을 쌓아놓으니 대밭에 싸안긴 울안이 한결 아늑했다.

(창작과비평사, 1996)

□ 심훈 「상록수」

삼천원이나 들여서 새로 지었다는 집은 네 귀가 반짝 들렸는데, 서까래까지 비둘기장처럼 파란 펭키질을 하였고, 분합마루 유리창에는 장미꽃무늬가 혼란한 휘장을 늘여쳤다. 마당은 그다지 넓지 못하나 각색 화초가 어울려져 피었는데, 그 중에도 이름과 같이 청초한 옥잠화 두어 분은 황혼에 그윽한 향기를 풍긴다.

*　*　*

그랬건만 다 지어 놓고 보니, 곁눈에 번듯하게 띄지는 않아도 거의 이백 명이나 되는 아이들을 수용할 수가 있게 되었고, 엄부렁하게나마 헛간으로 슬 모 채까지 세웠는데, 안으로 들어가 보면 사무실, 도서실까지 오밀조밀하게 꾸며 놓았다. 도서실에는 기만이가 사서 기부한 농업 강의록과 농촌 운동에 관한 서적이 오륙십권이나 되고 동혁이가 보는 일간 신문과 회원들이 돌려보는 <서울신보> <농민순보> 같은 정기 간행물이며, 각종 잡지까지 대여섯 가지나 구비되어서, 회원들이 조금만 틈이라도 나면 언제든지 모여 와서 새로운 지식을 얻고, 세상이 어떻게 돌아가는 형편을 짐작할 수 있도록 차려 놓았다.

(청목사, 1992)

□ 안장환 「산그늘」

통나무로 얽어서 지은 움막은 작은 방 한 칸과, 그 옆으로 부엌이 딸려 있었다. 부엌의 식사용 집기라든가 방 안의 살림은 바로 원시인적인 생활 모습 그대로였다. 움막 벽에는 여러 가지 짐승의 가죽들이 걸려있고, 앞뜰의 밭에는 채소가 자라고 있었다. 그리고 저만큼 바위 밑에서는 샘물이 졸졸 흘러 내려오고 있었다.

(신원문화사, 1996)

□ 양귀자 「모순」

5월의 밤은 아름답다. 어제 내린 비로 밤 하늘은 모처럼 총총 빛나는 별을 보여 주고, 먼 곳에서 흘러오는 라일락 향기는 너무 진하지도, 너무

연하지도 않아 이 밤의 그윽함을 더해 준다. 다닥다닥 붙어 있는 작은 평수의 집들. 당연히 마당이라고 해야 손바닥만한 넓이가 고작인 우리 동네 담장에는 이상하게도 라일락 나무가 많다. 볼품없는 맨 가지로 서 있을 때는 눈에도 띄지 않다가 늦봄이 되어 레이스 같은 보랏빛 꽃송이들이 매달리기 시작하면 향기와 함께 누추한 골목길을 환하게 만들어 주는 라일락. 그러나 우리 집 마당에는 한 그루도 없는 라일락.

크리스틸 화병을 내밀면서 라일락을 말하던 이모 집 정원에도 라일락이 없다. 이모 집만이 아니고 그 동네 담장 위로 확인할 수 있는 잘 사는 집 정원의 수종(樹種)에는 특별한 경우가 아니고는 라일락이 포함되지 않는다. 라일락은, 그 화사한 자태와 향기와 멋들어진 이름에도 불구하고 부잣집 정원에 선택되지 않고 초라한 마당의 한뼘 땅에서 더 많이 생존한다. 초등학교 5학년 이후 나는 봄이 오면 늘 라일락을 주목해 왔다. 내가 나무라면 나는 라일락이고 싶다고 생각하기도 했다. 그런데, 거듭 말하지만 우리 집에는 한 그루의 라일락도 없다.

그렇게 말하면 누군가 물을 수도 있겠다. 그럼 어떤 나무가 있냐고 나무는 없다. 아니, 나무가 없는 것이 아니라 마당이 없는 것이다. 대지 27평, 건평 17평인 우리 집은 이 동네에서도 가장 작은 집이다. 우리 가족은 십 년 이상 이 동네에서 전세로 맴돌다가 마침내 석 달 전에 이 집으로 이사를 오게 되었다. 결혼 27년 만에 처음으로 가져보는 어머니의 집이었다.

"그러니까 엄마는 꼭 일 년에 꼭 땅 한 평씩 장만 한 셈이네. 더도 말고 덜도 말고 꼭 일 년에 땅 한평씩만."

결혼 27년과 대지 27평을 비교하여 이런 공식을 계산해 낸 것은 진모였다. 어머니는 기쁨에 겨워 아들의 비웃음도 아랑곳하지 않았다. 오히려 통쾌하게 그 공식을 이렇게 발전시켰다.

"그럼 가만히 있어도 십 년 후에는 열 평이 더 늘어날 테고, 이십 년 후에는 스무 평이 더 늘어날 텐데, 이제 고생 끝이다."

(인생이란 더하기만 있는 것이 아니라 까먹기도 있다는 사실을 어머니는 아마도 이렇게 표현했을 것이었다. 어머니만큼 뺄셈에 능숙한 사람이 어디 있으랴. 양말을 팔고 메리야스를 팔고 나중에는 세수 수건까지 다 팔았지만 남는 돈이 온전하게 어머니의 주머니로 들어가는 경우는 거의 없었다. 남편이 빼가고 아들이 빼가고 하다 못해 야속한 세상까지도 어머니의 돈을 빼앗아 갔다. 물론 나도 빼앗아 갔다……)

몹시도 작은 집이지만, 이 집으로 이사를 온 후 나와 진모는 비로소 방다운 방 하나씩을 차지 할 수 있었다. 대문에 들어서면 오른쪽부터 진모 방, 진진이 방, 그리고 어머니 방이 있다. 진모 방과 내 방 사이에는 욕실이, 내 방과 어머니 방 사이에는 부엌이 있다.

뒤꼍에 내어 단 길다란 창고, 앞마당에는 시원스럽게 물을 쓸 수 있는 수돗간도 있으니 이만하면 라일락 말고는 없는 것이 없는 집이었다.

(살림, 1998)

□ 염상섭 「삼대」

반 시간 턱이나 휘더듬이 짧은 해가 뉘엿뉘엿 넘어 갈 때나 되어서 바위 위에 대통 매달린 일각대문 앞에 와서 딱 서게 되었다. 쓰러져 가는 일각대문이라도 명색이 문 있으니 물론 움은 아니다. 그러나 마치 김칫독을 거적으로 싸듯이 꺼떻게 썩은 거적으로 뼹 둘러싼 집이다. 기웃이 들여다보니 고양이 이마만한 마당이 보인다.

                    *   *   *

경애의 집은 북미창정 쑥 들어가 있었다. 덕기는 처음 오는 길이라 다시 찾아 나가기도 어려울 만큼 구석지다. 집은 비교적 오똑한 얌전한 기와집이라 전등을 환히 켠 마루 안을 들여다보아도 살림이 군색하지는 않은 것을 알 수 있다.

(을유, 1948)

□ 유진오 「화상보」

　가희동 막바지 예전 취운동으로부터 맹현동산에 걸쳐 운치있게 우거졌던 솔숲은 이 수삼년 동안에 흔적도 없이 베어 넘어지고 그 자리에 울긋불긋한 개와를 이은 문화주택 들이 즐비하게 들어섰다. 개중에는 널반지 벽위에 '모르타르'를 발러 겉으로 보기에도 벌써 민약한 것도 있으나 어떤 것은 하얀 화강석으로 그린에 나오는 서양 어느 귀족의 집 같이 화려하게 지은 것도 있고 옛날 조선 대궐 궁장(宮墻)같이 어마어마한 긴 돌담을 둘러쌓은 것도 있다.

　이 문화주택촌 한복판 취운정에서 삼청동으로 넘어가는 길 바른편 언덕 위에 한 아담한 양관이 있으니 지난번에 요절한 천재 시인 김희찬이 자기의 주택으로 스스로 감독을 해가며 지은 것이라 모든 것이 과연 시인의 집다웁게 매끈하고도 무게가 있다. 조그마큼식한 돌을 불규칙하게 쌓아올려 기둥을 삼은 문을 들어서면 길은 곧 왼편으로 꼬부라져 언덕이 되고 길 좌우로는 화양목이 가지런하다. 언덕을 다 올라가면 전나무, 향나무, 단풍나무들이 심기운 정원이 되고 그 정원 목돌을 격해 미색 화장 벽돌을 붙인 건물이 보인다. 굵은 붕트라지진 자연목 등을 쓴 '포―치'며 날씬한 금속으로 경쾌한 난간을 친 '베란다'며 언 듯 보기에도 새로운 중에도 고전적인 조화가 있다. 사람들은 지금 이 집을 이름지어 '예술가의 집'이라 한다.

(어문각, 1972)

□ 오정희 「직녀(織女)」

　다식판으로 찍어 낸 듯 일정한 모양의 집들, 붉은빛 초록빛 슬레이트 지붕의 비스듬한 경사 위에 텔레비전 안테나가 흰 잠자리떼처럼 앉아 있다. 이러한 시각에 국민주택들의 똑같은 무늬의 창살, 창문 그리고 야트막한 블록의 담장들은 잔잔히 퍼지기 시작하는 노을을 배경으로 묘한 풍자적인 아름다움을 띠고 있다.

* * *

수중도시처럼 찬란히 떠 있던 아파트의 창들이 순식간에 캄캄해진다. 그리고 그 보다 더 멀리 꿈결처럼 아득하던 불빛들이 사라졌다. 정전이 된 모양이다. 아파트는 유령선처럼 검고 음산하게 웅크리고 있다.

(동아, 1995)

□ 이광복 「열망」

이 길모퉁이에 있는 초가집은 순수한 의미에 있어서의 전통가옥이라고 말할 수 있었다. 이 집은 관광을 목적삼아 인위적으로 세운 그런 초가집과는 성격이 달랐다. 전혀 인위적으로 손대지 않은 생긴 그대로의 초가집이었다.

이 집은 원래 영암댁의 머슴이 지어 살던 집이었다. 그런 까닭으로 현재까지 대지도 영암댁 소유로 되어 있었다. 조금 전에 보았던 영암댁이 전통 시대에 이어서의 대표적인 반가(班家)라고 한다면 이 집은 평민 또는 하층민의 대표적인 가옥이라고 말할 수 있었다.

집은 흙벽으로 지어져 있었다. 영암댁의 서까래가 굵고 미끈미끈하게 다듬어진 반면 이 초가집의 서까래는 가늘고 볼품없이 생겨 있었다. 그나마 흙벽과 서까래는 연기에 시커멓게 그을어 있었으므로 하층민의 고단했던 삶을 상징적으로 말해 주는 것 같았다.

(문예, 1989)

□ 이광수 「나」

집이 더욱 가난하여져서 아버지가 폐포파립으로 구걸을 하다싶이 하게 됨에 우리 집에는 오는 손님도 끊어지고 제삿날이 되어도 일가 친척도 모시지 아니하였다. 나는 가난의 서름을 뼈 속 깊이 느꼈다.

우리 집의 가난은 아버지가 넷째 집을 팔고 다섯째요 또 아버지에게는 마지막 집인 새집을 지을 때에 벌써 그 극도에 달하였었다. 집 그런고 하면 이 집은 방 두간, 사랑간 한간, 부엌 한간, 그리고는 헛간 한간으로 된 집이어서 이보다 더 간략할 수는 없는 움막사리였고 그것도 힘이 부족하여 담도 반 밖에는 못 둘으고 대문도 없이 칠흡쯤 짓다가 내버리다 싶이 한 집인 것으로 보아서 알 것이다. 집도 물로 남의 밭 한 귀퉁이를 얻은 것이어서 김산이라는 사람이 싫다는 것을 아버지가 떼를 쓰다시피 하여 빌어 얻은 모양이었다. 집 한채 들어앉고 채마라고 손바닥만한 땅이 붙어 있어서 어머니가 거기다가 오이, 가지, 강냉이, 온갖 채소를 조금씩 다 심고 옷감을 얻는다고 삼까지도 심었다. 농가에서 생장한 어머니는 요만한 농사라도 짓는 것을 기뻐하였다. 또 그 농사 덕에 여름내 가을내 푸성귀를 얻어먹고 내가 오이와 강냉이를 따 먹을 수도 있었다. 어머니는 요 조고마한 땅이 터지도록 여러 가지를 심었다. 호박과 박아지는 집가로 둘러 심고 외가에서 얻어온 봉선화, 금전화 뚜두화, 분꽃 같은 화초도 심었다. 호박꽃에는 벌들이 오고 박 꽃에는 박나비가 머물렀다.

* * *

우리가 새로 집을 지은 곳은 우중충한 산밑인데다가 집이라고는 단 세 채였다. 아버지는 마치 우리 집의 초라한 꼴을 아모쪼록 세상에 숨기려고 이런 외딴 곳에다 지은 것 같앴다. 단 세집이라 하여도 모조리 불이 붙게 가난한 집이었다. 뒷집은 안채에는 노름판 붙이기로 소문난 대장쟁이, 바깥채에는 쪼구라진 절레바리 마누라와 그의 남편인지 머슴인지 알 수 없는 때감이라고 칭하는 오무라진 영감쟁이가 들어 살고, 앞 집은 아들 형제 데리고 사는 과부의 집으로서 나이 이십이 넘은 떡거머리 둥툭이라는 총각이 낯에 여드름이 툭툭 불거진 것이 장가도 들지 못하고 있었다. 이 두 집 틈에 우리 집이 있다. 짓다가 중도에 역사를 중지한 채로 비바람에 썩고 찌그러진 집이라면 누구나 상상할 수 있을 것이다. 천지간에 가장 빈궁한 이웃, 그 중에도 가장 빈궁한 집이 우리 집이었다.

　우리집에는 삐걱하는 대문도 없고 번화한 개의 소리도 없었다. 사람도 조석을 굶는 처지에 닭, 개는 무엇을 먹이나. 쥐도 우리 집에는 붙을리 없으니 동네 고양이도 올 리가 만무하다. 하물며 말 당나귀의 기운찬 소리며 소, 송아지의 소박한 소리가 우리 이웃에서 날 까닭이 없었다.

　　　　　＊　　＊　　＊

　우리 집이란 것은 동네에서 좀 새뜨게 떨어져 있는 안채가 삼간으로 된 두어채 집으로, 안채에는 부엌이 한 간, 방이 두간이요, 앞채라는 것은 고방이 한간, 헛간 이간인데 그 중에 한간은 대문간으로 겸용이 되고 좌우로 터진 데는 수수깡 바주에 짚으로 뚝을 두른 것이어서 그것을 합하면 입구자 집이었다. 뒤곁은 산비탈이었다. 문을 열어 놓으면 오리 나무와 기타 잡목이 꽤 무성한 수풀이어서 낮에는 낮새소리 밤에는 밤새소리가 들린다 하면 운치 있는 것도 같지만은 언제 무슨 짐승이 나려올기도 몰은다 하면 무섭기도 그지없는 곳이었다. 이집에 그중 가까운 집은 이집 보다도 더 산 속으로 들어가 있는 집으로서 큰 소리로 불으면 서로 알아들을 만한 거리요, 집에서 몇 거름이나 나와서는 읍내로 가는 큰 길 아닌 길이 있다. 그럼으로 내 집은 이를테면 노름판 같은 것을 붙이거나 술주막을 하기에 합당한 집이어서, 인근 수백호 가난한 농가중에서도 가장 적기로 한 둘을 다툴 집이었다.

　대장부 뜻을 돈에 두거나 천한 국가에 두며 집이 크고 작은 것을 염두에 둘배 아니라고 하로에 열번 수무번 큰 소리를 해 보아도 내 속마음은 고개를 흔들고 세상에 대하여서도 면목이 없었다.

(계용묵『문장사전』, 1953)

□ 이문열 「사과와 다섯 병정」

그는 약간 이상한 기분이 들어 망설이다가 시키는대로 했다. 집 안은 겉에서 보기보다 훨씬 넓었다. 마루의 유리덧문이나 일본식의 내부구조로 보아 그리 오래된 집이 아닌데도 낡은 고가로 느껴지는 것은 손질을 않아 퇴락한 탓인 듯했다. 굵지 않은 나무기둥과 창틀이 군데군데 거멓게 삭아 있었고, 회벽에도 여기저기 얼룩이 보였다. 발자국을 떼어 놓을 때마다 마룻바닥이 요란스럽게 삐걱거렸다.

(한겨레, 1988)

□ 이문열 「귀두산에는 낙타가 산다」

세시가 넘어 있었지만 장장하일 해는 아직 중천에 있었고 골목길은 화근한 열기 속에 눅진하게 녹아 내리는 듯했다. 그는 귀두산으로 오르는 큰길을 따라 쉬엄쉬엄 걷기 시작했다. 길 양편으로 마주 선 언덕에는 크고 작은 새집들이 게껍질처럼 우둘투둘 솟아 있었다. 비록 형태는 작지만 서양풍의 아치와 원주, 반들거리는 인조 대리석을 입힌 발코니와, 수입 잔디에 이런저런 관상수가 비좁게 이마를 맞댄 손바닥만한 정원이며, 턱없이 우람한 대문 따위가, 옹색하고 어울리지 않는 대로 처음 내 집을 가져보는 서민들의 어줍잖은 허영심을 보여주는 데는 충실하게 몫을 다하고 있는 그런 집들이었다.

(문학과지성사, 1987)

□ 이상 「날개」

그 33번지라는 것이 구조가 흡사 유곽이라는 느낌이 없지 않다. 한번지에 18가구가 쭉 어깨를 맞대고 늘어서서 창호가 똑 같고 아궁지 모양이 똑 같다.

(삼중당, 1979)

□ 이순원 「혜산 가는 길」

자고 일어났을 때 날씨는 더없이 맑고 좋았다. 그는 사촌누이들을 따라 나가 압록강 둑에서 혜산 쪽에 어머니가 살고 있는 집을 바라보았다.
"내 손끝을 날 봐라. 저게 강 건너자마자 누르끼한 4층 벽돌집이 안 보이네? 거게 공동주택 3층이다. 오른쪽에서 두 번째로."
정자누님의 손끝이 가리키는 곳에 빤히 손에 잡힐 듯 보이는 그 공동주택은 서울 변두리의 보통 연립주택이나 다를 게 없어 보였다. 혜장교 길이를 150미터로 잡는다 해도 강둑 너머의 길이까지 쳐도 300미터가 채 안되는 정말 팔이라도 벌리면 창문을 열 것 같은 거리였다.

(동아, 1995)

□ 이순원 「어떤 봄날의 헌화가」

우리의 주인공 마영달씨가 결혼 7년만에 작으나마 내 집이라고 장만해 옮겨간 곳은 서울 변두리 지역의 열아홉평짜리 서민 연립주택이었다. 그 동안 거의 굶다시피 하면서 모으고 번 돈이었다. 지금까지 살아온 날들과 바로 얼마 전까지 살던 이웃동네 고지대의 반지하 전세방에 비하면 지금의 이사해 온 무지개 연립은 평생 처음 자기 이름으로 가져보는 궁전이나 다름없었다.

(하늘연못, 1997)

□ 이윤기 「갈매기」

그는 오피스텔에 산다.
주차장에는 소형차, 대형차, 외국제 스포츠카가 뒤섞여 있어서 입주자들의 살림 규모를 도무지 짐작할 수 없게 하는 오피스텔, 지하는 음식점과 술집이, 옥상은 스카이라운지가 점령하고 있는데도 불구하고 술 취한 사람 구경하기가 쉽지 않은 오피스텔 지하와 옥상의 영업이 끝날 즈음 승강기가 가장 붐비게 되는 그런 오피스텔이다. 결혼한 친구들은 그 오피스텔에서 혼자 사는 그를 찾아올 때면, 야, 이놈의 오피스텔에만 들어서면 타락이 하고 싶어서 온몸이 다 근질거린다. 하면서 부러워한다.

그의 방 510호는 오피스텔 5층 복도 맨 끝에 있다. 승강기에서 가장 멀리 떨어진 곳이다. 복도 위아래는 천장과 바닥, 좌우는 벽 아니면 철문이어서 발자국 소리 울림이 늘 카랑카랑하게 들린다.

(민음사, 1998)

□ 이윤기 「햇빛과 달빛」

내가 고회장 저택에 도착한 것은 집 떠난 지 나흘째 되는 날 밤이다. 나흘 째 되는 날 밤에 도착했다는 것은 사흘 동안 여관 잠 자가면서 자동차를 몰았다는 뜻이다. 정다운 며칠 밤만 약속된다면 못 할 것도 없다.

나는 아무래도 '자택'이라고 쓸 수가 없어 '저택'이라고 쓰는데, 이 말을 써보기도 이번이 난생 처음이다.

고회장의 침실 스물개짜리 저택이 잔디밭과 호수와 숲으로 이루어진 20만 평의 대지에 서 있다는 것은 우리 동기동창의 상식에 속하는 일이다. 고향에서는 동기동창들이 20만평이라커니 30만평이라커니 입씨름을 하는 것도 나는 들은 적이 있다. 20만평이면, 밭으로 치면 2천 마지기나 3천 마지기나 그게 그것일 터이다. 그러나 그런 저택 장만하기를 원하는 사람에게는 유쾌한 상식일지 모르나 적어도 내게는, 사람이 이렇게 넓은 땅을 차지하고 가꾸면서 살아야 하는가, 싶었다. …(생략)…

집안도 집안이지만 그 넓은 뜰이 한밤중인데도 대낮같이 밝았다. 높이 1미터도 채 안 되는, 우산같기도 하고 커다란 버섯 같기도 한 등이 그 넓은 뜰에 무수히 서 있었다. 등이 낮고 등갓이 넓어, 눈이 전혀 안 부셔서 좋았다. 조명기구 회사 회장 집이 다르기는 다르다 싶었다.

(문학동네, 1996)

□ 장용학 「역성서설」

절이라기보다 성채였다. 이 심산유곡에는 어울리지 않는 규모였다.

높이 쌓은 담은 거의 다 무너져 버리고, 별이 박혀들려 하는 하늘에 먹먹하니 서 있는 산문(山門)을 들어서니, 몇백 년 그대로 내버려두었는지, 아무 데고 제멋대로 마구 들어서니, 활개를 펴들고 있는 나무 사이에 부재(不在)의 소굴처럼 누워 있는 폐허(廢墟).

음산한 바람이 엉기는 허망(虛妄)……. 뻗어 오른 가지를 이길 수 없어 물러앉은 처마. 가끔 무슨 연륜(年輪)을 세는 것처럼 어디서 모래가 흘러 떨어지고……. 기울어지다가 멎은 기둥에 걸려 있는 무상(無常). 뜯겨 나간 용마루. 벽이란 벽은 허물어지고, 멍이 들어 숨소리가 들먹이고 있는 것 같았다.

(『사상계』, 1958, 3월호)

□ 전영택 「김탄실과 그 아들」

그 한 모퉁이에 다행히 폭격과 화재는 면했으나, 수리도 못하고 별 신통한 사업도 못하고 옛 모습만 그대로 지니고 있는 삼층 집이 하나 우뚝 서 있었다. 컴컴하고 침침한 벽돌집이, 새로 지은 아담한 문화주택이며 훌륭한 호텔과 번듯한 음식점과 상점 새에 있어서 더 무색할 뿐인데, 간판만 눈에 띄어서 오고 가는 사람이 발을 멈추고 쳐다보게 되는 것이 곧 도쿄의 우리 청년 회관이었다.

(소담, 1995)

□ 정비석 「김군과 나」

김군의 하꼬방은 그 안에 사람이 살고 있으니까 방이라고 부를 수밖에 없기는 하지만, 솔직히 말하면 그것은 무슨 방이라기보다도 영락없는 돼지우리였다. 방문을 썩 열자, 방안에서는 온갖 몹쓸 냄새를 한데 뒤범벅을 한 듯한 몹시 고약스러운 냄새가 코를 꾹 찔렀다. 나는 속이 왈칵 뒤집히도록 비위가 아니껍고 기분이 언짢었으나 친구의 체면을 생각해서 억지로 방안에 발을 드려놓았다. 방은 서울 방치고는 그다지 좁은 가살은 아니었다. 한칸방 분수로는 오히려 넓은 편이기는 했으나, 한편 구석에는 방 넓이와는 어울리지 않도록 커다란 책장이 놓여있고 그 옆에는 때꾹이 괴죄죄 흐르는 이부자리가 그냥 깔려 있고 그리고 나서 얼마 남지 않은 공간에는 벗어 던진 양복이니, 찌저진 잡지 나부랭이니, 구린내 나는 양말짝이니 하는 것들이 낭자하게 흐터져 있는데다가 코를 풀어서 아무렇게나 구겨버리는 듯한 수지뭉텡이들 조차 너저분하게 널려있어서 어느 한구석에 엉덩이를 내려 놓기는커녕, 제대로 발을 들여 놓을만한 공간조차 없었라.

제가 박았는지 혹은 전에 살던 사람이 박아놓은 것인지 몰으기는 하겠으나 바 벽에는 군데군데 못이 박혀 있기는 하였다. 그러나 군은 벗어버린 옷을 못에 거는 일 조차 귀찮은 노력이었든지 옷들이 못에는 한가지도 걸려 있지 않고 모조리 방바닥에만 흐터저 있었다. 게다가 방 소제는 몇 해 전에나 했는지 책상 위에는 몬지가 뽀오얗게 깔려 있고 잉크병인가 무슨 병인가가 놓여 있던 자리만이 새까맣고도 동골앟게 드러나 보였다.

(계용묵『문장사전』, 1953)

□ 정을병 「그래서 아름다운 선택」

그는 우리 집 가까운 곳에서 살았다. 버스로 서너 정거장을 가면 바로 큰길가에 있었다. 주변이 자그마한 빌딩들이 무질서하게 들어서 있는 시장골목 같은 곳이었지만, 그의 집은 삼층으로 된 그럴싸한 건물이었다. 건물의 맨 밑에는 그의 아내가 하는 약국이 큼지막하게 자리잡고 있고, 이층은 양재학원, 삼층은 교회에다 빌려주고 있었다. 건물의 뒤는 바로 마당이었다. 마당 안쪽에는 콘크리트로 만든 단층짜리 가정집이 있었다. 썩 좋은 집은 아니었지만, 그런 대로 빌딩까지 합친다면 값은 꽤 나갈 것으로 보였다.

(훈민정음, 1996)

□ 주요섭「추운 밤」

그 집은 한 번만 보아도 빈한한 집이었다. 삼 년 전에 이고는 아직 이지 못한 초가 이엉이 흉하게 썩어졌고 이끼야자로 발랐던 얇은 담이 비와 눈에 부대끼어 여기저기 구멍이 났다.

(동아, 1995)

□ 채만식「태평천하」

종수가 이 등관의 뚜쟁이집엘 온 것입니다. 폐병 앓는 갈비대 여대치게, 툭툭 붉어진 연목을 반자지도 아니요 검으테테한 신문지로 처덕처덕 처바른 얕디 얕은 천장 한가운데 가서, 十三와트 전등이 목을 잔뜩 매고 높다게 달려 있읍니다.

도배는 몇해나 되었는지, 하얗든 양지가 노오랗게 퇴색이 된 바람빵인데, 그나마 이리저리 쓸려서 제멋대로 울퉁불퉁 떠 이고 있읍니다. 거기다가 빈대 피로 대잎(竹葉)을 쳐놓았어야 제격일텐데, 그자죽이 없는 것을 다 보면 사람이 붓떡이로 거처를 않고 임시임시 그 소용에만 쓰는게 분명합니다.

의묵으로 몇 해를 뜨지 맛을 못 보았는지, 치악 눌린 이부자리가 달담한채, 소용이 소용인지라 잇만은 깨끗해 보입니다.

방안에서는 눅눅한 습기와 곰팡 냄새가 금시로 몸이 끈끈하게끔 가득 풍깁니다.

*　　*　　*

삼칸 마루에는 빙―둘린 선반위에 낡은 한서(漢書)가 길길히 쌓였읍니다. 한켠 구석으로, 고려자기를 넣어둔 유리장에다가는 가야금을 기대 세운게 더욱 운치가 있습니다.

추사(秋史)의 글씨를 검정 판자에다가 각해서 힌 펭기로 획을 낸 주렁이 군데군데 걸리고, 기둥에는 전동(箭筒)과 활(弓)……

다시 그 한편 구석으로 지저분한 청요리 접시와 정종 병들이 접슬려 놓인 것은 이집 차인군이 좀 게으른 풍경이겠읍니다.

방은 양지 우에 백지를 덮어 발라 분을 메인 그야말로 분벽(粉壁), 벽에는 미산(美山)의 사군자와 XX의 주련이 알맞게 별려 붙어 있고, 눈에 뜨이는 것은 연상(硯床)머리로 결려 있는 소치(小痴)의 모란 족자, 그리고 연상우에는 한서가 서너권.

소치의 모란을 걸어놓고 볼만하니, 이방 주인의 교양이 그다지 상스럽지 않을 것 같으면서, 방금 노름에 골몰을 해였으니 속한(俗漢)이라 하겠으나, 이것도 하고 저것도 하고, 맘 내키는 대로 무엇이던지 하는 게 이사람 창식이 윤주사의 취미랍니다. 심심한 세상사리의 취미…

(계용묵 『문장사전』, 1953)

□ **최수철 「내 정신의 그믐」**

일종의 개량 주택을 산장으로 개조한 그 집은 언덕 위에 자리잡고 있었고, 나의 방은 이층에 있었으므로 창문을 열면 멀리 강을 내려다 볼 수 있었다.

(문학과지성사, 1995)

□ **최수철 「고래뱃속에서」**

현관의 바로 위쪽에는 신장개업 운운의 글귀가 붉은 글씨로 씌어진 나일론 유의 대형 천이 걸려 있었고, 바람에 약간씩 흩날리는 그것은 물고기들을 추스려서 입안으로 집어넣는 고래의 흰 수염을 연상시키고 있었다. 그 강렬한 흰색으로 인하여 입구 안쪽은 더욱 어두컴컴하게 느껴졌다. ……그의 발이 인조대리석 계단을 밟았다. 그러나 발에 느껴지는 감각은 그리 견고하지가 않았고, 마치 잠을 자고 있는 동물의 등줄기를 밟고 올라선 것 같았다. 그는 세 단으로 이루어진 계단을 고래의 혓바닥이라고 생각하였다.

* * *

그것은 인도로부터 이삼십 미터쯤 떨어져서 잡목 숲이 이루어져 있는 낮은 구릉을 등지고 서 있었는데 점점 가까이 다가가면서도 보아도 사람의 출입이 전혀 보이지 않고 있었다. ……그것은 한 마디로 주변의 건물들과 확연히 구별되는 모습을 하고 있었다. 첫눈에 보기에 외국 공관으로 쓰기 위해 지어진 듯한 그것은 엷은 주황색에 가까운 색조를 띠고 있었고, 건축 양식상으로 보아도 십구세기초 구라파의 건물들을 연상시키고 있었으며, 여기저기에서 이미 꽤 낡은 모습을 드러내고 있어서 지어진 시기가 이십여년 전일 것이라는 추측을 가능하게 하고 있었다. 그리고 특히 인상적이라고 할 수 있는 것은 건물의 각 층마다 커다란 아치형 창문들이 나 있고 그 창문들의 앞에는 각각 작은 베란다가 꾸며져 있다는 점이었다……. 그러나 건물의 현관은 굳게 닫혀 있었고 사람의 자취는 여전히 전혀 보이지 않고 있었다. 게다가 비까지 내리고 있어서 한편으로 그것은 깊은 숲 속에 버려져 있는 고성과도 같은 음산하고 괴괴한 분위기조차도 풍기고 있었다.

* * *

대사관이 이전을 하고 난 이후로 그곳은 계속 비워져 있었던 모양이었다. 건물의 여러 곳이 시간의 침식과 풍화 작용으로 인해 조금씩 훼손이 되어 있었고 뒤쪽의 공터는 거의 황폐화되어 있었다. 그에게는 건축에 대한 지식이 전무한 처지이긴 했지만, 막상 가까이에서 살펴보니 그것의 각 부분들은 문외한인 그가 보기에도 의외로 조잡함을 간신히 면했다고 말할 수 있는 수준에 머물러 있었다. 게다가 대사관 건물로 사용하기에는 규모가 다소 작은 편이었다.

*　*　*

그는 더욱 빠른 걸음으로 걸어서 육교를 건너 목적지인 어느 이십층 건물 앞으로 다가갔다. 잠시 그에게는 현관 입구에 있는 회전문이 그 건물이라는 생명체의 목에 매달려 있는 목젖같이 여겨졌고, 그러자 그것은 그에게 노골적으로 거부감을 드러내듯이 보이기 시작했다.

(문학사상사, 1989)

□ 최인호 「사랑의 기쁨 (상)」

아버지와 이혼하고 나서 엄마는 위자료로 이 집을 샀다. 당시에는 멋부린 신흥주택이었을지도 모르지만 낮은 단층에 블록으로 쌓은 초라한 양옥집이었다. 작은 방이 두 개에 거실 하나가 있는 전형적인 문화주택이었다. 이 초라한 집이 그나마 엄마의 마음에 들었던 것은 작은 집 평수에 비해 마당이 넓다는 것이었다. 그리고 Y대학교의 숲과 맞닿아 있어서 그 숲이 거리의 소음을 차단시켜 주었으며, 무엇보다도 복잡한 세상살이에서 멀리 떨어져 있다는 심리적인 위안을 주었기 때문이었을 것이다.

(여백, 1997)

□ 한승원 「검은 댕기 두루미」

손수건만한 젖빛 유리 한 장이 달려 있을 뿐인 그 문을 살피고 난 그녀는 의아했다. 그 문의 녹슨 고리에는 놋쇠로 된 자물쇠가 걸려 있었다. 그 문짝의 젖빛 유리 아래쪽에는 장씨목공소라는 글자들이 삐뚤삐뚤 씌어 있었다. 매직잉크로 쓴 그 글씨들은 잿빛으로 바래 있었다.

(문학사상사, 1999))

□ 한승원 「새끼 무당」

그 서낭당에서 별로 멀리 떨어지지 않은 곳에 찌그러진 초가 한채가 있었다. 그 초가는 흙담을 디귿자로 두껍게 쌓아 올리고 그 위에 초지붕을 얹은 삼간 움막이었다. 한가운데 부엌을 놓고 양옆에 방을 한 칸씩 놓은 것이었다. 좀이 먹고 눌눌한 버섯들이 돋은 채 썩어 문드러진 서까래들은 시루떡 돌개들처럼 켜켜이 포개져 있는 거무칙칙한 썩은 새들을 받치고 있었다.

*　*　*

그 당고개의 서낭당은 이 섬에 사람들이 들어와 살기 시작한 이후부터 있어 온 것이라는데, 두어 평 넓이의 목조 건물에 초지붕을 얹은 것이었다. 그것을 박정희 정부의 새마을 운동이 한창 시퍼렇게 들끓던 때에 헐고 불질러 없애 버렸다. 새 서낭당은 예전의 그것이 불에 타 없어진 때로부터 20년이 흐른 이후에 근동의 어부들 몇 사람이 그 불타진 자리에다가 새로이 지은 것이었다. 세 평쯤의 넓이로 네모나게 시멘트 벽돌을 쌓아올린 다음 서까래들을 걸치고 회색 기와를 얹은 것인데, 볼품도 없고 운치도 없고 고풍스럽지도 않고 음음한 분위기도 서려 있지 않았다.

(문예중앙, 1994))

□ 홍성암 「어떤 귀향」

준석은 마을로 들어오는 길로 어릴 때의 기억을 더듬어서 자신의 집을 둘러보았다. 그 동안 전혀 인적이 없어서 폐가가 되어 있었다. 흙담은 무너져 내리고 마당에는 잡초만이 가득했다. 그래도 흙벽들이 견고해서인지

집의 윤곽은 그대로였다.

(새로운 사람들, 1997)

□ 홍성원 「폭군」

　초가는 부엌과 마루와 방이 하나로 잇닿은 삼간 구조로 되어 있다. 흙벽과 서까래와 꾸불텅한 기둥들은 오랜 세월 연기에 그을려 거무튀튀한 흑갈색이다. 굴뚝이 박힌 집 처마 밑에는 윗부분이 깨어진 오줌독이 하나 놓여 있고 굴뚝 주위에는 무수한 거미줄에 검은 그을음이 검불처럼 매달려 있다. 그들은 초가를 왼쪽으로 돌아 장독들과 땔나무가 쌓인 앞뜰로 들어선다. 앞뜰은 대여섯 칸 넓이로 반쯤 기울어진 싸리 울타리를 둘러치고 있다. 얼마 전까지도 사람이 살았던 듯 우물가에는 뜻밖에도 말짱한 두레박이 놓여 있다.

(동아, 1995)

□ 황순원 「맹산할머니」

　싸리문전골에 있는 이 기와집은 평양에서 제일 낡은 집의 하나일 뿐 아니라, 놀랍게 낮은 집이었다. 요즈음은 통 볼 수 없는 두터운 옛 개왓장을 못걸딜 듯이 이고 죽지를 축 늘어뜨린 춘서가 이집을 더욱 낮아 뵈게 하였다. 그리고 한끝에 부엌을 둔 세칸의 짧은 기둥들도 얼핏보는 눈에도 하나 제대로 서 있는 게 없었다.

(계용묵 『문장사전』, 1953)

| 찾아보기 |

• 작가명 •

ㄱ

강난경　21, 22
강석경　22
강신재　23, 555, 556
강용준　24
계용묵　25, 572
고은주　25, 26
공석하　31
공선옥　26, 27, 29, 30, 31, 557
공지영　32, 33, 558
구인환　34, 35
구혜영　47, 556
구효서　36, 39, 42, 45, 46, 47
권 유　135, 136, 137
김광주　48, 558
김녕희　49
김동리　50, 51, 52, 53, 54, 56, 559

김동인　56, 58, 59, 60, 559
김만옥　60, 561
김문수　60
김민숙　67, 68, 562
김병총　68
김성아　71
김성종　73, 75, 562
김성한　76, 563
김승옥　77
김연경　78
김영래　79
김영하　81, 82
김영현　83
김예나　84
김용우　84
김용철　63, 64, 65, 66
김원우　100, 101, 103, 569
김원일　104, 105, 564, 565

김유정　86, 87, 88, 89, 90, 91, 563
김이연　92
김이태　93
김인숙　94, 95, 96, 97, 98, 100, 564
김정한　106
김정환　106, 109
김주영　110, 111, 112, 113, 114, 566, 567
김지수　114
김지연　115, 116, 117, 118, 119, 120, 121, 122
김지원　123, 124, 125, 126, 127, 568
김채원　128, 129, 131, 132, 133, 570, 571
김향숙　134
김홍신　571

ㄴ

나도향　137, 138
남정현　139, 140

ㄹ

류주현　140

ㅁ

마광수　140, 141, 143
문순태　143, 146, 147, 148, 149, 572
민병삼　150, 573

ㅂ

박경리　151, 153, 155, 158, 160, 161, 166, 167, 168, 574, 575, 576, 577, 578
박계주　169, 170, 578
박덕규　171, 172
박범신　172
박상륭　173
박상우　174, 175, 176, 177, 179, 578
박양호　181, 182
박영애　187
박영준　188, 189, 190
박완서　192, 194, 195, 197, 579, 580
박용숙　189
박일문　191, 579
박정애　198
박종화　200, 580
박청호　202
박치대　202
박태순　203, 204, 205, 206, 207,

208, 209, 212, 213, 214, 581
방현석   215
배수아   216, 217, 218, 219, 220

ㅅ

서기원   222
서영은   222, 223, 224, 582
서정인   225, 226, 227, 228, 583
서하진   229, 230, 583
선우휘   231, 583
성기조   232, 233
성석제   233, 234, 235
손소희   236
손숙희   236
손장순   238, 239
손창섭   240, 584
송 영   248
송기숙   240, 242, 585
송병수   245
송상옥   246
송원희   251
송지영   247
신경숙   253, 254, 256
신달자   259, 260, 261, 262
신상성   262
신상웅   264
신석상   265
심상대   267, 268

심훈   266, 585

ㅇ

안수길   269, 270
안장환   270, 271, 272, 586
양귀자   273, 274, 275, 586
염상섭   277, 588
오성찬   278, 279
오영수   286
오정희   287, 288, 289, 290, 291,
   292, 293, 589
오탁번   277, 278
원재길   398, 399, 400
유금호   293, 294
유익서   295, 296
유재용   296, 297, 298, 299
유진오   589
유현종   299, 300
윤대녕   301, 302, 303, 304
윤정모   309
윤후명   312
윤흥길   315
은희경   317, 318
이 상   361
이경자   320, 322
이광복   590
이광수   332, 334, 336, 337, 338,
   590

이국자	350, 351, 352		**ㅈ**
이규정	367, 368, 369, 370	장용학	400, 401, 402, 596
이규희	326	전경린	403
이균영	327, 328	전광용	408
이기영	323	전영택	409, 596
이동희	374, 375, 376	정길연	410
이무영	342	정비석	411, 596
이문구	343	정소성	432
이문열	344, 345, 346, 347, 348, 593	정연희	412, 414, 416, 419, 421, 423, 424
이범선	353, 355, 356, 357	정을병	426, 427, 428, 431, 597
이병주	359	정종수	441
이상	593	정준	433
이순원	362, 363, 364, 365, 594	조경란	434, 435
이승우	376	조세희	436
이외수	365	조정래	437, 438
이윤기	366, 594, 595	조창인	442
이은성	367	조해일	443, 444, 446
이인직	371	주요섭	598
이제하	372, 377		
이철호	378		**ㅊ**
이청준	379, 380, 381	차현숙	448
이태준	385	채만식	449, 451, 598
이혜경	390, 391	천승세	452
이호철	385, 387	천운영	448
이효석	387, 388, 389, 390	최 윤	463
임철우	391, 392, 393, 394, 396	최기인	452, 453
		최명희	454, 455, 456

최미나	456	황석영	540, 543
최서해	457, 458, 480	황순원	545, 546, 547, 549, 603
최수철	459, 599		
최의선	479		
최인석	458, 464		
최인호	466, 467, 468, 469, 601		
최인훈	470, 471, 472		
최일남	476, 477, 478		
최정희	479, 480		
최학	480		

ㅎ

하성란	481, 482, 483, 484, 485
하일지	486, 493, 496, 498
하재봉	503, 506
한말숙	507, 508
한무숙	511, 512, 516
한상칠	510
한수산	517, 518, 519, 521
한승원	521, 522, 601, 602
함정임	524
허근욱	525
현길언	525
현진건	526
홍명희	527
홍성암	527, 528, 602
홍성원	529, 533, 534, 535, 539, 603

• 작품명 •

「DMZ-킬서비스」 202

ㄱ

「가랑비」 24
「가시고기」 442
「가을빛」 391
「가을에 온 여인」 150
「가을의 유서 1」 562
「가을의 유서1」 73
「가족의 기원」 434
「가족」 528
「가지 않은 길」 60
「갈 수 없는 나라」 443
「갈대꽃」 272
「갈매기」 357, 594
「감정이 있는 심연」 516
「강릉가는 옛길」 364
「강설」 372, 377
「강」 226
「개구멍받이」 121
「개도둑」 391
「개의 아픔」 510
「갯마을」 286
「거북이는 토끼와 경주하지 않는다」 262
「거울에 관한 이야기」 95
「거짓을 주제로 한 변주곡」 135
「검은 나무」 376
「검은 댕기 두루미」 522, 601
「검은 물 갇힌 강」 36
「검은 저녁 하얀 버스」 217
「겨울 속의 겨울」 259
「겨울나무」 428
「겨울편지」 66
「견우와 직녀」 189
「경고구역」 140
「경마장 가는 길」 486
「경마장에서 생긴 일」 496
「경마장의 오리나무」 498
「계단과 날개」 60
「고고(孤高)」 411
「고국」 458
「고래 뱃속에서」 459
「고래뱃속에서」 599
「고수」 235
「고요 속으로의 질주」 131
「고향 까마귀들」 441
「고향 사람들」 585

「고향길 칠백리」 298
「골방」 172
「곰팡이 꽃」 484
「관(觀)」 22
「관계」 137
「광마일기」 141
「광장」 472
「광화문과 햄버거와 파피꽃」 246
「광화사(狂畫師)」 56
「권태」 143
「궤도를 이탈한 별」 93
「귀두산에는 낙타가 산다」 345, 593
「귀성」 470
「귀향」 411
「그 바다는 어디로 갔을까」 71
「그 산이 정말 거기 있었을까」 197, 580
「그 섬에 가고 싶다」 396
「그 여자를 찾아가는 여행 (상)」 398
「그 여자를 찾아가는 여행 (하)」 399
「그 집 앞」 391
「그것은 꿈이었을까」 318
「그녀는 누구와도 다르지 않았다」 45
「그녀의 세 번째 남자」 318

「그늘, 깊은 곳」 97
「그늘」 545
「그대, 양진을 아는가」 364
「그들의 새벽」 143, 392
「그래서 아름다운 선택」 431, 597
「그리고 아무말도 하지 않았다」 83
「금 따는 콩밭」 90
「금과 은의 왈츠」 235
「금삼의 피」 200
「금토일 그리고 월화수」 248
「기차는 7시에 떠나네」 254
「김군과 나」 596
「김약국의 딸들」 160, 577
「김탁보전」 343
「김탄실과 그 아들」 409, 596
「깊고 푸른 밤」 469
「깊고 푸른 방」 177
「깊은 숨을 쉴 때마다」 253
「까마귀 울음」 271
「까치소리」 53
「꺼삐딴 리」 408
「꽃 피우는 시간」 234
「꽃은 피어도」 299
「꽃을 든 남자 1」 123, 568
「꽃을 찾아서」 195, 579

•찾아보기 611

「꽃의 기억」　　98
「꽃잎과 나막신」　416
「꿈길」　146
「꿈꾸는 불기둥」　351
「꿈의 극장」　485
「꿈의 폴라로이드」524
「끈」　213

ㄴ

「나그네는 길에서도 쉬지 않는다」
　　　　377
「나는 살고 싶다」　75
「나는 아름답다」　82
「나무 남자의 아내」　　46
「나뭇잎들은 그리운 불빛을 만든다」　328
「나비넥타이」　　366
「나비부인」　　423
「나비의 전설」　　312
「나」　　590
「낙월도」452
「난파하는 아침」　67
「날개」　361, 593
「날아라 거북이」　172
「날이 기울고 그림자가 갈 때에」
　　　　423
「남풍」　236
「남한산성」　　114

「낫」　315
「낮달」　362
「낯선 거리」　　209, 581
「내 가슴 속의 부표」　　483
「내 고향 사람들」　545
「내 그물로 오는 가시고기」　436
「내 마음의 옥탑방」　　177
「내 생에 꼭 하루뿐인 특별한 날」
　　　　403
「내 생의 알리바이」　　29
「내 정신의 그믐」　599
「내가 설 땅은 어디냐」　　525
「내사랑 풍장」　　294
「내일밤」479
「냉이」　421
「노다지」91
「노도」　233
「노래에 관하여」　458
「노래하는 여자 노래하지 않는 여자」　390
「노령 근해」　　389
「노새 두 마리」　477
「노을을 삼키는 여자」　　262
「노을진 들녘」　　168
「농민」　342
「누가 천사를 쏘았는가」　571
「눈 오는 밤에」　558
「눈뜨면 환한 세상」　　261

「눈보라콘」 448

ㄷ

「다큐채널, 수요일, 자정」 219
「단씨의 형제들」 206
「단추와 허리띠」 278
「달은 지다」 299
「달의 몰락」 129, 570
「달의 지평선」 304
「당고개 무당」 56
「당신 손에 맡긴 영혼」 370
「당신의 백미러」 481
「당신의 왼편 1」 215
「대조영」 300
「더이상 아름다운 방황은 없다」 32
「덫에 치인 세월」 279
「도둑맞은 가난」 192
「독가촌 풍경」 204
「독신」 93
「돈황의 사랑」 312
「돌아오지 않는 시인을 위한 심야의 허밍코러스」 578
「동의보감 (상)」 367
「두 개의 다우징」 483
「등대 아래서 휘파람」 393
「딩구는 커피」 34
「따라지」 87, 563
「딴나라 여인」 309
「딸기밭」 256
「땅과 흙 (1)」 374

ㄹ

「랩소디 인 블루」 220
「루빈의 술잔」 482

ㅁ

「마르크스를 위하여」 84
「마술사」 359
「마지막 영웅 빅토르최」 295
「만가」 471
「만남」 512
「만무방」 58
「말라깽이」 510
「망월(望月)」 268
「망향」 231, 583
「매일 죽는 사람」 446
「맹산할머니」 603
「맹춘(孟春)」 267
「먼길」 95
「먼동」 529
「멀리 있는 빛」 327
「메밀꽃 필 무렵」 387
「모기떼」 208
「모닥불을 밟아라」 400
「모든 것에 이별을」 519

「모래 위의 집」 521
「모순」 274, 586
「목마른 계절」 557
「목마른 땅」 251
「목마를 계절」 30
「목화씨 뿌릴 때」 189
「무기질 청년」 101
「무너진 극장」 205
「무녀도」 52, 559
「무사와 악사」 539
「무정」 332
「무진기행」 77
「물 속 페르시아 고양이」 47
「물결이 높던 날」 226, 583
「물레방아」 137
「미개인」 468
「미로의 날들」 344
「미이라의 옷자락」 187
「민족」 580

ㅂ

「바다에서」 94
「바람의 얼굴」 64
「바람인형」 216
「바위눈물」 419
「밤인사」 131
「배따라기」 60
「배반」 78

「백년을 더 사는 인간」 427
「뱃놀이」 366
「벙어리 삼룡이」 138
「벼락 크립」 181
「벼랑에 핀 꽃」 247
「별이 보이는데요」 35
「병풍에 그린 닭」 25
「보이지 않는 사람」 123
「봄과 따라지」 86
「봄날에 찍은 사진」 133
「봄의 환」 133
「봉우리」 100
「부주의한 사랑」 219
「부초」 517
「북간도」 269
「분열식」 225
「불귀」 302
「불꽃」 231
「불놀이」 291
「불씨」 277
「불안」 140
「불의 강」 291
「불타는 빙벽」 238
「붉은 달이 뜨는 풍경」 179
「붕어」 227
「블루스 하우스」 506
「비밀」 230
「비오는 날」 240, 584

「비인 탄생」　　402
「비」　126
「빈집」　64
「뿔 그리고 방패」　223

ㅅ

「사과와 다섯 병정」　　344, 593
「사라지는 것은 아름답다」　68
「사랑과 상처」　322
「사랑에는 독이 있다」　259
「사랑의 기쁨 (상)」 466, 601
「사랑의 무게」　410
「사랑의 아픔」　236
「사랑의 예감」　125
「사랑」　337, 522
「사막을 향하여」　412
「사막의 거리, 바다의 거리」 302
「사망 보류」　355
「사민」　212
「사반의 십자가」　54
「사평역」 392
「사하촌」 106
「산골 나그네」　88
「산그늘」 270, 586
「산문」　467
「산비탈에서 사랑을」　100, 569

「산속의 여자」　65
「산영」　119
「산울음」 118
「산정」　120
「산조(散調)」　288
「산행」　480
「살과 뼈의 축제」 222
「살벌한 황혼」　53
「살아 남은 자의 슬픔」　191
「삼대」　277, 588
「삼인행」 533
「삼포가는 길」　543
「상록수」 266, 585
「상」　23, 555
「새가 되었네」　235
「새끼 무당」　602
「새의 선물」　317
「새의 초상(肖象)」 312
「새하곡」 348
「새」　293, 493
「생시동거(生屍同居)」　232
「생의 반려」　91
「생존방식(生存方式)」　297
「서울 1964년, 겨울」　77
「서울은 만원이다」 385
「서편제」 381
「선율」　109
「섬섬옥수」　543

•찾아보기　615

「성냥갑 속의 여자」 260
「성모마리아가 있는 언덕」 48
「성조기 앞에 다시 서다」 94
「성화」 390
「소금의 시간」 124
「소나기」 90
「소는 여관으로 들어온다 가끔」 304
「소설 알렉산드리아」 359
「소시민」 387
「소이작도(小伊作島)·여름」 376
「속눈썹 한 개 뽑고 나서」 293
「속솔이뜸의 댕기」 326
「손」 82
「솔잎」 426
「솥」 89, 563
「수색, 그 물빛 무늬」 363
「순결」 419, 424
「순애보 (上)」 169
「순애보 (下)」 170
「순애보」 578
「술래야 술래야」 224
「숨은 꽃」 273
「숨은 손님」 453
「숨은그림자」 49
「숨통 트이는 소리」 121
「숲의 왕」 79
「슬픈 새들의 사회」 182

「슬픈 여름」 120
「시바」 453
「시작은 아름답다」 476
「시장과 전장」 166, 578
「시절들」 557
「식빵을 굽는 시간」 435
「신개지」 323
「신이 잠든 땅 1」 269
「심야의 정담」 264
「심야통신」 218
「쑈리 킴」 245
「씨앗 불」 26
「씨톨1」 115
「씨톨2」 116

ㅇ

「아! 백두여」 202
「아가」 348
「아들의 겨울」 110, 566
「아름다운 나의 귀신」 464
「아름다운 여름」 26
「아름다운 영가」 507
「아름다운 유산」 265
「아름다운 이별」 352
「아리랑」 438
「아메리카」 444
「아버지의 땅」 394
「아버지의 영토」 271

「아우라지로 가는 길」 104
「아우라지」 42
「아이네 크라이네」 128
「아직 사랑할 시간은 남았다 1」 191
「아직 사랑할 시간은 남았다」 579
「악몽」 481
「악사」 565
「안토니오 꼬레아」 433
「애수의 소야곡」 42
「애천」 570
「야정3」 112
「야정4」 113, 566
「야정」 111
「약령기」 390
「약한자의 슬픔」 58
「양」 315
「어둠의 그늘」 347
「어둠의 변주」 105
「어둠의 혼」 105
「어떤 귀향」 528, 602
「어떤 나들이」 194
「어떤 봄날의 헌화가」 594
「어떤 하오」 134
「어머니의 자우산」 452
「어제 불던 바람」 203
「언덕을 향하여」 140

「얼굴」 365
「에덴의 서쪽」 198
「엠마오로 가는 길」 84
「여자가 선택한 사랑」 92
「여자는 시집을 잘 가야」 122
「역마」 51
「역사는 흐른다」 511
「역성서설」 400, 596
「연(緣)」 122
「연(鳶)」 66
「열망」 590
「영원한 반려」 167
「영화」 506
「옛우물」 287
「오, 카라얀!」 414
「오월의 미소」 240
「오월의 숨결」 132, 571
「오지리에 두고 온 서른 살」 27, 557
「오해」 400
「오후, 마구 뒤섞인」 39
「올가미」 561
「완구점 여인」 287
「왕건」 76, 563
「욕망의 배」 375
「용」 372
「우리들의 미운 엄마」 22
「우리들의 일그러진 영웅」 346

「운수좋은 날」　526
「운현궁의 봄」　59, 559
「웃음소리」　471
「원형의 전설」　401
「유년의 뜰」　289
「유리성의 포로」　299
「유리의 방」　222
「유리」　25
「유정」　336
「은내골 기행」　242, 585
「은냇골 이야기」　286
「은어낚시통신」　303
「이 성숙한 밤의 포옹」　222
「이 지상에서 가장 큰집(황진이)」　468
「이별의 정물화」　106
「이제마 (1)」　378
「인간접목」　547
「인문주의자 무소작씨의 종생기」　379
「인형의 교실」　278
「인형의 집을 나와서」　451
「일월」　549
「임꺽정」　527
「입석 부근」　540

ㅈ

「자전거를 타고」　133
「잠자는 난쟁이」　239
「장벽」　572
「장한몽」　343
「재생」　334
「저 혼자 깊어 가는 강」　467
「적도기단」　175
「절벽」　23, 556
「젊은 날의 초상」　347
「젊은 느티나무」　23
「접붙이기」　298
「정든 땅 언덕 위」　214
「정상이 보인다」　239
「정선 아리랑」　204
「제1과 제1장」　342
「제3인간형(第三人間型)」　270
「제신제」　411
「조동관 약전」　234
「종소리 울려 퍼져라」　279
「주말여행」　534
「주자(走者)」　292
「죽을 권리(權利)」　122
「죽음의 한 연구」　173
「지나가는 자의 초상」　301
「지나간 어느 날」　126
「지맥」　480
「지칭개 꽃바람」　21

「직녀(織女)」　290, 589
「진흙과 갈대」　518
「집방문벽들장몸길물」　463
「집시의 시간」　174
「집」　127
「징소리」　147

ㅊ

「착한 여자 1」　33, 558
「책 읽어주는 남자」　229, 583
「천둥소리」　114, 567
「천맥」　479
「천지현황」　139
「천태산 울녀」　117
「천혜향초」　426
「철수」　217
「첫사랑」　233
「첫째와 꼴지」　370
「초록빛 모자」　132
「초컬릿 친구」　507
「추도(追悼)」　103
「추락인(墜落人)」　432
「추운 밤」　598
「추정」　188
「치악산」　371
「치약」　481

ㅋ

「카인의 후예」　546
「칸나의 뜰」　47, 556
「칼날 위의 전쟁 1」　571
「캘리포니아 드리밍」　176
「콜롬비아 아리랑」　350
「쿨재즈」　503
「크리스마스 전야의 풍경」　409
「키노의 전설 빅토르최」　296

ㅌ

「타령」　190, 478
「타인들」　271
「탁류」　449
「탈주병」　245
「탈출기」　457
「태백산맥 (1)」　437
「태양 아래서」　296
「태양의 흑점」　456
「태평천하」　598
「태형(笞刑)」　58
「토지 Ⅰ」　153, 574
「토지 Ⅱ」　575
「토지 Ⅲ」　155
「토지 Ⅳ」　158, 575
「토지 Ⅴ」　576
「토지 Ⅵ」　155
「퇴근길」　527

「퇴출시대 (1)」　367
「퇴출시대 (3)」　368
「퇴출시대 (5)」　369
「틈입자」448, 582

ㅍ

「파리의 앵무새는 말을 배우지 않는다」 68, 562
「파시(波市)」　161, 577
「포구에서 온 편지」　171
「포구의 달」　521
「포천에는 시지프스가 산다」 36
「폭군」　535, 603
「폭목(暴木)」　63
「푸른 유월」　136
「풀」　482
「풍경의 내부」　377
「풍경」　96, 564
「프로메테우스의 간」　31
「프린세스 안나」　216
「피아골」148
「피아노와 백합의 사막」　301
「피어라 수선화」　31
「피임사회」　427
「피해자」356
「핏줄」　97, 564

ㅎ

「하얀 손」　476
「학마을 사람들」　353
「한 말씀만 하소서」　197
「한 시인의 행복」　375
「한계령」274
「한오백년」　207
「햇빛과 달빛」　595
「행복」　508
「현장」　139
「혜산 가는 길」　594
「호출」　81
「혼불 1」454
「혼불 4」454
「혼불 5」455
「혼불 7」456
「혼자 눈뜨는 아침」　320
「홍어」　113
「홍염」　480
「화도 (상)」　150, 573
「화도 (중)」　573
「화분(花粉)」　388
「화상보」589
「화신제」297
「환멸을 찾아서」　105, 564
「환상에 대하여」　206
「황금동굴」　506
「황금비늘」　365

「황량한 날의 동화」　555
「황진이의 역천」　200
「황토기」50
「후송」　228
「흑산도」408
「흔들리는 땅」　534
「흔들리는 어둠」　525
「흙」　338
「희망」　275
「흰 거위산을 찾아서」　149, 572
「흰 옷」380

● 편저자 약력

문학평론가·시인. 호:평리(平里)

동국대학교 국어국문학과 졸업, ≪현대문학≫지 문학평론으로 데뷔, 「백치」「신년대」동인, 제24회 현대문학상, 제10회 시문학상, 제13회 윤동주문학상 본상, 제10회 동국문학상 수상. 제21회 조연현문학상 수상. 저서 『꿈사설』『떠나가는 시간』『머문자리 그대로』(시집),『가설의 옹호』『새로운 명제』『시짜기와 시쓰기』『시를 어떻게 쓸 것이가』『존재와 소유의 문학』(문학평론집),『니그로오다 황금사슴 이야기』『꽃바람 불던 날』『기호가 말을 한다』(수필집),『한국소설묘사사전』(전6권), 국제펜클럽 한국본부 이사, 96문학의 해 기획팀장 및 기획분과 회장, 한국문인협회 이사, 한국문학평론가협회 부회장, 서울문인클럽 감사, 한국현대시인협회 명예회장, 동덕여자대학교 문예창작과 교수.

한국소설묘사사전 4
무대 장소 · 가옥

2002년 12월 25일 1판 1쇄 초판 발행
2002년 2월 25일 1판 1쇄 재판 발행

엮은이 • 조 병 무
펴낸이 • 한 봉 숙
펴낸곳 • 푸른사상사

등록 제2-2876호
서울시 중구 을지로3가 296-10 장양B/D 202호
대표전화 02) 2268-8706(7) 팩시밀리 02) 2268-8708
메일 prun21c@yahoo.co.kr / prun21c@hanmail.net
홈페이지 //www.prun21c.com
편집/ 김현정, 박영원, 박현임
기획·영업/ 김두천, 김태훈, 곽세라

ⓒ 2002, 조병무

값 35,000원